Frank Leinen
Visionen eines neuen Mexiko

Editionen der Iberoamericana
Ediciones de Iberoamericana

Serie A: Literaturgeschichte und -kritik / *Historia y Crítica de la Literatura*
Serie B: Sprachwissenschaft / *Lingüística*
Serie C: Geschichte und Gesellschaft / *Historia y Sociedad*
Serie D: Bibliographien / *Bibliografías*

Herausgegeben von / *Editado por:*
Walther L. Bernecker, Frauke Gewecke,
Jürgen M. Meisel, Klaus Meyer-Minnemann

A: Literaturgeschichte und -kritik / *Historia y Crítica de la Literatura*, 26

Frank Leinen

Visionen eines neuen Mexiko

Das aus dem *Ateneo de la Juventud* hervorgegangene Kulturmodell im Kontext der mexikanischen Selbstsuche

Eine identitätstheoretische Analyse

Vervuert Verlag · Frankfurt am Main

2000

Als Habilitationsschrift auf Empfehlung des Fachbereichs II (Sprach- und
Literaturwissenschaften) der Universität Trier
gedruckt mit Unterstützung der
Deutschen Forschungsgemeinschaft

Die Deutsche Bibliothek - CIP-Einheitsaufnahme

[Iberoamericana / Editionen / A]
Editionen der Iberoamericana = Ediciones de Iberoamericana.
Serie A, Literaturgeschichte und -kritik = Historia y crítica de la literatura.
- Frankfurt am Main : Vervuert
  Reihe Editionen, Serie A zu: Iberoamericana. - Hervorgegangen aus:
  Iberoamericana / Editionen / 03
  26. Leinen, Frank: Visionen eines neuen Mexiko. - 2000

Leinen, Frank:
Visionen eines neuen Mexiko : Das aus dem „Ateneo de la Juventud"
hervorgegangene Kulturmodell im Kontext der mexikanischen Selbstsuche.
Eine identitätstheoretische Analyse / Frank Leinen.
- Frankfurt am Main : Vervuert, 2000
  (Editionen der Iberoamericana : Serie A, Literaturgeschichte und -kritik ; 26)
  Zugl.: Trier, Habil. Schr., 1998
  ISBN 3-89354-885-8

Depósito Legal: Z-3092-2000

© Vervuert Verlag, Frankfurt am Main 2000
Alle Rechte vorbehalten
Umschlaggestaltung: Michael Ackermann,
unter Verwendung einer Labyrinthdarstellung von Dan Johnston
Gedruckt auf säure- und chlorfreiem, alterungsbeständigem Papier
Printed in Spain: INO Reproducciones, S.A.

Für Jutta und Anna-Luisa

"Los caminos de la vida…"

Inhaltsverzeichnis

I. Einleitung 15
   1. Entwicklung eines Modells zur Erfassung nationaler
      und kontinentaler Identitätsdiskurse 21
   2. Methode und Fragestellungen der Untersuchung 36

II. Probleme, Ambivalenzen und Optionen der hispanoamerikanischen und mexikanischen Identitätssuche bis zum frühen 20. Jahrhundert
   1. Die Herrschaft der spanischen Kultur und die beginnende Suche nach
      dem Eigenen in den kolonialen Gesellschaften 47
   2. Der postkoloniale Diskurs des *antiespañolismo* im Spannungsfeld von
      Fremd- und Selbstbestimmung 50
   3. Verwerfungen innerhalb der *autodefinición* nach der politischen Unabhängigkeit: die problematische Originalitätsprämisse 52
   4. Die Widersprüche einer abgeleiteten Identität 55
   5. Die Konkurrenz konservativer und liberaler Identitätsprojekte 58
   6. Das krisenhafte mexikanische und hispanoamerikanische Sein nach der
      politischen Unabhängigkeit: Eine erste Zusammenfassung 61
   7. Paradigmen der mexikanischen und hispanoamerikanischen Identitätsdiskussion um die Jahrhundertwende 63
   8. Zusammenfassung und Ausblick 80

III. Die Gründung des *Ateneo de la Juventud* und ihr historischer, philosophie- und geistesgeschichtlicher Kontext
   1. Mexiko unter Porfirio Díaz: Staatsräson und Staatsphilosophie 83
   2. Die Entwicklung eines antipositivistischen Diskurses auf der Basis der

"fuentes abundantes del saber de los pueblos completos" 86

2.1. Die Distanzierung vom positivistischen Paradigma: Henríquez Ureñas Auseinandersetzung mit Caso 91

3. Die progressive institutionelle Konstituierung des neuen Denkens: *Savia Moderna, Sociedad de Conferencias, Ateneo de la Juventud*.......... 95

4. Die Demontage des offizialisierten Positivismus durch Caso, Henríquez Ureña und Vasconcelos... 101

   4.1. Antonio Caso: "La filosofía moral de don Eugenio M. de Hostos".. 101

   4.2. Pedro Henríquez Ureña: "La obra de José Enrique Rodó"............ 103

   4.3. José Vasconcelos: "Don Gabino Barreda y las ideas contemporáneas" 105

5. Die literarhistorische Perspektivierung im Dienste der *mexicanidad* und *americanidad*: Zu den Vorträgen Reyes', González Peñas und Escofets . 109

   5.1. Alfonso Reyes: "Los poemas rústicos de Manuel José Othón" 109

   5.2. Carlos González Peña: "El Pensador Mexicano y su tiempo" 114

   5.3. José Escofet: "Sor Juana Inés de la Cruz"................................. 117

IV. Der Werdegang des *Ateneo* im Verlauf der Mexikanischen Revolution

1. Reform oder Revolution? Zum Problem des kulturellen und politischen Engagements 121

2. Zwischen gesellschaftspolitischem Anspruch und kulturpolitischer Wirklichkeit: Die Neuorientierung des *Ateneo* unter Vasconcelos.......... 126

3. Das Auseinanderbrechen des Kreises: Ursachen, Reaktionen und Auswirkungen... 132

4. Zusammenfassende identitätstheoretische Auswertung der Positionen des Athenäismus bis 1914... 136

   4.1. Zentrale inhaltliche Merkmale des athenäistischen mexikanistischen Identitätsdiskurses... 137

   4.2. Die Differenzqualität der Identität 143

4.3. Die Ausformung einer gruppen- und gesellschaftsspezifischen
Symbolik und Mythologie 144
4.4. Der Aspekt der Reflexivität 146
4.5. Die emotionale Komponente 147
4.6. Die Vergangenheits- und Zukunftsdimension der Identität 148
4.7. Die Struktur der Identität 149

V. Positionen des Athenäismus während und nach der Auflösung des *Ateneo de la Juventud/Ateneo de México*

1. Athenäistische Philosophie zwischen Idealität und Realität 151
   1.1. Pedro Henríquez Ureña 151
     1.1.1. Die aufgeklärt-pragmatische Philosophie des wissenschaftlichen Handelns und die gesellschaftliche Funktion der Kunst...... 151
   1.2. Reyes 153
     1.2.1. Menschenbild, Bildungsbegriff und Ethik 153
     1.2.2. "La civilización se hace de moral y de política": Reyes' Verständnis von der Rolle des Intellektuellen und des Künstlers... 158
   1.3. Vasconcelos 162
     1.3.1. Der ästhetische Monismus 162
     1.3.2. Vasconcelos' optimistisches Menschenbild und symphonisches Seinskonzept 168
     1.3.3. Die Konzeption des handelnden Intellektuellen: das Scheitern eines Ideals 170
2. Mexikanische Identität und kosmopolitisches Bewußtsein 173
   2.1. Pedro Henríquez Ureña 173
     2.1.1. Ablehnung des Inferioritätsdenkens und nationale Selbstbehauptung 173
     2.1.2. Die Bedeutung der Nationalliteratur zur Konstituierung der mexikanischen Identität 175
   2.2. Alfonso Reyes 177
     2.2.1. Das Konzept einer weltoffenen *mexicanidad* 177
     2.2.2. Das hellenistische und klassizistische Idealbild 179
     2.2.3. Die historische, politische und lateinamerikanische Dimension der *mexicanidad* 181
     2.2.4. Die literarische Dimension der *autodefinición* 185

    2.3. Vasconcelos 188
        2.3.1. Definitionen des Mexikanischen: von der Idealisierung zur
             Perhorreszierung 188
        2.3.2. Die mexikanische Identität als Projektion und mythische
             Konstruktion: von der Vielheit zur Einheit 191

3. Konzepte und Visionen der lateinamerikanischen Identität 193

    3.1. Pedro Henríquez Ureña 193
        3.1.1. Literatur und Literaturkritik als Förderer der Identitätsbildung 193
        3.1.2. Die barocke Synthese während der Colonia: konzeptionelle
             Ambivalenzen und Probleme 195
        3.1.3. Die Interpretation der lateinamerikanischen kulturellen und
             literarischen *autodefinición* nach der Unabhängigkeit 198
        3.1.4. Die Situation im 20. Jahrhundert: das Plädoyer für eine universa-
             listische Synthese und für einen Wettbewerb der Kulturen 199

    3.2. Reyes 202
        3.2.1. Lateinamerikanismus und Universalismus 202
        3.2.2. Lateinamerikanische Identität, Literatur und Kultur
             Zum integrativen Ausbau der gemeinsamen Basis 204
        3.2.3. Lateinamerikanische, panamerikanische und internationale
             Integration: *homónoia* 207

    3.3. Vasconcelos 209
        3.3.1. Zur Wesensbestimmung des Lateinamerikaners, des Latein-
             amerikanismus und der lateinamerikanischen Philosophie 209
        3.3.2. Das spanische Erbe als Grundlage der lateinamerikanischen
             Identität 211

4. Das Ideal des *mestizaje* und die Utopie einer anderen Neuen Welt 213

    4.1. Henríquez Ureña 213
        4.1.1. Das Wechselspiel von Hispanität und Amerikanität: "somos
             españoles, pero antes americanos" 213
        4.1.2. Der Ort des Indigenen im Konzept der Mestizierung 214
        4.1.3. Henríquez Ureñas lateinamerikanische Utopie: "Si en América
             no han de fructificar las utopías ¿dónde encontrarán asilo?" 216

    4.2. Reyes 219
        4.2.1. Reyes' Ideal der mestizierten Kultur 219
        4.2.2. Der kulturelle Ort des Indigenen im Konzept des *mestizaje* 221
        4.2.3. Die lateinamerikanische Utopie 224

    4.3. Vasconcelos 226
        4.3.1. Das Konzept der *raza* und die Norm des synthetisierenden
             Ästhetischen 227

4.3.2. Das Kulturmodell des *mestizaje* - ein Gegenmodell? 229
4.3.3. *Mestizaje* und Rassismus: Die Zwänge des ethnisch-
kulturellen *blanqueamiento* 232
4.3.4. Das Ideal des *tercer estado* und die Entstehung der
kosmischen Rasse 237
4.3.5. Zwischen Hoffen, Bangen und Enttäuschung: Vasconcelos'
Utopie der Neuen Welt 240

5. Die Vision eines gesellschaftlichen Wandels durch Erziehung und
Bildung 244

5.1. Henríquez Ureñas Bildungsideal und erzieherische Praxis 244

5.2. Reyes' Vorschläge zur Erziehungspraxis: "No hay que tener
miedo a la erudición" 248

5.3. Vasconcelos' Bildungsidealismus: "El país ansía educarse" 252
5.3.1. Theoretische Grundlagen des Erziehungskonzeptes 252
5.3.2. Vasconcelos' Erziehungspraxis... 257
5.3.3. Ausblick auf die Erziehungspolitik nach Vasconcelos................ 264

VI. Identitätstheoretische Auswertung der Positionen des Athenäismus und Ausblick auf spätere mexikanische Identitätsentwürfe

1. Inhaltliche Merkmale des athenäistischen Identitätsdiskurses............... 269

2. Mexikanische und lateinamerikanische Identität durch Differenz 278

3. Symbole und Mythen des athenäistischen Denkens 280

4. Zur Reflexivität aus athenäistischer Sicht....................................... 280

5. Identität durch Emotion 281

6. Identitätsbildung als historischer Prozess 282

7. Die Struktur der kollektiven Identität aus athenäistischer Sicht 283

8. Tendenzen der mexikanischen Identitätsdiskussion seit dem athenäistischen Kulturprojekt: die literarisch gestützte Selbstfindung in der Heterogenität, Interkulturalität und Intermedialität........................... 285

VII. Literaturverzeichnis

1. Forschungsliteratur zu Identität, Alterität und dem Nationbegriff 293
2. Theorie und lateinamerikanische Praxis des Essays 296
3. Zur Identitätsthematik in Lateinamerika und Mexiko 296
   - 3.1. Primärliteratur 296
   - 3.2. Forschungsliteratur und essayistische Studien 299
4. Literatur zum *Ateneo de la Juventud/Ateneo de México* und seinem historischen, geistesgeschichtlichen und literarischen Kontext 308
5. Antonio Caso 310
   - 5.1. Primärliteratur 310
   - 5.2. Forschungsliteratur und literarische Zeugnisse 311
6. Pedro Henríquez Ureña 311
   - 6.1. Primärliteratur 311
   - 6.2. Forschungsliteratur und literarische Zeugnisse 313
7. Alfonso Reyes 314
   - 7.1. Primärliteratur 314
   - 7.2. Forschungsliteratur und literarische Zeugnisse 316
8. José Vasconcelos 319
   - 8.1. Primärliteratur 319
   - 8.2. Forschungsliteratur und literarische Zeugnisse 321
9. Schule und Gesellschaft 322
10. Mehrfach zitierte Sammelbände 323
11. Varia 324

Vorbemerkung

Wenn ich auf die vergangenen Jahre, in denen dieses Buch entstand, zurückblicke, dann denke ich voller Dankbarkeit an eine Reihe von Menschen, die sein Entstehen mit freundschaftlichem Rat begleitet und gefördert haben. An erster Stelle sei Karl Hölz genannt, der seit nunmehr über zwei Jahrzehnten meine Annäherungen an die mexikanische Kultur und Literatur auf eine sehr persönliche, äußerst engagierte und in wissenschaftlicher Hinsicht höchst anregende Weise förderte. Die vorliegende Untersuchung wurde durch zahlreiche Gespräche, die ich mit ihm führen konnte, nachhaltig gefördert. Ich danke ihm dafür, daß er mir Mexiko und seine faszinierende Kultur nahegebracht hat.

Während meiner Studienaufenthalte am *Colegio de México*, an der *UNAM* sowie im Verlauf meiner Tätigkeit am Romanischen Seminar der Heinrich-Heine-Universität Düsseldorf begegnete ich einer Reihe von Freunden und Kollegen, die durch ihre Anregungen, konstruktiven Einwände und ihren menschlichen Einsatz die Entstehung dieses Buches begleiteten. Hierfür bin ich besonders Vittoria Borsò, Fernando Curiel, Pablo Mora, Rafael Olea Franco und Anthony Stanton in Dankbarkeit verbunden.

Besonders danken möchte ich der Deutschen Forschungsgemeinschaft, welche mir durch die Gewährung eines Habilitationsstipendiums und eines Reisestipendiums Arbeitsmöglichkeiten einräumte, wie sie besser kaum hätten sein können. Auch der Druck dieses Buches erfolgte mit großzügiger Unterstützung der Deutschen Forschungsgemeinschaft.

Es fällt mir besonders schwer, den Dank an meine Frau Jutta, die das Entstehen dieses Buches mit bewundernswerter Geduld und stetigem Interesse verfolgte, auszudrücken. Auch die Tatsache, daß Anna-Luisa die letzten Monate der Redaktion begleitete, war für mich von größter Bedeutung. In Ermangelung geeigneter Worte seien deswegen die folgenden Seiten jenen, die mir am nächsten stehen, gewidmet.

Allerheiligen, im Mai 2000.

I. Einleitung

Das Streben nach geistiger Emanzipation und kultureller Eigenständigkeit zählt seit der Lossagung von den Kolonialmächten zu den zentralen lateinamerikanischen Denktraditionen. Auch die mexikanische Literatur wurde seit Beginn des 19. Jahrhunderts verstärkt von der Suche nach einer *autodefinición* geprägt, welche die koloniale Fremdbestimmung durch die Betonung des Eigenen ersetzen wollte.[1] In den Jahrzehnten nach der Unabhängigkeitserklärung zeichnete sich dementsprechend in Mexiko ein patriotisches Emanzipationsbewußtsein ab, das durch die Pflege eines *nacionalismo cultural* die Abkehr von den Vorgaben der spanischen Kultur zu vollziehen suchte.

Aufgrund des Vorhabens, die vorgebliche zivilisatorische Rückständigkeit möglichst rasch aufholen zu wollen, begann sich bald jedoch alternativ zu der Bemühen um eine geistige Emanzipation eine imitative Grundeinstellung durchzusetzen, welche die Kulturmuster der "fortschrittlichen" Nationen, speziell Frankreichs und Englands, auf die mexikanische Realität projizierte. Die philosophischen und intellektuellen Zwänge des Positivismus führten unter der autokratischen Präsidentschaft Porfirio Díaz' zu einem Erstarren des Geisteslebens, so daß erst im Vorfeld der Mexikanischen Revolution die Suche nach dem *ser mexicano* eine neue Dynamik entwickeln konnte. In dieser Phase der mexikanischen *autodefinición* entwarfen vor allem Antonio Caso, Pedro Henríquez Ureña, Alfonso Reyes und José Vasconcelos als wichtigste Repräsentanten des 1909 gegründeten *Ateneo de la Juventud* kulturkritische Theorien, welche im Prozeß der Ausbildung der *mexicanidad* Alternativen zu der bislang dominierenden Abhängigkeits- beziehungsweise

---

[1] Das beachtliche wissenschaftliche Interesse für den Entwicklungsgang der *mexicanidad* dokumentieren José Luis Martínez, "Los conflictos de la cultura mexicana", in: Varios, *Libro jubilar de Alfonso Reyes*, México 1956, S. 235-241; John S. Brushwood, *México en su novela. Una nación en busca de su identidad*, México 1973; Fernando Aínsa, "Hacia un nuevo universalismo. El ejemplo de la narrativa del siglo XX", in: Sául Yurkievich (Hrsg.), *Identidad cultural de Iberoamérica en su literatura*, Madrid 1986, S. 36-46; Sabine Horl, "Amerika als Identität. Utopisches Denken im hispanoamerikanischen Essay (1900-1935)", in: Titus Heydenreich (Hrsg.), *Der Umgang mit dem Fremden. Beiträge zur Literatur aus und über Lateinamerika*, München 1986, S. 47-64; Jacques Lafaye, "¿Identidad literaria o alteridad cultural?", in: Sául Yurkievich (Hrsg.), *Identidad*, S. 21-27; Vittoria Borsò, "Das experimentierende Mexiko in der Erzählliteratur der 30er Jahre: Jaime Torres Bodet", in: Karl Hölz (Hrsg.), *Literarische Vermittlungen: Geschichte und Identität in der mexikanischen Literatur*, Tübingen 1988, S. 171-191; dies., "Die Aktualität mexikanischer Literatur: von der Identität zur Heterogenität", *Iberoamericana* 16, 2 (1992), S. 84-108 und dies., *Mexiko jenseits der Einsamkeit - Versuch einer interkulturellen Analyse*, Frankfurt/Main 1994, Karl Hölz, "Lateinamerika und die Suche nach dem »Verlorenen Paradies«. Zur Theorie und Poetik eines Erlösungsmythos bei Octavio Paz", in: *Romanistisches Jahrbuch* 33 (1982), S. 336-354; ders., "Der intellektuelle Revolutionär. Reformdenken und geschichtliche Erblast in Guzmáns »El águila y la serpiente«", in: Michael Rössner/Birgit Wagner (Hrsg.), *Aufstieg und Krise der Vernunft. Komparatistische Studien zur Literatur der Aufklärung und des Fin-de-Siècle*, Wien; Köln; Graz 1984, S. 437-458 und ders., "Roman- und Erzählliteratur in Mexiko. Tendenzen und Strömungen", in: Dietrich Briesemeister/Klaus Zimmermann (Hrsg.), *Mexiko heute. Politik, Wirtschaft, Kultur*, Frankfurt ²1996, S. 441-462.

Unabhängigkeitsthese schaffen wollten. In dieser Absicht - so die Annahme der vorliegenden Untersuchung - prägten sie nachhaltig die Ausformung eines Identitätsdiskurses, der über die Begriffe des *mestizaje* und des *cosmopolitismo* in den gegenwärtigen Diskussionen über den Status der mexikanischen Kultur nachwirkt. Es wird zu überprüfen sein, in welchem Maße die *ateneístas* Argumente für die Ausformung des Homogenitätspostulates, wie es der offizielle politische Diskurs vertritt, lieferten. Zu fragen ist weiterhin, ob ihre kulturphilosophischen Thesen mit der sich nach dem Massaker von Tlatelolco (1968) verstärkt ausformenden Variante einer polyphonen, hybriden Selbstdefinition kompatibel sind.

Mit dem Begriff des Diskurses, der Mestizierung und der Hybridität sind drei Begriffe in Erscheinung getreten, die einer Erläuterung bedürfen. So erscheint zunächst der Hinweis notwendig, daß der im folgenden verwendete Diskursbegriff der Erfassung von Aussagen der *ateneístas* dient, die unter den Rahmenbedingungen des ausgehenden Porfiriates bis gegen Ende der fünfziger Jahre im kulturellen und politischen System Mexikos einen möglichst breiten, identitätsstiftenden Konsens zu erzielen versuchten. Dabei orientiert sich sein Gebrauch an Michel Foucaults Konzept des Diskurses, der als überindividuelles Phänomen auf einen gleichartigen Objektbereich verweist, welcher durch vergleichbare Äußerungsmodalitäten erfaßt wird. Ferner bedient sich der Diskurs verwandter argumentativer Wahlmöglichkeiten und -strategien. Auf dieser Grundlage entfaltet er sich nach Foucault als ein Regel- und Formationssystem institutionalisierter oder institutionalisierbarer Aussagen, er wird zur regulierten Praxis.[2] Foucaults Ansatz erscheint für die vorliegende Untersuchung umso fruchtbarer, als er den Blick für die sozialen Implikationen und hiermit zusammenhängend den Machtaspekt sowie das zwanghafte Moment des institutionalisierten Diskurses schärft.[3] Damit kann Foucaults Diskursbegriff von Bachtins Thesen zur kulturellen Pluralität abgegrenzt werden, welche die Frage aufwerfen, ob prinzipiell eine ideologische Neutralität von Texten denkbar ist. Hinzu kommt, daß Bachtin sein Modell auf die textuelle Ebene bezieht, wohingegen Foucault Diskurse primär metasprachlich ansiedelt.[4] Dabei beschreibt Foucault nicht nur die Organisation des Wissens, sondern auch seine Produktion, und er spricht nicht nur die institutionellen Rahmenbedingungen des Wissens an, sondern auch die Politik.[5] Diskurse stehen somit für die "epistemologische sowie ideologische Ordnung der Wirklichkeitsrepräsentationen von Wissenssystemen", wie Borsò vermerkt,[6] und sie erscheinen "als Ereignisse eines wirkenden Systems".[7] Der Text ist demzufolge nach Foucault als Ort diskursiver *Praxis* zu verstehen, mit der Folge, daß die Diskursanalyse insofern von der

---

2   Vgl. *Archéologie du savoir*, Paris 1969, Kap. II und S. 106, S. 141 und S. 153f.
3   *L'ordre du discours*, Paris 1971, S. 62.
4   Auf beide Aspekte macht Borsò aufmerksam (*Mexiko*, S. 32ff. sowie "Utopie des kulturellen Dialogs oder Heterotopie der Diskurse?", in: Klaus W. Hempfer [Hrsg.], *Poststrukturalismus - Dekonstruktion - Postmoderne*, Stuttgart 1992, S. 95-117).
5   Dies vermerkt Ralf Konersmann, "Der Philosoph mit der Maske. Michel Foucaults *L'ordre du discours*", in: Michel Foucault, *Die Ordnung des Diskurses*, Frankfurt 1991, S. 51-94, hier S. 77.
6   *Mexiko*, S. 39.
7   A.a.O., S. 38.

Ideologiekritik zu unterscheiden ist, als sie einen epistemologischen Charakter besitzt, der sich auf alle Wissens*systeme* - seien sie politischer, kultureller, literarischer, aber natürlich auch wissenschaftlicher Natur - erstreckt. Foucault möchte daher Diskurse nicht mehr als Gesamtheiten von Zeichen erfassen, sondern als Praktiken. Gleichwohl räumt er ein, daß Diskurse aus Zeichen bestehen, sie aber diese für mehr als nur zur Bezeichnung der Sachen verwenden.[8] Erkenntnisziel der vorliegenden Studie ist vor diesem Hintergrund zum ersten die Erfassung der vom athenäistischen Denken geprägten ideologiekritischen Argumentationsstrukturen in den Essays Henríquez Ureñas, Reyes', Vasconcelos' und Casos. Zugleich soll zum zweiten a) die konfliktive Seite des essayistischen Diskurses des *Ateneo* angesprochen werden, welcher als integrierter Teil des mexikanischen Wissenssystems Brüche innerhalb dieses Systems aufzuzeigen vermochte. Darüber hinaus ist b) nachzuweisen, wie mit dem Wandel der politischen Konjunktur das Bemühen der Vertreter des neuen staatlichen Ordnungssystems - zum Teil handelte es sich um die *ateneístas* selbst - einherging, jene Diskurse, welche ursprünglich zu einer epistemologischen Verunsicherung führten, im Gegenzug zum eigenen Machterhalt und systemkonform zu instrumentalisieren. Zu erforschen wäre daher, wie der Gegendiskurs des Athenäismus, um es pointiert zu formulieren, zur Argumentationshilfe für den auf Machterhalt hin abgestellten offiziellen politischen Diskurs umfunktioniert wurde.

Hinsichtlich des Konzeptes des *mestizaje*, welches die Diskussion um den *ser mexicano* insbesondere seit den bürgerlichen Nationalisierungsbestrebungen in der Mitte des 19. Jahrhunderts prägte, bleibt zu vermerken, daß die Mestizierungsthese in kulturtheoretischer Hinsicht von einer im wesentlichen harmonischen Vermischung unterschiedlicher ethnischer Momente ausgeht. Der Dualismus des Einen und des Anderen, so die Annahme, kann integrativ überwunden werden. Das Ergebnis dieser Mischung deutete man freilich der jeweiligen Konjunktur des Selbstbildes entsprechend negativ oder positiv aus. Demgegenüber akzentuiert das Modell der kulturellen Hybridität, dessen Konzeption während der sechziger Jahre durch den epistemologischen Wandel in den Geistes- und Sozialwissenschaften gefördert wurde, die Heterogenität, Pluralität und das Fragmentarische der Kulturen. Die Hybriditätsthese bildet somit ein Gegenmodell zur Konzeption der Identität als Einheit, welche die Mestizierungsthese vorgebracht hatte und wie sie seitens staatlicher Institutionen aufgegriffen wurde. Einer griffigen Formulierung des mexikanischen Kulturtheoretikers Carlos Monsiváis folgend entwickelt das Hybride ein neues Kultur- und Gesellschaftsverständnis, da es Marginales in das Zentrum des Interesses rückt.[9] Somit wird alternativ zum bisweilen totalisierend wirkenden, da auf Vereinheitlichung abzielenden Anspruch des Mestizierungskonzeptes das Bild einer dezentrierten Gesellschaft entworfen, in welcher die offiziellen und marginalen Kulturdiskurse in einer prozeßhaften, konfliktiven und widersprüchlichen Beziehung stehen. Die durch eine scharfe Grenzlinienziehung markierte Antithese von Einheit und Vielheit kann jedoch insofern aufgebrochen werden, als sich die Argumentationslinien der jeweiligen Diskurs-

---

8 *Archéologie*, S. 66f.
9 *Entrada libre. Crónicas de la sociedad que se organiza*, México [7]1995 [[1]1987], S. 11.

konfigurationen zu kreuzen vermögen. Gleichwohl wäre es irrig, in diesem Zusammenhang die Vielheit als Einheit zu denken, denn eine Verkreuzung hält die jeweiligen Codes aufrecht und ist zugleich in der Lage, sie miteinander zu verknüpfen. Notwendig ist daher eine Wahrnehmungsweise der Hybridität, welche die traditionellen Dichotomien überwindet und ein von offenen Strukturen bestimmtes System des Übergangs entwickelt.[10]

Bei der Betrachtung der bisher publizierten Forschungen zum *Ateneo de la Juventud* und der identitätstheoretischen Produktion seiner wichtigsten Vertreter fällt auf, daß die athenäistische Kulturtheorie in Deutschland wie in Europa erst relativ spät und in vergleichsweise geringem Maße wissenschaftliche Resonanz finden konnte.[11] In Mexiko hingegen schenkten im Zuge der nach der Revolution intensiv geführten Identitätsdiskussion zahlreiche Forscher und Literaten dem Gedankengut der Gruppe sowie dem Wirken prominenter Mitglieder erhöhte Aufmerksamkeit.[12] Vasconcelos' politische Tätigkeit als

---

[10] Dieses Verfahren sowie die wichtigsten Positionen der Hybridisierungsthese diskutiert Petra Schumm auf der Grundlage paradigmatischer Studien Martin Lienhards (*La voz y su huella*, Lima 1992) und Néstor García Canclinis (*Culturas híbridas. Estrategias para entrar y salir de la modernidad*, Buenos Aires 1992). Siehe dies., "'Mestizaje' und 'culturas híbridas' - kulturtheoretische Konzepte im Vergleich", in: Birgit Scharlau (Hrsg.), *Lateinamerika denken. Kulturtheoretische Grenzgänge zwischen Moderne und Postmoderne*, Tübingen 1994, S. 59-80.

[11] Im deutschen Sprachraum beschäftigen sich erstmals Karlheinrich Biermann ("*Indigenismo* und *Mestizaje*. Zur Theorie der Ateneístas im Kontext der Mexikanischen Revolution [Reyes, Vasconcelos, Ramos]", in: Hölz [Hrsg.], *Literarische Vermittlungen*, S. 151-169) und Vittoria Borsò ("Der moderne mexikanische Essay", in: Briesemeister/Zimmermann [Hrsg.], *Mexiko heute* [^{1}1992], S. 535-566) intensiv mit dem Athenäismus. Vgl. auch Vf., "Auf der Suche nach Mexikos kultureller und nationaler Identität: Der Beitrag des *Ateneo de la Juventud*", *Literaturwissenschaftliches Jahrbuch* 34 (1993), S. 191-213. Vor allem Alfonso Reyes weckte das Interesse der deutschen Mexikanistik. Siehe Sabine Horl-Groenewold ("Alfonso Reyes: Visión de Anáhuac [1519]", in: Christoph Strosetzki/Manfred Tietz [Hrsg.], *Einheit und Vielfalt in der Iberoromania. Geschichte und Gegenwart*, Hamburg 1989, S. 271-277) und Sabine Lang ("»América es sueño« oder Die Geschichte einer Utopie. Zur Frage des geschichtlichen Bewußtseins bei Alfonso Reyes. »Visión de Anáhuac« und »Ultima Tule«", *Iberoamericana* 15, 2/3 [1991], S. 28-53).

[12] Dies gilt speziell für die positive, tendenziell unkritische Beurteilung des *Ateneo* durch *Contemporáneos* wie Jaime Torres Bodet ("Alfonso Reyes", in: Universidad de Nuevo León [Hrsg.], *Páginas sobre Alfonso Reyes [1911-1957]*, Bd. 1, Monterrey 1955, S. 125-128, ders., "Perspectiva de la literatura mexicana actual", in: Manuel Durán [Hrsg.], *Antología de la revista* Contemporáneos, México 1973, S. 234-240) und Salvador Novo ("Veinte años de literatura mexicana", *El Libro y el Pueblo* 9, [1931], S. 4-9); vgl. ferner Antonio Castro Leal ("Pedro Henríquez Ureña, humanista americano", *Cuadernos Americanos* 5 [1946], S. 268-287) und Vicente Lombardo Toledano ("El sentido humanista de la Revolución Mexicana", *Revista de la Universidad de México* 1, 2 [Dez. 1930], S. 91-109), beide Mitglieder der auf den *Ateneo* folgenden *Generación de 1915*. Samuel Ramos hingegen kritisiert den *Ateneo* als "alma (...) sin cuerpo", da er fernab der Realität existiert habe (*El perfil del hombre y la cultura en México*, México ^{7}1977 [^{1}1934], S. 81). Carlos Monsiváis würdigt die Verdienste der Gruppe für die mexikanische Kultur, kritisiert jedoch zugleich ihre *desproporción clásica* ("Cultura nacional y cultura colonial en la literatura mexicana", in: Leopoldo Zea et al., *Características de la cultura nacional*, México 1969, S. 57-74, hier S. 65). Eine Gegenposition zu den beiden letztgenannten Autoren nimmt Sara Sevchovich ein, indem sie die Aktivitäten der Gruppe

Secretario de Educación y Bellas Artes,[13] Henríquez Ureñas und Casos Lehrtätigkeit an der *Universidad Nacional* sowie Reyes' Wirken als Direktor des *Colegio de México* trugen dazu bei, daß sie als zentrale Vertreter des Athenäismus im Mittelpunkt des öffentlichen Interesses standen. Weiterhin hielten die autobiographischen und geistesgeschichtlichen Rückblicke der Mitglieder des ehemaligen *Ateneo de la Juventud* die Erinnerung an das Erbe der Gruppe in Mexiko wach.[14] Die Literaturgeschichtsschreibung widmete sich dem *Ateneo* vornehmlich seit dem Tod Casos und Henríquez Ureñas (beide 1946)[15] sowie Reyes' und Vasconcelos' (beide 1959),[16] ferner anläßlich des *Centenario* Alfonso Reyes' (1989).[17]

Gleichwohl vermittelt sich der Eindruck, daß die Beschäftigung mit dem Athenäismus in Mexiko lange Zeit konjunkturellen, von den Erfordernissen der nationalen Kulturpolitik nachhaltig geprägten Interessen folgte. Denn während der *Ateneo* zur Zeit der nationalistischen Konsolidierungsphase der Revolution kaum auf Interesse stieß, widmete man sich ihm verstärkt seit den fünfziger Jahren, als eine ökonomisch und politisch bestimmte

---

als Befreiungsversuch und als "primera batalla contra el modo de pensar de la dictadura" deutet (*México: país de ideas, país de novelas. Una sociología de la literatura mexicana*, México 1987, S. 80). Aufgrund dieser Sichtweise steht die Autorin in der Tradition Leopoldo Zeas, der den Akzent auf die Bedeutung der athenäistischen Positivismuskritik legt (*La filosofía en México*, 2 Bde. México 1955 und ders., *El positivismo en México: nacimiento, apogeo y decadencia*, México 1978 [[1]1943]).

13 Enrique Krauze beurteilt Vasconcelos' politische Aktivitäten als unmittelbare Umsetzung der athenäistischen Programmatik (*Caudillos culturales en la Revolución Mexicana*, México 1976, S. 101ff.).

14 Idealisierende Tendenzen sind zu verzeichnen bei Pedro Henríquez Ureña, "La influencia de la Revolución en la vida intelectual de México" (1925), *Obras Completas*, Bd. 5, S. 247-257; ders., *Las corrientes literarias en la América Hispánica*, *Obras Completas* 10, S. 41-307; Alfonso Reyes, "Pasado inmediato", *Obras Completas*, Bd. 12, S. 182-216 oder José Vasconcelos, *Ulises Criollo*, *Obras Completas*, Bd. 1, S. 287-723.

15 Vgl. etwa Varios (*Homenaje a Antonio Caso*, México 1947) und Antonio Castro Leal ("Pedro Henríquez Ureña", S. 268-287). Besondere Verdienste hinsichtlich einer Würdigung des athenäistischen Denkens bei dem Prozeß der *emancipación cultural* sind José Luis Martínez zuzusprechen (*Literatura mexicana. Siglo XX [1910-1949]*, Bd. 1, México 1949 und ders. (Hrsg.), *El ensayo mexicano moderno*, 2 Bde., México [3]1995 [[1]1958]). Luis Leal präsentiert die Entstehungsgeschichte der Gruppe ("La Generación del Centenario", in: Universidad de Nuevo León [Hrsg.], *Páginas sobre Alfonso Reyes (1911-1957)*, Bd. 2, Monterrey 1957, S. 429-436).

16 Vgl. die Studie von María del Carmen Millán ("La generación del Ateneo y el ensayo mexicano", *Nueva Revista de Filología Hispánica* 15 [1961], S. 625-636). Henry C. Schmidt streift hingegen die Bedeutung des *Ateneo* für die Entwicklung der *mexicanidad* nur am Rande (*The roots of* Lo mexicano. *Self and society in mexican thought 1900-1934*, College Station 1978). Zu Reyes' respektive Henríquez Ureñas zehnten Todestagen veröffentlichten mexikanische Intellektuelle und Literaten einen Sammelband (Antonio Acevedo Escobedo et al., *Presencia de Alfonso Reyes. Homenaje en el X aniversario de su muerte (1959-1969*, México 1969) sowie die Sondernummer der *Revista Iberoamericana* 21, 41-42 (1956).

17 Anläßlich dieses Ereignisses erschien 1989 eine Sondernummer der *Cuadernos Hispanoamericanos* (Supp. 4 [1989]), sowie Varios, *Asedio a Alfonso Reyes: 1889-1989. En el centenario de su natalicio*, México 1989.

internationale Öffnung Mexikos erfolgte. Sie förderte die Hinwendung insbesondere zum Kosmopolitismus des Athenäums, der nun als Legitimationsgrundlage des gewandelten nationalen Selbstverständnisses angesehen wurde. Auch die Mestizierungsentwürfe der Vertreter des athenäistischen Denkens sowie Vasconcelos' Versuche, als Erziehungsminister eine kulturelle nationale Synthese herbeizuführen, wurden den Richtlinien der herrschenden Kulturpolitik entsprechend gerühmt. Erst im vergangenen Jahrzehnt deutete sich allmählich eine kritische Haltung an. So wurde in Verbindung mit der Kritik athenäistischer Theoreme erstmals die personelle wie ideologische Heterogenität der Gruppe angesprochen.[18] Dennoch blieb bislang der Versuch aus, die internen Widersprüche und Ambivalenzen des athenäistischen Denkens aufzudecken.

Obwohl die Vorgeschichte und die institutionelle Entwicklung des *Ateneo de la Juventud* im vorrevolutionären Mexiko inzwischen weitestgehend bekannt ist,[19] so bestehen immer noch Forschungsdefizite hinsichtlich einer umfassenden Analyse jener mexikanistischen Vorträge, Artikel und Essays, welche Caso, Henríquez Ureña, Reyes und Vasconcelos nach dem institutionellen Niedergang des *Ateneo* verfaßten. Auch erfuhren die Beziehungen und Kontakte zwischen den Mitgliedern des ehemaligen *Ateneo de la Juventud* und nachfolgenden Autoren und Gruppierungen, die ebenfalls ein dialogisches Kulturmodell vertraten, bislang kein hinreichendes Interesse. Weiterhin kann die Diskussion um die Bewertung des gesellschaftlichen Engagements der *ateneístas* noch nicht als abgeschlossen gelten.[20] Von besonderer Bedeutung für die vorliegende Studie ist schließlich, daß eine systematische identitätstheoretische Auswertung der athenäistischen Thesen zur mexikanischen und lateinamerikanischen Identität bisher noch nicht erfolgt ist.

Bei der Beurteilung der bisherigen Forschungen zum kulturphilosophischen Wirken der genannten Schlüsselfiguren des Athenäums nach dem institutionellen Niedergang des Kreises fällt auf, daß relativ wenige, in der Regel biographisch angelegte Monographien verfaßt wurden.[21] In ihnen, doch vor allem in den fachwissenschaftlichen Aufsätzen, läßt

---

18 Siehe namentlich die Beiträge von Edith Negrín ("El Ateneo de la Juventud y los hombres que dispersó la revolución", *Texto Crítico* 10, 28 [Jan.-April 1984], S. 67-81), Karlheinrich Biermann ("*Indigenismo*"), Gabriella de Beer ("El Ateneo y los ateneístas: un examen retrospectivo", *Revista Iberoamericana* 55, 148/149 [1989], S. 737-749) und Serge I. Zaitzeff ("Hacia el concepto de una generación perdida mexicana", *Revista Iberoamericana* 55, 148/149 [Juli-Dez. 1989], S. 751-757).

19 Vgl. Paulette Patout (*Alfonso Reyes et la France [1889-1959]*, Paris 1978, S. 43ff.); Juan Hernández Luna ("El Ateneo de la Juventud", in: ders. [Hrsg.], *Conferencias del Ateneo de la Juventud*, México ²1984 [¹1962], S. 7-23) und Josefina Zoraida Vázquez ("Antes y después de la Revolución Mexicana", *Revista Iberoamericana* 55, 148/149 [Juli-Dez. 1989], S. 693-713).

20 So zählt James D. Cockcraft (*Intellectual precursors of the Mexican Revolution, 1900-1913*, Austin; London ²1976 [¹1968]) die Mitglieder des Athenäums pauschalisierend zu den Wegbereitern der Revolution, während Edith Negrín ("Ateneo", S. 70ff.) auf die ablehnende Haltung einzelner Vertreter gegenüber den politischen Entwicklungen hinweist.

21 Vgl. Claude Fell, *José Vasconcelos. Los años del águila (1920-1925). Educación, cultura e iberoamericanismo en el México postrevolucionario*, México 1989; Manuel Olguín, *Alfonso Reyes, ensayista. Vida y pensamiento*, México 1956; Paulette Patout, *Alfonso Reyes*; James Willis Robb, *Por los caminos de Alfonso Reyes*, México 1981; Gabriella de Beer, *José Vasconcelos and his world*, New York 1966; Ricardo Navas Ruiz, *José Vasconcelos y la educación en México*, Salamanca 1984;

sich angesichts der umfangreichen essayistischen Produktion Casos, Henríquez Ureñas, Vasconcelos' und Reyes' eine Tendenz zur Kanonisierung weniger Primärtexte ausmachen. Die Konzentration auf den essayistischen Höhenkamm[22] bringt es allerdings mit sich, daß der gedankliche Entwicklungsgang der vier Gründer des *Ateneo de la Juventud* vor und nach ihren herausragenden Essays kaum oder nur bruchstückhaft angesprochen wird. Im Sinne einer historisch-inhaltlichen Perspektivierung erscheint es daher sinnvoll, ergänzend zu den bisherigen Untersuchungen diese Lücken zu schließen und die Aufmerksamkeit auf die identitätstheoretische Relevanz bislang wenig oder nicht erfaßter Texte zu richten.

Angesichts dieser bislang von der Forschung unbeantworteten Fragen erscheint es angebracht, in dem folgenden Kapitel zunächst die Voraussetzungen für eine identitätstheoretische Untersuchung athenäistischer Stellungnahmen zur mexikanischen Selbstbestimmung zu schaffen. In dieser Absicht werden für das Erkenntnisinteresse relevante Thesen zur Identität erfaßt und für die Ausarbeitung eines Analysemodells von Identitätsdiskursen operationalisierbar gemacht.

1. Entwicklung eines Modells zur Erfassung nationaler und kontinentaler Identitätsdiskurse

Nachdem die Beschäftigung mit identitätstheoretischen Fragestellungen seit der griechischen Antike bis zur Etablierung der Sozialwissenschaften und der Psychologie als Domäne der Philosophie galt, entwickelte die Identitätsforschung im zwanzigsten Jahrhundert eine große Dynamik.[23] Die zahlreichen philosophischen, tiefen- und sozialpsychologischen, historischen, politischen, soziologischen, ethnologischen und kulturwissenschaftlichen Studien veranlaßten Claude Lévi-Strauss zu der Feststellung, daß das Thema der Identität "praktisch alle Disziplinen" angehe.[24] Speziell in der Lateiname-

---

Luis Garrido, *Antonio Caso: una vida profunda*, México 1961; Eduardo Matos Moctezuma, *Pedro Henríquez Ureña y su aporte al folklore latinoamericano*, México 1981; Eugenio Pucciarelli, *Pedro Henríquez Ureña: humanista*, Buenos Aires 1984 und Alfredo A. Roggiano, *Pedro Henríquez Ureña en México*, México 1989.

22 Im Vordergrund des Forschungsinteresses stehen Reyes' Essays aus *Ultima Tule*, *Tentativas y Orientaciones* und *Visión de Anáhuac*, Vasconcelos' *La raza cósmica* und *Indología*, Henríquez Ureñas *Seis ensayos en busca de nuestra expresión* und Casos *Discursos a la nación mexicana* sowie *La existencia como economía, como desinterés y como caridad*.

23 Dies veranlaßte Odo Marquard zu der Kritik: "Das Thema 'Identität' hat Identitätsschwierigkeiten: die gegenwärtig inflationäre Entwicklung seiner Diskussion bringt nicht nur Ergebnisse, sondern auch Verwirrungen. In wachsendem Maße gilt gerade bei der Identität: alles fließt. So werden die Konturen des Identitätsproblems unscharf; es entwickelt sich zur Problemwolke mit Nebelwirkung: Identitätsdiskussionen werden - mit erhöhtem Kollisionsrisiko - zum Blindflug" ("Identität: Schwundtelos und Mini-Essenz - Bemerkungen zur Genealogie einer aktuellen Diskussion", in: ders./Karlheinz Stierle [Hrsg.], *Identität*, München 1979, S. 347-369, hier S. 347).

24 "Vorwort", in: Jean-Marie Benoist (Hrsg.), *Identität. Ein interdisziplinäres Seminar unter Leitung von Claude Lévi-Strauss*, Stuttgart 1980, S. 7-9, hier S. 7.

rikanistik gab die Wiederkehr des fünfhundertsten Jahrestages der Landung Kolumbus' Anlaß zu einer Vielzahl von Studien, die das große philologische Interesse an Fragen der Identität, Alterität, Fremdwahrnehmung und Stereotypie belegen.[25] Trotz der immer breiteren Streuung der Erklärungsansätze kann zur begrifflichen Eingrenzung darauf verwiesen werden, daß der "'elephant' called 'identity'"[26], um im Bild zu bleiben, auf vier Beinen steht. Die Identitätsforschung erfaßt 1. den Aspekt des Subjektes, 2. jenen der Gruppe und ihrer Bestimmungen für Mitglieder sowie Analysierende, 3. das Thema der (In-)Varianz und Funktion von Identität sowie 4. die Frage nach dem Verhältnis der Ebenen 1 bis 3 zueinander.[27]

Da sich die anschließende Analyse der mexikanischen und speziell athenäistischen Identitätsdiskurse besonders auf die kollektiven Dimensionen der Identität bezieht, stehen diese auf den folgenden Seiten im Vordergrund des Interesses. Angesichts der komplexen Interferenzen von personaler und kollektiver Identität erscheint es allerdings angebracht, zunächst zentrale Theoreme der personalen Identität zu erfassen und zu systematisieren, sofern sie für gruppenspezifische Identitätsdiskurse relevant sind. In Hinblick auf die anschließend erfolgende Behandlung der wichtigsten Aspekte nationalkultureller Diskurse soll sich das Hauptaugenmerk vornehmlich auf das Phänomen von Kontinuität und Wandel sowie hiermit zusammenhängend auf die Wechselbeziehung von Identität und Differenz richten.

Die Beschäftigung mit Fragen der personalen Identität reicht bis weit in die Antike zurück, und es liegt nahe, daß angesichts der komplexen geistesgeschichtlichen Filiationen der Identitätsdiskussion im folgenden nur einige Grundlinien erörtert werden können. Spätestens seit Heraklits Feststellung, daß niemand zweimal in denselben Fluß steigt, ist bekannt, wie sehr sich im Ablauf der Zeit Dinge, doch auch Individuen und deren Identitäten wandeln.[28] Gleichzeitig jedoch läßt sich bereits die entgegengesetzte Position ausmachen, welche die Einheit und Unteilbarkeit des *atomos*, die Cicero als *individuus* übersetzte, hervorhebt. Schon Platon reflektierte dialektisch über den Bezug von Identität und Differenz, Kontinuität und Wandel, Einheit und Vielheit, respektive Einheit *in* Vielheit.[29] Das Miteinander dieser Konzeptionen bestimmte fortan die identitätstheoretische Diskus-

---

25 Als Auswahl sei verwiesen auf Frauke Gewecke, *Wie die neue Welt in die alte kam*, Stuttgart 1992 ([1]1986); Annerose Menninger, "Unter 'Menschenfressern'?", in: Thomas Beck/dies., Thomas Schleich (Hrsg.), *Kolumbus' Erben. Europäische Expansion und überseeische Ethnien im ersten Kolonialzeitalter*, Darmstadt 1992, S. 63-98; Gustav Siebenmann, "Methodisches zur Bildforschung", in: ders./Hans-Joachim König (Hrsg.), *Das Bild Lateinamerikas im deutschen Sprachraum*, Tübingen 1992, S. 1-17; Tzvetan Todorov, *La conquête de l'Amérique. La question de l'autre*, Paris 1982; Iris M. Zavala (Hrsg.), *Discursos sobre la 'invención' de América*, Amsterdam/Atlanta, GA 1992.

26 Anita Jacobson-Widding, "Introduction", in: dies., (Hrsg.), *Identity: Personal and Socio-Cultural. A Symposium*, Uppsala 1983, S. 13-32, hier S. 13.

27 Siehe Jean-Marie Benoist, "Facetten der Identität", in: ders. (Hrsg.), *Identität*, S. 11-21, hier S. 20.

28 Vgl. hierzu Dieter Henrich, "'Identität' - Begriffe, Probleme, Grenzen", in: Marquard/Stierle (Hrsg.), *Identität*, S. 133-186, hier S. 141f.

29 Siehe Walter Beierwaltes, *Identität und Differenz*, Frankfurt/Main 1980, S. 9.

sion. So vertritt Thomas von Aquin die Konzeption eines mit sich identischen, von anderen jedoch unterscheidbaren Individuums.[30] Gleichzeitig ging die Scholastik angesichts der Aporie einer fest umrissenen Identität des Individuums von deren prinzipieller Unsagbarkeit aus. Auch die Philosophie späterer Jahrhunderte - verwiesen sei auf Leibniz' Monadenlehre, Kant, Fichte, Hegel und Schelling, - konnte nicht darüber hinwegsehen, daß das formallogische Konzept der Identität im Sinne der Formel "A ist gleich A" in der individuellen und sozialen Empirie an seine Grenzen stößt.[31] Dieser Einsicht entsprechend prägte 1922 Kurt Lewin, der sich in identitätstheoretischer Hinsicht mit der Trennung des Biologischen vom Physikalischen befaßte, für die menschliche Identität den Begriff der "biologischen Genidentität",[32] um das Problem der Selbigkeit zu beschreiben.

Vor dem Hintergrund individueller Erfahrungen und Erinnerungen ist in den jüngeren Forschungen der Verweis auf die Kontinuität eines mit sich identischen Individuums nicht strittig.[33] Zugleich wird jedoch anerkannt, daß neben diesem Aspekt das Merkmal des Wandels zu berücksichtigen ist. Daher bemüht sich die Individualpsychologie unserer Tage darum, dem ambivalenten Wesenszug der Identität gerecht zu werden. Nichtsdestoweniger herrschen je nach Erkenntnisinteresse zwei sich berührende Tendenzen vor: Vertreter der Kontinuitätsthese berufen sich vor allem auf Erik H. Erikson, der als Wegbereiter der Theorie der personalen und der Ich-Identität den Begriff der *selfsameness* als "persistant sameness within oneself"[34] prägte. Zudem verwies er auf das für die Identitätsfindung notwendige Wechselspiel zwischen dem Ich und dem Anderen.[35]

Der bei Erikson im Vordergrund stehende Aspekt der identitätsbildenden Kontinuität findet seine notwendige Ergänzung durch ein dekonstruktivistisches Konzept der personalen Identität. Insbesondere dank der Forschungen Claude Lévi-Strauss' konnten die Aspekte der Heterogenität, der Fragmentarisierung, der Pluralität und der Diskontinuität

---

30 Siehe Emil Angehrn, *Geschichte und Identität*, Berlin 1985, S. 239. Hier auch das entsprechende Zitat aus der Summa Theol. I, 29, 4c: "Individuum (...) est, quod est in se indistinctum, ab aliis vero destinctum".

31 Mit der Bewußtseinsphilosophie des deutschen Idealismus rückt in Abkehr der formallogischen Deutung der Identität eine ontologische Sichtweise des Phänomens in den Mittelpunkt. Vgl. hierzu Henrich, "'Identität'", S. 137f. und 141f. sowie Konrad Jacobs, "Der Begriff der Identität in der Mathematik", in: Henning Kößler (Hrsg.), *Identität*, Erlangen 1989, S. 11-21, hier S. 11f.

32 Kurt Lewin, *Der Begriff der Genese in Physik, Biologie und Entwicklungsgeschichte*, in: *Werke*, Bd. 2, hrsg. v. Carl-Friedrich Graumann, Bern; Stuttgart 1983 (^{1}1922), S. 47-318, hier S. 298. Vgl. zu diesem Thema auch Walter Kersten, "Die biologische Identität des Menschen", in: Kößler (Hrsg.), *Identität*, S. 23-33.

33 Siehe David J. de Levita, *Der Begriff der Identität*, Frankfurt/Main 1971, S. 22.

34 Erik H. Erikson, "Identity and the Life Circle. Selected Papers", in: George S. Klein (Hrsg.), *Psychological Issues*, New York 1959, S. 18-171, hier S. 102.

35 "The conscious feeling of having a personal identity is based on two simultaneous observations: the perception of selfsameness and continuity of one's existence in time and space and the perception of the fact that others recognize one's sameness and continuity" (ders., *Identity: Youth and Crisis*, New York 1968, S. 50).

des Ich analytisch erschlossen werden.[36] Identität, so ein Grundtenor, ist weder rein dynamisch noch statisch definierbar, sondern sie kann wie die Alterität mit letzter Gewißheit nur als offenes Konstrukt erfaßt werden, so daß sich das Individuum nach Julia Kristeva als "Subjekt im Prozeß"[37] präsentiert.

Bei der Erfassung der prozeßhaften Entwicklung von Identität durch Interaktion und Kommunikation erwies sich die Theorie des symbolischen Interaktionismus besonders fruchtbar. Sie beschreibt den Austausch mit den Anderen als fortwährenden kreativen Akt, der von den Erwartungen des Einzelnen und der Gruppe nachhaltig geprägt wird. Die durch den symbolischen Interaktionismus analysierte Bedeutung der Mitmenschen für die Identität des Ich fußt auf der Erfassung von Begegnungen mit der Alterität als relationale "Akte der Selbstauslegung".[38] Um sich selbst zu finden, muß das Individuum gemäß der Terminologie des symbolischen Interaktionismus das generalisierte Andere internalisieren.[39] Wie Mead nachweisen konnte, geht das "me" dem "I" voran, mit der Folge, daß sich die Persönlichkeit des Individuums durch die Übernahme von Fremderwartungen ausformt.[40] Hierbei können mehrere "mes" dem "I" gegenübertreten, das deren unterschiedliche Erwartungen möglichst konsistent zu einer Synthese, dem "self", kombinieren muß. Das "self" beruht demzufolge auf einer integrativ vorgenommenen Interpretation der Fremd- und Selbstwahrnehmung. Zur Identitätskonstitution muß freilich auch gewährlei-

---

36 Claude Lévi-Strauss versteht Identität als "eine instabile Funktion und keine substanzielle Realität, wir sind gleichermaßen flüchtige Orte und Augenblicke des Zusammentreffens, des Austauschs und des Konflikts" ("Vorwort", S. 9). Diese Einsicht führt unter Hinzuziehung der Theorien Adornos, Barthes, Derridas und Paul de Mans zu weitreichenden analytischen Konsequenzen bei der Erfassung von Erscheinungsformen der identitätsspezifischen narrativen oder strukturellen Spezifika (post-) moderner hispanoamerikanischer Literatur. Aus der Vielzahl diesbezüglicher Studien seien stellvertretend genannt Vittoria Borsò, *Mexiko jenseits der Einsamkeit - Versuch einer interkulturellen Analyse*, Frankfurt/Main 1994; Inke Gunia, *"¿Cuál es la onda?" La literatura de la contracultura juvenil en el México de los años sesenta y setenta*, Frankfurt/Main 1994 sowie Roland Spiller, *Zwischen Utopie und Aporie. Die erzählerische Ermittlung der Identität in argentinischen Romanen der Gegenwart: Juan Martini, Tomás Eloy Martínez, Ricardo Piglia, Abel Posse und Rodolfo Rabanal*, Frankfurt/Main 1993. Adornos Thesen zum Nicht-Identischen bespricht ausführlich Beierwaltes, *Identität*, S. 269-314.
37 "Das Subjekt im Prozeß: Die poetische Sprache", in: Benoist (Hrsg.), *Identität*, S. 187-209, hier S. 198. Vgl. die Einträge *Identité* und *Altérité* in Algirdas Julien Greimas/Joseph Courtés, *Sémiotique. Dictionnaire raisonné de la théorie du langage*, Paris 1979, S. 178f. und S. 13.
38 Alfred Schütz, "Grundzüge einer Theorie des Fremdverstehens", in: ders., *Der sinnhafte Aufbau der sozialen Welt*, Wien 1959 (^{1}1932), S. 106-155, hier S. 123.
39 Vgl. Marquard, "Identität", S. 349.
40 George Herbert Mead, *Geist, Identität und Gesellschaft*, Frankfurt/Main 1973, S. 216ff. Die zu Beginn der 70er Jahre von Tajfel entwickelte *Social Identity Theory* betonte den sozialen Aspekt der Identitätsbildung im Rahmen der dynamischen Interaktion zwischen dem Individuum und dem sozialen Kontext. Näheres hierzu in Bodo Stange, *Die Theorie der sozialen Identität. Analyse eines Reformversuches in der Sozialpsychologie*, Hamburg 1991.

stet sein, daß das Ich als Subjekt sich selbst zum Objekt haben kann.[41] Namentlich Claude Lévi-Strauss' Forschungen trugen dazu bei, die für den Interaktionismus bedeutsame Alterität nicht mehr als Opposition, Polarität oder Dichotomie, sondern im Sinne einer komplementären oder reziproken Beziehung wahrzunehmen.[42] Gleichzeitig spiegelt sich das Ich aber auch derart im Anderen, daß von einer "Identität in der Differenz"[43] gesprochen werden kann. Jeder auf ein Objekt außerhalb des Ich bezogener Versuch des Erkennens führt dazu, daß sich dieses Ich seiner selbst bewußt wird.

Es stellt sich jedoch gleichzeitig die Frage, in welchem Maße die Beschäftigung mit dem Anderen diesem gerecht wird und dessen Fremdheit überwinden kann. Dieses für die vorliegende Untersuchung nicht unerhebliche epistemologische und heuristische Problem erwächst aus der Tatsache, daß die Ausformung der Identität des Ich oder des Kollektivs wie die des Bildes der Anderen primär "im Kopf der Menschen"[44] stattfindet. Selbstbild und Fremdbild stellen zwangsläufig die Realität verzerrende Abstraktionen dar: Kulturelle Fremdheit bleibt letztlich unaufhebbar, doch erlaubt die Ausprägung einer *vulnérabilité* im Sinne Emmanuel Lévinas', sich der Alterität zu öffnen und zugleich deren Differenz und Eigenständigkeit zu respektieren.[45] Dieses Postulat entspricht dem Grundanliegen des Lévinas'schen Denkens, die Bedeutung des Anderen zu denken und dabei die unaufhebbaren, uneinlösbaren Asymmetrien zwischen dem Anderen und dem Ich aufrecht zu halten. Die Andersheit des Anderen bleibt somit bewahrt.

Lévinas konnte ferner darauf hinweisen, daß die Sprache zu einer unüberbrückbaren Trennung vom Anderen führt, denn alles Gesagte ist eine Desavouierung des ursprünglichen Sagens. Dieses sprachphilosophischen Problems nahm sich auch die Stereotypenforschung an. Sie wies auf das Zusammenspiel von Auto- und Heterostereotypen hin, welches die Wahrnehmung des individuellen, gruppenspezifischen sowie nationalen Selbst und das Bild der Alterität beeinflußt.[46] Basierend auf der Einsicht, daß Denken "in angelernten und darum historisch gewachsenen Kategorien" funktioniert, sind auch Selbst-,

---

41 Siehe Karlheinz Ohle, *Das Ich und das Andere. Grundzüge einer Soziologie des Fremden*, Stuttgart 1978, bes. S. 2ff. und 44; ferner Holger Kurt Schneider, "Psychiatrie und Identität", in: Kößler (Hrsg.), *Identität*, S. 35-50, hier S. 39.

42 Siehe Claude Lévi-Strauss, *Race et histoire*, Paris 1961 ([1]1952).

43 Beierwaltes, *Identität*, S. 25. Vgl. Mario Erdheim: "Identität gibt es nicht an und für sich, sie bestimmt sich immer als Differenz zum anderen, zum Fremden" (*Psychoanalyse und Unbewußtheit in der Kultur*, Frankfurt/Main 1988, S. 345) und Tzvetan Todorov: "l'identité nait de la (prise de conscience de la) différence" ("Le croisement des cultures", *Communications* 43 [1986], S. 5-26, hier S. 16).

44 Ohle, *Das Ich*, S. 8.

45 Emmanuel Lévinas, *Humanisme de l'autre homme*, Montpellier 1972, S. 93f. Der Philosoph bringt das hier angesprochene Phänomen auf die Formel: "das Sein ist Exteriorität" (*Totalität und Unendlichkeit*, Freiburg; München 1987, S. 418f.). Für das Selbst sollte daher die Dezentrierung konstitutiv werden.

46 Siehe hierzu Helge Gerndt, "Zur kulturwissenschaftlichen Stereotypenforschung", in: ders. (Hrsg.), *Stereotypenvorstellungen im Alltagsleben. Beiträge zum Themenkreis Fremdbilder - Selbstbilder - Identität*, München 1988, S. 9-12.

Fremd- und Weltbilder notwendigerweise "subjektive Entwürfe sekundärer Art".[47] Stereotype lassen hierbei die entlastende Illusion einer Durchdringbarkeit der Alterität wie des Ich entstehen, indem sie realitätsstiftend wirken und einen konstruierten oder unzulässig verallgemeinerten Sachverhalt an die Stelle der Realität treten lassen. Auf diese Weise verzerren sie zwar einerseits die tatsächlichen Gegebenheiten, doch reduzieren sie andererseits die Komplexität und den diffusen Charakter des Unbekannten. Sie schaffen den Eindruck einer Erfaßbarkeit der Alterität und tragen hierdurch zur Festigung der eigenen Befindlichkeit beziehungsweise jener des Kollektivs bei. Wie das Fremde durch die Stereotypisierung für das Individuum und das Kollektiv "entfremdet" wird, so dient auch das stereotype Selbstbild der "Entfremdung". Indem die Rollen und Perspektiven festgelegt werden, in denen sich der Einzelne wie die Bezugsgruppe bewegt, wird mittels der Autostereotypen eine Identität *konstruiert*. Denkbar ist hierbei eine Überschneidung, wenn nicht gar Kongruenz zwischen individuellem Selbststereotyp, angenommenen Merkmalen eines Nationalcharakters und nationalen Auto- beziehungsweise Heterostereotypen.[48]

Angesichts dieser Beobachtungen kann nicht mehr von dem Konzept einer monolithisch zu verstehenden Identität ausgegangen werden. An ihrer Statt ist eher von der Pluralität synchroner Identitäten zu sprechen, die infolge einer autoreflexiven Auseinandersetzung mit dem Ich, dem Kollektiv und seinen Verhaltenserwartungen sowie mit dem Fremden entstehen. Identität als plurales Konzept sollte demzufolge als kontinuierlicher, kreativer, interaktiver und auf Differenz beruhender autoreflexiver Prozeß verstanden werden, der über die personale Identitätsbildung hinaus auch bei der Konstituierung der Identität von Kollektiven mitwirkt. Sozialkonstruktivistische Forschungen verweisen in diesem Zusammenhang darauf, wie sehr sich personale, mikro- und makrosoziale Dimensionen der Identität überlagern. Die Identität des Individuums ist daher "immer geschichtlich-soziale Identität, Ich-Identität immer auch ein Stück Wir-Identität, Gruppen-Identität".[49] Kollektive Normen zeitigen eine maßgebliche Rückwirkung auf jedes Gruppenmitglied, da neben der prägenden Kontingenz der sozialen und ökonomischen Ausgangsbedingungen, in die der Mensch "geworfen" wird, "die geschichtlich-gesellschaftliche Umwelt mit ihren faktischen und normativen Vorgaben und ihren Identifikationsangeboten"[50] die Identität des Subjekts ausformen hilft. Politische, historische und soziokulturelle Rahmenbedingungen sind als gemeinschaftsbildender "nucleus of motives formed by common experiences and

---

47 Wolfgang Brückner, "Stereotype Anschauungen über Alltag und Volksleben in der Aufklärungsliteratur. Neue Wahrnehmungsparadigmen, ethnozentrische Vorurteile und merkantile Argumentationsmuster", in: Gerndt (Hrsg.), *Stereotypenvorstellungen*, S. 121-131, hier S. 121.

48 Vgl. Hermann Bausinger, "Name und Stereotyp", in: Gerndt (Hrsg.), *Stereotypenvorstellungen*, S. 13-19, hier S. 13 und Alan Dundes, "Defining Identity through Folklore", in: Jacobson-Widding (Hrsg.), *Identity*, S. 235-261, hier S. 251.

49 Henning Kößler, "Bildung und Identität", in: ders. (Hrsg.), *Identität*, S. 51-65, hier S. 61. Siehe ferner Bernd Krewer, *Kulturelle Identität und menschliche Selbsterforschung. Die Rolle von Kultur in der positiven und reflexiven Bestimmung des Menschen*, Saarbrücken; Fort Lauderdale 1992, S. 350ff.

50 Kößler, "Bildung", S. 61. Siehe auch Harro Honolka, *Schwarzrotgrün - Die Bundesrepublik auf der Suche nach ihrer Identität*, München 1987.

necessities"[51] für die Ausformung des Ich konstitutiv. Identitätsbildung ist daher als verschränkter Prozeß zwischen Person und Kollektiv zu verstehen. Die Wesensmerkmale des Kollektivs können hierbei relativ stabil bleiben, selbst wenn die Gruppenmitglieder variieren. Da allerdings das Individuum über die Fähigkeit der Selbstreflexion und Kritikfähigkeit verfügt, kann es sich die Möglichkeit eröffnen, einen Gegendiskurs zum orthodoxen Gruppendiskurs zu entwickeln. Somit entsteht die Identität des Individuums wie die des Kollektivs aus dem Wechselspiel von Differenz und Kongruenz oder *sameness*, um im Wortgebrauch Eriksons zu bleiben.[52] Der Sprache - ob in gesprochener oder geschriebener Form - und ihrer Fähigkeit, Diskurse auszuformen, kommt bei diesem Prozeß der individuellen wie auch der kollektiven Identitätsfindung eine nicht unproblematische Sonderrolle zu. Dementsprechend erfaßt Wolfgang Matzat unter Verweis auf Foucaults Diskurstheorie, nach der sämtliche sprachliche Äußerungen durch überindividuelle Diskurse mit nur eingeschränkten Innovationsmöglichkeiten geprägt sind, Identität als "diskursives Konstrukt".[53]

Nach dieser Verortung der Identität des Individuums stellt sich die Frage nach den Merkmalen der kollektiven Identität, deren Dimensionen im folgenden modellhaft erfaßt werden sollen. Zu diesem Zweck wird ein idealtypisches Merkmalsmuster zur Erfassung kollektiver Identitätsdefinitionen entwickelt, an dessen Kategorien in der vorliegenden Studie die identitätstheoretische Relevanz der Identitätsdiskurse des Athenäums gemessen wird.

1. Kollektive Identität ist dadurch geprägt, daß alle Mitglieder einer Gruppe bereit sind, sich einem Mindestmaß bestimmter Wert- und Verhaltensnormen zu unterwerfen. Diese Normen sind mehr oder weniger explizit formuliert, wirken aber in jedem Fall als Vorgaben oder Orientierungswissen mit sinnstiftenden und ideologischen Funktionen.[54] Nationale Standards und Regeln fixieren wert- und handlungsorientierende Vorgaben, an denen sich das Individuum ausrichtet. In Anlehnung an Erikson erfaßt De Levita Gruppenidentität daher als "die Wesensmerkmale einer Gruppe, die konstant bleiben, obwohl die Gruppenmitglieder variieren".[55] Sicherlich besitzt kollektive Identität die Dimension der Kontinuität, doch andererseits kann nicht geleugnet werden, daß sich diachronisch auch die Werte und Normen von Gruppen nie statisch präsentieren. Der bei Erikson und De Levita

---

51 Michael Maccoby, "On Mexican National Character", in: Don A. Martindale (Hrsg.), *National Character in the Perspective of Social Sciences*, Philadelphia 1967, S. 63-73, hier S. 64.
52 Vgl. dessen definitorische Verbindung von personaler und soziokultureller Identität (*Identity and the Life Cycle*, S. 109).
53 Wolfgang Matzat, "Mexikanische Identität als Gegenidentität. Das Verhältnis zwischen Mexiko und den USA im Kontext einer Diskursgeschichte der mexikanischen Essayistik", in: ders., *Lateinamerikanische Identitätsentwürfe: essayistische Reflexion und narrative Inszenierung*, Tübingen 1996, S. 113-167, hier S. 115. Die Bedeutung der Literatursprache für die Entstehung eines thetischen Bewußtseins erörtert Kristeva, "Das Subjekt im Prozeß".
54 Siehe Gotthard Jasper, "Die Identität der Deutschen", in: Kößler (Hrsg.), *Identität*, S. 67-86, hier S. 72.
55 David J. de Levita, *Identität*, S. 31.

im Vordergrund stehende Aspekt der Kontinuität erfährt demzufolge durch Sorokins Verweis auf den "immanent dynamism of meanings"[56] in Gesellschaften eine notwendige Ergänzung.

2. Kollektive Identität entsteht vor dem Hintergrund der Differenz zwischen Ingroup und Outgroup. Die Beziehung zum Anderen und zum Fremden ist für die Identität von Gruppen wie von Individuen konstitutiv, denn wie sich das Ich im Anderen spiegelt, so bedarf die Identität einer Gruppe A stets auch der Differenz zu einer Gruppe B. Nationale Identität leitet sich demzufolge der personalen Identität vergleichbar aus einem dialogischen Kommunikationsprozeß ab, der zwischen der Außenansicht des Fremden und der Innenansicht der Betroffenen sowie Attraktion und Repulsion vermittelt.[57]

Wie die komparatistische Imagologie betont, vermag der bedeutungsvolle Vergleich des Eigenen mit dem Fremden die Auto- und Heteroimages - und hiermit die Absolutheit und die Selbstverständlichkeit der eigenen kulturellen Ordnung - in Frage zu stellen oder zu festigen.[58] Hierbei findet der Kommunikationsprozeß zwischen Ingroup und Outgroup meist unter dem Vorzeichen des von Auto- und Heterostereotypen geprägten Soziozentrismus statt, so daß der mögliche Konflikt zwischen Eigenem und Fremdem bereits durch die soziozentrische Perzeption entschärft wird. Die Xenophobie, welche vor allem in Gruppen mit labiler Identitätskonstruktion, in überdurchschnittlich ethnozentrisch orientierten Kollektiven und in erstarrten Gesellschaften mit innerem Veränderungsdruck oder Legitimationsdefiziten verbreitet ist, bildet somit eine strategische Variante, welche den Kontakt mit dem Fremden vermeidet, um Eigenes nicht hinterfragen zu müssen.[59] Der nationalstaatliche Patriotismus verfolgt demzufolge als Produkt einer häufig feindseligen Abgrenzung nach außen das Ziel, die intraethnische Solidarität zu stärken. Der innere Zusammenhalt des Kollektivs soll gefestigt, eventuelle Zweifel an dem ethnozentrischen Überlegenheitsgefühl unterbunden werden. Umgekehrt erfahren universalistisch orientierte, stabile Kollektive die Begegnung mit der Alterität als Herausforderung und Bereicherung der eigenen Kultur.

---

56 Pitrim A. Sorokin, *Society, Culture and Personality. Their Structure and Dynamics. A System of General Sociology*, New York 1969, S. 380.

57 In diesem Zusammenhang ist auf die Thesen von David J. De Levita, Phyllis Greenacre und Thomas Luckmann zu verweisen. Vgl. Alan Dundes, "Identity", S. 238. Siehe zu den Mechanismen des Kulturdialoges die Beiträge in Thomas Fillitz, André Gingrich, Gabriele Rasuly-Paleczek (Hrsg.), *Kultur, Identität, Macht. Ethnologische Beiträge zu einem Dialog der Kulturen der Welt*, Frankfurt/Main 1993.

58 Siehe Manfred S. Fischer, *Nationale Images als Gegenstand Vergleichender Literaturgeschichte. Untersuchungen zur Entstehung der komparatistischen Imagologie*, Bonn 1981, speziell S. 20f.

59 So Mario Erdheim, "Zur Ethnopsychoanalyse von Exotismus und Xenophobie", in: Institut für Auslandsbeziehungen/Württembergischer Kunstverein (Hrsg.), *Exotische Welten. Europäische Phantasien*, Stuttgart 1987, S. 48-53, hier S. 50. Weitere mögliche Varianten zum Abbau konfliktiver Spannungen innerhalb eines Beziehungszusammenhanges erschließt Kurt Singer, "The Resolution of Conflict", *Social Research* 16 (1949), S. 230-245.

Die ethnozentrische Konstante der Perzeption des Fremden bewirkt, daß "das Andersartige, das Fremdartige in der Regel nur dann wahrgenommen (wird), wenn es in der eigenen Kultur eine konzeptuelle Entsprechung findet".[60] Dieser prinzipiellen Unmöglichkeit, der Eigenwertigkeit der Alterität unvoreingenommen und ohne perzeptive Verwerfungen zu begegnen, setzt Habermas sein Modell eines verständnisorientierten Handelns entgegen. Im Unterschied zu Lévinas, der größten Wert darauf legt, die Unantastbarkeit der Alterität durch die *vulnérabilité* des Individuums zu behaupten, geht Habermas bei seinem Entwurf einer idealen Kommunikationsgemeinschaft davon aus, daß die Interaktionsteilnehmer "ihre Handlungspläne koordinieren, indem sie sich miteinander über etwas in der Welt verständigen".[61] Der unverstellte Kontakt zwischen Alter und Ego ist somit aus Habermas' Sicht möglich, mehr noch: Das Ego stehe in einer "interpersonalen Beziehung, die es ihm erlaubt, sich aus der Perspektive von Alter auf sich als Teilnehmer an einer Interaktion zu beziehen".[62] Sei dieser Diskurs der wechselseitigen Objektivierung erst einmal eingeübt, so könne das Ich in performativer Einstellung die Perspektiven der ersten, zweiten und dritten Person problemlos übernehmen und ineinander transformieren. Hierzu sei allerdings die Bereitschaft erforderlich, Identität als kontinuierlichen Lernprozeß zu begreifen, der auf der Basis wert- und normbildender Kommunikation zwischen Individuen und Kulturen stattfindet.[63] Da Habermas an der Möglichkeit einer intersubjektiven Verständigung keinen Zeifel läßt, findet natürlich Foucaults Überzeugung von der prinzipiellen Machtimplikation von Diskursen seinen heftigen Widerspruch,[64] und Lévinas tritt nur am Rande als Ideenlieferant für Derridas "jüdisches Traditionsverständnis"[65] in Erscheinung.

Zweifelsohne ist im Zuge einer offenen diskursiven Auseinandersetzung mit dem Fremden ein Abbau der ethnozentrischen Perspektive und die Entwicklung einer im Sinne Habermas' "vernünftigen" Identität wünschenswert. Auch ist Habermas' Hinweis bedeutsam, daß die mit der Hinwendung zum Anderen verbundene Entwicklung universalistischer Identitätsstrukturen in der Moderne eine wichtige Ergänzung zu den traditionellen, in sich abgeschlossenen Konzepten von Ich- und Gruppenidentität darstellen kann. Zweifel sind jedoch angebracht, ob Habermas' These, den Ethnozentrismus im Zuge der im Idealfall herrschaftsfreien diskursiven Identitätsfindung zu durchbrechen, realisierbar ist. Fragwürdig erscheint auch die Annahme, daß mittels der Entwicklung kommunikativer Vernunft eine intersubjektive Verständigung und machtfreie, reziproke Anerkennung des

---

60 Frauke Gewecke, *Wie die neue Welt in die alte kam*, München 1992, S. 286.
61 Jürgen Habermas unter Verweis auf seine Theorie des kommunikativen Handelns in: *Der philosophische Diskurs der Moderne*, Frankfurt/Main 1988, S. 346.
62 A.a.O., S. 347.
63 Jürgen Habermas, "Können komplexe Gesellschaften eine vernünftige Identität ausbilden?", in: ders./Dieter Henrich, *Zwei Reden*, Frankfurt/Main 1974, S. 23-84, hier S. 65f.
64 Daß die von Habermas Foucault gegenüber vorgebrachte Kritik, sein Machtbegriff sei eine Aporie und ambivalent, problematisch ist, belegt Borsò. Sie weist darauf hin, daß gerade der doppeldeutige Status der Kategorie der Macht es erlaube, Foucaults Thesen sowohl text- als auch diskursanalytisch fruchtbar zu machen ("Utopie", S. 108).
65 Habermas, *Diskurs*, S. 195.

Alter und des Ego möglich ist. So sehr diese Idealität des Miteinanders von Eigenem und Fremdem anzustreben wäre, so sehr stellen sich angesichts der kulturellen Praxis der Fremdbegegnung, doch vor allem aufgrund der bereits erörterten Gesetzmäßigkeiten wahrnehmungspsychologischer Prozesse Zweifel an der Realisierbarkeit dieser Option ein. Solange davon auszugehen ist, daß der Mensch bei dem Versuch, das Fremde zum Eigenen zu machen, dieses Fremde modifiziert, sollte daher der Kontakt mit der Alterität weniger auf die Aufhebung der Fremdheit als vielmehr auf die Wahrung der eigenen Verletzlichkeit dem Fremden gegenüber abgestellt sein.

Aus diesem Grunde erscheint es angebracht, eher Lévinas' Thesen zu folgen und eine *vulnérabilité* für den Anderen anzustreben, welche den eigenen Ethnozentrismus dezentriert und die Alterität als solche akzeptiert.[66] Während Habermas' Thesen zur "vernünftigen" Identitätsbildung eher auf die Schaffung einer auf Homogenität abzielenden Interaktion hinauslaufen, läßt sich in Anlehnung an Lévinas eher das Modell eines polylogisch organisierten, hybriden Miteinanders vertreten. Aufgrund der Hinterfragung des Ethnozentrismus kann dabei das betrachtende Subjekt im Idealfall die Fähigkeit erwerben, der Andersheit des Fremden möglichst offen zu begegnen sowie der formenden Aktivität des Ich und der Gefahr einer synthetisierenden Nivellierung während des Erkenntnisaktes entgegenzusteuern. Die Dialektik von Innen und Außen wird durchbrochen, und es eröffnet sich die Möglichkeit, ein dialogisches Verhältnis mit dem Anderen herbeizuführen, das Asymmetrien weder ignoriert noch einebnet, sondern *behauptet*. Voraussetzung hierfür ist freilich die Bereitschaft, den fremden Gegenüber in der ihm eigenen Wertigkeit erfahren und tolerieren zu wollen.[67]

---

66 In Hinblick auf den Erkenntnisprozess bedeutet dies für Lévinas, daß sich das Individuum als "verletzliches" Selbst dem Handeln des Anderen öffnet (*Humanisme*, S. 93f.). Dementsprechend prägt er für den Kern seiner subjekt- und bewußtseinskritischen Philosophie die Formel "das Sein ist Exteriorität" (*Totalität*, S. 418f.). Die Anthropologie verwendet seit Malinowski für die Beschreibung des hierzu geeigneten Verfahrens den Begriff der "teilnehmenden Beobachtung" (Krewer, *Identität*, S. 5). Für eine tolerante Öffnung gegenüber dem Fremden und die Abkehr von seiner vorurteilsvollen, stereotypen Erfassung plädierte schon David Hume: "The vulgar are apt to carry all *national caracters* to extremes; and having once established it as a principle, that any people are knavish, or cowardly, or ignorant, they will admit of no exeption, but comprehend every individual under the same censure. (...) Men of sense condemn these undistinguishing judgments..." ("Of National Characters", in: *The Philosophical Works*, hrsg. v. Thomas Hill Green und Thomas Hodge Grose, Bd. 3, Aalen 1964, S. 244-258, hier S. 244).

67 Die Merkmalsstrukturen der *tolerant personality* erfaßt Gordon W. Allport, *The Nature of Prejudice*, Reading; Palo Alto; London; Don Mills 1954, S. 425ff. Vittoria Borsò und Michael Rössner weisen angesichts der epistemologischen Voraussetzungen des Erkenntnisaktes zu Recht auf die Bedingungen und Grenzen jeglicher Annäherung an die Alterität hin. Deren Erfassung wird im Falle Lateinamerikas nach Borsò in besonderer Weise dadurch erschwert, daß dort "die eigenen Identitätsdiskurse (...) das Fremde als Maß für das Eigene zugrundelegen" (*Mexiko*, S. 22). Rössner erörtert am Beispiel der französischen Surrealisten das Problem einer unverstellten Kontaktnahme mit der Alterität (*Auf der Suche nach dem verlorenen Paradies. Zum mythischen Bewußtsein in der Literatur des 20. Jahrhunderts*, Frankfurt/Main 1988, speziell S. 132-138 und S. 144-154).

Bei der Erörterung der praktischen Umsetzung dieser von gegenseitiger Toleranz geprägten Grundhaltung bietet sich ein Verweis auf Todorov an. Seiner Meinung nach sollten die Teilnehmer an einem interkulturellen Dialog weniger danach streben, Eigenes zu exportieren, als vielmehr danach, Fremdes zu importieren.[68] Die positiven Effekte einer solchen Begegnung mit der Alterität liegen auf der Hand, denn indem das Fremde Gewohntes in Frage stellt, eröffnet es dem Individuum wie dem Kollektiv die Möglichkeit zur Selbstreflexion und Ergänzung des eigenen kulturellen Repertoires. Auf diese Weise kann nicht nur ein zivilisatorischer Fortschritt, sondern auch ein tolerantes, polylogisches Miteinander unterschiedlicher Kulturen bewirkt werden.

Ein Echo des Postulates Lévinas', die Schwelle zum Anderen zu überschreiten, ohne die Grenze zu ihm aufzuheben, findet sich bei Bernhard Waldenfels, der nach dem Verweis auf Lévi-Strauss' Konzepte des *détachement* und *dépaysement* die Empfehlung ausspricht, eine Position des Agierens und Denkens "auf der Grenze" zur Alterität anzustreben.[69] Sie erlaubt es, Eigenes und Fremdes miteinander zu verflechten und ein System offener Bezüge zwischen Vergleichsgruppe und Bezugsgruppe zu entwickeln. Aufgrund der bereits dargelegten Unmöglichkeit, die Alterität epistemologisch in ihrer Totalität zu erfassen, bedeutet dies allerdings nicht, daß die soziokulturelle Fremdheit zugleich völlig überwunden wird. Hierauf kommt es allerdings auch nicht an: Entscheidend ist, mit der Andersheit des Fremden tolerant und "verletzlich" umgehen zu können.

3. Die Entwicklung und Bewahrung kollektiver Identitäten stützt sich in der Regel auf eine gruppenspezifische Symbolik und Mythologie. Sie ist Ausdruck und Bestandteil der *guiding fiction*, welche von den politischen und kulturellen Eliten organisiert und mittels institutionalisierter Medien in den gesellschaftlichen Diskurs eingewoben wird.[70] Ähnlich wie die Stereotypen dienen die nationalen Symbole, Symbolfiguren, Riten und Mythen als die Identität stabilisierender Deutungsrahmen, innerhalb dessen "mit dem Selbstbild des Kollektivs die Orthodoxie für das Aus- und Eingrenzen der einzelnen Mitglieder entsteht".[71] Namentlich Karl Kerényi und Roland Barthes machten auf die Unterschiede zwischen den Mythen aus vorrationaler Zeit und jenen der Neuzeit aufmerksam.[72] Zwar werden letztere so behandelt, als entsprächen sie wie die Urmythen dem Echtheitspostulat, doch zeigt sich bei näherem Hinsehen, daß die modernen Mythen funktional zur Schaffung einer offiziellen "Wahrheit" mit dem Ziel der Festigung und Beglaubigung der politi-

---

68 Todorov, "Croisement", S. 19.
69 *Der Stachel des Fremden*, Frankfurt/Main 1990, S. 52 und S. 63f.
70 Sorokin, *Society*, S. 382.
71 Dietrich Harth, "Zerrissenheit. Der deutsche Idealismus und die Suche nach kultureller Identität", in: Jan Assmann/Tonio Hölscher (Hrsg.), *Kultur und Gedächtnis*, Frankfurt/Main 1988, S.220-240, hier S. 222.
72 Karl Kerényi, "Wissen und Gegenwärtigkeit des Mythos", in: ders. (Hrsg.), *Die Eröffnung des Zugangs zum Mythos. Ein Lesebuch*, Darmstadt, 1967, S. 234-252; Roland Barthes, *Mythologies*, Paris 1957, speziell S. 232ff. Vgl. exemplarisch die Beiträge in Jürgen Link/Wulf Wulfing (Hrsg.), *Nationale Mythen und Symbole in der zweiten Hälfte des 19. Jahrhunderts: Strukturen und Funktionen von Konzepten nationaler Identität*, Stuttgart 1991.

schen und kulturellen Ordnung dienen. Dementsprechend spricht Pitrim A. Sorokin kollektiven Mythen der Neuzeit einen Fetischcharakter zu.[73]

Offensichtlich verfügen Kollektive in herrschaftssoziologischer Perspektive gemäß ihrer Ideologie über ein Identitätsmanagement,[74] das mittels gruppenspezifischer Symbole, Mythen und Riten der integrativ wirkenden Abgrenzung zu anderen Gruppen dient. Ziel ist es, das kollektive Selbstbewußtsein durch die Stilisierung von Symbolfiguren, die Schaffung nationaler Mythen und Riten sowie die Glorifizierung der nationalen Vergangenheit, Gegenwart und Zukunft zu stärken.[75] Auf diese Weise sollen quantitativ wie qualitativ die Variablen der kollektiven Identität auf einem möglichst niedrigen Niveau gehalten und die Identität der Gruppe gemäß ihren spezifischen Bedürfnissen beziehungsweise gemäß den Vorgaben politischer und kultureller Eliten entsprechend ausgeformt werden.

4. Kollektive Identität weist den Aspekt der Reflexivität auf. Demzufolge sollte jedes Gruppenmitglied wissen, daß es mit den übrigen Mitgliedern über gewisse Gemeinsamkeiten oder Überzeugungen verfügt. Gleichzeitig muß jedes Mitglied davon ausgehen können, daß auch die anderen Gruppenmitglieder diese Gemeinsamkeiten oder Überzeugungen teilen. Daher genügt nicht allein das Wissen vieler Mitglieder eines Kollektivs um gruppenspezifische Fragestellungen oder Probleme zur Ausbildung von Identität. Erst das Wissen, daß dieselben Fragestellungen und Probleme auch die übrigen Gruppenmitglieder beschäftigen, läßt ein gemeinsames Gruppenbewußtsein und Identität im Sinne eines Wir-Bewußtseins entstehen. Dieses Wir-Bewußtsein wiederum dient der Abgrenzung von anderen Kollektiven und deren differierendem Bewußtsein. So ergibt sich aus der Beantwortung der Frage, welche kollektiven Identitätsmerkmale alle Mitglieder einer Gruppe sich wissentlich und in reflexiver Weise zuordnen, eine Antwort auf die Identität dieser Gruppe.

5. Die kollektive Identität muß eine emotionale Komponente aufweisen können, welche den Angehörigen der Großgruppe positive Eigenschaften zuschreibt. Auf diese Weise wird es dem Individuum erleichtert, sich in kollektiven Selbstbestimmungen wiederzufinden. Diese affektive Besetzung der kollektiven Identität weist ebenfalls das Moment der Reflexivität auf: So entstehen besonders starke Affekte durch den Eindruck, daß andere Gruppenmitglieder eine vergleichbare Gefühlslage aufweisen. Der auf konstruierten Eigenschaften basierende identitätsstiftende Nationalstolz kann etwa zu dem irrationalen, gleichwohl psychologisch stimmigen Verhalten führen, daß Mitglieder einer Nation sich unwillkürlich emotional zu ihr bekennen. Gerade bei einem Aufenthalt in einer fremden Kultur vermag sich bei einer Begegnung mit eigenen Landsleuten ein Verbundenheitsge-

---

73 *Society*, S. 382f.
74 Siehe Ina-Marie Greverus, "Ethnizität und Identitätsmanagement", *Schweizer Zeitschrift für Soziologie* 7 (1981), S. 223-232.
75 Nach Shmuel Noah Eisenstadt, "Die Konstruktion nationaler Identitäten in vergleichender Perspektive", in: Bernhard Giesen (Hrsg.), *Nationale und kulturelle Identität. Studien zur Entwicklung des kollektiven Bewußtseins in der Neuzeit*, Frankfurt/Main 1991, S. 21-38, hier S. 21.

fühl zu entwickeln, das dazu führt, daß diesen schon aufgrund ihrer Nationalität positive Eigenschaften zugesprochen werden. Wie im Fall der differierenden Grenzziehung zu anderen Kollektiven tendiert die gefühlsmäßige Bindung an die eigene Gruppe zur diskriminierenden Abwertung des Fremden.[76]

6. Die kollektive Identität baut nicht nur auf der Gegenwart auf, sondern sie besitzt wie die Ich-Identität eine Vergangenheits- und Zukunftsdimension. Die Identität ergibt sich somit aus einer Kombination von anwendbarer Erinnerung, erfahrener Gegenwart und antizipierter Utopie. Auf diese historische Konstruktion stützen sich vor allem die Momente der Kontinuität der Identität und der Stabilität der Selbstwahrnehmung.

Angesichts der Tatsache, daß die nationale Identität des Zugriffs auf die kollektive Geschichte bedarf, stellt sich die Frage nach der Erfassung und Strukturierung dieser Vergangenheit. Generell gilt, daß die Identität einer Nation umso stabiler ist, je weiter ihre eigene, kontinuierliche oder als kontinuierlich gedeutete Geschichte in die Vergangenheit zurückreicht. Zur Erfassung respektive Ausformung dieser historischen Identität ist die temporale Organisation des Vergangenen, dessen theoretische Verarbeitung und Strukturierung sowie die praktische Auseinandersetzung mit der Vergangenheit erforderlich.[77] Wird deren Vermächtnis als Hypothek empfunden, so wirkt dies bei der Ausformung der nationalen Identität als Hemmnis. Positiv empfundene oder als solche interpretierte Sachverhalte fördern hingegen die Identitätsbildung und die Stabilität der Identitätsstruktur. Kollektive, denen das Streben nach einem positiven Selbstbild eigen ist, neigen dazu, negativ erfahrene Umstände in ihrer Geschichtsschreibung auszublenden oder zu relativieren.[78] Angesichts dieser Tatsache ist es angebracht, von einer narrativen, die kollektive Identität stabilisierenden "Verfaßtheit von Geschichte"[79] zu sprechen. Der nationalen Vergangenheit vergleichbar bildet auch die Aussicht auf die Utopie der nationalen Zukunft eine absichtsvoll entworfene, gegenwartsbezogene Objektivation. Daher eröffnet sich die Möglichkeit, daß die politische und kulturelle Elite auch Utopien einen mythischen Charakter zuteilt und sie zur suggestiven Identitätskonstruktion als "ideologisches Werkzeug"[80] gebraucht.

7. Nachdem viele ältere Nationalstaatstheorien ebenso wie die meisten nationalistischen Bewegungen von einer idealtypisch homogenen Bevölkerung als Produkt schicksalhafter oder rassischer Einflüsse ausgingen, wird seit Renan die Polyethnizität von Großgruppen und das Bekenntnis zur kulturellen Individualität von Ethnien als Normalfall angesehen. Das Konzept der autoreflexiven nationalen Willensgemeinschaft hat in der jüngeren Vergangenheit das traditionelle Bild der Schicksalsgemeinschaft ersetzt, so daß der einst

---

76 So Jasper, "Identität", S. 72. Die Implikationen dieser Einstellungen im bundesrepublikanischen Identitätsdiskurs beleuchtet Honolka, *Schwarzrotgrün*, S. 62f.
77 Nach Angehrn, *Geschichte*, S. 284.
78 Dieses Phänomen bestimmt bis in die Gegenwart den deutschen Historikerstreit oder die spanische und lateinamerikanische Diskussion über die Kolonialisierung Amerikas und die *leyenda negra*.
79 Angehrn, *Geschichte*, S. 15.
80 Vgl. Borsò, *Mexiko*, S. 72.

statisch verstandene Gemeinschaftsgeist einem dynamischen Konzept der ethnischen Vielheit weichen konnte.[81] Aufgrund dieser Entwicklung ergibt sich in modernen Nationen das Problem, einerseits die Multikulturalität und Polyphonie der Ethnien auf dem nationalen Territorium als Teil ihrer nationalen Identität zu behaupten und andererseits den Fortbestand eines übergeordneten interethnischen nationalen Konsens zu fordern.[82] Der zentripetale Anspruch der Nation und der zentrifugale Selbstbehauptungswille der Ethnien sind nicht mehr unbedingt in Einklang zu bringen, wenn einzelne Ethnien zur Behauptung der ihnen eigenen Identität zur Segregation neigen und die Gruppenideologie als vorrangig vor jener des Kollektivs ansehen. Kollektive Identität wird in dieser Perspektive als Euphemismus für monokulturelle Konformität verstanden, Authentizität als reaktionäres Ideal.[83]

8. Kollektive Identität baut schließlich auf der kulturellen Identität auf, welche die bisher im Zusammenhang mit der kollektiven Identität erörterten Merkmale teilt. Auch der kulturellen Identität als Wir-Identität einer Gruppe sind daher die Momente der gemeinsamen Wertnormen und der Differenz, der Symbolik und Mythologie, der Reflexivität, der Emotionalität sowie des Geschichtsbewußtseins eigen. Nach Assmann weist sich das kulturelle Gedächtnis durch folgende Merkmale aus: 1. bewirkt die Identitätskonkretheit oder Gruppenbezogenheit eine Horizontbildung des Kollektivs, indem zur Konstruktion der Identität Eigenes vom Fremden unterschieden wird, 2. bedarf es der Rekonstruktivität der Vergangenheit, 3. ist die Geformtheit des Wissens als Ergebnis der Objektivation erforderlich, 4. ist das kulturelle Gedächtnis organisiert, etwa in seiner Gestaltung durch die Schriftkultur, 5. ist das Wissen, das im kulturellen Gedächtnis bereitgehalten wird, verbindlich, 6. ist das kulturelle Gedächtnis reflexiv im Sinne einer Praxis-Reflexivität, Auto-Reflexivität und Selbstbild-Reflexivität.[84]

Assmanns Begriffsbestimmungen erfassen die homogene, eher mit dem Merkmal der Kontinuität versehene Seite der kulturellen Identität von Kollektiven. Notwendigerweise

---

81 Spiller untersucht diese Prozesse am Beispiel Argentiniens und bestätigt, daß hier "eine weniger klar zu definierende dynamische Auffassung im Zeichen des Fragmentarischen und Abweichenden" die traditionellen nationalen Einheitsmythen ablöste (*Utopie*, S. 67).

82 Für die USA dokumentiert der Essayist Leon Wieseltier diesen Sachverhalt in einer pointierten Weise: "In Amerika sind die Verfechter der Identität zugleich auch die Verfechter der Vielfalt, aber die Dummen bleiben sie doch. Ihre Ziele sind widersprüchlich. Vielfalt bedeutet Komplexität. Identität hingegen bedeutet Einfalt. Wer die Vielfalt ernst nimmt, erkennt, daß Identität eine Illusion ist" ("Against Identity: Wider das Identitätsgetue", *DIE ZEIT* [17.2.1995], S. 57f., hier S. 58).

83 So setzt sich in jüngster Zeit die Geschichtsforschung in den USA mit der Welle des neuen, von rassischen Stereotypen geprägten Ethnozentrismus und den hiermit einhergehenden Segregationstendenzen farbiger Historiker auseinander. Auch die sich im Süden des Landes entwickelnde Bewegung zur Förderung der Zweisprachigkeit der Chicanos erscheint inzwischen Vertretern des nationalen Identitätsdiskurses als Problem, weil der Primat der Nationalsprache als einendes Band nicht mehr akzeptiert werde. Siehe Arthur M. Schlesinger Jr., *The Disuniting of America. Reflections on a Multicultural Society*, Knoxville/Tenn. 1991.

84 Jan Assmann, "Kollektives Gedächtnis und kulturelle Identität", in: ders./Tonio Hölscher (Hrsg.), *Kultur*, S. 9-19, hier S. 13ff.

ist dieser Aspekt dekonstruktivistisch durch den Hinweis auf die fragmentarischen und polyphonen Merkmale der kulturellen Identität moderner Nationen zu ergänzen. Demgemäß versteht Aínsa unter Verweis auf Lateinamerika und analog zu der auf dialogischen Mechanismen beruhenden kollektiven Identität die kulturelle Identität als

> *una noción dinámica, reflejo de un proceso dialéctico permanente entre tradición y novedad, continuidad y ruptura, integración y cambio, evasión y arraigo, apertura hacia 'otras' culturas y repliegue aislacionista y defensivo sobre sí misma.*[85]

In Erweiterung der voranstehenden Erfassung von Merkmalen kollektiver Identität ist es für die Analyse von Identitätsdiskursen notwendig, den Begriff der Nation und der nationalen Identität zu umgrenzen. Wie im Fall der Identität erscheint der Begriff der Nation in der Forschung kaum definitiv bestimmbar. Als paradigmatisch wird allgemein die voluntaristische und subjektivistische Definition durch Ernest Renan angesehen, nach welcher eine Nation wesentlich durch die gemeinsame Erinnerung und den Wunsch, ein gemeinsames Leben zu gestalten, geprägt ist. Im Gegensatz zum zeitgenössischen rassistischen Diskurs hebt Renan ausdrücklich hervor, daß bei der Bildung von Nationen ethnographische Gesichtspunkte keine Rolle spielten. Demzufolge definiere sich eine Nation nicht über die Rasse, sondern aufgrund des Wissens von einer gemeinsamen Vergangenheit und durch den Willen zu einer gemeinsamen Zukunft. Als täglich durchgeführtes Plebiszit stelle sie somit eine potentiell vergängliche Konstruktion dar.[86]

Auf Renans Bedeutung für die Erfassung von Merkmalen nationaler Identität verweist Frauke Gewecke in ihrer Studie *Der Wille zur Nation*, die eine erweiterte Bestimmung des Nationbegriffs postuliert.[87] Nach Gewecke präsentiert sich in der von Renan initiierten Tradition eine Nation als "distinktive soziale Gruppe oder Gesellschaft, die sich im Bewußtsein und Willen ihrer Mitglieder als Identität stiftende und Loyalität fordernde Gemeinschaft manifestiert".[88] Anders als der Staat baue zwar auch die Nation auf der Realität eines Territoriums, einer gemeinsamen Sprache, Kultur und Geschichte auf, doch sei sie darüberhinaus ein psychologisches Phänomen, Projekt oder Postulat.[89]

Ergänzend zu dem Verständnis der Nation bei Renan verweist die Autorin auf die notwendige Unterscheidung einer Nation von anderen sozialen Gruppen und Solidargemeinschaften. Dementsprechend gelangt sie nach der Untersuchung der Konzepte "Ethnie", "Kultur", sowie "kollektive und kulturelle Identität" zu einer nuancierten Betrachtungsweise des Renanschen Modells. Bei ihrer Begriffsbestimmung steht nun alternativ zum Diskurs der nationalen Einheit im Vordergrund, daß das Individuum natio-

---

[85] Fernando Aínsa, "Universalidad de la identidad cultural latinoamericana", in: UNESCO (Hrsg.), *La identidad cultural en América Latina*, Paris 1986, S. 51-59, hier S. 52.
[86] Ernest Renan, *Was ist eine Nation? Rede am 11. März 1882 an der Sorbonne. Mit einem Essay von Walter Euchner*, Hamburg 1996, S. 8, 20, 22 und 34f.
[87] *Der Wille zur Nation. Nationsbildung und Entwürfe nationaler Identität in der Dominikanischen Republik*, Frankfurt/Main 1996, S. 209ff.
[88] A.a.O., S. 211.
[89] Renan spricht von der Nation als einem geistigen Prinzip (*Nation*, S. 33f.).

nale Identifikationsangebote willentlich annehme, ohne jedoch partikulare Identitäten und Loyalitäten aufzugeben. Zugleich enthülle sich nationale Identität in der "kulturellen Tätigkeit der Gruppe, substanzialisiert in der 'repräsentativen Kultur'".[90] Es bedürfe jedoch der "motivationsspezifischen und handlungsorientierten Teilnahme an der Kommunikationsgemeinschaft, in der sich das Individuum - über das 'Nationalbewußtsein' oder 'Nationalgefühl' - als Teil der Gemeinschaft erkennt und erlebt".[91] Als wesentliche Aufgaben der im Sinne einer Integrationsideologie verstandenen Nationsbildung gelten nach Gewecke die "Formulierung und Durchsetzung eines Konzepts nationaler Identität" sowie die "Legitimierung der politischen Herrschaft (...) durch die Erreichung eines nationalen Konsens hinsichtlich der von Staat und Eliten repräsentierten politischen Werte, Organisationsformen und Zielvorstellungen und damit weitgehender Loyalität der Bürger gegenüber Staat und Nation".[92]

Besonders hervorzuheben ist in den Ausführungen der Autorin, daß die innerstaatliche Integration für die Nationsbildung zwar notwendig ist, die hiermit verbundene Assimilation jedoch nicht automatisch das Ende des kulturellen Pluralismus bedeuten muß. Entsprechend tragfähig erscheint ihr Postulat, nationale Identität nicht als Anpassungskonzept, "das die Aufgabe partikularer Identitäten impliziert und den Menschen seiner Kulturfähigkeit beraubt", zu verstehen, sondern im Sinne einer *unitas multiplex* auf der Grundlage des kulturellen Pluralismus.[93] Hinsichtlich der im Rahmen der vorliegenden Studie behandelten Phase der mexikanischen Identitätssuche bleibt freilich einzuräumen, daß sich das nationalstaatliche Denken in Mexiko nach der Unabhängigkeit aufgrund des Bedürfnisses nach nationaler Integration nachhaltig an dem Konzept des homogenisierenden Einheitsdiskurses orientierte. Erst seit den späten sechziger Jahren betonte die neuere, im Widerspruch zur staatlichen Kulturpolitik stehende Kulturkritik die Bedeutung der kulturellen Vielheit für die mexikanische Selbstbestimmung.

2. Methode und Fragestellungen der Untersuchung

Im Zusammenwirken mit den Ausführungen zur nationalen Identität liefern die auf den voranstehenden Seiten umrissenen Momente und Dimensionen speziell der kollektiven Identität das Instrumentarium für die Diskussion des Beitrags der aus dem *Ateneo de la Juventud* hervorgegangenen Kulturphilosophen zur mexikanischen *autodefinición*. Der Gang der Analysen wird sich an den folgenden Fragen- und Themenkomplexen orientieren:

1. Zunächst sollen die Konzeptionen des *Ateneo de la Juventud* für die Gestaltung des ideologischen Überbaus der nationalen Kultur erfaßt werden. In einem ersten Schritt ist zu

---

90 Gewecke, a.a.O., S. 217.
91 A.a.O., S. 217.
92 A.a.O., S. 224.
93 A.a.O., S. 226 und 216.

erörtern, von welchen Normen und Werten das Selbstbild sowie das kultur- und gesellschaftsphilosophische Denken der mexikanischen Gesellschaft um die Jahrhundertwende geprägt wurde. Unter Einbeziehung der wichtigsten nationalen Standards wird sodann untersucht, mit welchen Alternativen der *Ateneo de la Juventud* auf diese Vorgaben reagierte. Zu fragen ist ferner, in welcher Weise die Vertreter der Gruppe dazu beitrugen, das Idearium der mexikanischen *autodefinición* neu zu akzentuieren oder zu verändern. Bedeutet ihr Neuansatz eine Revolution des mexikanistischen Denkens, und beeinflußten sie hierdurch den Lauf jener Ereignisse, die zum Ausbruch der Mexikanischen Revolution führten? Wie entwickelte sich der athenäistische Diskurs bei Caso, Henríquez Ureña, Reyes und Vasconcelos in den Jahrzehnten während und nach der Revolution? Welche Gemeinsamkeiten weisen ihre kulturphilosophischen Überlegungen auf, worin unterscheiden sie sich, und welche Fragestellungen bleiben offen oder nur unzureichend geklärt? Welche Bedeutung besitzen ihre Thesen für den Entwicklungsgang der mexikanischen *autodefinición* bis zur Gegenwart?

2. Die Betrachtung des Beitrags der in dieser Untersuchung berücksichtigten Essayisten zur Gestaltung der mexikanischen Identität muß das in identitätstheoretischer Hinsicht bedeutsame Phänomen der Differenz zur Alterität berücksichtigen. Welche Position entwickeln die Mitglieder des Athenäums hinsichtlich eines Umgangs mit den inner- und außermexikanischen Kulturen, und welchen Standort teilen sie Mexiko und Lateinamerika innerhalb der Weltkulturen zu? Vor allem die Beurteilung spanischer, französischer, angelsächsischer und nordamerikanischer Zivilisationsfaktoren sowie ihr Zusammenwirken mit dem indianischen, kreolischen und mestizischen Eigenen wird hierbei im Mittelpunkt stehen. Lassen sich hierbei in den Aussagen Casos, Henríquez Ureñas, Vasconcelos' und Reyes' von Auto- und Heterostereotypen geprägte Wahrnehmungsformen ausmachen, wie gestalten sie sich, und welche Bedeutung besitzen sie für die Definition des Mexikanischen? Zu fragen ist weiterhin, welche Form des Umgangs mit dem Anderen die Kulturphilosophie der analysierten Autoren anvisiert. Ziel ist es hierbei, die von ihnen verfolgte mexikanische Selbstbestimmung im Spannungsfeld zwischen Fremdem und Eigenem zu erfassen. Untersucht wird, ob der Umgang mit der inner- und außermexikanischen Alterität auf ein eher stabiles oder labiles kollektives Selbstverständnis, auf ein homogenes oder plurales Kultur- und Gesellschaftsmodell schließen läßt.

3. Hinsichtlich der symbolischen und mythischen Dimension der kollektiven Identität stellt sich die Frage, ob, in welcher Weise und mit welcher Absicht der *Ateneo de la Juventud* und seine Mitglieder zu der Entwicklung einer nationalen Symbolik und Mythologie beigetragen haben. Welche Idealisierungen und Stilisierungen sind in den Schriften der zu untersuchenden Vordenker der *autodefinición* nachweisbar, und worin liegt ihr Beitrag für die Ausformung einer mexikanischen Identität? Zu erörtern ist in diesem Zusammenhang, ob sich die entsprechenden Thesen in herrschaftssoziologischer Perspektive für eine staatliche Instrumentalisierung anboten, und wie sie in den offiziellen politischen Diskurs Eingang fanden.

4. Bezüglich des Aspektes der Reflexivität der Identität bietet es sich an, zunächst auf der Ebene des *Ateneo* das gemeinsame, den Zusammenhalt der Gruppe ermöglichende Idearium zu erschließen. In diesem Zusammenhang soll auch auf differierende Positionen hingewiesen werden, welche neben zeitgeschichtlichen Gründen zum Auseinanderbrechen des Kreises beitrugen. Weiterhin ist darauf einzugehen, in welchem Maße sich das athenäistische Denken und "Wir-Bewußtsein" in anderen Formationen fortsetzte. Es ist zu fragen, wie sich das angestrebte nationale reflexive "Wir-Bewußtsein" in differenzieller Hinsicht mit den Postulaten des Lateinamerikanismus und Universalismus vereinbaren läßt.

5. Der nächste Fragenkomplex beschäftigt sich mit der emotionalen Seite der nationalen Identität. Es wird zu erörtern sein, welche Bedeutung Caso, Henríquez Ureña, Reyes und Vasconcelos in ihren identitätsphilosophischen Entwürfen der Emotionalität der Mexikaner beimessen, wie sie diese ansprechen, und in welcher Absicht dies geschieht. Erneut stellt sich hierbei das Problem, wie es den genannten Mitgliedern der Gruppe gelingt, die Differenzqualität der kollektiven Emotionen mit ihrem Postulat des Lateinamerikanismus und Universalismus zu verbinden.

6. Ein besonderes Augenmerk wird sich auf die Bewertung der vorkolumbianischen respektive vorcortesianischen Epoche, der Kolonialzeit und der Entwicklung seit der Unabhängigkeitserklärung richten. Hierauf baut die Erfassung athenäistischer Ideologeme und der für sie spezifischen Auswahlkriterien auf, um durch die Analyse der Deutung entscheidender Phasen der nationalen und kontinentalen Vergangenheit die Merkmale der angestrebten Formung des zeitgenössischen Selbstbewußtseins zu vertiefen.

Weiterhin sollen die utopischen Entwürfe des Athenäums als gegenwartsbezogene Antizipationen einer besseren Zukunft auf ihre Inhalte hin untersucht werden. Schaffen die aus dem *Ateneo de la Juventud* hervorgegangenen Kulturphilosophen eine Utopie mit der Absicht, diese suggestiv für die Realisation gruppenspezifischer Ziele einzusetzen, und gelingt ihnen dieses Vorhaben?

7. Ein weiterer Fragenkomplex widmet sich den ethnischen, gesellschaftlichen und hiermit zusammenhängenden kulturellen Konzeptionen Casos, Henríquez Ureñas, Reyes' und Vasconcelos'. Wie beurteilen sie die Bevölkerungsstruktur Mexikos, und welche Bedeutung wird den autochthonen Bevölkerungsgruppen gesamtgesellschaftlich eingeräumt? Entwickeln sie das moderne Konzept einer polyphonen und multikulturellen mexikanischen Nation, welche die Existenz partikularer ethnischer Bestrebungen anerkennt und strukturelle Konflikte durch die dialogische Intensivierung des Beziehungszusammenhanges beilegt? Oder bleiben sie eher dem traditionellen Konzept der von einer Ethnie beherrschten beziehungsweise ethnisch homogenen Volksgemeinschaft verhaftet, welche Strukturkonflikten durch die vorsorgliche Einbindung zentrifugaler Tendenzen zuvorzukommen versucht? Durch welche Verfahren beabsichtigen die Gründungsmitglieder des *Ateneo de la Juventud*, diese oder die vorher angesprochene nationale Perspektive in der Praxis einzulösen? Hiermit zusammenhängend ist zu diskutieren, ob tendenziell

Elemente eines kulturellen nationalistischen Einheitsdiskurses oder eines universalistischen Polyloges im athenäistischen Entwurf der *mexicanidad* überwiegen.

Das zu bearbeitende Textkorpus setzt sich neben den *Conferencias del Ateneo de la Juventud*[94] aus Essays, Artikeln und Reden von Antonio Caso, Pedro Henríquez Ureña, Alfonso Reyes und José Vasconcelos zusammen, die in ihren *Obras completas*[95] zwar seit geraumer Zeit vorliegen, doch noch nicht systematisch in vergleichender und identitätstheoretischer Perspektive analysiert worden sind. Weiterhin sollen auch thematisch relevante, doch nicht in die Gesamtwerke aufgenomme Essays Erwähnung finden.

Die besondere Berücksichtigung des Essays in der vorliegenden Untersuchung resultiert aus der Vorliebe der vier untersuchten Kulturphilosophen für das von Montaigne begründete Genre. Schon 1580 gab der französische Autor in seinen *Essais* die Richtung vor, in welcher sich die Gattung in Lateinamerika weiterentwickelte. Denn gerade hier gilt, wie Wolfgang Matzat zu Recht betont, daß eine Vielzahl der philosophischen, soziologischen, anthropologischen und psychologischen Diskurse auf die Verbreitung des kulturwissenschaftlichen Essays zurückzuführen ist, der sich insbesondere seit der Jahrhundertwende als "der zentrale Ort für die Ausbildung der lateinamerikanischen Identitätsdiskurse"[96] erwies. Dabei schrieben die lateinamerikanischen Autoren bei ihrer oft spontan oder gar spielerisch erscheinenden, dennoch von hoher literarischer und inhaltlicher Qualität zeugenden essayistischen Identitätssuche jene Methode fort, zu der sich schon Montaigne voller Bescheidenheit bekannte:

> ... *je ne voy le tout de rien. Ne font pas, ceux qui promettent de nous le faire veoir. De cent membres et visages qu'a chaque chose, j'en prends un tantost à lecher seulement, tantost à effleurer, et par fois à pincer jusqu'à l'os. J'y donne une poincte, non pas le plus largement, mais le plus profondement que je sçay.*[97]

Um eine Besonderheit des Essays in Lateinamerika möglichst eingängig zu erfassen, könnte man ihn vielleicht als eine "búsqueda de identidad en acción" bezeichnen.[98] Denn indem die lateinamerikanische Essayistik der Identitätsthematik immer neue Facetten

---

94   Juan Hernández Luna (Hrsg.), *Conferencias del Ateneo de la Juventud*, México ²1984 (¹1962).
95   Antonio Caso, *Obras completas*, 10 Bde., México 1971-1985; Pedro Henríquez Ureña, *Obras completas*, 10 Bde., Santo Domingo 1976-1980; Alfonso Reyes, *Obras completas*, 26 Bde., México 1955-1993; José Vasconcelos, *Obras completas*, 4 Bde., México 1957-1961.
96   "Vorwort", in: ders., *Identitätsentwürfe*, S. 7-9, hier S. 7. Ernesto Mejía Sánchez legt es sogar nahe, den Essay aufgrund seines "carácter individualista, espontáneo y provisorio" als "fruto típico de la cultura hispanoamericana, tan generosa en la improvisación de 'pensadores' no profesionales" zu betrachten ("Prólogo", in: ders. [Hrsg.], *El ensayo actual latinoamericano*, México 1971, S. 5-13, hier S. 5).
97   Michel de Montaigne, *Essais*, Livre I, Paris 1969, S. 357.
98   Inspiriert wurde diese Formulierung von Marcel Proust, der für den Pastiche die griffige Formel der "critique littéraire «en action»" prägte (Brief an Robert Dreyfus [17.3.1908], in: Marcel Proust, *Correspondance*, Texte établi, présenté et annoté par Philip Kolb, Bd. 8, Paris 1981, S. 61).

abgewinnt und sie in vielfältiger Weise umschreibt, handelt sie identitätsstiftend. Prinzipiell kann daher Sabine Horls Hinweis, daß der Essay in Lateinamerika als "Ausdruck eines individualistischen, experimentierfreudigen und sozusagen undogmatischen literarischen Temperaments"[99] bewertet werden kann, zugestimmt werden. Wenngleich der von Horl verallgemeinernd verwendete und eher vage erscheinende Begriff des "Temperaments" klärungsbedürftig erscheint, so trifft ihre Aussage zu, daß der Essay inzwischen ein für Lateinamerika "'typisches' Produkt" ist, "eine Gattung notabene, die nur und gerade hier zu ihrer authentischen 'Seinsweise' (...) gelangen konnte".[100] Zuvor hatte bereits Martin S. Stabb davon gesprochen, daß sich der Essay für die abwägende Erörterung lateinamerikanischer Fragestellungen als "género *par excellence*" anbietet.[101] Dies gilt umso mehr, als er nach Adorno

> *offener und geschlossener zugleich (ist), als dem traditionellen Denken gefällt. Offener insofern, als er Systematik durch seine Anlage negiert und sich selbst umso besser genügt, je strenger er es damit hält (...). Geschlossener aber ist der Essay, weil er an der Form der Darstellung emphatisch arbeitet.*[102]

In Fortführung der genannten Argumente ist zu vermuten, daß der Essay in Lateinamerika nicht zuletzt deswegen ein so großes Echo fand, da er die Möglichkeit bot, als Ausdruck des literarischen Kosmopolitismus die europäische essayistische Gattungstradition aufzugreifen und ihr gleichzeitig eine lateinamerikanische Prägung zu verleihen. Auf diese Weise konnte der von Lateinamerikanern verfaßte Essay durch das interkulturelle Spiel mit den gattungsspezifischen Eigengesetzlichkeiten (disjunktive Synthese von [scheinbar] Widersprüchlichem, Fragmentarisierung, Antidogmatismus, subjektivistische Perspektive, formale und inhaltliche Experimentierfreudigkeit) die literarischen Differenzqualitäten einer eigenen Schreibweise und Inhaltlichkeit behaupten.

In gattungshistorischer Hinsicht setzten Caso, Henríquez Ureña, Reyes und Vasconcelos eine kontinentale essayistische Entwicklungslinie fort, welche bereits seit dem 16. Jahrhundert die Historiographien und Chroniken von Bartolomé de las Casas, Francisco

---

99 *Der Essay als literarische Gattung in Lateinamerika. Eine Bibliographie*, Frankfurt/Main 1980, S. V.
100 A.a.O. Vgl. dies., "Der lateinamerikanische Essay im 20. Jahrhundert. Ein Überblick über bisherige Versuche zur Wesensbestimmung des Genres in Lateinamerika", *Romanistisches Jahrbuch* 30 (1979), S. 309-336.
101 *América Latina en busca de su identidad. Modelos del ensayo ideológico 1890-1960*, Caracas 1969, S. 20.
102 Theodor W. Adorno, "Der Essay als Form", in: ders., *Noten zur Literatur*, Bd. 1, Frankfurt/Main 1975 ([1]1958), S. 9-49, hier S. 38. Der Mitbegründer der Frankfurter Schule betont insbesondere die Bedeutung des antisystematischen Impulses, den der Essay in das eigene Verfahren aufnimmt (a.a.O., S. 27). Dementsprechend schließt Adorno: "Darum ist das innerste Formgesetz des Essays die Ketzerei. An der Sache wird durch Verstoß gegen die Orthodoxie des Gedankens sichtbar, was unsichtbar zu halten insgeheim deren objektiven Zweck ausmacht" (a.a.O., S. 49).

Xavier Clavigero, Andrés Cavo und Pedro José Márquez prägte.[103] Hinzu kommt, daß sich nach der Unabhängigkeit gerade der mexikanische Essay als *literatura de ideas*[104] einer großen Beliebtheit erfreute, da er aufgrund seiner gattungsspezifischen Möglichkeiten gerade in Zeiten weltanschaulicher Instabilität oder des politischen Wandels ein geeignetes Forum zur Diskussion nationaler Probleme und Fragestellungen bot.[105] Aus diesem Grunde wird die vorliegende Untersuchung diesem Aspekt der mexikanischen Essayistik einen zentralen Stellenwert einräumen.

Im 19. Jahrhundert griffen vor allem Fernández de Lizardi, José María Luis Mora, Lucas Alamán, Francisco Zarco, Ignacio Ramírez, Vicente Riva Palacio, Ignacio M. Altamirano, Francisco Bulnes, Francisco Pimentel, José María Vigil und Luis González Obregón durch ihre Essays oder essayistischen Schriften in die Diskussion über die mexikanische *autodefinición* ein. Hierbei bedienten sie sich wie auch die *ateneístas* der seit Montaigne ungebrochenen Publikumswirksamkeit, die das zwischen journalistischem Artikel, kritischer Studie, Monographie und Traktat angesiedelte Genre bietet.[106] Im 20. Jahrhundert setzte sich über die Vertreter des Athenäismus hinaus der Siegeszug des Genres mit den mexikanistischen Essays Novos, Urangas, Ramos', Zeas, Paz', Fuentes', Monsiváis', Poniatowskas, Manjarrez', Villoros, Glantz' oder Monterrosos fort.[107] Ihr Schaffen bestätigt, daß der Essay als "centauro de los géneros"[108] für die "multiplicidad y diversidad de ideas, suposiciones, palabras, cosas, y con ello, infinitas variedades de vida y realidad"[109] einer facettenreichen, polyphonen Kultur steht. An der Schwelle zum 21. Jahrhundert fungiert der Essay in Mexiko als Genre, das es den Autoren in Aussicht stellt, sich unter Behauptung ihrer geistigen Freiheit den homogenisierenden Tendenzen eines offizialisierten kulturellen Einheitsdiskurses zu entziehen.[110]

Abschließend sei darauf hingewiesen, daß angesichts der Festlegung des Textkorpus auf identitätstheoretische Essays die Bearbeitung des umfangreichen Feldes der fiktionalen

---

103 Vgl. José Luis Martínez "Introducción", in: ders. (Hrsg.), *El ensayo mexicano moderno*, Bd. 1, S. 15ff.
104 A.a.O., S. 9.
105 Vgl. Millán, "Generación", S. 625.
106 Martínez, "Introducción", S. 12. Hier auch Angaben über in Mexiko verbreitete Subgenera (a.a.O., S. 13ff.). Martínez' Untergliederung in den "ensayo como género de creación literaria", "ensayo breve, poemático", "ensayo de fantasía, ingenio o divagación", "ensayo-discurso u oración (doctrinario)", "ensayo interpretativo", "ensayo teórico", "ensayo de crítica literaria", "ensayo expositivo", "ensayo-crónica o memorias" und "ensayo breve, periodístico" kann trotz unumgänglicher definitorischer Unschärfen als paradigmatisch angesehen werden.
107 Siehe zu den aktuellen Tendenzen des modernen mexikanischen Essays Borsò, "Essay", S. 535-566 und Friedhelm Schmidt, "Der mexikanische Essay im 20. Jahrhundert", in: Briesemeister/Zimmermann (Hrsg.), *Mexiko heute* (^{2}1996), S. 484-503.
108 John Skirius, *El ensayo hispanoamericano del siglo XX*, México 1981, S. 9.
109 Blanca M. García-Monsiváis, *El ensayo mexicano en el siglo XX: Reyes, Novo, Paz. Desarrollo, direcciones y formas*, Cambridge, Mass. 1992, S. 11f.
110 "...en el siglo XX el ensayo en México es un género con el que se ha indagado, cuestionado y buscado liberación de los límites, siendo un género siempre lleno de transformaciones" (a.a.O., S. 178).

Texte, welche die hier untersuchten Autoren verfaßten - zu erwähnen sind Henríquez Ureñas, Reyes' und Vasconcelos' Erzählungen, Henríquez Ureñas und Reyes' Gedichte sowie Reyes' und Vasconcelos' Dramen - im wesentlichen späteren Analysen vorbehalten bleiben muß. Wenn auch der Forschungsbedarf hinsichtlich dieser Texte erheblich ist,[111] so sollen sie an dieser Stelle nur am Rande Erwähnung finden. Diese Entscheidung ergibt sich aus der Tatsache, daß die lyrischen, dramatischen und narrativen Texte der Genannten einen eigenständigen literarischen Wert besitzen und nicht als eine bloße Inszenierung essayistisch formulierter Thesen anzusehen sind. Ein weiteres Problem wäre die Heterogenität der zu bearbeitenden Genres, welche vom Kindermärchen über die Operette bis zur klassizistischen Tragödie reichen und für deren Analyse auf ein anderes methodisches Repertoire als für die Untersuchung der Essays zurückgegriffen werden müßte.

Die Analyse verläuft in folgenden Schritten:

Zur Erfassung der Positionen des *Ateneo de la Juventud* im Rahmen der nationalen und kontinentalen *autodefinición* wird zunächst eine Kontextualisierung unter Einbeziehung zentraler Filiationen der mexikanistischen und lateinamerikanistischen Diskurse im 19. und beginnenden 20. Jahrhundert vorgenommen.

Anschließend erfolgt die Situierung der Gründung des *Ateneo de la Juventud* im historischen, philosophie- und geistesgeschichtlichen Umfeld. Die Beurteilungen der historischen Situation durch seine Mitglieder eröffnet die Möglichkeit, die Motive für ihr kulturelles Engagement herauszuarbeiten.

Sodann soll die Analyse der Vorträge des *Ateneo de la Juventud* jene kulturtheoretischen Grundzüge des athenäistischen Denkens ansprechen, die sich im Vorfeld der Mexikanischen Revolution ausformten und als Ausgangsbasis der neuen kulturphilosophischen Tradition dienten. Hierbei stellt sich die Frage nach möglichen Kausalbeziehungen zwischen dem Wirken des *Ateneo de la Juventud* und dem Ausbruch beziehungsweise der Entwicklung der mexikanischen Revolution. Zur möglichst vollständigen Erfassung der theoretischen Positionen werden bei der Analyse der *Conferencias del Ateneo de la*

---

[111] Punktuelle Ansätze einer literaturwissenschaftlichen Erfassung fiktionaler Texte Reyes' finden sich bei James Willis Robb, "*La cena* de Alfonso Reyes, cuento onírico: ¿surrealismo o realismo mágico?", in: ders., *Por los caminos de Alfonso Reyes. Estudios, segunda serie*, México 1981, S. 79-87; ders., "El *Landrú*, opereta póstuma de Alfonso Reyes", a.a.O., S. 63-77; und ders. "Siete presencias de Alfonso Reyes", in: Antonio Acevedo Escobedo et al., *Presencia*, S. 119-131. *Ifigenia cruel* analysiert Ramón Xirau, "Cinco vías a 'Ifigenia cruel'", in: Acevedo Escobedo et al., *Presencia*, S. 163-168. Noch sporadischer beschäftigt sich die Forschung mit Vasconcelos. Ausnahmen bilden Itzhak Bar-Lewaw, "El mundo literario de José Vasconcelos", in Carlos H. Magis (Hrsg.), *Actas del Tercer Congreso Internacional de Hispanistas*, México 1970, S. 97-103 und Claude Fell, "Théâtre et société dans le Mexique post-révolutionnaire", in: Jean-Claude Roberti, *Situations contemporaines du théâtre populaire en Amérique*, Rennes 1980, S. 47-68. Siehe zu Henríquez Ureña: Raúl H. Castagnino, "Tempranos ejercicios literarios de Pedro Henríquez Ureña", *Revista Sur* 355 (Juli-Dez. 1984), S. 41-59; María Hortensia Lacau, "Pedro Henríquez Ureña y 'Jauja', su país de utopia infantil", *Revista Sur* 355 (Juli-Dez. 1984), S. 77-101 sowie Fernando Rosemberg, "Dos cuentos poéticos de Pedro Henríquez Ureña", *Revista Sur* 355 (Juli-Dez. 1984), S. 103-110.

Juventud auch die Vorträge jener Mitglieder berücksichtigt, die nach dem Auseinanderbrechen des Kreises nicht oder kaum mehr durch öffentliche Aktivitäten in Erscheinung traten.

Im folgenden verengt sich der Blickwinkel auf die Schriften und Vorträge von drei Essayisten, die als vormalige Meinungsführer der Gruppe und stilistisch brillante Polygraphen das Gedankengut des Athenäismus fortführten und weiterentwickelten: Pedro Henríquez Ureña, Alfonso Reyes und José Vasconcelos. Dies heißt freilich nicht, daß Antonio Caso ausgegrenzt würde. Er präsentiert sich jedoch in der Mehrheit seiner Schriften als philosophischer Theoretiker, der zwar im Sinne einer Universalisierung der Philosophie in Mexiko wirkte, dessen Überlegungen jedoch in einem geringeren Maße als bei den übrigen ehemaligen Mitgliedern des *Ateneo* einen unmittelbaren Bezug zur mexikanischen und lateinamerikanischen Identitätssuche erkennen lassen. Aus diesem Grund erscheint es gerechtfertigt, die Analyse der Positionen Henríquez Ureñas, Reyes' und Vasconcelos' in den Mittelpunkt zu stellen und durch Querverweise auf analoge oder differierende Stellungnahmen Casos hinzuweisen.

Angesichts der Tatsache, daß sich die Essays der genannten *ateneístas* eher durch Gemeinsamkeiten als durch Differenzen auszeichnen, bietet es sich an, ihre jeweiligen Positionen unter übergeordneten thematischen Gesichtspunkten kombinatorisch zu erfassen. Diese Vorgehensweise erlaubt es zudem jederzeit, auf Besonderheiten im Denken einzelner Autoren hinzuweisen. Ausgehend von der These, daß die Auflösung des *Ateneo* nicht mit dem Ende des athenäistischen Denkens in Mexiko gleichzusetzen ist, sollen repräsentative Aussagen zum nationalen und kontinentalen Selbstverständnis ebenso wie kulturelle Visionen und Utopien erfaßt, verglichen und auf ihr athenäistisches Substrat hin untersucht werden. Ferner steht in diesem Zusammenhang die Erfassung von Kontinuitäten und Diskontinuitäten, doch auch Defiziten und Widersprüchen der kulturphilosophischen Tradition des Athenäums in den Jahrzehnten nach der Auflösung des Kreises an.

Zur Erfüllung dieser Aufgabenstellung erscheint es angebracht, in der gebotenen Ausführlichkeit die Grundlagen der athenäistischen Ethik und Philosophie zu skizzieren. Die Erörterung von Weltsicht, Menschenbild und Moralverständnis, die den Ordnungsrahmen des kulturkritischen und -philosophischen Wirkens Casos, Henríquez Ureñas, Reyes' und Vasconcelos' bildeten, dient nicht zuletzt auch der Erforschung ihres Selbstbildes als kulturphilosophische und gesellschaftliche Vordenker. Ausgehend von den dargestellten Positionen soll sodann die individuelle Sicht des Problemfeldes der praktischen Umsetzung einer Theorie des moralischen Handelns analysiert werden. Dieses Verfahren erlaubt es, die differierenden Konzepte der gesellschaftlichen Praxis vor dem Hintergrund der allgemeinen Frage nach den Optionen eines Engagements des Intellektuellen zu erfassen.

Die von den Verwaltern des athenäistischen Erbes vorgelegten Entwürfe einer mexikanischen Identität bilden den Gegenstand des folgenden Themenschwerpunktes. Das Augenmerk richtet sich speziell auf die Interpretationen der historischen, politischen und kulturellen Dimensionen der *mexicanidad* seitens der genannten Autoren. Ausgehend von der athenäistischen Deutung der nationalen politischen und kulturellen Geschichte stellt sich die Frage, welche Positionen die vier Essayisten in ihrer Kritik der Gegenwart sowie ihrer Neubestimmung des künftigen mexikanischen Selbst einnehmen. Zu analysieren sind neben den Denkformen eines *nuevo humanismo* insbesondere jene Theorien eines mestizierten und universalistischen Bewußtseins, welche die gesellschaftliche Diskussion zu Fragen der *mexicanidad* durch die Entwicklung neuer Perspektiven bereicherten. Zugleich stellt sich aber auch die Frage, in welchem Maße identitätstheoretische Ambivalenzen des athenäistischen Diskurses zur Entstehung problematischer Verwerfungen innerhalb der mexikanischen *autodefinición* beigetragen haben. Vor allem die problematisierende Erörterung der Vorstellungen zum kulturellen Ort des Indigenen in der mestizierten Gesellschaft soll in diesem Zusammenhang Widersprüche im athenäistischen Gesellschafts- und Kulturmodell erschließen.

Da mexikanistisches und lateinamerikanistisches Denken in den Aussagen der Mitglieder des Athenäums eng aufeinander bezogene Korrelate darstellen, ergibt sich die Notwendigkeit, die Konzeptionen einer nationalen Selbstfindung um die kontinentale Dimension zu erweitern. Bei der Betrachtung der lateinamerikanischen Implikationen des Athenäismus sollen insbesondere die Visionen eines lateinamerikanischen Utopia Berücksichtigung finden. Beachtet werden auch jene Ansätze, welche die aus dem *Ateneo de la Juventud* hervorgegangenen Kulturphilosophen im Bereich der Breitenbildung und des geistigen Austauschs einer intellektuellen Elite vertraten, um den Dialog zwischen geistiger Elite und Gesellschaft im Sinne der *mexicanidad* und *americanidad* zu vertiefen. In diesem Zusammenhang sollen auch die Aussagen zur Position Lateinamerikas in der internationalen Gemeinschaft ebenso wie hinsichtlich des Verhältnisses zum nördlichen Nachbarn untersucht werden.

Nach der identitätstheoretischen Kommentierung der Leitlinien des athenäistischen Denkens erfolgt in dem abschließenden Kapitel der Untersuchung eine erneute Kontextualisierung, welche die Wechselbeziehungen zwischen dem Athenäismus und den wichtigsten Filiationen der mexikanischen *autodefinición* im zwanzigsten Jahrhundert aufzeigt. Hierdurch wird eine abschließende Bewertung des Beitrags der athenäistischen Kulturtheorie zur Ausbildung des mexikanischen Selbstverständnisses ermöglicht.

Die Ergebnisse der zu Beginn dieses Kapitels erfolgten Überlegungen zur Identität und Alterität geben Anlaß, an dieser Stelle die erkenntnistheoretischen Prämissen und das Selbstverständnis der vorliegenden Untersuchung anzusprechen. Wie jede von europäischen wissenschaftlichen Prämissen geprägte Analyse, welche Einblicke in einen fremden Kulturraum gewinnen möchte, begegnet auch diese Studie der Schwierigkeit, daß die eigenen kulturellen und wissenschaftlichen Wurzeln die Perzeptionsweise des zu analysierenden Gegenstandes prägen. Dies bedeutet aber auch, daß die Alterität nie völlig in ihrer Eigenwertigkeit und Besonderheit erfaßt werden kann. In Anbetracht dieses Grundproblems erfordert die Beschäftigung mit der Andersheit der mexikanischen Kultur, und das heißt, auch des in vielfacher Hinsicht europäisch ausgerichteten Athenäismus, an erster Stelle ein Bewußtsein, das sich der Alterität öffnen möchte. Dazu erscheint es angebracht, die eigenen kulturellen und hermeneutischen Prämissen kritisch zu reflektieren. Die Analyse des Fremden bedeutet somit auch, den Blick auf das Eigene zu werfen. Dies erscheint umso wichtiger, als das Eigene ohne das Fremde nicht denkbar wäre. Deswegen möchte diese Studie in erkenntnistheoretischer Hinsicht das Bemühen verfolgen, den mexikanischen Athenäismus und die *autodefinición* von einer Position "auf der Grenze" zwischen Eigenem und Fremdem diskursanalytisch zu erschließen. Beabsichtigt ist, sich der Alterität im Sinne Lévinas' "verletzlich" zu nähern, und einen Standpunkt des "Dazwischen" im Transitraum zwischen Eigenem und Fremdem einzunehmen, der die eigenen epistemologischen Prämissen hinterfragt und erkenntniskritisch perspektiviert.

II. Probleme, Ambivalenzen und Optionen der hispanoamerikanischen und mexikanischen Identitätssuche bis zum frühen 20. Jahrhundert

1. Die Herrschaft der spanischen Kultur und die beginnende Suche nach dem Eigenen in den kolonialen Gesellschaften

Mit der Inbesitznahme des amerikanischen Kontinentes durch europäische Eroberer stellte sich erstmals die Frage nach der zivilisatorischen und kulturellen Identität der in der Neuen Welt lebenden Ureinwohner. Seitens der Kolonisatoren führte die von eurozentrischen Auto- und Heterostereotypen geprägte Sichtweise des unbekannten Anderen dazu, dem amerikanischen Fremden jegliches Recht auf Eigenwertigkeit abzusprechen.[1] Aus europäischer Sicht erschien Amerika vornehmlich als Projektionsfolie des Eigenen, so daß eine von Vorbehalten freie Auseinandersetzung mit dem Unbekannten ausblieb.[2]

Seitens der in Südamerika geborenen Kreolen und mehr noch der mestizischen Bevölkerungsgruppe ergab sich mit der ersten nach der Conquista geborenen Generation das Problem, Alternativen zu einer vom Mutterland abgeleiteten, imitierenden und somit als inauthentisch empfundenen Identität zu suchen. Während die Kreolen als in Hispanoamerika geborene Nicht-Spanier die spanische Kultur einerseits als Vorgabe akzeptierten, doch andererseits nach der Differenzqualität des Eigenen suchten, verschärften sich diese kulturellen Ambivalenzen bei den Mestizen, die sich weder als Europäer noch als Indianer noch als der kreolischen Oberschicht zugehörig definierten und ethnisch dennoch in allen

---

1 Die aus dem Eurozentrismus resultierenden perzeptiven Verwerfungen analysieren Irlemar Chiampi, *El realismo maravilloso. Forma e ideología en la novela hispanoamericana*, Caracas 1983, S. 124ff.; Ottmar Ette, "Funktionen von Mythen und Legenden in Texten des 16. und 17. Jahrhunderts über die neue Welt", in: Karl Kohut (Hrsg.), *Der eroberte Kontinent. Historische Realität, Rechtfertigung und literarische Darstellung der Kolonisation Amerikas*, Frankfurt/Main 1991, S. 161-182; Gewecke, *Neue Welt*, S. 60ff.; Dieter Janik, "»...verdienet nicht ein Mensch zu sein« Fremdverständnis und Selbstverständnis der Menschen und Kulturen der Neuen Welt zum Zeitpunkt der Conquista", in: ders., *Stationen der spanischamerikanischen Literatur- und Kulturgeschichte. Der Blick der anderen - der Weg zu sich selbst*, Frankfurt/Main 1992, S. 11-25; Karl-Heinz Kohl, *Entzauberter Blick. Das Bild vom Guten Wilden und die Erfahrung der Zivilisation*, Berlin 1981; Edmundo O'Gorman, *La idea del descubrimiento de América. Historia de esa interpretación y crítica de sus fundamentos*, México ²1976 (¹1951); ders., *La invención de América. El universalismo de la cultura de occidente*, México; Buenos Aires ²1977 (¹1958).

2 Ottmar Ette entwickelt für die Zeit der Colonia in treffender Weise das Modell eines Spannungsfeldes verschiedener kultureller Ausdrucksformen. Folgenden Pole werden genannt: 1. die "vorbildgebende iberische Kultur im Kontext ihrer abendländischen Traditionsstränge", 2. "indianische Kulturen, deren Fortbestehen zumeist geleugnet (...) und deren Kulturraum ausgegrenzt (...) wurde", 3. "iberische Volkskulturen, welche die Eroberer mitgebracht hatten", 4. "die schwarzen Kulturen" sowie 5. kulturelle Mischformen aus den Punkten 2-4, "die von dem an Europa ausgerichteten städtischen Raum negiert und marginalisiert wurden" ("Lateinamerika und Europa. Ein literarischer Dialog und seine Vorgeschichte", in: José Enrique Rodó, *Ariel*, übers., hrsg. und erläutert von Ottmar Ette, Mainz 1994, S. 9-58, hier S. 20).

drei Gruppen wurzelten.³ Der Wunsch, das amerikanische Eigene gegenüber dem Spanischen zu behaupten, führte an der Wende vom 16. zum 17. Jahrhundert zur Ausformung eines neuspanischen Identitätsbewußtseins, das mit dem wachsenden Wunsch einherging, auch politisch dem Mutterland gleichgestellt zu sein.⁴ Diese Tendenz zur Selbstbehauptung führte bei kreolischen Autoren wie Sor Juana Inés de la Cruz und Carlos de Sigüenza y Góngora zu dem Bestreben, das indianische Andere oder das "spezifisch Mexikanische" (etwa die Eroberung des Kontinents, die Schönheit der Stadt Mexiko und der Landschaft Anáhuacs) im Sinne der Schaffung des Eigenen, das sich zu seiner universalistischen Komponente bekennt, literarisch zu integrieren.⁵ Die Bereitschaft zum interkulturellen und intertextuellen Dialog, doch auch das Bedürfnis nach der Gestaltung einer kulturellen und literarischen Differenz zum spanischen Paradigma, waren während der Colonia wichtige Optionen für die Schaffung einer neuhispanischen Identität.

Die erwähnten imagologischen Verwerfungen, die autoreflexiven Ambivalenzen sowie das problematische Miteinander von spanischen kulturellen Vorgaben und neuspanischer Suche nach alternativen Kulturkonzepten führten zu einer bis in die Gegenwart offenen Debatte über die *autodefinición* zur Zeit der Colonia. Die differierende Beurteilung der kolonialen Identitätskonstruktion führte zu einer Bewertung der Ereignisse nach 1492 als "Eroberung", "Entdeckung", "Kulturbegegnung" oder "Okzidentalisierung".⁶ Dementsprechend erscheint je nach Blickwinkel der Interpreten die prekäre Identität der Kolonien vom 16. bis zum 18. Jahrhundert in einem unterschiedlichen Licht. Der mexikanische Kulturphilosoph Leopoldo Zea etwa problematisiert nachdrücklich die koloniale Identität Neuspaniens, welche sich als das Produkt einer gelenkten Akkulturation, Assimilation und

---

3   Diese Ambivalenzen erörtert Edmundo O'Gorman, "La doble interna contradicción de nuestra herencia colonial", *Diálogos* 17, 4 (Juli-Aug. 1981), S. 24-27. Zu den internen Widersprüchen des kreolischen und mestizischen Seins siehe auch Hanns-Albert Steger, "'Emanzipation' und 'Akkulturation' als Instrumente zur Beherrschung der lateinamerikanischen und karibischen Region", *Zeitschrift für Kulturaustausch* 24, 1 (1974), S. 25-33, hier S. 26f.

4   Hierzu informiert María Guadalupe García Barragan, "Principios de identidad nacional y cultural en los orígenes de la literatura colonial mexicana", in: Saúl Yurkievich (Hrsg.), *Identidad*, S. 165-172.

5   So aus mexikanistischer Perspektive Octavio Paz, *Sor Juana Inés de la Cruz o Las trampas de la fe*, Barcelona ⁴1990 (¹1982), S. 71 und 84f. sowie ders., "Sor Juana Inés de la Cruz", in: ders., *Las peras del olmo*, Barcelona ²1974 (¹1957), S. 34-48. Siehe auch den von José Pascual Buxó und Arnulfo Herrera herausgegebenen Sammelband *La literatura novohispana. Revisión crítica y propuestas metodológicas*, México 1994. Die hier veröffentlichten Beiträge erfassen neben den literarischen Eigenheiten der Genannten auch Autoren, die bislang eher als Randfiguren der Literaturgeschichte galten. Mit der Genese des *patriotismo criollo* beschäftigt sich David Brading, *Los orígenes del nacionalismo mexicano*, México ²1993 (¹1973), S. 15ff.

6   Vgl. zu dem angesprochenen Phänomen Abelardo Villegas, *El pensamiento mexicano en el siglo XX*, México 1993, S. 239ff. Obwohl die offizielle mexikanische Sprachregelung von einem *encuentro de dos mundos* ausgeht, findet sich der Begriff des *descubrimiento* zum Beispiel noch bei Margarita Peña (Hrsg.), *Descubrimiento y conquista de América. Cronistas, poetas, misioneros y soldados*, México 1982, S. 7-21, hier S. 7.

Diskrimination präsentiere. Die Herrschaft des spanischen *Logos* habe bis in die Gegenwart eine Entfremdung des Mexikaners vom Eigenen zur Folge gehabt.⁷

Im Gegenzug vertritt der Kubaner Alejo Carpentier für das koloniale Spanischamerika die Konzeption eines barocken Kulturmodells. Die Interaktion der Kulturen habe dazu geführt, daß sich Indianisches und Europäisches wechselseitig durchdrangen und bereicherten. Indem er den Indianern eine angestammte barocke Wahrnehmungsweise zuschreibt, reduziert Carpentier die kulturelle Kluft und die Friktionen, welche bei dem Aufeinandertreffen der Kulturen von Alter und Neuer Welt entstanden. Die ahistorische Anwendung des Barockbegriffs dient ihm dazu, das idealisierende Modell einer synkretistischen Kolonialkultur zu entwerfen.⁸

Octavio Paz wiederum schlägt einen dritten Weg ein, indem er hervorhebt, daß Neuspanien eine Identität als das *alte* oder das *neue* Spanien ablehnte, um zu einem *anderen* Spanien zu werden. Nichtsdestoweniger habe die Kolonie in dem Widerspruch gelebt, ein *anderes* und zugleich *dasselbe* Spanien zu sein. Dementsprechend liege auch die Eigenheit der Kunst und Literatur Neuspaniens nicht darin, *neu*, sondern *anders* zu sein. Der Amero-Barock ist folglich für Paz im Unterschied zu Carpentier lediglich eine *andere*, wenngleich ursprüngliche Variante der in Spanien herrschenden Spielart. Auf der Grundlage dieser Argumentation kann er die Bindung an das Spanische in ambivalenter Weise betonen und zugleich relativieren.⁹ Seine Deutung verweist darauf, daß die Identität der kolonialen Gesellschaft aufgrund der Gleichzeitigkeit von spanischem Paradigma und neuspanischem Streben nach Eigenem von tiefgreifenden Widersprüchen geprägt war, welche sich in der problematischen Befindlichkeit der kreolischen und mestizischen Bevölkerungsgruppen niederschlug.

Zu dem sich im 17. Jahrhundert ausformenden vaterländischen Bewußtsein der Kreolen trat während des ausgehenden 18. Jahrhunderts die Überzeugung, am ökonomischen Fortschritt nicht hinreichend beteiligt zu sein. Die hieraus folgende wachsende Unzufriedenheit mit den kolonialen Verhältnissen führte zur Entstehung einer Autonomiebewegung, die in Mexiko 1821 ihren Höhepunkt mit der Lossagung vom Mutterland erreichte. Gefördert wurde diese Entwicklung durch das Bestreben, dem eurozentrischen Inferioritätsvorwurf entgegenzuwirken, dem die südamerikanischen Kolonien ab 1776 verstärkt ausgesetzt waren. Seit der nordamerikanischen Unabhängigkeitserklärung trug nämlich Südamerika das Stigma der Rückständigkeit, während man in Nordamerika die

---

7   "Los hombres de esta América hablan y razonan, pero sienten este hablar y razonar como algo que les fuera extraño, impuesto" (Leopoldo Zea, "Búsqueda de la identidad latinoamericana", in: ders. et al., *El problema de la identidad latinoamericana*, México 1985, S. 11-31, hier S. 12). Zea umschreibt das Seinsgefühl des Lateinamerikaners mit dem negativen Begriff der "bastardía que avergüenza" (a.a.O., S. 25).

8   Siehe hierzu die Kritik von Claudius Armbruster, *Das Werk Alejo Carpentiers. Chronik einer "Wunderbaren Wirklichkeit"*, Frankfurt/Main 1982, S. 40ff.

9   "Nueva España: orfandad y legitimidad", in: *El ogro filantrópico. Historia y política 1971-1978*, Barcelona; Caracas; México 1979, S. 38-52.

Ideale der Aufklärung umgesetzt sah.[10] Die Orientierung der Kreolen und Mestizen am europäischen Denken hatte jedoch inzwischen dazu geführt, daß sich diese die Ideen der Aufklärung zu eigen gemacht hatten. Hierin lag eine wichtige Voraussetzung dafür, angesichts der Abwertung des Eigenen durch die Europäer nun einen Gegendiskurs zu entwickeln, der sich erstmals vom eurozentrischen Inferioritätsvorwurf distanzierte.[11] Dem europäischen Vorurteil zu den negativen Auswirkungen der Klimabedingungen des Südkontinentes auf die physischen und psychischen Veranlagungen der dort lebenden Menschen setzten die Kreolen ein positives Selbstbild entgegen, in dem sich die Annahmen eines rationalen ("europäischen") Denkens mit der ("südamerikanischen") Fähigkeit zu Phantasie und Kreativität verband. Die ehemalige Kolonialmacht wurde nun aus amerozentrischer Sicht mit negativen Merkmalen besetzt, was vermittels der behaupteten Differenzqualität des Eigenen dessen Aufwertung beziehungsweise die Rückführung der nationalen und kontinentalen Defizite auf europäische Einflüsse erlaubte.

2. Der postkoloniale Diskurs des *antiespañolismo* im Spannungsfeld von Fremd- und Selbstbestimmung

Der im Prozeß der politischen Lossagung vom Mutterland vorherrschende mexikanische *antiespañolismo* manifestierte sich besonders markant in den Proklamationen Hidalgos, Morelos' und anderer Freiheitskämpfer, denen die Unabhängigkeit als "ein Akt sowohl nationalistischer Selbstbehauptung als auch ausgleichender Gerechtigkeit für das durch die Eroberung erlittene Unrecht"[12] erschien. In der mexikanischen Literatur ist diese Position bei Francisco Severo Maldonado, Luis López Méndez, Andrés Quintana Roo, Francisco Ortega, Juan Díaz Covarrubias und Juan Mateos nachvollziehbar.[13] Auch in den übrigen Ländern des Kontinentes finden sich zahlreiche Zeugnisse der Abkehr vom Spanischen. Stellvertretend sei auf die klassizistischen Tiraden José Joaquín de Olmedos in seinem

---

10 Hans-Joachim König, *Lateinamerika: Zum Problem einer eigenen Identität*, Regensburg 1991, S. 10ff.

11 Die Entwicklung der europäischen Amerikadiskurse seit der *calumnia buffoniana* sowie die Reaktionen von amerikanischer Seite erfaßt Antonelli Gerbi, *La disputa del Nuevo Mundo. Historia de una polémica 1750-1900*, México; Buenos Aires 1960 (^{1}1955). Gerbis Untersuchung ist ob ihrer beeindruckenden Materialfülle für den Nachvollzug zentraler Denk- und Argumentationsmuster immer noch von größtem Interesse. Ihre allgemein geistesgeschichtliche Ausrichtung führt indes dazu, daß die Darstellung spezifischer regionaler Entwicklungen im Rahmen der Debatte nur eine geringe Tiefenschärfe entwickelt.

12 Juan José Bremer, "Zur kulturellen Identität Mexikos", in: Briesemeister/Zimmermann (Hrsg.), *Mexiko heute* (^{2}1996), S. 628-635, hier S. 629. Siehe die entsprechenden Texte in der Anthologie von José Luis Romero/Luis Alberto Romero (Hrsg.), *Pensamiento político de la emancipación*, 2 Bde., Caracas 1977.

13 Siehe José Luis Martínez, *La emancipación literaria de México*, Mexiko 1955, S. 13ff. und Karl Hölz, "Göttlicher Nektar und Pulque. Klassizistischer Kunstwille und die Anfänge der Nationalliteratur in Mexiko", *Romanische Forschungen* 103, 1 (1991), S. 49-70, hier S. 62f.

Gedicht "La victoria de Junín. Canto a Bolívar" (1825) verwiesen. Hier verkündet der Ecuadorianer:

> *¡Guerra al usurpador! - ¿Qué le debemos?/luces, costumbres, religión o leyes...?/¡Si ellos fueron estúpidos, viciosos,/feroces y por fin supersticiosos!/¿Qué religión? ¿la de Jesús?... ¡Blasfemos!/Sangre, plomo veloz, cadenas fueron/los sacramentos santos que trajeron.*[14]

In vergleichbarer Weise notiert der Chilene Francisco Bilbao in seinem aus dem Jahr 1864 stammenden *Evangelio americano*:

> *La España conquistó a América. Los ingleses colonizaron el norte. Con la España vino el catolicismo, la monarquía, la feudalidad, la inquisición, el aislamiento, el silencio, la depravación, y el genio de la intolerancia exterminadora, la sociabilidad de la obediencia ciega. Con los ingleses vino la corriente liberal de la reforma: la ley del individualismo soberano, pensador y trabajador en completa libertad. ¿Cuál ha sido el resultado? Al norte, los Estados Unidos, la primera de las naciones antiguas y modernas. Al sur los Estados Des-Unidos, cuyo progreso consiste en* desespañolizarse.[15]

Ähnlich äußert sich auch der Argentinier Sarmiento, dessen Wertschätzung für die Vereinigten Staaten ebenfalls die Distanznahme vom rückständigen Spanien akzentuierte,

> *esa rezagada a la Europa, que, echada entre el Mediterráneo y el Océano, entre la Edad Media y el siglo XIX, unida a la Europa culta por un ancho istmo y separada del Africa Bárbara por un angusto estrecho.*[16]

Trotz des von Martí postulierten Bestrebens eines "no aplicar teorías ajenas, sino descubrir las propias"[17] konnte sich mit dem *antiespañolismo* über die selbstbehauptende Distanznahme und die Suche nach neuen zivilisatorischen Paradigmen hinaus allerdings auch ein problematisches Existenzgefühl einstellen, da das alte Sein abgelehnt wurde, ein neues jedoch noch nicht an dessen Stelle gerückt war. Dieses Gefühl der durch die spanischen Kolonisatoren bewirkten Entfremdung von einem authentischen individuellen wie nationalen Selbst verdeutlicht eine Aussage, die Martís 1871 verfaßtem Essay "El presidio político en Cuba" entnommen ist. In dieser Schrift geht das persönliche Leid des zwangsexilierten Autors mit der Kritik an der Unrechtsherrschaft in seiner Heimat einher. Die Abkehr von Spanien wird auf die politische Willkür der Kolonialmacht zurückgeführt:

---

14 In: *Poesía. Prosa*, Puebla 1960, S. 103-127, hier S. 114.
15 *El Evangelio americano*, Caracas 1988, S. 90.
16 Domingo Faustino Sarmiento, *Facundo. Civilización y barbarie*, Madrid ²1993, S. 41.
17 "Carta a Joaquín Macal" (1877), in: ders., *Nuestra América*, Caracas 1977, S. 7f., hier S. 7. Vgl. ders.: "El problema de la independencia no era el cambio de formas, sino el cambio de espíritu" ("Nuestra América"[1891], in: a.a.O., S. 26-33, hier S.30).

Ser apaleado, ser pisoteado, ser arrastrado, ser abofeteado en la misma calle, junto a la misma casa en la misma ventana donde un mes antes recibíamos la bendición de nuestra madre, ¿qué es? Nada (...) ¡Horrorosa, terrible, desgarradora nada! ¡Y vosotros los españoles la hicisteis! ¡Y vosotros la sancionasteis! ¡Y vosotros la aplaudisteis! ¡Oh, y qué espantoso debe ser el remordimiento de una nada criminal! Los ojos atónitos lo ven; la razón escandalizada se espanta; pero la compasión se resiste a creer lo que habéis hecho, lo que hacéis aún. O sois bárbaros, o no sabéis lo que hacéis.[18]

Dem neuen Selbstverständnis entsprechend deuteten die kreolischen Meinungsführer das Entwicklungsgefälle Südamerikas nicht mehr als Folge einer wesensmäßigen Minderwertigkeit, sondern als Konsequenz der zu beendenden kolonialen Ausbeutung. Durch die Entwicklung eines positiven Auto-Images, die Behauptung einer Verschiedenheit von Amerikanern und Spaniern und den Hinweis auf die negativen Effekte des kolonialen Wirtschaftssystems wurde der Weg bereitet für eine kollektive Identitätsbestimmung. Die Unabhängigkeitserklärungen der Kolonien können als Ausdruck dieses selbstbewußten Strebens nach Differenz angesehen werden.

3. Verwerfungen innerhalb der *autodefinición* nach der politischen Unabhängigkeit: die problematische Originalitätsprämisse

Nachdem sich das politisch unabhängige Mexiko nicht mehr als Resonanzkörper der europäischen Kulturvorgaben verstand, bestimmte in identitätstheoretischer Hinsicht neben der Distanznahme die Suche nach Originalität und Authentizität die nationale Entwicklung.[19] Die Einlösung dieser Ansprüche wurde aber zunächst dadurch erschwert, daß angesichts der ethnischen Heterogenität des Landes die Unabhängigkeit auf einem ausschließlich politischen, nicht aber ethnischen und kulturellen Identitätsentwurf basierte. Weiterhin präsentierte sich die Unabhängigkeit als ein Projekt, das fast ausschließlich von der nur rund 16 Prozent der Bevölkerung umfassenden kreolischen Oberschicht getragen wurde. Die Zustimmung des zu ca. 60 Prozent aus Indianern und zu rund 20 Prozent aus Mestizen bestehenden Gros der Einwohner Mexikos wurde nicht eingefordert.[20] Hinzu kam, daß diese Bevölkerungsgruppen von der politischen Partizipation weitestgehend ausgenommen waren, da die Ausübung politischer Rechte zunächst nur dem Besitzbürgertum vorbehalten blieb. Als höchst problematisch erwies sich zudem die Legitimierung des neuen Systems, das zwar vorgab, sich vom Alten abzuwenden, doch gleichzeitig die kolonialen gesellschaftlichen und ökonomischen Strukturen unverändert ließ. Erschwerend für die Ausbildung einer kollektiven Identität wirkte sich ferner aus, daß allein die ange-

---

18 "El presidio político en Cuba", in: ders., *Sus mejores páginas*, México [7]1992 ([1]1970), S. 3-22, hier S. 3f.

19 Vgl. Klaus Meyer-Minnemann, "Lateinamerikanische Literatur. Dependenz und Emanzipation", *Iberoamericana* 10, 2/3 (1986), S. 3-17.

20 Angaben für 1800 nach Daniel Cosío Villegas et al., *Historia mínima de México*, México [2]1994 ([1]1973), S. 78.

nommene Differenzqualität des neuen Staates einen eigenständigen gesellschaftlichen und kulturellen Zukunftsentwurf nicht ersetzen konnte.

Die Situation Mexikos wie der übrigen hispanoamerikanischen Staaten im 19. Jahrhundert ist somit in identitätstheoretischer Hinsicht als äußerst labil zu bezeichnen. Vor der detaillierten Erörterung dieses Sachverhaltes erscheint es angebracht, auf Borsòs grundsätzlichen Hinweis aufmerksam zu machen, daß die Staaten Hispanoamerikas nach ihrer Unabhängigkeit tendenziell die nationale Identität unter Zuhilfenahme eines europäischen ontologischen Diskurses definierten, der von der Bewußtseinsphilosophie des deutschen Idealismus und dem ästhetischen Paradigma der Romantik nachhaltig geprägt worden war.[21] Hieraus folgt, daß die hispanoamerikanische Autodefinition a priori aufgrund der europäischen Vorgaben Gefahr lief, das Eigene durch den Blick des Fremden wahrzunehmen. Darüber hinaus war im postkolonialen Mexiko wie in den übrigen Ländern des Südkontinentes die Suche nach einer nationalen Kultur antithetischen Optionen und Zwängen ausgesetzt, welche bei der *autodefinición* zu Ambivalenzen führten. So ist es angesichts der negativen Erfahrungen unter der spanischen Herrschaft nachvollziehbar, daß die mexikanischen Patrioten mit dem Erreichen der Unabhängigkeit danach strebten, die politische und kulturelle Identität ihres Landes auf der Grundlage einer Abkehr vom spanischen Modell zu konstruieren. Der Wunsch, die mexikanische Identität auf dem Moment der Differenz zu gründen, entspricht zugleich einer kulturellen Defensivstrategie, welche das Eigene vor dem negativen Einfluß des Anderen bewahren sollte. Als Problem stellte sich jedoch heraus, daß dieser angenommene Anspruch auf Unabhängigkeit aufgrund der Dauerhaftigkeit kultureller spanischer Traditionen in der Praxis nicht erfüllt werden konnte. Das verständliche Bedürfnis, die nationale und kontinentale Identität in der Differenz zu suchen, blieb aufgrund der faktischen Abhängigkeit von einer kulturhistorischen und gesellschaftlichen spanischen Kontinuitätslinie unerfüllbar.

Wie sehr die spanische Prägung als Problem wahrgenommen wurde beziehungsweise als Argument für die Erklärung bestehender Mißstände diente, belegt exemplarisch eine Notiz Lizardis, in der er kurz vor seinem Tod den Fortbestand kolonialer Herrschaftsstrukturen kritisierte: "Hoy que los mexicanos son ciudadanos, se les decretan sus memoriales con la misma aspereza y arbitrariedad que cuando eran vasallos de España".[22] In vergleichbarer Weise vermerkte 1844 der Venezolaner Andrés Bello: "Arrancóse el cetro al monarca, pero no al espíritu español (...); la España se ha encastillado en nuestro foro...".[23] Natürlich erschien auch im Bereich der Literatur die

---

21 Borsò, *Mexiko*, S. 42. Das hier angesprochene Phänomen eines "estado mediato de la identidad latinoamericana" bestätigt Wolfgang Matzats Analyse des Mexikobildes Martís. Es fällt auf, daß der Kubaner sich bei der Beurteilung der ökonomischen Fortschritte des Landes der "mirada extranjera" bedient ("La imagen de México en las Escenas mexicanas de José Martí", in: Ottmar Ette/Titus Heydenreich [Hrsg.], *José Martí 1895/1995. Literatura-Política-Filosofía-Estética*, Frankfurt/Main 1994, S. 197-209, hier S. 199). Vgl. hierzu auch Martís Artikel "Respeto a nuestra América", in: *Nuestra América*, S. 12f.
22 "Testamento y despedida", zit. in Martínez, *Emancipación literaria*, S. 12.
23 "Investigaciones sobre la influencia social de la conquista i del sistema colonial de los españoles en Chile", in: ders., *Obras completas*, Bd. 7, Santiago de Chile 1884, S. 71-88, hier S. 86.

Prägung durch Europa und das ehemalige Mutterland als Belastung. Dementsprechend betonten die kostumbristischen Beschreibungen von *Los mejicanos pintados por sí mismos* zum Beispiel die mexikanischen Eigenheiten der *griseta* in Abgrenzung zu den europäischen Referenzländern Spanien und Frankreich. Mit dem Ausruf "¡Fuera las majas y manolas de España y las grisetas de Francia!"[24] verband sich der Ausdruck des auf dem Moment der Differenz aufbauenden nationalliterarischen Selbstbewußtseins.

Die Option einer Orientierung am Kulturerbe der indianischen Bevölkerung stand aus Sicht der kreolischen städtischen Elite außer Frage, da dies eine Absage an die Möglichkeiten der modernen Kultur und Zivilisation bedeutet hätte. Gleichzeitig bemühten sich jedoch mexikanische Patrioten wie Ignacio Ramírez, die als Demütigung erfahrene koloniale Epoche durch die Stilisierung der aztekischen Vergangenheit im Sinne eines neuentdeckten Eigenen mythisch zu supplementieren.[25] Hierdurch sollte eine kontinuierliche nationale Geschichte konstruiert und der historische Ursprung der Nation in der präkolonialen Epoche fundiert werden. Dementsprechend bezeichnete der liberale Ramírez Mexiko als "patria de los Aztecas", deren "rica herencia" sich die Franzosen durch ihre Intervention bemächtigen wollten.[26] In ähnlicher Weise stilisierte auch Heredia 1820 in seinem Gedicht "En el teocalli de Cholula" "los aztecas valientes"[27] zu Symbolfiguren des Freiheitskampfes gegen Spanien. Andererseits distanzierte sich der in Mexiko lebende Kubaner nachdrücklich von den grausamen Opferriten, dem Aberglauben und der Tyrannei der Vorfahren der Mexikaner.[28]

Wenngleich die literarisch ambitionierten Patrioten den Bezug zur indigenen Vergangenheit suchten, so blieb in der kulturellen, ökonomischen und sozialen Realität des 19. Jahrhunderts eine Kontaktnahme zu den indianischen Ethnien aus. Dieses ambivalente Verhalten wurde durch die Rezeption von Hegels Thesen zur geistigen Ohnmacht Amerikas untermauert, nach welchen der Südkontinent nur zum Preis der kulturellen Selbstaufgabe und auf dem Weg der Anpassung an das moderne Europa in die Universalgeschichte eintreten könne. Die hieraus folgende Aufwertung der europäischen Zivilisation ging

---

24 Zit. nach Christoph Strosetzki, "'Los mejicanos pintados por sí mismos' (1855) und der Liberalismus des I. Ramírez", in: ders., *Das Europa Lateinamerikas: Aspekte einer 500jährigen Wechselbeziehung*, Stuttgart 1989, S. 90-112, hier S. 94.

25 Vgl. Enrique Florescano, "Persistencia y transformación de la identidad indígena", *La Jornada Semanal* (8.12.1996), http://serpiente.dgsca.unam.mx/jornada/1996/dic96/961208/sem-florescano.html.

26 Zit. nach Claude Dumas, "*Nation* et *identité* dans le Mexique du XIXe siècle: essai sur une variation", *Cahiers du monde hispanique et luso-brésilien* 38 (1982), S. 45-67, hier S. 65.

27 In: *Niágara y otros textos (Poesía y prosa selectas)*, Caracas 1990, S. 106-109, hier S. 106. Die aztekischen Herrscher idealisiert Heredia ebenfalls in seiner gegen Iturbide gerichteten "Oda a los habitantes de Anáhuac" aus dem Jahr 1822 (a.a.O., S. 52-56). Vgl. José Martí: "La historia de América, de los incas acá, ha de enseñarse al dedillo, aunque no se enseñe la de los arcontes de Grecia. Nuestra Grecia es preferible a la Grecia que no es nuestra" ("Nuestra América", S. 29).

28 A.a.O., S. 109. Ähnlich verfährt der Ecuadorianer Olmedo 1825 in seinem "Canto a Bolívar". Siehe Valentín Tascón, "Literatura social en la época colonial, en las luchas de independencia y primeras dictaduras", in: ders./Fernando Soria (Hrsg.), *Literatura y sociedad en América Latina*, Salamanca 1981, S. 19-46, hier S. 30.

einher mit der - später sozialdarwinistisch begründeten - topischen Abwertung des vermeintlich barbarischen autochthonen Elementes. Lediglich in dem vor allem seit der liberalen Reforma-Regierung und nach der Revolution vertretenen nationalen Mythos der harmonisch mestizierten Nation sowie in der beschönigenden Vision des offizialisierten Indianismus und Indigenismus[29] konnte das Trennende zwischen den Ethnien überwunden werden. Das Konzept des *mestizaje* diente der kulturellen Kompensierung einer der indigenen und mestizischen Bevölkerung verwehrten Teilhabe an den Schlüsselpositionen der gesellschaftlichen und politischen Macht.[30] Faktisch jedoch konnte bis in die Gegenwart keine Stabilisierung des nationalen Identitätsgebäudes erreicht werden. Der Indianeraufstand in Chiapas verwies 1994 auf den Fortbestand dieser ungelösten nationalen Problematik.[31]

4. Die Widersprüche einer abgeleiteten Identität

Die in Bellos bekannter "Alocución a la poesía"[32] formulierte Aufforderung an die Muse, dem noch vermeintlich kulturlosen Kontinent bei der Suche nach einer neuen Identität zur

---

29 Dieser Mythos äußert sich markant bei Ignacio Ramírez, der in Anlehnung an Spencers sozialdarwinistische Thesen für Mexiko eine gesellschaftliche Homogenisierung forderte. Die indianischen Ethnien sollten als solche aufgelöst und in den Typus des *campesino* überführt werden. Siehe Strosetzki, "'Los mejicanos pintados por sí mismos'", S. 108. Angel Rama demaskiert den Indigenismus als bloßes rhetorisches Argument der Kreolen gegen die spanischen Kolonisatoren: "El indigenismo, sobre todo, en sus sucesivas olas desde el siglo XVIII aludido, ha sido bandera vengedora de muchos nietos de gachupines y europeos, aunque lo que en la realidad éstos hicieron desde la Emancipación, llegada la hora del cumplimiento de las promesas, no les acredita blasones nobiliarios" (*Transculturación narrativa en América Latina*, México 1982, S. 12). Vgl. Edmund Stephen Urbanski, "El Indio en la literatura latinoamericana", *Américas* 15, 6 (Juni 1963), S. 20-24, hier S. 20f. Der Mythos der friedlichen Mestizierung sollte fortan den politischen Diskurs wie auch die traditionelle Literaturgeschichtsschreibung beherrschen. Als Beispiel möge der Hinweis auf César Fernández Morenos "Introducción" genügen (in: ders. [Hrsg.], *América latina en su literatura*, México ²1974 [¹1972], S. 5-18). Für den politischen Diskurs siehe stellvertretend Moisés Sáenz, der als mexikanischer Erziehungsminister den *caos etnológico* beseitigen und über eine *fusión de las razas* zu einer *unión espiritual* gelangen wollte ("México íntegro", zit. in Delgado González, *Martín Luis Guzmán*, S. 157 159, hier S. 158).
30 So Ronald Daus, "'Kultur' in Deutschland - 'Kultur' in Lateinamerika. Versuch einer Definition der Kontraste", *Zeitschrift für Kulturaustausch* 24, 4 (1974), S. 27-32, hier S. 27.
31 Siehe Klaus Zimmermann/Gerhard Kruip, "Der Indianeraufstand in Chiapas - Schock und Hoffnung für ein künftiges Mexiko", in: Briesemeister/Zimmermann (Hrsg.), *Mexiko heute* (²1996), S. 101-120. Die Brüchigkeit des Mythos der friedlichen, mestizierten *familia mexicana* weist beispielhaft Rosario Castellanos in ihren Romanen und Erzählungen nach. Vgl. Vf., "Fremde im eigenen Land. Rosario Castellanos' Darstellung von Problemstrukturen interethnischer Begegnungen in *Ciudad Real*", *Iberoromania* 44 (1996), S. 109-132.
32 "Divina Poesía/(...) tiempo es que dejes ya la culta Europa,/que tu nativa rustiquez desama,/i dirijas el vuelo adonde te abre/el mundo de Colón su grande escena" ("Alocución a la poesía", in: ders., *Obras completas*, Bd. 3, Santiago de Chile 1883, S. 38-61, hier, S. 38).

Seite zu stehen, kann im Sinne einer *translatio imperii* als Manifestation eines gewachsenen Selbstbewußtseins verstanden werden.[33] Andererseits wäre zu fragen, ob sich hinter diesem Appell nicht auch der Versuch verbirgt, ein problematisches Seinsgefühl zu kompensieren, das sich unmittelbar nach der Unabhängigkeit eingestellt hatte. Da man spanische und indianische Kulturparadigmen ablehnte, den Verlust jedoch noch nicht durch neue, eigenständige Konzepte ausgeglichen hatte, könnte man das zeitgenössische Existenzgefühl mit dem Begriff des "Identitätsdefizits" umschreiben. Als eine Manifestation dieser problematischen Selbstwahrnehmung ist Simón Bolívars Rede anläßlich des Congreso de Angostura (1819) zu bewerten. Hier verkündete der Freiheitskämpfer:

> *Nosotros ni aún conservamos los vestigios de lo que fue en otro tiempo; no somos europeos, no somos indios, sino una especie media entre los aborígenes y los españoles. (...) nos hallamos en el conflicto de disputar a los naturales los títulos de posesión y de mantenernos en el país que nos vió nacer, contra la oposición de los invasores; así nuestro caso es el más extraordinario y complicado. (...) nuestra suerte ha sido siempre puramente pasiva, nuestra existencia política ha sido siempre nula. (...) Uncido el pueblo americano al triple yugo de la ignorancia, de la tiranía y del vicio, no hemos podido adquirir, ni saber, ni poder, ni virtud. (...) Es imposible asignar con propiedad a qué familia humana pertenecemos. La mayor parte del indígeno se ha aniquilado, el europeo se ha mezclado con el americano y con el africano y éste se ha mezclado con el indio y con el europeo.*[34]

Nicht nur die undefinierbare Mittelstellung des eigenen Seins zwischen Europäischem und Indianischem stellt sich bei Bolívar als Problem dar. Vielmehr gilt für ihn auch der *mestizaje* als Ausdruck einer ethnischen und zivilisatorischen Orientierungslosigkeit.

Dieses problematische Selbstbild seitens der politischen und kulturellen Eliten sollte dadurch ausgeglichen werden, daß an die Stelle des "rückständigen" Spanien die "fortschrittlichen" Vorbilder Frankreich und England traten.[35] Damit ergab sich allerdings hinsichtlich der nationalen und kontinentalen Identitätskonstruktion das Problem, die

---

33 Siehe Christoph Strosetzki, "Die europäische Antike im Lateinamerika des 19. Jahrhunderts", in: ders., *Das Europa Lateinamerikas*, S. 37-62, hier S. 52.
34 Simón Bolívar, "Discurso pronunciado por el Libertador ante el Congreso de Angostura el 15 de febrero de 1819, día de su instalación", in: ders., *Escritos políticos*, México 1986, S. 98-115, hier S. 99f. und 104. Vgl. mit seiner sogenannten "Carta de Jamaica" (1815): "La América está encontrada entre sí, porque se halla abandonada de todas las naciones; aislada en medio del universo, sin relaciones diplomáticas ni auxilios militares, y combatida por la España..." ("Contestación de un americano meridional a un caballero de esta isla", a.a.O., S.63-76, hier S. 76). Noch 1900 beklagt der Mexikaner Ezequiel A. Chávez den "vacío de conocimientos expuestos hasta ahora sobre el carácter nacional" ("Ensayo sobre los rasgos distintivos de la sensibilidad como factor del carácter mexicano", *Revista positiva* 3 [1. März 1901], S. 81-99, hier S. 83).
35 Vgl. Bolívar: "Buscando en la presente revolución de la América el objeto de los pueblos en hacerla, han sido dos: *sacudir el yugo español, y amistad y comercio con la Gran Britania*" ("Carta al Excmo. Señor Ministro de relaciones exteriores del Gobierno de Su Majestad Británica", in: *Escritos políticos*, S. 45f. hier S. 45).

europäische Kultur selbst nach der *Independencia* bei der Bewertung des Eigenen als wichtigen Vergleichsmaßstab zu akzeptieren. Der Tatbestand einer dependenten Identitätskonstruktion setzte sich fort. Hieraus resultierte für Mexiko das Paradoxon, nach einem bloßen "geokulturellen Dominantenwechsel"[36] auf der Grundlage europäischen Denkens eine von Europa unabhängige Identitätsformel suchen zu wollen.[37] Folglich durchkreuzten idealistische und positivistische Identitätskonzepte europäischer Provenienz im Mexiko des 19. Jahrhunderts wie im übrigen Hispanoamerika das Anliegen der kulturellen Dekolonisierung.[38] Chiampi spricht in diesem Zusammenhang von der lange vorherrschenden hispanoamerikanischen *obsesión*, sich im europäischen Kontext zu definieren.[39] So bewunderten viele Intellektuelle die USA wegen ihrer politischen Verfassung, Großbritannien aufgrund seiner technischen Errungenschaften und seiner wachsenden Wirtschaftsmacht sowie Frankreich wegen seiner zivilisierten Lebensformen und seines Geisteslebens.[40] Dementsprechend unkritisch wurden auf Kosten der indianischen und Teilen der mestizischen Bevölkerung besonders ab der Mitte des 19. Jahrhunderts die europäischen Konzepte des Positivismus, Utilitarismus und des wirtschaftlichen Liberalismus übernommen. Die Protagonisten des hispanoamerikanischen Unabhängigkeitsstrebens beklagten bald den beschriebenen Sachverhalt und forderten auf, einen den eigenen Bedürfnissen angemessenen Umgang mit den westlichen Kulturmodellen zu suchen. So verlangte Andrés Bello die *kritische* Assimilierung des Europäischen:

> *¿Estaremos condenados todavía a repetir servilmente las lecciones de la ciencia europea, sin atrevernos a discutirlas, a ilustrarlas con aplicaciones locales, a darles una estampa de nacionalidad?*[41]

---

36 Ette, "Lateinamerika und Europa", S. 26.
37 Die hieraus folgenden unauflösbaren Ambivalenzen lassen sich beispielhaft am Beispiel von *El Iris*, der ersten illustrierten mexikanischen Zeitschrift nach der Unabhängigkeit, nachvollziehen. Siehe Vf., "*El Iris* como proyecto de «civilización de los semibárbaros mexicanos». Sobre el programa cultural y político de la primera revista literaria ilustrada de México después de la Independencia", in: Dieter Janik (Hrsg.), *La literatura en la formación de los Estados hispanoamericanos (1800-1860)*, Frankfurt/Main; Madrid 1998, S. 53-81. Das angesprochene Problem veranlaßte 1929 Manuel Ugarte zu dem Essay "La manía de imitar" (in: *La nación latinoamericana*, Caracas 1978, S. 271f.). Der Argentinier vermerkt: "En vez de crear con el esfuerzo diario valores nuevos y una civilización diferenciada, ensayamos vivir del reflejo y de las rentas de otras civilizaciones. Esta manía de imitar ha sido el origen de la situación disminuida en que se hallan nuestras repúblicas..." (a.a.O., S. 271f.)
38 So Karl Hölz, "José Martí. Der lange Weg der Freiheit", *Romanistische Zeitschrift für Literaturgeschichte* 19, 3/4 (1995), S. 410-428, hier S. 410.
39 *El realismo maravilloso*, S. 121.
40 Siehe Frauke Gewecke, "Ariel versus Caliban? Lateinamerikanische Identitätssuche zwischen regressiver Utopie und emanzipatorischer Rebellion", *Iberoamericana* 7, 2/3 (1983), S. 43-68, hier S. 45f.
41 "Discurso pronunciado por el rector de la Universidad de Chile en el aniversario solemne de 29 de octubre de 1848", in: ders., *Obras completas*, Bd. 8, Santiago de Chile 1885, S. 353-398, hier S. 372.

Die für das nationale und kontinentale Selbstverständnis per se problematische imitierende Identitätssuche wurde im Fall Mexikos zusätzlich dadurch erschwert, daß der Krieg gegen die USA (1846-48) und die Intervention Frankreichs, das 1861/62 noch mit Großbritannien verbündet war und an der Seite Spaniens stand, zeitweilig die nationale Existenz bedrohten. Ausgerechnet jene Nationen, die man während und nach dem Unabhängigkeitskampf als Vorbilder gewählt hatte, stellten die Souveränität und nationale Unversehrtheit des Landes - und hierdurch natürlich auch die Konzeption einer imitierenden Identitätsfindung - in Frage.[42] Erst die expansive Politik der USA gegenüber Kuba sollte ausgangs des Jahrhunderts die Staaten Hispanoamerikas Europa und selbst Spanien politisch wieder annähern.

Während in den etablierten europäischen Nationalstaaten des 19. Jahrhunderts die intraethnische Solidarität durch die systematische Abwertung des Anderen und die Abgrenzung von ihm erfolgreich gefördert wurde, befanden sich die jungen Staaten Spanischamerikas in einem Dilemma: die faktische kulturelle Dependenz beziehungsweise Prägung durch Spanien und der Wunsch nach einer umfassenden Distanznahme vom Mutterland widersprachen sich ebenso wie die gewollte Anlehnung an "fortschrittliche" Nationen und die Suche nach einer nationalkulturellen Selbstbehauptung. Hinzu kommt, daß im Falle Mexikos die Interventionen der ausländischen Mächte den während des Kampfes um die Unabhängigkeit gewachsenen, für die emotionale Bindung an die kollektive Identitätskonstruktion unersetzlichen Nationalstolz in Frage stellten.

5. Die Konkurrenz konservativer und liberaler Identitätsprojekte

Die Entstehung einer nationalen Identität wurde in Mexiko ferner dadurch zum Problem, daß die kulturellen und politischen Eliten in das Lager der liberalen Patrioten, welche zum Mutterland eine Maximaldifferenz suchten, und das Lager der konservativen Spanientreuen, welche nach einer Nulldifferenz strebten, gespalten waren. Das für die Ausbildung einer kollektiven Identität notwendige Moment einer möglichst breit angelegten Reflexivität blieb angesichts der unüberbrückbaren ideologischen Differenzen zwischen liberalen Republikanern und konservativen Monarchisten, *escoceses* und *yorquinos* unerreichbar.

---

42 Dumas, der zu Recht auf die homogenisierende Wirkung der vermeintlichen spanischen Bedrohung nach der Unabhängigkeit verweist, geht hierauf nicht ein ("*Nation* et *identité*", hier S. 48f.). Problematisch erscheint seine Übernahme einer Position des Literaturhistorikers Martín Quirarte, für den wie zuvor für Altamirano die Geburtsstunde der mexikanischen Nation mit dem Kampf gegen die französische Intervention schlug (a.a.O., S. 47 und S. 60). Angesichts der Tatsache, daß Dumas in demselben Aufsatz Altamirano als "un manipulateur de symboles, le fabricant d'une idéologie" (a.a.O., S. 64) bezeichnet, wäre zu fragen, ob er hiermit nicht der Verbreitung eines politischen Mythos Vorschub leistet.

Als Vertreter des prohispanischen Diskurses in Mexiko fungieren beispielhaft die Mitglieder der *Academia de la Lengua*,[43] Lucas Alamán und Francisco G. Cosmes. Der konservative Kreole Alamán wertete in seiner *Historia de Méjico* die Unabhängigkeit als das Ende der harmonischen nationalen Einheit, wie sie erstmals in den *Leyes de Indias* festgeschrieben worden sei. Dementsprechend klagt er: "la Independencia se ha comprado a costa de todos los bienes que la América Española disfrutaba".[44] Das spanische Erbe, nicht aber das Indigene, sei eine stabile Basis für die Herrschaft von Ordnung, Stabilität und Freiheit. Auch der liberale Journalist Cosmes ruft 1893/94 dazu auf, daß Mexiko endlich damit aufhören müsse, sich als undankbarer Sohn der spanischen Mutternation entgegenzustellen. Zwar hätten Hidalgo und Iturbide das Land emanzipiert, doch sei es von Cortés geschaffen worden.[45]

Seitens der mexikanischen Patrioten, als deren prominenteste Repräsentanten Altamirano, Covarrubias, Echeverría, Lizardi, Maldonado, Mateos, Mora, Pimentel, Prieto, Ramírez oder Zavala gelten, koexistierten mehrere sich über die Bandbreite der differierenden Identitätssuche erstreckende Varianten. Zunächst wäre die Distanzierung vom ehemaligen Mutterland zu nennen, die Guillermo Prieto mit seiner Aufforderung des "mexicanizar la literatura, emancipándola de toda otra y dándole carácter peculiar"[46] auf den Punkt brachte. Die von einem romantischen Freiheitsgeist getragene Behandlung nationaler Themen, der *costumbrismo* und *popularismo* sowie die Darstellung der mexikanischen Landschaft wurden in den Dienst der "Enteuropäisierung" gestellt.[47] Es zählt jedoch zu den typischen Ambivalenzen der mexikanischen Literatur des 19. Jahrhunderts, daß man in Fortführung dieses thematischen Ansatzes keine eigenständige Ästhetik entwickelte. Vielmehr folgte man dem europäischen Vorbild durch die Pflege einer klassizistischen oder romantischen Schreibpraxis. Andererseits wurde es hierdurch möglich,

---

43 Der Akademie wurde von offizieller Seite die Aufgabe zugeschrieben, der "incomunicación (con) España" ein Ende zu bereiten. Siehe Karl Hölz, "Literarische Institution und nationaler Aufbruch. Mexikanische Literatur zwischen Unabhängigkeitsbewegung und Reformkrieg (1810-1858)", *Romanische Forschungen* 105 (1993), S. 50-66, hier S. 53.

44 Zit. nach Claude Dumas, "*Nation* et *identité*", hier S. 52.

45 A.a.O., S. 68.

46 *Memorias de mis tiempos*, Bd. 1, Paris; México 1906, zit. bei Martínez, *Emancipación literaria*, S. 64f.

47 Vgl. Altamiranos Kritik in seiner "Carta a una poetisa": "Así, no tendrá que ir a buscar en los viajeros de Tierra Santa, como Chateaubriand y Lamartine, la descripción de Jerusalén (que usted no conoce), para formar su cuadro, sino que le bastará asomarse a su ventana o recorrer los campos en derredor de esa linda población tropical en que afortunadamente reside, para darnos en sus composiciones, bellísimos cuadros de la naturaleza americana, capaces por sí solos de encantar a los amantes de la verdadera poesía, que es la poesía nacional" (in: *La literatura nacional*, Bd. 2, México 1949, S. 115-151, hier S. 121); "¿Qué viene a hacer a México la leyenda caballeresca de Europa? Cada país tiene su poesía especial, y esta poesía refleja el color local, el lenguaje, las costumbres que le son propios" (a.a.O., S. 126).

daß sich in der mexikanischen Literatur europäische Tradition und emanzipatorisches Anliegen miteinander verbanden.[48]

Ein markantes patriotisches Verhaltensmuster zur Überwindung des kolonialen Diskurses stellt weiterhin der Entwurf einer Überbietungsstrategie, deren Tradition von Bellos bereits erwähnter "Alocución a la poesía" oder seiner Silva "La agricultura de la zona tórrida"[49] über Rodós Arielismus bis hin zu Vasconcelos' Mythos der *raza cósmica* reicht. Im Mexiko des 19. Jahrhunderts verweigerte sich vor allem Altamirano den negativen Fremdstereotypen, welche von der Existenz eines "minderwertigen" Südkontinentes ausgingen. Um die *misión patriótica*[50] der Nationalliteratur herauszustellen, kehrte er die eurozentrische Topik um und kündigte an, daß "la novela mexicana, con su color americano propio, nacerá bella, interesante, maravillosa".[51] Zugleich wertete der Autor die mexikanische Ausrichtung an der europäischen Literatur ab, indem er diese als "esa literatura hermafrodita que se ha formado de la mezcla monstruosa de las escuelas española y francesa en que hemos aprendido"[52] denunzierte. Altamirano postulierte somit die mexikanistische Neubesetzung und Uminterpretation der hierarchischen Struktur des kolonialen Diskurses. Das aus der Sicht der Patrioten inauthentische, zur Zeit der Colonia durch die Kolonialherren als "Eigenes" aufoktroyierte Fremde, beziehungsweise das nach der Unabhängigkeit unkritisch rezipierte Fremde, sollte wieder in seinen Fremdstatus zurückverwiesen und das "authentische Eigene" rehabilitiert werden.

Die Aufwertung des Eigenen eröffnete auf der Grundlage eines neuen Selbstbewußtseins den patriotischen Autoren die Option, als Gleichberechtigte in den kulturellen Dialog mit Europa einzutreten. In diesem Sinne äußerte sich Altamirano:

---

48 Die Synthese von klassizistischem Traditionalismus und mexikanischer Parteinahme illustriert Karl Hölz am Beispiel Quintana Roos, Navarretes, Sánchez de Tagles und Francisco Ortegas ("Literarische Institution", S. 54); vgl. ders., *"Ancianos y Modernos* in Mexiko. Ein post-romantischer Konflikt und seine nationalliterarischen Folgen", *Romanistische Zeitschrift für Literaturgeschichte* 3/4 (1985), S. 415-442; ders., "Göttlicher Nektar" sowie ders., "Ästhetische Divergenz und fraternitäre Sozialgemeinschaft in Mexiko. Klassizistisch-romantische Literaturmodelle und die Neuordnung der Gesellschaft nach dem Interregnum (1863-1867)", in: Klaus Garber/Heinz Wismann (Hrsg.), *Europäische Sozietätsbewegung und demokratische Tradition. Die europäischen Akademien der Frühen Neuzeit zwischen Frührenaissance und Spätaufklärung*, Bd. 1, Tübingen 1996, S. 639-665. Klassizistische Form und romantischer Inhalt verbinden sich beispielhaft auch bei Heredia, wie Pedro Henríquez Ureña nachweist (*Corrientes*, S. 150). Diesen Befund bestätigt und erläutert ausführlich Jorge Mañach, "Heredia y el romanticismo", *Cuadernos Hispanoamericanos* 86 (Feb. 1957), S. 195-220, speziell S. 202ff.
49 Siehe insbesondere die Zeilen "¡Oh jóvenes naciones, que ceñida/alzais sobre el atónito occidente/de tempranos laureles la cabeza!/honrad el campo, honrad la simple vida/del labrador, i su frugal llaneza" (Andrés Bello, "La agricultura de la zona tórrida", in: ders., *Obras completas*, Bd. 3, Santiago de Chile 1883, S. 66-76, hier S. 75).
50 "Revistas literarias de México (1821-1867)", in: ders., *La literatura nacional*, Bd. 1, México 1949, S. 3-190, hier S. 15.
51 A.a.O., S. 13.
52 A.a.O., S. 14.

> *No negamos la gran utilidad de estudiar todas las escuelas literarias del mundo civilizado; seríamos incapaces de este desatino, nosotros que adoramos los recuerdos clásicos de Grecia y de Roma, nosotros que meditamos sobre los libros del Dante y de Shakespeare, que admiramos la escuela alemana y que desearíamos ser dignos de hablar la lengua de Cervantes y de fray Luis de León. No: al contrario, creemos que estos estudios son indispensables; pero deseamos que se cree una literatura absolutamente nuestra, como todos los pueblos tienen, los cuales también estudian los monumentos de los otros, pero no fundan su orgullo en imitarlos servilmente.*[53]

Altamirano erkannte wie die Argentinier Echeverría, Alberdi und die "Generación Joven Argentina",[54] wie Martí und Rodó die identitätstheoretisch bestätigte Notwendigkeit der Interaktion mit dem Anderen zur Förderung der Entwicklung des Eigenen. Die kritische Rezeption und Assimilation der europäischen Kultur sollte aus der Sicht des Mexikaners wie auch seiner Landleute José María Vigil oder José López Portillo y Rojas die von einer kolonialen Haltung geförderte servile Imitation[55] ablösen und die Schaffung einer universalistischen mexikanischen Kultur ermöglichen. Gleichzeitig manifestierte sich bei Altamirano der Wunsch, durch die Konkurrenz mit dem Europäischen die Qualität der nationalen Literatur, welche "digna del aprecio de las naciones"[56] sei, unter Beweis zu stellen. Altamiranos Aufforderung zur kritischen Assimilierung des Europäischen kann als früher Ausdruck einer Geisteshaltung gedeutet werden, welche sich bei den Vertretern des athenäistischen Denkens wiederfinden sollte.

6. Das krisenhafte mexikanische und hispanoamerikanische Sein nach der politischen Unabhängigkeit: Eine erste Zusammenfassung

Angesichts des auf den voranstehenden Seiten angesprochenen Miteinanders sich widersprechender Optionen ist offensichtlich, daß die kulturelle und nationale Identität Mexikos wie die Iberoamerikas nach der politischen Unabhängigkeit durch einen *desgarramiento interno* und eine *ambivalencia externa*[57] gekennzeichnet waren. Selbst die identitätsstiftende Stilisierung Hidalgos oder Morelos' als nationale Symbolfiguren oder

---

53 A.a.O., S. 14f.
54 Vgl. Dieter Janik, *Stationen der spanischamerikanischen Literatur- und Kulturgeschichte*, Frankfurt/Main 1992, S. 75.
55 "Todavía recibimos de la ex metrópoli preceptos comerciales, industriales, agrícolas y literarios, con el mismo 'temor y reverencia' con que recibían nuestros abuelos las antíguas reales cédulas..." ("Carta a una poetisa", S. 144f.). Zu Vigil informieren Martínez, *Emancipación literaria*, S. 78ff. und Schmidt, *Roots*, S. 30ff.; vgl. José López Portillo y Rojas' Kritik an dem Versuch der Mexikaner, ihrer Hauptstadt ein Pariser Aussehen geben zu wollen ("Prólogo del autor", in: *La parcela*, México 1973, S. 1-8, hier S. 6).
56 "De la poesía épica y de la poesía lírica en 1870, in: *Literatura nacional*, Bd. 1, S. 225-280, hier S. 229.
57 Lafaye, "¿Identidad literaria?", S. 24.

die Mythisierung von Begriffen wie *Independencia, Nación, Patria, Progreso, Igualdad* und *Libertad* durch die liberalen Autoren Altamirano, Covarrubias, Mateos, Ramírez und Zarco[58] vermochten diese Verwerfungen innerhalb der mexikanischen Identitätskonstruktion nicht zu verbergen. Die Perzeption dieser defizitären nationalen Identitätskonstruktion und die Krise des politischen Systems veranlaßte die mexikanischen Regierungen sowohl nach der Unabhängigkeitserklärung von 1821 als auch nach dem Ausbruch der Revolution von 1910 sowie 1920 unter Obregón und seinem Erziehungsminister Vasconcelos zu dem Appell an die Intellektuellen des Landes, unter staatlicher Führung bei der Nationbildung mitzuwirken. Dieses von der herrschenden Elite gemäß der Staatsräson propagierte Verfahren sollte durch gezielte Fördermaßnahmen soziale Konflikte sowie die zivilisatorische Stadt-Land-Dichotomie verschleiern und die gesellschaftliche Kohäsion stärken.[59] Daher trat im Mexiko des 19. wie auch des 20. Jahrhunderts tendenziell der kulturelle Nationalismus an die Stelle der nationalen Kultur.[60]

Im 19. Jahrhundert wurde Mexiko somit zwar als Staat geboren, doch noch nicht als Nation, da man weder über eine gemeinsame Sprache noch über eine gemeinsame kulturelle Tradition verfügte. Auch konnte man angesichts der ehemals willkürlichen Grenzziehung durch die Kolonialherren und besonders nach dem Verlust der nördlichen Landesteile an die USA ebensowenig auf ein fest umrissenes, gewachsenes Territorium verweisen, wie die Konstitution der nationalen Identität auf jenem gesellschaftlichen Grundkonsens beruhte, den Renan als tägliches Plebiszit bezeichnete. Zu dem Legitimitätsproblem der kreolischen Führungselite trat daher zusätzlich das Ausbleiben einer weitgehenden Loyalität breiter Schichten gegenüber Staat und Nation.

Infolge der genannten Probleme, welche durch wirtschafts- und verwaltungsstrukturelle Schwierigkeiten verstärkt wurden, durchlief die mexikanische Gesellschaft im 19. Jahrhundert mehrere sich überlagernde Krisen. Zu deren Erfassung bietet es sich an, das von der Forschungsgruppe um Gabriel A. Almond und Lucian W. Pye entwickelte Krisenmodell politischer Entwicklungen[61] zu konsultieren und auf Mexiko anzuwenden. Hiernach erfuhr das Land eine Identitätskrise, da es lediglich eine defizitäre nationale Identität und eine problematische kulturelle Identitätskonstruktion aufweisen konnte. Ferner wäre eine Legitimitätskrise zu konstatieren, da die politische Herrschaft nicht auf breiter Basis sanktioniert wurde. Ein weiteres Problem stellte sich mit der Penetrationskrise des

---

[58] Siehe Karl Hölz, "Liebe auf mexikanisch. Patriotisches Denken und romantischer Sentimentalismus im Werk von Ignacio M. Altamirano", *Iberoamericana* 8, 2/3 (1984), S. 5-29, hier S. 9 sowie ders., "Gesellschaftliche Entfremdung und ästhetische Kommunikation. Der mexikanische Reformdenker Francisco Zarco (1929-1869) und der ideengeschichtliche Kontext der europäisch-französischen Sozialthematik", in: ders. (Hrsg.), *Literarische Vermittlungen*, S. 1-25.

[59] Hans-Joachim König, "Theoretische und methodische Überlegungen zur Erforschung von Nationalismus in Lateinamerika", *Canadian Review of Studies in Nationalism* 6, 1 (1979), S. 13-32, hier S. 14ff.

[60] Louis Panabière, "Les revues culturelles, exemple de 'déloyauté' et d'analyse institutionnelle au Mexique", in: GRAL - Institut d'Etudes Mexicaines Perpignan (Hrsg.), *Champs de pouvoir et de savoir au Mexique*, Paris 1982, S. 109-136, hier S. 114.

[61] Vgl. König, "Theoretische und methodische Überlegungen", S. 24.

mexikanischen Staates, der gerade im Süden und Norden des Landes nicht alle gesellschaftlichen Gruppierungen effizient durch seine Verwaltung erreichen konnte. Hinzu trat eine Partizipationskrise, da große Teile der mexikanischen Bevölkerung von der Teilnahme am politischen Meinungsbildungsprozeß ausgenommen blieben. Auch herrschte eine Integrationskrise, die sich darin äußerte, daß die Bevölkerung ethnisch wie politisch hochgradig gespalten blieb. Letztlich führten die seitens der politischen Elite kaum ernsthaft unternommenen Anstrengungen, die erwirtschafteten Güter und Dienstleistungen allen Teilen der Bevölkerung zukommen zu lassen, zu einer Distributionskrise.

7. Paradigmen der mexikanischen und hispanoamerikanischen Identitätsdiskussion um die Jahrhundertwende

Trotz der bestehenden Widersprüche und Ambivalenzen zeigen sich im 19. und beginnenden 20. Jahrhundert markante Tendenzen und Ideologeme zur Erfassung der mexikanischen und hispanoamerikanischen *autodefinición*, auf welche der *Ateneo de la Juventud* affirmierend oder distanzierend reagierte. Um diese Reaktionen bewerten zu können, werden im folgenden die wesentlichen Inhalte dieser Identitätsmodelle vorgestellt.

Der utopische Identitätsentwurf. Seit der Ankunft der ersten Europäer und der Publikation der Briefe Kolumbus', Vespuccis, Cortés' und Anghieras bekam Amerika als "geschichtsloser Kontinent" in den Beschreibungen der Fremden neben dem negativen Bild als "Heimat der Menschenfresser" auch Merkmale der Utopie und des verlorenen Paradieses zugewiesen.[62] So deuten nicht zufälligerweise Morus' *Utopia*, Bacons *New Atlantis* oder Voltaires Eldorado-Episode in *Candide* auf Südamerika.[63] Auch die Missionsutopien Vasco de Quirogas und das Projekt des Jesuitenstaates in Paraguay tragen deutlich utopische Züge. Mit der Notwendigkeit, nach der Unabhängigkeit ein eigenständiges Zukunftsprojekt zu entwickeln, lag es für die Patrioten nahe, den europäischen Utopiediskurs der Aufklärung im nationalen oder kontinentalen Sinne fortzusetzen. Schon Fernández de Lizardi fügt deshalb in *El Periquillo Sarniento* eine utopische, auf der Insel Saucheofú spielende Episode ein, um seine von der Aufklärung geprägten Grundsätze der idealen Gesellschaft und Verfassung zu illustrieren.[64] Von besonderer Bedeutung für das

---

62 Siehe Rössner, *Paradies*, S. 34ff. und Gewecke, *Neue Welt*, S. 60ff. Einen ausgezeichneten Überblick über die mit Lateinamerika als Utopie verbundenen imagologischen Dimensionen vermitteln auch die Beiträge in Alicia Mayer et al., *La utopía en América*, México 1991.
63 Earle, "Utopía", S. 143f.; Martin S. Stabb, "Utopia and Anti-Utopia: The Theme in Selected Essayistic Writings of Spanish America", *Revista de Estudios Hispánicos* 15, 3 (1981), S. 377-393, hier S. 377f. und Christoph Strosetzki, "Morus' Utopie - Eine Reaktion auf die Auseinandersetzung um die 'Neue Welt'?", in: ders., *Das Europa Lateinamerikas*, S. 1-22.
64 Siehe Hinrich Hudde, "Fernández de Lizardi. Literarische Utopie an der Schwelle der Unabhängigkeit Mexikos (mit Bemerkungen zu modernen lateinamerikanischen Utopien)", *Literaturwissenschaftliches Jahrbuch* 17 (1986), S. 253-267 und Catherine Raffi-Béroud, "La literatura de la

utopische Selbstverständnis der hispanoamerikanischen Intellektuellen sollte jedoch die Rezeption Humboldts und Hegels werden. Die Sympathien, die Humboldt genoß, gründeten maßgeblich auf der in seinen Reiseberichten bekundeten Wertschätzung für die Einwohner Amerikas, die einherging mit kritischen Stellungnahmen zu den Versäumnissen der spanischen Kolonialherren. Infolge seiner Beeinflussung durch die Ideale der Französischen Revolution kritisierte er die Ausbeutung der Menschen in verschiedenen Teilen Amerikas und prognostizierte das Herannahen der hispanoamerikanischen Autonomiebewegung. Humboldts Schriften sollten das Amerikabild von Europäern wie Amerikanern nachhaltig prägen: die Neue Welt wurde politisch wie ökonomisch zum "continente de la esperanza".[65]

Hegel, der sich als Philosoph mit dem Bestehenden, nicht aber dem Künftigen beschäftigen wollte, schloß Amerika aus seinen geschichtsphilosophischen, als Rückblick angelegten Betrachtungen aus. Es muß als Ausdruck seiner eurozentrischen Sichtweise gewertet werden, wenn ihm Amerika weltgeschichtlich lediglich als der "Widerhall der Alten Welt"[66] erschien. Gleichzeitig jedoch deutete er an, daß die Neue Welt zur Einlösung der "Träume, die sich an sie knüpfen können"[67] mit europäischer Hilfe in der Lage sei, einen eigenen Weg zu beschreiten. Wenn er in diesem Sinne Amerika als das "Land der Zukunft" bezeichnete, "in welchem sich in vor uns liegenden Zeiten, etwa im Streite von Nord- und Südamerika, die weltgeschichtliche Wichtigkeit offenbaren soll",[68] so eröffnete Hegel hierdurch aus der Sicht seiner hispanoamerikanischen Leser - wenngleich sehr vorsichtig - eine utopische Perspektive. Trotz der eurozentrischen Vorbehalte sollte

---

independencia mexicana o los primeros pasos hacia la identidad cultural", in: Yurkievich, *Identidad*, S. 173-182, hier S. 176.

65 Estuardo Núñez, "Lo latinoamericano en otras literaturas", in: César Fernández Moreno (Hrsg.), *América Latina en su literatura*, México ²1974 (¹1972), S. 93-120, hier S. 105. Vgl. Vasconcelos' Humoldt-Rezeption in *Bolivarismo y monroísmo: temas iberoamericanos* (1935), O.C. 2, S. 1305-1494, hier S. 1355f. Eine ausgewogene Beurteilung der Publikationen Humboldts muß freilich auf die seit dem 19. Jahrhundert existierenden und in den sechziger Jahren des 20. Jahrhunderts zunehmend kritischen Stimmen verweisen, welche Humboldts "zweite Conquista" als widersprüchliches Unternehmen erfassen. Siehe hierzu Ottmar Ette, "'Unser Welteroberer': Alexander von Humboldt, der zweite Entdecker, und die zweite Eroberung Amerikas", in: Ibero-Amerikanisches Institut Preußischer Kulturbesitz/Museum für Völkerkunde (Hrsg.), *Amerika 1492-1992. Neue Welten-Neue Wirklichkeiten. Geschichte-Gegenwart-Perspektiven*, Braunschweig 1992, S. 130-139.

66 Georg Friedrich Wilhelm Hegel, *Vorlesungen zur Philosophie der Geschichte* (Werke, Bd. 12), Frankfurt/Main ⁴1995, S. 114. Hegels Diskurs über die Eigenschaften der Ureinwohner des Kontinentes ist voller eurozentrischer Stereotypen. So konstatiert er: "Sanftmut und Trieblosigkeit, Demut und kriechende Unterwürfigkeit gegen einen Kreolen und mehr noch gegen einen Europäer sind dort der Hauptcharakter der Amerikaner, und es wird noch lange dauern, bis die Europäer dahin kommen, einiges Selbstgefühl in sie zu bringen" (a.a.O., S. 108). Hegels Vorbehalte gegenüber den mexikanischen Indianern finden noch bei Ramos ihr Pendant, wenn dieser von dem *egipticismo* der *indígenas* als Ausdruck einer naturhaften Passivität und des Konservatismus spricht (*Perfil*, S. 36f.)

67 Hegel, a.a.O., S. 115.

68 A.a.O., S. 114.

Hegels Diktum vom "Land der Zukunft" in Hispanoamerika die utopische Dimension der *autodefinición* nachhaltig beeinflussen.[69]

Wenngleich das utopische Denken im 19. Jahrhundert als visionärer staatlicher oder kontinentaler politischer Entwurf immer wieder die Schriften Alberdis, Bellos, Bolívars, Echeverrías, Rodós oder Sarmientos durchdringt, so sollte das Thema im 20. Jahrhundert erst in den idealistischen Essays der Athenäisten wieder eine besondere Konjunktur erfahren.

Das Modell der Latinität und Kulturrivalität. Will man die Hintergründe erfassen, welche zur Entstehung der Latinitätsthese führten, so ist an erster Stelle das Bedürfnis der südamerikanischen Kultureliten zu nennen, eine positive Alternative zu den in Europa und den USA herrschenden, Hispanoamerika diskriminierenden sozialdarwinistischen Diskursen zu entwickeln. Da diese biologistischen Theorien zur Legitimierung der imperialistischen Politik besonders Großbritanniens und der Vereinigten Staaten herangezogen wurden, erschien es von hispanoamerikanischer Seite her geradezu lebensnotwendig, dem Image ihrer zivilisatorischen Unterlegenheit offensiv entgegenzutreten. Das Konzept der Latinität bot die Möglichkeit, aus der Not der ökonomischen und zivilisatorischen Rückständigkeit eine Tugend zu machen, indem man alternativ das Modell einer vorgeblichen Dominanz emotionaler Komponenten im "lateinamerikanischen Wesen" entwickelte, welche bei den materialistisch orientierten, ökonomisch erfolgreicheren Völkern unbekannt oder unterentwickelt geblieben seien.[70] Auf diese Weise sollte die Kombination aus den internen Verwerfungen der *autodefinición* und der externen Zuteilung einer rassisch-zivilisatorischen Minderwertigkeit überwunden werden.

Dem hegemonialen rassistischen Diskurs der Angelsachsen begegnete in Hispanoamerika vor allem José Enrique Rodó durch die Assimilation des Panlatinismus, mit dem Frankreich in den sechziger Jahren des 19. Jahrhunderts seinen Führungsanspruch in Hispanoamerika begründet hatte.[71] Aus französischer Sicht wurde hierbei der Dualismus

---

69 Diese Rezeptionsgeschichte Hegels veranlaßte Germán Arciniegas dazu, die Thesen des Philosophen aus der Sicht des lateinamerikanischen Historikers auf ihre Eurozentrik hin zu untersuchen. Er weist Hegel eine "ignorancia extensísima sobre el hecho americano" nach ("Hegel y la historia de América", *Cuadernos Hispanoamericanos* 461 [1988], S. 45-53, hier S. 45).

70 Gustav Siebenmanns Erklärungsansatz, der das Kulturmodell der Latinität ausschließlich mit dem Faktum der mediterranen Einwanderung in Verbindung bringt, erwähnt hiermit eine notwendige, nicht aber hinreichende Voraussetzung für dessen breite Resonanz in Südamerika ("Lateinamerikas Identität. Ein Kontinent auf der Suche nach seinem Selbstverständnis", *Lateinamerika Studien* 1 [1976], S. 69-89, hier S. 76).

71 Zuvor hatte in Mexiko bereits Ignacio Ramírez die Position des Panlatinismus vertreten, indem er den Modellcharakter der griechisch-römischen Antike hervorhob. Siehe Strosetzki, "'Los mejicanos pintados por sí mismos'", S. 107. Als Vermittlungsinstanz zwischen dem französischen Initiator des Panlatinismus, Michel Chevalier, und Rodó fungierten die in Frankreich lebenden Hispanoamerikaner Carlos Calvo und José María Caicedo. Siehe Josef Jurt, "Entstehung und Entwicklung der LATEINamerika-Idee", *Lendemains* 7, 27 (1982), S. 17-26, hier S. 24, Fn. 22. Vgl. Meyer-Minnemann, "Lateinamerikanische Literatur", S. 3ff.; Arturo Ardao, *Genesis de la idea y el nombre de*

zwischen den katholischen lateinischen Völkern des mediterranen Europas und den angelsächsischen sowie germanischen protestantischen Nationen des Nordens auf Amerika übertragen. Dieses Verfahren sollte den hegemonialen Anspruch Frankreichs auf die Führung der lateinischen Nationen des südlichen Kontinentes legitimieren und zugleich kaschieren. Durch die Schaffung eines Antagonismus zwischen den Angelsachsen und den *peuples latins* sollte unter Rückgriff auf den identitätsbildenden Mechanismus der Differenz ein positives Selbstbild entstehen. Daher teilte der Diskurs der Latinität den wirtschaftlich erfolgreichen Angelsachsen die negativen Attribute des bloßen Materialismus und Utilitarismus zu, während den ökonomisch vergleichsweise rückständigen lateinischen Staaten das Privileg einer einzigartigen Geisteskultur vorbehalten blieb. Im Sinne des Neohumanismus wurde darauf verwiesen, daß sich der Mensch nur in einer lateinischen Kultur entfalten und seiner wesensmäßigen Bestimmung entsprechen könne. Selbst nach dem Scheitern der französischen Intervention unter Napoleon III. hielten sich die Begriffe *Latinoamérica* oder *América latina* als Selbstbezeichnung, da die Verantwortung für die militärische Aktion der französischen Politik, nicht aber dem französischen Volk zugeschrieben wurde, dem man sich aufgrund seiner liberalen Tradition verbunden sah. Hinzu kam das Bedürfnis, die eigene Identität durch die konkurrierende Distanznahme zu den sich expansiv agierenden USA zu behaupten. Auch weil man von Frankreich nach seiner außenpolitischen Niederlage und dem Deutsch-französischen Krieg von 1870/71 kein Expansionsstreben mehr erwartete, konnte in Lateinamerika der Einfluß der "inoffensiven" französischen Kultur wachsen.[72]

Rodós zur Jahrhundertwende erschienener Essay *Ariel* führt den von Chevalier initiierten Dualismus fort, indem er dem Utilitarismus und Pragmatismus der Nordamerikaner - im intertextuellen, durch Renan vermittelten Zitat[73] von Shakespeares *The Tempest* durch die Person Calibáns verkörpert - in der Figur des Luftgeistes Ariel die lateinamerikanische Sensibilität für geistige Werte entgegenstellt.[74] Rodó entwickelt auf diese Weise einen positiven lateinamerikanischen Autostereotyp, der sich bei näherer Betrachtung freilich als ebenso problematisch erweist wie das Klischee des kulturlosen Nordamerika. Bedeutender

---

América latina, Caracas 1980 und John L. Phelan, "Panlatinismo, la intervención francesa en México y el origen de la idea de Latinoamérica", *Latinoamérica* 2 (1969), S. 119-141.

72 Jurt, "Entstehung", S. 19.

73 In Renans philosophischem Drama *Caliban* scheitert die aristokratische Kultur Prosperos, als Caliban, der für die Masse steht, an die Macht gelangt. Renan verwendet die Symbolik Shakespeares, um seiner Sorge, daß in der Demokratie der Geist (Ariel) untergehe, Ausdruck zu verleihen. Siehe Arturo Ardao, "Del Calibán de Renan al Calibán de Rodó", in: ders., *Estudios latinoamericanos de historia de ideas*, Caracas 1978, S. 141-168 und Jean Franco, *La cultura moderna en América Latina*, México 1971, S. 58.

74 "Ariel es el imperio de la razón y el sentimiento sobre los bajos estímulos de la irracionalidad; es el entusiasmo generoso, el móvil alto y desinteresado en la acción, la espiritualidad de la cultura, la vivacidad y la gracia de la inteligencia; el término ideal a que asciende la selección humana, rectificando en el hombre superior los tenaces vestigios de Calibán, símbolo de sensualidad y de torpeza, con el cincel perseverante de la vida" (José Enrique Rodó, *Ariel*, Madrid ^{2}1985, S. 31f.). Eine Reihe der genannten Attribute Ariels sollten in die Forderungen der Athenäisten nach einem neuen mexikanischen Seinsmodus einfließen.

jedoch als die Frage nach dem Wahrheitsgehalt dieser imagologischen Stereotypen erscheint die Tatsache, daß zahlreiche lateinamerikanische Intellektuelle Rodós kontinentale Selbstbestimmung in ihr Selbstbild aufnahmen und sie zur Grundlage ihres Handelns werden ließen.[75]

Der Autor ruft in *Ariel* die Lateinamerikaner zur Suche nach der "plenitud de vuestro ser" auf, welches in der Wahrung und Förderung der "emoción de la belleza" und der "cultura de los sentimientos estéticos", nicht aber in der Eindimensionalität des Utilitarismus angelsächsischer Prägung zu finden sei.[76] So warnt er vor der *nordomanía*, welche zu "una América deslatinizada por propia voluntad" führen würde.[77] Von der Forschung noch nicht hinreichend hervorgehoben wurde, daß Rodó in seiner Ablehnung des biologistisch fundierten angelsächsischen Überlegenheitsanspruchs auf den rassentheoretischen Diskurs rekurriert, diesen jedoch umkehrt, indem er die Überlegenheit der Latinität als "una herencia de raza, una gran tradición étnica"[78] anspricht. Aus Rodós Sicht liegen die ethnischen Wurzeln des Lateinamerikaners zweifelsfrei in der griechischen Antike, mit der Folge, daß dem Bemühen um eine Wiederbelebung der präkolumbianischen Vergangenheit das Postulat einer kosmopolitischen und humanistischen Grundhaltung entgegengesetzt wird.[79] Das Modell einer wechselseitigen Beeinflussung der Kulturen soll der Gefahr der *imitación unilateral* entgegensteuern, welche zu einer abgeleiteten, nicht aber eigenen Identität führe.[80] Auf diese Weise wird selbst der Dualismus zwischen den Kulturen des Nordens und Südens in ferner Zukunft als überwindbar dargestellt.

Rodó konzipiert in *Ariel* Lateinamerika als einen im kritischen Dialog mit der Universalkultur stehenden Kulturraum. Wenngleich sein dialogisches Konzept und die Forderung nach einer ebenso kreativen wie kritischen Revision des Europäischen und Nordamerikanischen den imitierenden Umgang mit dem Kulturgut der Anderen ersetzt, so geht er in ambivalenter Weise dennoch von der absoluten Vorbildhaftigkeit der griechisch-römischen Antike und des französischen Geisteslebens aus. Wie Ette hervorhebt, hat dies zur Folge, daß der Autor zugunsten seines totalisierenden Identitätskonzeptes nicht den Kontakt mit dem Heterogenen und der Alterität sucht, welche in Lateinamerika durch die *indígenas*, Farbige oder Immigranten vertreten waren.[81]

---

75 Vgl. Franco, *Cultura moderna*, S. 59 und Josef Jurt, "Literatur und Identitätsfindung in Lateinamerika: J.E. Rodó: *Ariel*", *Romanistische Zeitschrift für Literaturgeschichte* 6, 1/2 (1982), S. 68-95, hier S. 76.
76 Rodó, *Ariel*, S. 47, 49, 60, 72.
77 A.a.O., S. 94.
78 A.a.O., S. 97.
79 A.a.O., S. 121.
80 A.a.O., S. 98.
81 Ottmar Ette, "'Así habló Próspero'. Nietzsche, Rodó y la modernidad filosófica de *Ariel*", *Cuadernos hispanoamericanos* 528 (Juni 1994), S. 49-62, hier S. 60ff. Im Sinne einer kulturellen Vielfalt argumentiert eher José Martí, dessen Kulturprojekt sehr wohl den Dialog mit den Kulturen der Farbigen, Indianer und der Massenkultur vorsieht. Zwar deutet Martí den Traditionalismus der Indianer als Hindernis des zivilisatorischen Fortschritts, doch glaubt er, diese durch einen behutsamen Kontakt mit der Zivilisation in die moderne Gesellschaft integrieren zu können. Hierzu gebe es

Rodó fordert die lateinischen Völker auf, in Besinnung auf ihre eigenen Anlagen und Fähigkeiten ein Südamerika zu schaffen, das "hospitalaria para las cosas del espíritu"[82] sei. Hinter seinem Glauben an die Macht der Ideale steht die Überzeugung, daß man die materiellen Probleme des Südkontinentes unter Umgehung des angelsächsischen Materialismus und Utilitarismus mittels der Kultur und durch die humanistische Erziehung des Volkes lösen könne. Um die menschlichen Qualitäten des Lateinamerikaners - Rodó nennt unter anderem die Merkmale *amabilidad, voluntad, utilidad, inteligencia, sentimiento, idealidad, desinterés*[83] - und die Entwicklung einer neuen gesellschaftlichen Einheit, in der sich die mitmenschliche Solidarität mit dem Aspekt der demokratischen Freiheit verbindet, zu fördern, müsse eine Gruppe idealistischer jugendlicher Intellektueller als Wegbereiter dienen.[84] Dieser in der antiken Tradition des *vates*, der romantischen Genieästhetik und der Sozialpsychologie Taines angesiedelte Gedanke[85] sollte bei den Mitgliedern des *Ateneo de la Juventud* auf fruchtbaren Boden fallen. Nicht nur identifizierten sie sich mit Rodós Thesen zur Latinität, sie verstanden sich auch als jenen elitären Zirkel von "Auserwählten", welche dem Volk voranschreiten sollten.[86] Es ist anzunehmen, daß

---

keine Alternative: "O se hace andar al indio, o su peso impedirá la marcha." Diese notwendige und mögliche Eingliederung des Indigenen veranlaßt Martí dazu, für die künftigen lateinamerikanischen und nationalen Identitätskonstruktionen ein "equilibrio cada vez mayor entre las razones del progreso y la búsqueda de las raíces autóctonas" zu fordern (zit. nach Antonio Melis, "José Martí y el indio americano", in: Ette/Heydenreich (Hrsg.), *Martí*, S. 93-102, hier S. 101). Eine literar- und geistesgeschichtliche Einordnung des Autors realisiert Ette in "Rodó, Prospero und die Statue Ariel. Das literarische Projekt einer hispanoamerikanischen Moderne", in: Rodó, *Ariel*, Mainz 1994, S. 193-240.

82 Rodó, *Ariel*, S. 128. Die politische Vision eines *magna patria* entwickelt der Autor 1905 in *El mirador de Próspero*. Siehe Arturo Ardao, "El americanismo de Rodó", in: ders., *Estudios latinoamericanos*, S. 111-140, hier S. 130ff.

83 Rodó, *Ariel*, S. 117, 122 und 128.

84 "Edgard Quinet, que tan profundamente ha penetrado en las armonías de la historia y la naturaleza, observa que para preparar el advenimiento de un nuevo tipo humano, de una nueva unidad social, de una personificación nueva de la civilización, suele precederles de lejos un grupo disperso y prematuro, cuyo papel es análogo en la vida de las sociedades al de las especies proféticas de que a propósito de la evolución biológica habla Héer" (a.a.O., S. 129).

85 Vgl. zu Taine: Véréna Aebischer/Dominique Oberlé, *Le groupe en psychologie sociale*, Paris 1990, S. 18f. Victor Hugo notiert in seiner Ode "Le poète" (1823): "Un formidable esprit descend dans sa pensée./Il paraît; et soudain, en éclairs élancée,/Sa parole luit comme un feu./Les peuples prosternés en foule l'environnent;/Sina mystérieux, les foudres le couronnent,/Et son front porte tout un Dieu!" (*Oeuvres poétiques*, Bd. 1, Paris 1964, S. 402-404, hier S. 404). Chiampi stellt die Vorbildfunktion des Universalismuskonzeptes Rodós für die Athenäisten, Carpentier und Lezama Lima heraus. Die arielistische Vorstellung von einer Führungselite hingegen sei "rancio de aristocratismo" und daher mit einem demokratischen Gesellschaftsbild unvereinbar (*Realismo maravilloso*, S. 142). Ähnlich äußert sich Gewecke, "Ariel versus Caliban?", S. 58. Immerhin bestätigt noch Carlos Fuentes die für Lateinamerika bedeutsame aufklärerische und erzieherische Funktion des Schriftstellers (*La nueva novela hispanoamericana*, México [5]1976 [[1]1969], S. 10f.).

86 Dies belegt die Rezeption Rodós durch Pedro Henríquez Ureña ("La obra de José Enrique Rodó" [1910], O.C. 2, S. 147-165) und Alfonso Reyes ("Rodó [Una página a mis amigos cubanos]" [1917],

darüber hinaus die Namensgebung des Kreises um Caso, Henríquez Ureña, Reyes und Vasconcelos ein Echo auf *Ariel* darstellt, den Rodó der "juventud de América" gewidmet hatte.

Die Hispanität. Wie die Texte von López de Gómara, Fray Bernardino de Sahagún oder Juan López de Velazco belegen, wurde bereits während der Kolonialzeit das Orientierungsmodell der Hispanität nicht nur im Sinne einer bloßen Imitation, sondern auch eines "concepto de cultura como *prolongación diferenciada* de la cultura española"[87] betrachtet. Auch nach der Unabhängigkeit setzten die konservativen politischen und kulturellen Eliten dieses Konzept, welches die kulturelle hispanische Traditionslinie durch das Eigene ergänzt, zur Erfassung der Identität ihrer Staaten und des Kontinentes fort. Darüber hinaus findet sich in der Literatur des Südkontinentes die Aufforderung nach einer unmittelbaren Orientierung an Spanien. Der Peruaner Bartolomé Herrera verkündet dementsprechend 1846, daß sein Land nicht das der Inkas sei, sondern "el Perú cristiano y español, no conquistado sino creado por la Conquista".[88] In vergleichbarer Weise fordert sein Landsmann José Antonio de Lavalle 1859, daß es an der Zeit sei, sich Spanien wieder anzunähern. Demgemäß propagiert er "nuestro amor por España, la tierra de nuestros padres a la que debemos nuestra civilización y nuestras leyes y más que todo eso, la religión."[89] Neben dem bereits erwähnten Mexikaner Alamán deuten auch der Venezolaner Bello und die Argentinier Sarmiento und Alberdi Spanien als die *madre patria*. Seitens der mexikanischen Intellektuellen wies vor allem Justo Sierra, einer der wichtigsten politischen Förderer des *Ateneo de la Juventud*, auf die Notwendigkeit hin, daß Mexiko seine hispanischen Wurzeln pflegen müsse.[90] Seine Sichtweise des mexikanisch-spanischen Verhältnisses findet vor allem in den zu untersuchenden Schriften Henríquez Ureñas und Reyes' eine Fortsetzung.

Gegen Ende des Jahrhunderts bemühten sich die Staaten Lateinamerikas nach der militärischen Intervention der USA in Kuba und infolge des Konzeptes der Latinität wieder um einen intensiveren Kontakt mit Spanien. Diese Annäherung wurde dadurch erleichtert, daß nach der traumatischen Erfahrung des Verlustes der letzten Kolonien die spanischen Autoren um Unamuno einen problematisierenden, aus lateinamerikanischer Perspektive eher nachvollziehbaren Zugang zur nationalen Vergangenheit und Gegenwart pflegten. Da aus dem Kreis der 98er Generation aber lediglich Unamuno mit Rodó und Alfonso Reyes

---

O.C. 3, S. 134-137). General Bernardo Reyes, der Vater von Alfonso Reyes, ließ 1908 die erste mexikanische Ausgabe von *Ariel* verlegen. Siehe Carlos Real de Azúa, "Prólogo a *Ariel*", in: José Enrique Rodó, *Ariel. Motivos de Proteo*, Caracas 1976, S. IX-XXXI, hier S. XXIV.

87 Alfredo A. Roggiano, "Acerca de la identidad cultural de Iberoamérica. Algunas posibles interpretaciones", in: Yurkievich (Hrsg.), *Identidad*, S. 11-20, hier S. 16.
88 Zit. nach Fernando Silva Santisteban, "El mito del mestizaje", *Aportes* 14 (Okt. 1969), S. 39-52, hier S. 45.
89 A.a.O.
90 Vgl. Siebenmann, "Lateinamerikas Identität", S. 77.

korrespondierte, entsteht der Eindruck, daß das Interesse an einer Intensivierung der interkulturellen Kontakte in erster Linie von den Lateinamerikanern ausging.[91]

Der Nationalismus, Hispanoamerikanismus und Universalismus. Wie bereits in den voranstehenden Abschnitten dargelegt wurde, entstand der Nationalismus der lateinamerikanischen Staaten vor allem aus dem Bedürfnis der kreolischen Oberschichten, ihre Identität auf dem Merkmal der Differenz zu gründen. Je mehr jedoch innere Ambivalenzen und äußere Mächte die Existenz einer nationalen Identität - wie am mexikanischen Beispiel erläutert - in Frage stellten, desto wichtiger wurde die Entwicklung des Nationalismus als staatstragende Ideologie zur Kompensation der brüchigen Identitätskonstruktion. Das Bedürfnis der wirtschaftlich dependenten jungen Staaten Südamerikas, ihre politische und kulturelle Opposition gegenüber den Nationen Europas und den USA zu behaupten, führte gleichzeitig zu dem Vorhaben, die herrschenden Regionalismen und Nationalismen zu überwinden und eine hispanoamerikanische Solidarität zu entwickeln. Seit Bolívars "Discurso de Angostura" wurde deshalb der Amerikanismus als Identitätsmythos des mittleren und südlichen Kontinentes gepflegt, doch mußte der *Libertador* angesichts der ausbleibenden Erfüllung seines Traumes von einer panamerikanischen Union oder Konföderation zumindest im engeren Kreis das Scheitern seiner Vision anerkennen.[92] Nichtsdestoweniger reaktivierte und instrumentalisierte die Öffentlichkeit angesichts der äußeren Bedrohungsszenarien immer wieder diesen Mythos.

Im Vorfeld des *Ateneo de la Juventud* forderten vor allem Martí und Rodó die Überwindung nationaler Partikularismen durch die Schaffung einer universalistischen Einstellung. Angesichts bestehender kultureller und ökonomischer Dependenzen sowie der imitativen Grundhaltung vieler Südamerikaner präsentierte sich der Universalismus auch bei Denkern wie Altamirano und Vigil als Versuch, durch die *kritische* Rezeption und Assimilation der europäischen Kultur die Schaffung einer Identität zu ermöglichen, in die das Fremde für die Entstehung des Eigenen sinnvoll eingebracht werden konnte. Auch diese für die Ausbildung einer kollektiven Identität bedeutsame Traditionslinie wird von den Mitgliedern des Athenäums fortgeführt und intensiviert.

Der Diskurs des positivistisch-biologistischen Rassismus. Die Erörterung der Ambivalenzen der mexikanischen und hispanoamerikanischen Identitätsdiskurse ließ bereits erkennen, daß die ethnische Heterogenität der postkolonialen Gesellschaften dem Wunsch nach einer einheitlichen nationalen Identitätskonstruktion entgegenstand. So verweist Zea darauf, daß man in einer "sociedad dispersa, en conflicto" lebte, "encontrada en sus intereses y empeñada en desgastadora lucha por imponer la hegemonía de alguna de estas

---

91 Siehe Juan Marichal, *Cuatro fases de la historia intelectual latinoamericana 1810-1970*, Madrid 1978, S. 85f., Manuel García Blanco, "El escritor mejicano Alfonso Reyes y Unamuno", *Cuadernos Hispanoamericanos* 25, 71 (1955), S. 155-179 sowie José María Cuenca Toribio, "Alfonso Reyes en su centenario", *Cuadernos Hispanoamericanos* Supp. 4 (1989), S. 11-16, hier S. 11.
92 Vgl. Jürgen v. Stackelberg, "Der Mythos vom Befreier. Anmerkungen zu Simón Bolívar", *Romanistische Zeitschrift für Literaturgeschichte* 6, 1/2 (1982), S. 24-44, hier speziell S. 40ff.

encontradas partes".[93] Der Vergleich mit Nordamerika, wo der Puritanismus die ethnische Mischung weitestgehend verhindert habe, sowie das Nachwirken der kolonialen Denktradition, welche die "limpieza de sangre" mit sozialem Ansehen verband, veranlaßte viele Intellektuelle von Bolívar über Sarmiento und Bunge bis zu Alcides Arguedas, die Mestizierung in Südamerika als negativen Entwicklungsfaktor zu beurteilen.[94] Verstärkt und bestätigt wurde diese koloniale Tradition der negativen Konnotation des Mestizischen und Indianischen durch die seit den 60er Jahren erfolgte Rezeption des Positivismus Comtes und Taines, der zeitgenössischen empiristischen Rassentheorien Gobineaus, Le Bons und Darwins sowie des soziologischen Evolutionismus Spencers.[95] Indianer und Mestizen wurden mit Negativkategorien wie "irracionalidad, inmoralidad, servilismo, prejuicios, belicosidad, hipocresía, egocentrismo" in Verbindung gebracht und als dem technischen Fortschritt entgegenstehende Rassen angesehen.[96] Hinzu trat das Stigma einer kollektiven Pathologie der Nation und des gesamten Südkontinentes. Da sich die *ateneístas*, namentlich Vasconcelos und Reyes, veranlaßt sahen, in ihren Entwürfen einer positiven nationalen und kontinentalen Selbstbestimmung Gegendiskurse zu den positivistisch-biologistischen Rassendiskursen zu entwickeln, sollen im folgenden die Positionen der wichtigsten Repräsentanten rassentheoretischer Schriften in Europa und Lateinamerika angesprochen werden.

In etwa zeitgleich mit Spencer und Darwin, doch noch vor Taine, von dem die Trias der Determinationsfaktoren *race*, *milieu* und *moment historique* stammt, hatte Joseph Arthur Comte de Gobineau in seinem 1853 erschienenen *Essai sur l'inégalité des races humaines*[97] die These einer Ausprägung der Rasse durch das Milieu vertreten. In der eurozentrischen Perspektive des Verfassers steht die weiße Rasse an der Spitze der Evolution. Je weiter die übrigen Rassen von ihr entfernt seien, desto negativer erschienen deren physische, intellektuelle und kulturelle Fähigkeiten. So entwirft Gobineau das Bild eines Indianers, dem aufgrund seiner rassischen Defizite die Kultur der weißen Völker nicht zu vermitteln sei.[98] Für lateinamerikanische Leser dürfte der Hinweis aufschlußreich gewesen sein, daß Rassenmischungen vorübergehend durchaus ein *raffinement de moeurs*, *croyances* sowie die *adoucissements de passions* hervorbringen könnten. Langfristig

---

93 Leopoldo Zea, ohne Titel, in: *Nuestra América* 8 (Mai-Aug. 1983), S. 19-26, hier S. 20.
94 Vgl. Lourdes Martínez Echazábal, "Positivismo y racismo en el ensayo hispanoamericano", *Cuadernos Americanos* 2, 3 (1988), S. 121-129. Beachtung verdient der hier geschilderte Fall des Kubaners José Antonio Saco, der sich nicht etwa aus humanitären Gründen gegen den Handel mit Negersklaven ausspricht, sondern weil er die mit einer ethnischen Afrikanisierung drohende Revolution der kolonialen Machtstrukturen fürchtet (a.a.O., S. 124f.).
95 Vgl. Zea, *Positivismo*; Matzat, "Mexikanische Identität", S. 117ff. und Julian Pitt-Rivers, "Race in Latin America: the concept of *raza*", *Archives Européennes de Sociologie* 14 (1973), S. 3-31.
96 Nach Borsò, *Mexiko*, S. 117. Vgl. Matzat, "Mexikanische Identität", S. 117 sowie Schumm, "'Mestizaje' und 'culturas híbridas'", S. 60f. Siehe ferner die Überblicksdarstellung von Martin S. Stabb, "Indigenism and Racism in Mexican Thought: 1857-1911", *Journal of Inter-American Studies* 1 (Okt. 1959), S. 405-423.
97 In: *Oeuvres*, hrsg. v. Jean Gaulmier, Bd. 1, Paris 1983, S. 133-1174.
98 A.a.O., S. 304.

jedoch habe die dauerhafte Mischung eine Degenerierung des rassischen Potentials vorgeblich erhabener Rassen, eine Senkung des Zivilisationsniveaus und den Untergang der Gesellschaft zur Folge.[99] Gobineaus Essay sollte neben den Thesen Darwins und Spencers zum tragenden Pfeiler im eurozentrischen Diskurs der Evolutionisten und Positivisten werden, welche Hispanoamerika als einen von minderwertigen Wesen besiedelten Halbkontinent des zivilisatorischen Niedergangs betrachteten.

Gobineaus Thesen wurden aufgegriffen, zugespitzt und ergänzt durch Gustave Le Bons Ausführungen in dem Werk *Lois psychologiques de l'évolution des peuples*.[100] Der 1894 erschienene Band stellt insofern eine Variante der traditionellen Argumentation dar, als Le Bon die Einflußfaktoren *anatomie*, *langue* und *milieu* für die Erklärung des Wesens von Rassen zwar als notwendig, doch nicht als hinreichend beurteilt. In den Mittelpunkt seiner Theorie rückt die Rassen*psychologie*, welche den Beweis erbringe, daß die mentale Konstitution von Rassen mit derselben Sicherheit zu erfassen sei wie ihre anatomischen Besonderheiten.[101] Der üblicherweise im Vordergrund stehende Milieufaktor rückt bei ihm hinter den erblichen Einfluß der Urahnen und unmittelbaren Vorfahren an die dritte Stelle. Wie Gobineau geht auch Le Bon davon aus, daß der Indoeuropäer allen anderen Rassen überlegen sei. Darüber hinaus differenziert er nochmals innerhalb seiner indoeuropäischen Rassenhierarchie und kommt zu dem für das hispanoamerikanische Selbstverständnis bedeutsamen Schluß, daß die Spanier den Engländern rassisch nachgeordnet seien.[102] Diese Feststellung liefert entsprechend damaliger Annahmen die wissenschaftliche Begründung für das im 19. Jahrhundert verbreitete Unterlegenheitsgefühl der Hispanoamerikaner gegenüber der prosperierenden angelsächsischen Zivilisation. Neben Argumente, welche die Rückständigkeit als langfristig überwindbare Spätfolgen der Kolonialzeit deuten, treten nun auch vermeintlich unveränderliche rassische Gegebenheiten. Le Bons Feststellung, daß überlegene Völker ihre Zivilisation auch auf dem Weg der Erziehung nie unterlegenen Völkern nahebringen könnten, schreibt deren Status fest. Deshalb lasse die mentale und psychische Konstitution der *races inférieures* den Versuch scheitern, etwa die Indianer durch erzieherische Maßnahmen als positives zivilisatorisches Element in die nationale Gemeinschaft einzubinden.[103] Da allerdings jedes rassisch unterlegene Volk von dem überlegenen verdrängt werde, löse sich das Indianerproblem bald von selbst, wie der Autor am Beispiel der aussterbenden nordamerikanischen Indianer zu belegen glaubt.[104] Den Sozialdarwinisten und Positivisten wurde durch diese Argumentation die Legitimation für die von ihnen betriebene soziale Ausgrenzung, ökonomische Ausbeutung und ethnische Eliminierung der Indianer angeboten.

Für hispanoamerikanische kreolische und mestizische Leser waren vor dem Hintergrund ihres Wunsches nach einer nationalen und kontinentalen Identität insbesondere Le Bons Ausführungen zur Rassenmischung von Interesse. Damit neue, homogene Rassen entste-

---

99 A.a.O., S. 342ff.
100 Paris ^{9}1909.
101 A.a.O., S. 9; Vgl. S. 23.
102 A.a.O., S. 26.
103 A.a.O., S. 33.
104 A.a.O., S. 44.

hen könnten, so Le Bon, dürften die sich mischenden Gruppen weder zahlenmäßig noch in ihren Charaktermerkmalen zu sehr differieren. Ferner habe die Rassenmischung langfristig in demselben Milieu zu erfolgen. Aus zeitgenössischer Sicht liegt auf der Hand, daß die lateinamerikanische und mexikanische Geschichte des *mestizaje* diese Forderungen kaum erfüllt, so daß das nationale und kontinentale Homogenitätsstreben den Anhängern Le Bons als kollektive Illusion erscheinen mußte. Hinzu kommt, daß sich nach Le Bon selbst bei Erfüllung der genannten Voraussetzungen die Psyche einer Mischrasse zunächst instabil präsentiere, da sie aufgrund des Verlustes ihres vererbten psychischen Charakters als *table rase* beschrieben werden könne. Dem Mischlingsvolk fehle daher die für die Schaffung einer Nation oder eines Vaterlandes notwendige innere Stärke.[105] Im besonderen Maße erkennt der Autor charakterliche Defizite bei den lateinischen Rassen, die folglich keine stabilen Regierungssysteme entwickeln könnten.[106] Angesichts dieser negativen Auswirkungen der Rassenmischung spricht sich Le Bon für die strikte Rassentrennung aus.

Le Bons Thesen dokumentieren das von den Anhängern der Rassentheorie vertretene Überlegenheitsgefühl der europäischen Kultur gegenüber den Mischzivilisationen Lateinamerikas. Demgemäß entwickelt der Autor in Anlehnung an Rousier und Bourget eine Antinomie der angelsächsischen und lateinischen Rasse. Ersterer werden aufgrund ihrer konsequenten Selektion die Merkmale Homogenität, Willensstärke, Initiativgeist, Selbstbeherrschung, Aktivität, Religiosität, Moral, Pflichtbewußtsein und praktisches Denken, letzterer hingegen nur die entsprechenden Negativkategorien zugesprochen.[107] In den Ländern Lateinamerikas - mit Ausnahme des monarchischen Brasilien - sieht Le Bon nur politische Instabilität und das durch eine rassische Dekadenz bedingte Fehlen von Energie, Willen und Moral. So kommt er zu einem für den lateinamerikanischen Leser vernichtenden Ergebnis:

> *Cette effroyable décadence de la race latine, abandonée à elle-même, mise en présence de la prospérité de la race anglaise, dans un pays voisin, est une des plus sombres, des plus tristes et, en même temps, des plus instructives expériences que l'on puisse citer à l'appui des lois psychologiques que j'ai exposées.*[108]

Le Bons Argumentation fördert mit dem Hinweis auf die vermeintliche Wechselhaftigkeit und Charakterschwäche der lateinischen Rasse negative, über Samuel Ramos bis hin zu Octavio Paz nachwirkende Topoi der mexikanischen Autodefinition. Auch der Wille zur Nationbildung und der Wunsch nach dauerhafter politischer Stabilität erfahren unter postkolonialen Bedingungen eine Absage. Der hispanoamerikanische Halbkontinent, doch auch die lateinischen Nationen Europas, werden als Horte einer umfassenden Dekadenz gebrandmarkt, der lediglich die angelsächsische Rasse entgehe.

---

105 A.a.O., S. 46.
106 A.a.O., S. 101ff.
107 A.a.O., S. 107ff.
108 A.a.O., S. 115.

Um die Jahrhundertwende wurde die lateinamerikanische Selbstsuche von der Rezeption derartiger rassentheoretischer Aussagen nachhaltig beeinflußt. So vertrat Carlos Octavio Bunge 1903 auf der Grundlage darwinistischer und biologistischer Theoreme die Überzeugung, daß die mestizierte Gesellschaft Argentiniens die negativen psychischen Züge von Spaniern, Indianern und Schwarzafrikanern vereine.[109] Da der Hauptwesenszug der Hispanoamerikaner darin läge, charakterlos zu sein, schlug Bunge wie auch der peruanische Rodó-Schüler Francisco García Calderón in *Les democraties latines de l'Amérique* (1912)[110] die umfassende ethnische wie kulturelle Europäisierung des Südkontinentes und die Schaffung eines neuen Arbeitsethos vor, welches die traditionelle *pereza* ablösen müsse.[111]

Infolge der Zuteilung negativer rassischer und psychischer Merkmale beschrieben um die Jahrhundertwende die von der Gültigkeit positivistisch-biologistischer Argumente überzeugten Autoren des Kontinentes das lateinamerikanische Sein mit Begriffen, welche der Pathologie entlehnt waren. So veröffentlichte 1899 der Venezolaner César Zumeta sein als skeptischer Gegenpol zu Rodós *Ariel* anzusehendes Werk *El continente enfermo*. Zu den Theoretikern der *autodefinición* im Sinne der Pathologie zählen ebenfalls Agustín Alvarez (*Manual de patología política* [1899]), Manuel Ugarte (*Enfermedades sociales* [1905]), Alcides Arguedas (*Pueblo enfermo* [1909]) sowie der Nicaraguaner Salvador Mendieta (*La enfermedad de Centro America* [1910]).[112]

Da sich die Argumente der genannten Autoren im wesentlichen wiederholen, sei stellvertretend auf den Argumentationsgang von Arguedas' *Pueblo enfermo*[113] verwiesen. Bereits in dem Vorwort zur dritten Ausgabe von 1936 findet sich der topische Hinweis des rassistischen Diskurses, daß es den hispanoamerikanischen Völkern an der *perdurable firmeza*[114] der europäischen Nationen fehle. Dieser entwicklungshemmende Mangel werde durch die Unfähigkeit der Indianer, sich den Bedürfnissen der modernen Zivilisation anzupassen, verstärkt. Der Argumentationsgang der Studie orientiert sich an den gängigen Kriterien des positivistischen und rassistischen Diskurses, indem am Beispiel Boliviens zunächst die äußeren Milieufaktoren analysiert und als negativ für eine zivilisatorische Entwicklung hingestellt werden.[115] Sodann untersucht der Autor die *psicología de la raza indígena*, die infolge ihrer ökonomischen Ausbeutung die Charaktermerkmale des *solita-*

---

109 Carlos Octavio Bunge, *Nuestra América. Ensayo de psicología social*, Buenos Aires [6]1918 ([1]1903), S. 115ff. und 170ff.
110 *Las democracias latinas de América. La creación de un continente*, Caracas 1987. Aufgrund der angenommenen Überlegenheit der "weißen Rasse" über die "farbige" glaubt García Calderón, daß Nordamerikas Dominanz zur Auslöschung der Identität Lateinamerikas führen werde, sofern man nicht ein an europäischen und nordamerikanischen Maßstäben orientiertes Kulturmodell entwerfe. Siehe Stabb, *América Latina*, S. 42ff.
111 Bunge, *Nuestra América*, S. 217f.
112 Über die genannten Autoren informieren Stabb, *América Latina*, S. 25ff. und Giordano, "Notas sobre Vasconcelos", S. 541f.
113 La Paz 1979 ([1]1909).
114 A.a.O., S. VII.
115 A.a.O., S. 17ff.

rio aufweise und von dem Lebensgefühl der *tristeza* beherrscht werde.[116] Den Mestizen stellt Arguedas als *tornadizo* und *variable* dar. Diese negativen Eigenschaften als *tipo inferior* finden Ergänzung in seiner "idolatría por los caudillos", dem *alcoholismo* und der "duplicidad de su carácter".[117] Im Unterschied zu den gängigen Positionen des Rassismus verbindet Arguedas für Lateinamerika selbst mit der *raza blanca* negative Merkmale: "Débil de voluntad, solo obedece el blanco a sus impulsiones del momento, y uno de sus más graves defectos es el de la imprevisión."[118] Das düstere Bild, das Arguedas von Bolivien zeichnet, wird ergänzt durch den Hinweis auf die von Alkoholismus und mangelndem Hygienebedürfnis herbeigeführte physische Dekadenz seiner Einwohner, welche sich mit der durch das Fehlen einer *civilización original* begründeten *esterilidad intelectual* paare.[119]

Der Mexikaner Julio Guerrero möchte in seiner Abhandlung *La génesis del crimen en México*[120] den Beweis dafür liefern, daß die Ursachen der Delinquenz nicht nur im familiären Erbe, sondern auch in den wirtschaftlichen Existenzgrundlagen zu suchen sind. Der Hinweis auf die ökonomische Determinante eröffnet ihm die Option, mit seiner Kritik an den herrschenden Zuständen zugleich eine positive Entwicklung in Aussicht zu stellen. Um die entsprechenden Rahmenbedingungen abstecken zu können, entwirft Guerrero eine Gesamtdarstellung der sozialen Situation Mexikos, welche er als Ursache und Ausdruck der zivilisatorischen Rückständigkeit ansieht. Milieubedingte Einflußfaktoren wie die dünne, trockene Luft oder die atmosphärischen Ausdünstungen während der Regenzeit führten zu "algo de atonía y falta de iniciativa motriz" und jener *pereza*, die bereits Gobineau und Le Bon festgestellt hatten.[121] Die Ausdehnung des weitgehend unerschlossenen Territoriums als weiterer Milieufaktor verhindere die Entstehung einer stabilen politischen Kultur. Aus der angenommenen Verbindung von physischen und geistigen Determinationsfaktoren leitet Guerrero eine allgemeine Trägheit und die Neigung zu einer kontemplativen Lebensführung ab. Er erwähnt darüber hinaus die "concepciones trágicas de la vida o meditaciones melancólicas",[122] auf welche die Athenäisten bei ihrer Darstellung von Merkmalen der mexikanischen Literatur ebenfalls hinweisen sollten. Auch der Hang zu Glücksspielen, der Alkoholgenuß sowie die Wandelbarkeit des mexikanischen Charakters zählen zu den in der Studie aufgeführten Topoi des nationalen Selbstbildes. Ferner führt Guerrero als rassischen Atavismus die aus vorcortesianischen Epochen bewahrte Neigung zu Grausamkeiten an.[123]

Eine neue, bislang noch nicht hinreichend beachtete Facette erhält der positivistische Argumentationsgang des Autors durch die Aussage "la pereza mexicana es de origen

---

116 A.a.O., S. 69.
117 A.a.O., S. 74.
118 A.a.O., S. 81.
119 A.a.O., S. 227 und 339.
120 *La génesis del crimen en México, Estudio de psiquiatría social,* México ²1977 (Paris ¹1901).
121 A.a.O., S. 11 und 16f.
122 A.a.O., S. 21.
123 A.a.O., S. 253f.

social y no climatérico (sic)".[124] Das infolge der Landflucht herrschende Überangebot billiger Arbeitskräfte führe zu einem rapiden Ansteigen der Kriminalitätsrate im *Distrito Federal*. Niedrige Löhne und mangelnde Arbeitsplatzsicherheit seien für die geringe Arbeitsmoral und Effektivität in der mexikanischen Wirtschaft verantwortlich. Diese Perspektive erlaubt den Schluß, daß die angebliche Trägheit der Mexikaner auf ökonomische, nicht aber rassenpsychologische Faktoren zurückzuführen sei.[125] Wenn Guerrero betont, daß die Mexikaner unter entsprechenden Bedingungen sogar wesentlich leistungsfähiger seien als die Arbeiter anderer Nationen, wählt er zur Stabilisierung der mexikanischen Identität die Strategie der Überbietung.[126] Durch die hiermit erfolgende Relativierung der negativen Wesensmerkmale des Mexikaners erhält der eurozentristische, diskriminierende Diskurs der Positivisten und (Sozial-) Darwinisten aus mexikanischer Sicht eine entscheidende Ergänzung. Das europäische und nordamerikanische Fremde dient zwar immer noch als Vergleichsmaßstab, doch nun auch als Referenz für die mexikanistische Selbstbehauptung. Nicht der Mensch müsse geändert werden, so Guerrero, sondern die Gesellschaft, in der er lebe. Da unter Díaz nach hundertjähriger Anarchie diese Reform in Angriff genommen werde, sieht der Autor die mexikanische Gegenwart nicht nur von Defiziten, sondern auch durch "lo mucho grande, bello y noble"[127] und den *altruismo científico*, den *utilitarismo*, sowie den *deber*[128] geprägt. Guerreros Argumentation bietet ein gutes Beispiel dafür, wie aus mexikanistischer Sicht der traditionell negative positivistische Diskurs eine positive autoreflexive Ergänzung erfährt. Der Autor leugnet zwar nicht die Gültigkeit dieses Diskurses, doch bahnt er den Weg zu einem positiven Selbstverständnis des Mexikaners, das sich bei den Athenäisten wiederfinden sollte.

Der Gegendiskurs des "mestizaje". Als Antithese zum rassistischen, das Eigene problematisierenden Diskurs entwickelte sich im 19. Jahrhundert vornehmlich in Mexiko eine affirmierende Haltung, die den Mestizen als positiven Faktor für die Konstruktion der nationalen Identität erwählte. Neben Francisco Pimentel und Vicente Riva Palacio stilisierten vor allem Justo Sierra, Ezequiel A. Chávez, Andrés Molina Enríquez und Manuel Gamio den Mestizen zum dynamischen Träger des nationalen Fortschritts.[129]

Als Antwort auf die Thesen Le Bons wendet sich Justo Sierra bei seiner Würdigung der Mestizen gegen die Aussage, die Mischung verschiedener Rassen führe zu "poblaciones

---

124 A.a.O., S. 129.
125 A.a.O., S. 140 und 147.
126 Vgl. die Feststellung "el trabajador mexicano tiene virtudes superiores al europeo, ó americano" (a.a.O., S. 140).
127 A.a.O., S. XIII.
128 A.a.O., S. 390.
129 Vgl. Jorge Hernández Campos, "México 1995: la cultura en crisis", *Cuadernos Hispanoamericanos* 549-550 (März-April 1996), S. 7-31, hier S. 11f. und Agustín F. Basave Benítez, *México mestizo. Análisis del nacionalismo en torno a la mestizofilia de Andrés Molina Enríquez*, México ²1993 (¹1992), S. 25ff.

bastardas, sin energía, sin porvenir".[130] Nicht der Vertreter einer reinen, weißen Rasse, sondern der Mestize als "factor dinámico"[131] wird bei ihm zum Träger des Fortschritts. Deshalb, so Sierra, sei die Zeit gekommen, daß in der mexikanischen Gesellschaft und Politik der gebildete, selbstkritische *neomexicano*, eine Umschreibung des Mestizen, an die Stelle des passiven, sich pseudoaristokratisch gebärdenden Kreolen trete.[132] Den rassentheoretischen Argumenten der Positivisten begegnet Sierra durch den Verweis auf die positiv erfaßbare mexikanische Wirklichkeit. Dementsprechend rühmt er die beachtlichen Leistungen der jungen mestizischen Republik in den Sektoren Schulwesen, Eisenbahn und Telegraphie. Zudem unterstreicht der unter Porfirio Díaz zum Erziehungsminister ernannte Sierra die politische Energie der vermeintlichen "Bastarde" in den Zeiten der *Independencia* und der *Reforma*. Demographisch wie kulturell diene die mestizische Rasse als "la levadura de la sociedad mexicana del porvenir".[133]

Hinsichtlich der Beurteilung des Indianers bewegt sich der *científico* Sierra allerdings noch in den topischen Negativkategorien des rassistischen Diskurses. Daher präsentieren sich die *indígenas* aus seiner Sicht als passive, zivilisationslose Heiden. Im Unterschied zu den biologistischen Argumenten, welche von einer Unveränderbarkeit der indianischen Defizite ausgingen, ist er aber davon überzeugt, daß den augenblicklich noch apathischen Indianern durch die erzieherisch gelenkte Akkulturation und Integration in die mestizische Gesellschaft eine zivilisatorische Chance erwachsen könne.[134]

Sierras Position erscheint aufgrund seiner Bewertung der drei zentralen Volksgruppen Mexikos als Beispiel einer partiellen Umkehr der Argumente und der Hierarchie des rassistischen Diskurses mit dem Ziel einer Aufwertung und Stilisierung des Mestizischen. Als *científico* bleibt er hierbei prinzipiell dem positivistischen Denkansatz verhaftet, doch deutet er seine Beobachtungen im Sinne der Mestizierung: unter Fortführung des rassischen Diskurses wird die eurozentrische durch eine mexikozentrische Argumentation ersetzt. Sierra schwebt daher immer noch eine homogene nationale Gemeinschaft vor, in welcher nun jedoch der *mestizaje* als Medium und Fluchtpunkt einer gesellschaftlichen Harmonisierung dient.

In vergleichbarer Weise stellt auch Ezequiel A. Chávez in seinem *Ensayo sobre los rasgos distintivos de la sensibilidad como factor del carácter mexicano* (1901) die Gruppe der Mestizen in den Mittelpunkt seines Interesses. Von besonderer Bedeutung ist, daß er innerhalb der mestizischen Bevölkerungsgruppe den *mestizo superior* von dem *mestizo*

---

130 Justo Sierra, "México social y político", in: ders., *La evolución política del pueblo mexicano (1900-1902)*, Caracas 1977, S. 293-328, hier S. 298.
131 A.a.O., S. 299.
132 A.a.O.
133 *Evolución política*, S. 89; siehe auch S. 37 und "México social y político", S. 297 und 301.
134 *Evolución política*, S. 66 und 120. Diese Position wird fortan wie im Falle Vasconcelos' die Haltung der Befürworter des *mestizaje* in den Diskussionen mit Vertretern des Indigenismus bestimmen. So fordert 1933 der ehemalige Maderist und Gründer von *El Universal*, Félix F. Palavicini, die Akkulturation der Indianer: "Nosotros somos indianistas en el concepto de convertir al indio en mexicano; pero no para convertir al mexicano en indio..." ("Tragedia mexicana", zit. in Arturo Delgado González, *Martín Luis Guzmán*, S. 160-165, hier S. 162).

vulgar unterscheidet. Während der *mestizo superior* als "resistente nervio del pueblo mexicano"[135] zum Motor des Fortschritts werde und als einziger Typus über ein "contrabalanzamiento de los estados afectivos" verfüge,[136] erscheint der *mestizo vulgar* als gesellschaftlicher Problemfall, dem mit erzieherischen Mitteln begegnet werden müsse.[137] Wie Matzat in seiner Analyse herausstellt, relativiert Chávez durch seine Binnendifferenzierung der problematischen mestizischen Gruppe die negative Diagnose des rassistischen Diskurses.[138] Durch dieses Verfahren kann er den biologistischen Diskurs bestätigen und zugleich negieren.

Ähnlich ambivalent wie die Mestizen beurteilt Chávez die Gruppe der Indianer. Zwar seien diesen die Ideale des zivilisatorischen Fortschritts nur auf dem Weg der Erziehung vermittelbar, doch besäßen sie durchaus auch eine positive gesamtgesellschaftliche Bedeutung:

> *Podemos en consecuencia estar en el conjunto, satisfechos de las condiciones psíquicas nacionales: la rápida excitabilidad y la dinámica deliberación del mestizo superior, pudieran ser funestas sin la resistente solidez del indio ilustrado, que da cimientos de montaña á las fulminantes iniciativas del hijo de las razas mezcladas...*[139]

Der Indianer erscheint in Chávez' abwägender Argumentation als positiver Faktor, da er zur gesellschaftlichen Stabilität beiträgt. Bedeutsam ist ferner, daß sich die traditionelle Option einer Koalition von Kreolen und Mestizen in Richtung einer neuen Koalition von Indianern und Mestizen verschiebt.[140] Hierdurch wird das Identitätsprojekt einer mexikanischen Nation auf eine breitere und somit solidere Basis gestellt.

Auch der vom Positivismus und den Thesen Spencers beeinflußte Andrés Molina Enríquez unterstreicht in *Los grandes problemas nacionales* (1909)[141] aus einer mexikanistischen Perspektive die Bedeutung des Mestizen als Garant des Widerstandes gegen jede Form von Fremdherrschaft. Der Argumentation Chávez' vergleichbar betont Molina Enríquez in Umkehrung der Topik des rassistischen Diskurses, daß es den *indígenas* durchaus möglich sei, einen eigenständigen Beitrag für die künftige kulturelle und ethnische Synthese zu leisten. Zwar seien die weißen Rassen in ihrer sozialen Evolution weiter vorangeschritten als die Indianer, doch könnten letztere eine bessere physische Anpassung an das Milieu aufweisen. Der mexikanische Mestize schließlich, bei dem die indianischen

---

135 "Ensayo", S. 84. Siehe Hernández Luna, "Primeros estudios", S. 327ff. und Matzat, "Mexikanische Identität", S. 127ff.
136 "Ensayo", S. 96.
137 A.a.O., S. 98f.
138 Matzat, "Mexikanische Identität", S. 128.
139 *"Ensayo", S. 98.*
140 "...ligadas no obstante la cerebralizada emoción, fina y múltiple del mestizo y la seguridad de roca, la tenaz persistencia del indio, pueden asegurar la implantación resuelta de los progresos instaurados" (A.a.O., S. 98).
141 *Los grandes problemas nacionales (1909) y otros textos (1911-1919). Prólogo de Arnaldo Córdova*, México 1978.

Wurzeln dominierten, hätte diese biologische Resistenzfähigkeit durch die positiven Eigenschaften des spanischen Erbes ergänzen können. Infolge seiner rassischen Energie sei der Mestize dazu prädestiniert, der Nation als tragende Säule zu dienen. Da sich in diesem alle positiven mentalen wie physischen Faktoren der rassischen Fusion verbänden, kommt Molina Enríquez zu dem Schluß, daß die mestizische Nation aus der Konkurrenz mit den USA als Sieger hervorgehen werde.[142]

Die konzeptionelle Idealisierung einer harmonischen Fusion der *razas* findet sich auch in Manuel Gamios *Forjando Patria* (1916).[143] Der unter Calles zum *Subsecretario de Educación* ernannte Gamio fordert die freiwillige, durch Erziehungsmaßnahmen unterstützte ethnische Integration der Indianer in die Nation. Ziel sei es, die *indígenas* durch die erzieherische Praxis auf das moderne und effiziente Kulturniveau der *criollos* anzuheben.[144] Neben dieser topischen Idee des mestizischen Diskurses postuliert er jedoch auch den Abbau rassistischer Vorurteile:

> *si mejoran su alimentación, su indumentaria, su educación y sus espacimientos, el indio abrazará la cultura contemporánea al igual que el individuo de cualquier otra raza.*[145]

Die relative zivilisatorische Rückständigkeit der Indianer hat nach Gamio allerdings den positiven Effekt, daß sich in ihrer Kultur das Rohmaterial zur Schaffung einer authentischen Nationalkultur finden lasse.[146] Gamios Ausführungen belegen erneut die mexikanistische Umkehr des rassistischen Argumentationsschemas: Vormals als Defizite angesehene Eigenschaften der *indígenas* sollten es nun erlauben, durch eine Rückbesinnung auf das Eigene dem seit der Unabhängigkeit herrschenden *deplorable cosmopolitismo* und der *fatal orientación extranjerista*[147] ein Ende zu bereiten. Die kulturelle Entfremdung möchte Gamio durch ein mestiziertes Konzept ersetzen, welches indigenes und hispanisches Erbe zu einem homogenen Eigenen verbinden müsse.

---

142 Vgl. Basave Benítez, *México mestizo*, S. 42ff. und 60ff., Borsò, *Mexiko*, S. 127 und Matzat, "Mexikanische Identität", S. 128f. Molina Enríquez' Thesen sollten das politische Programm der mexikanischen Revolution nachhaltig beeinflussen. Darauf verweist Arnaldo Córdova, "Prólogo", in: Molina Enríquez, *Problemas nacionales*, S. 9-68, hier S. 26.

143 México ³1982 (¹1916).

144 Vgl. Günther Maihold, *Identitätssuche in Lateinamerika: Das indigenistische Denken in Mexiko*, Saarbrücken; Lauderdale 1986, S. 102f. Aguirre Beltrán kritisiert an Gamios Vorstellungen vom sozialen Wandel, daß dessen Wertmaßstäbe sich ausschließlich an technischen und ökonomischen Kriterien ausrichten. Siehe Luis Villoro, "Manuel Gamio: la paradoja del indigenismo", in: ders., *En México, entre libros. Pensadores del siglo XX*, México 1995, S. 64-76, hier S. 69.

145 Forjando Patria, *S. 24*.

146 "A fines de la época colonial, el arte indígena y el de origen español se estaban fundiendo tan armónicamente que ya la obra mixta resultante empezaba a ser comprendida por ambas razas, haciéndose cada vez más profusa la producción. Durante el siglo XIX, la importación de ideas artísticas europeas, hizo que el arte indígena fuera conservado y cultivado por la raza indígena exclusivamente, en tanto que el resto de la población degeneraba su criterio estético, que no ha sido otra cosa que una pobre imitación del europeo" (a.a.O., S. 49; vgl. S. 93).

147 A.a.O., S. 48 und 113.

Gamios synthetische Konzeption des kulturellen *mestizaje* offenbart freilich eine problematische Bindung an den biologistischen Diskurs des Rassismus, indem er annimmt, Kulturen könnten wie Organismen miteinander verschmelzen. In der Realität hingegen ist eher von einer prozeßhaften Integration im Sinne einer wechselseitigen Akkulturation und Reinterpretation von Kulturelementen auszugehen. Aus einer neueren kulturtheoretischen Perspektive stellt demzufolge die Idee einer kulturellen Verschmelzung ein Problem dar. Dies gilt umso mehr, als der Diskurs der Mestizierung als nationaler Mythos zur Verschleierung von ethnisch-kulturellen und politischen Spannungen dienen kann.[148]

8. Zusammenfassung und Ausblick

An der Wende zum 20. Jahrhundert ist die hispanoamerikanische und mexikanische *autodefinición* wie im 19. Jahrhundert von der Gleichzeitigkeit sich widersprechender Identitätskonzeptionen geprägt. Aus der Reihe der genannten Orientierungsmodelle der Identitätssuche beherrschten vor allem das Latinitätsdenken, die positivistisch-sozialevolutionistische Auslegung der kontinentalen und nationalen Identität sowie der Gegenentwurf des *mestizaje* die öffentliche Diskussion. Die voranstehenden Analysen machten deutlich, wie sehr die im Vor- und Umfeld des *Ateneo de la Juventud* wirkenden Autoren bei ihren Versuchen einer Definition des Eigenen argumentativ den Vorgaben des biologistisch-rassistischen Diskurses und der europäischen positivistischen Fortschrittskonzeption verhaftet geblieben sind. Hieraus folgte zum einen eine negative Selbsterfahrung, welche sich etwa in der Krankheitsmetapher nachvollziehen läßt. Zum anderen wurde der Versuch unternommen, die Hierarchien des rassistischen Diskurses umzukehren und den aus eurozentrischer Sicht negativ beurteilten Mestizen durch die Zuteilung positiver Attribute zum Fluchtpunkt und Medium der nationalen politischen und kulturellen Entwicklung zu stilisieren. Auch das Konzept der Latinität deutet einen europäischen Diskurs im lateinamerikanischen Sinne um. Aufgrund der allgemeinen Akzeptanz der europäischen methodischen und erkenntnistheoretischen Paradigmen blieb jedoch eine umfassende kulturelle Dekolonisierung aus. Nichtsdestoweniger lassen sich erste Ansätze erkennen, durch eine kritisch-assimilierende Neubewertung des Fremden das Eigene zu behaupten.

Die neue Sicht des Mestizen verband sich mit einer vorsichtigen Neubestimmung des Indigenen, das freilich nicht als Wert an sich, sondern vornehmlich im Hinblick auf seine Funktionalisierbarkeit für ein von europäischen Maßstäben geprägtes Mestizentum erfaßt wurde. In Anlehnung an Chiampis prägnante Formulierung ist von der Tendenz zu sprechen, durch das Verfahren des *mestizaje* ein *blanqueamiento*[149] des zu akkulturierenden Indianischen zu realisieren. Da die Heterogenität der Gesellschaft negativ erfahren

---

148 "La idea del *mestizaje* ha sido tradicionalmente racista, cargada de prejuicios y de dominación..." (Silva Santisteban, "El mito del mestizaje", S. 52. Siehe auch S. 47ff.). Vgl. mit Borsòs Kritik an der mexikanischen Aktualität, in welcher die Mestizen aus machtpolitischen Gründen den Indianern gegenüber die koloniale Tradition der Marginalisierung fortsetzen (*Mexiko*, S. 127).
149 Chiampi, *Realismo maravilloso*, S. 140.

wurde, setzte eine mythisierende Neubewertung des Mestizen als Träger der nationalen Einigung ein.

Angesichts dieser Ausgangslage stellt sich die Frage, welchen Weg der Athenäismus zur Lösung der mexikanischen und hispanoamerikanischen Identitätsproblematik beschritt, und ob die kulturellen und zivilisatorischen Konzeptionen der Athenäisten aufgrund ihrer Abweichung vom negativen positivistischen und rassistischen Identitätsdiskurs als "diskursiver Paradigmawechsel"[150] zu bezeichnen sind. Oder bestätigt das Athenäum wie der Arielismus lediglich die traditionelle Dichotomie von *civilización* und *barbarie* im Vorzeichen des Idealismus? Sieht der Athenäismus die eigentliche Aufgabe Lateinamerikas lediglich in der Bewahrung und Erneuerung der europäischen Zivilisation?[151] Zeichnen die athenäistischen Konzepte vielleicht schon jenen semantischen Kontext vor, in dem die heutige Diskussion über hybride Kulturen steht? Wie reagieren die Vertreter des Athenäums auf die gesellschaftliche Erfahrung einer "Gleichzeitigkeit des Ungleichzeitigen" und die "Koexistenz des Nicht-Zusammengehörigen"?[152] Die in den folgenden Kapiteln zu realisierende detaillierte Betrachtung athenäistischer Positionen soll Antworten auf diese Fragen suchen.

---

150 Matzat, "Mexikanische Identität", S. 130.
151 Diese Meinung vertritt Schumm unter Verweis auf das Beispiel Vasconcelos' ("'Mestizaje' und 'culturas híbridas'", S. 62f.).
152 Schumm, a.a.O., S. 65.

III. Die Gründung des *Ateneo de la Juventud* und ihr historischer, philosophie- und geistesgeschichtlicher Kontext

1. Mexiko unter Porfirio Díaz: Staatsräson und Staatsphilosophie

Zu Beginn des 20. Jahrhunderts blickte die mexikanische Gesellschaft auf eine langjährige Regierungszeit des Generals Porfirio Díaz zurück, der das mexikanische Staatswesen seit 1876 mit einer Unterbrechung von nur vier Jahren gemäß der Maxime "Amor, Orden y Progreso" führte. Wenn Díaz hierbei den auf Liberalität abzielenden Grundsatz "Libertad, Orden y Progreso" des Begründers der positivistischen Tradition in Mexiko, Gabino Barredas, unter Rückgriff auf Comtes Formel abwandelte, so verweist dies auf seinen paternalistischen Regierungsstil. Zugleich äußert sich in der Übernahme des Leitspruchs Comtes die staatstragende Bedeutung des philosophischen Positivismus, der unter Díaz zum Erfüllungsgehilfen politischer Ziele degradiert wurde.[1]

Eine liberale Wirtschaftspolitik und ausländische Investitionen bewirkten unter Díaz einen bis dahin unbekannten ökonomischen Aufschwung, der durch die Schaffung von Arbeitsplätzen einerseits zur Befriedung der öffentlichen Ordnung beitrug, andererseits jedoch langfristig die sozialen Spannungen verschärfte. Da vornehmlich die bürgerliche Oberschicht und nordamerikanische Investoren vom Wachstum profitierten, wuchs in der Mittel- und Unterschicht die Unzufriedenheit mit der Wirtschaftspolitik des Regimes. Dies belegen die rund 250 Streiks, die während des Porfiriates trotz eines Verbots ausbrachen und mit der 1907 einsetzenden Rezession vermehrt auftraten. Nach der Enteignung des kollektiven Landbesitzes durch die *criollos nuevos* verelendeten neben den Industriearbeitern auch die *peones* und Indianer, mit der Folge, daß in diesem Sektor der wachsende Leidensdruck ebenfalls zu einer steigenden Zahl von Aufständen führte.[2] Zwischen den gesellschaftlichen Problemen, die seit den 1880er Jahren zunahmen, und dem offiziell propagierten Mythos der *pax porfiana* öffnete sich eine Kluft.[3]

---

[1] Zur Geschichte des Positivismus in Mexiko informiert Leopoldo Zea, *El Positivismo en México. Nacimiento, apogeo y decadencia*, México 1978 ([1]1968) sowie ders., "El positivismo", in: ders. (Hrsg.), *Pensamiento positivista latinoamericano*, Bd. 1, Caracas 1980, S. IX-LII und Tomás Mallo, "El antipositivismo en Mexico", *Cuadernos Hispanoamericanos* 390 (1982), S. 624-637. Carlos Monsiváis macht darauf aufmerksam, daß Spencer und Stuart Mill ihre Entwürfe für eine bürgerlich-demokratische Gesellschaft mit dem Recht auf freie Meinungsäußerung und eine entwickelte Großindustrie konzipiert hatten. Díaz' Diktatur habe hingegen die demokratischen Freiheiten unterdrückt und sich auf den Großgrundbesitz sowie das Kazikentum gestützt. Die ideologische Übernahme des Positivismus sei deshalb als Selbsttäuschung zu bewerten ("José Vasconcelos: la búsqueda del paraíso perdido", *Comunidad* 14 [1968], S. 347-355, hier S. 350f.).

[2] Nach einer staatlichen Erhebung von 1910 standen 840 *hacendados* und 411.096 *agricultores* rund 12 Millionen Tagelöhner gegenüber. Angaben aus Jesús Silva Herzog, *Breve historia de la Revolución Mexicana*, Bd. 1, México 1960, S. 22 und S. 50.

[3] Vgl. Daniel Cosío Villegas (Hrsg.), *Historia moderna de México*, Bd. 4, México; Buenos Aires [3]1973, hier S. 239.

In politischer Hinsicht wuchs parallel zu dieser Entwicklung die Unzufriedenheit mit dem patriarchalischen Führungsstil Díaz'. Kritisiert wurde das von ihm durchgesetzte Prinzip der *reelección* des Präsidenten,[4] die oligarchische und plutokratische Herrschaft der *científicos* sowie der expandierende Zentralismus. Die politische Opposition gegen den General fand erstmals 1906 einen organisierten Ausdruck in der Verkündung des Programms des *Partido Liberal*.[5]

Staatstragende Doktrin war der von Gabino Barreda, einem Schüler Comtes, bereits zur Zeit der *Reforma* aus Frankreich importierte Positivismus, dessen Hegemonie unter Díaz einer "opresión filosófica"[6] gleichkam. Gesellschaftspolitisch führte sein Einfluß während des Porfiriates im Zusammenwirken mit den sozialdarwinistischen Thesen Spencers zu der Überzeugung, daß das Prinzip der natürlichen Selektion uneingeschränkt auf die Gesellschaft übertragbar und die Herrschaft einer Elite biologisch und sozial legitimiert sei. Der Gegensatz von *civilización* und *barbarie* wurde als naturgegebenes, unveränderliches Phänomen akzeptiert, so daß der Sozialdarwinismus zur Rechtfertigung der ausgeprägten hierarchischen Struktur der mexikanischen Gesellschaft diente.[7] Die Einführung der positivistischen Weltdeutung verfolgte das Ziel, im postkolonialen Mexiko nach der materiellen und politischen Entmachtung der Kirche die scholastischen und metaphysischen spanischen Denkmodelle abzulösen. In dieser Absicht gründete Barreda im Zuge der Laisierung des Unterrichtswesens neben Landschulen, in denen eine gezielte Akkulturierung der Indianer erfolgte, die *Escuela Nacional Preparatoria*, aus der sich eine im Geist Comtes, Stuart Mills und Spencers ausgebildete technokratische Regierungs- und Verwaltungselite rekrutierte. Im Curriculum dominierten die Naturwissenschaften, während die *humanidades* in ihrer Bedeutung zurückgestuft oder ganz gestrichen wurden.[8]

In dem Maße, wie die aus der *Escuela Preparatoria* hervorgegangenen *científicos* politische und wirtschaftliche Schlüsselpositionen besetzten, verband sich der Positivismus in

---

4   Schon 1892 wurden über sechzig Schüler der angesehenen *Escuela Nacional Preparatoria* festgenommen, weil sie öffentlich gegen eine Wiederwahl Porfirio Díaz' protestiert hatten. So Cockcraft, *Intellectual precursors*, S. 74. Vgl. auch Moisés González Navarro, *Sociedad y cultura en el Porfiriato*, México 1994 und Hans Werner Tobler, *Die mexikanische Revolution*, Frankfurt/Main 1992, S. 23ff.

5   Anläßlich eines Vortrags vom 26. Juli 1916 meint der Maderist Vasconcelos zur Politik dieser Jahre: "Por un momento pareció que la fórmula de Comte: Amor, Orden y Progreso, se realizaba en la sociedad. Cuando menos el orden funcionaba a maravilla, aunque el progreso no fuera muy factible dentro de aquellas fórmulas y el amor permaneciese teórico y tibio en medio de la tiranía rusa que había suplantado a la República. Y todo el saber positivista resultaba impotente para redimir la ignorancia pétrea de aquellas masas que el gobierno y los ricos oprimían sin conmiseración" ("El movimiento intelectual contemporáneo de México" [1916], O.C. 1, S. 57-78, hier S. 66).

6   Hernández Luna, "Ateneo de la Juventud", S. 7. Auf den Band wird im folgenden unter dem Kurztitel *Conferencias* verwiesen. Vgl. zu Barredas ideologischer und historischer Situierung Arturo Ardao, "Juárez en la evolución ideológica de México", in: ders., *Estudios latinoamericanos de historia de ideas*, Caracas 1978, S. 89-97.

7   Carlos Monsiváis, "Notas sobre la cultura mexicana en el siglo XX", in: Berta Ulloa et al., *Historia general de México*, Bd. 4, México 1976, S. 303-476, hier S. 314.

8   Vgl. Beer, "Ateneo", S. 738.

Mexiko wie in keinem anderen lateinamerikanischen Land mit dem Wirken des Staates. Da die Vertreter des positivistischen Fortschrittsglaubens die Überzeugung verband, gemäß dem Dreistadiengesetz Comtes[9] die Endstufe der gesellschaftlichen und historischen Entwicklung erreicht zu haben, degenerierte der Positivismus jedoch von einer Philosophie, die zur Zeit der *Reforma* nach einer Phase heftigster innenpolitischer Differenzen der Wiederherstellung der Ordnung dienen sollte, zur Legitimationsgrundlage des perpetuierten Herrschaftsanspruchs einer politischen Oligarchie.

Hinsichtlich der nationalen Identitätskonstruktion des Porfiriates ergibt sich unter Anwendung der dieser Studie zugrundeliegenden Kategorien der kollektiven Identität ein zwiespältiges Bild, das eine große Diskrepanz zwischen offiziellem Anspruch und gesellschaftlicher Wirklichkeit erkennen läßt. So sollte auf der einen Seite das Selbstbild eines stabilen Staates entworfen werden, der von seinen Bürgern auf freiwilliger Basis die Bereitschaft zur Unterwerfung unter die von ihm aufgestellten politischen Normen verlangte. Gleichzeitig jedoch belegen die zahlreichen Unruhen, daß der Bevölkerung die Gültigkeit dieser Normen ebensowenig wie deren politische Legitimität glaubhaft vermittelt werden konnten. Zwar wurde das Moment der Reflexivität von den Staatsbürgern eingefordert, doch stand die ökonomisch und staatsphilosophisch begründete gesellschaftliche Hierarchie ebenso wie die Privilegierung einer Plutokratie der Entstehung des nationalen Wir-Bewußtseins entgegen. Einerseits pflegte das Porfiriat eine ausgeprägte nationale Symbolik und Rhetorik, doch andererseits wirkte dies als hohles Pathos, nachdem die Akzeptanz des Regimes mit zunehmender Dauer der Herrschaft Díaz' auch in der Mittelklasse nachließ. Wenngleich der Staatspräsident den *amor* zur Bevölkerung als Lemma ostentativ pflegte, so entwickelte die breite Mehrheit der Mexikaner aufgrund ihrer ökonomischen und sozialen Benachteiligung keine emotionale Bindung an das Regime. Im Gegenzug präsentierte sich seit der Konstituierung von (Land-)Arbeiterbewegungen mit sozialistischer und anarchistischer Zielsetzung sowie der Gründung des *Partido Liberal* die Opposition als Sammelbecken für ein alternatives Wir-Gefühl. Das wirtschaftliche Wachstum und die offiziell verkündete innenpolitische Stabilität dienten als Grundlage für die Propagierung der nationalen Größe, doch zugleich war offenkundig, daß diese von dem wirtschaftlichen Wohlwollen des Auslandes abhing. Zudem versagte der politische Diskurs durch die Behauptung, den ultimativen Höhepunkt der gesellschaftlichen Entwicklung erreicht zu haben, allen benachteiligten Schichten des Volkes die das kollektive Bewußtsein stabilisierende Perspektive einer positiven sozioökonomischen Entwicklung. Als weiteres Problem tritt hinzu, daß in staatsideologischer Hinsicht eine Fraktion der mexikanischen Positivisten in Anlehnung an darwinistische Theorien ein negatives Selbstbild vertrat, das wiederum mit der offiziell propagierten, affirmativnationalistischen Selbstbehauptung kollidierte. Letztere stand im Widerspruch zu der vorherrschenden imitierenden Identitätsfindung nach französischem oder angelsächsischem

---

9   Gabino Barreda übertrug Comtes Entwicklungsmodell auf die mexikanische Geschichte und unterschied die theologische Phase der Kolonialzeit von der metaphysischen Phase nach der Unabhängigkeit und der positivistischen Ära nach der Reforma-Regierung. Siehe Gabino Barreda, "Oración cívica, pronunciada en Guanajuato, el 16 de septiembre del año de 1867", in: ders., *Estudios*, México 1941, S. 69-110.

Vorbild. Zugleich existierte als positivistische Variante ein Gegendiskurs, der durch die assimilierende Rezeption der europäischen und US-amerikanischen Vorgaben den Mestizen zum Träger der nationalen Identität stilisierte. Die gesellschaftliche Realität des Porfiriates strafte jedoch auch diesen Diskurs Lügen, da das Gros der Mestizen wie auch die Gesamtheit der Indianer hinsichtlich ihrer gesellschaftlichen Partizipationschancen diskriminiert blieb.

2. Die Entwicklung eines antipositivistischen Diskurses auf der Basis der "fuentes abundantes del saber de los pueblos completos"[10]

Aufgrund der im Verlauf des Porfiriates zunehmend labilen gesellschaftlichen Identitätskonstruktion entwickelte sich in den ersten Jahren des 20. Jahrhunderts seitens einiger junger Intellektueller das Bedürfnis, Alternativen zu der als Repression verstandenen Eindimensionalität des offiziellen politischen, philosophischen und kulturellen Diskurses zu suchen:[11] Die im obigen Zitat Vasconcelos' angedeutete Negativerfahrung, in einer defizitären und rückständigen Kultur zu leben, sollte durch die athenäistische Initiative zur Konstruktion einer affirmativen philosophischen und kulturellen mexikanischen Identität abgelöst werden.

Bemerkenswerterweise erhoben sich im Vorfeld der Gründung des *Ateneo de la Juventud* selbst von Trägern des Regimes kritische Stimmen, die das herrschende Denken zu hinterfragen begannen. So veranlaßten die systemimmanenten Widersprüche den Erziehungsminister Justo Sierra dazu, sich von der offiziellen staatsphilosophischen Doktrin zu distanzieren. Wenngleich er stets vermied, in einen radikalen Widerspruch zum Präsidenten zu treten - Reyes spricht davon, daß man Sierras Schriften zwischen den Zeilen las -,[12] so deutete er nach der Jahrhundertwende in *La evolución política del pueblo mexicano* doch an, das Porfiriat habe die letzte Phase der mexikanischen politischen Evolution - das Erreichen der Freiheit - noch vor sich.[13] Gemäß seiner Einsicht, daß wissenschaftlich gewonnene Theoreme diskutierbar bleiben müßten, begann der Minister die philosophischen Dogmen zu hinterfragen und wurde hierdurch zu einer Figur des Übergangs vom alten positivistischen zum neuen, athenäistischen Denken.[14]

---

10 Vasconcelos, "La juventud intelectual mexicana y el actual momento histórico de nuestro país" (1911), in: *Conferencias*, S. 135-138, hier S. 136.

11 Vgl. Martín Luis Guzmáns Rückblick: "La vida intelectual de todo un pueblo tenía que sentirse ahogada entre límites tan angostos..." ("Justo Sierra" [1912], O.C. 1, México: F.C.E. 1995, S. 111-114, hier S. 112).

12 So in der auf autobiographischem Material basierenden Erzählung "El testimonio de Juan Peña", in: ders., *La cena y otras historias*, México: F.C.E. 1984 ([1]1956), S. 103-113, hier S. 108.

13 *La evolución política del pueblo mexicano*, Caracas 1977, S. 292. Vgl. Abelardo Villegas, *El pensamiento mexicano en el siglo XX*, México 1993, S. 17.

14 Für Monsiváis inkarniert Sierra daher als Archetyp des Intellektuellen im Porfiriat die "contradicciones internas de la clase dominante" ("Notas", S. 316). Hierzu zähle auch, daß Sierra als

Ähnliches gilt auch für den Philosophen Antonio Caso, der als Vertreter des offizialisierten Positivismus innerhalb des Systems vorsichtig agierend die Schüler der *Escuela Preparatoria* zur Lektüre jener Werke anregte, die idealistische Gegenpositionen zum propagierten Dogma vermittelten. Zur Legitimation dieser Abkehr von der offiziellen Linie bediente sich Caso eines kühnen rhetorischen Brückenschlags, indem er den "ketzerischen" Idealismus und den etablierten Positivismus als im Ansatz gleichgerichtete Phänomene betrachtete.[15] Trotz dieser Vorsichtsmaßnahme sprach er mit dem Hinweis auf die "inadaptación de las definiciones matemáticas a las condiciones de la realidad experimental"[16] durchaus auch die inneren Widersprüche des Positivismus an.

Dieses ambivalente Verfahren von synchroner Affirmation und Kritik des Positivismus legitimierte die kritische Rezeption jener Autoren, die bis dahin außerhalb des mexikanischen Kanons gestanden hatten. In den ersten Jahren des 20. Jahrhunderts wurde es daher möglich, die Tradition des Antipositivismus, welche bislang Katholiken wie Francisco Pascual García, Trinidad Sánchez Santos oder José María de Jesús de Portugal y Serratos wegen der Säkularisierungstendenzen des Positivismus und Liberale wie José María Vigil, Hilario Gabilondo oder Rafael de la Peña aufgrund des politischen Charakters der positivistischen Staatsphilosophie vertraten, um eine philosophische Dimension zu erweitern.[17]

Unter der Anleitung Casos und Pedro Henríquez Ureñas rezipierten und assimilierten die späteren Athenäisten unter anderem die Gedanken Platons, Hegels, Fichtes, Kants, Schillers, Lessings, Schopenhauers, Nietzsches, James', Taines, Boutroux', Bergsons sowie

---

Erziehungsminister die Athenäisten unterstützte, obwohl sich diese gegen die staatlichen Erziehungskonzepte wandten. Demgegenüber hebt María del Carmen Millán Sierras Fähigkeit, sich von seinen früheren philosophischen Ansichten zu distanzieren, positiv hervor ("Generación del Ateneo", S. 626f.). Ähnlich urteilt Martín Quirarte, *Gabino Barreda, Justo Sierra y el Ateneo de la Juventud*, México 1970, insbes. S. 92f. und 97. Allzu pauschal vermerken José Manuel Lozano Fuentes et al.: "Este escritor representa el *positivismo* en la vida intelectual de México" (*Literatura mexicana e hispanoamericana*, México ²1986 [¹1986], S. 305). Eine ausschließlich positive Bewertung der geistigen Flexibilität Sierras prägt die Schriften der Athenäisten. Siehe Caso, "Justo Sierra: El amante, el escéptico, el historiador" (1915), O.C. 2, S. 172-180; Vasconcelos, "Movimiento intelectual", S. 127; Henríquez Ureña, *Corrientes*, S. 195ff. und Reyes, "Justo Sierra y la historia patria" (1939), O.C. 12, S. 242-255.

15 "A primer vista, el idealismo y el positivismo parecen marcar los polos opuestos de la filosofía; pero un examen más profundo de ambas direcciones, aparentemente exclusivas, revela una comunidad estrecha, un axioma cardinal común..." (Caso, "La metafísica de Taine" [1915], O.C. 2, S. 113-124, hier S. 115).

16 So Caso 1909 in dem Vortrag "Denis Diderot, el primer contemporáneo", O.C. 2, S. 85-95, hier S. 88. Zu seiner Positivismuskritik siehe ders., "La América Española y la cultura latina" (1922), O.C. 1, S. 85-94; "Augusto Comte" (1915), O.C. 2, S. 95-105, hier S. 102ff.; "Ciencia y filosofía" (1943), O.C. 2, S. 319-321 und "La filosofía francesa contemporánea" (1917), O.C. 4, S. 17-27. Alfonso Reyes vertrat eine vergleichbar abwägende Position in "Pasado inmediato" (1939), O.C. 12, S. 182-216, hier S. 188.

17 Henríquez Ureña distanziert sich dabei ausdrücklich von der katholischen Positivismuskritik in "El positivismo de Comte" (1909), O.C. 1, S. 279-293, hier S. 279.

Rodós.[18] Alternativ zu der Statik des wissenschaftlichen Positivismus und Empirismus entdeckte man mit dem kritischen Idealismus und Vitalismus ein dynamisches, vom Konzept der Willensfreiheit und der Emotionalität des Individuums geprägtes Seinskonzept. Der positivistischen *dogmatisación seudocientífica*[19] des Porfiriates wurde somit das Bekenntnis zum freien Willen und dem menschlichen Verantwortungsbewußtsein entgegengestellt. Die Aufwertung des Ideellen ging einher mit der Erkenntnis, daß zivilisatorische Errungenschaften nur dann einen wirklichen Fortschritt darstellen, wenn sie in Abkehr von rein mechanistischen Verstehensweisen die inneren Zusammenhänge der Welt zu erfassen suchen. Die transkulturelle Assimilation neuerer vitalistischer Philosophien eröffnete den jungen mexikanischen *rebeldes*[20] die Option einer multiperspektivischen und relativistischen Interpretation der Realität, mit der Folge, daß nicht mehr ausschließlich der Verstand, sondern vielmehr auch die emotionale Intuition zur Erfassung der komplexen Universalität der Existenz akzeptiert wurde.[21] Im Sinne der Wiederherstellung eines umfassenden menschlichen Seins erkannte man die Notwendigkeit einer "rehabilitación de la metafísica"[22] auf höchstmöglichem geistigen Niveau. Diesen Anspruch illustriert ein Auszug aus einer wissenschaftlich bislang nicht beachteten Rede Reyes' vom Februar 1907:

> *Sin ideales no viviera la humanidad, porque son el secreto de toda humana energía, la causa de todo empuje, la razón de toda lucha. Hace falta un ideal. (...) ¡Ideal amoroso, ideal de religión, ideal de caridad y de perdón, ideal de rebeldía y de afanes de libertad!*

---

18 Es spricht für die Ausrichtung der künftigen *ateneístas* an den europäischen Quellen, wenn mit Ausnahme Rodós weitere lateinamerikanische Vertreter des Antipositivismus aus der Endphase des 19. Jahrhunderts, etwa José Asunción Silva, Manuel Acuña oder Leopoldo Lugones, nicht rezipiert wurden. Einen umfassenden Einblick in die antipositivistische Geisteshaltung des Kreises vermittelt Vasconcelos' Kapitel "El intelectual", in: *Ulises Criollo*, O.C. 1, S. 541-547. Für die Rekonstruktion des athenäistisch perspektivierten Rezeptionsmodus ist besonders aufschlußreich: ders., *Historia del pensamiento filosófico* (1937), O.C. 4, S. 93-492, hier S. 347ff. Das Bildungsethos der jungen Intellektuellen rühmen Guillermo Sheridan, *Los Contemporáneos ayer*, México 1985, S. 34 und der etwas kritischer argumentierende Carlos Monsiváis, "Las utopías de Alfonso Reyes", in: Varios, *Asedio a Alfonso Reyes: 1889-1989. En el centenario de su natalicio*, México 1989, S. 105-119, hier S. 109. Monsiváis weist auf das Bestreben der jungen Intellektuellen hin, möglichst bald das europäische Kulturniveau zu erreichen, um die Ausgangsposition für einen kulturellen Dialog zu schaffen, in dem Mexiko und Lateinamerika als gleichberechtigte oder gar privilegierte Mitgestalter der Weltkultur auftreten könnten.
19 Vasconcelos, "Juventud intelectual", S. 135.
20 Henríquez Ureña, "Alfonso Reyes", S. 62. Der Begriff der Transkulturation wird im Sinne Angel Ramas und Fernando Ortiz' als transitiver Prozeß verstanden, der von einer durch die Bedürfnisse des eigenen Kulturkontextes gelenkten Selektion und Kombination fremder Kulturelemente ausgeht und hierbei eine Modifikation des Fremden wie des Eigenen zur Folge hat (*Transculturación*, hier S. 32ff.).
21 Vgl. Henríquez Ureña, "Estudio de Lluria", S. 122.
22 Rafael Gutiérrez Girardot, "La concepción de Hispanoamérica de Alfonso Reyes (1889-1959)", *Revista de Occidente* 106 (März 1990), S. 100-114, hier S. 101.

> (...) *Tened un ideal, tened una aspiración, y si los vais satisfaciendo durante toda vuestra vida, ya habréis hallado la razón de vivir.*[23]

Der Glaube an eine immaterielle Idealität sollte als handlungsorientierende Leitinstanz und moralischer Impetus fungieren. Um diese Idealität zu erfassen, bedurfte es einer Methode, die mit dem hohen Anspruch der Zielvorgabe korrelierte und im Begriff der intellektuellen wie ethischen *seriedad*[24] ihren Ausdruck fand. Ihre Wahl wurde von Postulaten Platons inspiriert. Mit diesen machten die künftigen Athenäisten unter der Anleitung Pedro Henríquez Ureñas, der 1907 in der *Revista Moderna* eine Übersetzung der *Greek Studies* Walter Paters vorgelegt hatte, während einer gruppenpsychologisch höchst bedeutsamen gemeinsamen Lektüre des *Symposions* Bekanntschaft.[25] Die in den Lese- und Gesprächskreisen gepflegte Antikenbegeisterung gab den Anlaß, daß Henríquez Ureña "El nacimiento de Dionisos", Reyes "Ifigenia cruel" und Vasconcelos "Prometeo vencedor" als Translationen antiker Stoffe in den spanischamerikanischen Kontext verfaßten.

Der Wunsch nach geistiger Erneuerung, das Streben nach Vervollkommnung, die Bereitschaft zur philosophischen Diskussion und das utopische Denken der späteren Athenäisten gründeten maßgeblich auf dem in diesen Jahren gewachsenen Neuhumanismus.[26] Die synkretistische, Epochen und Kulturen überschreitende geistige Ausrichtung läßt erkennen, daß die neue Generation humanistisch ausgerichtete Konzepte von Bildung und Kultur auch in einer technisierten Welt nicht als überflüssiges Beiwerk ansah, sondern als wesentlichen Impuls für die Entdeckung eines neuen Seinsmodus. Demgemäß kann die im Vorfeld der Gründung des *Ateneo de la Juventud* realisierte Ausformung des mexikanischen *nuevo humanismo*[27] als eine besondere Form der antipositivistischen geistigen Dissidenz[28] angesehen werden.

---

23 "Alocución en el aniversario de la Sociedad de Alumnos de la Escuela Nacional Preparatoria" (1907), O.C. 1, S. 313-319, hier S. 315f.
24 Martín Luis Guzmán, "Alfonso Reyes y las letras mexicanas", in: "A orillas del Hudson", O.C. 1, México: F.C.E. 1984, S. 56-59, hier S. 57f. Auch Henríquez Ureña unterstreicht die *disciplina espiritual* ("Cultura de las humanidades", S. 351). Die *cultura* diente den Athenäisten als gruppenspezifisches Ideal. Vgl. Reyes, "Para inaugurar los *Cuadernos Americanos*" (1941), O.C. 11, S. 150-153, hier S. 150.
25 Vgl. Henríquez Ureña, "Alfonso Reyes", S. 385; "Cultura de las humanidades", S. 351 und seinen Brief an Reyes (29.10.1913), in: Reyes/Henríquez Ureña, *Correspondencia*, Bd. 1 (1907-1914), hrsg. v. José Luis Martínez, México: F.C.E. 1986, S. 225. Reyes rühmt die damals herrschende *concordia* ("Salutación al P.E.N. Club de México" [1924], O.C. 4, S. 432-436, hier S. 432). Vgl. ders., "Pasado inmediato" S. 208 und ders., "L'évolution du Mexique", *Revue de l'Amérique Latine*, 4 (April 1923), S. 321-327 und 5 (Mai 1923), S. 20-31, hier S. 322; siehe ferner Vasconcelos, "El intelectual", S. 541.
26 Siehe Henríquez Ureña, "Cultura", S. 354. Die Bedeutung der Antike für die lateinamerikanische Identitätsdiskussion beleuchtet Christoph Strosetzki, "Europäische Antike", S. 37-61.
27 So der Titel eines Essays von Caso aus dem Jahr 1915 (O.C. 2, S. 65-71).
28 Gemäß der Begriffsverwendung Julia Kristevas, "Un nouveau type d'intellectuel: le dissident", *Tel Quel* 74 (Winter 1977), S. 3-8.

Die intensive Beschäftigung mit den europäischen Denktraditionen der Antike förderte das Bedürfnis, einen epochenübergreifenden Bogen hin zur Assimilation moderner idealistischer Philosophien zu spannen, welche dem geistig-kulturellen Leben Mexikos eine neue Substanz vermitteln sollten.[29] Die Umsetzung dieses Wunsches wurde durch die Entdeckung des von Maine de Birons Voluntarismus und Spiritualismus inspirierten Vitalismus Bergsons sowie des *arielismo* Rodós maßgeblich unterstützt. Die in *L'évolution créatrice*[30] formulierte Lebensphilosophie Bergsons bot sich in idealer Weise für eine antipositivistische Rezeption an, da sich ihr Konzept des im wesentlichen undeterminierten *élan vital* gegen ein materialistisch-mechanistisches Welt- und Wissenschaftskonzept wandte. Die mexikanischen Rezipienten wählten daher Bergsons Thesen als Grundlage für die Enthüllung von Defiziten der biologistischen Evolutionstheorie und des rationalistischen Menschenbildes. Auch methodisch wurde Bergsons Vorgehensweise zum Vorbild für die späteren Athenäisten, welche ihre philosophischen Positionen nicht aus einer pauschalen Ablehnungshaltung heraus, sondern in der dialogischen Auseinandersetzung mit herrschenden Theoremen entwickelten und hierdurch einem möglichen Irrationalismusvorwurf seitens der Positivisten begegneten.

Rodós Thesen sensibilisierten die späteren Mitglieder des *Ateneo* für den Entwurf einer kontinentalen Identitätsfindung und Solidarität auf der Grundlage der Latinität.[31] Zugleich legitimierten sie durch den Verweis auf die lateinischen Wurzeln des Südkontinentes die Hinwendung zum philosophischen Paradigma der europäischen Antike. Dies erlaubte es, das Bekenntnis zur Latinität und zum Hellenismus als wichtigen Baustein in das neue, synthetische Zivilisationsmodell einzugliedern. Hervorzuheben ist in diesem Zusammenhang das Bemühen, den Gefahren der Idolatrie im Umgang mit den geistigen Vorbildern zu begegnen. So akzeptierte Henríquez Ureña Rodó zwar als Leitbild, doch distanzierte er sich schon 1904 von dessen Warnung vor einer *nordomanía*.[32] Eine ähnlich kritische Grundhaltung sollte auch die assimilierende Rezeption der übrigen künftigen Athenäisten bestimmen.

Die mexikanische Entwicklung, wie sie vom *Ateneo de la Juventud* getragen wurde, stellte freilich keinen Sonderweg dar, sondern verlief synchron zu den frühen antipositivistischen Tendenzen in anderen lateinamerikanischen Ländern, wie in Argentinien (Coroliano Alberini, Alejandro Korn), Peru (Alejandro Deustua, Javier Prado, Oscar Miró Quesada, Francisco García Calderón) und Uruguay (Rodó und Carlos Vaz Ferreira).[33] Auffallend ist jedoch das Fehlen interaktiver und kommunikativer Strukturen zwischen den Denkern des Kontinentes. Vielmehr besteht der Eindruck, daß in den Berei-

---

29 Der *Contemporáneo* Xavier Villaurrutia glaubt bei Reyes sogar eine "obsesión helénica" zu erkennen, als deren Ausdruck *Ifigenia cruel* zu werten sei ("Alfonso Reyes", in: ders., *Obras*, México: F.C.E. ²1966 [¹1953], S. 814f., hier S. 814).
30 Paris ¹⁴²1969 (¹1907).
31 Vgl. Reyes, "Rodó (Una página a mis amigos cubanos)" (1917), O.C. 3, S. 134-137, hier S. 134.
32 "Ariel" (1904), O.C. 1, S. 145-152, hier S. 149f. Siehe auch den Brief an Max Henríquez Ureña (2.12.1907), O.C. 1, S. 357.
33 Siehe Juan Carlos Torchía Estrada, "El Problema de América en Pedro Henríquez Ureña", *SUR* 355 (Juli-Dez. 1984), S. 133-148, hier S. 158.

chen der Kultur und Philosophie die Blickrichtung der einzelnen Intellektuellen zunächst noch vornehmlich nach Europa gerichtet war, bevor Vasconcelos in den zwanziger Jahren versuchen sollte, im Anschluß an die in Alleingängen erfolgte Transkulturation das Moment einer interaktiven lateinamerikanischen Kooperation bei der Suche nach dem Eigenen zu fördern.

2.1. Die Distanzierung vom positivistischen Paradigma: Henríquez Ureñas Auseinandersetzung mit Caso

Trotz der bisher erörterten gemeinsamen Grundüberzeugungen lassen sich am Beispiel der beiden philosophischen Initiatoren des späteren Athenäismus, Caso und Henríquez Ureña, auch die unterschiedlichen Positionen nachvollziehen, welche sich im Verlauf der Abkehr vom Positivismus einstellten.

Wie Caso war der 1906 nach Mexiko übergesiedelte Henríquez Ureña bis gegen 1905 von der prinzipiellen Gültigkeit positivistischer Lehren überzeugt.[34] Dementsprechend trägt der Positivismus noch weitgehend seinen "Estudio de Lluria sobre la naturaleza y el problema social" (1905),[35] in dem sich zugleich jedoch Elemente einer abweichenden Geisteshaltung andeuten. Einerseits teilt Henríquez Ureña Llurias optimistische Überzeugung, der gesellschaftliche Fortschritt sei evolutionär durch biologische Gesetzmäßigkeiten garantiert; andererseits verweist er aber in Anlehnung an die Thesen Fouillées auf die Macht der Emotionen als Grundlage einer künftigen Gesellschaft.[36] Hinzu kommt, daß er den Determinismus, wie ihn etwa sein Vorbild Hostos vertrat, nicht mehr unbedingt zu teilen bereit war und das Recht des menschlichen Willens auf Selbstentfaltung anerkannte.[37] Nichtsdestoweniger läßt Henríquez Ureña keinen Zweifel an der notwendigen "racionalización del pensamiento de las mayorías por medio de una educación positiva, científica y práctica".[38] Diese für die Übergangsphase zum antipositivistischen Idealismus und Vitalismus typische Kombinatorik ergänzt Henríquez Ureña durch Elemente eines vagen Sozialismus sowie erste Anknüpfungspunkte an den Arielismus,[39] so daß in seinen

---

34 Siehe Henríquez Ureña, "Hostos" (1903), O.C. 1, S. 97-98 und Enrique Anderson Imbert, "La filosofía de Pedro Henríquez Ureña", *SUR* 355 (Juli-Dez. 1984), S. 5-19, hier S. 6ff.
35 O.C. 1, S. 121-127.
36 "Lluria", S. 125f.
37 "La sociología de Hostos" (1905), O.C. 1, S. 113-120, hier S. 118ff. Vergleichbare Ambivalenzen prägen "Altamira en México" (1910), O.C. 2, S. 101-105.
38 "Lluria", S. 126f.
39 Vgl. "El problema del porvenir inmediato es poner la riqueza al alcance de todos y las soluciones propuestas por Henry George y por los socialistas van pareciendo cada día menos ilusorias" ("Ariel", S. 149); "'la unión para la vida' es propia de los pueblos llamados latinos" ("Lluria", S. 125). Ein maßvoll assimilierter Positivismus verbindet sich mit dem Arielismus zu der Forderung nach einer "juiciosa y mesurada adaptación de nuestras sociedades a la forma del progreso, hoy momentáneamente *teutónica*. (...) La fe en el provenir, credo de toda juventud sana y noble, debe ser

frühen philosophischen Konzeptionen heteromorphe Ideen neben die prinzipielle Anerkennung des positivistischen Primates treten. Dementsprechend leugnet Henríquez Ureña 1908 in einer Ansprache zu Ehren Gabino Barredas die Bedeutung des Positivismus für die gesellschaftliche Entwicklung nicht völlig, weist jedoch vor den anwesenden staatlichen Würdenträgern in abwägender Weise darauf hin, daß die von ihnen vertretene staatstragende Philosophie zur Zeit des Gründers der positivistischen Tradition in Mexiko zwar aktuell und funktionell gewesen, inzwischen aber von den neueren Entwicklungen überholt worden sei.[40]

Die Jahre 1906-1910 waren entscheidend für das philosophische Umdenken Henríquez Ureñas. Er setzt sich in dieser Phase erstmals mit Bacon, Descartes, Pascal, Leibniz, Spinoza, Hegel, Fichte, Schelling und Schopenhauer auseinander, um im Sinne einer potentiellen Transkulturation zu überprüfen, ob und in welcher Weise die Genannten zur Erneuerung der Philosophie und der Geisteskultur in Mexiko und Lateinamerika beitragen könnten. Fortan sucht Henríquez Ureña die schwierige Verbindung von Kontingenz und Gesetzmäßigkeit, kritischem Idealismus und kritischem Rationalismus, *inovación filosófica* und *rebeldía*.[41] Ferner postuliert er einen menschennahen Wissenschafts- und Kunstbegriff, der abstraktes Theoretisieren, Spezialistentum und bloßen Ästhetizismus ablehnt. Gleichzeitig verweigert er sich jedoch dem Vorhaben, Poesie und Kunst unmittelbar und ausschließlich in die Dienste des gesellschaftlichen Engagements zu stellen. Daher entwirft er ein idealistisches Konzept, das in Fortführung der platonischen Leitideen einen neuen Humanismus und vitalen Heroismus einfordert: Philosophie, Kunst und Handeln sollten eins werden.

Henríquez Ureñas früh erkennbare Bereitschaft zur kritischen, auf einem interkulturellen Synkretismus fußenden Revision traditioneller philosophischer Positionen leitet ihn über den Anti-Intellektualismus und Relativismus zum Pragmatismus. Nach der Phase des positivistischen Monismus führt diese Entwicklung dazu, daß er zum Befürworter eines philosophischen Pluralismus wird, in welchem er die Freiheit des Denkens garantiert sieht.[42] Zwar bleibt Henríquez Ureña im Verlauf seiner geistigen Entwicklung stets der vitalistischen und idealistischen Grundhaltung treu, doch lehnt er es in Anbetracht des von

---

    nuestra bandera de victoria" ("Ariel", S. 151f.). Vgl. Juan Carlos Torchía Estrada, "Pedro Henríquez Ureña y el desplazamiento del positivismo en México", *Revista Interamericana de Bibliografía* 35 (1985), S. 143-165, hier S. 145.

40 "Alocución en el Salón de Actos de la Escuela Nacional Preparatoria de México, en la manifestación conmemorativa del educador D. Gabino Barreda" (1908), O.C. 1, S. 243-246, hier S. 245. Kritischer äußerten sich im Rahmen der von Porfirio Díaz geleiteten *velada académica* Rodolfo Reyes, Diódoro Batalla und Sierra. Siehe Alfredo A. Roggiano, *Pedro Henríquez Ureña en México*, México 1989, S. 80.

41 "El maestro de Cuba" (1936), O.C. 7, S. 133-139, hier S. 135.

42 "Actualmente, el pensamiento filosófico, en América, es libre: todas las tendencias están representadas" ("Vida espiritual en Hispanoamérica" [1937], O.C. 7, S. 363-371, hier S. 371).

Bergson übernommenen Wissens um die kontingente Dynamik sämtlicher Lebensprozesse ab, auf philosophische Probleme fest umrissene Antworten zu geben. Aus diesem Grunde liegt von ihm kein Werk vor, in dem er einen stringenten philosophischen Entwurf vorstellt.[43]

Nach dem Erscheinen der *Horas de Estudio* (1910)[44] sollte bei Henríquez Ureña im Unterschied zu Caso, der Zeit seines Lebens in Forschung und Lehre als Philosoph wirkte, die Auseinandersetzung mit der Philosophie im engeren Sinn nicht mehr im Mittelpunkt des Interesses stehen. Nichtsdestoweniger kann seine weitere Arbeit als Umsetzung des in seinem ersten Buch, den *Ensayos críticos* (1905), formulierten Axioms betrachtet werden, nach welchem jede höhere Form von Kunst letztlich mit philosophischen Implikationen aufwartet. So steht auch die essayistische Praxis des Athenäisten stets im Kontext seiner durch die intensive Beschäftigung mit der Philosophie gewonnenen Einsichten, wenngleich sich das Erkenntnisinteresse nun auf die Erörterung kultur- und kunsttheoretischer Fragestellungen konzentriert. Wie Caso vertritt Henríquez Ureña hierbei die Überzeugung, daß zwischen den Sphären des Sozialen und des Literarischen eine Beziehung bestehe, die es ihm ermögliche, als durch das Wort handelnder Wissenschaftler die Zeitläufte mitzugestalten.[45]

Vergleicht man die Positionen Henríquez Ureñas zwischen 1906 und 1910 mit jenen Casos, so entsteht der Eindruck, daß es dem Erstgenannten trotz der dargestellten Ambivalenzen leichter fiel, sich von den Einflüssen des Positivismus und dem Glauben an dessen staatstragende Funktion zu lösen.[46] Die unterschiedlichen Positionen beider führten dazu, daß Henríquez Ureña Caso vorwarf, während der Jahre 1907-1909 die Problematisierung der Staatsphilosophie versäumt zu haben. Aufgrund dessen sieht sich Henríquez Ureña 1909 genötigt, in "El positivismo de Comte" kritisch auf den philosophischen Konformismus sowie auf methodische und inhaltliche Defizite der Vorträge Casos hinzuweisen.[47] Der zu diesem Zeitpunkt bereits von der Gültigkeit des vitalistischen Idealismus und philosophischen Relativismus überzeugte Henríquez Ureña kommt anders als Caso zu dem Schluß, daß der herrschende Positivismus ein "dogmatismo sin crítica"[48] sei. In einem weiteren Beitrag aus dem Jahr 1909 befaßt sich Henríquez Ureña erneut mit Caso, der auf seine drei Vorträge zu Comte vier weitere zum *positivismo independiente* hatte folgen lassen. Das Urteil des Rezensenten fällt hier versöhnlicher aus, da der mexikanische Philosoph in seinem Schlußvortrag "un alegato en favor de la especulación filosó-

---

43 Vgl. Laura Febres, *Pedro Henríquez Ureña, crítico de América*, Caracas 1989, S. 150.
44 Paris: Ollendorf 1910.
45 Siehe Rafael Gutiérrez Girardot, "La historiografía literaria de Pedro Henríquez Ureña: promesa y desafío", *Casa de las Américas* 144, 24 (Mai-Juni 1984), S. 3-14, hier S. 5.
46 So auch der in eine Polemik mit Caso verwickelte Schüler Henríquez Ureñas, Samuel Ramos (*Historia de la filosofía en México*, México 1943, S. 131). Noch 1935 schrieb Caso rückblickend auf die Zeit um 1910: "Siempre guardamos un profundo respeto y una consideración eminente en pro del sistema filosófico en que habíamos sido educados" ("Pompa fúnebre de un renegado claudicante" [1935], O.C. 1, S. 317-324, hier S. 323).
47 "Positivismo de Comte", S. 279ff.
48 A.a.O., S. 288.

fica"⁴⁹ präsentiert habe. Zum Bruch zwischen den beiden kam es, als sich Caso für eine Wiederwahl Porfirio Díaz' einsetzte, während Henríquez Ureña für die Zeitschrift *El Antirreeleccionista* arbeitete, die 1910 von Díaz verboten wurde.⁵⁰ Bis 1915 waren die Differenzen jedoch weitgehend beigelegt, so daß Henríquez Ureña Caso schließlich als "el joven y cultísimo pensador" rühmen konnte, der ab 1909 mit Bergson, Boutroux, James, Eucken und Croce die modernen Philosophien Europas und der USA in Mexiko bekannt gemacht habe und dem die Verbindung von philosophischem Rationalismus und Spiritualismus gelungen sei.⁵¹

Trotz der Kritik Henríquez Ureñas an dem mexikanischen Wissenschaftler darf freilich nicht unerwähnt bleiben, daß ersterer durch die um 1910 von Caso in seiner Bibliothek initiierte und im Beisein Vasconcelos', zeitweilig auch Craviotos und Reyes' durchgeführte Lektüre der *Kritik der reinen Vernunft* Kants in seiner Abkehr vom Positivismus und seiner Hinwendung zum kritischen Idealismus bestätigt wurde.⁵² Wenn Ramos als Schüler Henríquez Ureñas Wert auf die Feststellung legt, daß der Genannte Caso - und vermittels dessen Person die gesamte mexikanische Philosophie - zur Abkehr vom Positivismus bewegt habe,⁵³ so wird letzterem zu Unrecht ein aktiver Part in der Auseinandersetzung mit dem Positivismus abgesprochen. Angesichts der ausgeprägten, symposionhaften Diskussionskultur im Kreis der späteren Athenäisten sollte eher von einer philosophischen Interaktion gesprochen werden, welche freilich nicht immer im Konsens endete.

Die Differenzen zwischen Henríquez Ureña und Caso wurden jedoch von dem wachsenden Wunsch überlagert, prinzipiell jeglichen philosophischen Dogmatismus zu überwinden und in synkretistischer Weise eine Assimilation der antiken europäischen Philosophie, des Idealismus, Antirationalismus, Pragmatismus und Vitalismus anzustreben. Die transkulturelle Rezeption fremder Theoreme bildet daher seit dem Entstehen des Antipositivismus ein wesentliches Anliegen des späteren Athenäums. Die Ausformung dieses von einer imitierenden Grundhaltung der Positivisten abgewandten Denkens war begleitet von dem wachsenden Bedürfnis, im öffentlichen Raum eine identitätstheoretische Diskussion anzuregen und hierdurch zu einer Veränderung der philosophischen und kulturellen Verhältnisse in Mexiko beizutragen. In diesem gedanklichen Kontext ist die institutionelle

---

49 "El positivismo independiente" (1909), O.C. 1, S. 295-306, hier S. 306.
50 Vgl. Henríquez Ureña, "Corrientes", S. 302f.
51 "La filosofía en la América española" (1915), O.C. 3, S. 217-222, hier S. 218 und 221. In einem Brief an Cosío Villegas (12.11.1925) wirft Henríquez Ureña Caso jedoch noch seine widersprüchliche Haltung und seine Schwierigkeiten, sich vom Positivismus abzukehren, vor ("Cartas escritas por Pedro Henríquez Ureña a su fraternal amigo mexicano Daniel Cosío Villegas", O.C. 6, S. 379-398, hier S. 389f.).
52 Anderson Imbert, "La filosofía". S. 9ff. und Torchía Estrada, "Pedro Henríquez Ureña", S. 154. Zuvor hatte Henríquez Ureña in einem Brief an seinen Bruder Max (25.10.1909) versucht, diesen vor allem von der Bedeutung der Einsichten James', doch auch Kants, Boutroux' und Bergsons zu überzeugen (O.C. 1, S. 371-375).
53 *Historia*, S. 132.

Konstitutierung des Kreises um Caso, Henríquez Ureña, Reyes und Vasconcelos anzusiedeln, deren Phasen im folgenden behandelt werden.

3. Die progressive institutionelle Konstituierung des neuen Denkens: *Savia Moderna, Sociedad de Conferencias, Ateneo de la Juventud*

Als erster Schritt in Richtung einer zum *Ateneo de la Juventud* hinführenden Gruppenbildung gilt die im März 1906 in der Tradition der *Revista Moderna* von Alfonso Cravioto und Luis Castillo Ledón gegründete Zeitschrift *Savia Moderna*.[54] Wenngleich ihre letzte Nummer bereits im Juli 1906 erschien, so bildete sie dennoch ein Sammelbecken für jene an internationaler moderner Literatur und Kunst interessierte Kreise, die bis dahin vergeblich ein adäquates Forum in Mexiko gesucht hatten.[55] Zu diesem weltoffenen Zirkel stieß als *secretario* auch der 1906 aus der Dominikanischen Republik über Kuba nach Mexiko übersiedelte Pedro Henríquez Ureña,[56] der dort mit den Förderern, Mitarbeitern und Redakteuren der Monatsschrift - zu ihnen zählten Diego Rivera, Luis G. Urbina, Rafael López, Manuel de la Parra, Eduardo Colín, Ricardo Gómez Robelo, Antonio Caso, José Vasconcelos und Alfonso Reyes - Bekanntschaft machte. Auch die Organisation einer vielbeachteten Kunstausstellung, in der neben Diego Rivera auch Gerardo Murillo und der gerade aus Europa zurückgekehrte Impressionist Dr. Atl ihrem Wunsch nach einer universalistisch geprägten *afirmación nacional* Ausdruck verliehen, vermochte nach dem durch eine Europareise bedingten Ausscheiden des organisatorisch federführenden Alfonso Cravioto den Niedergang der Zeitschrift nicht aufzuhalten.

Nachdem ihre gemeinsamen Interessen sie zu *Savia Moderna* geführt hatten, fanden sich Henríquez Ureña, Reyes, Caso und Vasconcelos 1906 erstmals zur Lektüre der griechischen Klassiker zusammen. Aus den ersten Treffen entwickelten sich regelmäßige Lesungen und Diskussionen im Haus des Architekten Jesús T. Acevedo, in der Bibliothek Casos oder bei Alfonso Reyes.[57] Die Gruppenbildung dynamisierte sich 1907 durch den gemein-

---

54 Siehe Beer, "El Ateneo", S. 740ff.; Fernando Curiel, *La querella de Martín Luis Guzmán*, México 1993, S. 86ff.; ders., "Prólogo (epistolar)", in: Martín Luis Guzmán/Alfonso Reyes, *Medias Palabras. Correspondencia 1913-1959*, México 1991, S. 15-69; Hernández Luna, "El Ateneo", S. 12ff. und Reyes, "Rubén Darío en México" (1916), O.C. 4, S. 301-315, hier S. 303ff.

55 Alfonso Reyes bewertet *Savia Moderna* mit *La Revista Azul, La Revista Moderna* und *La Nave* als zentrale Organe der zeitgenössischen mexikanischen Literatur ("La literatura mexicana bajo la Revolución" [1917], O.C. 7, S. 468-472, hier S. 469; vgl. "Pasado inmediato", S. 202). Hinzuzufügen wäre die Zeitschrift *Nosotros* (1912-1914), die während der Revolution bis zur Gründung von *La Nave* (1916) die in Mexiko verbliebenen Athenäisten vereinte.

56 Aus Henríquez Ureñas Sicht repräsentiert *Savia Moderna* "la tendencia de la generación nueva a diferenciarse francamente de su antecesora" ("Cultura", S. 350). Er bewundert den Bildungsgrad der jungen Mexikaner und rühmt namentlich Gómez Robelo, mit dem er sich über die griechische Antike, Goethe, Ruskin, Wilde, Whistler, die Impressionisten und Schopenhauer unterhalten habe (*Memorias*, zit. in Roggiano, *Pedro Henríquez Ureña*, S. 34).

57 Entgegen der in der Literaturgeschichtsschreibung vorherrschenden Bewertung fanden diese Treffen nicht in ungetrübter Harmonie statt, denn gerade zwischen Vasconcelos und Caso scheint es zu

samen öffentlichen Protest gegen Manuel Caballero, der plante, die *Revista Azul* Manuel Gutiérrez Nájeras neu aufzulegen, um unter dem Namen des ehemals modernistischen Organs gegen den Modernismus vorzugehen. Die Demonstration der späteren Athenäisten für die Sache des Modernismus erweckte in der Öffentlichkeit ein derartiges Aufsehen, daß Caballero schließlich von seinem Vorhaben abließ. Für die künftige philosophische Stoßrichtung der Gruppe war es von Bedeutung, daß anläßlich dieses Ereignisses Gómez Robelo erstmals die Dominanz des Positivismus im mexikanischen Geistesleben kritisch ansprach und Jesús Urueta in einer Abendveranstaltung im Theater Abreu dessen Angriffe fortsetzte.[58]

Gestützt durch diesen Erfolg führte der Wunsch, den bisherigen Lektüre- und Diskussionsabenden eine institutionalisierte Form zu geben und aus der Abgeschlossenheit der Studierzimmer in die Öffentlichkeit zu treten, 1907 zur Gründung der *Sociedad de Conferencias*. Ihre vierzehntägig im Casino de Santa María organisierten Veranstaltungen sollten die in Mexiko noch relativ gering entwickelte Vortragskultur fördern[59] und in Fortsetzung des als Alternative zum etablierten Kulturbetrieb des Porfiriates verstandenen Kulturkonzeptes von *Savia Moderna* Malern, Musikern, Dichtern, Philosophen und Kunstkritikern ein Forum des geistigen Austauschs bieten. Bereits die Titel der ersten beiden von musikalischen Darbietungen und Gedichtlesungen umrahmten Vortragsreihen verweisen im Zeichen der Moderne auf das interdisziplinäre, universalistische und mexikanistische Anliegen des nach Henríquez Ureña "grupo juvenil de intelectuales y artistas más brillante de la América española".[60] Nach der positiven Resonanz ließ die Entdeckung der europäischen Antike durch die Mitglieder der *Sociedad* den Wunsch zu einer dritten Vortragsreihe entstehen, welche sich ausschließlich griechischen Themen widmen sollte. Wenngleich dieser Vortragszyklus infolge der Gründung des *Ateneo de la Juventud* nicht mehr realisiert werden konnte, trugen die Vorbereitungen maßgeblich zur Ausprä-

---

Spannungen gekommen zu sein. So macht Vasconcelos aus seiner kritischen Attitüde gegenüber Caso keinen Hehl und wirft diesem vor, "su carácter apático y a ratos insociable no hubiera mantenido alianzas sin la colaboración de Henríquez Ureña" ("El intelectual", S. 541). Henríquez Ureña engagierte sich mit der Überzeugung, "de que ninguna obra intelectual es producto exclusivamente individual, ni tampoco social: es obra de un *pequeño grupo* que vive en *alta tensión* intelectual" (Brief an Reyes, 30.5.1914, *Correspondencia*, S. 344).

58 Henríquez Ureña, "Desde México protesta y glorificación. Una manifestación literaria pública en México (2.4.1907)", O.C. 1, S. 265-270.

59 Dies unterstreicht Henríquez Ureña in dem Brief an Reyes (29.10.1913, a.a.O., S. 224).

60 Brief an Enrique Apolinar Henríquez (10.7.1907), in: Henríquez Ureña, "Epistolario 1907-1909", S. 321. Ein ähnliches Urteil notiert Henríquez Ureña in dem Artikel *Conferencias* (1907), O.C. 2, S. 25-29, hier S. 25f. Die Vorträge der ersten Serie (1907) waren: Alfonso Cravioto, "La obra pictórica de Carrière"; Antonio Caso, "La significación y la influencia de Nietzsche en el pensamiento moderno"; Pedro Henríquez Ureña, "Gabriel y Galán, un clásico del siglo XX"; Rubén Valenti, "La evolución de la crítica literaria"; Jesús T. Acevedo, "El porvenir de nuestra arquitectura" und Ricardo Gómez Robelo, "La obra de Edgar Allan Poe". In der zweiten Serie (1908) referierten Antonio Caso, "Max Stirner y el individualismo exclusivo"; Max Henríquez Ureña, "La influencia de Chopin en la música moderna"; Genaro Fernández MacGregor, "Gabriel D'Annunzio"; Isidro Fabela, "José María de Pereda" und Rubén Valenti, "Arte, ciencia y filosofía".

gung eines *grupo céntrico* um Caso, Acevedo, Gómez Robelo, Cravioto, Reyes, Henríquez Ureña und Rafael López bei, aus dem der Kern des späteren *Ateneo* hervorgehen sollte.[61]

Die geschilderten Aktivitäten im Umfeld von *Savia Moderna* und der *Sociedad de Conferencias* führten seitens der jungen Intellektuellen zur Ausprägung einer Gruppenidentität, die trotz der Heterogenität der Interessenschwerpunkte und der offenen Organisationsstruktur von der gemeinsamen Überzeugung getragen war, mittels eines universalistischen, transkulturellen Ansatzes gegen die Erstarrung der offizialisierten mexikanischen Kultur und Philosophie vorzugehen. Das Idearium der Gruppe umfaßte die Aspekte des Antipositivismus, Spiritualismus und Idealismus. Die Literatur des klassischen Altertums, doch auch die Werke moderner europäischer Autoren prägten ihre Interessen ebenso wie das Bemühen um die im Einklang mit einem lateinamerikanischen Bewußtsein stehende Veränderung der mexikanischen Zivilisation. Wenn Vasconcelos rückblickend seinen geistigen Sonderstatus durch den Hinweis betont, als einziger Athenäist die Beschäftigung mit der Kunst Indiens jener Europas vorgezogen zu haben, so kann dieses Phänomen nicht nur als Versuch einer exzentrischen Profilierung, sondern auch als Ausdruck der universalistischen und kosmopolitischen Denkhaltung des Athenäums gedeutet werden.[62] In zunehmendem Maße entwickelte sich innerhalb der Gruppe, die schon früh die eigene Mythisierung betrieb, ein oppositionelles und zugleich elitäres Wir-Gefühl, das sich in privaten wie auch öffentlichen Aktionen manifestierte.[63] Die unterschiedlichen thematischen Interessen der Mitglieder und der variierende Grad ihrer Integration in die Strukturen des Porfiriates führten trotz dieser Reflexivität freilich - wie es die bereits erwähnte Debatte zwischen Henríquez Ureña und Caso illustrierte - zu keiner Einigkeit darüber, wie weit das durch die Philosophie- und Kunstkritik getragene oppositionelle Anliegen reichen sollte. Wenn es auch verfrüht wäre, 1906 bereits von einer "intellektuellen Revolution"[64] zu sprechen, so kann dennoch von einer zunehmenden Bereitschaft gesprochen werden, eine Veränderung des Geisteslebens herbeizuführen. Der 1908 erfolgte Auftritt des Erziehungsministers Sierra in der *Preparatoria* während einer Veranstaltung, die unter Mitwirkung der späteren Athenäisten zu Ehren des von der katholischen Tageszeitung *El País* angegriffenen Gabino Barreda organisiert wurde, dokumentiert allerdings, daß man seitens der *Sociedad de Conferencias* eher an eine systemimmanente Reform des

---

61 Brief von Henríquez Ureña an Reyes (29.10.1913), *Correspondencia*, S. 225.
62 *Ulises criollo*, S. 542.
63 Über die Gruppenzusammensetzung meint Henríquez Ureña rückblickend zu Reyes: "Y de ese grupo tú has sido el verdadero portavoz, es decir, serás, pues eres quien le ha sacado verdaderamente partido al escribir, aunque Caso sea la representación magistral y oratoria local. Ya sé que tú dirás que yo soy el *alma* del grupo; pero de todos modos tú eres la *pluma*, tú eres la *obra*, y ésta es la definitiva" (30.5.1914, a.a.O., S. 344).
64 Den Gedanken bringt Vasconcelos erstmals 1911 ein ("La juventud", S. 135). Zu der hier vorgetragenen Sichtweise neigt Henry C. Schmidt, "Power and Sensibility: Toward a Typology of Mexican Intellectuals in Intellectual Life, 1910-1920", in: Roderic A. Camp/Charles A. Hale/Josefina Zoraida Vázquez (Hrsg.), *Los intelectuales y el poder en México. Memorias de la VI Conferencia de Historiadores Mexicanos y Estadounidenses*, Los Angeles 1991, S. 173-188, hier S. 177.

Geisteslebens denn an eine Revolution dachte. Immerhin machte sich Sierra bei dieser Gelegenheit zum Protektor und sogar Fürsprecher der neuen kulturellen und philosophiekritischen Tendenzen, indem er in Anwesenheit Porfirio Díaz' vor einer geistigen Lähmung des Systems warnte und unter Verweis auf Descartes' methodischen Zweifel eine Rückkehr zur geistigen und wissenschaftlichen Liberalität anmahnte.[65] Die Mitglieder der *Sociedad* wählten folglich ein zweigleisiges Vorgehen, indem sie auf der einen Seite zwar begannen, fundamentale Prinzipien des herrschenden Denkens in Frage zu stellen, auf der anderen Seite jedoch zu erkennen gaben, daß sie nicht gegen das politische System vorzugehen planten. Die Wahl Sierras als politische Integrationsfigur deutet jedoch auf das Vorhaben einer Liberalisierung des Staatswesens und der Kultur hin.[66]

Das positive Echo, mit dem die Öffentlichkeit auf die Veranstaltungen der *Sociedad de Conferencias* reagierte, führte zu dem Entschluß, anläßlich des anstehenden *Centenario de la Independencia* eine Institution zu gründen, die im Rahmen der Feierlichkeiten durch die Organisation von Vorträgen zur mexikanischen *autodefinición* im lateinamerikanischen Kontext beitragen sollte. Am 28.10.1909 ging daher auf Casos Initiative hin aus der *Sociedad de Conferencias* der *Ateneo de la Juventud* hervor. Die Namensgebung, welche im Sinne des Arielismus den Anspruch auf Erneuerung und im Hinblick auf die Herrschaft der *científicos* einen Generationswechsel insinuierte, wurde vermutlich durch Henríquez Ureña beeinflußt, der mit seinem Bruder Max zuvor Mitglied des *Ateneo de la Juventud* in Santo Domingo gewesen war. Darüber hinaus macht Henríquez Ureña auf die Existenz einer gleichlautenden, dem mexikanischen *Ateneo* zeitgleichen Gruppierung in Montevideo aufmerksam. Auch in La Habana läßt sich ein *Ateneo de la Juventud* nachweisen, den Max Henríquez Ureña und Jesús Castellanos unter dem Namen *Sociedad de Conferencias* (1910-1915) neu belebten.[67]

Vasconcelos hinterfragte als kritischer Geist die aus seiner Sicht problematische Namensgebung des *Ateneo de la Juventud*.[68] Berechtigterweise lenkt er den Blick darauf, daß sich 1909 durchaus *precursor veterans*[69] wie Alfonso Cravioto, Roberto Argüelles

---

65 "La paz en el mundo de las ideas no sólo es posible, es fatal, pensaba Barreda... Dudemos; en primer lugar, porque (...) la ciencia es nada más que el conocimiento sistemático de lo relativo (...). ¿Qué gran verdad fundamental no se ha discutido en el terreno científico, o no se discute en estos momentos?" ("Panegírico de Barreda" [1908], O.C. 5, México: UNAM [2]1977 [[1]1948], S. 367-396, hier S. 387f.). Eine vergleichbare Position vertritt auch Caso in "Mi convicción filosófica", O.C. 4, S. 37-39, hier S. 37.

66 Vgl. Gabriel Zaid: "los futuros ateneístas se oponían disimuladamente a los jerarcas del positivismo, pero no estaban (ni podían estar) en oposición abierta al *Establishment* porfiriano" ("López Velarde ateneísta", *Obras*, Bd. 2, México: El Colegio Nacional 1993, S. 347-378, hier S. 348). Das folgende Briefzitat Henríquez Ureñas belegt die Strategie der Gruppe: "Estamos en contra del positivismo, pero no de sus instituciones, que esperamos tomar. Una vez que tengamos la Escuela Nacional Preparatoria, acabaremos con el positivismo" (a.a.O., S. 361).

67 "Historia de la cultura en la América hispánica", O.C. 10, S. 422.

68 "Lo de Ateneo pasaba; pero llamarle de la Juventud cuando ya andábamos en los veintitrés, no complacía a quien, como yo, se sintió siempre más allá de sus años" ("Un Ateneo de la Juventud", in: ders., *Ulises Criollo*, S. 507-509, hier S. 507).

69 Cockcraft, *Intellectual precursors*, S. 168.

Bringas oder Rafael López noch zur mexikanischen *juventud* zählten. Allein das Alter der Kerngruppe rechtfertige aus seiner Sicht die Namensgebung kaum, da er 1909 28 Jahre zählte, Caso 26, Henríquez Ureña 25 und Reyes als jüngstes Mitglied 20 Jahre. Neben die heterogene Altersstruktur tritt die heterogene Berufs- und Interessenstruktur der Mitglieder des Kreises.[70] So waren vom Maler über den Ingenieur, Philosophen, Dichter, Rechtsanwalt und Architekten "casi todos los hombres de letras de la capital y algunos extranjeros (...) socios del *Ateneo*".[71] Die Frage, ob die homogenisierende Benennung als *Generación del Centenario*[72] zutreffend ist, stellt sich umso mehr, als einige der Mitglieder wie Vasconcelos, Fabela und Guzmán als *antirreeleccionistas* offen gegen Díaz Position bezogen, während andere wie Caso noch zu den Parteigängern des Generals zählten. Die höchst unterschiedlichen Reaktionen auf den unerwarteten Ausbruch der Mexikanischen Revolution[73] verstärken den Eindruck, daß das Bild einer homogenen Gruppe kaum der Realität entspricht. Es bildet ein Ergebnis der Mythisierung, welche die Athenäisten selbst ins Leben riefen und die ein Teil der Forschung fortführte.

Zum ersten Präsidenten der Gruppierung wurde per Akklamation Antonio Caso gewählt, der in der mexikanischen Öffentlichkeit zu dieser Zeit über das größte Renommee verfügte und dessen Person nach außen hin keinen Zweifel an der Systemkonformität ließ.[74] Die Wahl seiner Nachfolger Alfonso Cravioto (Okt. 1910 - Okt. 1911) und José Vasconcelos (Okt. 1911 - Okt. 1912) bestätigt diesen politischen Konformismus, wenngleich nun im Zeichen der Maderistischen Revolution. Hinsichtlich des Organisationsgrades der Gruppe und ihrer politischen Ausrichtung bestand in der Gründungsphase

---

70 Dies dokumentiert ein Vergleich der im übrigen variierenden Mitgliedslisten in Reyes/Henríquez Ureña, *Correspondencia*, S. 136f. und S. 227; Pedro Henríquez Ureña, *Corrientes literarias*, S. 268, Fn. 8 und Vasconcelos, "Movimiento intelectual", S. 132f. Vgl. auch Carlos Monsiváis, "La toma de partido de Alfonso Reyes", in: *Nueva Revista de Filología Hispánica* 37, 2 (1989), S. 505-519, hier S. 509 sowie Martínez, "Introducción 1907-1914", in: Reyes/Henríquez Ureña, *Correspondencia*, S. 9-32, hier S. 17.
71 José Sánchez, *Academias y sociedades literarias de México*, Chapel Hill 1951, S. 148.
72 Leal, "Generación", S. 429-436 und María Rosa Uría-Santos, *El Ateneo de la Juventud; su influencia en la vida intelectual de México*, o.O., 1965, S. 57. Eine Gegenposition vertreten Millán, "Generación", S. 628 und Zaitzeff, "Hacia el concepto", S. 752.
73 Vgl. Negrín, "Ateneo", S. 67-81.
74 Für Reyes besaß allerdings Henríquez Ureña die Geistesführerschaft als "mi hermano y a la vez mi maestro" ("Encuentros con Pedro Henríquez Ureña", *Revista Iberoamericana* 21, 41/42 [Jan.-Dez 1956], S. 55-60, hier S. 55). Der Briefwechsel zwischen Reyes und Henríquez Ureña bestätigt vor allem in der Anfangsphase die "juvenil admiración de Alfonso Reyes" für den nur fünf Jahre älteren Henríquez Ureña (Emilio Carilla, "Un epistolario de excepción: Pedro Henríquez Ureña y Alfonso Reyes", *SUR* 355 [Juli-Dez. 1984], S. 25-40, hier S. 27; siehe auch die berechtigten editionskritischen Anmerkungen zu dem in Santo Domingo verlegten *Epistolario íntimo* [a.a.O., S. 29ff.; vgl. Pedro Henríquez Ureña/Alfonso Reyes, *Epistolario íntimo*, Recopilación de Juan Jacobo de Lara, Santo Domingo: UNPHU 1981]). Reyes' Bezeichnung Henríquez Ureñas als "Sokrates" des Athenäums wurde zu einem Topos (Reyes, "Encuentros", S. 55; vgl. Antonio Castro Leal, "Pedro Henríquez Ureña", S. 272f. und José Emilio Pacheco, "Nota sobre la otra vanguardia", *Casa de las Américas* 118, 20 [Jan.-Feb. 1980], S. 103-107, hier S. 104).

kein Konsens, wie sich Henríquez Ureña in seinen bislang nur bruchstückhaft publizierten *Memorias* erinnert.[75] Vor allem der auf größtmögliche Unabhängigkeit bedachte Vasconcelos habe bereits bei der konstituierenden Sitzung gefordert, "que no hubiera organización, o la menos posible".[76] Vasconcelos achtete als Sympathisant Maderos auch stets darauf, den Kontakt zur "Vaterfigur des Ateneo" und dem Vertreter des "Ancien Régime", Justo Sierra, nicht zu eng werden zu lassen, um sich nicht politisch zu kompromittieren. Da man möglichst allen Neigungen der Gruppenmitglieder programmatisch entsprechen wollte, wurde bei der Gründungsversammlung beschlossen, neben den Sektionen "Literatura y Arte" und "Filosofía" auch die "Ciencias Sociales e Historia" zu berücksichtigen.[77] Letztere wurden jedoch erst während des Maderismus in den *Ateneo de México* eingebracht, wohingegen im *Ateneo de la Juventud* die Erörterung von Fragen der Kunst und Philosophie im Vordergrund stand.

Zur Erfassung der athenäistischen Grundüberzeugungen sollen im folgenden die *Conferencias del Ateneo de la Juventud* in identitätstheoretischer Perspektive analysiert werden, um nach einem Überblick über den weiteren institutionellen Entwicklungsgang der Gruppe die konstitutiven Elemente des athenäistischen Diskurses herausarbeiten zu können. In Abweichung von der Chronologie der Vorträge[78] erfolgt die Analyse in zwei Sinnabschnitten gemäß den wesentlichen inhaltlichen Schwerpunktsetzungen der

---

75   Henríquez Ureña nennt Antonio Caso, Alfonso Reyes, José Vasconcelos, Martín Luis Guzmán, Carlos González Peña, Mariano Silva Aceves, Julio Torri, den Komponisten Manuel Ponce, die Architekten Jesús Tito Acevedo und Federico E. Mariscal, die Maler Diego Rivera und Angel Zarraga als Mitglieder des *Ateneo*. Vasconcelos, Isidro Fabela, Alfonso Cravioto und der erste Präsident der *Universidad Popular*, Alberto J. Pani, werden aufgrund ihrer Aktivitäten besonders hervorgehoben. Auch der Dichter González Martínez schloß sich der Gruppe an ("Corrientes", S. 302f.; vgl. mit dem Eintrag in Henríquez Ureñas *Memorias* [2.11.1909], zit. in Roggiano, *Pedro Henríquez Ureña*, S. 115). Die Genannten stellen eine Selektion dar, vergleicht man mit der Liste der Gründungsmitglieder, die Henríquez Ureña seinem Bruder in einem Brief mitteilte (Brief an Max Henríquez Ureña [25.10.1909], O.C. 1, S. 374f.). Roggiano verweist auf die 26 Namen der Liste des letzten Sekretärs des *Ateneo*, Alejandro Quijano, und bestätigt, daß sich Henríquez Ureña wie die übrigen Athenäisten über die Namen der Mitglieder des *Ateneo* unsicher war (*Pedro Henríquez Ureña*, S. 119).

76   Eintrag vom 28.10.1909, zit. in Roggiano, a.a.O., S. 115. Es zählt zu den für Vasconcelos typischen Widersprüchen, wenn er in seinen häufig polemischen Erinnerungen Casos angeblich apathischen und einzelgängerischen Charakter für das mangelhafte Zusammengehörigkeitsgefühl des *Ateneo de la Juventud* verantwortlich macht (*Ulises criollo*, S. 541). Andererseits erweist sich Vasconcelos als dankbarer Schüler Casos, da ihn dieser zu einer Studienarbeit zum dynamischen Charakter des Rechts angeleitet habe, in welcher er die an der *Preparatoria* herrschende Doktrin des positivistischen Materialismus erstmals überwunden habe (a.a.O., S. 508f.).

77   Brief an Max Henríquez Ureña (25.10.1909), in: *Epistolario 1907-1909*, S. 375.

78   Antonio Caso, "La filosofía moral de don Eugenio M. de Hostos" (8. August 1910), in: *Conferencias*, S. 29-40; Alfonso Reyes, "Los *poemas rústicos* de Manuel José Othón" (15. August), a.a.O., S. 41-56; Pedro Henríquez Ureña, "La obra de José Enrique Rodó" (22. August), a.a.O., S. 57-68; Carlos González Peña, "*El pensador mexicano* y su tiempo" (29. August) , a.a.O., S. 69-81; José Escofet, "Sor Juana Inés de la Cruz" (5. September), a.a.O., S. 83-96 und José Vasconcelos, "Don Gabino Barreda y las ideas contemporáneas" (12. September), a.a.O., S. 97-113.

Referenten. Während die Vorträge von Caso, Henríquez Ureña und Vasconcelos vornehmlich eine philosophiekritische Ausrichtung aufweisen und hierdurch zur Demontage der positivistischen Staatsdoktrin beitrugen, behandeln die Ausführungen von Reyes, González Peña und dem Spanier Escofet mit Manuel José Othón, José Joaquín Fernández de Lizardi und Sor Juana Inés de la Cruz Persönlichkeiten, die aufgrund ihres literarischen Wirkens, ihrer nationalen und lateinamerikanischen Themen, doch auch von ihrer Charakterstruktur her den jungen Intellektuellen als Vorbilder dienten.

4. Die Demontage des offizialisierten Positivismus durch Caso, Henríquez Ureña und Vasconcelos

Die philosophiekritischen Vorträge Casos, Henríquez Ureñas und Vasconcelos' bilden den Rahmen, innerhalb dessen sich das mexikanistische und lateinamerikanistische Anliegen der *Conferencias* artikulierte. Ihre Abfolge entspricht zugleich über die gruppeninterne Hierarchie hinaus der nuancierten Beurteilung der sich wandelnden historischen Situation. So nimmt Casos Einstiegsvortrag zu Hostos' Moralphilosophie eine vermittelnde Position zwischen Rationalismus und Idealismus ein, während Henríquez Ureña und vor allem Vasconcelos eine kritischere Auseinandersetzung mit dem Positivismus suchen. Bemerkenswert erscheint die Themenwahl insofern, als Caso mit Hostos den positivistischen Lehrer beziehungsweise die philosophische Leitfigur der Eltern Henríquez Ureñas wie auch des jungen Pedro Henríquez Ureña anspricht. Pedro Henríquez Ureña wiederum widmet sich Rodó, der für alle Athenäisten bedeutungsvollen Leitfigur des Vitalismus. Vasconcelos schließlich setzt sich mit Barreda auseinander, dem Gründer des mexikanischen Positivismus und der *Preparatoria*, an der Caso lehrte.

4.1. Antonio Caso: "La filosofía moral de don Eugenio M. de Hostos"

Casos Vortrag behandelt im ersten Teil die wesentlichen Inhalte der Moralphilosophie Hostos', deren Defizite er im zweiten Teil durch eigene Bemerkungen ergänzt. Es gehört zur rhetorischen Strategie des Referenten, daß er zunächst als Bewunderer Hostos' auftritt, der als "una de las más altas y más fuertes representaciones simbólicas de nuestra raza hispano-americana" (29) und als *apóstol* die von Seneca über die Spanier den Lateinamerikanern vererbte *pureza estoica* vertrete. Hostos wird auf diese Weise zu einer die Identitätsbildung erleichternden Symbolfigur stilisiert, der zugleich die von den Athenäisten als Modell erwählte Tradition der europäischen Antike fortführt.

Angesichts der zeitgenössischen politischen Unwägbarkeiten im Vorfeld der Revolution sind die Hinweise auf die "anarquía intestina que tanto suele rebajar la dignidad de las naciones" sowie den herrschenden *escepticismo moral* und den *individualismo exaltado* (29) als Charakterzüge der Lateinamerikaner aufschlußreich, lassen sie doch keinen Zweifel an Casos politischer Option für eine Bewahrung der herrschenden Ordnung. Dieser Haltung entsprechend wendet sich der Athenäist gegen den Antiintellektualismus Nietz-

101

sches und Stirners, durch den die Neigung zur Anarchie nur noch gefördert werde. Hostos hingegen betone die Bedeutung der *razón*, des Pflichtbewußtseins und Gerechtigkeitssinnes für die Gewährleistung eines gesellschaftlichen Fortschritts, der in die "harmonía eterna que liga al hombre con la naturaleza y a la sociedad con el hombre" (30f.) münde. Caso stilisiert Hostos zur Leitfigur des Positivismus in Südamerika, da dieser bei der Konzipierung einer idealen Gesellschaft "la ciencia como suprema moralizadora" (33) bewertet habe. Folglich müsse auch die Erziehung des Menschen ausschließlich dessen rationale Eigenschaften fördern.

Scheint Caso Hostos' positivistischen Leitvorstellungen bis dahin durchaus zu folgen, so rückt der Athenäist angesichts der Zeitläufte von dessen uneingeschränktem Glauben an den Intellektualismus ab und kommt zu dem Schluß, daß Hostos in seinem mechanistischen Weltbild die menschliche Willenskraft als Störfaktor allzu negativ bewertet habe. Zwar präsentierten sich Hostos' Philosophie und Morallehre als "ejemplos del racionalismo más sistemático y coherente" (37), doch sei es nach den grundlegenden Studien Boutroux' zur Kontingenz der Naturgesetze unhaltbar, das Universum als "monstruoso ser geométrico" (38) zu konzipieren. In Ergänzung des positivistischen Kausalismus verweist der Redner auf die irrationalen Seiten des Lebens, der menschlichen Seele und des freien Willens,[79] um zu folgern, daß die metaphysische Freiheit jenseits des Determinismus die Quelle für Moral und Soziabilität darstelle. Caso bricht hiermit zwar dem Irrationalismus eine Lanze, setzt sich jedoch nicht dem Vorwurf der Einseitigkeit aus. Vielmehr postuliert er ein synthetisches Menschenbild, das den rationalen wie irrationalen Eigenschaften, besonders der Existenz eines freien Willens, gerecht wird.[80] Die Kritik an Hostos impliziert zugleich die Infragestellung der Staatsdoktrin des Porfiriates und der durch das mechanistische Menschenbild der *científicos* legitimierten Unterdrückungsmechanismen. Gleichzeitig verweist der Athenäist auf den Aspekt des auch von dem Positivisten Hostos postulierten uneigennützigen, pflichtbewußten Handelns zum Wohle der Gemeinschaft. Hinter diesem eher allgemein gehaltenen Hinweis deutet sich gleichwohl ein an die plutokratisch agierenden *científicos* gerichteter moralisierender Appell an, der angesichts der zunehmend instabilen politischen Situation in der bemerkenswerten Feststellung gipfelt:

> *El que de ese modo impersonal se ha puesto a la obra del bien, de nadie, absolutamente de nadie, ha podido recibir el mal. (40)*

Casos Vortrag ist demzufolge nicht als umstürzlerischer Aufruf zu lesen, sondern vielmehr als Mahnung an die politische Elite, unter Anerkennung neuerer philosophischer Erkenntnisse ein den Gegebenheiten entsprechendes Menschenbild zu entwickeln. Da dieses neue Menschenbild besonders den freien Willen des Individuums zu berücksichtigen habe, liegt es nah, daß aus der Perspektive des Athenäisten auch das Porfiriat, dessen

---

79 "No, la vida no puede reducirse a las porporciones lógicas del análisis (...). No, el alma humana *es más* que razón (...). La voluntad no es facultad satánica..." ("Hostos", S. 38).

80 "...el origen real de la moralidad no es el determinismo físico y biológico, sino la construcción ideal y sintética llevada a cabo por la razón y basada en el libre albedrio como elemento metafísico de su consecución efectiva" (a.a.O., S. 39).

Staatsphilosophie diesen freien Willen bislang ignorierte, zu reformieren sei. Wenngleich in unausgesprochener Weise, so bedeutet Casos Nachdenken über die Philosophie bei historisierender Lesart auch ein Nachdenken über Politik.

4.2. Pedro Henríquez Ureña: "La obra de José Enrique Rodó"

Henríquez Ureña möchte mit dem Uruguayer Rodó seinen Zuhörern eine Leitfigur der lateinamerikanischen Identitätsdiskussion präsentieren, deren Assimilation des französischen Vitalismus für die philosophischen Überzeugungen der Athenäisten eine besondere Überzeugungskraft besaß. Daher zähle Rodó wie Bello, Sarmiento, Luz y Caballero, Montalvo, Ramírez, doch auch Barreda und natürlich Hostos zu jenen vorbildhaften "maestros, educadores, formadores de razón y de conciencia moral" (57), an denen sich die *autodefinición* orientieren müsse. Die in dem chronologisch voranstehenden Vortrag Reyes' geäußerte Empfehlung, Othóns Lektüre als zur Gemeinschaft erziehendes Medium zu nutzen, klingt nach, wenn Henríquez Ureña nun Rodó als "maestro que educa en sus libros" (58) qualifiziert. Hinter beiden Aussagen steht das für den *Ateneo* repräsentative Credo an die Macht des geschriebenen Wortes sowie an die erzieherische, moralisierende und somit soziale Funktion von Literatur.[81]

Anschließend stellt Henríquez Ureña die dem Publikum noch weitgehend unbekannte Person Rodós sowie wesentliche inhaltliche Merkmale seiner Werke vor. Die Besprechung des Artikels *El que vendrá* dient dem Referenten dazu, Rodós Vision eines idealen Schriftstellers zu erfassen und den Uruguayer zugleich als dessen Inkarnation zu stilisieren. Der Autor habe dies durch seinen "profundo estudio psicológico del ambiente literario", "la creación imaginativa, la curiosidad del hombre a quien interesa la vida", den "delicado gusto del humanista" und vor allem den "entusiasmo del espíritu joven" (58) bewiesen. Natürlich entbehren diese Charakteristika nicht eines hohen Grades an Autoreferenzialität, so daß sie über Rodós Person hinaus auf die ideale Zielprojektion eines athenäistischen Denkers verweisen, in dem wie bei Rodó "poeta y crítico se corresponden" (59).

Mit *Ariel*, "la más poderosa voz de verdad, de ideal, de fe, dirigida a la América en los últimos años" (60), und den *Motivos de Proteo* spricht Henríquez Ureña anschließend die Positivismuskritik Rodós an. Mit einer im Vergleich zu Caso offensiven Diktion unterstreicht Henríquez Ureña, Rodós Thesen gäben eine Antwort auf "las fórmulas *librescas* de una psicología barata y de una sociología endeble" (60) der positivistischen Pseudowissenschaft, die blind der "prosa incorrecta de Comte" (60) folge. In Widerspruch zum Menschenbild des rassistischen positivistischen Diskurses verweist der Redner auf das von Rodó postulierte Recht des Individuums, doch auch Spanischamerikas, auf Selbstbehauptung. Besonders bemerkenswert erscheint, daß der Athenäist wie Rodó positivistische Konzeptionen reaktiviert, um sie im vitalistischen Sinne und dem Konzept der *latinidad*

---

[81] Das Medium "Buch" ist nach Henríquez Ureña das "elemento característico de acción en la sociedad" ("Rodó", S. 57).

gemäß zu entproblematisieren und neu zu besetzen. Dementsprechend vertraut Henríquez Ureña dem *instinto* und dem "genuino espíritu de raza" (60) als Garanten des zivilisatorischen Fortschritts. Dieses Verfahren sei durchaus legitim, da auch die Vorbilder Rodós, Boutroux und Bergson, in ihren vitalistischen Entwürfen die Idee der Evolution in der neuen Bedeutung als unendliche und unbestimmbare *evolución creadora* eingebracht hätten.[82] Henríquez Ureñas Hinweis auf die fortwährende Transformation als Leitprinzip des Vitalismus erlaubt angesichts der zeitgenössischen Situation Mexikos den Schluß, daß er gleichfalls von einem notwendigen Wandel des erstarrten Porfirismus ausgeht. Wichtig ist in diesem Zusammenhang sein Rodó entnommener Hinweis, jede individuelle oder nationale Veränderung[83] müsse kontrolliert und gemäß der "disciplina del corazón y la voluntad" (63) ablaufen.[84] Angesichts einer derartigen Grundhaltung ist absehbar, daß die anarchische Phase der Mexikanischen Revolution auf keinen Fall die Zustimmung des Redners finden konnte.

Rodós Thesen bestimmen auch die für das athenäistische Selbstverständnis wichtige Idee der *vocación* (63). Es gelte, so Henríquez Ureña, nach individueller Prüfung der eigenen *opiniones* und *doctrinas* (65) auf dem Weg der Selbsterziehung ein den eigenen Fähigkeiten gemäßes Leben zu führen, das dank seiner *voluntad disciplinada* (66) stets nach einer höheren Idealität strebe. Erneut vertritt der Redner eine Antithese zum herrschenden positivistischen Menschenbild, indem er über Bergson und Ibsen, Goethe und Fray Luis de León auf Sokrates und Platon verweist, um die Autonomie des denkenden, zum umfassenden *amor* (67) fähigen Subjekts dem Konzept eines mechanisch agierenden, von seinen Trieben und den Milieufaktoren gelenkten Objekts entgegenzustellen. Auf diese Weise führe nach Rodó die Selbstsuche des Individuums wie auch des Kollektivs in eine ideale Identität:

> *La esperanza como norte y luz; la voluntad como fuerza; y, por primer objetivo y aplicación de esta fuerza: nuestra propia personalidad, a fin de reformarnos y ser cada vez más poderosos y mejores. (67)*

Der Aufruf zu einem *reformarnos* weist erneut auf das Konzept einer kontrollierten Dynamik bei der individuellen wie auch kollektiven Identitätssuche hin. Dies bestätigt, daß Henríquez Ureña als Kritiker des positivistischen Porfirismus lediglich die Reformierung, nicht aber die Revolution des herrschenden Systems im Sinn hat.

Hinsichtlich des soziokulturellen Profils des neuen Mexiko sind Rodós Thesen für Henríquez Ureña eine zentrale Referenz, so daß er sich zur Schaffung einer auf der historischen Kontinuität fußenden Identität für das Entwicklungsmodell der Latinität ausspricht.

---

82 A.a.O., S. 62.

83 Die vom Individuellen auf das Nationale gerichtete Abstraktion schwingt unterschwellig im gesamten Text mit, doch angesichts seiner Zuhörerschaft zieht es Henríquez Ureña aus strategischen Gründen vor, erst am Schluß seines Vortrages explizit zu werden: "Los pueblos también tienen su personalidad, su espíritu, su genio; y cuanto del individuo se dice puede transportarse a ellos" (a.a.O., S. 67).

84 Vgl.: "Puesto que vivimos transformándonos, y no podemos impedirlo, es un deber vigilar nuestra propia transformación constante, dirigirla y orientarla" (a.a.O., S. 63).

So könne nach Rodó allein die geistige und physische *continuidad de las generaciones* zur *personalidad constante y firme* (67) eines Volkes führen. Die inhaltliche Schwerpunktsetzung des Vortrags und die zahlreichen Verweise auf das Denken der europäischen Antike belegen, daß der Athenäist zur Schaffung einer solchen Kontinuität ausschließlich die Fortführung der hellenischen und gemäß Rodó auch lateinischen Philosophie- und Geschichtstradition in Südamerika anstrebt.[85] Hieraus folgt jedoch, daß die Suche nach dem geistigen Ursprung Lateinamerikas wie im Falle Rodós zu einer Vernachlässigung beziehungsweise Unterbewertung der indianischen Kulturen als Bestandteil der Nationalkultur führt. Die Legitimation eines derartig exklusiven Kulturkonzeptes erscheint umso problematischer, als die Zurückstellung des Indigenen nicht aufgrund einer Auseinandersetzung mit dessen gegenwärtigen kulturellen Manifestationen, sondern durch ein in die Vergangenheit verweisendes Argument, dem erwähnten Fehlen einer historischen Kontinuität, erfolgt.[86] Um diese Argumentation aufrecht zu halten, wird daher einerseits die Bedeutung der Conquista als historische Zäsur minimisiert, um die Kontinuität einer europäischen Tradition auf dem Kontinent zu behaupten. Andererseits erscheint das Ereignis als nicht mehr zu überwindender Bruch, der die vermeintliche "Kulturlosigkeit" der Indianer in der Gegenwart bestätigen soll.[87] Aus Henríquez Ureñas Sicht muß Mexiko deshalb akzeptieren, daß der Verlust des untergegangenen kulturellen Erbes der *indígenas* selbst im Rahmen eines mestizierten Kulturkonzeptes nicht mehr überwunden werden kann. Wie sein Vortrag zu Rodó anklingen läßt, trägt daher vor allem die von einem Modell der historischen Kontinuität getragene Vorstellung eines *blanqueamiento* des Indigenen Henríquez Ureñas Verständnis des *mestizaje*.

4.3. José Vasconcelos: "Don Gabino Barreda y las ideas contemporáneas"

Deutlicher in seiner Wortwahl und somit kämpferischer als Caso, doch auch Henríquez Ureña, präsentiert sich Vasconcelos' Abschlußvortrag zu Gabino Barreda und der Verfassung des philosophischen Geisteslebens in Mexiko. Während Caso für seinen Vortrag einen den Positivismus affirmierenden Einstieg wählte und Henríquez Ureña erst in der

---

85 Eine Gegenposition sollte die argentinische Essayistik mit Ezequiel Martínez Estrada und Hector A. Murena vertreten. Siehe Wolfgang Matzat, "Conquista und diskontinuierliche Geschichte. Alternative Identitätsentwürfe in der argentinischen Essayistik", in: ders., *Identitatsentwurfe*, S. 49-58.

86 In diesem Sinne spricht Karlheinrich Biermann von der Unfähigkeit der *ateneístas*, indigene Traditionen "im Sinne einer Partnerschaft von Gleichberechtigten zu akzeptieren" ("Indigenismo", S. 168). Kaum nachvollziehbar erscheint das Urteil Arturo Delgado González', der bei dem *Ateneo de la Juventud* eine "simpatía acendrada por el elemento indígena del país" erkennt (*Martín Luis Guzmán y el estudio de lo mexicano*, México 1975, S. 43).

87 Diese Sichtweise bestätigt der Fortgang des von Henríquez Ureña angeführten Rodó-Zitates: "...toda alma nacional es una agrupación de elementos ordenada según un ritmo que ni tiene precedentes en lo creado, ni se reproducirá jamás, una vez roto aquel inefable consorcio. Mantener esta personalidad es la epopeya ideal de los pueblos" ("Rodó", S. 67f.).

Mitte seiner Ausführungen Kritik am herrschenden Denken äußerte, läßt Vasconcelos sein Referat mit Zweifeln an den dogmatischen Formeln des Positivismus beginnen.[88] So kündigt er schon in seinem zweiten Satz mit deutlichen Worten die vitalistisch geprägte Kernthese seines Vortrages an: "La doctrina que solamente crea sectarios y convencidos mata la espontaneidad y como que anula otras vidas" (97). Die problematische Lebenserfahrung einer "repetición de un viejo pensar" (98) habe die junge Generation zur kritischen Revision sämtlicher etablierter philosophischer Deutungsformeln motiviert und eine geistige Unruhe entstehen lassen, als deren Ergebnis die Beschäftigung mit Barreda hervorgegangen sei. Rhetorisch geschickt stellt der Athenäist sodann mittels eines auf Assoziationen beruhenden parallelisierenden Verfahrens den Bezug zwischen dem seinerzeit innovativen Ansatz Barredas und dem gegenwärtigen Bestreben des *Ateneo de la Juventud* her. So sei der Positivismus in Mexiko als Assimilation moderner europäischer Philosophien eine bedeutungsvolle, historisch unbedingt zu rechtfertigende Emanzipation von den Dogmen des spanischen Katholizismus gewesen. Seine weitere Entwicklung habe jedoch dazu geführt, daß der *fanatismo de la religión* lediglich durch den modernen Fanatismus der *ciencia interpretada positivamente* ersetzt worden sei.[89] Unausgesprochen bedeutet dies unter Einbeziehung der Anfangsthese, daß der Athenäismus über dieselbe Legitimation wie ehedem der Positivismus verfügt, die Dogmen der Gegenwart zu kritisieren. Vasconcelos realisiert dies in einem zweiten Sinnabschnitt mit der Hinterfragung des Comteschen Dreistadienmodells der Menschheitsentwicklung.

Hinsichtlich des Frühstadiums der theologischen Weltdeutung merkt der Athenäist an, daß die ihm von Comte zugeteilte theologische oder poetische Perspektive in Wahrheit epochenübergreifend wirke und als Wahrnehmungsmodus den künstlerisch kreativen Menschen historisch betrachtet in allen Phasen seiner Existenz begleite.[90] Vasconcelos' auf einer Philosophie der Ästhetik beruhendes Menschenbild, das er 1929 in seinem *Tratado de metafísica* ausformulieren sollte, knüpft an diese Perspektive an. In der Tradition Platons stellt er hier die Fähigkeit zur Entwicklung eines *juicio estético*[91] und die Suche nach Schönheit als wesentlich für das von den Gesetzen des positivistischen Dogmas befreite Individuum an.

Im metaphysischen Stadium habe man sich zwar bemüht, eine auf abstrakten Ideen fußende Weltdeutung zu verwirklichen, doch habe sich dieses Verfahren wie im theologischen Zeitalter in dem Bestreben erschöpft, über bestehende Widersprüche hinweg die Illusion eines einheitlichen Interpretationsmusters zu schaffen.

Wenn im positivistischen Endstadium als einzig zulässige Erkenntnismethode die Beobachtung empirisch erfaßbarer Gegebenheiten als "la única posible y la única verdadera"[92] zugelassen werde, so habe dies zu einer verfälschenden Kosmologie geführt, die andere Realitäten als die positive ungerechtfertigterweise ausblende. Vasconcelos weist in dieser Phase seines Vortrags darauf hin, daß die Utopie des Positivismus wie die früheren

---

88 Vgl. Zea, *Positivismo*, S. 443ff.
89 "Barreda", S. 99.
90 A.a.O., S. 100.
91 *Tratado de metafísica* (1929), O.C. 3, S. 391-664, hier S. 392.
92 "Barreda", S. 101.

Stadien auf falschen methodischen Prämissen und einem eindimensionalen Menschenbild beruhe. Nichtsdestoweniger räumt der athenäistische Kritiker ein, daß der Positivismus mit der Solidarität und dem Altruismus wichtige moralphilosophische Postulate formuliert habe. Den letzten Sätzen in Casos Vortrag vergleichbar hält auch Vasconcelos in dieser Passage seinen Zuhörern den Spiegel vor und spricht eben jene Aspekte des Positivismus an, die im Porfiriat aufgrund der sozialdarwinistischen Argumentation der politischen Führungsschicht verdrängt worden sind. Auf diese Weise möchte er belegen, daß die herrschende Version des Positivismus nur mehr instrumentellen Charakter besitzt und sich von seinen Grundannahmen weit entfernt hat. Erschienen diese bereits in wesentlichen Aspekten problematisch, so sei umso mehr jene Variante zu hinterfragen, die einer herrschenden Gruppe lediglich zur Legitimation des Eigennutzes und des Machterhaltes diene.

Im Unterschied zu Caso, der die Ergänzungsbedürftigkeit, aber auch -fähigkeit des Positivismus durch den Irrationalismus unterstrich, erklärt Vasconcelos im folgenden Sinnabschnitt, daß "entre las ideas de entonces y las de hoy, media un abismo" (102). Die jungen mexikanischen Philosophen stellten sich gegen die herrschende Doktrin, nachdem sie Schopenhauers "Die Welt als Wille und Vorstellung" entdeckt hätten. Schopenhauers erkenntnistheoretische antiintellektualistische Weltdeutung als subjektive "Vorstellung" oder "Erscheinung" initiiere im Zusammenwirken mit den Thesen Nietzsches und Bergsons die Athenäisten dazu, nach der positivistischen methodischen Selbstbeschränkung die neue Weltwahrnehmung und *la cosa en sí* (102) mittels der Literatur, Kunst, Musik, Religion und in der allgemeinen Lebenspraxis - nicht aber ausschließlich mit Hilfe des Intellektes - zu suchen.

Vor dem Hintergrund der Wissenschaftsgläubigkeit seiner Zeitgenossen wählt Vasconcelos eine besonders schlagkräftige Argumentation, indem er den Wissenschaftspositivismus mit seinen eigenen Mitteln schlägt und hierdurch die Defizite der Theorie aufzeigt.[93] In dieser Absicht macht er auf die Forschungen Rudolf Julius Emmanuel Clausius' aufmerksam, der die Theoreme Lavoisiers durch seine Entdeckung der Entropie korrigierte. Vasconcelos' Beschreibung der Entropie in abgeschlossenen Systemen möchte die Kosmologie des Positivismus als überholt und den wahren pysikalischen Gesetzmäßigkeiten nicht mehr angemessen präsentieren. Offenbar weist die vorgeblich universelle Gültigkeit der positivistischen Weltdeutung des in Mexiko herrschenden Musters Lücken auf, welche von den neueren positiven Wissenschaften selbst aufgezeigt wurden. Die auf physikalischen Beobachtungen gestützte Erkenntnis, daß "los que creyeron en el retorno eterno de los fenómenos" (105) einem Irrtum verfallen seien, besitzt aus Vasconcelos' Mund auch eine auf die mexikanische politische Aktualität übertragbare Sinndimension. Immerhin gaben die *científicos* vor, auf der Basis der als unerschütterlich geltenden Gesetze des positiven Denkens eine ebenso dauerhafte politische und philosophische Ordnung aufgebaut zu haben. Das universale Prinzip der Dynamik - so Vasconcelos -

---

93 Einer vergleichbaren Methode bedienten sich in Europa die Surrealisten bei ihrer Infragestellung der wissenschaftlichen Ratio. Vgl. Michael Rössner, *Auf der Suche nach dem verlorenen Paradies*, Frankfurt/Main 1988, S. 133.

widerlege jedoch die Annahme einer Statik sämtlicher Verhältnisse; die Hinterfragung traditioneller Weltdeutungsmuster durch die experimentelle Physik wird zur Legitimationsgrundlage für die Notwendigkeit einer Erneuerung des philosophischen Denkens im Porfirismus.

Gemäß der durch die Entropie bestätigten Erkenntnis, daß die Materie "el tipo de lo perecedero" (105) sei, leitet Vasconcelos sodann zu den Theorien über, welche das philosophische Rückgrat des Athenäismus bilden. An erster Stelle wird Bergson zitiert, der dem *movimiento de descenso* der Materie durch den "impulso vital, que es contrariamente de la ley de la degradación de la energía" (106) begegne und eine Philosophie des Lebens entworfen habe. Die vitalistische Weltdeutung überwinde den positivistischen Interpretationsansatz und somit die Herrschaft der materiellen Gesetze. Hinter dieser Idee steht unausgesprochen - doch versinnbildlicht durch die Kombination von *materia/descenso* und *vida/ascenso* - die These einer notwendigen Veränderung der auf diesen Gesetzen fußenden Sozialordnung.

Da jede kosmologische Hypothese zu einer neuen Metaphysik führe, wendet sich Vasconcelos wie zuvor Caso anschließend den moralphilosophischen Implikationen der vitalistischen Philosophie zu, welche in Abkehr von den eingefahrenen mechanistischen Weltdeutungsmustern "nuevas virtualidades, nuevas esperanzas, nuevos estremecimientos" (107) hervorgerufen habe. Dem herrschenden Finalitätskonzept und dem von positivistischen, biologistischen und mechanistischen Theorien legitimierten Egoismus des Individuums widersprechend verweist Vasconcelos in diesem Zusammenhang auf Phänomene wie *el acto desinteresado*, *el acto generoso* oder *el desinterés*,[94] die als Ausdruck des freien menschlichen Willens eine Emanzipation von den *leyes fenomenales* (109) darstellten. Moral und Freiheit führten im Vitalismus zu einem Handeln im Sinne des Anderen:

> *La libertad que ha venido apartándonos gradualmente del dominio de las leyes fenomenales, tenderá a llevarnos cada vez más lejos, al orden antitético, a la ausencia total de finalidad, se hará desinterés. (109)*

Der kämpferischen Einleitung vergleichbar läßt auch der Schluß des Vortrags keinen Zweifel daran aufkommen, daß sich die Athenäisten von der mexikanischen staatsphilosophischen Variante der Theorien Comtes und Spencers abgewandt haben, um mittels der vitalistischen Philosophie neue Dimensionen des Menschseins zu erschließen.[95] Deshalb tut sich ein intertextueller Bezug zu dem Ende von Rodós *Ariel* auf, wenn Vasconcelos

---

94 "Barreda", S. 107f.; vgl.: "El acto generoso en medio de la mezquindad del universo, es la contradicción más extraña de los hechos..." (a.a.O., S. 108f.). Schon der in Mexiko lebende José María Heredia vertrat die Überzeugung: "No titubeamos al pronunciar que el carácter distintivo del verdadero patriotismo es el desinterés..." ("Patriotismo" [1831], in: ders., *Nicaragua y otros textos*, Caracas: Ayacucho 1990, S. 217-223, hier S. 217).

95 "¡El mundo que una filosofía bien intencionada, pero estrecha, quiso cerrar, está abierto, pensadores!" ("Barreda", S. 112).

über das Bild des *hombre de ideal* (112) dazu aufruft, den Weg zu neuen Horizonten, die jenseits des Egoismus und der materiellen Interessen liegen, zu beschreiten.

5. Die literarhistorische Perspektivierung im Dienste der *mexicanidad* und *americanidad*: Zu den Vorträgen Reyes', González Peñas und Escofets

Im Unterschied zu Casos, Henríquez Ureñas und Vasconcelos' Überlegungen, die eine ausschließlich philosophiekritische Schwerpunktsetzung verfolgten, rückten in den übrigen Vorträgen des *Ateneo de la Juventud* literarhistorische Fragestellungen in den Vordergrund. Die hiermit verbundene philologische Ausrichtung setzte die Tradition der *Sociedad de Conferencias* fort und bedeutete zugleich eine Eingrenzung, da Themen wie die Architektur oder Musik nicht mehr berücksichtigt wurden. Die umso intensivere Auseinandersetzung mit den Werken prominenter nationaler und kontinentaler Autoren fand in einer Perspektive statt, die deren Schriften als engagierte Literatur im Sinne der *autodefinición* erfaßte. Demgemäß stellten die Athenäisten jene Dimensionen des literarischen Schaffens heraus, die das Bemühen um Originalität im Zusammenhang mit dem Wunsch nach kultureller Selbstbehauptung erkennen lassen.

Das Erkenntnisinteresse intendierte zugleich die gegenwartsbezogene Anwendbarkeit der interpretativen Befunde für die Ausformung einer neuen, athenäistisch geprägten *autodefinición*. In diesem Vorhaben liegt die Besonderheit der Literaturinterpretation der Vertreter des *Ateneo de la Juventud*: durch die Verbindung von philologischem Interesse und nationalem Anliegen begründeten die Mitglieder der Gruppe die neuere Tradition einer mexikanisierten Literaturgeschichtsschreibung, als deren erste Manifestation die *Antología del Centenario*[96] zu betrachten ist. Alternativ zur positivistischen Denktradition, die bislang ausschließlich naturwissenschaftliche Disziplinen auf Kosten der *humanidades* gefördert hatte, steht der athenäistische Ansatz einer philologisch geleiteten *autodefinición* für den Versuch, die Etablierung der Geisteswissenschaften durch den Verweis auf ihren gesellschaftlichen Nutzen zu legitimieren. Die 1910 als Fakultät der Universidad Nacional neugegründete *Escuela de Altos Estudios* institutionalisierte erstmals diese Bemühungen.

5.1. Alfonso Reyes: "Los poemas rústicos de Manuel José Othón"

Reyes geht in seinem Vortrag über den 1906 verstorbenen Othón davon aus, daß dessen noch teilweise unbekanntes Schaffen "de gran precio para la literatura nacional"(43) sei. Diese Feststellung prägt die analytische Perspektive, die neben der ästhetischen Gestaltung der Werke Othóns vor allem dessen Thematisierung der landschaftlichen Schönheiten

---

96 Luis G. Urbina/Pedro Henríquez Ureña/Nicolás Rangel, *Antología del Centenario. Estudio documentado de la literatura mexicana durante el primer siglo de independencia*, México 1985 ([1]1910).

Mexikos zum Gegenstand hat.[97] Indem Reyes sein Augenmerk auf die Darstellung des mexikanischen Milieus richtet, rekurriert er auf einen der von positivistischen Theorien angesprochenen Determinationsfaktoren des Menschen und der Zivilisation. Während in deren Lesart das vermeintlich lebensfeindliche mexikanische Milieu jedoch als Hinderungsgrund für die zivilisatorische Entwicklung des Landes angesehen wurde, sucht Reyes in seinem Vortrag durch den Rekurs auf Othón einen affirmierenden Zugang zur Natur, aus dem sich positive Elemente einer *autodefinición* ableiten lassen. In diesem Sinne bezeichnet Reyes in einer für den *Ateneo* anläßlich des "Concurso Científico y Artístico del Centenario" verfaßten Studie aus dem Jahr 1911 die Natur als "lo más nuestro que tenemos",[98] da sie als Einflußfaktor auf das Individuum zugleich auch im Sinne eines Bindegliedes zwischen individuellem und kollektivem Selbst fungiere.[99] Diese Ansicht bestätigt ein Blick auf die Tradition der Naturdarstellung in Lateinamerika, welche mit kolonialen Autoren wie Bernardo de Balbuena (*Grandeza mexicana*) und Rafael Landívar (*Rusticatio mexicana*) einsetzt und durch Fray Manuel de Navarrete (vgl. die Silva "La mañana"), Bellos *Silva a la agricultura en la zona tórrida*, den Roman *María* des Kolumbianers Jorge Isaacs oder die amerikanistischen Gedichte des 14 Jahre in Mexiko lebenden Kubaners Heredia ("En el teocalli de Cholula", "A una tempestad") im 19. Jahrhundert fortgeführt wird. Romantiker und Klassizisten bemühten sich, wie der Klassizist Francisco Pimentel betont, durch die Beschreibung der "belleza del país mexicano lo interesante de la historia patria"[100] herauszustellen. Auch Altamirano sah als Vertreter der romantischen Strömung die Möglichkeit, eine ursprüngliche mexikanische Poesie durch die Thematisierung der regionalen Natur zu schaffen.[101] Martí schließlich war von der Schönheit der mexikanischen Landschaft so überwältigt, daß er in seinem Reisetagebuch notierte: "Se encoge el corazón de tanta hermosura. Los ojos queman. Se juntan las manos, en gracias y en plegaria".[102]

Othóns lyrische Verarbeitung einer zutiefst mexikanischen Thematik in den *Poemas rústicos* ist aus Reyes' Sicht dem Prozeß der individuellen und kollektiven *autodefinición* besonders förderlich. So mache der Autor darauf aufmerksam, daß die Landschaft des Vaterlandes dem Individuum einen Hort der Geborgenheit biete, in welchem "más holgadamente viaja el espíritu en sus contemplaciones" (42). Auf den positiven Einfluß der mexikanischen Landschaft führt es Reyes zurück, daß Othón dort die *profundidad*

---

97 López Velarde gilt als weiterer zentraler Vertreter dieser Tendenz, die meist mit der melancholischen und nostalgischen Schilderung des Geburtsortes oder der -region einhergeht. Siehe Pablo Mora, "La provincia en la poesía del siglo XIX mexicano. Claves para la 'alquimía' de Ramón López Velarde", *Tema y Variaciones de Literatura* 5 (1995), S. 169-203.
98 "El paisaje en la poesía mexicana del siglo XIX", O.C. 1, S. 195-245, hier S. 195.
99 "El sentimiento de las bellezas del paisaje es, en efecto, parte integrante de nuestro ser espiritual, y forma cuerpo con el patrimonio común de nuestra sensibilidad" (a.a.O., S. 209).
100 Zit. nach Karl Hölz, "El populismo y la emancipación mental en la literatura mexicana del siglo XIX", *Literatura Mexicana* 1, 2 (1990), S. 373-392, hier S. 374.
101 "La poesía y la novela mexicanas deben ser vírgenes, vigorosas, originales, como lo son nuestro suelo, nuestras montañas, nuestra vegetación" (zit. bei Martínez, *Emancipación*, S. 71).
102 "México" (Apuntes de viaje), in: *Nuestra América*, Caracas: Ayacucho 1977, S. 214f., hier S. 214.

substantiva seiner Seele sowie *lo esencial* und *lo desinteresado* (42) seiner menschlichen Natur habe erfahren können. Wenn der Redner sodann bemerkt, daß Othóns Gedichte "ese ademán de seguridad viril con que se presenta el poeta" (43) widerspiegelten, so setzt dies die Aufwertung der mexikanischen Natur in individualpsychologischer Hinsicht fort. Reyes' Untersuchung von 1911 zur Landschaftsdarstellung in der mexikanischen Lyrik des 19. Jahrhunders erweitert diesen Gedanken einer identitätsstiftenden Funktion der Natur um die kollektive Dimension, indem er hier im ambivalenten Spiel mit dem Begriff *nuestra natura*[103] dazu aufruft, die mexikanische Natur und das mexikanische Sein vermittels der Literatur zu erkennen.

Die Darstellung der spezifischen Reize der zentralamerikanischen Landschaft in Othóns Werken wird für Reyes umso bedeutsamer, als sich Analogien zu eigenen Sichtweisen, Erfahrungen und ihrer ästhetischen Gestaltung ergeben. Dies gilt hinsichtlich Othóns "elogio de la inspiración personal" (44) und seiner fließenden lyrischen Sprache (48) ebenso wie bezüglich seiner dichterischen Sensibilität für Klänge und vor allem für die in der klaren Atmosphäre des mexikanischen Hochlandes leuchtenden Farben.[104] In der erwähnten Studie von 1911 begeistert sich Reyes erneut für diese von Othón meisterhaft erfaßte "extremada nitidez del aire, el brillo inusitado de los colores, la despejada atmósfera en que se destacan, vigorosos, todos los elementos de nuestro paisaje".[105] Der Verweis auf "El paisaje en la poesía mexicana del siglo XIX" offenbart einmal mehr, daß die Thematisierung des spezifisch Mexikanischen in den lyrischen Landschaftsschilderungen Othóns für den *ateneísta* einen bedeutsamen Schritt in Richtung einer thematisch eigenständigen Nationalliteratur bildete. Das persönliche und künstlerische Interesse des Athenäisten an den von Othón angesprochenen Phänomenen läßt darüber hinaus erkennen,

---

103 "...en el paisaje claro y despejado (...); en el fulgor maravilloso del aire, en la general frescura y placidez, es donde aparece el signo peculiar de nuestra natura" ("Paisaje", S. 197). Reyes verweist in diesem Zusammenhang auf Alexander von Humboldts Begeisterung für die Lichtverhältnisse des Hochlandes; siehe auch in "Visión de Anáhuac": "...el barón de Humboldt notaba la extraña reverberación de los rayos solares en la masa montañosa de la altiplanicie central, donde el aire se purifica" ("Visión de Anáhuac [1519]" [1917], O.C. 2, S. 9-34, hier S. 16). In der Dichtung Pesados findet Reyes schließlich wie bei Othón den Aspekt der "diafanidad de la luz" wieder ("Paisaje", S. 217). Der *ateneísta* notiert entsprechend: "...pudiéramos, sin hipérbole, escribir, a la entrada de nuestra alta llanura central: - *Caminante: has llegado a la región más propicia para el vagar libre del espíritu. Caminante: has llegado a la región más transparente del aire*" (a.a.O., S. 198). Mit dem Motto "Viajero: has llegado a la región más transparente del aire" leitet Reyes auch den ersten Teil der "Visión de Anáhuac" ein ("Visión", S. 13). Der *Contemporáneo* Villaurrutia rühmt später ebenfalls die Klarheit der Farben in Velascos Gemälden des *Valle de México* ("José María Velasco, pintor del Valle de México", in: *Obras*, S. 996f.) Bei Paz initiiert die Leuchtkraft der Sonne im *Valle de México* eine neue Seinserfahrung des *otro cuerpo* ("Valle de México", in: *Libertad bajo palabra*, Madrid: Cátedra 1988, S. 291f.). In Anspielung auf Reyes betitelte Carlos Fuentes 1958 seinen ersten Roman, in dem er sich zum schöpferischen Konzept des *mestizaje* bekennt, mit *La región más transparente* (México: F.C.E 1968).

104 "Othón", S. 48f.

105 "Paisaje", S. 197.

daß diese aus Reyes' Sicht auch im 20. Jahrhundert als Elemente einer kulturellen Selbstbestimmung von Bedeutung sind.[106]

Der Aktualitätsbezug setzt sich in der Beurteilung der Persönlichkeitsmerkmale des Dichters fort, dessen *sabiduría* (56) in harmonischem Einklang mit der *inspiración personal* (44) stehe. Othóns Konzept einer *aristocracia del arte*, eine grundsätzliche *aversión a la ignorancia* (44),[107] die *creencia cristiana*, der *amor a la raza* und die *creencia en el deber* (53) sind weitere Eigenschaften, welche den Künstler nach Ansicht des Athenäisten auszeichnen. Diese Analogien zum äthenäistischen Selbstverständnis[108] finden bei der Erörterung ästhetischer Fragen ihren Fortgang, wenn Reyes die *gracia* der sprachlichen Gestaltungsfähigkeit Othóns unterstreicht. Sie gebe wie dessen dichterische Technik ein hervorragendes Beispiel für eine gelungene "adaptación de la lengua poética del siglo de oro" (49). Der mexikanische Lyriker "conocía sus clásicos" wie kaum ein anderer und gehöre zu jener "raza de artistas (...) que hacen capítulo de honradez de conocer bien los elementos de su arte" (49). Dieser Verweis auf die gelungene Adaptation klassischer spanischer Kulturelemente besitzt im Hinblick auf den Athenäismus nicht nur dahingehend einen hohen autoreferenziellen Stellenwert, als die Anknüpfung an die antike und spanische Kulturtradition im Idearium der Gruppe eine zentrale Position einnimmt. Vielmehr verweist Reyes durch Othón auch auf die Möglichkeit, Eigenes und Fremdes auf dem Wege der Transkulturation derart zu verbinden, daß sie ineinander aufgehen und sich gegenseitig ergänzen. In diesem Sinne kann Reyes' Zitat einer Notiz Othóns zu seinem Drama *El último capítulo* gedeutet werden. Othón informiert hier seine Leser darüber, daß sich in dem Werk intertextuelle Zitate von Cervantes und Avalleneda fänden. Diese seien jedoch nicht kenntlich gemacht,

> *porque para los que están familiarizados con aquellas lecturas, no es necesario; y para los que no las conocen, lo juzga completamente inútil. (...) Todos los cantos que publico y que publicaré, los he sentido, pensado y vivido muy intensamente y han brotado de las hondonadas más profundas de mi espíritu.* (45)

Der europäische Prätext ist somit kein Fremdkörper mehr, da er nach seiner transkulturellen Assimilation in der intertextuellen Status besitzenden Rede des Mexikaners aufgegangen ist. Daher wird Othón nicht nur inhaltlich und stilistisch, sondern auch methodisch für Reyes zu einem Vorbild, da er ein aus dem Dialog mit dem Fremden hervorgegangenes Eigenes schafft.

---

106 Vgl. mit Pedro Henríquez Ureña, der in "El descontento y la promesa" (1926) bei seiner Aufzählung der "fórmulas del americanismo" die *naturaleza* an erster Stelle nennt (O.C. 6, S. 11-27, hier S. 18).
107 Reyes dokumentiert die persönliche Übereinstimmung mit diesem Charakterzug Othóns bei der Erörterung bukolischer Aspekte in der Lyrik des Dichters ("Othón", S. 50ff.).
108 Vgl. mit der Rede Pedro Henríquez Ureñas, der 1914 anläßlich der Eröffnung der Kurse an der *Escuela Nacional de Altos Estudios* die "sinceridad y perseverancia de nuestra dedicación" hervorhebt ("Cultura", S. 350).

Othóns Hinwendung zur europäischen Antike bildet - nicht zuletzt den persönlichen Neigungen des Redners entsprechend[109] - einen weiteren Schwerpunkt des Vortrags. Reyes' Analysen belegen, daß bei Othón der geistvolle Umgang mit griechischen mythologischen Reminiszenzen einen substanziell-gestaltenden und nicht etwa ausschmückenden Bezug zur mexikanischen Realität aufweist. Diese Einsicht bestätigt die aus dem athenäistischen Ideenkontext hervorgegangene Erkenntnis Reyes', daß das Wissen um die Kunst, Philosophie sowie die Ethik des Altertums für die Entwicklung und das Selbstverständnis des modernen Mexiko unabdingbar ist.[110] Die von Othón erfolgreich realisierte Hinwendung zur griechischen und römischen Antike gibt aus athenäistischer Perspektive dem Land die Chance, sich in eine der bedeutendsten Kulturtraditionen der Welt einzugliedern und hiermit im Sinne Rodós alternativ zu den angelsächsischen Nationen die vom Materialismus ignorierten geistigen Werte zu kultivieren.

Bei der Betrachtung von Othóns antiken Reminiszenzen eröffnet Reyes erneut eine transkulturelle Perspektive, indem er darauf aufmerksam macht, wie die künstlerische Vision des Dichters vermittels einer epochen- und raumübergreifenden Konzeption aus dem Erbe mehrerer Kulturen schöpfe. Dieser Vermerk bestätigt den obigen Befund eines aus Reyes' Sicht hybriden Status der Werke Othóns, die sich als *gallardo consorcio* (49) christlicher und antiker heidnischer Naturinterpretationen präsentierten.[111]

Mit einem Resümee der Qualitäten Othóns - des *amor a la tierra, amor a la casa, amor a la patria* sowie *amor al ideal sobrehumano* (56) - erhebt Reyes in seiner abschließenden Betrachtung den Autor definitiv zum Vorbild. Wie Caso und Vasconcelos kommt auch Reyes nicht umhin, zumindest in wenigen Worten auf die instabile politische Aktualität Bezug zu nehmen. So schließt er mit dem Hinweis, daß die Lehren, die aus Othóns Werk als einem der Höhepunkte einer lebendigen, universalistischen und originellen Nationalliteratur zu ziehen seien, in der Gegenwart eine harmonisierende Wirkung zeitigen könnten, welche sich als "una sola canción, la voz unánime del ser nacional y el grito estentóreo de la raza" (56) artikuliere. Reyes möchte sein Publikum davon überzeugen, daß die Beschäftigung mit der zur Ausformung einer homogenen kollektiven Identität beitragenden Nationalliteratur der Sicherung des inneren Friedens dienen kann. Mit diesem

---

109 Vgl. Glantz, "Obsesión helénica", S. 425.
110 "La cultura de la Antigüedad jamás perdió de vista sus destinos sociales. La tarea de edificar y conservar la Polis (...) era su punto de imantación" ("Ciencia social y deber social" [1941], O.C. 11, S. 106-125, hier S. 107) Entsprechend negativ sei die geistige Verfassung der Jugend unter Porfirio Díaz gewesen: "Ayuna de humanidades, la juventud perdía el sabor de las tradiciones, y sin quererlo se iba descastando insensiblemente" ("Pasado inmediato", S. 193). Pedro Henríquez Ureña vertritt eine ähnliche Haltung: "El conocimiento del antiguo espíritu griego es para el nuestro moderna fuente de fortaleza, porque le nutre con el vigor puro de su esencia prístina y aviva en él la luz flamígera de la inquietud intelectual. (...) Pero Grecia no es sólo mantenedora de la inquietud del espíritu, del ansia de perfección, maestra de la discusión y de la utopía, sino también ejemplo de toda disciplina" ("Cultura", S. 354). Derselben Ansicht ist Caso, "Las humanidades y la política", O.C. 10, S. 155-158.
111 Vgl.: "Más bien que innovación hay recordación, hay reanudación de una manera y de un estilo suspendidos por las escuelas románticas" ("Othón", S. 49).

Hinweis verbindet sich zugleich ein Plädoyer für eine verstärkte Anerkennung und Förderung der Geisteswissenschaften durch die politische Elite Mexikos.

5.2. Carlos González Peña: "El Pensador Mexicano y su tiempo"

Mit José Joaquín Fernández de Lizardi, dem *Pensador Mexicano*, stellt Carlos González Peña einen renommierten *precursor* (69) der literarischen Selbstsuche vor, dessen Werke in vorbildhafter Weise von nationalem Engagement und den Einflüssen des mexikanischen Milieus getragen würden:

> *Siempre la atmósfera en que el artista ha vivido se retrata en la obra que concibe y que logra, si tal concepción es sincera. (...) ¡En sus libros, informes y toscos, palpita el alma de México...!* (69)

Die Wahl der Epitheta deutet an, daß González Peñas Beurteilung der künstlerischen Qualitäten Fernández de Lizardis zurückhaltender als die seines Patriotismus ausfällt. Dieser Mangel wird jedoch durch den Hinweis erklärt, daß sein patriotisches Ansinnen und die besonderen Zeitumstände den *Pensador* zu einer spontanen Schreibpraxis und dem Bruch mit den literarischen Filiationen der Colonia bewegt hätten. Zwar präsentiere sich der *Pensador* als ein "escritor popular por excelencia" (70), doch fänden sich bei ihm der "prosaismo grosero y torpe" (70) sowie die "vulgaridad en la concepción" (70) mancher seiner schreibenden Zeitgenossen wieder.[112] Das gesellschaftspolitische Anliegen als *novelador nacional* (75) in einer "sociedad corrompida y abyecta por el yugo de tres siglos" (71) kompensiere jedoch dessen wenig ansprechende ästhetische Praxis, so daß der Referent ihn letztlich als einzigartigen "rebelde en procedimiento y en forma" (70) beurteilt.

Eine Bedeutung als Vorbild der Athenäisten erhält der *Pensador Mexicano* ausschließlich aufgrund seines patriotischen Engagements. So hebt Gonzalez Peña hervor, wie Fernández de Lizardi sein periodistisches Wirken in den Dienst des "anhelo supremo de la emancipación" (73) gestellt habe, um erzieherisch auf seine Leser einzuwirken und Mexiko zu neuen Horizonten zu führen. Die herausragenden persönlichen Qualitäten des *Pensador* hätten dazu geführt, daß ihn weder das Gefängnis noch die Exkommunizierung von seiner gesellschaftskritischen Position hätte abbringen können. Der Verweis auf Fernández de Lizardis unabhängige periodistische Praxis dient aus athenäistischer Sicht als Gegenentwurf zu dem unter Díaz vorherrschenden systemkonformen Journalismus,[113]

---

[112] "Don José Joaquín Fernández de Lizardi no hizo arte porque no fue artista, simplemente. La tendencia revolucionaria y ética de su obra tiene, por lo demás, su razón de ser. ¡Fue ética y rebelde, literaria y políticamente hablando, porque la renovación del ambiente en la sociedad y en las letras así lo requería...!" ("Pensador", S. 71f.).

[113] "...lo que como elemento de valor civil, de energía, de dignidad y de influencia histórica representa, puede servir de ejemplo a los periodistas de nuestros días" (a.a.O., S. 74).

doch natürlich auch als Fingerzeig auf die fehlende öffentliche Meinungsfreiheit und als Bestätigung der eigenen kritischen Position.

González Peñas Hervorhebung des Engagements Fernández de Lizardis für die Unabhängigkeit Mexikos und dessen beispielhafter Erfüllung der moralischen Verpflichtung, in Zeiten der Dekadenz dem Volk als Vorbild zu dienen, zeugen ebenso wie die Hinweise auf die erzieherische Funktion des engagierten mexikanischen Autors vom athenäistischen Selbstverständnis und Anliegen. Erziehung ist hierbei nicht nur im ethisch-moralischen, sondern auch im lebenspraktischen Sinne zu verstehen, forderte Fernández de Lizardi doch "por la vez primera en la América Latina, la instrucción elemental obligatoria y gratuita" (74). Wie der *Pensador*, doch auch Andrés Bello oder Justo Sierra hatten die Mitglieder des *Ateneo de la Juventud* erkannt, daß nur ein aufgeklärtes, gebildetes Volk zu einer geistigen und kulturellen Emanzipation befähigt ist. Aus ihrer Sicht bedeutete daher die Neugestaltung und Ausdehnung des Bildungswesens die wesentliche Voraussetzung für die Herbeiführung der politischen Mündigkeit und des Demokratiebewußtseins. Besonders Vasconcelos' Engagement kann in dieser Perspektive als praktische Umsetzung der Mission des *Pensador* angesehen werden.

Dieselbe abwägende Beurteilung des *periodista* erfährt im folgenden auch der Romanautor Fernández de Lizardi, der zunächst als *mal novelista* (74) entmythisiert wird. Entscheidend sei jedoch seine Bedeutung als literarischer *precursor y rebelde* (74), da er als erster mexikanischer Romancier der herrschenden klassizistischen Bukolik "los cuadros de la vida miserable y ruda del México colonial" (75) entgegengestellt habe. Nachdrücklich wendet sich Gonzáles Peña gegen die verbreitete Meinung, *El Periquillo Sarniento* stehe in einer Linie mit der spanischen *novela picaresca*, da diese ausschließlich der Unterhaltung des Lesers gedient habe und ihr - mit Ausnahme Alemáns *Guzmán de Alfarache* - ein philosophischer, moralisierender und erzieherischer Impetus fehle (76). Mag dieser Befund in literaturwissenschaftlicher Hinsicht auch zweifelhaft erscheinen, so deutet er doch das Bestreben an, vermittels des identitätsbildenden Differenzmechanismus eine literarisch verbürgte Dichotomie zwischen dem "spanischen Unterhaltungsbedürfnis" und dem "mexikanischen moralischen Anliegen" zu konstruieren. Interessanterweise erliegt González Peña aber nicht der Versuchung, hieraus eine patriotische Stellungnahme für den Moralisten Fernández de Lizardi abzuleiten. Vielmehr nimmt er die angeklungene Differenzthese sofort wieder zurück und weist darauf hin, daß die *mira ética* (77) Fernández de Lizardis sich meist in den ebenso prätentiösen wie inhaltlich dürftigen Moralisierungen seines Protagonisten erschöpfte[114] und es ihm zudem an jenen ästhetischen und narrativen Qualitäten mangele, welche die spanischen Autoren auszeichneten. Trotz dieser Defizite gelänge es dem *Pensador* immerhin, eine realitätsgetreue Vision der Mißstände des *México viejo* (77) zu entwerfen. Der hier skizzierte Umgang mit Fernández de Lizardi

---

114 Zu dem *pícaro hampón* des *Periquillo* meint der Redner unverhohlen kritisch: "...tenía el feo hábito de no contentarse con la narración de variados sucesos, haciéndonos sentir el hastío y asomar a nuestros labios el bostezo con las moralejas vulgarísimas y pedestres que de ellos sacaba" ("Pensador", S. 76).

beweist, daß González Peña weit davon entfernt ist, der Versuchung einer mexikanistischen Idolatrie zu erliegen. Seine differenzierende Urteilsfähigkeit erlaubt es ihm, fernab von gängigen Stereotypen den kritischen Blick auf das Eigene zu richten und das Fremde möglichst unvoreingenommen zu beurteilen. Die sich hieraus ergebende Äquidistanz zwischen den Stereotypen des Fremden und des Eigenen eröffnet nach deren Überprüfung die Möglichkeit, auf einer übergeordneten Ebene ein neues, authentischeres Eigenes zu definieren.

Höchst kritisch beurteilt González Peña sodann *La Quijotita y su prima* als fehlgeschlagenen Versuch einer Imitation von Rousseaus *Emile*, der dazu geführt habe, daß mit Fernández de Lizardis Werk "el más abominable sermón de que las letras nacionales tienen memoria" (78) vorliege. Es ist offenkundig, daß die Imitation des Fremden die Ablehnung des Athenäisten finden mußte, da dieses Verfahren lediglich zur Inauthentizität des Seins führt. González Peñas Urteil zu *Las noches tristes* fällt aufgrund der ästhetischen Mängel des Werkes vernichtend aus.[115]

Wenngleich Fernández de Lizardis Bedeutung als Künstler somit im höchsten Maße angezweifelt wird, rühmt González Peña jedoch nochmals ausführlich dessen menschliche Qualitäten, die ihn als repräsentative Persönlichkeit im Prozeß der *Independencia* erscheinen lassen. Daher endet der Vortrag als Hymne

> *al luchador valiente y esforzado; al colaborador entusiasta de nuestros héroes, al supremo patriota que, cuando pretendió revestir la clámide del artista, vivió por el pueblo y para el pueblo, y en su existencia (...) supo anteponer al de la belleza y al de los hombres un amor, un grande, un inmenso, un infinito amor: ¡el amor santo de la Patria!* (80f.)

Die Emphase des Referenten lenkt den Blick darauf, wie er nach Fernández de Lizardis Vorbild im Sinne der revolutionären Tradition der *Independencia* alternativ zur Plutokratie der *científicos* einer neuen Gesinnungs- und Handlungsethik den Weg ebnen möchte. Wenn dabei auf Fernández de Lizardis engen Kontakt zum Volk verwiesen wird, so unterstreicht dies ebenso wie die Erwähnung seiner Thematisierung der "existencia simple del payo; del dolor del indio" (77), daß der Athenäist wie sein Vorbild über ein kritisches Bewußtsein hinsichtlich der aktuellen Lebensbedingungen der genannten Gesellschaftsgruppen verfügt. Erwähnenswert erscheint ferner der kritische Umgang mit Fernández de Lizardi als zentraler Figur der mexikanischen Nationalliteratur. Dies dokumentiert das Bemühen der Athenäisten, bei der angestrebten kulturellen *autodefinición* den Stereotypen einer glorifizierenden und institutionalisierten Tradition der literarischen *mexicanidad* zu begegnen.[116] Die kritische Bewertung des nationalliterarischen Monumentes Fernández de

---

115 "Ahí la prosa ensaya los grandes vuelos líricos; se hincha; abunda en párrafos de opulencia oratoria" (a.a.O., S. 79).

116 Zurückhaltend beurteilt auch Luis G. Urbina 1910 die schriftstellerischen Qualitäten des Autors in seinem "Estudio preliminar", in: *Antología del centenario*, S. XV-CXXVI, hier S. LXXff. Vgl. das

Lizardi beweist das athenäistische Bestreben, auf der Basis einer unabhängigen Revision traditioneller Werte eine neue Bewertung der Nationalkultur zu versuchen.

5.3. José Escofet: "Sor Juana Inés de la Cruz"

Von großer Bedeutung für die Festigung des kulturellen Selbstbewußtseins Mexikos ist die Würdigung international anerkannter Autoren der nationalen Literaturgeschichte. Dieses Verfahren soll nicht zuletzt der Annahme entgegensteuern, die nationale und kontinentale Literatur sei der europäischen von jeher qualitativ unterlegen und trage deshalb bis in die Gegenwart den Makel der Inferiorität und kolonialen Dependenz. In dieser Perspektive rücken ab 1910 die dichterischen und - dem damals praktizierten biographistischen Interpretationsmodus entsprechend - die menschlichen Qualitäten kolonialer mexikanischer Autoren wie Sor Juana Inés de la Cruz oder Sigüenza y Góngora verstärkt in das Zentrum des athenäistischen Interesses. Amado Nervo[117] und für den *Ateneo de la Juventud* der Spanier José Escofet entdeckten die Werke Sor Juanas neu und leiteten eine Entwicklung ein, die mit Octavio Paz' bereits erwähnter Studie in Mexiko ihren vorläufigen Höhepunkt erreicht hat. Die bemerkenswerte Tatsache, daß ein Spanier als Mitglied eines mexikanischen Zirkels über eine Autorin der mexikanischen Nationalliteratur referiert, deutet auf die Weltoffenheit des Athenäums und das Bemühen um einen von nationalistischen Ressentiments freien Umgang mit Vertretern der ehemaligen Kolonialmacht hin.

Indem Escofet schon zu Beginn seines Vortrags Sor Juana nicht nur als "la gran poetisa mexicana" (84), sondern auch als "reina de la poesía castellana" (83) rühmt, läßt er keinen Zweifel daran, daß er die pauschale These der kulturellen Dependenz Neuspaniens ablehnt. Sein Eingeständnis, zeitgleich habe in der spanischen Literatur "la mediocridad más lamentable" (84) geherrscht, hätte zu Mißverständnissen führen können, wenn der Redner nicht sogleich Sor Juanas Einzigartigkeit als "única flor pomposa en aquel agonizante jardín de florecillas tristes y marchitas" (84) herausgestellt hätte.

Escofets Emphase schließt allerdings wie zuvor im Fall der Würdigung Fernández de Lizardis durch González Peña einen kritischen Blick auf das Werk der Dichterin nicht aus. So beklagt er, daß Juana Inés wie auch ihre Vorgänger zeitweilig den "oropeles del culteranismo" (86) Góngoras gefolgt sei, in welchen "se había perdido el sentido de la poesía popular" (87).[118] Diese Defekte entschuldigt der Referent jedoch sogleich als

---

Urteil des *Contemporáneo* Xavier Villaurrutia: "El moralista, el satírico, hicieron daño al novelista" ("Mi 'Pensador Mexicano'", in: *Obras*, S. 790-792, hier S. 792).

117 Amado Nervo, "Juana de Asbaje" (1910), *Obras Completas* 2, Madrid: Aguilar [4]1967, S. 433-491. Auch im Kreis der an der modernen Literatur besonders interessierten, kosmopolitisch eingestellten *Contemporáneos* war man bestrebt, den Kontakt zur Tradition zu wahren. Dies dokumentiert Ermilio Abreu Gómez, "El 'primer sueño' de Sor Juana" (*Contemporáneos* 4, Sept. 1928), in: Manuel Durán (Hrsg.), *Antología de la revista* Contemporáneos, México: F.C.E. 1973, S. 229-233.

118 Escofet kritisiert ferner, daß "las demasías en que incurriera Góngora fueron precisamente lo que más entusiasmó a sus discípulos" (86). Zu diesen zählt er mit kritischem Blick auch die *modernistas*. Ein abweichendes Urteil vertritt Alfonso Reyes ("Sobre la estética de Góngora" [1910], O.C. 1, S.

Konsequenz ihres *mujeril entusiasmo* (87) und des "perverso ambiente y del mal gusto imperante" (87). Trotz seiner Einschränkungen bestimmt daher Escofets Einschätzung Sor Juanas als *maravillosa poetisa* (92) den Grundtenor des Vortrags.

Entsprechend positiv fällt die Beurteilung der dramatischen Dichterin aus. Escofet nutzt diese Gelegenheit zu einer Abrechnung mit dem seiner Meinung nach verbesserungswürdigen mexikanischen Theater der Gegenwart, das Sor Juanas Werke als historischen Stimulus anerkennen sollte, um seiner künstlerischen wie nationalen Aufgabe gerecht zu werden. Zwar wird eingeräumt, daß beispielsweise *Los empeños de una casa* keinen ausgesprochen "mexikanischen" Charakter besäße, doch immerhin gelte für das Drama: "...en México nació y de madre mexicana, lo que ya es bastante para que los mexicanos la tengan por suya" (95).

Aufschlußreich für die Erfassung des athenäistischen Menschenbildes ist Escofets idealisierende Würdigung der Persönlichkeitsmerkmale Sor Juanas.[119] Unter Einbeziehung eines Leitgedankens seiner athenäistischen Vorredner macht der Vortragende zunächst auf die Bedeutung der "medios de educación que nunca faltaron a la niña Juana Inés" (83) aufmerksam, welche auf der "despierta inteligencia" (83) des Mädchens aufbauen konnten und den Ausgangspunkt ihrer universalistischen Bildung stellten. Zentrale athenäistische Ideale klingen an, wenn Escofet auf Sor Juanas *erudición* (84) und ihren "afán insaciable de ciencia" (91) hinweist. Hierzu zähle auch, daß sie nicht nur in spanischer und lateinischer Sprache, sondern auch in einem indianischen Idiom Gedichte verfaßt habe. Die Ausführungen stilisieren die Dichterin als Vorbild der Athenäisten, da sie sich allen Quellen des Wissen ihrer Zeit geöffnet und durch ihren Universalismus ihre Persönlichkeitsentwicklung und Kritikfähigkeit gefördert habe.[120] Gleichzeitig bekundet die Hervorhebung der positiven Auswirkungen ihrer Erziehung die Überzeugung, daß allen Mexikanern ungeachtet ihres Geschlechts die gleichen Bildungschancen zukommen müssen.

Zur Vorbildfigur des Athenäums wird Sor Juana auch dank ihrer philosophischen Überzeugungen, insbesondere ihrer Ablehnung der scholastischen Dogmen:

61-85). Besonders rühmt der Athenäist den *afán aristocrático*, "el castigo que Góngora ponía en su arte" und die *elegancia, sonoridad* und *viveza* des *Homero español* (a.a.O., S. 73, 80 und 62).

119 Reyes unterstreicht bei Sor Juana die "clarísima conciencia de las realidades sociales" und vermerkt zu ihrem Engagement: "America ante el mundo, la esencia de lo mexicano, el contraste del criollo y el peninsular, la incorporación del indio, la libertad del negro, la misión de la mujer, la reforma de la educación" ("Letras de Nueva España" [1946], O.C. 12, S. 279-395, hier S. 371).

120 Die Wahl Sor Juanas als Ikone des Universalismus setzt sich in einem Urteil Gabriel Zaids fort: "La apertura de la inteligencia mexicana a la cultura universal no empieza con Octavio Paz. Está en nuestra mejor tradición: en Sor Juana, en los humanistas del siglo XVIII, en los modernistas, en los ateneístas, en los Contemporáneos" ("Los suecos lo proclaman", *Obras*, Bd. 2, México: El Colegio Nacional 1993, S. 274-276, hier S. 275). Auch der *Contemporáneo* Jorge Cuesta rühmt Sor Juana als Vertreterin der klassischen spanischen Literatur in Mexiko wegen ihres "carácter crítico y reflexivo, su calidad universal" ("El clasicismo mexicano" [1934], in: *Obras*, Bd. 1, o.O.: Ediciones del Equilibrista 1994, S. 304-315, hier S. 306).

> *Yo creo que aquella gran mujer (...) hubo de emanciparse, más o menos voluntariamente, de toda sujeción filosófica, como cuadra a una mujer de sensibilidad excesivamente vidriosa y rebelde. Fue positivo el espíritu de Sor Juana porque era libre y así tuvo de los hombres y de las cosas una visión más amplia cuando juzgaba por su cuenta y razón, sin acordarse de sus lecturas y estudios.* (90)

Escofet ist um eine diskrete Analogiebildung zwischen dem antidogmatischen Anliegen des Athenäismus und jenem der Dichterin bemüht, um ersteres durch den Verweis auf eine allgemein anerkannte Referenzfigur zu legitimieren und zugleich in eine historische Kontinuitätslinie zu stellen.[121] Auch der Verweis auf Sor Juanas "pasión impetuosa, fuerte, desbordante" (92) dient der Rechtfertigung des antirationalistischen, gegen ein mechanistisches Menschenbild gewandten athenäistischen Anliegens.

Gemäß dem Vorbild Sor Juanas sollten neben einem großen Bildungsethos und der Gabe zur Intuition und Inspiration die Unabhängigkeit von vorgefaßten Denkformen sowie die Kritikfähigkeit den mexikanischen Menschen auszeichnen. Um möglichst breiten Kreisen der Bevölkerung die Dichterin als Vorbild präsentieren zu können, regt der Athenäist den Druck einer preiswerten und von Errata freien Neuausgabe der *Obras Completas* der Mexikanerin oder zumindest die Publikation einer Anthologie ihrer hervorragendsten Werke an.[122] Dieses publizistische Engagement beruht auf der Einsicht, daß Sor Juanas Person und Schaffen in vielfältiger Weise dem athenäistischen Menschenbild entsprechen und daß ihr Werk einen wichtigen, in den Augen Escofets noch nicht hinlänglich gewürdigten Beitrag für die Entwicklung der mexikanischen Nationalliteratur und damit der *autodefinición* Mexikos darstellt. Daher diene die Methode eines "*formarse* en la tradición literaria" (96) dem Ziel, eine authentische *cultura nacional* zu entwickeln. Entsprechend schließt Escofet seine Ausführungen mit einem Aufruf an alle Mexikaner, sich selbst in ihrer Nationalliteratur zu entdecken.[123]

---

[121] Dieses Ansinnen verfolgt auch die Aussage: "Si ahora vivimos unos tiempos de frivolidad lamentables, los que vivió Sor Juana, aunque en otro sentido, no fueron mejores no más a propósito para formarse la cultura de una mujer. La gran poetisa mexicana fue mujer excepcional en su época y lo sería también en la nuestra" ("Sor Juana", S. 93).

[122] A.a.O., S. 95.

[123] "Los poetas suelen ser el producto sentimental de los pueblos. Los pueblos que honran a sus poetas son los que mejor saben honrarse a sí mismos" (a.a.O., S. 96).

IV. Der Werdegang des *Ateneo* im Verlauf der Mexikanischen Revolution

1. Reform oder Revolution? Zum Problem des kulturellen und politischen Engagements

Im November 1910 begann die Erhebung gegen General Díaz, welche nach einer Reihe bewaffneter Auseinandersetzungen zwischen Maderisten und Regierungstruppen sowie aufgrund einer drohenden Intervention der USA im Mai 1911 zum Rücktritt des Staatspräsidenten und der Einsetzung der Interimsregierung León de la Barras führte. Die historische Situierung der Aktivitäten des *Ateneo de la Juventud* im Vorfeld der Mexikanischen Revolution verleitet dazu, die Aktivitäten der Gruppe als Ausdruck eines revolutionären Impetus zu interpretieren. Zu dieser Annahme geben nicht zuletzt rückblickende Aussagen einiger Athenäisten Anlaß, in denen sich eine Verbindung zwischen philosophischem Athenäismus und politischer Revolution andeutet.[1] Entscheidend ist aber, ob tatsächlich über den philosophischen Bereich hinausgehend auch die politische Ideologie des Systems grundsätzlich in Frage gestellt werden sollte. In den analysierten Vorträgen des *Ateneo de la Juventud* finden sich hierfür keine Anhaltspunkte. Vielmehr zeichnet sich ab, daß die kritischen Bemühungen der Gruppe auf eine kontrollierte Reform, nicht aber auf eine Revolution abzielten.[2] Dies bedeutet, wie Monsiváis zu Recht hervorhebt, daß die Athenäisten das politische Ideal des *despotismo ilustrado*[3] vertraten. Vasconcelos' Selbst-

---

1 Vgl. Vasconcelos' Darstellung in *Ulises criollo* (S. 667ff.) und Reyes: "Rota la fortaleza del positivismo, las legiones de la filosofía - precedidas por la caballería ligera del llamado antiintelectualismo - avanzaban resueltamente" ("Pasado inmediato", S. 211). Henríquez Ureña vertritt die Ansicht, daß der *Ateneo* das "preludio de la gigantesca transformación que se iniciaba en México" gewesen sei ("Alfonso Reyes", S. 383). Nach Julio Torri revolutionierten die *ateneístas* das Land durch ihre Ideen, nicht aber durch Waffengewalt (Emmanuel Carballo, "Julio Torri", in: ders., *Diecinueve protagonistas de la literatura mexicana del siglo XX*, México 1965, S. 139-151, hier S. 144).
2 Diesen Standpunkt vertritt auch Carlos Monsiváis, "La toma de partido de Alfonso Reyes", in: *Nueva Revista de Filología Hispánica* 37, 2 (1989), S. 505-519, hier S. 510. Sevchovich erkennt im *Ateneo* ausschließlich das Bestreben, gegen die Philosophie und das Erziehungssystem des Positivismus vorzugehen (*México*, S. 80). Enrique Krauze kritisiert die Realitätsferne der Gruppe durch seine pointierte Formulierung, ihre Mitglieder hätten eher in Griechenland, denn in Mexiko gelebt ("Pasión y contemplación en Vasconcelos. Primera Parte", *Vuelta* 78 [Mai 1983], S. 12-19, hier S. 14). Das rein intellektuelle Anliegen des vorrevolutionären *Ateneo* betont ferner E. Suárez-Iñiguez, "Los intelectuales en México: los grupos generacionales", *Revista Mexicana de Ciencias Políticas y Sociales* 25 (1979), S. 185-201, hier S. 186 und 189. Auch Vasconcelos wirft im Gespräch mit Carballo den Athenäisten rückblickend vor, sie seien der Lust am reinen Wissen verhaftet geblieben ("José Vasconcelos", in: ders., *Protagonistas*, S. 17-47, hier S. 25). Die Übertragung der im *Ateneo de la Juventud* vorherrschenden politischen Haltung auf den philosophischen Ansatz führt Petra Schiefer zu einer mißverständlichen Stellungnahme: "Die Philosophie des Ateneo war eher restaurativ, traditionalistisch und konservativ als sozialrevolutionär" (*Zum Geschichtsbild in den Romanen von A. Yáñez. Gesellschaftliche Wirklichkeit und Kulturideal im nachrevolutionären Mexiko*, Frankfurt/Main 1986, S. 22).

verständnis als Erziehungsminister sollte dieser Überzeugung entsprechen. Deshalb erscheint es bedenklich, die *revolución cultural* der Athenäisten in einen unmittelbaren Bezug zur *revolución política* zu stellen,[4] zumal selbst hochgestellte regimetreue *científicos* den Vorträgen des *Ateneo* Beifall zollten, wie sich Caso erinnert.[5] Die Tatsache, daß Caso als prominenter Vertreter des Athenäums im Rahmen der 1910 von Sierra neugegründeten *Universidad Nacional* an der *Escuela de Altos Estudios* Vorlesungen zur Philosophie anbot, weist ebenfalls auf die Annäherung der Gruppe an fortschrittliche Vertreter und Institutionen des Porfiriates hin. Wenn der Maderist Vasconcelos in einem Rückblick aus dem Jahr 1911 mit der Gründung des *Ateneo* das Ziel des "dar forma social a una nueva era de pensamiento"[6] verband, so läßt sich ein derartiges Vorhaben angesichts der Mehrheit der eher porfiristisch orientierten oder unpolitisch eingestellten Mitglieder nicht nachvollziehen.[7]

Gegen die pauschale Verbindung von Athenäismus und revolutionärem Impetus spricht ferner Henríquez Ureñas Feststellung, der *Ateneo* habe stets die politische Unabhängigkeit gesucht.[8] Auch 1915 distanziert sich der Essayist in einem literarhistorischen Rückblick

---

3 Monsiváis, "Notas", S. 326. Fragwürdig erscheint Jorge Cuestas Urteil, das einen Bezug zwischen dem Konservatismus des *Ateneo* und der *Action Française* herstellt ("La enseñanza de Ulises" [1937], in: *Obras*, Bd. 2, o.O.: Ediciones del Equilibrista 1994, S. 154-163, hier S. 159f.).

4 Einen solchen Zusammenhang sehen Antonio Gómez Robledo, "Discurso de homenaje al doctor Alfonso Reyes", in: Alfonso Caso (Hrsg.), *Homenaje de El Colegio Nacional a Alfonso Reyes, uno de sus miembros fundadores, 8 de febrero de 1965*, México 1965, S. 9-33, hier S. 14; Luis Leal, "Generación", S. 429; José Luis Martínez, *Literatura Mexicana*, Bd. 1, S. 4; ders., "Introducción 1907-1914", S. 32; Uría-Santos, *El Ateneo de la Juventud*, S. 5 und Octavio Paz, der Casos äußerst zurückhaltende Positivismuskritik als "primer paso en la lucha revolucionaria" rühmt ("Leopoldo Zea, 'El positivismo en México'" [1943], in: ders., *Primeras letras [1931-45]*, México: Vuelta ²1990 [¹1988], S. 237-242, hier S. 242). Gutiérrez Girardot bezeichnet das Wirken des *Ateneo* als *revolución cultural* ("Concepción", S. 100). Den Begriff der "pacífica revolución cultural" verwendet James Willis Robb, "Siete presencias", S. 121. In etwas abgeschwächter Form beurteilt José Luis Gómez-Martínez die Aktionen der Athenäisten als *rebelión* ("Posición de Alfonso Reyes en el desarrollo del pensamiento mexicano", *Nueva Revista de Filología Hispánica* 37, 2 [1989], S. 433-463, hier S. 438).

5 "Ramos y yo. Un ensayo de valoración personal", O.C. 1, S. 142-157, hier S. 145.

6 "Juventud intelectual", S. 135.

7 Jorge Cuesta kritisiert bereits 1937 diese "actitud aristocrática de desdén por la actualidad" ("Enseñanza", S. 160). Auch John Rutherfords Notiz trägt zur Entmystifizierung der Aussage Vasconcelos' bei: "it (scil. the *Ateneo*) remained, until after Madero came to power, disdainfully aloof from all political matters: of the thirty-one founder members, only one - Vasconcelos - had anything to do with the Maderista revolt" (*Mexican society during the Revolution*, Oxford 1971, S. 82). Zu demselben Schluß kommt José J. Rojas Garcidueñas, *El Ateneo de la Juventud y la Revolución*, México 1979, S. 76ff.

8 "Las actividades de nuestro grupo no estaban ligadas (salvo la participación de uno que otro de sus miembros) a las de los grupos políticos (...): sólo habíamos pensado hasta entonces en la renovación de las ideas" (Henríquez Ureña, "La influencia de la Revolución en la vida intelectual de México" [1925], O.C. 5, S. 247-257, hier S. 251).

prinzipiell von einer unmittelbaren Verknüpfung von kunstästhetischem und politischem Anliegen, indem er mit Altamirano, Ramírez, Riva Palacio und Prieto Autoren aus der Zeit der Reforma nennt, welche ein *alto talento* und eine *buena cultura* besessen hätten. Zugleich gilt aber einschränkend: "habrían sido grandes escritores a no nacer su obra literaria en ratos robados a la actividad política".[9] Für den *ateneísta* stellen offensichtlich politisches Handeln und kulturelles Wirken zwei getrennte Sphären dar. Andererseits vertritt er ein Ideal, das nach dem Vorbild des antiken Griechenland Kunst und Wissenschaft als Dienst an der Gemeinschaft versteht.[10] Offen bleibt jedoch, unter welchen Umständen Kunst ein oppositionelles gesellschaftliches Engagement entwickeln soll. In dieser Frage deutet sich eine große politische Toleranz Henríquez Ureñas an, da er die Zeit von 1880 bis 1910 als "edad de oro de las letras mexicanas" bezeichnet und klagt, daß die Literatur der folgenden Jahre ihr "ambiente de tranquilidad con la caída del antiguo régimen"[11] verloren habe. Unerwähnt bleibt freilich - und dies belegt die von einem nur gering entwickelten politischen Problembewußtsein zeugende Sichtweise[12] -, daß während des Porfiriates die Modernisten für ihre literarische Autonomie den Preis des gesellschaftlichen Nischendaseins und der politischen Konformität oder Neutralität zahlen mußten. Autoren wie Manuel Gutiérrez Nájera, Salvador Díaz Mirón und José Juan Tablada wurden in das konservative politische System inkorporiert, so daß ihre literarische Auflehnung gegen die nationalistisch eingeengte Kultur ohne politische Entsprechung blieb.[13]

Henríquez Ureñas Bezeichnung der Ära Díaz als das Goldene Zeitalter der neueren Literatur impliziert eine gegenteilige Beurteilung der Situation während der Revolution. Die Wahrung literarischer Qualität scheint dem Athenäisten mehr zu bedeuten als das politische Engagement. Diese Position wird jedoch durch den Hinweis abgefedert, daß eine qualitativ hochstehende Literatur aufgrund ihrer erzieherischen Wirkung durchaus einen

---

9   "Enrique González Martínez" (1915), O.C. 3, S. 255-266, hier S. 289.
10 "Corrientes", S. 240. Entsprechend äußerte sich Henríquez Ureña 1908 in einem Rückblick auf Barreda: "Para el espíritu de todo verdadero educador, la ciencia es siempre 'una vitalidad que tiende a la acción', y la ciencia (...) ha debido aparecer (...) como el medio más positivo de regenerar a estas sociedades..." ("Alocución", S. 244).
11 A.a.O., S. 263.
12 Für Henríquez Ureñas Tendenz zum politischen Konformismus und seine der bürgerlichen Mittelschicht verhaftete Perspektive spricht auch, daß er bei seiner historischen Betrachtung des Porfiriates nicht die sozialdarwinistische Unterdrückungspolitik gegenüber den Indianern, wohl aber den wachsenden wirtschaftlichen Wohlstand der sich ausformenden *clase media* thematisiert (*Historia de la cultura en la América hispánica*, O.C. 10, S. 325-448, hier S. 418). Noch in "Influencia" sieht Henríquez Ureña die Situation der Indianer unter Díaz in einer rein kulturhistorischen, nicht aber sozioökonomischen Perspektive, wenn er beklagt, daß in dieser Zeit die indianischen und kolonialen Kulturen zu Gunsten einer Imitation Europas in Vergessenheit geraten seien ("Influencia", S. 250).
13 Vgl. Carlos Monsiváis, "L'Etat et les intellectuels au Mexique", in: GRAL - Institut d'Etudes Mexicaines Perpignan (Hrsg.), *Champs de pouvoir*, S. 83-107, hier S. 85.

emanzipatorischen Effekt besitzen kann. Wenn Henríquez Ureña für die ersten Jahre der Revolution zu dem Schluß kommt, man habe das Leben als Kampf verstanden,[14] so gilt dies lediglich im Sinne einer kritischen Auseinandersetzung mit geistigen Werten, denen freilich eine gesellschaftsrelevante Implikation nicht abgesprochen werden kann. Eine reformatorische politische Entwicklung bietet aus seiner Sicht am ehesten das Fundament für das Entstehen einer qualitativ hochwertigen Kunst und Literatur.

Auch Reyes lehnt die revolutionären Entwicklungen ab und äußert 1911, also noch vor dem politisch motivierten Mord an seinem Vater, spontan den Wunsch, angesichts der politischen Unruhen Asyl im Geistigen zu suchen.[15] In "L'évolution du Mexique" verweigert er sich wie Henríquez Ureña der Revolution und bedauert, daß sie dem Bedürfnis des *Ateneo* nach einer kontinuierlichen Entwicklung des Geisteslebens entgegengelaufen sei. Die Chance eines neuhumanistischen Neubeginns sei vertan worden, denn "soudain nous fûmes bouleversés",[16] mit der Folge, daß das revolutionäre Mexiko als kulturloses, anarchisches Land keine geistige Heimat mehr biete. Wie Henríquez Ureña fordert Reyes 1919 die Trennung von politischer und geistiger Aktivität, wenngleich er die gesellschaftliche Relevanz der Kulturproduktion und -kritik zunehmend hervorhebt.[17] Dies ändert jedoch nicht seine apolitische Grundeinstellung, denn 1930 betont er in einem nicht abgesandten Brief an Guzmán sein absolutes Desinteresse am politischen Tagesgeschehen.[18] Zwar schlägt er 1941 angesichts des Zweiten Weltkrieges vor, die Politiker mögen bei ihrer Entscheidungsfindung verstärkt die Intellektuellen konsultieren, doch wahrt er auch

---

14 A.a.O., S. 251.
15 "Quisiera salirme de México para siempre: aquí corro riesgo de hacer lo que no debe ser el objeto de mi vida. Como no tengo entusiasmos juveniles por las cosas épicas y políticas, ni la intervención *yankee*, ni los conflictos me seducen gran cosa. Preferiría escribir y leer en paz y con desahogo" (Brief vom 6.5.1911, in: ders./Henríquez Ureña, *Correspondencia*, S. 167-169, hier S. 169). Gleichwohl ist Reyes am 6.6.1911 überzeugt, in einer "época agradabilísima y de civismo serio" zu leben. Die Revolution habe mit dem Sieg Maderos ihre Bestimmung gefunden (Brief an Henríquez Ureña, a.a.O., S. 179). Angesichts dieser Aussage ist Reyes' politische Frustration nach dem Militärputsch Huertas, der Ermordung Maderos und seines Vaters umso verständlicher. Erst Calles erhielt als Nachfolger Obregóns Reyes' Vertrauen, weshalb ihn Vasconcelos in seinen Erinnerungen als *devoto callista* bezeichnet. Siehe Patout, *Reyes*, S. 235 und 419f.
16 "Evolution", S. 323. In seinem Exil meint er noch 1920 zu Unamuno: "Absurdo lo de México (...) ¡Pobre tierra mía! ¡No hablemos!" (Brief vom 13.5.1920, zit. in: García Blanco, "Escritor", S. 162).
17 "Por lo demás, tampoco el verdadero sentido de la inteligencia está en la ambición del poder. La función de la inteligencia está en pensar bien. La inteligencia sirve mejor para consejero que para gobernante..." ("El sentido de la política" [1919], O.C. 3, S. 357-360, hier S. 360). "Lo mejor para el intelectual absoluto, lo mejor para la inteligencia es conservarse en un término moderado respecto a la acción, y sólo participar en ella lo indispensable, reservándose un sitio de orientación y consejo" ("En el Día Americano" [1932], O.C. 11, S. 63-70, hier S. 69).
18 "No es fácil hacerme hablar de política. Es algo que no entiendo muy bien. (...) Salí del país como pude, dejando horrores a la espalda. (...) no tenía conciencia política (...) soy políticamente estúpido" (Brief vom 17.5.1930, in: Guzmán/Reyes, *Medias palabras*, S. 134ff.)

hierbei die seit der Zeit des *Ateneo* bestehende prinzipielle Trennung zwischen den Bereichen des Politischen und des Geistigen.[19]

Sogar José Vasconcelos und Martín Luis Guzmán, die aktiv Madero unterstützten, kann kaum unterstellt werden, sie hätten vor 1910 im Sinne einer kulturellen oder politischen Revolution agitiert. Zwar bemüht sich Vasconcelos vor allem in *Ulises criollo*, rückblickend diesen Eindruck zu erwecken, doch liefern die aus der Zeit des *Ateneo de la Juventud* vorliegenden Dokumente keine Anhaltspunkte für eine solche Annahme. Indirekt bestätigt Guzmán Vasconcelos' Aussagen als Selbststilisierung und Mythisierung des Athenäums, indem er in seinem autobiographisch angelegten Roman *El Aguila y la Serpiente* selbstkritisch einräumt, der *Ateneo* habe selbst nach dem Ausbruch der Revolution noch in einer realitätsfernen Bildungswelt gelebt.[20]

Die Aussagen der Athenäisten deuten um 1910 darauf hin, daß ihnen über eine philosophische und geisteswissenschaftliche Erneuerung hinaus ausschließlich an einer Moralisierung und kontrollierten Reform - nicht aber Revolution - der Politik über den Weg der Geisteskultur gelegen ist.[21] Eine offene Auflehnung gegen das System wurde nicht angestrebt, doch unterminierte man das Porfiriat zunächst im Privaten, dann auch öffentlich in seinen philosophischen und epistemischen Grundfesten. Aufgrund der Verknüpfungen zwischen den gesellschaftlichen Teilbereichen der Philosophie und Politik besaßen die philosophiekritischen Aktivitäten der *ateneístas* durchaus auch politische Implikationen, so daß von einer Verbindung zwischen "actitud filosófica" und "actitud política"[22] gesprochen werden kann. In dieser Perspektive wäre angesichts der Praxis des Porfiriates, die geistige Elite durch einen impliziten Pakt mit der Macht für die Ziele des Staates zu vereinnahmen, das Anliegen des *Ateneo* als Ausdruck einer intellektuellen Opposition zu beurteilen.[23] Somit kann der Athenäismus durchaus als mittelbarer Wegbereiter des politischen Wandels betrachtet werden. Allerdings lieferte der *Ateneo* den Revolutionären kein theoretisches Rüstzeug, so daß angesichts des defizitären theoretischen Unterbaus der mexikanischen Revolution zu fragen wäre, ob die Gruppe aufgrund der unpolitischen

---

19 "Si los gobiernos quieren cumplir su difícil, su tremenda misión, en este aciaga del mundo, tienen que escuchar a la ciencia. Si los hombres de ciencia no quieren pasar por monstruos aberrantes, talladores de cabezas de alfiler sin respeto para las cabezas de los hombres, tienen la obligación de hacerse escuchar por los directores políticos" ("Ciencia social", S. 109).

20 Siehe Hölz, "Der intellektuelle Revolutionär", S. 437-458 sowie Guido Rings, *Erzählen gegen den Strich. Ein Beitrag zur Geschichtsreflexion im mexikanischen Revolutionsroman*, Frankfurt/Main u.a. 1996, S. 36 und 138ff.

21 Diese Ansicht bestätigt Julio Jiménez Rueda im Gespräch mit Carballo: "La mayoría de los ateneístas no entendieron la Revolución política y social, aunque revolucionaron la vida cultural del país" (*Protagonistas*, S. 167-179, hier S. 171).

22 Hernández Luna, "El Ateneo de la Juventud", S. 22; vgl. Enrique Krauze, *Caudillos culturales en la Revolución Mexicana*, México 1976, S. 49.

23 So Monsiváis, "L'Etat", S. 85f. und ders., "Notas", S. 320f. Patrick Romanell ist ebenfalls beizupflichten: "...nos parece posible inferir que los caudillos culturales del Ateneo fueron precursores intelectuales de la Revolución. No fueron, sin embargo, sus directores políticos. Incitaron la Revolución; no la acaudillaron" (*La formación de la mentalidad mexicana. Panorama actual de la filosofía en México 1910-1950*, México 1954, S. 75).

Haltung der Mehrheit ihrer Mitglieder nicht eine historische Chance vergeben hat. Der *Ateneo* steht demnach zu Beginn einer Konstellation, die über die Revolutionszeit hinaus in Mexiko nachwirkte: Zwischen "denkenden" Intellektuellen und "handelnden" Revolutionären beziehungsweise Regierenden, zivilisatorischer Theorie und politischer Praxis erfolgte nur selten ein Brückenschlag.[24]

2. Zwischen gesellschaftspolitischem Anspruch und kulturpolitischer Wirklichkeit: Die Neuorientierung des *Ateneo* unter Vasconcelos

Nachdem die Mitglieder des *Ateneo de la Juventud* mit Ausnahme Vasconcelos', Ricardo Gómez Robelos und Guzmáns von den politischen Entwicklungen zunächst überrascht wurden, suchten sie nach Abschluß der ersten Phase der Revolution für die Verwirklichung ihrer Ideale die Unterstützung der neuen Regierung. Die einsetzende Erweiterung des kulturphilosophischen um ein sozialpolitisches Engagement vermochte den Gang der politischen Entwicklungen jedoch nicht zu beeinflussen. Die Tatsache, daß die Ziele des *Ateneo* in keinem politischen Programm Berücksichtigung fanden, belegt die verspätete und zudem nur partielle Politisierung der Gruppe, doch auch die vorsichtige Haltung der Politiker gegenüber einer potentiell kritischen, das politische Handeln hinterfragenden Geisteskultur.[25]

Die von Vasconcelos betriebene Annäherung des *Ateneo de la Juventud* an die Politik wurde dadurch erleichtert, daß die Vertreter des Maderismus dem Anschein eines revolutionären Bruchs entgegenwirkten. Ganz im Sinne des reformerischen Anliegens der

---

24 Vgl. Louis Panabière, "Les intellectuels et l'Etat au Mexique (1930-1940). Le cas de dissidence des *Contemporáneos*", in: GRAL - Institut d'Etudes Mexicaines Perpignan (Hrsg.), *Intellectuels et Etat au Mexique au XXe Siècle*, Paris 1979, S. 77-112. Nach Gómez-Martínez setzt sich dieser Bruch bis in die 60er Jahre fort ("Posición", S.457). Nach den Ereignissen von Tlatelolco von 1968 vertieften sich die Differenzen erheblich, wie die Reaktionen von Monsiváis, Paz und Poniatowska belegen (vgl. Monsiváis, "Notas", S. 429ff.; Paz' Reaktionen faßt zusammen Fernando Vizcaíno, *Biografía política de Octavio Paz o La razón ardiente*, Málaga 1993, S. 111ff.; Elena Poniatowska, *La noche de Tlatelolco. Testimonios de historia oral*, México [5]2]1994 [[1]1971]). Auf staatlicher Seite versuchte man in den folgenden Jahren, die Einbindung - und Kontrolle - der Intellektuellen verstärkt zu betreiben. Als aktuelles Beispiel für diese Tendenz sei die Tatsache angeführt, daß der renommierte Verlag *Fondo de Cultura Económica* gegenwärtig von dem ehemaligen Staatspräsidenten Miguel de la Madrid geleitet wird und nach einer Phase, in der auch kritische Stimmen zu Wort kamen, eine eher konservative, den Zielen des PRI entsprechende Verlagspolitik betrieben wird.

25 So Rings, *Erzählen*, S. 36. Angesichts dieses Befundes trägt John Schwald Innes' Feststellung zur Mythenbildung bei: "The revolution by the philosophers accompanied the successful initiation to the Revolution of 1910 and made more profound the realization of the Revolution in both its intellectual and its social impact" (*Revolution and Renaissance in Mexico. El Ateneo de la Juventud*, Austin 1970, S. 9); dieselbe Argumentation verfolgt Uría-Santos, *El Ateneo de la Juventud*, S. 109). Nach Krauze sollten paradoxerweise gerade Vasconcelos' Spiritualismus und Antiintellektualismus, die er als philosophische Waffen gegen den Positivismus eingesetzt hatte, verhindern, daß er wie die übrigen Athenäisten die soziale Tragweite der Revolution erfaßte ("Pasión", S. 14).

Gruppe bemühten sie sich darum, unter personeller Beibehaltung eines Teils der porfiristischen Führungselite das politische System zwar ansatzweise zu liberalisieren, doch zugleich dessen Grundstrukturen unverändert zu lassen.[26] Hiermit stand der Weg offen für eine Betätigung des *Ateneo* als kulturelles Artikulationsorgan, aber auch kulturpolitisches Aushängeschild des Maderismus,[27] mit der Folge, daß er aufgrund dieser Neuorientierung verstärkt zum Gegenstand öffentlicher Kritik wurde. Die Annäherung an die neue politische Strömung führte im Oktober 1911 zu der Wahl des bis dahin eher als exzentrischer Geist agierenden Vasconcelos zum Präsidenten des Kreises.[28] Ausschlaggebend hierfür war neben seinem 1909 einsetzenden Engagement als Mitglied des *Centro Antirreeleccionista de México* das kritische gesellschaftsphilosophische Engagement. Es prägte auch Vasconcelos' für den *Ateneo de la Juventud* gehaltenen Vortrag "Don Gabino Barreda y las ideas contemporáneas". Mit seinem Wechsel an die Spitze der Gruppe setzte Vasconcelos zur plakativen Manifestation des von ihm angestrebten programmatischen Wandels sogleich die Umbenennung des *Ateneo de la Juventud* zum *Ateneo de México* durch. Angesichts der auch weiterhin differierenden politischen Ansichten der Gruppenmitglieder besitzt allerdings seine Aussage, daß im Unterschied zur Mehrzahl der dem Reyismus anhängenden mexikanischen Intellektuellen der größte Teil der Athenäisten mit dem Maderismus sympathisiert habe, eher eine propagandistische denn den Realitäten entsprechende Bedeutung.[29] Caso und Reyes etwa

---

26 Die hieraus erwachsenden Spannungen zwischen gemäßigten und revolutionären Strömungen führten zu einer wachsenden parteiinternen Opposition gegen Madero. Siehe Tobler, *Mexikanische Revolution*, S. 164f. und 175ff.

27 Siehe Vasconcelos, *Ulises criollo*, S. 667 und Beer, "El Ateneo", S. 745. Nach Vicente Lombardo Toledano verdankt die Revolution dem *Ateneo* ihren *sentido humanista* ("Sentido humanista", S. 97ff.). Der *Contemporáneo* Salvador Novo kommt demgegenüber zu dem Schluß, die Vorträge der Gruppe "fueron muy importantes para la cultura, si no de México, sí de sus miembros" ("Veinte años", S. 5); Monsiváis betont ebenfalls, das Wirken der Gruppe hätte kaum Auswirkungen auf die mexikanische Kultur gezeitigt ("Cultura nacional", S. 65). Zu einem ähnlich kritischen Urteil kam zuvor Ramos, *Perfil*, S. 82.

28 José Luis Martínez bestätigt, Vasconcelos' Mitwirken im *Ateneo* sei nicht *sin violencias* verlaufen ("La obra literaria de José Vasconcelos", in: ders., *Literatura mexicana. Siglo XX*, S. 265-279, hier S. 279). Krauzes Schluß, daß "Vasconcelos despreciaba, en el fondo, los afanes del Ateneo", ist allerdings in dieser Absolutheit nicht nachvollziehbar ("Pasión", Primera Parte, S. 14). Dies bestätigt Vasconcelos' Brief an Reyes (7.3.1916): "Si la obra que venimos cumpliendo los cuatro o cinco amigos del Ateneo no es meramente literaria, no depende de que publiquemos o no publiquemos, sino que logremos construir nuestros espíritus. Y aunque hace mucho tiempo que no estamos todos reunidos, yo todavía obro conforme a los impulsos que en aquella época nacieron de nuestro trato" (zit. in: James Willis Robb, "José Vasconcelos y Alfonso Reyes: anverso y reverso de una medalla", *Los Ensayistas: Georgia Series on Hispanic Thought* 16/17 [März 1984], S. 55-65, hier S. 56).

29 *Ulises criollo*, S. 605. Diesen Widerspruch bestätigt Vasconcelos indirekt selbst, indem er gegenüber Carballo unterstreicht, daß nur er und Henríquez Ureña über einen *espíritu social* verfügt hätten ("José Vasconcelos", S. 25).

setzten während der Revolution ihre philosophischen und philologischen Studien ohne einen Seitenblick auf die politischen Ereignisse fort.[30]

Wenngleich die Regierungszeit Maderos nur mit Einschränkungen als eine politische Revolution qualifiziert werden kann, so ist Vasconcelos dennoch zuzustimmen, wenn er - nicht ohne die selbstgefällige Hervorhebung der eigenen Leistungen - das geistige Wirken der Gruppe in diesen Jahren als *revolución intelectual*[31] bezeichnet, in der eine gesellschaftspolitische Handlungsalternative zu der bislang vorherrschenden *dirección cultista* Henríquez Ureñas, Reyes' und Craviotos entwickelt wurde.[32] Der *Ateneo* sollte nach den Wünschen seines Präsidenten die noch unter Erziehungsminister Sierra bestehende Ausprägung einer "*élite sin relaciones con la masa popular*"[33] beenden und kulturelles mit sozialem sowie universalistisches mit mexikanistischem Engagement verbinden.[34] Dementsprechend kritisiert er gemäß der individuellen Interessenlage und der von ihm propagierten handlungsorientierten Gruppenidentität die *discusiones seudofilosóficas*, die man vormals im *cenáculo literario* geführt habe.[35] Nach den Zielsetzungen Vasconcelos' sollte in Fortschreibung der athenäistischen Tradition das antipositivistische, mit der Aufwertung des freien Willens verbundene Engagement zu einem neuen, auf geistig-emotionalen Grundlagen fußenden Kulturverständnis führen. Darüber hinaus jedoch war

---

30 Krauze deutet zu Recht auf das Problem hin, daß athenäistische Leitbegriffe wie *esperanza* und *ideal* zwar voller rhetorischer Spannung, doch ohne sozial und politisch umsetzbaren Inhalt geblieben seien ("Pasión y contemplación", S. 14). Wie Reyes und Henríquez Ureña reagiert der Athenäist Mariano Silva y Aceves auf die Revolution. Am 12.12.1913 teilt er Reyes mit, sich angesichts der mexikanischen Realität mit wachsendem Interesse seiner Tacitus-Lektüre zu widmen (*Reino lejano*, S. 220).

31 "Juventud intelectual", S. 135. Das Urteil bestätigt Henríquez Ureña, "Influencia", S. 251 und "Historia de la cultura", S. 422. Vasconcelos' Bestreben, die Ideologie und Methodik der Gruppe den gewandelten politischen Verhältnissen anzupassen, belegt seine Stellungnahme: "Ya no era el cenáculo de amantes de la cultura, sino el círculo de amigos con vistas a la acción política" (*Ulises criollo*, S. 668). Erneut muß vermerkt werden, daß Vasconcelos' Rückblicke auf den *Ateneo* nur einen eingeschränkten Informationswert besitzen, da sie zum Teil sehr deutlich der Selbstdarstellung und der Propagierung seiner philosophischen und kulturellen Überzeugungen dienen. Vgl. auch "Movimiento intelectual", S. 74. und Jorge Cuestas Rezension von *Ulises criollo* ("*Ulises criollo*, de José Vasconcelos" [1936], in: ders., *Obras*, Bd. 2, o.O.: Ediciones del Equilibrista 1994, S. 142-144, hier S. 142).

32 *Ulises criollo*, S. 507.

33 José Vasconcelos, *Indología - una interpretación de la cultura ibero-americana* (1926), O.C. 2, S. 1069-1303, hier S. 1243. Vgl.: "Por mi parte, nunca estimé el saber por el saber. Al contrario: saber como medio para mayor poderío y, en definitiva, para salvarse..." (*Ulises criollo*, S. 542f.)

34 Vasconcelos rühmt gegenüber Carballo die Einbringung der *cultura universal* als Gegenpol zum *criterio parroquial* (*Protagonistas*, S. 25). Auch als Erziehungsminister zielt Vasconcelos darauf ab, eine *verdadera cultura* als "el florecimiento de lo nativo dentro de un ambiente universal, la unión de nuestra alma, con todas las vibraciones del universo" zu schaffen ("Discurso inaugural del edificio de la Secretaría" [1922], O.C. 2, S. 796-803, hier S. 800).

35 *Ulises Criollo*, S. 541.

Vasconcelos im Gegensatz zur Mehrheit der übrigen Gruppenmitglieder davon überzeugt, daß es zur Einlösung dieser Zielvorgaben der aktiven politischen Mitwirkung des Intellektuellen bedürfe: philosophische Innovation, moralisches Erwachen, politische Rebellion sowie Erneuerung der Ideen sollten Hand in Hand gehen.[36] Diese Postulate besaßen allerdings keinen verbindlichen Charakter und förderten angesichts der apolitischen bis konservativen Grundhaltung der Mehrheit der Athenäisten das Entstehen interner Differenzen hinsichtlich des künftigen Kurses der Gruppe.

Unter der Präsidentschaft Vasconcelos' wirkte der *Ateneo de México* als wissenschaftliche und erzieherische Instanz auf zwei Ebenen. Zum einen führte man die Tradition der *Sociedad de Conferencias* und des *Ateneo de la Juventud* fort, um auf wissenschaftlich hohem Niveau die Entwicklung einer neuen mexikanischen Geisteskultur zu fördern. In Umsetzung dieses Vorhabens boten die *ateneístas* an der *Escuela de Altos Estudios* erstmals unentgeltlich Kurse in der neu geschaffenen *Facultad de Humanidades* an, deren Zugang allen Interessierten offenstand.[37] Zum anderen suchte man nun auch den Kontakt zur Arbeiterschaft, deren intellektuelle Ausbildung und geistige Emanzipation man fördern wollte.

Die Aufforderung zur Mitarbeit an der neugegründeten Universität bedeutet zwar die Anerkennung des athenäistischen Arbeits- und Bildungsethos sowie des gruppenspezifischen *sueño de perfección*,[38] doch blieb die Bandbreite der Einflußnahme aufgrund der beschränkten personellen Möglichkeiten des Kreises reduziert. Hinzu kommt, daß unter Madero viele universitäre Stelleninhaber aus der Zeit des Porfiriates zunächst von der Verwaltung übernommen worden waren. Nichtsdestoweniger verbesserten sich in dem Maße, wie im Zuge der gesellschaftlichen Veränderungen die Vertreter des positivistischen Denkens allmählich die Hochschule verließen, die Wirkungsmöglichkeiten und hiermit die Möglichkeiten der *ateneístas*, ihre Kulturphilosophie den jungen Studenten zu vermitteln.[39] Das hiermit einhergehende wachsende Selbstbewußtsein stützte sich nicht

---

36 "Juventud intelectual", S. 135. Henríquez Ureña, in dem Vasconcelos einen Verbündeten seiner Ziele zu sehen glaubte, kritisiert in seinen *Memorias* - ohne Vasconcelos zu nennen - eben diesen "caracter enojoso de publicidad y aun de combate que se le ha dado al Ateneo" (Eintrag vom 6.4.1911, zit. in Roggiano, *Pedro Henríquez Ureña*, S. 118).

37 Veranstaltungen boten an: Caso (Ästhetik), Chávez (Pädagogik), González Martínez (Französische Literatur), Henríquez Ureña (Englische Literatur) und Reyes (Spanische Sprache und Literatur). Die *Escuela de Altos Estudios* mit den Fächergruppen *Humanidades, Ciencias Exactas, Físicas y Naturales* sowie *Ciencias Sociales, Políticas y Jurídicas* - aus ihr sollte 1924 die *Facultad de Filosofía y Letras* hervorgehen - gab Caso seit der Neugründung, Reyes, Henríquez Ureña und Urbina ab 1913 die Gelegenheit, ihre universalistischen philosophischen und kulturellen Überzeugungen studentischen Multiplikatoren zu vermitteln (Henríquez Ureña, "Influencia", S. 251).

38 Ders., "Alfonso Reyes", S. 60.

39 Julio Torri erinnert sich: "Pedro representó entre nosotros, y en una época decisiva para la cultura del país, la seriedad de la carrera literaria, la aspiración a un saber de primera mano, la afición por las letras clásicas, por lo griego y por lo español sobre todo. Sus escritos, con serlo tanto, son menos valiosos que su influencia personal en la juventud de hacia el segundo decenio de este siglo"

zuletzt auf die von Henríquez Ureña ausgesprochene Erfahrung, daß die Wissenschaft in Europa inzwischen "el ascenso de los países *latinos* en el movimiento filosófico"[40] anerkannt habe. Diese in identitätspsychologischer Hinsicht bedeutsame Einsicht dokumentiert das Bedürfnis nach Autonomie ebenso wie den Wunsch, als gleichwertiger Partner von Europa akzeptiert zu werden.

Versuchten die Athenäisten, durch die Mitwirkung im Hochschulsektor die künftige Geisteselite und kulturelle Multiplikatoren mit ihrem Gedankengut vertraut zu machen, so besitzt die nach einer Initiative von Pedro González Blanco und Henríquez Ureña - nicht aber Vasconcelos, wie anzunehmen wäre - initiierte Gründung der *Universidad Popular* im Dezember 1912 für die Verbreitung des athenäistischen Denkens eine nicht minder wichtige Bedeutung. Gemäß dem von Sierra übernommenen Motto "La ciencia protege a la Patria" verknüpfte die Institution im Sinne der Volksbildung bildungspolitisches mit patriotischem Engagement. Wie Sierra waren auch manche Athenäisten von der gesellschaftlichen Instrumentalisierbarkeit des von ihnen vertretenen Moral- und Kulturbegriffs überzeugt, mit der Folge, daß sie den Gang der Revolution durch erzieherische Maßnahmen, geistige Aufklärung und die Schaffung eines neuen Kunst- und Kulturverständnisses zu beeinflussen versuchten.[41] Da die 1910 zur Volksbildung gegründete *Extensión de la Universidad Nacional* wegen ihrer geringen Effizienz auf die Kritik der *ateneístas* stieß, sollte die philanthopisch agierende *Universidad Popular* des *Ateneo* als regierungsunabhängige Alternative durch öffentliche Vorträge der Arbeiterschaft die *alta cultura* vermitteln, doch auch unmittelbar lebenspraktische Hilfestellungen geben.[42] Gleichzeitig kann ihre Gründung im Zusammenhang mit den einsetzenden Industrie- und Bergarbeiterunruhen als Versuch gedeutet werden, durch ihre zivilisatorische Aufgabe den wachsenden politischen Unmut der Arbeiter abzufedern und zu kanalisieren.[43] Mittels der

---

("Recuerdos de Pedro Henríquez Ureña", in: *Tres libros*, México; Buenos Aires: F.C.E. 1964, S. 170-173, hier S. 173).

40 Henríquez Ureña, "Profesores de idealismo", O.C. 2, S. 141-146, hier S. 143.

41 Selbst Reyes schreibt 1912 künstlerischen Aktivitäten eine gesellschaftliche Relevanz zu: "¡Cuán lejos estamos ya aquí de aquella ingenua teoría del arte como simple adorno! (...) El arte ha pasado de ser adorno a ser sustancia. (...) De las actitudes humanas ante la vida, la primera, la más elemental, es la acción. Su coronamiento es la heroicidad, y toda ella gravita en el mundo de la voluntad, dentro del bien y del mal" ("Dos versos de Rafael López" [1912], O.C. 1, S. 296-300, hier S. 299). Schon 1910 deutet sich diese Einstellung an, wenn Reyes Nietzsche zitiert: "Lo impersonal no tiene ningún valor sobre la tierra. La »teoría de lo impersonal« ha fracasado. En moral y en arte" ("La *Carcel de Amor* de Diego de San Pedro, novela perfecta", O.C. 1, S. 49-60, hier S. 49). Siehe auch Villegas, *Pensamiento*, S. 36.

42 Allein für 1916 sind 222 Vorträge bekannt, deren Themen von der Archäologie über die Morallehre bis zur Musik, Psychologie und Hygiene reichen. Nähere Informationen bei Schwald Innes, *Revolution*, S. 169f.; Uría-Santos, *Ateneo de la Juventud*, S. 65 und Enrique Krauze, *Caudillos*, S. 48.

43 Alfonso García Morales, *El Ateneo de México 1906-1914. Orígenes de la cultura contemporánea*, Sevilla 1992, S. 232f. Das Anliegen der *Universidad Popular* stellte keinen Einzelfall dar. So wurde schon im März 1912 der *Club Honor y Patria* mit der Zielsetzung gegründet, Arbeiter durch Vorträge mit politischen, sozialen und wirtschaftlichen Themen bekannt zu machen und hiermit die öffentliche Meinung zu lenken (a.a.O., S. 233).

Universidad Popular beabsichtigten die *ateneístas*, die Arbeit der geistigen Elite breiteren Schichten zugängig zu machen. Hauptadressaten waren die zahlreichen nicht alphabetisierten Arbeiter der Hauptstadt, denen in Abendkursen die Gelegenheit gegeben werden sollte, eine den Lernstoffen der Primarschule entsprechende Ausbildung zu erhalten. Ergänzend hierzu organisierten die Intellektuellen des *Ateneo* unter Ausschluß politischer und religiöser Themen auch Vorträge, Besichtigungen, Exkursionen und Lektürekurse. Obwohl konkrete Erfolge nicht überprüft werden können, bleibt es sicherlich ein Verdienst der *Universidad Popular*, auf nationaler Ebene Intellektuelle und Künstler vereint und für das 1920 durch Vasconcelos initiierte Projekt einer Reorganisation des Erziehungswesens sensibilisiert zu haben. Selbst nach der Ermordung Maderos bestand die Einrichtung unter der Leitung von A. J. Pani fort und leistete mit immerhin "ocho años de extensión (hoy difusión) cultural en una ciudad maderista, huertista, constitucionalista, convencionalista, zapatista, villista, carrancista, proto/obregonista"[44] einen wichtigen Beitrag zur kulturellen Kontinuität in Mexiko. 1920 wurde die Einrichtung unter Vasconcelos' Universitätsrektorat in das von Henríquez Ureña geleitete *Departamento de Intercambio y Extensión Universitaria* eingegliedert, deren 35 Lehrer im Geist des *Ateneo* und der *Universidad Popular* allein von Juli bis November 1922 nicht weniger als 2850 Vorträge hielten.[45]

Der *Ateneo* hatte unter Vasconcelos gemäß seiner gewandelten kulturpolitischen Zielsetzungen einen neuen Charakter erhalten: Nachdem die *tertulias* des Kreises der Öffentlichkeit verschlossen geblieben waren und die Vortragsreihen die intellektuelle Elite des Landes angesprochen hatten, vergrößerte und veränderte der *Ateneo* durch die Mitarbeit an der Universität sowie die Gründung der *Universidad Popular* sukzessive seine Zielgruppe. Diese Entwicklung dokumentiert das Bestreben, nach einer Phase der Konsolidierung des athenäistischen Denkens die Umsetzung der Erziehungs- und Bildungsideale in die Praxis zu versuchen und zugleich Multiplikatoren des Athenäismus auszubilden. In den zwanziger Jahren sollte Vasconcelos sodann die "Athenäisierung" des Bildungssystems anstreben. Vor diesem Hintergrund wäre zu überdenken, ob die Vertreter des *Ateneo* für die Phase des Maderismus tatsächlich pauschal als "espíritus aristocráticos situados lejos del pueblo"[46] bezeichnet werden dürfen, wenngleich bis 1911 innerhalb der Gruppe zweifelsohne das Bedürfnis nach der Pflege einer elitären Bildungskultur vorherrschte.[47] Nichtsdestoweniger hatte man sich bereits in den *Conferencias* für eine bildungspolitische Basisarbeit ausgesprochen, die unter Vasconcelos' Präsidentschaft in die Realität umgesetzt wurde. Die Pflege einer Geisteskultur auf höchstem Niveau und die Realisierung einer volksnahen Ausbildungspraxis stellen somit keinen Widerspruch, sondern lediglich die zwei Seiten desselben athenäistischen Anliegens dar: der Ausfor-

---

44 Fernando Curiel, *Tercera función o crónica y derrota de la cultura*, México 1988, S. 55. Eine späte Ehrung erfuhr die *Universidad Popular* von offizieller Seite durch die UNAM, deren *Dirección General de Extensión Académica* 1978 ihre Statuten inhaltlich an denen der *Universidad Popular* ausrichtete.
45 Krauze, *Caudillos*, S. 104.
46 Julio Jiménez Rueda im Gespräch mit Carballo (*Protagonistas*, S. 171).
47 Siehe Reyes' Rückblick im Gespräch mit Carballo, a.a.O., S. 101-137, hier S. 113.

mung einer neuen Kultur in Mexiko, welche zu einem gewandelten nationalen kulturellen Sein führen sollte.

3. Das Auseinanderbrechen des Kreises: Ursachen, Reaktionen und Auswirkungen

Der Putsch General Huertas vom Februar 1913 und die Ermordung Maderos bereiteten dem Wirken des Athenäums ein jähes Ende.[48] Der einsetzende Bürgerkrieg machte eine organisierte Kulturarbeit unmöglich, und der *Ateneo de México* zerbrach aufgrund der unterschiedlichen politischen Ausrichtung seiner Mitglieder und ihres differierenden Kulturverständnisses als organisierte Struktur in drei Teile: Während Vasconcelos, Guzmán, Cabrera, Gavioto und Pani aktiv für die Sache der Revolution kämpften oder diese ideell unterstützten, kollaborierten andere Vertreter wie Lozano, González Martínez, Gómez Robelo, Fernández MacGregor und Torri mit der Putschregierung. Eine dritte Gruppe wiederum reagierte auf die gewalttätigen Auseinandersetzungen mit einer Flucht ins innere und äußere Exil.[49] So verließ Reyes nach der Ermordung seines Vaters, des Generals Bernardo Reyes, das Land,[50] während Henríquez Ureña und Caso von Novem-

---

48 "No había ambiente para un trabajo sistemático de estadista, y menos puede haberlo para un florecimiento intelectual que hubiese dado al Ateneo un papel en nuestra vida pública, tan necesitada de elevados incentivos" (Vasconcelos, *Ulises criollo*, S. 670).

49 Vgl. Negrín, "El Ateneo de la Juventud", S. 70ff. De Beer kommt zu dem Schluß, Henríquez Ureña und Reyes hätten dieselbe Mischung von "amor y odio por su país y un parecido recelo de la política" besessen ("El epistolario", S. 314). Es erscheint jedoch zu weit gegriffen, wie David Brading den Erfolg Carranzas wesentlich auf die Entscheidung der Athenäisten zurückzuführen, sich nicht an der Revolution zu beteiligen oder sich mit Pancho Villa und den *Convencionistas* zu kompromittieren ("Darwinismo social e idealismo romántico en Andrés Molina Enríquez y José Vasconcelos", in: ders., *Mito y profecía en la historia de México*, México 1988, S. 172-210, hier S. 188). Monsiváis urteilt besonders kritisch, wenn er meint, daß "la Revolución mexicana acaba con las pretensiones pueriles de estos cosmólogos y su teoría, pese a la pretensión, se diluye en la atonía de una sorprendente carencia de seriedad filosófica" ("José Vasconcelos: la búsqueda", S. 351). Guillermo Sheridan vertritt eine abwägende Haltung: "Para los primeros (scil. Reyes und Henríquez Ureña), más escépticos en materia política, el apolitismo era garantía de dedicación a las humanidades que, a largo plazo, harían mucho más por la liberación del país que todas las asonadas juntas; para los segundos (scil. Caso und Vasconcelos), sobre todo después del triunfo de la Convención, resultaba imposible someterse exclusivamente a los rigores del purismo filosófico y literario" (*Contemporáneos*, S. 36). Angesichts der politischen Implikationen der athenäistischen Philosophiekritik bleibt anzuzweifeln, ob die Verwendung der Begriffe *apolitismo* sowie *purismo filosófico y literario* dem tatsächlichen Sachverhalt angemessen ist.

50 Diese traumatische Erfahrung beeinflußte nachhaltig Reyes' Politikverständnis, das freilich nie von dem Wunsch nach einer Mitwirkung am tagespolitischen Geschehen getragen war: "Cuando delante de mí se decía 'política', yo veía, en el teatro de mi conciencia, caer a aquel hombre del caballo, acribillado por una ametralladora irresponsable" (Brief an Guzmán [17.5.1930], in: Guzmán/Reyes, *Medias palabras*, S. 136). Vgl. weiterhin Reyes' Sonett "9 de febrero de 1913", in welchem er den Vater in einer Apotheose als "Cristo militar" bezeichnet (O.C. 10, S. 146f., hier V. 8). Siehe auch

ber bis Dezember 1913 die letzten, nicht mehr publizierten Vorträge des *Ateneo* in der *Librería General* Francisco Gamonedas organisierten.[51] Auch Guzmán, Vasconcelos, García Naranjo und Gómez Robelo wanderten unter der Regierung Carranzas meist in die USA aus. Es besteht Grund zur Annahme, daß Henríquez Ureña in diesen Jahren zwischen politischem Engagement und der rein intellektuellen Betätigung schwankte. Dieses Bild erzeugen seine Rückblicke, in denen er einerseits den Eindruck vermittelt, man habe vor und während der Revolution die Option der politischen Unabhängigkeit vertreten, um sich möglichst frei der Erneuerung der kulturphilosophischen Ideen widmen zu können.[52] Andererseits unterstreicht er das seit der Revolution vorherrschende Engagement der Athenäisten in politischen und sozialen Fragen.[53] Freilich wurde es immer schwieriger, angesichts einer gewachsenen Politisierung der Öffentlichkeit die geistige Unabhängigkeit gegen die Dominanz des Politischen zu behaupten, wie die erfolglosen Aktionen gegen die Ausweisung des peruanischen Dichters Santos Chocano belegen, der neben Ricardo Arenales und Escofet zu den im *Ateneo* mitwirkenden Ausländern gehörte und wegen vorgeblich staatsfeindlicher Äußerungen 1913 Mexiko verlassen mußte.

---

  seine "Oración del 9 de febrero": "Aquí morí yo y volví a nacer, y el que quiera saber quién soy que se lo pregunte a los hados de febrero. Todo lo que salga de mí, en bien o en mal, será imputable a ese amargo día" (zit. nach James Willis Robb, "Alfonso Reyes en busca de la unidad", *Revista Iberoamericana* 55, 148/149 [Juli-Dez. 1989], S. 819-837, hier S. 821). Monsiváis verweist auf dieselbe Passage, relativiert jedoch zu Recht ihre Aussagekraft hinsichtlich eines Wandels des schriftstellerischen Selbstverständnisses Reyes': "Sin menospreciar el argumento, no es muy verificable en el proceso de Alfonso Reyes. A él le importa en demasía la figura paterna, pero su actitud básica estaba ya definida antes del 9 de febrero. Se había propuesto ser un escritor, alguien marginal a la historia, y la desaparición de su padre no modificó su elección. Y lo que sigue, lo comprueba. Por dignidad, rechaza de inmediato el puesto de secretario de Huerta, y por ansiedad, acepta en 1913 un puesto muy menor en París" ("La toma de partido", S. 512). In der französischen Hauptstadt wirkt Reyes an der mexikanischen Botschaft als "envoyé loyal de Huerta, mais sans aucun enthousiasme à son égard" (Patout, *Alfonso Reyes*, S. 77). Ausführliche Angaben zu Reyes' Lebensweg, der ihn erst 1939 als Gründer der *Casa de España*, dem Vorläufer des *Colegio de México*, wieder in die Heimat führte, finden sich bei Alicia Reyes, *Genio y figura de Alfonso Reyes*, Monterrey 1989. Die Distanzierung vom politischen Tagesgeschehen schließt aber eine politische Tragweite der Schriften Reyes' nicht aus. Diesen Aspekt vernachlässigt José Joaquín Blancos Urteil: "... - a diferencia de Ortega (scil. Ortega y Gasset), Reyes no enfrentó abierta ni apasionadamente los problemas nacionales o mundiales de su momento, y rehuyó las polémicas fundamentales, de modo que él mismo se marginó a las zonas prestigiosas y menores de la academia, la tertulia diplomática o el estudio universalmente neutro -, y cuando sus libros se toman en serio la administración puntillosa del pensamiento y de los conocimientos, aburren" ("Alfonso Reyes. El desquite de la vida" [1988], in: ders. *Letras al vuelo. Estudios de literatura mexicana*, México 1992, S. 53-62, hier S. 55f.).

51 Lediglich die Titel, welche eine mexikanistische Schwerpunktsetzung erkennen lassen, sind bekannt: "La literatura mexicana" (Luis G. Urbina), "La filosofía de la intuición" (Antonio Caso), "Don Juan Ruiz de Alarcón" (Pedro Henríquez Ureña), "La arquitectura colonial mexicana" (Jesús T. Acevedo), "Música popular mexicana" (Manuel M. Ponce), "La novela mexicana" (Federico Gamboa). Vgl. José Luis Martínez, "Introducción", in: Reyes/Henríquez Ureña, *Correspondencia*, S. 18f.

52 "Influencia", S. 251.

53 "Corrientes", S. 234.

Nachdem auch Henríquez Ureña 1914 keine Möglichkeit mehr sah, im Land zu bleiben, verharrte aus dem Kreis der Athenäisten lediglich Caso in der Hauptstadt.[54] Obwohl er bemüht war, das Erbe des von seinem Denken geprägten Zweigs des *Ateneo* zu bewahren,[55] kämpften seine und die ehemaligen Schüler Henríquez Ureñas wie Lombardo Toledano, Antonio Castro Leal, Gómez Morín oder Bassols, das heißt die *Generación de 1915/Siete Sabios*, gegen das Gefühl, während der bewaffneten Auseinandersetzungen in einem intellektuellen Vakuum zu leben.[56] Auch der spätere *Contemporáneo* Villaurrutia beklagt Reyes gegenüber die geistige Obdach- und Orientierungslosigkeit, in der die jungen mexikanischen Intellektuellen nach dem Zerfall des *Ateneo* lebten.[57]

Versuche, die Geisteskultur des Athenäismus durch die von Henríquez Ureñas Schülern Vásquez del Mercado, Toussaint und Castro Leal initiierte Gründung der nur acht Mitglieder umfassenden *Sociedad Hispánica de México* (1914) und die Zeitschrift *Nosotros* (1912-1914), die *Sociedad de Conferencias y Conciertos* (1916), die Zeitschrift *La Nave* (1916) oder die Neuauflage des *Ateneo de la Juventud* (1918) durch Torres Bodet, Ortiz de Montellano und Gorostiza Alcalá aufrecht zu halten, scheiterten innerhalb kürzester Zeit.[58] Erst die von González Martínez 1920 initiierte Gründung der Zeitschrift

---

54 Wehmütig erinnert sich Caso nach der Auflösung des *Ateneo* in einem Brief an Reyes (14.12.1913) an "nuestros bellos días de la dictadura porfiriana 'a mil leguas de la política', como dice Renan, aquellos días de pláticas deliciosas y 'libres discusiones platónicas'" (zit. in Krauze, *Caudillos*. S. 56).

55 Der *Contemporáneo* Jorge Cuesta kritisiert, Casos Werke und Vorlesungen seien nicht mehr zeitgemäß gewesen und hätten bei seinem Publikum eher zur philosophischen Verdunkelung als Erleuchtung geführt ("Antonio Caso y la crítica" [1927], in: ders. *Obras*, Bd. 1, S. 137-140).

56 Vgl. Krauze, *Caudillos*, S. 65ff. Im Unterschied zum *Ateneo*, dessen Idealismus nur ansatzweise zum gesellschaftspolitisch relevanten Handeln führte, dominierte bei den *Siete Sabios*, die sich aktiv an der Regierungsarbeit und unter dem Erziehungsminister Vasconcelos an der Reformierung des Erziehungswesens beteiligten, das soziale und politische Anliegen. Zugleich war man bestrebt, angesichts der politischen Turbulenzen das kulturelle Erbe der Lehrer zu pflegen. Vgl. Krauze, *Caudillos*, S. 161 und Suárez-Iñiguez, "Intelectuales", S. 191f. Monsiváis kritisiert demgegenüber, der *Generación de 1915* sei der Sinn der Revolution ebenso fremd geblieben wie ihren athenäistischen Lehrern. Vielmehr hätte sie in Fortsetzung der porfiristischen Tradition ein totalitäres und mystisches Staatsbild gepflegt ("Notas", S. 339 und 341).

57 Brief vom November 1923, in: Jacques Issorel, "Seize lettres inédites de Xavier Villaurrutia à Alfonso Reyes", *Caravelle* 23 (1974), S. 47-61, hier S. 49. Ein Brief des in Manhattan lebenden Guzmán an Reyes vom 17.5.1918 bestätigt, wie sehr sich selbst zeitweilig politisch engagierte Athenäisten angesichts der politischen und kulturellen Gegenwart voller Skeptizismus von Mexiko abgewandt hatten: "Nosotros, además, ya no pertenecemos a México. Toda la tradición del Ateneo ha naufragado. Son los viejos, por la edad y por la sangre los que ahora imperan y mandan allí" (Guzmán/Reyes, *Medias palabras*, S. 111). Siehe auch die lapidar-desillusionierte Abschiedsformel Guzmáns: "México no es un país. Adios" (Brief an Reyes, undatiert, a.a.O., S. 114).

58 Leider liegen zu der in *Nuevo Ateneo* umgetauften Gruppe keine Dokumente oder Vorträge vor. Siehe Guillermo Sheridan, *Los Contemporáneos ayer*, México 1985, S. 72f. José Joaquín Blanco vermerkt zu dem angesprochenen Phänomen: "toda una generación, la intermedia entre el *Ateneo de la Juventud* y *Contemporáneos*, no había existido para la literatura" ("La juventud de *Contemporáneos*", in: ders., *La paja en el ojo. Ensayos de crítica*, Puebla, S. 53-123, hier S. 56).

México Moderno (1920-1923), an der auch der spätere *Contemporáneo* Torres Bodet mitwirkte, führte die athenäistische Tradition fort, indem sie die Mitglieder des *Ateneo de la Juventud/Ateneo de México*, der *Siete Sabios* und des *Nuevo Ateneo* zusammenführte, die nach Vasconcelos' Ernennung zum Erziehungsminister unter Obregón zum Teil auch im Regierungsapparat mitarbeiteten.

Die Zeitschrift *Contemporáneos* (1928-1931), deren Redakteure in engem brieflichen Kontakt mit Reyes standen und Schüler Henríquez Ureñas, Casos und Torris waren, sollte in wesentlichen Aspekten an die Tradition des *Ateneo* anknüpfen.[59] So teilten sie insbesondere die vordergründig unpolitische Einstellung des Athenäums und dessen Bestreben, alternativ zum mexikanischen Nationalismus eine Internationalisierung des Geisteslebens und eine Belebung von Kunst und Literatur zu erreichen.[60] *Contemporáneos* vollzog erfolgreich den von den Athenäisten konzipierten universalistischen Brückenschlag zwischen der europäischen und lateinamerikanischen Kultur, indem sie ihrer Leserschaft prominente europäischen Autoren wie Proust, Joyce oder Valéry neben Vertretern der modernen lateinamerikanischen Literatur - genannt seien Novo, Borges, Huidobro oder Neruda - präsentierte und eine synthetisierende Methode bei der Ausformung des Eigenen vor dem Hintergrund des Fremden verfolgte.[61] Die Betonung der universalistischen Grundlagen des Eigenen führte dazu, daß wie bei dem *Ateneo* die Beschäftigung mit der

---

59 Torres Bodet bezeichnet die Athenäisten González Martínez, Caso, Reyes und Vasconcelos als Lehrmeister der *Contemporáneos* ("Perspectiva", S. 234). Die Universalität, die Ernsthaftigkeit des Vorgehens und das Bildungsstreben der Athenäisten nennt der *Contemporáneo* Villaurrutia als Legate des *Ateneo* (Jacques Issorel, "Neuf interviews avec Xavier Villaurrutia", in: GRAL - Institut d'Etudes Mexicaines [Hrsg.], *Intellectuels*, S. 113-124); zugleich erkennt auch Reyes die *Contemporáneos* als Erben des *Ateneo* an (Brief an Larbaud [16.2.1929], in: Alfonso Reyes/Valéry Larbaud, *Correspondance 1923-1952*, hrsg. v. Paulette Patout, Paris 1972, S. 159); siehe ferner Miguel Capistrán, "Notas para un posible estudio de las relaciones entre Alfonso Reyes y *Los Contemporáneos*. El caso de Don Alfonso y Novo", *Nueva Revista de Filología Hispánica* 37, 2 (1989), S. 339-363 und Sheridan, *Contemporáneos*, S. 353.

60 Der bis in die vierziger Jahre vom offiziellen nationalistischen Diskurs beeinflußte Vorwurf, den *Contemporáneos* habe es an Nationalbewußtsein gemangelt, ist inzwischen widerlegt. Da die von den Intellektuellen im universalistischen Kontext eingebundene Definition der nationalen Kultur von dem regressiven kulturpolitischen Nationalismus differierte und sich die *Contemporáneos* nicht von der Staatsideologie vereinnahmen lassen wollten, war ein Konflikt vorprogrammiert. Nichtsdestoweniger diente ein Teil der Gruppe wie Gorostiza, Pellicer, Torres-Bodet und Owen dem Staat als loyale Beamte. Siehe Miguel Capistrán, "México, Alfonso Reyes y los Contemporáneos. Cartas y notas", *Revista de la Universidad* 21, 9 (Mai 1967), S. 1-12; Durán, "Introducción", in: ders. (Hrsg.), *Contemporáneos*, S. 7-51, hier S. 18ff. und Panabière, "Intellectuels", S. 86.

61 Dementsprechend präsentiert sich der Kosmopolitismus der Gruppe wie jener des *Ateneo* als "die Einbeziehung internationaler Intertexte als methodische Suche nach fremden Sichtweisen, die ein kritisches Bewußtsein im Hinblick auf das Eigene aufrechterhalten" (Borsò, "Essay", S. 553). Vgl. Jorge Cuesta, der Reyes vor dem Vorwurf des *descastamiento* in Schutz nimmt und schlußfolgert: "Es precisamente en ese *desarraigo*, en ese *descastamiento* en donde ningún mexicano debe dejar de encontrar la verdadera realidad de su significación". Es gehe darum, "en una voluntad *externa* (...) la esencia de nuestra propia voluntad interior, el origen de nuestra propia significación" zu finden ("La cultura francesa en México" [1934], in: ders. *Obras*, Bd. 1, S. 262-266, hier S. 266).

mexikanischen Indianer- und Populärkultur allerdings ausblieb.[62] Eine weitere Parallele tut sich dadurch auf, daß *Contemporáneos* wie *Savia Moderna* und der *Ateneo* den intermedialen Zugang zur Kunst pflegte, da sie auch avantgardistische Werke europäischer und mexikanischer Maler wie Picasso, Dalí, De Chirico, Rivera und Orozco präsentierte. Ferner kann die von den *Contemporáneos* gepflegte puristische, dem Experiment abgeneigte sprachliche Gestaltung als Reflex auf den sprachlichen Klassizismus der Werke insbesondere Reyes' und Henríquez Ureñas angesehen werden. Schließlich vertraten beide Gruppen eine elitäre, perfektionistische Schaffenskonzeption,[63] wenngleich der *Ateneo de México* im Unterschied zu den *Contemporáneos* volksnäher agierte. Vom humanistischen Neohellenismus und Latinismus des Athenäums hingegen distanzierten sich die an der künstlerischen Modernität interessierten Autoren von *Contemporáneos*.[64]

Zwar fand sich nach dem Regierungsantritt Cárdenas (1934) die Mehrheit der Athenäisten wieder in Mexiko ein, doch kam es zu keiner Gruppenbildung, nachdem bereits 1921 die ohnehin nur mehr schwach entwickelte athenäistische Solidarität nicht zuletzt infolge der Auseinandersetzungen zwischen Vasconcelos und Caso zerbrochen war.[65] Auch bot sich nicht mehr die Möglichkeit einer unter Madero angestrebten Mitgestaltung des kulturellen und öffentlichen Lebens, denn der Cardenismus orientierte sich nicht an dem Humanismus des Athenäums, sondern vertrat, wie Villoro kritisch vermerkt, eher einen "marxismo vago, más demagógico que real" sowie einen "oscuro cientismo".[66] Nichtsdestoweniger folgte die Entwicklung der modernen mexikanischen Kunst und Literatur durch die Verbindung von Universalem und Eigenem einem von den *Contemporáneos* fortentwickelten zentralen Postulat der Athenäisten.

4. Zusammenfassende identitätstheoretische Auswertung der Positionen des Athenäismus bis 1914

Die im folgenden realisierte Kombination der im theoretischen Teil der Studie erstellten Merkmalskategorien kollektiver Identität mit den bisherigen Beobachtungen zur Genese und Ausformung der Ideenwelt der *ateneístas* dient dazu, die identitätstheoretische Relevanz der vom *Ateneo de la Juventud* und dem *Ateneo de México* vertretenen Positionen zu

---

62 "En México no hay una poesía indígena, no hay una poesía popular autóctona" (Cuesta, "Clasicismo", S. 306).

63 So rühmt selbst Monsiváis unter Verwendung von Begriffen, die zuvor bereits der Bewertung des *Ateneo* dienten, den *rigor* und den *afán de perfección* der *Contemporáneos*. Auch Paz hebt deren *rigor* und *valentía* hervor. Bemerkenswert erscheint auch seine Feststellung: "Los dos grupos abrieron ventanas al universo" (Carlos Monsiváis, "Octavio Paz en diálogo", *Revista de la Universidad de México* [3.11.1967], S. 1-8, hier S. 6); vgl. Bernardo Ortiz de Montellano, "Aniversario 3" (*Contemporáneos* 36, Mai 1931), in: Durán (Hrsg.), *Antología*, S. 289.

64 Sheridan, *Contemporáneos*, S. 36.

65 Zu den näheren Umständen informiert Krauze, *Caudillos*, S. 171f.

66 Luis Villoro, "La cultura mexicana de 1910 a 1960", *Historia Mexicana* 10 (Juli 1960-Juni 1961), S. 196-219, hier S. 206.

erfassen. Darüber hinaus werden in diesem Zusammenhang auch jene Dimensionen der kollektiven Identität angesprochen, welche die Ausprägung einer athenäistischen Gruppenidentität förderten oder hemmten.

4.1. Zentrale inhaltliche Merkmale des athenäistischen mexikanistischen Identitätsdiskurses

Die Forderung nach philosophischer Erneuerung. Trotz deutlicher individueller Nuancen teilten die *ateneístas* im wesentlichen die Überzeugung, daß der Positivismus als mexikanische Staatsphilosophie zu einem nicht mehr zu rechtfertigenden Dogma geworden sei, dessen zentrale Funktion in der Gegenwart darin bestehe, die Unmoral der Oligarchie der *científicos* zu verbergen. Das positivistische Denken, dessen Menschenbild angesichts zeitgenössischer Entwicklungen der Philosophie, insbesondere des Vitalismus, unhaltbar erscheine, entfremde die Mexikaner von sich selbst und den Staat von seinen Bürgern. Wie der Sozialdarwinismus leugne der Positivismus zu Unrecht die Freiheit des Individuums und dessen emotionalen sowie geistigen Fähigkeiten.

Zur Ausformung einer neuen, den individuellen Lebensbedürfnissen der Mexikaner und ihrem "kollektiven Sein" entsprechenden Philosophie forderten die Athenäisten die Entwicklung eines mexikanistischen und lateinamerikanistischen Denkens auf der Grundlage vor allem des Irrationalismus, Idealismus, Vitalismus und des Arielismus. Um zu verhindern, daß das dadurch entworfene antipositivistische Gegenmodell zum Dogma werde, betonte man, es müsse vitalistischen Grundsätzen entsprechend dynamisch, das heißt, für eventuelle Transformationen offen konzipiert sein. Zur Erreichung dieser Ziele verfolgte der *Ateneo* die Methode des transkulturellen Synkretismus, der auf der Assimilierung vor allem europäischer Theorien und Kulturelemente beruhte.

Da der Positivismus ein einseitiges Menschenbild vertrat, machte der *Ateneo* bei seinem Entwurf einer neuen *autodefinición* nachdrücklich auf die Existenz positiver irrationaler Wesenszüge und auf die vom Positivismus geleugneten metaphysischen Dimensionen des Seins aufmerksam. Hierdurch wollte man nicht nur den dogmatischen Wahrheitsanspruch positivistischer Episteme widerlegen, sondern auch eine Theorie vertreten, welche sämtliche Wesenszüge des Menschen erfaßt. Vor allem die dynamische, vom Individuum zugleich verantwortungsvoll kontrollierte Entfaltung des freien Willens sollte in einer solidarisch agierenden künftigen mexikanischen Gesellschaft garantiert sein, in der sich das Leben nach den Maßgaben des geistigen, nicht aber des materiellen Strebens gestalten solle.

Die entschiedene athenäistische Negation der Thesen des Positivismus und des biologistisch argumentierenden Sozialdarwinismus ist für die mexikanische *autodefinición* von besonderer Bedeutung, da die bislang übernommenen Theorien eine negative Selbstbestimmung zur Folge hatten. Durch die Assimilation idealistischer und vitalistischer Theoreme schufen die Mitglieder des *Ateneo* die Voraussetzung für die Ausformung einer affirmativen Philosophie des Mexikanischen, welche die Entwicklung eines positiven Selbstbildes ermöglichen sollte.

Im Hinblick auf die gruppenspezifische Identitätskonstruktion stellt die philosophische Komponente des athenäistischen Denkens einen zentralen Pfeiler dar, zumal die Inhalte des Antipositivismus im wesentlichen von allen Mitgliedern vertreten wurden. Die individuell unterschiedlich verlaufende Genese der antipositivistischen Positionen und die variable Intensität, mit der sie vertreten wurden, vermochten den Gruppenkonsens zunächst nicht entscheidend zu beeinträchtigen. Allein die mit dem Ausbruch der Revolution immer drängender werdende Frage der praktischen Einlösung dieser philosophischen Inhalte führte zu teilweise erheblichen Spannungen, da sie die ungelöst bleibende Frage nach einer von allen Mitgliedern getragenen gesellschaftlichen und politischen Praxis aufwarf.

Der athenäistische Neuhumanismus und das Ziel der gesellschaftlichen Harmonisierung. Anknüpfend an die transkulturelle Assimilation der Normen und Werte antiker wie moderner europäischer Philosophien und Kulturen sollte ein Wandel der mexikanischen Zivilisation bewirkt werden, in der nach dem bisherigen Primat des Ökonomischen das Streben nach dem Geistigen Vorrang haben müsse. Die athenäistische Kombinatorik einer epochenübergreifenden Aneignung philosophischer und künstlerischer Tendenzen besitzt eine substantielle Bedeutung für die *autodefinición*, da sie die Bereitschaft erkennen läßt, aus möglichst vielen Quellen des zivilisatorischen Fortschritts zu schöpfen.

Höchst problematisch erscheint in diesem Zusammenhang allerdings, daß der indigenen Komponente der mexikanischen Zivilisation kein Mitgestaltungsrecht bei der Neukonstruktion der nationalen kulturellen Identität zugestanden wurde, da die Mitglieder des *Ateneo* ausschließlich die in der europäischen Geistestradition wurzelnden Kulturelemente als zukunftsweisend erachteten. Diese einseitige Sichtweise, welche die Aneignung des Europäischen rechtfertigen sollte, impliziert zugleich die positive Neubewertung der Kolonialzeit als Epoche, in der Mexiko dank der spanischen Vermittlung erstmals mit dem Gedankengut des europäischen Altertums in Kontakt trat.

Aufbauend auf der Annahme einer kontinuierlichen Präsenz der europäischen Antike in Mexiko beabsichtigte man die Entwicklung eines neuen gesellschaftlichen Seinsmodus, der von einer im Begriff des *desinterés* zusammenfaßbaren Moral und Ethik getragen wurde. Ziel war die Herbeiführung der Idealität einer harmonischen, möglichst konfliktfreien mexikanischen Gesellschaft, in der intelligente, selbstbewußte und verantwortungsvolle Bürger im Sinne der Gemeinschaft handelten. Individualismus und Gemeinsinn, Verstand und Gefühl, Selbstdisziplin und Nächstenliebe sollten sich ergänzen und zur Ausformung einer homogenen kollektiven Identität und der Sicherung des inneren Friedens beitragen.

Das Streben nach einer neuhumanistischen Ausrichtung der mexikanischen Identität fand die ungeteilte Zustimmung der Mitglieder der Kerngruppe. Lediglich Vasconcelos fügte der Reaktivierung des antiken europäischen Wissens eine individuelle Komponente hinzu, indem er die indische Philosophie für eine Transkulturation erschließen wollte. Innerhalb der athenäistischen Kerngruppe fand dieser Sonderweg jedoch keine Resonanz.

Die Erziehungs- und Bildungsinitiative. Seitens der Athenäisten bestand Einigkeit darüber, daß nur ein aufgeklärtes, gebildetes Volk zur geistigen und kulturellen Emanzipation befähigt sei. Hierauf aufbauend erkannte man in einem bis dahin in Mexiko einmaligen Maße, daß die Bildung möglichst breiter Schichten das Kapital der Zukunft darstellt. Eine bloße Instrumentalisierbarkeit menschlicher Fähigkeiten im Sinne des Pragmatismus wurde allerdings nicht angestrebt. Vielmehr zielte man auf die Schaffung eines neuen, humanistisch fundierten und auf die individuelle Perfektionierung hin ausgerichteten Seinsmodus ab. Die Erziehung des mexikanischen Volkes sollte daher die Dimensionen sowohl des Ethisch-Moralischen als auch des Lebenspraktischen umfassen. Zudem versuchte der *Ateneo* die Fähigkeit zur disziplinierten Selbsterziehung zu fördern, da das Individuum auf dieser Grundlage in bestmöglicher Weise zur Entwicklung der Gesellschaft beitragen könne. Gemäß dem eigenen Selbstverständnis vertrat man die idealistische Vision eines Mexiko, in dem Wissensdurst, Gelehrsamkeit und Toleranz herrschen. Die Mexikaner sollten sich daher möglichst vorbehaltlos allen Quellen des Wissens öffnen, um auf dieser Grundlage ihre individuelle wie kollektive Persönlichkeit, Eigenständigkeit und Kritikfähigkeit zu entwickeln. Erziehung und Bildung wurden daher im Prozeß der Selbstfindung als Recht, doch auch als Verpflichtung des Individuums wie des Volkes verstanden. Einschränkend ist freilich zu vermerken, daß die Athenäisten dem universalistischen Anspruch ihres Bildungskonzeptes nicht umfassend entsprachen, da sie die indianischen Wissenstraditionen ausklammerten und neben der mexikanistischen und lateinamerikanistischen eine deutlich eurozentrische Ausrichtung verfolgten.

Die Einsicht der Athenäisten in die Bedeutung von Bildung und Erziehung für die geistige Selbstfindung und die kulturelle Horizonterweiterung fußte maßgeblich auf den autobiographischen Erfahrungen, welche die weitgehend autodidaktisch vorgehenden Mitglieder der Gruppe im Vorfeld ihrer institutionellen Konstituierung gewinnen konnten. Gerade die Entdeckung der universalen Quellen des Wissens in den gemeinsamen Lektüre- und Diskussionszirkeln wurde in den Rückblicken meist als in höchstem Maße beglückende Bereicherung gewürdigt. Die hierdurch initiierte Ausformung eines universalistisch ausgerichteten Bildungsethos und das Bestreben, dieses Ethos weiterzuvermitteln, repräsentierte eine entscheidende Komponente der athenäistischen Identität.

Die universalistisch fundierte Förderung der nationalen Selbstfindung durch das gesprochene und gedruckte Wort. Neben der Philosophie bildete das breit gefächerte philologische Interesse für die Literaturen Mexikos, Europas und Lateinamerikas einen weiteren Schwerpunkt des athenäistischen Anliegens. Der literarisch gestützte kulturelle Universalismus des *Ateneo* bildete eine wichtige Voraussetzung dafür, daß im Umfeld der Revolution trotz des sich ausbreitenden Nationalismus die mexikanische Kultur - insbesondere dank des Wirkens der von den Athenäisten geförderten *Contemporáneos* - ihre kosmopolitische Dimension beibehielt.⁶⁷ Durch die Konzentration auf die erzieherische, moralisierende und soziale Funktion der Literatur trat jedoch die Behandlung von Fragen der Kunst und Musik, wie sie im Vorfeld der Gründung des *Ateneo* bestand, zunehmend in den Hintergrund.

Die Interpretation ausgewählter Werke der mexikanischen Literatur fand meist in einer werkimmanenten und biographischen Perspektive statt, die jedoch stets mit der Intention verknüpft wurde, "nationale" wie "kosmopolitische" Wesensmerkmale herauszuarbeiten. Das Athenäum vertrat hiermit zusammenhängend einen pädagogischen, auf die literarisch gestützte geistig-kulturelle Selbstfindung hin ausgerichteten Literaturbegriff. Aus diesem Grund forderte man frühzeitig, die Verbreitung der Nationalliteratur durch finanziell erschwingliche, von hohen Stückzahlen getragenen Auflagen zu garantieren. Neben der literarästhetischen Valorisierung sollte besonders das patriotische beziehungsweise lateinamerikanische Engagement der Nationalliteratur eruiert und deren Leitwerte der Leserschaft zur Handlungsorientierung vermittelt werden. Die Berücksichtigung des universalen literarischen Kontextes sollte hierbei garantieren, daß die künftige mexikanische Kultur nicht auf sich selbst verwiesen bliebe. Das Engagement der Athenäisten wollte nach der Dominanz der positiven Wissenschaften und der Empirie demonstrieren, daß auch die Geisteswissenschaften bei entsprechenden Fragestellungen eine emanzipatorische gesellschaftliche Bedeutung entwickeln können.

Die Vorträge des *Ateneo* dokumentieren die Überzeugung, daß es der mexikanischen Leserschaft durch das Zusammenwirken von Literatur und Wissenschaft ermöglicht werden müsse, aus den Werken nationaler, lateinamerikanischer sowie europäischer Autoren Lehren für den Prozeß der individuellen und kollektiven Selbstfindung zu ziehen. Die Forderung nach einer Auseinandersetzung mit der eigenen wie auch der fremden Literaturtradition führte zu dem Entwurf eines universalistischen, auf dem Verfahren der Transkulturation gründenden Kulturmodells, das als Alternative zu der nationalistischen Selbstbezogenheit oder einer das Fremde imitierenden Identitätssuche konzipiert war.

Gemäß der Auffassung, durch das geschriebene oder gesprochene Wort den Gang der Selbstfindung und die Ausformung eines kritischen Selbstbewußtseins initiieren und steuern zu können, sollten der Künstler und der Wissenschaftler aus athenäistischer Sicht ein ästhetisches und moralisches Anliegen vertreten. In einer fast mystisch anmutenden Tonlage wurden beide Gruppen dazu aufgerufen, ihrer Berufung entsprechend erzieherisch auf die Mitmenschen einzuwirken, um die Entwicklung eines neuen mexikanischen Selbstbewußtseins zu unterstützen. Diese Forderung basierte auf der Annahme, daß Wissenschaftler und Künstler zur Veränderung der gesellschaftlichen Verhältnisse beizutragen hätten, ohne aber unmittelbar politisch aktiv sein zu müssen. Wie bereits Schiller, der neben Goethe zu den Vorbildfiguren des Kreises zählte,⁶⁸ waren die Athenäisten

---

67 José Joaquín Blanco bestätigt seinen Ruf als Kulturkritiker der mexikanischen Kultur, indem er Reyes' wegweisenden Universalismus dem Provizialismus der staatlichen Kulturpolitik entgegenstellt, die erst in den 60er Jahren die Visionen des Athenäisten eingelöst habe (*Crónica de la literatura reciente en México [1950-1980]*, México 1982, S. 13).

68 Vor allem Reyes hatte sich seit 1910 neben Mallarmé und Góngora dem Studium der deutschen Klassiker verschrieben. Seine entsprechenden Schriften liegen in O.C. 26 vor.

davon überzeugt, daß die Kunst gerade kraft ihrer Autonomie die Menschheitsentwicklung fördern könne. Als Hauptursache für die Entwicklung dieses Standpunktes ist die Negativerfahrung der während des Porfiriates gezielt betriebenen Vereinnahmung des Geisteslebens und der Philosophie für die Ziele des Staates anzusehen. Das athenäistische Kulturprogramm plant folglich für Mexiko eine Trennung der Sphären des Politischen und des Kulturellen, um die Unabhängigkeit des Denkens und der Kunst jenseits der Zwänge des politischen Tagesgeschäftes zu wahren.

Aufgrund dieser Einstellung verzichtete der *Ateneo* - mit Ausnahme Vasconcelos' - schon vor dem Ausbruch der Revolution auf die Option einer direkten politischen Einflußnahme. Nichtsdestoweniger wirkte die Gruppe im Bereich der philosophischen und philologischen Wissensvermittlung bis 1914 sehr effektiv. Bezüglich der Gruppenidentität sind die hieraus erwachsenden Erfolgserlebnisse zwar als wichtiger Stabilitätsfaktor anzusehen, doch vermochte der auf ihnen aufbauende Gemeinschaftsgeist nicht die bereits seit der Gründung existierenden und unter Vasconcelos' Präsidentschaft aufgrund der von ihm angestrebten Politisierung des *Ateneo* zunehmenden internen Differenzen zu überdecken.

Die ungeklärte Frage nach der Gestaltung der politischen Entwicklung Mexikos. Im Vorfeld der Mexikanischen Revolution herrschte im wesentlichen ein Gruppenkonsens darüber, daß das politische System des Porfiriates in hohem Maße reformbedürftig, aber auch reformfähig sei. Hinsichtlich der politischen Gestaltung der *autodefinición* vertrat der *Ateneo de la Juventud* eine konservative bis apolitische Grundhaltung, die sich mehrheitlich auch während der Revolution fortsetzte oder sogar noch verstärkte. Da die meisten Mitglieder des *Ateneo* die seit der Reforma bestehende Organisation des mexikanischen Staatssystems prinzipiell befürworteten und lediglich die Verfehlungen des Porfiriates kritisierten, forderte man die Wahrung der politischen Kontinuität im Sinne einer kontrollierten Entwicklung. Entsprechend vertraten die philosophisch progressiven, politisch aber konservativ eingestellten *ateneístas* im Hinblick auf die zu realisierende politische Ordnung Mexikos das Ideal eines aufgeklärten Despotismus.

Da man mehrheitlich zur Wahrung der Unabhängigkeit des Denkens für die Trennung von politischer und geistiger Kultur eintrat oder bestenfalls im platonischen Sinn einen mittelbaren Zusammenhang zwischen den Sphären des Politischen und des Geistigen einräumte, versuchten die *ateneístas* nicht, direkt auf das tagespolitische Geschehen einzuwirken oder einen alternativen Entwurf für die politische Organisation des mexikanischen Staates zu verfassen. Vielmehr deutete man die Hingabe an die Kunst und die Wissenschaft als den besten Dienst an der Gemeinschaft, zu dem der Intellektuelle fähig sei. Daher erschwerte die mehrheitlich apolitische Einstellung des Athenäums die Ausbildung einer gesellschaftlichen Praxis, wie sie Vasconcelos als neuer Präsident der Gruppe zu initiieren versuchte. Diese Haltung hatte aber zur Folge, daß man sich dem Zwang aussetzte, stets auf das politische Geschehen reagieren zu müssen, da kein Versuch einer direkten Mitgestaltung unternommen wurde. Die Unberechenbarkeit der politischen Ereignisse während der Revolution rechtfertigte allerdings aus der Sicht der meisten Athenäisten diese dezidierte politische Enthaltsamkeit.

Vasconcelos' Versuch einer Anbindung der Geisteskultur des Athenäums an die Politik konnte nicht verhindern, daß mit dem Ende des Maderismus das Projekt einer gesellschaftspolitisch relevanten Arbeit des *Ateneo* mit Ausnahme der *Universidad Popular* scheiterte. Die mehrheitliche Distanznahme des Athenäums von der Politik wirft die Frage auf, ob hiermit nicht die Chance einer Humanisierung und Zivilisierung der Revolution im Sinne des Athenäismus vorzeitig vergeben wurde. Weiterhin tat sich aufgrund dieser Haltung eine nach der Revolution fortbestehende Kluft zwischen Theorie und Praxis, Intellektuellen und Politikern auf. Sie wurde dadurch vergrößert, daß die Intellektuellen angesichts des zunehmend erfolgreichen Bemühens der Politik, sämtliche Felder des öffentlichen Lebens zu kontrollieren, begründeterweise um ihre Unabhängigkeit fürchteten; zugleich aber gaben sie sich aufgrund ihrer Distanznahme der politischen Machtlosigkeit anheim.

Die seit der Gründung des *Ateneo de la Juventud* bestehenden unterschiedlichen Ansichten zur politischen Aktivität führten mit dem Herannahen der Revolution in steigendem Maße zu gruppeninternen Differenzen. Diese wurden durch die von Vasconcelos angestrebte Politisierung derart verschärft, daß sie das Auseinanderbrechen des Kreises beschleunigten. Hinzu kam, daß die Wechselfälle der revolutionären Entwicklung eine dauerhafte Institutionalisierung verhinderten. Gerade in Zeiten der wachsenden Politisierung des öffentlichen Lebens mußte der mehrheitlich betriebene Versuch, sich diesem Phänomen zu entziehen, den *Ateneo* trotz seiner bildungspolitischen Aktivitäten in die Isolation treiben.

Das Konzept des "blanqueamiento" der Indianer. Wie sich schon im Zusammenhang mit der vom *Ateneo* initiierten neuhumanistischen Renaissance andeutete, hatte die Hinwendung zur geistigen Tradition des antiken Mittelmeerraumes sowie zur zeitgenössischen europäischen Philosophie und Kultur die Vernachlässigung respektive Unterbewertung des potentiellen indianischen Kulturbeitrags für die *autodefinición* zur Folge. Für die Mitglieder des *Ateneo* lagen die Wurzeln des Eigenen in der während der Kolonialzeit über Spanien vermittelten, im Porfiriat unkritisch imitierten und nun transkulturell zu assimilierenden europäischen Kulturtradition. Zur Gewährleistung der zivilisatorischen Entwicklung Mexikos müßte der Kulturdialog mit den fortschrittlichsten Nationen der Welt gesucht werden. Dementsprechend sahen die *ateneístas* die mexikanischen Indianer vornehmlich als Objekte ihrer akkulturierenden Erziehungsbemühungen an. Hinsichtlich der mexikanischen Selbstbestimmung führt diese Sichtweise zu dem Problem, daß ein möglicher Beitrag der Indianer, die um 1910 immerhin über die Hälfte der mexikanischen Population stellten, nicht in Betracht gezogen wurde. Die widersprüchlichen Transfermodelle einer Transkulturation des Europäischen auf der einen und einer Akkulturation der Indianer auf der anderen Seite standen sich widerspruchsvoll gegenüber.

Die Perspektive der Athenäisten blieb somit von der für das mexikanische Bürgertum typischen abwertenden Haltung gegenüber dem Indigenen geprägt. In der skeptischen Beurteilung der indigenen Kulturen wirkte der bis zur Revolution in Mexiko dominierende Diskurs des Rassismus und Sozialdarwinismus nach, von dem sich die Gruppe in philosophischer Hinsicht erfolgreich distanzieren konnte. Erst nach der Verbindung des liberalen, konstitutionalistischen Bürgertums mit der Bauernbewegung, nicht aber schon mit dem *Ateneo*, sollte eine Aufwertung des Indigenen und somit das Bemühen um die Ausfüllung einer Leerstelle in der bisherigen mexikanischen *autodefinición* erfolgen. Doch selbst die staatlich organisierte Indianerpolitik kann - wie Vertreter des unabhängigen, kritischen Indigenismus hervorheben - als Versuch angesehen werden, das mangelnde politische Interesse an einer Veränderung der traditionellen Diskriminierung lediglich zu retuschieren.

4.2. Die Differenzqualität der Identität

Bisher wurde deutlich, daß die Mitglieder des Athenäums in Abkehr von den in Mexiko vorherrschenden Extremen einer imitativen oder isolationistischen Grundhaltung bei ihrem Umgang mit den außeramerikanischen Fremdkulturen eine Position anstrebten, welche Fremdes und Eigenes miteinander versöhnen sollte. Universalismus und Mexikanismus wurden folglich nicht mehr als Widersprüche, sondern als Komplemente der Mexikanität erachtet. Auf diese Weise gelang es, die für die Identitätskonstruktion notwendige Komponente der Differenzqualität des Eigenen zu behaupten, ohne in eine Haltung zu verfallen, welche zu einer kulturellen Xenophobie führte. Methodisch rekurrierte dieses Verfahren auf eine epochen- und raumübergreifende synkretistische Transkulturation fremder Episteme in den mexikanischen Kontext, um in Abkehr vom Eklektizismus des Porfiriates einen neuen mexikanischen Seinsmodus herbeizuführen. Mittels dieser Verfahrensweise wollte man das aus athenäistischer Sicht philosophisch und zivilisatorisch rückständige Mexiko zunächst aus den Quellen der *pueblos completos* schöpfen lassen, um hiermit die Voraussetzung für eine spätere Mitwirkung als gleichberechtigter Partner im weltumspannenden Dialog der Kulturen zu schaffen.

Die Auswahl der Referenzkulturen und -autoren der Athenäisten dokumentiert die zivilisatorische Vorbildfunktion Europas, speziell der Kulturen Frankreichs und Deutschlands. Wenn auch das zeitgenössische Spanien nicht mehr als Vorbild akzeptiert wurde, so bedeutete dies keine prinzipielle Distanzierung von der ehemaligen Kolonialmacht, wie sie im 19. Jahrhundert seitens der mexikanischen Patrioten vorherrschte. Vielmehr bemühten sich die *ateneístas*, Spaniens Bedeutung als Vermittler der antiken Traditionen in der Neuen Welt herauszustellen.

Die Pflege des Hellenismus und des Latinitätsdenkens betonte hinsichtlich der nationalen und lateinamerikanischen Identität die Differenz zu den vorgeblich rein materiellen Idealen der "fortschrittlichen" angelsächsischen Nationen. Zugleich war die Antikenbegeisterung ein wichtiger Angelpunkt hinsichtlich der Ausbildung einer für die athenäistische Gruppenidentität bedeutsamen antipositivistischen Dissidenz.

Wie die literarhistorischen Vorträge und Essays belegen, entsprach die Entdeckung der Existenz eigenständiger mexikanischer literarischer Ausdrucksformen während der *Colonia* dem für die Ausbildung der kollektiven Identität erforderlichen Aspekt der Differenz. Gleichzeitig wahrte man bei der Behauptung des nationalkulturellen Eigenen eine kritische Perspektive, mit der Folge, daß die *ateneístas* der seit der Unabhängigkeit etablierten ostentativen Pflege nationalistischer Klischees eine Absage erteilten, um nicht Gefahr zu laufen, ein sich von der gesellschaftlichen Realität entfremdetes Selbstbild zu vertreten. Gemäß dem vitalistischen Prinzip einer kontrollierten Dynamik sollte vielmehr die für eine stabile, möglichst authentische kollektive Identität notwendige Distanz zum Eigenen gewahrt werden, um den Fehlentwicklungen eines auf Stereotypen basierenden Soziozentrismus frühzeitig entgegensteuern zu können.

Der athenäistische Entwurf einer mexikanischen Identitätskonstruktion verfolgt somit das Ziel, sich möglichst vorbehaltlos dem außeramerikanischen Anderen zuzuwenden. Auch das Bemühen, die Identitätsbildung als kontrollierten, kommunikativ organisierten Lernprozeß zu verstehen, spricht für das athenäistische Vorhaben. Das geschlossene Konzept der nationalen Identität soll aufgebrochen und eine Internationalisierung des mexikanischen Kulturraumes angestrebt werden. Hinter dieser Vision steht aber nicht der Wille, ein polylogisch organisiertes, hybrides Miteinander herbeizuführen. Vielmehr deuten sich im Zeichen einer Dominanz des europäischen Paradigmas jene problematische Homogenisierungstendenzen an, welche in der Gegenwart auch Habermas' Thesen zur "vernünftigen" Identitätsbildung kennzeichnen.

Einschränkend ist ferner zu vermerken, daß das "eigene Fremde", das heißt, die Kulturen der Indianer, den Athenäisten fremd geblieben ist. Bei keiner Gelegenheit dachten die Mitglieder des Kreises an die Möglichkeit einer dialogischen und demokratischen Einbeziehung der kulturell unterrepräsentierten Mehrheit der Bevölkerung in den Prozeß der Ausformung einer neuen mexikanischen Identität. Allein die Akkulturation der *indígenas* erschien ihnen zur Überwindung der Fremdheit angebracht. Dominieren hinsichtlich des Projektes einer kosmopolitisch ausgerichteten Transkulturation des außermexikanischen Fremden trotz der genannten Einschränkungen die positiven Aspekte, so ist im Gegenzug die athenäistische Intoleranz gegenüber dem Indigenen kritisch zu beurteilen. Gerade der Rekurs auf die Thesen Lévinas' läßt diese aus dem Umgang mit dem innermexikanischen Fremden resultierende Problemlage besonders deutlich hervortreten.

4.3. Die Ausformung einer gruppen- und gesellschaftsspezifischen Symbolik und Mythologie

Einem bei Prozessen der kollektiven Identitätsfindung gängigen Verfahren entsprechend realisierte auch der *Ateneo de la Juventud* die Kultivierung von Symbolfiguren, deren Wirken und Persönlichkeit als vorbildhaft gerühmt wurden und somit einen hohen Grad an Autoreferenzialität besaßen. In diesem Sinne dienten Hostos, Othón, Rodó, Fernández de Lizardi und Sor Juana Inés de la Cruz als Leitbilder der gruppenspezifischen, doch auch der nationalen Selbstbestimmung. Bemerkenswerterweise verfiel man hierbei nicht der bei diesem Verfahren häufig anzutreffenden Idolatrie, da auch die aus athenäistischer Sicht negativen oder problematischen ästhetischen Besonderheiten angesprochen wurden. Die durchweg positive Beurteilung der gewählten Symbolfiguren legt es jedoch nah, von einer kontrollierten Stilisierung im Prozess einer mythisierten mexikanischen Identitätssuche zu sprechen.

Wie es die rückblickenden Erinnerungen der Athenäisten mehrheitlich belegen, setzte innerhalb der Gruppe sehr früh eine autoreferenzielle Mythisierung ein, welche sich in der wechselseitigen Evokation der gemeinsamen Lektüreerlebnisse, der Antikenbegeisterung, der Seriosität des Vorgehens, der erzieherischen Tätigkeit oder der philosophischen Neuentdeckungen äußerte. Man mag diese Eigenheit wie Monsiváis als selbstgefällige Panegyrik deuten,[69] doch erscheint es notwendig, in identitätstheoretischer Perspektive auch den zeithistorischen Kontext zur Erklärung einzubeziehen. Nachdem sich das Athenäum zunächst vornehmlich als intellektuelle Opposition zum positivistischen Denken definierte, warfen die wachsende Unkontrollierbarkeit der Zeitläufte und die zunehmenden politischen Unruhen die konservativ bis unpolitisch eingestellten Mitglieder des Kreises immer mehr auf sich selbst zurück. Die in öffentlichen und privaten Äußerungen erfolgende Selbstmythisierung diente hierbei der Aufrechterhaltung der Gruppenstabilität und zur Legitimation des intellektuellen Anspruchs in einer dem Geistigen feindlich gesinnten Umwelt. Die Tatsache, daß das einzige politisch aktive Mitglied der Kerngruppe, Vasconcelos, die individuelle Selbststilisierung vorzog und der vorherrschenden Gruppenmythisierung entschieden entgegenwirkte, bestätigt diesen Zusammenhang zwischen willentlicher politischer Enthaltsamkeit und kompensatorischer Selbstmythisierung bei den übrigen Vertretern des *Ateneo*. Die Athenäisten legten auf diese Weise die Ausgangsbasis für die Bewertung der Gruppe als Insel der Kultur im stürmischen Meer der Revolution.[70]

Nur bei näherem Hinsehen lassen sich auch innerhalb des Kreises vereinzelte kritische Stimmen vernehmen, welche auf die Existenz eines autoreferentiellen mythisierenden Diskurses verweisen. So beklagte Henríquez Ureña in seinen *Memorias*, daß es den Athenäisten an Engagement für die Anliegen ihrer Gruppe fehle.[71] Das Klischee der enthusiastischen, bildungshungrigen jugendlichen Elite Mexikos, die sich begeistert im *Ateneo de la Juventud* vereinte, ist also zu relativieren. Zugleich kann bestritten werden, daß die Gruppe in der mexikanischen Öffentlichkeit ungeteilten Zuspruch fand. Gerade die Neuentdeckung der spanischen Tradition als fester Bestandteil der mexikanischen Kultur stieß auf Widerstand. So dokumentiert Henríquez Ureña in seinen Erinnerungen, daß anläßlich der in der *Preparatoria* abgehaltenen *velada* zu Ehren des spanischen Historikers Rafael Altamira (26.1.1910) der später vielgerühmte Vortrag von Reyes über "La estética de Góngora" vom Publikum mit *frialdad* aufgenommen worden sei.[72] Auch

---

69 "Notas", S. 321.

70 Martínez zählt die philosophische Öffnung des Landes durch Caso, die Aufwertung der mexikanischen literarischen Tradition durch Henríquez Ureña und Reyes, der kolonialen Architektur durch Acevedo, der Volksmusik durch Ponce, der Malerei durch Rivera, Dr. Atl, Montenegro, Saturnino Herrán und Francisco Goitia, die Ausbildung von Lehrern, die Intellektualisierung der Kulturkritik und den Universalismus des *Ateneo* in zu den bedeutendsten Errungenschaften der Revolutionszeit ("Introducción 1907-1914", S. 32).

71 "El *Ateneo* recién fundado parece próximo a perecer. Debió haber reunión el sábado pasado, y no asistieron los oradores" (Eintrag vom 2.11.1909, zit. in Roggiano, *Pedro Henríquez Ureña*, S. 115).

72 Eintrag v. 29.3.1910, zit. in Roggiano, a.a.O., S. 116.

die eigenen Bemerkungen zu Hernán Pérez de Oliva[73] hätten ebenso wenig Interesse gefunden wie die sich anschließende Lesung Altamiras, der als offizieller Propagandist der spanischen Kultur in Mexiko und den USA agierte. Nichtsdestoweniger betrieb Henríquez Ureña in der publizierten Version der beschriebenen Ereignisse eine Schönfärbung, als er in dem in Santo Domingo erscheinenden *Ateneo* notierte, daß Altamira "logró romper, quizás de modo definitivo, con la rutinaria tradición anti-española".[74] Diese Darstellung verweist darauf, daß die Mythisierung der Gruppe nicht zuletzt auf eine gezielte Öffentlichkeitsarbeit der *ateneístas* zurückzuführen ist.

4.4. Der Aspekt der Reflexivität

Es konnte bereits darauf hingewiesen werden, daß der *Ateneo* über gemeinsame philosophische Interessen verfügte, welche gerade in der Gründungsphase im Zusammenwirken mit der Entdeckung des europäischen Altertums, der Hinwendung zur modernen Kultur Europas, der Kultivierung des erzieherischen Engagements und natürlich der affirmativen Beschäftigung mit Fragen der mexikanischen und lateinamerikanischen Identität eine ausgeprägte Reflexivität entstehen ließen. Insbesondere das gruppenspezifische Bewußtsein, als kulturelle Elite in Opposition zum herrschenden Denken zu stehen, förderte die Entwicklung gemeinsamer Überzeugungen.

Mit der Institutionalisierung des Kreises wurde jedoch versäumt, inhaltliche und organisatorische Statuten zu notieren, an denen sich diese Reflexivität künftig orientieren sollte. Letztlich vermochte der *Ateneo* als Institution im Bewußtsein seiner Mitglieder daher nur den Status eines ephemeren Phänomens anzunehmen. Dies führte dazu, daß er zwar die geistige Unabhängigkeit der in ihm Mitwirkenden garantierte, doch in Krisenzeiten den raschen Abbau der Reflexivität hinnehmen mußte. Vasconcelos' zur Exzentrik neigendes Einzelgängertum und seine das Auseinanderbrechen der Gruppe beschleunigende autoritäre Leitung des *Ateneo de México* können als Ausdruck dieses abnehmenden athenäistischen Wir-Bewußtseins bewertet werden. Gleichwohl wäre es ein Irrtum anzunehmen, der institutionelle Niedergang des Athenäums hätte auch das Ende des Athenäismus bedeutet. Gruppenspezifische Fragestellungen und Probleme, die sich seit der Gründungsphase nachvollziehen lassen, sollten auch künftig trotz einer individuellen Schwerpunktsetzung als Nachhall der athenäistischen Reflexivität fortbestehen.

Im Hinblick auf die Ausformung einer nationalen Identität versuchten die *ateneístas*, das Maß des mexikanischen Wir-Bewußtseins nachhaltig zu steigern, nachdem sich das Land unter Porfirio Díaz in sozialer, ökonomischer und kultureller Hinsicht zerrissen präsentiert hatte. Die auf universitärem Niveau und auf der Ebene der Breitenbildung angesiedelte Bildungsinititative des *Ateneo* sollte unter Umgehung eines unmittelbaren politischen

---

[73] "Hernán Pérez de Oliva" (1910), O.C. 2, S. 107-135. Henríquez Ureña rühmt den Autor wegen seiner Hinwendung zu spanischen Themen, seiner von der Kunst bis zur Wissenschaft reichenden Interessen sowie als Förderer der spanischen Sprache und des griechischen Geistes zur Zeit Karls V.

[74] *Ateneo* 2/3 (Feb.-März 1910), zit. in Roggiano, a.a.O., S. 124.

Engagements die mexikanische Gesellschaft wieder zusammenwachsen lassen. Entsprechend nachdrücklich vertraten die Gruppenmitglieder daher im Verlauf ihrer Bildungs- und Erziehungsinitiative das Ideal einer Harmonisierung und Synthetisierung der Gegensätze. Die Wissensvermittlung und das Studium der eigenen sowie der europäischen Kultur sollte ein emanzipatorisches Bewußtsein entwickeln helfen, welches das Individuum und die Nation mit dem Ziel der Realisierung eines von möglichst breiten Schichten getragenen Gesellschaftsentwurfs zusammenführen sollte.

Diesem Wunsch nach Ausformung einer nationalen Reflexivität lief jedoch die politische Entwicklung diametral entgegen. Zwar versuchte ein Teil der Athenäisten noch während der Revolution, den Traum der Herbeiführung eines Wir-Bewußtseins durch die *Universidad Popular* zu verwirklichen, doch vermochte die Institution die politisch bedingten Differenzen nicht zu überwinden. Nichtsdestoweniger bestand seitens der *ateneístas* auch nach der Revolution die Überzeugung fort, durch eine erzieherisch bewirkte Homogenisierung der Interessen ein dem Wohl aller dienendes Wir-Bewußtsein entstehen zu lassen. Es ist zu fragen, ob dieser Wunsch nach Homogenität nicht die Ausformung des im heutigen Mexiko herrschenden offiziellen Kulturverständnisses vorbereiten half, das die Nivellierung von Partikularismen anstrebt.

4.5. Die emotionale Komponente

In Abkehr von den positivistischen und rassistischen Diskursen, die seitens der Hispanoamerikaner ein negatives, der emotionalen Dimension der kollektiven Identität abträgliches Selbstbild entstehen ließen, vertraten die Athenäisten eine Konzeption, welche die positiv bewerteten irrationalen Aspekte des menschlichen Wesens anerkannte. In Abkehr vom mechanistischen Menschenbild betrachteten sie das Individuum als in Denken und Handeln freies, zu Emotion, Intuition und Inspiration befähigtes Wesen. Die Hervorhebung der individualistischen Seite des Menschen wurde zugleich durch den Hinweis auf das erzieherisch zu vermittelnde Verantwortungsbewußtsein für die Gesellschaft und die Mitmenschen ergänzt. Hiermit eröffnete der *Ateneo* die Möglichkeit, alternativ zum positivistischen Konzept ein affirmatives Gegenmodell der mexikanischen Identität zu entwickeln, in dem sich die Mexikaner affektiv wiederfinden sollten. Dieser Prozess sollte durch die Stilisierung von Symbolfiguren, die Betonung der positiven Dimensionen der mexikanischen Realität und die selbstbestätigenden Effekte der Bildungsarbeit gefördert werden. Auch die langfristige Perspektive einer gleichberechtigten Teilhabe am Dialog der Weltkulturen bot sich für die Ausformung einer affektiv getragenen *autodefinición* an, da sie auf der Aufwertung des mexikanischen Eigenen beruhte.

Der auszubildende Nationalstolz sollte auf universalistisch und transkulturell erworbenen Grundlagen aufbauen und in der Lage sein, Eigenes mit Fremdem zu kombinieren. Auf diese Weise bemühte sich der idealistische Identitätsentwurf des *Ateneo*, den in der Praxis gängigen Mechanismus einer auf die emotionale Bindung an die Bezugsgruppe zurückzuführenden Abwertung des Fremden zu durchbrechen. Im athenäistischen Konzept erfolgte somit eine als Bereicherung des Eigenen empfundene emotionale Aufwertung des Fremden.

Der emotionale Bezug der Athenäisten zu ihrer Gruppe variierte individuell erheblich. Die Zeugnisse Casos, Henríquez Ureñas und Reyes' lassen erkennen, wie sehr ihnen gerade in der Vor- und Frühphase der Institutionalisierung die autodidaktische philosophische und humanistische Bildungsarbeit am Herzen lag. Da Reyes im Gegensatz zu Caso und Henríquez Ureña während der Revolution keine Möglichkeit mehr für die Umsetzung der Gruppenziele sah, distanzierte er sich früh von der Mitarbeit im *Ateneo de México*, ohne aber hiermit zugleich seine athenäistische Geisteshaltung aufzugeben.

Im Unterschied zu den Genannten betonte Vasconcelos in seinen Rückblicken sein Wirken als kritischer Geist, der nur eine geringe affektive Beziehung zum *Ateneo* entwickelt habe. Die unter seiner Präsidentschaft verfolgte maderistische Instrumentalisierung des Kreises verringerte angesichts des geringen politischen Interesses der übrigen Mitglieder deren emotionale Bindung an die Gruppe. Hierin könnte ein weiterer Grund für das Auseinanderbrechen des *Ateneo* gegeben sein.

4.6. Die Vergangenheits- und Zukunftsdimension der Identität

Da aus Sicht der *ateneístas* die Conquista die Tradition der indianischen Kulturen in Amerika weitestgehend zerstört hatte, präsentierte sich ihnen die Neue Welt zunächst als ein geschichtsloser Kontinent, der seine neue Identität maßgeblich von Europa und Spanien her entwickelte. Dieser Befund einer (kultur-) historischen Diskontinuität führte allerdings nicht zu einer Problematisierung der spanischen Politik, sondern vielmehr zur positiven Umwertung der historischen Zäsur als Chance, der europäischen Zivilisation teilhaftig werden zu können. Diese Deutung der Ereignisse hatte zur Folge, daß man sich vermittels der Anknüpfung an die spanische Kultur die in ihr verwurzelte Tradition der antiken Mittelmeerkulturen anzueignen vermochte. Der gewaltsame Bruch in der kontinentalen Tradition wurde aus athenäistischer Perspektive durch die Transformation des positiv bewerteten Fremden in ein neues Eigenes abgefedert. Die fremde Geschichte wurde hierdurch zur eigenen Geschichte, mit der Folge, daß man statt der aztekischen nun die griechische und lateinische Antike zum philosophisch-kulturellen Ursprung der mexikanischen Zivilisation stilisieren konnte. Dementsprechend begannen die Mitglieder des *Ateneo*, die Zeit der *Colonia* im positiven Licht zu sehen, nachdem die mexikanischen Patrioten aufgrund der im 19. Jahrhundert vorherrschenden Differenzthese fast ausschließlich ein negatives Bild dieser Epoche gezeichnet hatten. Es deutet sich an, daß die Kolonialzeit zum positiven Bestandteil eines auf Kontinuität abzielenden Geschichtsentwurfes wurde, da man in ihr durchaus für die geistige Autonomie bedeutsame Ansätze zur Entwicklung einer eigenständigen mexikanischen Kulturtradition ausmachte.

Die Pflege der europäischen antiken Kulturtradition auf amerikanischem Boden diente dem *Ateneo* aber nicht nur der Erschließung einer eigenen Vergangenheit. Vielmehr bot sich hierdurch auch die Perspektive, mittels der Kombination überzeitlicher Werte mit modernen philosophischen Theoremen eine für die Stabilität der nationalen Identität bedeutsame geistesgeschichtliche Verbindung von Vergangenheit und Gegenwart herzustellen. Es ist typisch für die athenäistische Methode einer Überwindung von Gegensätzen, wenn hierbei der Kontrast zwischen Altem und Neuem in eine zukunftsweisende Synthese überführt wurde. Neuhumanismus, Idealismus und Vitalismus verbanden sich zu einem Konzept, das infolge des Wunsches nach geistiger Erneuerung sowie dem Streben nach Vervollkommnung des einzelnen und der Gemeinschaft eine utopische Dimension erhielt. Diese mit Ausnahme der Beurteilung des Porfiriates positive Interpretation der europäisch kontextualisierten mexikanischen National- und Kulturgeschichte bildete die Grundlage für die Entwicklung einer gegenwartsbezogenen Utopie, welche in späteren Jahren vor allem Reyes, Henríquez Ureña und Vasconcelos beschäftigen sollte.

4.7. Die Struktur der Identität

In politischer und soziologischer Hinsicht war das unabhängige Mexiko ein zutiefst zerrissenes Land, in dem die zentrifugalen politischen Kräfte beziehungsweise der ungehemmte Liberalismus und Sozialdarwinismus sowie das Stadt-Land-Gefälle die Entstehung eines für die nationale Identität konstitutiven Wir-Gefühls verhindert hatten. Auch die Phase des Porfiriates schuf lediglich die Fassade einer *pax augusta*, hinter der die bestehenden Gegensätze fortbestanden beziehungsweise sich verstärkten. Vor diesem Hintergrund ist das athenäistische Bestreben nach einer Harmonisierung und Synthetisierung der gesellschaftlichen Strömungen zu verstehen, das allerdings von der revolutionären Realität in Frage gestellt wurde.

Nichtsdestoweniger blieben die *ateneístas* davon überzeugt, daß es möglich sein müsse, allen Mexikanern auf dem Weg der Wissensvermittlung und der Erziehung eine der Einigung dienende Ethik zu vermitteln. Diese Konzeption der Entwicklung einer homogenen Kulturnation gründete schwerpunktmäßig auf den europäischen und kreolischen Traditionen, während man das indigene Element als nicht zukunftsfähig ausblendete. Nach der gesellschaftlichen Diskriminierung der Indianer unter dem Porfiriat strebten die Athenäisten nun deren Akkulturierung - oder kritisch ausgedrückt: zweite Kolonisierung - an, um sie zu einem integrierten Bestandteil des fortschrittlichen Mexiko werden zu lassen. Der bisher existierende Strukturkonflikt innerhalb der mexikanischen Gesellschaft sollte durch dieses von Kulturtheoretikern und Vertretern des Indigenismus in späteren Jahren kritisierte Verfahren beigelegt und eine ethnisch wie kulturell homogene Volksgemeinschaft herbeigeführt werden. Sie müsse jedoch von universalistischer Kompetenz geprägt sein und dem Austausch vor allem mit der europäischen Kultur aufgeschlossen gegenüberstehen. Es deutet sich an, daß die Athenäisten bei einer nach außen gerichteten Perspektive die Teilhabe an der Vielstimmigkeit des internationalen Kulturraumes als positives, die eigene Kultur bereicherndes Faktum würdigten. Die nach innen gerichtete Perspektive bleibt hingegen der traditionellen Homogenitätsthese verhaftet. Hieraus resultiert der für die kritische Würdigung der Gruppen bedeutsame Schluß, daß internationalistische Progressivität und nationalistischer kultureller Konservativismus im athenäistischen Kulturmodell aufeinandertreffen.

Diese Einschränkung der nationalen Polyphonie findet ihren markanten Ausdruck in der Ausgrenzung des Indigenen aus dem Kulturmodell des *Ateneo de la Juventud*. Die Gruppenmitglieder bleiben offenbar den traditionellen kreolischen und mestizischen Vorbehalten gegenüber der größten mexikanischen Bevölkerungsgruppe verhaftet. Aus diesem Grunde wäre es zu pauschal zu behaupten, aufgrund der von ihm angestrebten Internationalisierung und Universalisierung habe der *Ateneo* die *desajenación espiritual*[75] Mexikos eingeleitet. Mag dieses Urteil nach außen hin Gültigkeit besitzen, so herrschte im Denken der Gruppe die für die vorrevolutionäre mexikanische Gesellschaft typische und bis in die Gegenwart nachwirkende kulturelle Entfremdung von den indigenen Traditionen vor.

Hinsichtlich der Gruppenidentität des *Ateneo* kann vermerkt werden, daß nach einer Frühphase der durch gemeinsames Gedankengut getragenen strukturellen Homogenität der Kerngruppe in den folgenden Jahren der geringe Organisationsgrad, die heterogene Mitgliederstruktur, der Individualismus der Mitglieder und das Einwirken äußerer Umstände zum Aufkommen interner Divergenzen und zu einer Reduktion der athenäistischen Gruppenidentität führten. Der *Ateneo* scheiterte als Institution an dem von der Identitätsforschung beschriebenen Problem, divergierende Positionen im Inneren der Gruppe durch einen konsensuellen Überbau zusammenzuhalten und hiermit die Einheit in Vielheit zu ermöglichen. Im Anschluß an die Phase, in welcher die gruppenspezifische Diskussionskultur die Ausformung einer relativ offenen Organisationsstruktur des *Ateneo* begünstigt hatte, mußte sich Vasconcelos' Versuch, die mit der Revolution beginnenden Auflösungserscheinungen durch die energische Straffung des Gruppenprofils zu verhindern, aufgrund seines autoritären Charakters als konterproduktiv erweisen.

---

75 Luis Villoro, "Cultura mexicana", S. 199.

V. Positionen des Athenäismus während und nach der Auflösung des *Ateneo de la Juventud/Ateneo de México*

Trotz der Auflösung des *Ateneo de la Juventud* beziehungsweise *Ateneo de México*, die mit dem Fortgang Henríquez Ureñas aus Mexiko im Jahr 1914 besiegelt wurde, wirkte das athenäistische Denken in den folgenden Jahrzehnten weiter und leistete einen wichtigen identitätsstiftenden Beitrag zur mexikanischen und lateinamerikanischen *autodefinición*. Ausgehend von der voranstehenden Erfassung und Diskussion der identitätstheoretischen Grundlagen des athenäistischen Diskurses widmen sich daher die anschließenden Kapitel den Filiationen des Athenäismus bei Henríquez Ureña, Reyes und Vasconcelos in den Jahren nach dem institutionellen Niedergang der Gruppe. Entsprechende Stellungnahmen Casos werden in die Analysen eingewoben. In methodischer Hinsicht ergibt sich das Problem, daß bei den Genannten sowohl gleichgerichtete als auch differierende Ideologeme nachweisbar sind. Eine ausschließlich personenorientierte Analyse würde daher die individuellen Positionen klar herausstellen können, aber aufgrund bestehender Gemeinsamkeiten gleichzeitig zu zahlreichen Redundanzen führen. Die rein themengebundene Untersuchung hingegen würde die Perspektive auf inhaltliche Gemeinsamkeiten richten, mit der Folge, daß die individuellen Merkmale der jeweiligen Identitätsdiskurse zurücktreten. In Abwägung der Vor- und Nachteile der jeweiligen Verfahren wird daher im folgenden eine Kombination aus themen- und personenbezogener Analyse gewählt, welche die Gemeinsamkeiten des athenäistischen Diskurses erfaßt, ohne über individuelle Varianten hinwegzugehen. Eventuelle inhaltliche Überschneidungen, welche sich aus der Einbeziehung einer individualisierten Vorgehensweise ergeben, lassen sich dabei nicht völlig vermeiden. Sie sind jedoch dazu angetan, trotz individueller Schwerpunktsetzung den hohen Grad der Vernetzung des athenäistischen Denkens hervortreten zu lassen.

1. Athenäistische Philosophie zwischen Idealität und Realität

1.1. Pedro Henríquez Ureña

1.1.1. Die aufgeklärt-pragmatische Philosophie des wissenschaftlichen Handelns und die gesellschaftliche Funktion der Kunst

Es wurde bereits erwähnt, daß nach dem Erscheinen der *Horas de Estudio* (1910) für Henríquez Ureña die Erörterung philosophischer Fragen nicht mehr im Mittelpunkt seines Interesses steht. Gleichwohl verfolgt er in den Folgejahren aufmerksam die Entwicklung der lateinamerikanischen Philosophie durch Vasconcelos, Antonio Caso, den Argentinier Alejandro Korn sowie den Uruguayer Carlos Vaz Ferreira. Ganz im Sinne des Athenäismus findet deren Universalisierung des philosophischen Denkens seinen Beifall.[1]

---

1 "Actualmente, el pensamiento filosófico, en América, es libre: todas las tendencias están representadas" ("Vida espiritual", S. 371). Im Gegensatz zu Henríquez Ureña hielt Caso Zeit seines Lebens an

Henríquez Ureñas Entwicklung neuer Schaffensschwerpunkte geht zeitlich einher mit der Zäsur seiner Argentinienreise. Zwischen 1910 und 1924 widmet sich der Athenäist hauptsächlich kunstästhetischen und soziologischen Fragestellungen, während in späteren Jahren vornehmlich die wissenschaftliche Beschäftigung mit Literatur und Sprache in den Mittelpunkt rückt. Trotz seiner sich wandelnden Interessen begleitet die Philosophie stets Henríquez Ureñas späteres Wirken, da für ihn jede höhere Form von Kunst philosophische Implikationen besitzt. Wie die übrigen Athenäisten vertritt er in diesem Zusammenhang auch die Überzeugung, daß zwischen Philosophie und Wissenschaft, Kunst und Gesellschaft enge Wechselwirkungen bestehen. Daher lehnt er eine sich selbst genügende Kunst ab und vertritt vielmehr die Ansicht, daß Wissenschaft, Kunst und Handeln im Idealfall eins werden sollten. Stets pflegt Henríquez Ureña gemäß dem athenäistischen Pragmatismus einen an Stumpf, Poincaré und Meyerson angelehnten aufklärerischen Wissenschaftsbegriff, der den Glauben an die gesellschaftsverändernde Macht der Ideen vertritt und jegliche lebensfremde Spezialisierung ablehnt: die Wissenschaft solle wie die Kunst dem Menschen und der Gesellschaft dienen.[2]

Henríquez Ureñas Essays dokumentieren sein athenäistisch geprägtes Vorhaben, durch die Anhebung des allgemeinen Bildungs- und Kulturniveaus einer Gesellschaft unmittelbar zur Verbesserung der Lebenssituation der Menschen beitragen zu können. Für den Essayisten steht hierbei außer Zweifel, daß die Verbreitung des gedruckten Wortes als "elemento característico de *acción*" und als *idea fuerza*[3] den ersten Schritt zur Emanzipation des Individuums bildet. Wie Reyes vertritt er die Ansicht, daß die Vermittlung der *cultura* frei von jeglichen Zwängen erfolgen müsse.[4]

Der soziale Wandel und die sich im 19. Jahrhundert durchsetzende Arbeitsteilung führten nach Henríquez Ureña zu einer Trennung von öffentlichem Leben und Literatur, wie

---

    der These fest, allein die Philosophie habe Schlüsselfunktion bei der gesellschaftlichen Veränderung: "La Facultad de Filosofía es, esencialmente, la primera de las Facultades universitarias; como la filosofía es, entre las ciencias, la primera, también" ("La Filosofía en la Universidad de México" [1936], O.C. 10, S. 226-230, hier S. 226).

2   Vgl. Alfredo A. Roggiano, "Pedro Henríquez Ureña o el pensamiento integrador", *Revista Iberoamericana* 21, 41/42 (1956), S. 171-194, hier S. 176.

3   So bereits 1910 in "Rodó", S. 57 und 1904 in "Ariel", S. 151. Vgl.: "Sigo impenitente en la arcaica creencia de que la cultura salva a los pueblos. Y la cultura no existe, o no es genuina, cuando se orienta mal, cuando se vuelve instrumento de tendencias inferiores, de ambición comercial o política, pero tampoco existe, y ni siquiera puede simularse, cuando le falta la maquinaria de la instrucción. No es que la letra tenga para mí valor mágico. La letra es sólo un signo de que el hombre está en camino de aprender que hay formas de vida superiores a la suya y medios de llegar a esas formas superiores" ("El espíritu y las máquinas" [1917], O.C. 3, S. 303-309, hier S. 308).

4   Eine weitere Parallele zeichnet sich in der Stigmatisierung machthungriger, unkultivierter Berufspolitiker ab. So notiert Henríquez Ureña zu dem Kubaner Enrique José Varona: "Nunca fue Varona uno de esos que el vulgo llama políticos prácticos, moderna plaga de hombres que de nada entienden y de todo se apoderan, en ansia de mando y de lucro, estorbando la función de quienes ponen saber y virtud al servicio y ejemplo de la sociedad. No fue político práctico, pero estuvo siempre en la acción política, como libertador y como civilizador..." ("Maestro", S. 134).

sie sich im *Modernismo* ausdrücke.⁵ Dieser Tendenz sollte entgegengesteuert werden. Daher zählt er sich selbst wie die übrigen Athenäisten neben Ricardo Rojas, Víctor Raul Haya de la Torre, José Carlos Mariátegui, Luis Alberto Sánchez sowie die *Siete Sabios* zu einer *generación intermedia*, welche alternativ zu der Haltung eines *l'art pour l'art* die Tradition der öffentlichen Funktion des Intellektuellen wiederbelebe.⁶

Henríquez Ureñas Stellungnahmen zur politischen Arbeit entsprechen genau dieser 1949 formulierten Haltung: Wie bei Reyes nimmt auch bei ihm der Intellektuelle in Erfüllung seines *deber moral*⁷ eine Position auf dem Grat zwischen einer distanzierten Betrachtung und einer kritischen Anteilnahme am politischen Geschehen ein. Mit seiner Forderung, daß der Intellektuelle wie der Künstler stets frei entscheiden dürfe, ob er seine Werke als Dienst an der Gemeinheit verstehen wolle, geht das Plädoyer für die Freiheit der Kunst von jeglichen ökonomischen und politischen Zwängen einher.⁸ Im Unterschied zu Vasconcelos, der die Kunst und Wissenschaft zum Erreichen seiner politischen Ziele instrumentalisierte, möchte Henríquez Ureña ihre geistige Unabhängigkeit garantiert wissen. Gleichwohl entwickelt er seit 1908 ein verstärktes bildungs- und wissenschaftspolitisches Engagement, um in seiner Tätigkeit als Essayist, Wissenschaftler und Dozent politisch relevant zu handeln, ohne aber unmittelbar in das politische Geschehen involviert zu sein.⁹

1.2. Reyes

1.2.1. Menschenbild, Bildungsbegriff und Ethik

Es zählt zu den entscheidenden Merkmalen der athenäistischen Gruppenidentität, in Abkehr von dem mechanistischen und rationalistischen Menschenbild des Positivismus den Blick auf die jenseits der Logik und der naturwissenschaftlichen Evidenz existierenden metaphysischen Dimensionen des menschlichen Seins zu richten. Zur

---

5   *Corrientes*, S. 219.
6   A.a.O., S. 233.
7   "Maestro", S. 139.
8   "El escritor puro, menos ligado a los intereses del momento, ejerce función espiritual; ejerce una parte de las funciones que en sociedades poco complejas se concentraban en el sacerdocio. (...) Ya se da mucho menos que antes, entre nosotros, la conjunción de escritor y hombre público. El tiempo no es ya, como en épocas pasadas, amplio, elástico. El escritor necesita horas y necesita darles seguridad y tranquilidad. Es más: nuestras sociedades, si quieren justificar su título de civilizadas, tienen la obligación de darle al escritor seguridad y tranquilidad. Pero el escritor, por su parte, debe saber reclamarlas" ("Palabras", S. 183f.; vgl. "Corrientes", S. 240).
9   Diese Überzeugung vertrat der junge Henríquez Ureña bereits 1908 in Anlehnung an Barreda: "Para el espíritu de todo verdadero educador, la ciencia es siempre 'una virtualidad que tiende a la acción'" ("Alocución", S. 244). Angesichts der von Henríquez Ureña vertretenen Konzeption des politisch relevanten Handelns als Intellektueller müßte Sheridans Befund des *apoliticismo* Henríquez Ureñas und Reyes' relativiert werden (Sheridan, *Contemporáneos*, S. 36).

Entwicklung einer dem Wesen des Menschen gerecht werdenden Zivilisation bedürfe es aus dieser Perspektive eines Strebens nach der absoluten Idealität, wie Reyes in Anlehnung an Platon und Kant schon 1907 hervorhebt.[10] Allein die Suche nach einem verbindlichen Ideal vermöge das gemeinschaftliche Zusammenleben der Individuen und Völker zu garantieren.[11]

Reyes deutet in idealistischer, für das athenäistische Denken repräsentativer Weise den Menschen als autonomen, von äußeren Zwängen freien Schöpfer seines Selbst und als historisches Subjekt, das in jeder Lebenslage der "orientación ética, el deseo del bien y la justicia humana"[12] verpflichtet sei. Das Individuum ist für den *ateneísta* den Auffassungen Platons und der Neuplatoniker entsprechend Ausgangspunkt, Träger und Ziel eines jeden Handelns. Das authentische Mensch-Sein erfülle sich in dem Streben, sämtliche Bereiche des gesellschaftlichen Zusammenlebens auf den Primat des ethisch guten Handelns hin auszurichten. Daher wird für Reyes wie für Caso die Suche nach moralischer und intellektueller Entfaltung des Menschen zur Pflicht, welche dem individuellen sowie dem sozialen Streben nach Glück eigne.[13]

---

10 A.a.O., S. 315f. Siehe auch das Gespräch mit Carballo ("Alfonso Reyes", in: ders., *Protagonistas*, S. 101-137, hier S. 124 und 127).

11 In "Ciencia social y deber social" fordert Reyes 1941 als Zielvorgabe den "deseo de entendimiento humano", wozu es einer "absoluta sinceridad en el diálogo entre los países de América" bedürfe (O.C. 11, S. 106-125, hier S. 124). Vgl. Ramón Xirau, "La Ultima Tule de Alfonso Reyes", *Cuadernos Americanos* 19, 3 (Mai-Juni 1960), S. 203-208, hier S. 207.

12 "Ciencia", S. 124.

13 Hier nähert sich Reyes Kants ethischem Idealismus an. Siehe Frederick Watkins, "Theorie und Praxis des modernen Liberalismus", in: Lothar Gall (Hrsg.), *Liberalismus*. Frankfurt/Main ^{3}1985, S. 54-76, hier S. 63. Auch Caso wendet sich in seinem zentralen Werk *La existencia como economía, como desinterés y como caridad. Ensayo sobre la esencia del cristianismo* (1916, ^{2}1919, ^{3}1943) gegen die biologistische und deterministische Sicht des Menschen (O.C. 3, S. 1-120). Grundlegende idealistische Gedanken finden sich zuvor schon in "Aurora" (1915), O.C. 2, S. 72-74 und "El nuevo humanismo" (1915), O.C. 2, S. 65-71. Schon das Epigraph von *La existencia* enthält durch die Gegenüberstellung von Darwins "struggle for life" und Pascals "Tous les corps ensemble, et toutes leurs productions, ne valent pas le moindre mouvement de charité" das gesamte Programm des Werkes. Casos Augenmerk richtet sich in Anlehnung an Bergson, Kant und Schopenhauer - an dessen *Die Welt als Wille und Vorstellung* schon der Titel erinnert - auf die ideale Existenzform des Altruismus und der ästhetischen Lebensweise. In der Tradition Rodós betont Caso in für den Athenäismus typischer Weise die Differenz zu den negativen angelsächsischen Denk- und Zivilisationsformen, um hierdurch das Eigene aufzuwerten. Casos Werk trug entscheidend zur Verbreitung des philosophischen Idealismus in Mexiko bei, dessen politische Ernte Vasconcelos als Erziehungsminister einfahren konnte. Der Antipositivismus, als dessen frühen Vertreter Caso Diderot ansieht, sollte seit der Zeit des *Ateneo* sein philosophisches Idearium bestimmen. Siehe "Denis Diderot", S. 85-95; "Filosofía francesa", S. 17-27 und "Ciencia", S. 319-321. Zu Casos Philosophie informieren Rosa Krauze de Kolteniuk, *La filosofía de Antonio Caso*, México 1961; Matzat, "Mexikanische Identität", S. 131f. und Luis Villoro, "Antonio Caso: Fenomenología y metafísica", in: ders., *En México, entre libros. Pensadores del siglo XX*, México 1995, S. 39-63. Während Torres Bodet, Torri und Zea Casos antipositivistisches Engagement rühmen, übt Ramos Kritik weniger an dessen philosophischen Inhalten als an seiner Methode. Siehe Jaime Torres Bodet, *Memorias*, Bd. 1,

Vor allem vorsokratisches und christliches Denken prägen das in engem Bezug zu Gesellschaftsfragen stehende Denken Reyes'. Dies hat zur Folge, daß aus seiner Sicht die individuell verankerte Bereitschaft zu Toleranz und Nächstenliebe in einen "respeto a la sociedad humana en general" einmünde, welcher wiederum gewährleiste, daß "el amor patrio no es contrario al sentimiento solidario entre todos los pueblos".[14] Auf diesem Wege wird das Erreichen des athenäistischen Ideals einer "paz y armonía entre todos los pueblos"[15] und eines zivilisierten Zusammenlebens[16] in Aussicht gestellt.

Angesichts des Fortbestehens positivistischer und rassistischer Theoreme während der dreißiger und vierziger Jahre sieht sich Reyes veranlaßt, seinem idealistischen Menschen- und Gesellschaftsbild entsprechend eine Moralisierung des Miteinanders einzufordern. Daher rekurriert er auf die athenäistische Ethik und ruft angesichts der rassistischen Ausschreitungen in Europa mahnend in Erinnerung, daß alle Menschen ungeachtet ihrer Herkunft und Hautfarbe gleichwertig seien und dieselben Rechte genössen. Nicht der in Europa regierende Haß, sondern das Freiheitsstreben, das Gerechtigkeitsempfinden, der Gemeinsinn und der Wunsch nach einer friedlichen Koexistenz seien die Ideale, welche Menschen und Nationen auszeichneten.[17] Markanterweise gründet Reyes' Position gemäß der hellenistischen Denktradition des *Ateneo* weniger auf dem neuzeitlichen aufgeklärten Denken als vielmehr auf dem antiken europäischen Erbe. Doch bleibt nicht unerwähnt, daß selbst Hebräer und Griechen anderen Völkern gegenüber zum Teil vorurteilsbefangen und vom Standpunkt eines Überlegenheitsgefühls her agierten.[18] Der Athenäist kritisiert den herrschenden Rassismus als mit der christlichen Ethik unvereinbar sowie als *locura*,

---

México ²1981, S. 415ff.; Julio Torri, "Antonio Caso" (1920), in: ders., *Diálogo de los libros*, México 1980, S. 76f.; Zea, *Filosofía*, Bd. 1, S. 61ff. und als Echo auf die Auseinandersetzung mit Caso Samuel Ramos, "Antonio Caso" (1928), in: O.C. 1, México 1990, S. 58-69,, hier S. 65ff. sowie dessen Nachruf "Antonio Caso, filósofo romántico", *Filosofía y Letras* 11, 22 (April-Juni 1946), S. 179-196.

14 "Cartilla moral", O.C. 20, S. 481-509, hier S. 508.
15 A.a.O.
16 Vgl. die lapidare, in ihrer Prägnanz kaum zu überbietende Aussage: "La civilización se hace de moral y de política" ("México en una nuez" [1937], O.C. 9, S. 42-56, hier S. 42). Caso brandmarkt ebenfalls nach der Revolution die Neigung der mangelhaft zivilisierten Mexikaner zum *entrematarse* und warnt vor einem "desastre demográfico y social" ("La demografía nacional" [1924], O.C. 9, S. 270-272, hier S. 270 und 272).
17 "Esta hora del mundo" (1939), O.C. 11, S. 235-253, hier S. 253. Vgl. "Discurso por la lengua" (1943), O.C. 11, S. 312 326, hier S. 314 sowie "Un mundo organizado" (1943), O.C. 11, 327 334, hier S. 331. 1891 hatte bereits Martí in "Nuestra América" die Überzeugung vertreten, es existiere eine "identidad universal del hombre": "No hay odio de razas porque no hay razas. (...) El alma emana, igual y eterna, de los cuerpos diversos en forma y en color" ("Nuestra América", in: ders., *Nuestra América*, S. 26-33, hier S. 32).
18 "Esta hora", S. 243f. Mit für seine Verhältnisse ungewöhnlich scharfen Worten kritisiert der Athenäist bei dieser Gelegenheit Gobineau (a.a.O., S. 248). Auch Caso wendet sich entschieden gegen das von dem Franzosen vertretene Konzept des nordischen Herrenmenschen ("El Conde de Gobineau" [1923], O.C. 4, S. 96-99).

die nur mehr von einer "cierta ciencia al servicio de la política"[19] gerechtfertigt werde. Die alternativ zur Tradition des Differenzdenkens postulierte Humanisierung und Universalisierung der menschlichen und kulturellen Kontakte gründet somit auf einer von Reyes stellvertretend für den Athenäismus eingeforderten Ethik des humanen Miteinanders.

Auffallend ist freilich angesichts dieses Befundes, daß Reyes in seinem am 18.11.1939, also kurz nach dem Jahrestag der Reichspogromnacht vom 9./10.11.1938 gehaltenen Vortrag "Esta hora del mundo" seine deutschlandzentrierte, diachronisch angelegte Kritik an der vermeintlichen Überlegenheit der arischen Rasse mit dem Hinweis auf Wilhelm II. abbrechen läßt. Einen Bezug zur Verfolgung der Juden im nationalsozialistischen Deutschland vermeidet der Redner jedoch. Die nach einer ironischen Geste erfolgte Ausblendung der Geschehnisse in Deutschland[20] verwundert, zumal Reyes bereits im Februar 1939 aus dem mexikanischen diplomatischen Dienst ausgeschieden war, "para consagrarme en absoluto a mi obra de escritor".[21] Möglicherweise erklärt die für den *Ateneo* typische Zurückhaltung in Fragen der politischen Aktualität, weshalb Reyes eine verklausulierte Stellungnahme angebrachter zu sein scheint als eine auf den konkreten Fall bezogene Aussage. Wahrscheinlicher ist aber, daß es der Autor ob seiner unzweideutigen Stellungnahmen gegen jegliche Menschenverfolgung nicht für notwendig hält, sein Urteil zu den Ereignissen in Deutschland explizit zu formulieren.

Bemerkenswerterweise richtet sich Reyes' kritisch-ironischer Blick nicht nur auf das Fremde, sondern auch auf den im eigenen Land keimenden Rassismus.[22] Diese selbstkritische Perspektive bildet jedoch die Ausnahme, da er ungeachtet der gesellschaftlichen Realität fast durchgängig Lateinamerika als an Ethnien reiche Alternativkultur zu Europa stilisiert, welche den Rassismus nicht oder nur in stark eingeschränktem Maße kenne.[23] Gemäß der Erkenntnis, daß die Sprache das Bewußtsein prägt, schlägt Reyes aufgrund seiner Ablehnung eines biologistisch-völkischen Urteilskriteriums die Reform des lateinamerikanischen Sprachgebrauchs vor, indem der Begriff *raza* durch jenen der *cultura* zu ersetzen sei.[24] Auch hierin drückt sich das Bestreben des Athenäisten aus, zu einer neuen, ausschließlich der geistigen Komponente Rechnung tragenden Definition des Menschen zu gelangen.

---

19 "Esta hora", S. 248 und 247.
20 "Ya sólo falta (...) demostrar que ese nórdico o indoeuropeo se confunde con el indogermánico, éste con el alemán mismo, éste con el regnícola de Prusia, éste con la persona de Guillermo II, etc., etc., y Dios con nosotros" (a.a.O., S. 247).
21 Brief an José María Chacón y Calvo (28. 9. 1954), in: Zenaida Gutiérrez-Vega (Hrsg.), *Epistolario Alfonso Reyes-José María Chacón*, Madrid 1976, S. 200.
22 "Y no dudo que el racista mexicano se considere descendiente directo de los Vikingos, porque de otro modo no lo entiendo" ("Esta hora", S. 248).
23 "*Cuadernos Americanos*", S. 152. Die Haltung der meisten Zeitgenossen Reyes' gegenüber den Indianern rechtfertigt diese Ansicht kaum. 1942 warnt Reyes freilich davor, den "pequeñísimo valor de las diferencias de raza" überzubewerten ("Posición de América", [1942] O.C. 11, S. 254-270, hier S. 265).
24 "Discurso por la lengua", S. 315.

Reyes' Essays bestätigen, daß für das Menschenbild der Athenäisten nicht nur die Überzeugung von der grundsätzlichen physischen Gleichwertigkeit, sondern vor allem der Glaube an die Befähigung zu ethischem und moralisch gutem Handeln sowie an die Kulturfähigkeit des Menschen konstitutiv ist. Gemäß dem Anspruch, den Menschen in seiner Ganzheit zu erfassen und zur moralischen und intellektuellen Entfaltung des Individuums beizutragen, stellt sich Reyes in die Tradition Aristoteles', Thomas von Aquins sowie Descartes', indem er die Bedeutung des Geistes als Leitinstanz des menschlichen Handelns betont.[25] Als der beste Weg, dem Menschen entsprechend seiner verstandesgemäßen Veranlagung das Rüstzeug für die existentielle und intellektuelle Selbstfindung und die Ausformung seiner *inteligencia americana* zu vermitteln, erweisen sich aus athenäistischer Sicht Erziehung und Ausbildung. Der kosmopolitische Ansatz einer weltumspannenden *cultura* präsentiere sich als Weg zum universalen Frieden und zur kulturellen Synthese, da er den "hombre en su primer función, que es la de vecino del hombre"[26] zum Leitbild habe.

Die neue Ethik des "honor de la paz", welche von einer öffentlichen Kampagne zur Ächtung des Krieges flankiert werden müsse, sollte auf allen Ebenen des gesellschaftlichen Lebens jene des "honor de la guerra" ersetzen.[27] Diese Friedenserziehung versteht sich als Bestandteil eines umfassenden Programms, welches die soziale Bestimmung und Verantwortung einer integrativ angelegten Bildung nach dem antiken Vorbild des "edificar y conservar la Polis"[28] in den Vordergrund stellt. Ein derart ausgebildeter Mensch sei zweifelsohne in der Lage, als mündiger Bürger bei der Gestaltung einer der Menschlichkeit verpflichteten Politik des Staatswesens mitzuwirken. Auch über die nationalen Grenzen hinaus werde er an der Erreichung des Ziels einer "*homónoia* o humanidad unificada que con tanta razón sedujó a los antiguos estoicos"[29] mitwirken, welche eine geeinte Welt als Produkt des geistigen, künstlerischen, doch auch wirtschaftlichen Austauschs zum Ziel habe.

Reyes beschreibt somit den idealen Menschen als weltoffenes und friedliebendes, seine Identität aus der Vergangenheit der eigenen und der sie beeinflussenden Zivilisationen schöpfendes Individuum, das über eine kritische Intelligenz sowie die Gabe zur Intuition und Emotion verfügt. Aufgrund seiner Teilhabe an der übergreifenden *cultura*, die als "unificación de la inteligencia en el seno de su propia sustancia"[30] verstanden wird, ist es

---

25 "Atenea política" (1932), O.C. 11, S. 182-203, hier S. 183.
26 A.a.O., S. 193. Das an Kants kategorischen Imperativ anschließende Toleranzdenken stellt für Reyes eine Leitinstanz dar: "En suma: deje cada uno vivir al otro y, por su parte, procure hacer bien lo que tiene entre manos" ("A vuelta de correo" [1932], O.C. 8, S. 427-449, hier S. 448).
27 "Doctrina de paz" (1938), O.C. 11, S. 222-230, hier S. 223ff. Reyes vertritt die Überzeugung, daß "la primera necesidad de un pueblo es la educación política". Athenäistischen Einsichten entsprechend sei die bedeutendste Tat des revolutionären Mexikos die "cruzada por la enseñanza" gewesen ("México", S. 55).
28 "Ciencia", S. 107.
29 "Mundo", S. 331.
30 "Atenea", S. 195.

dazu befähigt, bei aller geistigen Aufgeschlossenheit und Beweglichkeit in sich selbst zu ruhen.

1.2.2. "La civilización se hace de moral y de política":[31] Reyes' Verständnis von der Rolle des Intellektuellen und des Künstlers

Es wurde bereits angesprochen, daß Reyes wie Henríquez Ureña während der Revolution einer Teilnahme am politischen Tagesgeschehen eher zurückhaltend gegenübersteht.[32] Diese Haltung sollte sich zwar seit Mitte der zwanziger Jahre punktuell relativieren, doch vertritt der Athenäist Zeit seines Lebens prinzipiell die Überzeugung, daß "todo acto humano se refleja en la *polis*",[33] und daß auch aus der *comunicación espiritual* zukunftsweisende *efectos políticos* erwachsen könnten.[34] Neben der griechischen Denktradition wirken in dieser Einstellung zum Handeln auch Aussagen Hegels sowie Kants Konzeption der regulativen Idee und Rodós Arielismus nach.[35] Die derart begründete soziale Verantwortlichkeit von Intellektuellen und Künstlern legt für Reyes den Schluß nahe, daß ästhetische und ethisch-soziale Interessen im Einklang stehen müssen.[36] Da die Kultur eine *función unificadora*[37] besitze und die professionalisierte literarische Aktivität der Ausformung einer sozialen Ethik diene, deutet der Athenäist das Wirken des Schriftstellers in der modernen Gesellschaft als *servicio publico*.[38]

---

31 "México", S. 42.
32 Nach Gabriella de Beer besitzen beide Athenäisten dieselbe Mischung von "amor y odio por su país y un parecido recelo de la política" ("El epistolario Reyes-Henríquez Ureña: una trayectoria cultural", *Nueva Revista de Filología Hispánica* 37, 2 [1989], S. 305-315, hier S. 314).
33 "Día Americano", S. 66.
34 A.a.O. Monsiváis bestätigt, daß Reyes in einer *profesionalización literaria* "el gran antídoto contra la organización social deficiente" erkennt ("Utopías", S. 117).
35 Hegel in einem Brief an Niethammer (28.10.1808): "Die theoretische Arbeit, überzeuge ich mich täglich mehr, bringt mehr zustande in der Welt als die praktische; ist erst das Reich der Vorstellung revolutioniert, so hält die Wirklichkeit nicht aus" (Georg Wilhelm Friedrich Hegel, *Briefe*, Bd. 1, hrsg. v. Johannes Hoffmeister, Hamburg 1969, S. 251-255, hier S. 253). Siehe zum Einfluß Kants Lang, "»América«", S. 30, ferner Reyes, "Rodó", S. 136f.
36 "Vuelvo a nuestro Platón, y soy fiel a un ideal estético y ético a la vez, hecho de bien y de belleza" (Carballo, "Reyes", S. 124).
37 "Homilía por la cultura", O.C. 11, S. 204-221, hier S. 207. Reyes definiert die *cultura* als "suma de emociones, pautas e ideas, cuya resultante y cuyo criterio de valuación es la conducta humana: sensibilidad de la vida, normas con que se contesta a la vida, conocimientos en que todo ello resulta y que obran sobre todo" ("Posición", S. 257).
38 Vgl.: "la literatura se adelanta a la política al ir forjando ideales unificadores, y (...) la política viene caminando detrás con gran retardo..." ("Atenea", S. 311) sowie "Las nuevas luces, la nueva estructura jurídica y social de nuestras repúblicas, el nuevo honor concedido a las artes de la cultura, todo contribuye a situar al escritor en el primer plano. Nobleza obliga. No puede haber torre de marfil. El escritor se desborda o compromete, más o menos, en los afanes del servicio público que le atraen y lo solicitan" (Carballo, "Reyes", S. 123). Der *Contemporáneo* Jaime Torres Bodet sieht Reyes'

Reyes lehnt dementsprechend die Haltung des *arte por el arte* ab und propagiert ein Literatur- und Wirkungsverständnis, welches der künstlerischen Aktivität unmittelbare lebenspraktische und letztlich auch gesellschaftliche Relevanz zuschreibt.[39] Das Vorhaben, auf dem Weg der Literatur, nicht aber mittels der politischen Tat einen Wandel der mexikanischen und lateinamerikanischen Realität herbeizuführen, wird aus Sicht des Athenäisten 1913 durch die politisch motivierte Ermordung des Vaters bestätigt. Die Unabhängigkeit vom tagespolitischen Geschäft sollte es ihm fortan erlauben, frei von kurz- und mittelfristigen politischen Interessen Visionen des neuen Mexiko zu entwerfen, wenngleich offen bleibt, ob diese aus der Distanz heraus formulierten literarischen Konzepte gesellschaftspraktische Relevanz entfalten konnten.[40]

Reyes' Tätigkeit als "Segundo Secretario de la Legación de México en Francia" kommt nach seinem freiwilligen Exil den hier skizzierten Vorstellungen von der Rolle des Intellektuellen insofern entgegen, als er unter Behauptung seiner geistigen und materiellen Freiheit politisch wirksam arbeitet, ohne aber Gestalter von Politik sein zu müssen.[41]

---

größtes Verdienst in der Umsetzung dieses Konzeptes ("Los discursos", *Cuadernos Americanos* 19, 2 [März-April 1960], S. 11-13, hier S. 11f.). In einem Brief an Villaurrutia (13.9.1923) hatte Reyes ebenfalls die gesellschaftliche Bedeutung der "disciplinas éticas y estéticas" unterstrichen und hinzugefügt: "Cuando tenga el gran placer de hablarle, (...) verá usted que soy uno de los hombres menos 'librescos' que transitan por el mundo de la literatura" (zit. in Capistrán, "México", S. 3); nach Monsiváis vertrat kaum jemand aus der *Generación del Centenario* so entschieden wie Reyes die "tesis del Escritor como Hombre-Nuevo que acompaña y le da voz (forma) a la Nación Nueva" ("Utopías", S. 113); diesen Befund bestätigt Gutiérrez Girardot, "Imagen", S. 123; vgl. Reyes' Gespräch mit García Terrés ("Diálogo", S. 9) und "Valor de la literatura hispanoamericana", O.C. 11, S. 126-135, hier S. 127 und 132.

39 "Dos versos de Rafael López" (1912), O.C. 1, S. 296-300, hier S. 299. Schon 1910 zitiert Reyes Nietzsche: "Lo impersonal no tiene ningún valor sobre la tierra. La »teoría de lo impersonal« ha fracasado. En moral y en arte" (*"Carcel de Amor"*, S. 49). Ein Echo der Positionen Reyes' findet sich bei Fuentes: "Dar un testimonio, fabricar un documento sobre la naturaleza o la vida social es casi siempre una manera de denunciar la rigidez de ambas y de exigir un cambio" (*Nueva novela*, S. 14). Für den Südkontinent kommt Fuentes daher angesichts der Dominanz totalitärer politischer Diskurse zum Schluß: "La corrupción del lenguaje latinoamericano es tal, que todo acto de lenguaje verdadero es en sí mismo revolucionario. (...) A través del escritor y la palabra, el habla se hace discurso y el discurso lengua; pero, también, el sistema del lenguaje se convierte en evento y el evento en proceso" (a.a.O., S. 94).

40 Blanco kritisiert deshalb die freiwillige Marginalisierung des Athenäisten ("Alfonso Reyes", S. 55f.). Eine Gegenposition vertritt Robb, "Alfonso Reyes en busca", S. 821.

41 José Emilio Pacheco unterstreicht diesen Aspekt ("Hipótesis hacia Reyes", in: Escobedo et al., *Presencia*, S. 102-103, hier S. 102). Vgl. den nicht abgesandten Brief an Guzmán (17.5.1930): "...he descubierto que, en el servicio diplomático, mis trabajos pueden prestar cierta utilidad a mi país". Allein die Notwendigkeit des wiederholt erwähnten "contar con el sueldo" und des "pagar mis deudas" hinderten ihn jedoch daran, seinen Dienst zu quittieren (Guzmán/Reyes, *Medias palabras*, S. 138f.). Nach seiner Entlassung unter dem neuen Präsidenten Carranza konnte sich der Athenäist in Spanien nur mit Mühe seinen Lebensunterhalt verdienen. Siehe die Erinnerungen Gutierre Tibóns, "Alfonso Reyes. *In memoriam*", *Nueva Revista de Filología Hispánica* 37, 2 (1989), S. 643-647, hier S. 645. Während seiner Zeit als Diplomat rät Reyes Villaurrutia: "¿Por qué no se esfuerza usted

Reyes versteht sich auch in dieser Lebensphase als unabhängig agierender Intellektueller, der fern der politischen Wechselfälle Mexikos, doch ohne den Verlust seiner Identität als Mexikaner, jene Freiheit und Unabhängigkeit findet, die es ihm ermöglicht, in seinem literarischen Schaffen der Heimat nahe zu bleiben.[42] Nachdem die Athenäisten zunächst das Ideal eines aufgeklärten Despotismus vertraten, spricht sich Reyes letztlich für die Demokratie aus, welche ihm als die beste aller schlechten Staatsformen erscheint. Immer hin garantiere sie allein jene individuellen Freiheiten, die der Intellektuelle für sein Wirken beanspruche.[43]

Entsprechend seiner distanziert-kritischen Haltung zum Politischen und angesichts der mexikanischen und lateinamerikanischen Realität rückt Reyes im Unterschied zu Vasconcelos vom Kerngedanken der idealen Platonischen Staatskonstruktion ab.[44] Um trotz dieser Einschränkung dem idealistischen athenäistischen Anspruch einer Verantwortung für eine menschlichere Zukunft gerecht zu werden, rekurriert er auf die von Platon konzipierte Variante, nach welcher der geistig wie materiell unabhängige Denker als Vorbild und Berater zumindest mittelbar politisch gestaltend tätig sein kann.[45] Da sich die geistige Kreativität allein in der Distanz zu politischen Detailfragen entfalten könne, läßt Reyes

---

    por saltar a la diplomacia? (...) ¡Y pensar que estamos todavía tan lejos (...) de poder vivir de nuestra pluma! El teatro y la novela nos emanciparían paulatinamente. Mientras no se haga este milagro, no sé, no sé" (Brief an Villaurrutia [9.10.1925], in: Capistrán, "México", S. 4).

42 Brief an Guzmán (17.5.1930), in: Guzmán/Reyes, *Medias palabras*, S. 138. Vgl. den Brief an Villaurrutia (9.10.1925): "Haga un esfuerzo, y salga un poco a correr el mundo. Pero, si es usted de veras sabio, no corte nunca sus amarras, vuelva con frecuencia al país (cada dos años), y piense que la vida en el extranjero es, en el fondo, un vicio. *¡Oh Feliz Culpa!* ella nos ayuda a vivir sin ciertas pasiones inútiles. ¡La política! ¡La *pervadiente* política! (...) Ya le habrán dicho a usted muchas veces esa honrada vulgaridad: que viviendo lejos, se aprende a amar a la patria" (zit. in: Capistrán, a.a.O., S. 4).

43 "Sentido", S. 359.

44 "La inteligencia no está hecha para gobernar, sino sólo para aconsejar, dice Maurras. Su verdadero anhelo no es el poder, sino la verdad. (Y el propio Platón fracasó en su empeño de convertir al tirano de Siracusa en un tirano filosófico)" ("No hay tal lugar...", O.C. 11, S. 335-389, hier S. 361). Eine vergleichbare Position vertritt 1972 Paz, als er jedoch bereits zum intellektuellen Establishment zählt ("El escritor y el poder", in: ders., *Ogro*, S. 304-307, hier S. 305). Reyes' Vorstellungen von der Rolle des Intellektuellen decken sich mit der Definition Jean-François Lyotards (*Tombeau de l'intellectuel et autres papiers*, Paris 1984, S. 12). Charles Maurras benennt unter Verweis auf Sainte-Beuve die Gefahren, denen Intellektuelle, speziell Literaten, in einer Gesellschaft ausgesetzt sind, in der die Regeln des Geldes nicht nur den *marché économique* beherrschen, sondern auch den *marché de la politique* und die gesamte öffentliche Meinung korrumpiert haben (*L'avenir de l'intelligence*, Paris 1927, S. 70).

45 "Al fin y al cabo ellos (scil: los intelectuales) no piden prebendas ni disputan puestos, sólo reclaman la función de consejeros que por derecho les corresponde, y que ya Platón les asignaba en una célebre carta, desde el momento, decía, en que no puede realizarse el sueño de que los filósofos sean monarcas. (...) Si los gobiernos quieren cumplir su difícil, su tremenda misión, en esta hora aciaga del mundo, tienen que escuchar a la ciencia" ("Ciencia social", S. 108f.). Vgl. "La inteligencia la (scil. la Revolución) acompaña, no la produce, a veces tan sólo la padece, mientras llega el día en que la ilumine" ("Pasado inmediato", S. 186).

den möglichen Einwand, die lateinamerikanischen Intellektuellen könnten sich in der von ihm entworfenen Gesellschaftskonstruktion zu weit von den Erfordernissen der Realität entfernen, nicht gelten. Die geistige Elite in Lateinamerika besäße im Unterschied zu Europa, wo sich die Intellektuellen in Elfenbeintürmen verschanzten, als Berater der Politik gerade in Krisenzeiten eine wichtige öffentliche Funktion.[46]

Hiermit deutet sich an, daß sich der Bogen von der athenäistischen Theorie zur politischen Praxis bei Reyes zu schließen vermag. Wenngleich dies seine früheren Äußerungen nicht vermuten lassen, hält der Athenäist 1932 ein unmittelbares politisches Handeln des Intellektuellen prinzipiell für möglich.[47] Es läge jedoch in der Verantwortung des Einzelnen, die Entscheidung über den Zeitpunkt und das Ausmaß seines Eingreifens in das politische Geschehen zu fällen. Reyes' Wahl läßt keinen Zweifel zu: Im Gegensatz zu dem politisch aktiven Vasconcelos, zu Guzmán oder den *Siete Sabios* beharrt er zeitlebens auf seiner Rolle eines politisch unabhängigen *consejero*, der auf eine ideologisch motivierte, organisierte Parteinahme verzichtet, um seinem wissenschaftlichen und künstlerischen Engagement nachzukommen.[48] Gleichwohl hält sich Reyes die Option offen, zu aktuellen Fragen Stellung zu beziehen.[49] Dies sollte nur in Ausnahmefällen geschehen, da der lateinamerikanische Intellektuelle frei von tagespolitischen Zwängen langfristig angelegte Konzeptionen und Strategien zur Förderung eines humanen Universalismus und Kosmo-

---

46 "Día Americano", S. 69; vgl. "Posición", S. 267 und "Notas sobre la inteligencia americana" (1936), O.C. 11, S. 82-90, hier S. 85f. Ein völlig andersartiges Selbstverständnis vertrat ebenfalls 1936 während des 14. Kongresses des P.E.N. eine Gruppe europäischer Autoren unter der Führung Duhamels, welche die gesellschaftliche Isolierung als markantestes Kriterium des Künstlers rühmten. Hierauf macht Claudia Manzoni aufmerksam ("La conversación infinita", *Cuadernos Hispanoamericanos* Supp. 4 [1989], S. 5-10, hier S. 9).

47 "Lo mejor para el intelectual absoluto, lo mejor para la inteligencia es conservarse en un término moderado respecto a la acción, y sólo participar en ella en lo indispensable, reservándose un sitio de orientación y consejo. Pero, a la hora de los naufragios, también el capitán presta mano al timón, las bombas y cuerdas. (...) Aquí os traigo el aforismo de Goethe: "No basta saber: hay que aplicar. No basta querer: hay que obrar" ("Día Americano", S. 69f.).

48 Diese Distanznahme betont der Athenäist gegenüber Carballo ("Reyes", S. 124). Vgl. Daniel Cosío Villegas, der Reyes' Ratschlag wiedergibt, daß "si entre nosotros había gente de talento y con vocación literaria, a la larga beneficiaríamos más al país con la pluma que con la pala" (zit. nach Krauze, *Caudillos*, S. 145). Robb verweist auf die zahlreichen Ämter Reyes', um trotz dessen politischer Zurückhaltung die Verbindung von "palabras y acción" zu belegen (*Por los caminos*, S. 56). Wie Reyes' Tagebuchaufzeichnungen belegen, verhinderte seine Weigerung, sich von der Politik vereinnahmen zu lassen, daß der Hellenist in offizieller Mission Griechenland besuchte. Siehe Jaime García Terrés, "Del fundamental helenismo de Reyes o cómo se frustró un peregrinaje a las fuentes", *Nueva Revista de Filología Hispánica* 37, 2 (1989), S. 413-417, hier S. 416f.

49 So kritisierte Reyes die Ereignisse des Zweiten Weltkrieges. Er verteidigte 1943 die Verstaatlichung der Ölfirmen und warnte vor dem Imperialismus der USA ("El hombre y su morada", O.C. 11, S. 271-311, hier S. 272). Im November 1925 riskierte er es, sich als Mitarbeiter der mexikanischen Botschaft während der Präsidentschaft Calles' zu kompromittieren, indem er Vasconcelos als ehemaligen Erziehungsminister Obregóns empfing. Vasconcelos hielt sich allerdings während seines Aufenthaltes mit öffentlicher Kritik an Calles zurück. Siehe Patout, *Reyes*, S. 418f.

politismus zu entwickeln habe, die im Idealfall als politisches Reformprogramm Geltung erhielten. Offen bleibt jedoch, ob sich der Intellektuelle hiermit nicht der Gefahr aussetzt, je nach politischer Bedarfslage seitens der politisch Verantwortlichen gehört oder ignoriert zu werden.

Sein philosophisches Selbstverständnis läßt Reyes somit wie auch Caso und Henríquez Ureña[50] die Position eines unabhängigen Ratgebers einnehmen, der im Unterschied zu den Akteuren der Tagespolitik weitgreifende utopische Visionen entwickeln kann. So wichtig diese Utopien einerseits für die historische Dimension der Identitätskonstruktion sind, so sehr setzen sie sich auch dem Vorwurf der Realitätsferne und des politischen Desinteresses aus.[51] Reyes' Gratwanderung zwischen Anteilnahme und Distanz verweist auf ein Problemfeld, das sich mit der Unabhängigkeit in Mexiko auftat. Der Intellektuelle hat bis in die heutige Zeit - und vor allem nach der blutigen Niederschlagung der Unruhen von Tlatelolco und den Ereignissen in Chiapas - zwischen den Optionen des Kontaktes oder der Distanznahme zur Politik zu wählen. Letztlich muß offen bleiben, ob er als integrierter Bestandteil des politisch-kulturellen Establishment mehr zur Veränderung einer aus seiner Sicht kritikwürdigen Situation beitragen kann als jemand, der außerhalb des Systems steht. Die Athenäisten entschieden sich dafür, unter Behauptung einer kritisch-distanzierten Position dem Staat nicht prinzipiell jegliche Zusammenarbeit zu verweigern.

1.3. Vasconcelos

1.3.1. Der ästhetische Monismus

Im Unterschied zu den übrigen Athenäisten erhebt Vasconcelos den Anspruch, eine kohärente hispanoamerikanische Philosophie zu entwickeln, welche als völliges Gegenteil einer *ciencia aparte* die Funktion eines umfassenden Sinnstifters und Wegbereiters der neuen Identität übernehmen sollte.[52] Zur Erlangung einer neuen philosophischen Transzendenz, die in Abkehr von dem positivistischen *mecanismo newtondarwiniano*[53] sowie dem "simplismo biológico de los behavioristas y geltstaltistas (sic)"[54] zu suchen sei, folgt Vasconcelos den methodischen Maßgaben des *conocimiento*, der *emoción* und der *fanta-*

---

50 Vgl. Henríquez Ureñas Würdigung "Alfonso Reyes" (1927), O.C. 6, S. 57-67, hier S. 66.
51 So Juan Malpartida, "América como utopía en la obra de Alfonso Reyes" *Cuadernos Hispanoamericanos* Supp. 4 (1989), S. 33-40, hier S. 38f.
52 *Etica* (1932), O.C. 3, S. 665-1109, hier S. 688. Vgl. *Estética* (1936), O.C. 3, S. 1111-1711, hier S. 1146.
53 *Etica*, S. 908. 1918 bezeichnet Vasconcelos den Positivismus als "una filosofía primitiva y provinciana con pretenciones de universalismo, porque representaba el poderío material de una raza de comerciantes, antimística, antiheroica y antirreligiosa. (...) Lamentable es que hayamos perdido veinte o treinta años de nuestra vida espiritual en todos estos seudocientificismos de cretinos..." ("El monismo estético" [1918], O.C. 4, S. 9-92, hier S. 15).
54 *Estética*, S. 1116.

sía.⁵⁵ Der *servilismo mental* des Positivismus, in dem der Athenäist "un tipo particular de masoquismo, que consiste en reverenciar a quien nos infama y nos desprecia"⁵⁶ erkennt, sollte durch eine universalistische lateinamerikanische Philosophie abgelöst werden, die *nuestra sangre* und *nuestra vitalidad* entspreche.⁵⁷ Im spiritualistischen Geist des Athenäums entwirft er eine dem ästhetischen Monismus verpflichtete, im Spannungsfeld zwischen Poesie, Wissenschaft, Mystik und Theologie angesiedelte Philosophie.⁵⁸ Dank seiner eigenwilligen Kombinatorik bleibt Vasconcelos' Thesen zwar der von den exakten Wissenschaften geprägte Wirklichkeitsbegriff grundlegend, doch beansprucht der Philosoph das Recht auf dessen poetische Interpretation.⁵⁹

Aufbauend auf seiner Umkehr des Dreistadiengesetzes Comtes⁶⁰ erachtet Vasconcelos wie Reyes und Henríquez Ureña nicht den Politiker, Naturwissenschaftler oder Ökonomen, sondern in Wiederbelebung der romantischen und athenäistisch-hellenistischen Tradition den Dichter und Denker als Wegweiser Hispanoamerikas.⁶¹ Gemäß seines ästhetischen Aprioris deutet er die Kunst als Ausdruck des Ästhetisch-Göttlichen⁶² und stilisiert im Unterschied zu Reyes, der Moral und Verstand neben dem Empfinden als gleichbedeutende Träger der Selbstsuche ansieht, vornehmlich das ästhetisch-irrationale Kriterium zum Motor der Geschichte und zur entscheidenden Instanz bei dem Versuch, die letzte Wahrheit der Existenz zu erkennen.⁶³

Den antipositivistischen Grundüberzeugungen des *Ateneo* folgend stellt Vasconcelos die *emoción pura*⁶⁴ und die Suche nach *belleza* in das Zentrum seines poetisch-philosophischen, in der Tradition Platons und Aristoteles' sowie Martís, Alberdis und Rodós stehen-

---

55 Bei seiner Suche nach der Transzendenz des Absoluten verbindet Vasconcelos christliches mit buddhistischem Gedankengut (*Estudios indostánicos* [1919], O.C. 3, S. 87-361, hier S. 357ff.). Anders als der Athenäist beurteilt Paz die Möglichkeiten einer Analogiebildung zum asiatischen Denken eher zurückhaltend ("Dos apostillas: Asia y América", in: *Puertas al campo*, Barcelona; Caracas; México, ²1981 [¹1966], S. 141-154). Antonio Castro Leal umschreibt die von Vasconcelos gewählte Methode besonders treffend: "Conocer las cosas no será razonarlas sino sentirlas" ("Prólogo", in: *José Vasconcelos. Páginas escondidas*, México 1940, S. 5-35, hier S. 12).
56 *Historia del pensamiento filosófico*, S. 347.
57 *Indología*, S. 1225. Vgl.: "Ningún otro continente posee tan vastos recursos para una estética en grande" ("El mapa estético de América", O.C. 2, S. 678-686, hier S. 679).
58 Einen Überblick zur Tradition der *filosofía estética* verfaßt Vasconcelos im "Manual de filosofía" (1940), O.C. 4, S. 955-1301, hier S. 1202ff. Siehe die Aussage: "Un orden estético sobre el orden lógico y sobre el orden biológico físico, tal es la disciplina que ha de constituirse, tan lejos del hedonismo de los sentidos como del logicismo conceptual. (...) Una metafísica de la estética" (*Bolivarismo y monroísmo: temas iberoamericanos* [1935], O.C. 2, S. 1305-1494, hier S. 1339). Vgl. *Tratado*, S. 401 und *Monismo*, S. 16; siehe Zea, *Filosofía en México*, Bd. 2, S. 165 sowie Fell, *José Vasconcelos*, S. 366ff.
59 Vgl. Borsò, "Essay", S. 541 und Schumm, "'Mestizaje'", S. 63.
60 "Nueva ley de los tres estados", O.C. 2, S. 837-848. Vgl. Beer, *José Vasconcelos*, S. 2ff.
61 *Pesimismo alegre* (1931), O.C.1, S. 117-237, hier S. 236.
62 So betont Vasconcelos: "ESTETICA ES RETOÑO DE AMOR DIVINO" (*Etica*, S. 976).
63 *Tratado*, S. 392.
64 *Pesimismo*, S. 237.

den Entwurfs.⁶⁵ Alternativ zum angloamerikanischen, zweckrational denkenden Menschen definiert sich für ihn das lateinamerikanische Individuum durch sein poetisches Verhältnis zur Welt. Vasconcelos setzt sich bei seiner Abrechnung mit dem Positivismus jedoch der Kritik aus, weil es seinen Argumenten teilweise an der gebotenen Sachlichkeit mangelt. Dies führt etwa zu dem kühnen Versuch, Spencers These von der angelsächsischen Überlegenheit im Lebenskampf durch den Hinweis auf die Überlegenheit Farbiger, Italiener und Angehöriger mediterraner Völker im Boxen widerlegen zu wollen.⁶⁶

Vasconcelos' Philosophie zielt darauf ab, eine neue, von Emotion, Ästhetik, klassischer Kultur und Idealismus durchdrungene, dynamische und sozial gerechte Gesellschaftsform zu entwickeln. Sie sollte als Gegenpol zu der aus seiner Sicht imperialistischen, von naturwissenschaftlichem Denken und sozialdarwinistischen Überzeugungen getragenen statischen Gesellschaft angelsächsischen und nordamerikanischen Musters fungieren, wie sie Lateinamerika bisher imitiert habe.⁶⁷ In dieser Absicht betont Vasconcelos wie Reyes und Henríquez Ureña im Hinblick auf die *autodefinición* die lateinamerikanische Sensibilität für die Schönheiten der heimischen Landschaft. Den athenäistischen Autostereotypen gemäß fordert er den seiner Meinung nach für Sinneseindrücke besonders sensiblen Lateinamerikaner auf, sich dem harmonischen Zusammenspiel des *concierto de la naturaleza* hinzugeben. In diesem Einklang habe man an der *revelación de la belleza* teil, die Vasconcelos als Synonym für die *divinidad* deutet. Der Mensch werde hierdurch zum sublimen Künstler, der ein "arte total, emergiendo de la naturaleza entera" schaffe.⁶⁸ Das sich derart präsentierende athenäistische Menschenbild steht in einer Linie mit dem Arielismus Rodós und Daríos Glorifizierung der Lateinamerikaner als *raza sentimental*.⁶⁹

Die bisherigen Beobachtungen erlauben den Schluß, daß Vasconcelos bei seiner Suche nach der "esencia invisible, pero real"⁷⁰ kein stringentes Gedankengebäude schafft, das auf ein unmittelbar gesellschaftlich relevantes Handeln abzielt.⁷¹ Trotz des Anspruchs auf Wirkungskonkretheit bleibt sein häufig unsystematisches, synkretistisches und mystische Züge tragendes Denken derart abstrakt und bisweilen auch widersprüchlich, daß ihm

---

65 Vasconcelos rühmt Platon als den "iniciador de las filosofías estéticas" (*Pensamiento filosófico*, S. 189). Rodós Próspero fordert in *Ariel* die Förderung der *emoción de la belleza* und "la cultura de los sentimientos estéticos" für alle Hispanoamerikaner (*Ariel*, S. 59f.). Vgl. Martí: "...tenemos la fogosidad generosa, inquietud valiente y bravo vuelo de una raza original fiera y artística" ("Los códigos nuevos", in: ders., *Nuestra América*, S. 8-12, hier S. 8). Auf die Bezüge zwischen Vasconcelos' Menschenbild und dem des Argentiniers Rojas Paz verweist Jaime A. Giordano, "Notas sobre Vasconcelos y el ensayo hispanoamericano del siglo veinte", *Hispanic Review* 41 (1973), S. 541-554, hier S. 550. Siehe hier auch den Vermerk zu Parallelen der Bergson-Rezeption bei Vasconcelos und dem Argentinier Mallea.

66 *Pensamiento filosófico*, S. 345 u. 347.

67 "Conferencia leída en el 'Continental Memoria Hall' de Washington" (1922), O.C. 2, S. 857-874, hier S. 858.

68 Sämtliche Zitate: *Pesimismo*, S. 158.

69 Rubén Darío, "El triunfo de Calibán", in: ders., *El Modernismo y otros ensayos*, Madrid 1989, S. 161-166, hier S. 164f. Vgl. Vasconcelos, *Bolivarismo*, S. 1305ff.

70 *Tratado*, O.C. 3, S. 392.

71 Dies räumt der Athenäist selbst ein (*Etica*, S. 676).

häufig nicht völlig zu Unrecht der Titel eines Philosophen in Abrede gestellt wurde.[72] Schon 1921 wies Reyes als erster Kritiker Vasconcelos' auf die Gefahren hin, denen sich dessen Thesen durch das Fehlen einer methodisch klaren gedanklichen Linie aussetzen.[73] Einem streng wissenschaftlichen, und das hieße, rationalen Kategorien entsprechenden Vorgehen verweigert sich Vasconcelos jedoch entschieden, da er sich den Leitwerten der ästhetischen Intuition und der *belleza* verpflichtet sieht. Viel lieber pflegt er die große philosophische Geste und wirft aus dieser Position heraus Caso mangelnde Originalität vor.[74] Anders als der wissenschaftlichen Maßstäben verpflichtete Caso versteht sich Vasconcelos als Verfechter eines visionären Hispanoamerikanismus. Er pflegt das Selbstbild eines charismatischen Führers im Sinne Webers, eines Philosophen des Irrationalismus und messianischen Vollstreckers einer kontinentalen Mission. Nach seiner gescheiterten Präsidentschaftskandidatur von 1929 sah er sich jedoch desillusioniert in der Rolle des vom Volk zu Unrecht verschmähten Moralisten und des Opfers politischer Intrigen.[75]

Trotz der Kritik an seinem ästhetischen Monismus folgt Vasconcelos in sämtlichen Abhandlungen dem alogischen Apriori, gemäß der Überzeugung: "Filosofar debiera ser (...) lo contrario de analizar, lo contrario de disociar, lo contrario aun de discurrir."[76]

---

72 Christopher Dominguez Michael verweist auf Alfredo zum Feldes Notiz, Vasconcelos' philosophische Schriften hätten das Niveau von Seminararbeiten ("Prólogo", in: José Vasconcelos, *Obra selecta*, Caracas 1992, S. IX-XLVII, hier S. XLIII). Carlos Monsiváis meint, Vasconcelos' größte Illusion habe darin bestanden, Denker zu sein: "Toda la filosofía de Vasconcelos es retórica" ("José Vasconcelos: la búsqueda" S. 351). Jean Franco schließlich räumt ein: "Los argumentos de estos ensayos eran a menudo endebles, pero resultaban estimulantes para la literatura" (*Historia de la literatura hispanoamericana a partir de la independencia*, Barcelona; Caracas; México [4]1981 [[1]1973], S. 242). Vergleichbare Positionen vertreten Abelardo Villegas, "José Vasconcelos", in: ders., *La filosofía de lo mexicano*, México 1960, S. 65-99, hier S. 90; Krauze, "Pasión y contemplación", Primera parte, S. 14; Monsiváis, "Vasconcelos", S. 351; Eugenio A. Ferrazzano, "José Vasconcelos y el pensamiento mexicano actual", *Humanitas* 5 (1954), S. 135-166, hier S. 149; Martínez, "Obra literaria", S. 268 und Brading, "Darwinismo social", S. 202.

73 Brief an Vasconcelos vom 25.5.1921, zit. in Robb, "Vasconcelos", S. 59. Diesen Eindruck bestätigt Ramos, *Historia de la filosofía*, S. 144.

74 Immerhin räumt Vasconcelos ein, Caso habe sich als einziger Athenäist von den übrigen *incompletos* hervorgehoben (Carballo, "Vasconcelos", S. 26). Während nach Romanells philosophiekritischer Studie Caso den antipositivistischen Idealismus in akademischer Weise präsentiere, trage Vasconcelos seine Philosophie mit dem Habitus eines Predigers vor (Patrick Romanell, *La formación de la mentalidad mexicana*, México 1954, S. 115, zit. bei José Joaquín Blanco, *Se llamaba Vasconcelos. Una evocación crítica*, México 1977, S. 200).

75 "Estamos en un continente que no escucha el toque del destino que llama por todas sus puertas" (*Bolivarismo*, S. 1468). Vgl. den aussagekräftigen Titel der Studie von John H. Haddox, *Vasconcelos of Mexico, Philosopher and Prophet*, Austin 1967. Monsiváis erkennt in Vasconcelos einen gescheiterten Propheten ohne Volk, der sich in seiner Rolle als mexikanische Kassandra gefiel ("Cultura nacional", S. 64 und "Búsqueda", S. 348).

76 *Tratado*, S. 392. In den dreißiger Jahren ist bei Vasconcelos allerdings eine vorsichtige Aufwertung des empirisch-wissenschaftlichen Denkens zu verzeichnen (*Estética*, S. 1125). Ferrazzano führt diesen Wandel darauf zurück, daß Vasconcelos die Sinnlosigkeit einer den wissenschaftlichen Fort-

Entsprechend häufig bedient er sich in seiner Rolle als Nachfolger Prósperos der Begriffe *revelación, misión, cruzada* und *apóstol*.[77] Vasconcelos wird zum Verkünder einer philosophischen Metaphysik und Mystik, die sich zwar eines religiösen Vokabulars bedient, doch im Gegensatz zur christlichen Tradition die erlösende Utopie gerade durch die Hinwendung zur Welt schaffen möchte.

Die poetische Philosophie des Athenäisten richtet sich an einer synkretistischen Synthese von Leitideen aus, welche stichwortartig unter den folgenden Begriffen und Konzepten subsumiert werden können: Ablehnung des positivistischen Sensualismus, Glauben an den freien Willen des Individuums, Vitalismus, Emotionalität, Freiheit der poetischen Existenz, Humanismus, Relativismus, Irrationalismus, Intuitionismus, Mystizismus, Antagonismus zwischen lateinischen und angelsächsischen Denkformen und Zivilisationen. Als seine Referenzautoren zitiert Vasconcelos die Vorsokratiker (speziell Pythagoras, Empedokles, Heraklit), Euklid, Platon, Aristoteles, Plotin und Augustinus. Hinzu treten altindische Mythen und Philosophien, zu deren Lektüre er vermutlich durch Schopenhauers Verweise auf die Upanishaden initiiert wurde. Bezüge zu neueren Philosophen bestätigen das Fortwirken des athenäistischen Lektürekanons. So nennt Vasconcelos neben dem bereits erwähnten Schopenhauer, von dem er den Pessimismus hinsichtlich eines rationalistisch begründeten Fortschrittsglaubens ableitet, Kant, Hegel, Nietzsche, Wagner, Bergson, Boutroux, Unamuno, Ortega y Gasset, James, Croce, Vossler, Spengler und Whitehead.[78] Wenngleich der angeführte Lektürekanon für das Mexiko des frühen zwanzigsten Jahrhunderts revolutionär erscheinen mag, so erscheint es problematisch, daß Vasconcelos Zeit seines Lebens auf diesem Stand verweilte und der Auseinandersetzung

---

schritt ignorierenden Metaphysik erkannte ("Vasconcelos", S. 159). Vasconcelos betont jedoch zugleich: "...la ciencia no puede formular leyes verdaderamente generales, trascendentales. (...) El camino del orden final lo da el amor, y su intérprete, el poeta, no debe estar ausente de las elucubraciones definitivas. Por eso, en rigor, un verdadero filósofo es un POETA CON SISTEMA." (*Estética*, S. 699).

77 Reyes bezeichnet Vasconcelos in einem Brief als *buen místico*, der Augustinus vergleichbar über ein *sentimiento teológico* verfüge (zit. in Enrique Krauze, "Pasión y contemplación en Vasconcelos. Segunda parte", *Vuelta* 79 [Juni 1983], S. 16-26, hier S. 16). Abelardo Villegas teilt den Überlegungen des Athenäisten einen *carácter religioso estético* zu, der sämtliche Widersprüche seiner Thesen auflösen solle ("Vasconcelos", S. 97). Siehe zum religiösen Vokabular Prósperos Rodó, *Ariel*, S. 47.

78 Vgl. den kritischen Überblick bei Blanco, *Vasconcelos*, S. 199f. und Horacio Peña, "*La raza cósmica* y *Pueblo enfermo*: ser y porvenir de Hispanoamérica en el ensayo de sus escritores", *Kañina* 5, 2 (Juli-Dez. 1981), S. 79-89, hier S. 79. In *El monismo estético* hebt Vasconcelos Kants Kritik an der "vanidad de la metafísica intelectualista" und dessen Rechtfertigung der "filosofías fundadas en la moral" hervor (a.a.O., S. 15). Kant habe ferner sein *juicio estético* als *juicio sintético* konzipiert (*Tratado*, S. 402 u. 408). Villegas macht den Einfluß Kants wesentlich dafür geltend, daß Caso und Vasconcelos den zeitgenössischen Empirismus durch einen "afán de trascendencia" ersetzen konnten (*Pensamiento*, S. 38). Bergson ist für Vasconcelos "el más notable filósofo contemporáneo" (a.a.O., S. 430). Es belegt Vasconcelos' synkretistisches Vorgehen, wenn zwei zentrale Vertreter des französischen Spiritualismus, Le Senne und Lavelle, in seinen Schriften ungenannt bleiben.

neuester philosophischer Tendenzen wie dem Neuhegelianismus und Neukantismus verschlossen blieb.[79]

Es ist typisch für die Denkweise der Athenäisten, daß auch Vasconcelos unter Bezug auf sein ästhetisches Apriori - eine Antwort auf Kants rationales Apriori - Heterogenes in eine harmonische Synthese überführen möchte. Diese Grundhaltung ermöglicht ihm die Aneignung europäischen und fernöstlichen Gedankengutes, das die in identitätstheoretischer Hinsicht bedeutsame Negativerfahrung einer fehlenden eigenständigen kontinentalen sowie nationalen Philosophietradition kompensieren soll. In Abkehr von einer imitierenden eurozentrischen Perspektive macht sich daher Vasconcelos entsprechend seiner axiologischen Idealvorstellungen das andere Denken selbstbewußt für eine auf den lateinamerikanischen Zivilisationskontext zugeschnittene Anwendung dienstbar. Auf diese Weise füllt er die philosophische Leerstelle universalistisch und schafft die Basis für einen dynamischen Dialog Mexikos und Lateinamerikas mit der Welt.[80] Durch das Verfahren der Transkulturation möchte er einen universalen philosophischen Entwurf im Sinne einer *verdadera cultura* präsentieren, welche als "el florecimiento de lo nativo dentro de un ambiente universal, la unión de nuestra alma, con todas las vibraciones del universo"[81] konzipiert ist. Durch die kritisch-assimilierende Aneignung wird das Fremde vermittels eines emanzipatorischen Aktes zum neuen Eigenen, und der vorgebliche Mangel - das Fehlen einer genuinen Tradition - erfährt eine positive Umwertung als universalistische Kompetenz.[82] Die so realisierte Emanzipation von der unkritischen Rezeption europäischer Vorgaben - wie sie ein Teil der Öffentlichkeit nach der Unabhängigkeit verfolgte - steht für die neue *autodefinición*. Wie die übrigen Athenäisten steuert Vasconcelos daher während der Revolutionszeit gegen die Vorherrschaft nationalistischer Identitätskonzepte ein synthetisches, kontinentales und universales Denkmodell an, das durch die Durchdringung von Fremdem und Eigenem seine befreiende Dynamik erhält.[83]

Dieser universalistische, für die Athenäisten repräsentative Denkansatz sollte fortan mexikanischen Autoren und Kulturphilosophen als Paradigma gelten. So siedelt sich speziell Paz in der Tradition des *Ateneo* und der *Contemporáneos* an, wenngleich er es für notwendig erachtet, den aus seiner Sicht restringierten, weil vermeintlich ausschließlich nach Westen ausgerichteten Universalismusbegriff beider Gruppen auszuweiten. Paz versteht seine Hinwendung zu den fernöstlichen Kulturen als Versuch, das athenäistische Ziel des "reinsertar México en lo universal"[84] aufzugreifen und um ein erweitertes Universalismuskonzept zu ergänzen. Da er aber das Ideengut des *Ateneo* in verkürzter Weise mit der geistigen Ausrichtung seines Förderer Reyes gleichsetzt, verweist er nicht

---

79 Vgl. *Lógica orgánica* (1945), O.C. 4, S. 493-816, hier S. 506.
80 Vasconcelos' Dynamismusidee ist deutlich Bergsonscher Prägung (*Estética*, S. 1119).
81 "Discurso inaugural", S. 800. Siehe Schmidt, *Roots*, S. 120f.
82 "Pero esta última liberación no se alcanza negando lo extraño; se logra construyendo lo propio. Sacudimos la filosofía de importación, para buscar la eterna filosofía universal" (*Etica*, S. 681).
83 "...en esta tierra y en esta estirpe indoibérica se han de juntar el oriente y el occidente, el norte y el sur, no para chocar y destruirse, sino para combinarse y confundirse en una nueva cultura amorosa y sintética" ("Discurso inaugural", S. 800).
84 Monsiváis, "Octavio Paz", S. 8.

darauf, daß Vasconcelos bereits seit der Phase des *Ateneo de la Juventud* ein konstantes Interesse an fernöstlichen Philosophien, Mythen und Religionen zeigte und stets bemüht war, diese in seinen universalistischen Mexikanismus einfließen zu lassen.[85]

1.3.2. Vasconcelos' optimistisches Menschenbild und symphonisches Seinskonzept

Alternativ zu den biologistisch-rassistischen Vorstellungen konzipiert Vasconcelos wie Caso und Reyes ein optimistisches und idealistisches Menschenbild, das sich an der Umsetzung der Werte *justicia, libertad, amor* und *progreso* orientiert.[86] Sofern sich der lateinamerikanische Mensch seinen Emotionen und mystischen Veranlagungen hingebe, sei er in der Lage, eine Zukunft zu erträumen, welche den ihm eigenen Seins- und Identitätsbedürfnissen entspreche.[87]

Reyes und Henríquez Ureña vergleichbar ist auch Vasconcelos von der handlungsbestimmenden Macht der idealistischen Utopie überzeugt,[88] die den Weg zu einem der Polis Platons oder dem Gottesstaat Augustinus' vergleichbaren Gemeinwesen aufzeige. In diesem gesellschaftlichen Ideal drücke sich die *suprema esencia*[89] aus, so daß es sich als Seinsweise umschreiben lasse, "donde el ser perdura natural y gozosamente inmergido en la totalidad del Universo".[90] Vasconcelos' Gedanken zum Menschen und seiner existentiellen Bestimmung bestätigen seine Neigung zur synkretistischen Verfahrensweise, welche Elemente des Kartesianismus und der idealistischen Fiktion, des Rationalismus und Irrationalismus, der Ethik und Ästhetik zu verbinden sucht.[91]

Bereits in dem für den *Ateneo de la Juventud* gehaltenen Vortrag "Don Gabino Barreda" sowie in den frühen Werken *Pitágoras* und *El monismo estético* präsentiert Vasconcelos

---

85 Vasconcelos erkennt im Hinduismus die Ursache für den aus seiner Sicht in Indien herrschenden Idealismus und Altruismus. Ferner kommt er zum Schluß: "Nuestra especulación metafísica hállase fatigada y necesita el renuevo de las antiguas ideas hindúes" (*Estudios indostánicos*, S. 93 und 95).
86 Vgl. "Movimiento intelectual", S. 69 und 66; "Carta a Romain Rolland" (1924), O.C. 2, S. 854-857, hier S. 855f. sowie *Indología*, S. 1229.
87 Daher Vasconcelos' Maxime: "Primero es soñar y después es ser. El ensueño antecede a la creación" (*Indología*, S. 1281). Siehe auch "The Latin-American Basis of Mexican Civilisation", in: ders./Manuel Gamio, *Aspects of Mexican Civilisation (Lectures on the Harris Foundation 1926)*, Chicago 1926, S. 1-102, hier S. 94.
88 "Y si se objeta que no debemos tomar como ideal lo que hoy nos parece mera utopía, responderemos que la ilusión y la utopía son una fuerza de la que no debe prescindir ninguna civilización" (*Indología*, S. 1295).
89 *Ulises criollo*, S. 543.
90 *Tratado de metafísica*, S. 392. Es kann als Ausdruck seiner wachsenden Religiosität angesehen werden, wenn Vasconcelos' auf den Aspekten der *belleza* und der *emoción estética* fußende Theorie in *Estética* im christlich-religiösen Kontext angesiedelt ist.
91 *Estética*, S. 1112, vgl. S. 1126, 1135 und 1145 sowie *Tratado de metafísica*, S. 399f. In vergleichbarer Weise hatte sich zuvor bereits Rodós Ariel durch die Synthese von *razón* und *sentimiento, entusiasmo generoso*, den *móvil alto y desinteresado, la espiritualidad* sowie *la vivacia y la gracia de la inteligencia* als idealistische Inkarnation des Lateinamerikaners definiert (*Ariel*, S. 31f.).

das Konzept eines vor allem der Emotion und dem Altruismus verpflichteten Individuums.[92] Sein Menschenbild ist als Gegenentwurf zu jenem des Positivismus von romantisch-idealistischen Zügen geprägt. Es führt die Rodósche Umkehrung des von Sarmiento vertretenen Oppositionsschemas aus europäischer *civilización* und lateinamerikanischer *barbarie* fort. Aufgrund seiner optimistischen Beurteilung der Mexikaner nimmt der Athenäist zugleich eine Gegenposition zu Zarco ein, der ein halbes Jahrhundert zuvor desillusioniert beklagt hatte, das Volk habe aufgrund positivistischer Einflüsse seinen Sinn für Ästhetik verloren.[93]

Wie der Idealismus und Vitalismus bemüht sich Vasconcelos um eine Aufwertung der *vida interior* in der modernen Welt des Utilitarismus und Materialismus. Der Athenäist schafft hierfür einen idealistischen Auto-Imagotyp, der aufgrund seines besonderen Sinns für das Ästhetische dem Europäer und Nordamerikaner überlegen sei.[94] Die zivilisatorische Kraft der ästhetischen Emotion als Ausdruck der universalen *belleza* besitzt in Vasconcelos' Ontologie einen zentralen Stellenwert. So illustriert er 1916 in dem Essay "La sinfonía como forma literaria", wie sich der lyrische Impuls zu einem vitalen Impuls gestaltet. Vasconcelos' Thesen beeinflussen insbesondere Reyes' Vorstellungen zur Imagination im speziellen sowie der künstlerischen Seite der menschlichen Existenz im allgemeinen.[95] Ausgehend von der emotional-irrationalen Komponente seines Menschenbildes entwirft Vasconcelos mit der ihm eigenen kombinatorischen Geste ein symphonisches Seinskonzept, das Elemente der fernöstlichen und christlichen Denktradition mit pythagoräischem, heraklitischem und platonischem Gedankengut sowie europäischen philosophischen Theoremen des 19. und frühen 20. Jahrhunderts, vor allem Bergsons Vitalismus, Kants Verbindung von Ästhetischem und Sittlichem sowie Schopenhauers Thesen zum Ursprung der Kunst und Ästhetik als Schau der Ideen mischt.[96] Dabei bedient er sich höchst ungezwungen und häufig unwissenschaftlich aus dem Fundus unterschiedlichster, ja sogar einander widersprechender Theorien, um sie in den Dienst seines Irrationalismuskonzeptes zu stellen.

---

92 Mit "Pitágoras. Una teoría del ritmo" ([1916], O.C. 3, S. 9-86) und "El monismo estético" wollte Vasconcelos einen gegen die "reglas de la inteligencia" gewandten "movimiento filosófico fundado en la emoción" ins Leben rufen (*Indología*, S. 1228). Siehe auch sein Vorwort zu dem 1916 erschienen Drama *Prometeo vencedor* (O.C. 1, S. 239-286, hier S. 245)
93 Vgl. Hölz, "Populismo", S. 385.
94 Vgl. Rodó, *Ariel*, S. 58ff.
95 Siehe Alfonso Rangel Guerra, *Las ideas literarias de Alfonso Reyes*, México 1989, S. 170ff.
96 Siehe *Pensamiento filosófico*, S. 383ff. und *Ulises criollo*, S. 545f. Zu Kant vgl. a.a.O., S. 322ff. und *Indología*, S. 1226f. Vasconcelos kommt zu dem Schluß: "Para mí, la unidad no es cosa de signos, sino una suerte de fluido invisible que permea y anuda las cosas más disímiles, tal como sentimos que lo hace una melodía. El fluir se va haciendo y deshaciendo. Se diría el Yong (sic) y el Yang, la progresión y la regresión del Taoísmo, equivalente oriental del flujo perpetuo de Heráclito" (*Etica*, S. 666). Vgl. Ismael Diego Pérez, "Originalidad del pensamiento vasconceliano", *Humanitas* 8 (1967), S. 47-79, hier S. 50ff. Der Intellektuelle muß nach Vasconcelos die Welt mit den Augen eines Mystikers betrachten "que busca conjuntos y escucha temas de melodía" (*Etica*, S. 912).

1.3.3. Die Konzeption des handelnden Intellektuellen: das Scheitern eines Ideals

Eine Schlüsselfunktion im Prozeß der Selbstverwirklichung des Menschen besitzt bei Vasconcelos wie auch bei den übrigen Athenäisten die heroische *actividad desinteresada*. Sie präsentiert sich als quasi göttlicher Ausdruck einer spontan entstehenden geistigen Energie, für die der Athenäist den Neologismus *Atelisis* prägt.[97] Die negativen Erscheinungsformen der mexikanischen Wirklichkeit, als deren prägnanteste Phänomene der Athenäist Guzmán die *penuria del espíritu*, die *inconsciencia moral del indígena* und die *inmoralidad del criollo* nennt,[98] stehen der menschlichen Selbstfindung und dem uneigennützigen Wirken des Individuums jedoch entgegen. Trotz dieser widrigen Umstände bleibt Vasconcelos bis zu seiner gescheiterten Präsidentschaftskandidatur dem Ideal des heroischen Idealismus treu. Neuplatonischem sowie aristotelischem Gedankengut entsprechend fordert er, daß im Idealfall ein erleuchteter Philosoph oder eine Gruppe von Denkern die Leitung des Staates innehaben solle.[99] Hiervon sei die kontinentale und nationale Wirklichkeit aber noch weit entfernt. Die Mitglieder der *Generación de 1915*, speziell Manuel Gómez Morín und Vicente Lombardo Toledano, näherten sich der von Vasconcelos vertretenen Idee des *filósofo-rey* an, während die *Contemporáneos* sich der zurückhaltenden Haltung Reyes' und Casos anschlossen.

Nach der Zäsur seiner gescheiterten Präsidentschaftskandidatur von 1929 schwächt sich Vasconcelos' enthusiastisch vorgetragener philosophischer Optimismus merklich ab.[100] So vertritt er 1931 nur mehr einen gedämpften *pesimismo alegre*, der aber als Ausdruck des "*heroísmo vital, a diferencia del heroísmo desviado de los nietzscheanos*"[101] immer noch zukunftsweisend wirken möchte. Dementsprechend hält Vasconcelos noch in den ausgehenden vierziger Jahren an der inzwischen trotzig vorgetragenen Hoffnung fest, daß ein universalistisch orientiertes Lateinamerika seine periphere Situation überwinden könne.[102] In zunehmendem Maße wird aber der aufgrund seiner politischen Desillusion von einer

---

97 "Don Gabino Barreda", S. 101, 108f. und 112 sowie *Ulises criollo*, S. 543. Vasconcelos' Heroismus-Konzept fußt auf einer vitalistischen Interpretation Schopenhauers (*Pensamiento filosófico*, S. 384 und *Indología*, S. 1179). Von Guyau, den auch Próspero in *Ariel* zitiert, übernimmt der Athenäist die Forderung nach einem *espíritu de sacrificio* (*Etica*, S. 921 und Rodó, *Ariel*, S. 46).
98 Martín Luis Guzmán, "La querella de México", in: O.C. Bd. 1, México [3]1995 ([1]1961), S. 9-30, hier S. 10, 12 und 15.
99 Siehe *Indología*, S. 1293 und 1295; "Juventud intelectual", S. 137; "Latin-American Basis", S. 21 sowie *Breve historia de México*, O.C. 4, S. 1305-1706, hier S. 1314 und 1705. Auch nach Rodó können die für die gesellschaftliche Entwicklung maßgeblichen *ideas-fuerzas* nur aus der nationalen geistigen Elite hervorgehen. Siehe Franco, *Cultura moderna*, S. 63.
100 Reyes bedauert diese Entwicklung: "...hay más que una razón para simpatizar con José Vasconcelos. Yo no apruebo la actitud que él ha tomado después de las elecciones, porque lo daña a el mismo y le hace daño a México. Deseo que México llegue a estar en condiciones de ser gobernado por los intelectuales, pero no me parecía llegado el momento" (Guzmán/Reyes, *Medias palabras*, S. 140).
101 *Pesimismo*, S. 237.
102 "La hora del Continente nuestro no ha sonado, pero tenemos que participar en el destino de los pueblos que mantienen el cetro de los acontecimientos" ("Deber de Hispanoamérica", *Cuadernos Hispanoamericanos* 1, 1 [Jan.-Feb. 1948], S. 105-109, hier S. 108).

furia vengadora[103] angetriebene Athenäist zum polemischen Kritiker der mexikanischen Geschichte und Gegenwart. Da das Volk aus Vasconcelos' Sicht 1929 seine Unmündigkeit definitiv bewiesen hatte, fordert er fortan, daß eine starke Hand die Kultur, Religion und Politik lenken solle. Der Athenäist wird zu einem Bewunderer Hitlers, Mussolinis, Batistas und Francos, gemäß seiner fragwürdigen Erkenntnis, daß "un dictador genial puede hacer algo".[104] Diese Einstellung beinhaltet eine resignative Komponente, die aus dem Kontrast zwischen dem idealistischen Anspruch resultiert, bei der Gestaltung der Gesellschaft aktiv mitzuwirken, und der Desillusion des Philosophen, dem der Thron versagt wurde und der den Konflikt zwischen Engagement und kritischer Distanz nicht zu lösen vermochte.

Vasconcelos' Skepsis seiner letzten Lebensjahre kündet von der durch die Rezeption Rodós beeinflußten Besorgnis vieler lateinamerikanischer Intellektueller, die vor der Zerstörung der emotionalen Wesenszüge der Einwohner Lateinamerikas durch das technisch-rationale Denken und die Gesetze der Ökonomie warnen.[105] Aus Vasconcelos' Sicht war mit seinem persönlichen politischen Mißerfolg auch das athenäistische Vorhaben fehlgeschlagen, eine ästhetische Philosophie zu entwickeln, die dem lateinamerikanischen Eigenen entspricht. Es ist anzunehmen, daß der in hohem Maße idealistische, mystische und synkretistisch-diffuse Charakter seiner die Praxis erschwerenden Philosophie diese Negativentwicklung förderte. In Vasconcelos' Scheitern deutet sich an, daß sein idealistischer Denkansatz zu sehr von den mexikanischen und lateinamerikanischen Realitäten entfernt war, als daß er im angestrebten Maße einen Wandel der Identitätskonstruktion hätte bewirken können. Wunsch und Wirklichkeit klafften zu weit auseinander. Vasconcelos' ästhetischer Monismus erscheint in dieser Perspektive als Produkt einer lebensfer-

---

103 Brading, "Darwinismo", S. 201. Vgl. Vasconcelos' Brief an seinen Schwiegersohn Herminio aus dem Jahr 1959, zit. bei Howard T. Young, "José Vasconcelos (1889-1959)", *Hispania* 42, 4 (1959), S. 570-572, hier S. 571f.

104 Zit. nach Blanco, *Vasconcelos*, S. 170. An den Reaktionen auf das Verhalten des Athenäisten läßt sich die seit 1968 intensivierte Diskussion über die Position des Intellektuellen in der Öffentlichkeit nachvollziehen. Den für Lateinamerika exemplarischen Charakter des von Vasconcelos gelebten Dilemmas erörtert Borsò ("Essay", S. 541). Monsiváis urteilt, Vasconcelos habe während seiner politisch aktiven Zeit paradox gehandelt, indem er der politischen Korruption indigniert begegnet sei, zugleich aber unter korrupten Personen gearbeitet habe ("Búsqueda", S. 348). Krauze kommt zu dem Schluß, daß Vasconcelos politisch versagt habe ("Note à propos des intellectuels de la génération de 1915", in: GRAL [Hrsg.], *Intellectuels*, S. 29-31, hier S. 30). Der Intellektuelle müsse einen Freiraum behaupten, um ohne die Gefahr einer Politisierung seiner Arbeit nach Wahrheiten suchen zu können (ders., "Los templos de la cultura", in: Camp/Hale/Vázquez [Hrsg.], *Intelectuales*, S. 583-605, hier S. 605). In ähnlicher Weise kritisiert Adolfo Castanon der Politik nahestehende mexikanische Intellektuelle, die sich der *mort salariée* verschrieben hätten ("Pouvoir et production culturelle", in: GRAL [Hrsg.], *Pouvoirs et contre-pouvoirs dans la culture mexicaine*, Paris 1985, S. 59-72, hier S. 61). Die politische Biographie von Paz kann als weiteres Beispiel für die Suche nach einer Position zwischen Anpassung und Widerstand gedeutet werden. Siehe Fernando Vizcaíno (*Biografía política*, S. 64).

105 Vgl. Dieter Janik, *Stationen der spanischamerikanischen Literatur- und Kulturgeschichte*, Frankfurt/Main 1992, S. 25.

nen *alta cultura*, da er die tatsächlichen Bedürfnisse der Bevölkerung aufgrund seiner idealistischen Grundannahmen nur sehr gefiltert wahrnimmt. Hinzu kommt, daß Vasconcelos nach 1929 politischen Konzeptionen wie dem Maderismus nachhing, die nicht mehr der mexikanischen Aktualität entsprachen. Er akzeptierte es nicht, daß die Revolution und der Fortgang der Philosophie in Mexiko es notwendig werden ließen, die Ideale aus athenäistischer Zeit der Aktualität anzupassen oder neue Wege der Selbstbestimmung zu suchen. Dementsprechend löste seit den dreißiger Jahren die problematisierende Sichtweise der *mexicanidad* durch Ramos, Uranga und Paz die optimistische Konzeption der Athenäisten ab.

2. Mexikanische Identität und kosmopolitisches Bewußtsein

2.1. Pedro Henríquez Ureña

2.1.1. Ablehnung des Inferioritätsdenkens und nationale Selbstbehauptung

Die Beschäftigung mit Fragen zur mexikanischen Kultur und Identität bestimmt das Schaffen Henríquez Ureñas auch während seiner Abwesenheit aus Mexiko, wenngleich er der übergeordneten lateinamerikanischen Perspektive eine größere Beachtung schenkt. Zeitgenössischen Epistemen folgend geht er von der Möglichkeit aus, *lo mexicano* volkspsychologisch und totalisierend zu erfassen.[1] Bei seinen Ausführungen zur mexikanischen Eigenart fällt wie in Vasconcelos' Schriften auf, daß vor allem die Sensibilität und das ästhetische Feingefühl der Mexikaner im Vordergrund stehen. Gleichzeitig tritt aber auch die kritische Beurteilung des Mexikanischen deutlich hervor. So macht der Essayist darauf aufmerksam, daß die verbreitete Disziplinlosigkeit und die mangelnde Bereitschaft zur Perfektionierung dem Ziel einer internationalen Anerkennung als gleichwertige Nation entgegenstehen.[2]

Methodisch lehnt es Henríquez Ureña wie die übrigen Athenäisten ab, universale und nationale Identitätsentwürfe gegeneinander zu stellen. Vielmehr ruft er dazu auf, die gemeinhin akzeptierte Antithese von Nationalismus und Universalismus zu überwinden und auf synkretistischem Wege ein neues Selbstbild zu schaffen, das sich nicht als Exklusivkultur eines *huerto cerrado*, sondern als dialogfähige, zur Transkulturation fähige *cultura social* verstehen sollte.[3] Das universalistische Konzept der *mexicanidad* müsse nicht nur zur nationalen Selbstbestimmung, sondern auch zur Schaffung einer neuen Friedensordnung beitragen, da die leidvollen Erfahrungen der europäischen Völker im Ersten Weltkrieg eine unmittelbare Folge ihrer Nationalismen dargestellt hätten.[4] Da sich in Henríquez Ureñas identitätstheoretischen Äußerungen somit der kritische Umgang mit dem Eigenen und die Bereitschaft zur transkulturellen Assimilation des Fremden verbinden, läßt sich sein Ansatz zur nationalen *autodefinición* durch die dreifache Negation "ni nacionalismos telúricos, ni ampulosidad hispanizante, ni cosmopolitismo frívolo"[5] treffend umschreiben.

---

1 "Creo indiscutible la afirmación de que existe un carácter, un sello nacional, un 'espíritu nacional' en México" ("Don Juan Ruiz de Alarcón", S. 296).
2 Siehe Castro Leal, "Pedro Henríquez Ureña", S. 284. Vgl. Gabriella de Beer, "Hacia la identidad cultural en el epistolario. Pedro Henríquez Ureña-Alfonso Reyes", in: Yurkievich (Hrsg.), *Identidad cultural*, S. 94-101, hier S. 95 und 101 sowie bereits José Luis Martínez, "Henríquez Ureña. Maestro de México", in: ders., *Literatura mexicana. Siglo XX*, Bd. 1, México 1949, S. 356-360, hier S. 357.
3 "La utopía de América" (1922), O.C. 5, S. 233-240, hier S. 235.
4 "La ilusión de la paz" (1915), O.C. 3, S. 117-119, hier S. 119. Vgl. die Ablehnung eines *nacionalismo irreflexivo* in "España en la cultura moderna" (1935), O.C. 7, S. 71-79, hier S. 72.
5 So Henríquez Ureñas Schülerin Ana María Barrenecha, "Lo peculiar y lo universal en la América de Pedro Henríquez Ureña", *SUR* 355 (Juli-Dez. 1984), S. 21-24, hier S. 21.

Mit dem Ziel der historisierenden Unterfütterung eines positiven mexikanischen Selbstbildes, doch auch zur Bestätigung der identitätstheoretischen Relevanz der athenäistischen Kulturarbeit, macht Henríquez Ureña darauf aufmerksam, daß die seit der *Colonia* entstandenen Kunstwerke und Studien keinen Anhaltspunkt für die Rechtfertigung eines mexikanischen Minderwertigkeitskomplexes liefern.[6] Nach einem Vergleich mit dem nordamerikanischen Nachbarn kommt er daher im Gegensatz zu den Sozialdarwinisten und Rassentheoretikern speziell für Kuba und Mexiko, doch auch die übrigen Länder Lateinamerikas, zu dem Ergebnis:

> *no somos inferiores, sino distintos, y (...) nuestras inferioridades reales son explicables y corregibles, y (...) nuestra personalidad internacional tiene derecho a afirmarse como original y distintiva.*[7]

Mexikaner und Lateinamerikaner sollten auf der Grundlage eigener Paradigmen ihre kulturelle Differenzqualität affirmativ behaupten können.

Der aus der Dominikanischen Republik stammende Henríquez Ureña blieb trotz seiner langjährigen Mitwirkung bei der Reform der mexikanischen Nationalkultur aus Sicht der während der Revolution besonders nationalistisch sensibilisierten Öffentlichkeit ein Fremder.[8] Seine Erfahrungen belegen in fast tragischer Weise die Dominanz des identitätsbildenden Differenzmechanismus seitens der mexikanischen Patrioten. Dementsprechend bemerkt er nach seiner Abreise nach Argentinien in einem Brief an Daniel Cosío Villegas, daß er den Mexikanern eine größere Offenheit gegenüber den Fremden wünsche.[9]

---

6   Siehe "Don Juan Ruiz de Alarcón" (1913), O.C. 2, S. 295-318, hier S. 314f.; "Arte mexicano" (1922), O.C. 5, S. 49-53 und "La América española y su originalidad", (1936) O.C. 7, S. 167-172, hier S.167ff. Genannt werden für den *Ateneo*: Reyes, "El suicida"; Vasconcelos, "El monismo estético"; Caso, "La existencia como economía, como desinterés y como caridad", ferner Manuel Gamio, Adolfo Best Maugard, Diego Rivera, Acevedo, Mariscal sowie Ponce ("Influencia", S. 253ff.). Nicht nachvollziehbar ist angesichts früherer Bestrebungen des *Ateneo* José Luis Martínez' Standpunkt, der systematische *autocuestionamiento* habe in Mexiko mit dem Erscheinen von Henríquez Ureñas "Seis ensayos en busca de nuestra expresión" (1928) begonnen ("Unidad y diversidad", in: Cesar Fernández Moreno [Hrsg.], *América Latina en su literatura*, México ²1974 [¹1972], S. 73-92, hier S. 74).

7   "Cuba en Nueva York" (1914), O.C. 3, S. 41-43, hier S. 43.

8   Zur Polemik in der mexikanischen Presse der Jahre 1912 und 1922 siehe Roggiano, *Pedro Henríquez Ureña*, S. 153ff. und S. 251.

9   "Si siquiera en México se tolerara mejor al extranjero, yo podría haberme quedado a trabajar por el país..." (Undatiert, O.C. 6, S. 396).

2.1.2. Die Bedeutung der Nationalliteratur zur Konstituierung der mexikanischen Identität

Ausgehend von der These, daß in Lateinamerika ausgeprägte nationale Charaktere und Mentalitäten existieren, liegt es für Henríquez Ureña nahe, die Wechselbeziehungen zwischen kollektiven Identitäten und regionalen Spezifika der Literaturproduktion zu erörtern. Da nur ökonomisch und politisch stabile Länder in der Lage seien, Nationalliteraturen auszuprägen, habe die bewegte Zeit seit der Unabhängigkeit und während der Revolution die Entstehung solcher Literaturen erschwert. Hieraus erwachse die Verpflichtung, bei der Gestaltung einer besseren kontinentalen Zukunft mitzuwirken, da gute Literatur nur in einem friedlichen, prosperierenden *América buena*[10] entstehen könne.

Die Untersuchung der mexikanischen Nationalliteratur läßt nach Henríquez Ureña deren Merkmale der *discreción*, *melancolía*, *tonalidad gris*, *sobriedad*, doch auch der *eleganza* sichtbar werden.[11] Speziell die mexikanische Poesie sei von einem *sentimiento discreto*, einem *tono velado* und der *matiz crepuscular* geprägt.[12] Mit diesen Kategorien entwickelt der Literaturkritiker Paradigmen der *autodefinición*, die noch bei Paz nachvollziehbar sind, der 1942 zur Erklärung seines Menschenbildes und seiner Literaturkonzeption auf die von Henríquez Ureña und den Athenäisten entwickelte Sichtweise aufmerksam macht.[13] Zuvor hatte bereits der *Contemporáneo* Villaurrutia ausdrücklich die Ergebnisse der Studie des *ateneísta* bestätigt, indem er die mexikanische Poesie durch den *sentimiento velado* sowie den "discreto tono crepuscular opuesto a la eloquencia de otras literaturas hispanoamericanas"[14] charakterisierte.

Besondere Aufmerksamkeit widmet Henríquez Ureña dem in Spanien wirkenden Mexikaner Juan Ruiz de Alarcón, dessen Schaffen von den Athenäisten im Sinne des literarisch fundierten Mexikanismus gedeutet wird. Der Essayist möchte in Alarcóns Werk dem *artista sobrio y reflexivo* nachspüren, welcher den klassischen *espíritu del pueblo mexicano*[15] verkörpere. Ferner entwickelt der Interpret die These, der mexikanische

---

10 "Caminos de nuestra historia literaria" (1925), O.C. 5, S. 159-268, hier S. 268.
11 A.a.O., S. 267 und "La leyenda de Rudel" (1906), O.C. 2, S. 15-19, hier S. 16.
12 "Don Juan Ruiz de Alarcón", S. 299.
13 So deutet der Nobelpreisträger die mexikanische *poesía de crepúsculo* als kompensatorische und antithetische Reaktion auf die ungezügelte vulkanische Landschaft und die blutige Geschichte des Landes. Ihre Merkmale *angustia*, *lucidez*, *resplandor velado* und *suspiro*, ihre *cortesía* und *mesura*, welche Henríquez Ureña, Urbina, Reyes, Castro Leal und Villaurruturia erschlossen hätten, seien aber lediglich die eine Seite der Maske des Mexikaners, hinter der sich dessen "rostro magnífico y atroz" verberge und somit nur ein Teil der Paradoxien, welche das Wesen des Mexikaners ausmachten (Octavio Paz, "Emula de la llama" [vf. 1942], O.C. 4, S. 53-59, hier S. 54). Die hier entwickelten Gedanken sollten später in *El laberinto de la soledad* wiederkehren (México [14]1991 [[1]1950], S. 33ff.).
14 Xavier Villaurrutia, "Henríquez Ureña, humanista moderno" (1928), in: Durán (Hrsg.), *Contemporáneos*, S. 272. Paz sollte auf das hier genannte Merkmal rekurrieren ("Emula", S. 54).
15 "Don Juan Ruiz de Alarcón", S. 311 und S. 295. Hier notiert der Athenäist: "Dentro de las imperfecciones inherentes a la vida colonial, México fue el más clásico solar de la cultura española en el Nuevo Mundo..." (a.a.O., S. 311). Vgl. *Historia de la cultura*, S. 359f.

Klassizismus Alarcóns stehe für ein überzeitliches, bis in die Gegenwart nachvollziehbares Phänomen der mexikanischen Literatur.[16] Doch auch Alarcóns Bemühen, sich stets auf dem neuesten Stand der literarischen Entwicklungen zu bewegen, erscheint Henríquez Ureña vorbildlich.

Sor Juana ist die zweite Persönlichkeit aus der nationalen Literaturgeschichte, mit der sich Henríquez Ureña in Fortsetzung des von Escofet vor dem *Ateneo de la Juventud* gehaltenen Vortrags intensiv auseinandersetzt.[17] In seiner Studie "Sor Juana Inés de la Cruz" faßt er unter anderem die für den literarischen Mexikanismus der Autorin typischen Merkmale zusammen. So findet sich der Hinweis auf die "persistencia particular que caracteriza a México, y que observábamos en Alarcón" und ihre mexikanische *sinceridad*.[18] In typisch athenäistischer Perspektive unterstreicht Henríquez Ureña mit dem Ziel einer literarhistorischen Fundierung des Universalismusdenkens Sor Juanas Fähigkeit zur Synthese ebenso wie ihre Weltoffenheit.[19]

Die Betrachtung Alarcóns und Sor Juanas durch Henríquez Ureña erscheint insofern problematisch, als ästhetische und produktionsspezifische Schaffensmerkmale, die als Ausdruck eines überregionalen, epochenspezifischen Kunstempfindens gedeutet werden können, ausschließlich mexikanistisch interpretiert werden.[20] Gleichzeitig wirft die philologisch fragwürdige Erhebung angeblich repräsentativer Eigenschaften zu Nationalwerten die Frage nach dem Authentizitätsgrad dieser Kategorien der Mexikanität auf.

Die Suche nach dem Eigenen führt Henríquez Ureña weiterhin zur Romantik, während der in Mexiko wie in ganz Lateinamerika die Neigung bestanden habe, fremde kulturelle Vorgaben unkritisch zu imitieren.[21] Erst mit der *Reforma* habe man wieder begonnen, die *mexicanidad* der Literatur zu kultivieren. Es spricht für Henríquez Ureñas Zugehörigkeit zur unpolitischen Strömung innerhalb des Athenäismus, wenn er in diesem Zusammenhang Altamirano, Ramírez, Riva Palacio und Prieto zwar als hochtalentiert beurteilt, zugleich aber einschränkt: "habrían sido grandes escritores a no nacer su obra literaria en ratos robados a la actividad política."[22] Auch die Interpretation, daß mit Sierra, Díaz Mirón, Gutiérrez Nájera, Othón und Nervo die mexikanische Poesie zwischen 1880 und

---

16 "...el espíritu mexicano mostró siempre afición al ideal clásico de la antigüedad. (...) La afición al espíritu clásico, sobre todo de Roma, nunca ha faltado en México..." ("Don Juan Ruiz de Alarcón", S. 312).
17 Schon 1914 legt Henríquez Ureña den kurzen bibliographischen Beitrag "En pro de la edición definitiva de Sor Juana" vor. 1917 erscheint eine weitere Bibliographie in der *Revue Hispanique*. Siehe Gabriella de Beer, "Pedro Henríquez Ureña en la vida intelectual mexicana", *Cuadernos Americanos* 215, 6 (Nov.-Dez. 1977), S. 124-131, hier S. 130.
18 "Sor Juana Inés de la Cruz" (1931), O.C. 6, S. 233-256, hier S. 238f.
19 A.a.O., S. 239ff. und S. 254.
20 Siehe zu Alarcón: Ronald Daus, "Alarcóns «mexicanidad». Über die Verwendung eines Klischees", in: Horst Baader (Hrsg.), *Spanische Literatur im Goldenen Zeitalter*, Frankfurt/Main 1973, S. 67-87, hier S. 75ff. Eine entsprechende Untersuchung zu Sor Juana steht noch aus.
21 "Enrique González Martínez", S. 263.
22 A.a.O., S. 263.

1910 "en medio de cosas alarmantes" schließlich ihre *edad de oro* gefunden habe,[23] deutet auf das entpolitisierte Kunstverständnis Henríquez Ureñas hin. Zugleich soll dieses Urteil das gestiegene Selbstwertgefühl der mexikanischen Autoren rechtfertigen, die sich wie González Martínez von dem bis 1900 herrschenden *dillettantismo* befreit hätten.[24] Um die Kontinuitätslinie der mit Alarcón einsetzenden Originalität und Eigenständigkeit der mexikanischen Literatur zu bestätigen, macht der Essayist auf die Behandlung der "asuntos provincianos" in Ramón López Velardes epischem Gedicht "Suave patria" und Xavier Icazas Roman *Gente mexicana* aufmerksam. Im Bereich des Dramas werde schließlich die Suche nach einem nationalen Theater durch Rafael Saavedra und Eduardo Villaseñors "dramas sintéticos" fortgesetzt.[25] Es zeichnet sich ab, daß Henríquez Ureña den Beweis für die qualitativ wie quantitativ in allen literarischen Genera nachvollziehbare Ausprägung einer künstlerischen mexikanischen Eigenart liefern möchte. Hierbei greift er auf probate Verfahren der Identitätskonstruktion zurück, wie die Kanonisierung tatsächlicher oder konstruierter Merkmale, die Stilisierung von Symbolfiguren oder die Historisierung des Identitätsprojektes. Die Auswahl ausschließlich positiver Autostereotypen dient ihm dazu, die Bedeutung der kulturellen Dimension der Identität als Vermittlerin und Trägerin der reflexiven und emotionalen Komponenten der kollektiven Selbstfindung hervorzuheben.

2.2. Alfonso Reyes

2.2.1. Das Konzept einer weltoffenen *mexicanidad*

Seit der Zeit des *Ateneo de la Juventud* bezeugen Alfonso Reyes' Schriften und Reden seine kosmopolitische Einstellung sowie die vom Gedankengut der Latinität getragene Verbundenheit mit Europa. Gerade im Verhältnis zu Spanien strebt der Athenäist nach "un siglo de soberbia y mutua ignorancia"[26] die Fortsetzung des durch Darío und den *Modernismo* initiierten sowie durch gleichgerichtete politische und ökonomische Interessen geförderten Dialogs an. Da sich im 19. und frühen 20. Jahrhundert die mexikanische Identität maßgeblich durch die Hervorhebung der antihispanischen Differenzqualität des Eigenen definiert hatte,[27] ist es nicht erstaunlich, daß während und nach der Revolution in dem patriotisch geprägten Klima Stimmen wie die von Héctor Pérez Martínez' laut wurden, welche dem Autor vorwarfen, die Sache des Mexikanismus nicht hinreichend zu

---

23 A.a.O., S. 263f. Vgl. auch den Überblick in dem Brief an Reyes (29.10.1913), *Correspondencia*, S. 220f.
24 "González Martínez", S. 265.
25 "Influencia", S. 256.
26 "España y América" (1920), O.C. 4, S. 566-571, hier S. 567.
27 Henríquez Ureña beschreibt den besonderen Reiz der athenäistischen Ausflüge in die Kulturwelt Spaniens: "Las excursiones tenían la excitación peligrosa de las cacerías prohibidas..." ("Reyes", S. 62).

vertreten und sich von der Kultur der Heimat entfernt zu haben.[28] In "A vuelta de correo", seinem aus dem Konflikt mit Pérez Martínez hervorgegangenen mexikanistischen Credo, weist Reyes diese Vorwürfe zurück und betont, daß die nationale Identität stets Gegenstand seines essayistischen Schaffens gewesen sei.[29] Er distanziert sich allerdings von den zwischen 1910 bis 1940 vorherrschenden, aus seiner Sicht folkloristischen, plakativen oder rituellen Formen des Patriotismus[30] und vertritt die Ansicht, daß jegliche nationalistische Voreingenommenheit nicht der *autodefinición* diene. Die Introspektive des kulturellen Isolationismus, welche in ihrer Ausschließlichkeit den freien Dialog mit der Welt unterbreche, bedeutet für Reyes eine ebenso große Gefahr wie die unreflektierte Übernahme fremder Kulturmuster. Angestrebt wird vielmehr eine Symbiose von Fremdem und Eigenem, welche auf einem positiven Verhältnis zum Eigenen wie zur Alterität und auf der Normalität eines interkulturellen Dialoges aufbaue.[31]

Nach Reyes sollen Mexiko und Lateinamerika dank ihrer universalistischen Kompetenz in diesem Dialog einen Platz als gleichberechtigte Partner der traditionellen Kulturnationen erhalten.[32] Der Essayist überwindet wie zuvor bereits der *Modernismo* die vermeintliche Antithese von Kosmopolitismus und Nationalismus, indem er betont, daß der auf

---

28 In drei Artikeln setzt Pérez Martínez die von Jorge Cuesta und Ermilio Abreu Gómez initiierte Nationalismusdebatte fort und wirft Reyes ein *descastamiento* vor. Er benennt zwar den *Ateneo de la Juventud* als "gimnasia mental completamente mexicana", geht aber nicht darauf ein, daß die nationalen Fragestellungen der *ateneístas* gerade im universalistischen Kontext formuliert wurden. Siehe Capistrán, "México", S. 7ff. Reyes pflegte auch im Ausland seine Kontakte mit mexikanischen Intellektuellen, vor allem über Antonio Castro Leal zu den *Castros* sowie den *Siete Sabios*. Villaurrutia und Novo waren die Kontaktpersonen zu den *Contemporáneos*. Siehe Serge I. Zaïtzeff, "Alfonso Reyes y Antonio Castro Leal: Un diálogo literario", in: Sebastian Neumeister (Hrsg.), *Actas del IX Congreso de la Asociación Internacional de Hispanistas*, Bd. 2, Frankfurt/Main 1989, S. 733-741 sowie Capistrán, "Notas", S. 339-363. Im Jahr 1938 kam es aufgrund des Universalismus der *Contemporáneos* zu einer Neuauflage dieser Nationalismusdebatte. Reyes' Universalismus fand in den fünfziger Jahren aufgrund der Universalisierung der mexikanischen Kultur ein besonderes Forschungsinteresse, so bei Jorge Mañach, "Universalidad de Alfonso Reyes", in: Varios, *Libro jubilar de Alfonso Reyes*, México 1956, S. 217-234 und Alfredo Perrera Mena, "El mexicanismo de Alfonso Reyes", in: Universidad de Nuevo León (Hrsg.), *Páginas sobre Alfonso Reyes (1911-1957)*, Bd. 2, Monterrey 1957, S. 388-402. Vgl. ferner Robb, "Siete presencias", S. 123f.

29 "A vuelta de correo" (1932), O.C. 8, S. 427-449, hier S. 431f. Schon 1924 hebt der Athenäist hervor: "He vivido, he trabajado y he estudiado siempre con los ojos puestos en México" ("Discurso académico", O.C. 4, S. 437-440, hier S. 437).

30 "Creer que sólo es mexicano lo que expresa y sistemáticamente acentúa su aspecto exterior de mexicanismo es una verdadera puerilidad" ("Vuelta", S. 443).

31 "La intelectualidad mexicana y la guerra europea", O.C. 7, S. 476-478, hier S. 477; "Ante el comité Uruguay-México" (1928), O.C. 8, S. 147; "Ciencia social", S. 124 und "Vuelta", S. 440. Carlos Fuentes deutet Reyes' Universalismus als Versuch, durch eine kulturelle Veränderung dem auf aztekischen sowie spanischen Einflüssen beruhenden sozialen und politischen Fatalismus abzuhelfen ("Alfonso Reyes", in: Acevedo Escobedo et al., *Presencia*, S. 25-28, hier S. 26f.).

32 Antonio Gómez Robledo meint zu diesem Prozeß: "nos enseñó Alfonso Reyes a ser de todos y para todos, pero sólo nosotros mismos" ("Alfonso Reyes, mexicano universal", *Cuadernos Americanos* 24, 139 [1965], S. 163-179, hier S. 171).

gegenseitiger Toleranz, friedlicher Nachbarschaft und offener Kommunikation aufbauende Universalismus auf der eigenen Kulturtradition aufbaut und diese durch einen interaktiven Dialog mit anderen Kulturen zu bereichern vermag.[33] Das X in *México* dient ihm in diesem Sinne als Symbol der mexikanischen Weltoffenheit und als Ausdruck der Bereitschaft, Fremdes mit Eigenem zu kreuzen.[34] Im Unterschied zum nationalistischen Diskurs entwirft der Athenäist somit ein dynamisches und polyphones kulturtheoretisches Konzept, da Nationen trotz ihrer *núcleos resistentes* wesentlich *seres cambiantes* seien.[35] Dynamik bedeutet aber für Reyes nicht Anarchie, und so betont seine Definition der universalisierten mexikanischen Identität zugleich auch deren synthetischen Charakter. Mexikanismus, lateinamerikanisches und universales Engagement verschränken sich zu einer stabilen Identitätskonstruktion, die ihre Kreativität und Lebendigkeit aus den Wechselbeziehungen dieser drei Ebenen schöpft. Eine an den Leitwerten der Interaktion und Kommunikation orientierte nationalkulturelle Identität soll die im 19. Jahrhundert nachgewiesene stereotype Umkehrung der Hierarchien des kolonialen Diskurses ablösen. Lateinamerika kann seine Eigenständigkeit aus Reyes' Sicht gerade dadurch demonstrieren, daß es sich selbstbewußt und zugleich offen für das Andere präsentiert.

2.2.2. Das hellenistische und klassizistische Idealbild

Im Gegensatz zu Sarmiento, Martínez Estrada und Juan Bautista Alberdi, die einer Übernahme europäischer Traditionen eher skeptisch gegenüberstanden, sieht der von Rodó inspirierte Reyes die Orientierung an antiken Kulturmustern als entscheidende Voraussetzung für den zivilisatorischen Aufstieg und die Selbstfindung Mexikos:[36]

> *Somos pueblos helenocéntricos. A su vez, la cultura helénica es antropocéntrica. La obra por excelencia del genio griego es el Hombre.*[37]

---

33 "En la formación de los hombres (...) debe entrar la mayor proporción de savia nacional que destila la historia. (...) Y que después, a través de esa formación, pasen en buena hora las corrientes universales, las cuales (...) no podrían ser »descastadoras«" ("Vuelta", S. 441). Im Gegenzug warnt Reyes vor dem Verlust der Heimatverbundenheit ("El curioso parlante", O.C. 2, S. 81-83, hier S. 81). Reyes schafft gerade in seinen frühen Texten durch eine philologische Beschäftigung mit dem mexikanischen Eigenen die Ausgangsbasis seines Universalismus. So etwa in "De los proverbios y sentencias vulgares" (1910), O.C. 1, S. 163-170 und "Psicología dialectal", O.C. 2, S. 339-341. Siehe zur Friedensethik seines Universalismus "Cartilla moral", S. 508 und "Evolution", S. 31.

34 "Apuntes sobre Valle-Inclán" (1923), O.C. 4, S. 276-286, hier S. 279. José Luis Martínez hebt die Bedeutung der Weltoffenheit im Hinblick auf das weit verbreitete Bild des "hermetischen" Mexikaners hervor ("Alfonso Reyes", in: ders., *Ensayo*, Bd. 1, S. 289-293, hier S. 290f.).

35 "Ciencia social", S. 122.

36 Siehe Walter Bruno Berg, "Die Vereinigten Staaten als Modell. Zur Frage der Aktualität des Nordamerikabildes bei Sarmiento und Martínez Estrada", in: Wolfgang Reinhard/Peter Waldmann (Hrsg.), *Nord und Süd in Amerika. Gegensätze. Europäischer Hintergrund*, Freiburg 1992, S. 986-998. Vgl. Rodó, *Ariel*, S. 65 und 97.

37 "De cómo Grecia construyó al hombre" (1943), O.C. 17, S. 477-519, hier S. 478.

Reyes' Konzept eines lebendigen, gegenwartsbezogenen Hellenismus dokumentiert, daß Geschichte und Philosophie, Ästhetik und Ethik nicht als abgeschlossene Phänomene eines linearen historischen Prozesses verstanden werden, sondern im Sinne Burckhardts und Toynbees als für die Gegenwart relevante sinn- und zukunftsstiftende Potentiale.[38] Gerade die mexikanische Kultur biete sich aufgrund ihrer über Spanien vermittelten klassischen Prägung als Versuchsfeld für diese Reaktivierung des antiken Gedankengutes an.[39] Die Teilhabe an den geistesgeschichtlichen Filiationen der europäischen Kultur stellt ein wichtiges Moment in der von Reyes verfolgten universalistischen Identitätskonstruktion dar, da der diskontinuierlichen Geschichte Mexikos durch die These der identitätsstiftenden Kontinuität des Hellenismus eine positive historische Logik zugeschrieben wird.[40]

Diese idealisierende Sicht der Vergangenheit ergänzt Reyes zur Förderung der nationalen Identität durch den Verweis auf Analogien zwischen positiven "mexikanischen" und "griechischen" Charakterzügen, so daß die antiken ethischen Werte in ihrer Bedeutung als integrative Theoreme entfremdet und auf den mexikanischen Kontext übertragbar werden.[41] Selbst in der vorkolonialen Geschichte entdeckt Reyes unter Rückgriff auf Spengler und Sierra Analogien zwischen dem Mittelmeerraum und Mexiko, mit der Folge, daß er etwa für das *Popol Vuh* die Bezeichnung *La Biblia India*[42] wählt und Bezüge zwischen der Geschichtsdichtung der Maya-Quiché und den antiken Epen, der Mythologie sowie der Kosmogonie der Griechen hervorhebt.[43]

Die Aktualisierung der europäischen Antike für die *autodefinición* findet ihren Fortgang, indem Reyes als Ausdruck des Latinitätsdenkens auch die positiven Seiten der römischen Kultur als potentiell konstitutive Faktoren eines neuen Selbstbewußtseins erörtert. Es spricht für das eigenständige geistige Profil des Athenäisten, daß er hierbei gemäß seines

---

38 Vgl. Gutiérrez-Giradot, "Concepción", S. 107. Die Synthese von Ethik und Ästhetik als Produkt des Hellenismus Reyes' erschließen Octavio Paz ("El jinete del aire", in: ders., *Puertas al campo*, Barcelona; Caracas; México ²1981, S. 49-57, hier S. 51) und Margo Glantz ("Apuntes sobre la obsesión helénica de Alfonso Reyes", in: dies., *Esguince de cintura. Ensayos sobre la narrativa mexicana del siglo XX*, México 1994, S. 67-74, hier S. 68).

39 Deshalb übernimmt Reyes die Aussage Menéndez y Pelayos, wonach "México es »país de arraigadas tradiciones clásicas, a las cuales por uno u otro camino vuelve siempre«" ("El paisaje", S. 216).

40 Vgl. Ingemar Düring, "Alfonso Reyes helenista", in: ders./Rafael Gutiérrez Girardot, *Dos estudios sobre Alfonso Reyes*, Madrid 1962, S. 7-72, hier S. 15f. Wie Reyes sieht auch Caso in der Renaissance, welche den Kontinent mit der antiken europäischen Kultur in Kontakt gebracht habe, die Wiege Lateinamerikas. Kolumbus sei daher für die Amerikaner ein Vater und *superhombre*. Die vorcortesianischen Reiche hingegen werden als zivilisatorisch weit unterlegene barbarische Monarchien bezeichnet ("La América Española", hier S. 85f. und 89).

41 Olguín weist in mehreren Beispielen darauf hin, wie Reyes durch Analogiebildung zur griechischen Geschichte die mexikanische Gegenwart erklärt (*Alfonso Reyes*, S. 138f.). Henríquez Ureña bezeichnet die Griechen als "nuestros abuelos espirituales del Mediterráneo" ("Patria de justicia", O.C. 5, S. 241-245, hier S. 243).

42 "Letras", S. 286.

43 "Letras", S. 287ff.; "Atenea política", S. 200; vgl. "Apéndice sobre Virgilio y América" (1937), O.C. 11, S. 178-181, hier S. 180 und "Tierra y espíritu de América", O.C. 9, S. 234-239, hier S. 237.

harmonischen Existenzkonzeptes im Unterschied zu Rodó die Latinität als verbindendes Element zwischen der romanischen und angelsächsischen Zivilisation deutet.44 Wie der Uruguayer situiert er jedoch die Wurzeln des Autochthonen im lateinischen, nicht aber im indianischen Erbe, so daß das Eigene nur durch die Latinität erschließbar sei:

> Lo autóctono, en otro sentido más concreto y más conscientemente aprehensible es, en nuestra América, un enorme yacimiento de materia prima, de objetos, formas, colores y sonidos, que necesitan ser incorporados y disueltos en el fluido de una cultura, a la que comuniquen su condimento de abigarrada y gustosa especiería. Y hasta hoy las únicas aguas que nos han bañado son - derivadas y matizadas de español hasta donde quiera la historia - las aguas latinas.45

In der Fruchtbarmachung lateinischen Gedankengutes, nicht aber im *indigenismo* oder gar der *asiatización*46 - Vasconcelos wird in diesem Zusammenhang nicht erwähnt - sieht Reyes daher einen wichtigen Schlüssel zur mexikanischen Selbstfindung. Reyes' Einschränkungen relativieren freilich sein Postulat einer prinzipiellen kulturellen Offenheit und Werturteilsfreiheit, doch sie werden durch das Prinzip des kritischen, auf Kontinuität hin ausgerichteten Synkretismus getragen, der aus athenäistischer Sicht marginale oder ephemere Geistesströmungen ausblendet. Die Forderung "quiero el latín para las izquierdas"47 steht für das Ziel einer Synthese von Konservatismus und Fortschrittsdenken, so daß der Autor mit seinem Konzept eines "linken Humanismus" den Ausgleich zwischen den Extremen sucht. Zugleich läßt er aber keinen Zweifel daran, daß er sich der politischen Linken, sofern sie das Ideal eines humanen, moralischen und fortschrittlichen Staates verfolgt, verbunden fühlt.48

2.2.3. Die historische, politische und lateinamerikanische Dimension der *mexicanidad*

Gemäß der Einsicht "somos un pueblo joven que no había podido aún volver sobre su historia y contemplarla serenamente"49 möchte Reyes zur Ausformung eines stabilen nationalen Seins die historische Dimension der mexikanischen Identität erschließen. Da während drei Jahrhunderten die Geschichte Mexikos und jene Spaniens und Europas in Amerika miteinander verwoben waren, kommt es ihm darauf an, die während der Koloni-

---

44 "Discurso por Virgilio" (1930), O.C. 11, S. 157-177, hier S. 159.
45 A.a.O., S. 161.
46 A.a.O., S. 173.
47 A.a.O., S. 160.
48 "Nuestro brazo para las izquierdas: cualesquiera sean sus errores en defecto o exceso sobre el lecho de Procusto de la verdad pura, ellas pugnan todavía para salvar el patrimonio de la dignidad humana, hoy tan desmedrado, hoy tan amenazado" ("Hora del mundo", S. 253). Vgl. Jesús Silva Herzog, "El polifacético Alfonso Reyes. Sus preocupaciones sociales", *Cuadernos Americanos* 34, 5 (1975), S. 77-96, hier S. 85.
49 "La *Antología del Centenario*" (1910), O.C. 1, S. 277-282, hier S. 281.

alzeit erfolgte *fecundación europea* als positiven Bestandteil des Eigenen zu erfassen und in der Gegenwart ein unvoreingenommenes Verhältnis zu Spanien anzustreben, das aber berechtigte Kritik durchaus zulasse.[50]

Demnach bestand nach Reyes einer der größten historischen Fehler spanischer Politik in Amerika darin, seine Kolonien verspätet in die Unabhängigkeit entlassen zu haben, so daß der Unabhängigkeitsprozess von gewalttätigen Auseinandersetzungen begleitet wurde. Seine Darstellung der Ereignisse läßt keinen Zweifel daran, daß er in der Tradition des *Ateneo de la Juventud* einem kontinuierlichen, auf Reformen aufbauenden Geschichtsmodell den Vorzug vor revolutionären Umbrüchen gibt.[51] Die politischen Spannungen setzten sich für Reyes im 19. Jahrhundert fort, als in Mexiko infolge der fehlenden politischen Reife die Gleichzeitigkeit französischer, nordamerikanischer und spanischer politischer Modelle zu einer die Identitätsbildung blockierenden Situation geführt hätten.[52] Erst die liberale Reforma-Regierung unter Juárez habe eine "base solide à la vie nationale"[53] konstruiert. Reyes erkennt an, daß Mexiko unter Díaz erstmals eine dauerhafte nationale Stabilität erhielt, wenngleich der Präsident die Regierungsgewalt zu lange ausgeübt und wirtschaftlich die Oligarchisierung gefördert habe.[54]

Die Anarchie der Revolution machte aus Reyes' Sicht ein konstruktives Agieren der mexikanischen Intelligenz im Sinne der *autodefinición* unmöglich und behinderte den vom *Ateneo de la Juventud* initiierten zivilisatorischen Fortschritt.[55] Angesichts der mexikani-

---

50 "Capricho de América" (1933), O.C. 11, S. 75-78, hier S. 76; vgl. auch "Letras", S. 310. Zur Pflege der *tradiciones hispánicas* sowie der unvoreingenommenen Hinwendung zu Spanien siehe "Discurso académico", S. 437f.; "Día Americano", S. 63 und "Glorieta de Rubén Darío", O.C. 4, S. 316-321, hier S. 319f. Eine besondere Bedeutung erhält das spanische Idiom als identitäts- und einheitsstiftende Instanz ("Discurso por la lengua", S. 312 und S. 314). Reyes hebt die spanische Prägung Mexikos und der lateinamerikanischen Staaten durch die Metapher der *hijas* hervor, die mit der Unabhängigkeit zu solidarisch agierenden *hermanas* geworden seien. Siehe "Lugar", S. 385; "Inteligencia americana", S. 90; "La ventana abierta hacia América" (1921), O.C. 4, S. 572f. und "Letras", S. 279-395, hier S. 299. Neben Spanien würdigt Reyes vor allem Frankreich als *fuerza espiritual orientadora* ("Intelectualidad mexicana", S. 478; vgl. Cuenca Toribio, "Alfonso Reyes", S. 12 und Patout, *Reyes*, S. 237).

51 "Evolution", S. 24. In der Kontinuität liege "le véritable secret de la culture" (Brief an Bergson [3.5.1916], zit. in Patout, *Reyes*, S. 613). Daher bilde sie die "base única de la cultura" ("Salutación als P.E.N. Club de México" [1924], O.C. 4, S. 432-436, hier S. 433). Entsprechend warnt Reyes Henríquez Ureña in einem Brief (25.5.1923): "No incurras tú también en el pecado de la incontinuidad" (zit. in: Beer, "Hacia la identidad cultural en el epistolario", S. 101). Siehe auch "Evolution", S. 27; "Atenea política", S. 195f. und "Virgilio", S. 165.

52 "Atenea política", S. 192; vgl. "Evolution", S. 27f. und "México", S. 48.

53 "Evolution", S. 30.

54 A.a.O., S. 30.

55 "Justo Sierra", S. 245 und "Evolution", S. 322. Der Athenäist verfolgt im Exil das Bemühen mexikanischer Zeitschriften um die Aufrechterhaltung der *cultura* mit großer Aufmerksamkeit. Siehe "La literatura mexicana bajo la Revolución", S. 468-472. Reyes' Ablehnung des Gestaltlosen und Chaotischen, wie es sich historisch in seiner Ablehnung der Revolution ausdrückt, besitzt auch eine poetologische Dimension, wie Anthony Stanton belegt ("Poesía y Poética en Alfonso Reyes", *Nueva Revi-*

schen *derrumbamientos sociales* und des politischen Versagens kommt in Reyes' Denken gemäß dem athenäistischen Verständnis des Engagements gerade der Kulturarbeit vorrangige Bedeutung als stabilisierendem und identitätsbildendem Faktor zu.[56] Entsprechend dieser Überzeugung erkennt er in der "cruzada por la enseñanza" der zwanziger Jahre, welche nicht zufälligerweise synchron zur "marcha de la reconstrucción nacional" verlaufen sei, den "mayor honor de México".[57]

Während die innenpolitischen Entwicklungen dem angestrebten harmonischen Konzept der *mexicanidad* bis in die jüngere Vergangenheit entgegengestanden hätten, glaubt Reyes in außenpolitischen Entwicklungen Effekte erkennen zu können, welche die Einigung der Nation förderten. Gerade angesichts der wiederholten Bedrohung der nationalen Souveränität im 19. Jahrhundert und der Großmachtpolitik der USA im 20. Jahrhundert betont er die Notwendigkeit, das trotz interner Differenzen vorhandene Zusammengehörigkeitsgefühl der Mexikaner zu stärken.[58] Selbst die politische Isolierung Mexikos während der beiden Weltkriege wird positiv als Chance zur *introspección*[59] und als Katalysator für die Entwicklung eines Nationalgefühls interpretiert.[60] Wenn Reyes gerade in den dreißiger Jahren für ein intensiviertes und friedliches internationales Zusammenleben eintritt, so reflektiert dies zum einen das aus einer innenpolitischen Befriedung erwachsende mexikanische Selbstbewußtsein und zum anderen das Bemühen, Mexiko eine Stimme im Konzert der Nationen zu geben.

Auf die beginnende Konsolidierung des nationalen Selbst führt es Reyes auch zurück, daß in Mexiko die Idee des Amerikanismus neuen Auftrieb erhielt, der die *intercomunica-*

---

sta de Filología Hispánica 37, 2 [1989], S. 621-642, hier S. 638ff.). Vgl. Reyes' Aussage: "Revoluciones. Entendámonos. Sólo reformando continuamente se mantiene la continuidad de las cosas. (...) Para persistir hay que renovarse incesantemente" ("La exposición de pintura mexicana en la Plata" [1929], O.C. 9, S. 20-27, hier S. 26f.).

56 "Literatura mexicana" (1916), O.C. 7, S. 466-468, hier, S. 466f.
57 "México", S. 55f.
58 "Evolution", S. 29. Bereits 1917 weist Reyes ausdrücklich auf das problematische Verhältnis zu den USA hin ("Intelectualidad mexicana", S. 477). Auch 1920 thematisiert Reyes die kulturelle, wirtschaftliche und politische Bedrohung durch den nördlichen Nachbarn. Ihr sollte durch eine *guerra moral* mittels "1) afirmación de las cualidades propias; 2) aprendizaje, adquisición de las cualidades ajenas; 3) organización del todo bajo las disciplinas creadas por las tradiciones y las necesidades propias, y 4) franca ofensiva espiritual contra toda suerte de vasallaje" begegnet werden ("España y América" S. 569f.). Die Realisation des Panamerikanismus fordert Reyes in "Panorama de América" (vermutlich 1918), O.C. 4, S. 150-164, hier S. 164 und "Un mundo organizado" (1943), O.C. 11, S. 327-334, hier S. 333f. Ebenfalls 1943 warnt Reyes vor dem Imperialismus der USA ("El hombre y su morada", S. 272 und 278).
59 "Tierra", S. 237.
60 "Aquella efervescencia, aquel entusiasmo por lo nacional que ya señalamos, tuvo por causa (...) el bloqueo práctico a que México se vio sometido durante la Guerra Europea, por no haber podido, en mala hora, definir su actitud, ocupado como estaba en la solución de sus propias luchas intestinas" ("México", S. 56). Siehe auch "Panorama", S. 163.

ción humana[61] und vermittels der universalen Humanisierung die Entwicklung einer neuen Friedensordnung anstreben müsse. Reyes verfolgt somit die nationale Identitätsfindung im internationalen Kontext, gemäß der Maxime: "América es el nombre de una esperanza humana".[62] Zu diesem Schluß sieht sich Reyes insbesondere angesichts des durch zwei Weltkriege dokumentierten zivilisatorischen Scheiterns der traditionellen "Kulturnationen" veranlaßt. Spenglers Thesen zum "Untergang des Abendlandes"[63] wirken bei dem Athenäisten nach, wenn er Mexiko und Lateinamerika aufruft, gefördert durch die *gente de pluma* als Begründer einer neuen (politischen) Kultur aufzutreten.[64] Hierbei könne sich ihre erstarkte Identität in der Kooperation bewähren und zur Etablierung einer harmonisierten, verbürgten Rechten verpflichteten Weltgemeinschaft beitragen, die Konflikte dialogisch reguliere und den konstruktiven Beitrag der Kultur für eine kooperative Koordination anerkenne.[65] Zwar sei man "algo tarde al simposio de la cultura"[66] eingeladen worden, könne nun aber als Wegbereiter einer besseren Zukunft fungieren. Mexiko und Lateinamerika emanzipieren sich in Reyes' Konzept von der Rolle, die ihnen seit Hegel zugeschrieben war. Sie sollen aus dem Schatten Europas heraustreten und werden zu mündigen, doch zugleich jugendlich-dynamischen Mitgliedern der Weltgemeinschaft und sogar zu Rettern der Weltkultur stilisiert.[67]

Reyes plädiert für eine mexikanische Mitwirkung an der Ausformung der internationalen kulturellen Polyphonie.[68] Zur Entwicklung einer unversalistischen Kultur Mexikos erscheint ihm in diesem Zusammenhang das Verfahren der Transkulturation angebracht,

---

61 "Virgilio", S. 170. Vgl. "Homilía", S. 207; "Diálogo", S. 230ff.; "Día Americano", S. 64f. sowie "Doctrina de paz", S. 222ff.

62 "En la VII Conferencia Internacional Americana" (1933), O.C. 11, S. 71-74, hier S. 72.

63 Oswald Spengler, *Untergang des Abendlandes. Umrisse einer Morphologie der Weltgeschichte*, München 1969 (^{1}1923). Spenglers Werk, das durch die *Revista de Occidente* verbreitet wurde, fand in der spanischsprachigen Welt großes Interesse.

64 "No somos pueblos en estado de candor, que se deslumbren fácilmente con los instrumentos externos de que se acompaña la cultura, sino pueblos que heradan una vieja civilización y exigen la excelencia misma de la cultura" ("Valor", S. 134). Siehe ferner "Mundo organizado", S. 332; "La futura victoria" (1943), O.C. 9, S. 310-312; "*Cuadernos Americanos*", S. 150; "Ciencia social", S. 110 und 114ff.; "Diálogo", S. 233 und "Doctrina de paz", S. 222.

65 Leitziel der neuen Friedensordnung sollte die *homónoia* sein, welche Reyes vor allem 1942 und 1943 propagierte. Siehe "Mundo organizado", S. 328ff., "El presagio de América", O.C. 11, S. 9-62, hier S. 62, und "Posición", S. 269. Reyes' Vorstellung einer *homónoia* faßt Roberto Hozven zusammen ("Sobre la inteligencia americana de Alfonso Reyes", *Revista Iberoamericana* 55, 148-149 [Juli-Dez. 1989], S. 803-817, hier S. 804). Lang deutet die Konzeption der *homónoia* als Indiz für die selbstbewußte Loslösung Mexikos von seiner europäischen Bindung sowie als Beweis seiner Geschichtsfähigkeit und seines Anspruchs auf Weltbürgerschaft ("»América«", S. 45).

66 "*Cuadernos Americanos*", S. 151.

67 In ähnlicher Weise versah Martí Mexiko mit der Metapher des "gran niño impaciente". Er sprach den Lateinamerikanern die Eigenschaften "de niños y gigantes a la vez" zu. (zit. nach Jean Lamore, "La idea de Nuestra América en José Martí. Hacia una ética de la conciencia criolla", in: Ette/Heydenreich (Hrsg.), *Martí*, S. 83-91, hier S. 89).

68 Vgl. Michail M. Bachtin, *Die Ästhetik des Wortes*, Frankfurt/Main 1979, besonders S. 154-300.

die zwischen externen und internen Kulturelementen vermittelt.[69] Dabei soll die spezifische lateinamerikanische Position innerhalb der Weltkulturen durch die Betonung der Wertigkeit des Eigenen behauptet und zugleich durch die kritische Offenheit für die Alterität transzendiert werden.[70] Deutet man Reyes' Thesen in Anlehnung an Habermas' Aussagen zur Identität, so ergibt sich, daß mittels der Anerkennung der identitätsstiftenden Funktion des Universalen die Bedeutung des Anderen als "Nächster und Fenster in einer Person"[71] in den Vordergrund rückt. Reyes konzipiert somit eine originäre mexikanische Kultur, welche eine Position auf dem Grat zwischen Fremdem und Eigenem einzunehmen vermag. Wie Yáñez, Fuentes und Paz propagiert der Essayist ein dialogisches Kulturmodell, das gegenüber Europa den Ausgleich zwischen Tradition und Rebellion sucht. Er überwindet die Dialektik von Ablehnung und Imitation des Anderen, um die Dynamik jenes *corriente alterna* zu erfassen, den Paz als Merkmal des Eigenen zwischen *regreso* und *movimiento*, *revuelta* und *revolución* ansiedelt.[72]

2.2.4. Die literarische Dimension der *autodefinición*

Der literarisch besonders interessierte Reyes geht vor allem um 1911 den Wesenszügen des Mexikanischen in der Nationalliteratur nach, doch lehnt er eine nationalistisch orientierte Perspektive ab, wie sie die traditionelle Literaturgeschichtsschreibung Mexikos pflegte.[73] Für den Athenäisten nimmt die mexikanische Literatur schon bald nach der Conquista eigenständige Züge an, als sich im Zuge der Hispanisierung mit einer indigenistisch inspirierten, einer lokal gefärbten spanischsprachigen und einer europäisch-akademisch zugeschnittenen Literatur drei Hauptströmungen ausbildeten, von denen die zwei erstgenannten bereits über eine markante eigenständige Prägung verfügten.[74] Besondere Würdigung erfahren in diesem Zusammenhang Bernardo de Valbuena als "primer poeta genuinamente americano"[75] und Ruiz de Alarcón, der aufgrund seiner Erfolge in Spanien den Prozeß des Kulturtransfers umgekehrt und die europäische Literatur um amerikanische Elemente bereichert habe.[76] Die Rückbesinnung auf eine genuin mexikanische Kulturtradition in Verbindung mit der Bereitschaft zur kulturellen Synthese sieht Reyes

---

69 Rama, *Transculturación*, S. 18ff.
70 Demnach erscheint Gernot Volgers Behauptung höchst problematisch. "Lateinamerikaner definieren sich und ihre Identität niemals originär (...). Doch auch in der Distanzierung schimmert immer der Wunsch nach Anerkennung durch Europa durch" ("Mestizenkultur. Lateinamerikas Identität im Spiegel seines zeitgenössischen Denkens", *Merkur* 47, 3 [März 1993], S. 218-230, hier S. 218).
71 Habermas, "Vernünftige Identität", S. 32.
72 Octavio Paz, *Corriente alterna*, México [9]1977 ([1]1967), S. 147ff. und 212ff.
73 "Antología", S. 278.
74 "Letras", S. 309. Diese Perspektive vertritt auch Agustín Yáñez, *El contenido social de la literatura iberoamericana*, México 1943, S. 20ff.
75 "Paisaje", S. 201.
76 "De poesía hispanoamericana" (1941), O.C. 12, S. 256-270, hier S. 256, "Letras", S. 343ff. und "Inteligencia americana", S. 84.

erstmals in der Person Carlos de Sigüenza y Góngoras gegeben.[77] Anknüpfend an Nervo und Escofet unterstreicht er wie Henríquez Ureña die Bedeutung Sor Juanas als frühe Identifikationsfigur der Nationalliteratur. Reyes beschreibt die Mexikanität der Dichterin im Licht athenäistischer Idealvorstellungen,[78] mit der Folge, daß seine eklektizistische und idealisierende Sichtweise als Demonstration des teilweise konstruierten Charakters der nationalen und kulturellen Identität betrachtet werden kann.

Nachdem Reyes' Würdigung der Literaten der *Colonia* im 18. Jahrhundert die Verbindung aus Europäischem und Eigenem hervorhebt sowie das wachsende Bewußtsein der nationalkulturellen Differenz unterstreicht, akzentuiert er für das 19. Jahrhundert vornehmlich das gesellschaftliche Engagement der Autoren und das Streben nach der Modellierung eines von Spanien unabhängigen *acento propio*.[79] Reyes verweist in diesem Zusammenhang ähnlich wie González Peña bei seinem *Ateneo*-Vortrag insbesondere auf die moralisierende Seite in Fernández de Lizardis *Periquillo Sarniento* und dessen Bedeutung als Förderer des *periodismo*.[80] Erwähnenswert sind für den Athenäisten ferner der *romanticismo mexicano* Rodríguez Galváns, der mestizische Diskurs Ignacio Ramírez', Vicente Riva Palacios Beiträge zum *humorismo mexicano* sowie die dichterische Spontaneität und die Naturbeschreibungen Ignacio Altamiranos.[81] Angesichts der athenäistischen Theoreme ist es nur konsequent, wenn Reyes bei seiner Bewertung der Modernisten deren universalistische Einstellung und die Bereitschaft zur poetischen Assimilation europäischer Einflüsse hervorhebt.[82]

Seit seiner *Conferencia* zu Othón und dem 1911 präsentierten Vortrag "El paisaje en la poesía mexicana del siglo XIX" bildet die identitätsbezogene Analyse der literarischen Thematisierung mexikanischer Landschaften einen Interessenschwerpunkt des Athenäisten. Doch auch sein bekanntester literarischer Essay, "Visión de Anáhuac", steht neben dem Entwurf einer visionären, poetisch "erträumten" Geschichte Mexikos ganz im Zeichen der Hinwendung zur Natur als Trägerin des Eigenen.[83] Reyes' Studien lassen ihn

---

77 "Letras", S. 351.
78 "América ante el mundo, la esencia de lo mexicano, el contraste del criollo y el peninsular, la incorporación del indio, la libertad del negro, la misión de la mujer, la reforma de la educación" (A.a.O., S. 371).
79 "Paisaje", S. 199; "Letras", S. 375 und "Poesía hispanoamericana", S. 256f.
80 "Evolution", S. 24 und "Letras", S. 386f.
81 "Ignacio Ramírez" (1911), O.C. 1, S. 252-253. Vgl. "Vicente Riva Palacio" (1911), O.C. 1, S. 253-256, hier S. 254 und "Ignacio Altamirano" (1911), O.C. 1, S. 263-266.
82 "Antología", S. 281.
83 Siehe Lang "«América»", S. 41f.; Luis Leal, "La *Visión de Anáhuac* de Alfonso Reyes: tema y estructura", in: Kurt L. Levy/Keith Ellis (Hrsg.), *El ensayo y la crítica literaria en Iberoamérica*, Toronto 1970, S. 49-53 sowie Raúl Rangel Frías et al., *El Anáhuac a través de Alfonso Reyes*, Monterrey 1986. Es zählt zu den athenäistischen Gemeinsamkeiten, daß Henríquez Ureña anläßlich einer Erörterung der "fórmulas del americanismo" die *naturaleza* an erster Stelle nennt ("El descontento y la promesa" [1926], O.C. 6, S. 11-27, hier S. 246). Siehe Soledad Alvarez, "Sobre el americanismo de Pedro Henríquez Ureña", *Casa de las Américas* 21, 126 (Mai-Juni 1981), S. 63-77. Zuvor hatte bereits Martí die Sensibilisierung für die Schönheiten der Heimat als dem Prozeß der *autodefinición* förderlich beschrieben ("Discurso de la sociedad hispanoamericana", in: *Nuestra*

eine spezifisch mexikanische Sensibilität für die landschaftlichen Schönheiten der Heimat entdecken, die vor allem nach der Unabhängigkeit als Bindeglied zwischen individuellem und kollektivem Selbst, zwischen Vergangenheit, Gegenwart und Zukunft dienen. Romantisches Gedankengut klingt nach, wenn der Athenäist darauf hinweist, daß die Empfindsamkeit für die Natur eine meditative Verinnerlichung in die Wege leiten und ein besonderes ästhetisches Empfinden bewirken könne, das wiederum zur tiefen emotionalen Bindung an die Heimat führe und die Genese einer "mexikanischen" Wahrnehmung und Deutung auch der außermexikanischen Realität ermögliche.[84] Reyes teilt mit Alexander von Humboldt, Pesado und Othón, doch auch mit Villaurrutia, Torres Bodet, Paz und Fuentes eine besondere Sensibilität für die Luminosität der mexikanischen Atmosphäre. Im Unterschied zu Vicente Riva Palacio, dessen *descripción* »*retórica*« der Natur Reyes' Kritik findet,[85] hätten die übrigen von ihm analysierten Autoren einen unmittelbaren Zugang zu den Reizen der mexikanischen Landschaft gefunden. Ihre Werke können aus Reyes' Sicht einen Anspruch auf Authentizität erheben, da sich der in der thematischen Bindung an die Heimat ausdrückende Patriotismus mit einer universalistisch-synthetisierenden Entgrenzung verbinde.[86]

Faßt man Reyes' Aussagen zu den Qualitäten der von ihm behandelten Autoren und Werke zusammen, so äußert sich seiner Meinung nach der Mexikanismus in der Literatur zunächst in dem Bestreben, Ethik, Ästhetik und Kreativität möglichst perfekt miteinander zu verbinden. Der in seinem Denken unabhängige Schriftsteller muß einen engen Kontakt zur Gesellschaft suchen, die er im Sinne einer Humanisierung der sozialen und politischen Interaktion verändern möchte. Für Reyes ist es selbstverständlich, daß sich der mexikanische Literat zu seinen nationalen Wurzeln bekennt und vor allem die spanische und europäische Geistestradition als Faktoren des Eigenen anerkennt. Der wahre literarische Mexikanismus zeigt sich sodann in der Bereitschaft, den Austausch zwischen den Kulturen und Völkern zu fördern. Mexikanismus, Amerikanismus und Universalismus werden aufgrund dieser Sichtweise zu sich ergänzenden Begriffen.[87]

América, Caracas 1977, S. 19-26, hier S. 24). Wie die Athenäisten sieht auch der Venezolaner Arturo Uslar Pietri die "presencia de la Naturaleza" als Hauptcharakteristikum der lateinamerikanischen Literatur an ("Lo criollo en la literatura", in: ders. *Obras selectas*, Madrid 1977, S. 1056-1069, hier S. 1060).

84 "Paisaje", S. 197.
85 "Riva Palacio", S. 256.
86 Vgl. "Paisaje", S. 218f.
87 In Argentinien vertreten Manuel Gálvez, Leopoldo Lugones und Ricardo Rojas ähnliche Ziele und Vorstellungen wie die Athenäisten, indem sie die Synthese der spirituellen Kräfte der Einwohner ihres Landes propagieren oder die Werte der *americanidad*, *hispanidad* und der *raza* als Leitbilder der *argentinidad* betonen. Vgl. Spiller, *Utopie*, S. 78ff.

2.3. Vasconcelos

2.3.1. Definitionen des Mexikanischen: von der Idealisierung zur Perhorreszierung

Im Gegensatz zu Reyes, der die Unzulänglichkeiten der volkspsychologischen Gegenwartsanalyse "des Mexikaners" erkannt hat und lediglich Dimensionen der Mexikanität anspricht, bemüht sich Vasconcelos wie Henríquez Ureña um eine breit angelegt Erfassung "typisch mexikanischer" Wesensmerkmale.[88] Für den ehrgeizigen Erziehungsminister Vasconcelos, der auf der Grundlage einer positiven Identitätszuteilung seine Landsleute zur Mitarbeit an seinem Projekt der Volksbildung gewinnen möchte, präsentieren sich diese vornehmlich als *buenos ciudadanos* sowie als

> *hombres y mujeres libres, capaces de juzgar la vida desde un punto de vista propio, de producir su sustento y de forjar la sociedad de tal manera que todo hombre de trabajo esté en condiciones de conquistar una cómoda manera de vivir.*[89]

Vasconcelos richtet seine Analyse an den von ihm verfolgten philosophischen und politischen Zielsetzungen aus. Dementsprechend dringt er auf eine rasche Lösung wirtschaftlicher Probleme, damit in Mexiko künftig *hombres y no esclavos*[90] leben könnten. Da Vasconcelos die Interdependenz von Fortschritt und Mexikanität erkannt hat, ist er der einzige Athenäist, der zumindest zeitweilig die ökonomischen Rahmenbedingungen der *mexicanidad* - wenn auch mit konzeptuellen Schwächen[91] - in seine mexikanistischen Überlegungen einbezieht, gemäß der Hoffnung: "Mexico is not a hopeless backward country, but a wonderful promise".[92]

In politischer Hinsicht wählt Vasconcelos den *nacionalismo defensivo*, der als eigenständige Alternative zu den konventionellen, durch ein hohes Konfliktpotential geprägten Nationalismen Europas und der USA fungieren soll, zum Leitwert des künftigen mexikanischen Handelns. Auf diese Weise erhalte man die Gelegenheit, unabhängig von fremden Vorgaben den innenpolitischen Dualismus von liberalem und konservativem Denken, der seit dem 19. Jahrhundert zur Schwächung der Nation führe, abzubauen.[93] Bei seinen

---

[88] José Revueltas warnt einige Jahrzehnte später davor, die kulturelle Vielheit Mexikos durch derartige Abstraktionen im Keim zu ersticken. Daher wendet er sich gegen den in zahlreichen Studien zur *mexicanidad* vertretenen Wunsch, den Mexikaner zu beschreiben. Vgl. Borsò, *Mexiko*, S. 139, Fn. 88.

[89] "Conferencia leída en el 'Continental Memoria Hall'", S. 857.

[90] A.a.O., S. 860.

[91] 1929 fordert Vasconcelos als Präsidentschaftskandidat vor allem in der Landwirtschaft eine intensive technische Schulung, um die Abhängigkeit des Landes von ausländischen Experten zu verringern. Siehe John Skirius, *José Vasconcelos y la cruzada de 1929*, México 1978, S. 193. Als technisch wie finanziell völlig utopisches Projekt präsentiert sich hingegen Vasconcelos' Vorschlag, Mexiko durch ein System von Stauseen zum führenden Elektrizitätsproduzenten Amerikas werden zu lassen.

[92] "Latin-American Basis", S. 35.

[93] *Bolivarismo*, S. 1331.

Vorstellungen zum *nacionalismo defensivo* geht der Athenäist freilich von der idealistischen Annahme aus, daß Mexikaner und Lateinamerikaner in besonderem Maße die Veranlagung zum friedlichen Miteinander besäßen.[94] Plausibler erscheint hingegen das Vorhaben, durch die Erziehung zum *nacionalismo defensivo* die mentale Grundlage für ein grenzüberschreitendes Toleranzdenken zu schaffen, das den ersten Schritt zu einer intensivierten lateinamerikanischen Kooperation darstellen könnte.

Während Vasconcelos in seiner Zeit als Erziehungsminister ein positives Bild des Mexikaners entwirft, erhält für ihn die mexikanische Identität im Zuge seiner politischen Niederlagen einen zunehmend ambivalenten oder negativen Charakter. So folgt der Athenäist bei der Erfassung des spezifisch Mexikanischen zunächst Nietzsches Gliederung der Welt in apollinische und dionysische Zonen. Er spricht dem Mexikaner dionysische Wesensmerkmale zu und ergänzt diese wie Chávez und Urbina[95] durch den Hinweis auf dessen schöpferische Dynamik und Sensibilität. Es ist symptomatisch für Vasconcelos' unwissenschaftlich verallgemeinernde Argumentationsweise, wenn er darüber hinaus die Auswirkungen des Bergbaus der vergangenen Jahrhunderte zum Ausgangspunkt seiner Volkspsychologie wählt und behauptet: "Corre sange de mineros por las venas de casi cada mexicano".[96] Zu den typischen Widersprüchen seiner Thesen zählt, daß er selbst kurz darauf diese Perspektive einschränkt und kritisiert, man habe in der *Colonia* leider nicht alle Bevölkerungsgruppen am Bergbau beteiligt.[97] Dennoch sei aus der Arbeit im Bergwerk, der "escuela de heroismo cotidiano y auténtico", die *fuerza, inteligencia* und *valentía de la especie*[98] erwachsen.

Zu diesen positiven Charakteristika treten jedoch bald auch negative Züge. So führt es der Athenäist auf die Arbeit unter Tage zurück, daß die Bewohner Mexikos Merkmale des Abenteurers angenommen hätten und die *psychology of the gambler* besäßen.[99] Aus dieser Veranlagung resultiere der Hang zur Passivität, einem "mexikanischen" Charakterzug, den bereits Martí und in unserem Jahrhundert Julio Guerrero, Samuel Ramos und Leopoldo Zea beschreiben.[100] Aufgrund ihrer Wesensart, so der enttäuschte Politiker, seien die Mexikaner nicht in der Lage, ihre Zukunft anders als in kurzen Zeiträumen zu konzipieren.

Die von Vasconcelos beschriebenen Eigenheiten der mexikanischen Wesensart, von denen zunächst die positive Komponente dominierte, kehren sich nach seiner gescheiterten

---

94 *Indología*, S. 1135.
95 Nach Luis Urbina könne die mexikanische "canción lánguida, sensual y llorosa, una danza que dulcifica la voluptuosidad con la enfermiza ternura, una melodía simple y apasionada" als Ausdruck der "sensibilidad popular" bewertet werden ("La literatura mexicana" [1913], zit. in Roggiano, *Henríquez Ureña*, S. 185).
96 *Pesimismo*, S. 226.
97 A.a.O., S. 229.
98 A.a.O., S. 227f.
99 "Latin-American Basis", S. 27.
100 "...we become accustomed to await everything from the unexpected" (A.a.O.). Zu Martí, der wie Guerrero die Topoi der spanischen Dekadenzkritik Larras - sie sollte sich in der 98er Generation wiederfinden - auf Mexiko überträgt, siehe Matzat, "Imagen de México", S. 201f. und 209.

Präsidentschaftskandidatur von 1929 und dem mit Skepsis betrachteten Entwicklungsgang der mexikanischen Gesellschaft zum Negativen. Mit zunehmender Verbitterung sieht sich der Athenäist von den Landsleuten um seine Utopien betrogen, so daß er schließlich für die Mexikaner, "un pueblo formado por una inmensa mayoría de cobardes",[101] nur mehr Verachtung empfindet. Dementsprechend bezichtigt er in radikaler Abkehr vom idealistischen Geist des Arielismus seine Zeitgenossen der nationalistischen Selbstlüge, der Faulheit, der *decadencia moral* und des geistigen Mittelmaßes.[102] Der radikal pessimistische Denkansatz läßt ihn dabei genau jene Vorurteile übernehmen, die er 1926 in *Indología* noch anprangert.[103] Vasconcelos kommt es angesichts seiner als Kränkung erfahrenen Niederlage jedoch nicht in den Sinn, die eigenen Vorstellungen kritisch zu überprüfen. Vielmehr deutet er aus seiner Enttäuschung heraus die mexikanische Wesensart als *enfermedad del alma* und *yanquicismo postizo*.[104] Noch kurz vor seinem Tod vertritt er die Überzeugung, Mexiko habe sich nicht fortentwickelt, sondern besitze denselben Status, den Caso ihm als "fondillo del mundo" zur Zeit des Porfiriates zugeteilt habe.[105] Bevor Ramos 1934 in *El perfil del hombre y la cultura en México* die These vom Minderwertigkeitskomplex der Mexikaner verbreitet, konstatiert der Athenäist bereits 1933 "la falta de fe en nosotros mismos".[106] Während Ramos jedoch den *complejo de inferioridad* seiner Landsleute als Produkt einer historischen Erfahrung und Phänomen einer gesellschaftlichen und rassischen Krise deutet, verzichtet Vasconcelos, der im übrigen Ramos nie erwähnt, auf eine Herleitung seines Befundes. Immerhin erkennt er in dieser Phase seines Denkens wie Ramos noch einen athenäistisch geprägten konstruktiven Lösungsweg im "sobreponerse al complejo de inferioridad", welcher vom Intellektuellen zur Vorbereitung eines neuen kultursynthetischen Denkens und vom Erzieher zur Schaffung eines nationalen Selbstvertrauens zu beschreiten sei.[107]

Die geschilderten Modifikationen in Vasconcelos' Darstellung des Mexikaners verweisen auf das Problem der Funktionalisierbarkeit kollektiver Identitätskonstruktionen zu politischen Zwecken sowie die Existenz gruppen- und individualpsychologischer Determinanten, welche die Wahrnehmung steuern. Dies hat zur Folge, daß die inhaltlichen Bestim-

---

101 Interview mit José Alvarado, zit. in *Bulletin de l'Institut d'Etudes Mexicaines* 7 (Mai 1975), S. 30-33, hier S. 33.
102 *Breve historia*, S. 1314f. und "Racismo y nacionalismo, internacionalismo y personalidad", in: ders., *Hispanoamérica frente a los nacionalismos agresivos de Europa y Norteamérica. Conferencias pronunciadas en la Facultad de Ciencias Jurídicas y Sociales de la Universidad Nacional de La Plata en agosto-octubre de 1933*, La Plata 1934, S. 11-39, hier S. 27. In "Continente mediocre" wirft der Athenäist gar den Völkern des ganzen Kontinents ihre *pereza incomparable* vor, die er wie zuvor Arguedas auf die schlechten Ernährungsgewohnheiten zurückführt (in: ders., *Temas contemporáneos*, México 1955, S. 178-282, hier S. 181).
103 "El yanqui, se ha dicho, es laborioso y tenaz, en tanto que nosotros somos inconstantes y haraganes. En cambio, nadie gana en vivacidad a los nuestros..." (*Indología*, S. 1127).
104 *Pesimismo*, S. 131.
105 So gegenüber Carballo, "Vasconcelos", S. 36.
106 "Racismo", S. 27.
107 A.a.O., S. 39; vgl. *La tormenta* (a.a.O., S. 1100) und *El desastre*, S. 1243. Ramos fordert zudem ganz im Sinne des *Ateneo* die Vermittlung des *humanismo* ein (*Perfil*, S. 110).

mungen der *mexicanidad* durch den Athenäisten in den Hintergrund treten, und die Umstände ihrer Entstehung an Bedeutung gewinnen.

2.3.2. Die mexikanische Identität als Projektion und mythische Konstruktion: von der Vielheit zur Einheit

Wie die übrigen Athenäisten vertritt Vasconcelos als einer der bedeutendsten Architekten des kulturellen Nationalismus in Mexiko eine in ihren Grundzügen optimistische, zukunftsorientierte Vision der mexikanischen Kultur. Den Anspruch auf Originalität kann er dahingehend erheben, als sein nationales Projekt sowohl auf dem Irrationalismus traditioneller mexikanischer Mythen als auch dem humanistisch-philosophischen Erbe der großen *civilizaciones bárbaras* Griechenlands sowie Indiens aufbaut. Cuauhtémoc und Quetzalcóatl, Odysseus und Prometheus, Pythagoras und Buddha, Cortés und Bolívar - doch letztlich auch die zum Mythos erhobene eigene Person - dienen ihm als Leitinstanzen bei der Analyse und Konstruktion einer mythisch fundierten, vor allem durch eine emotionale Komponente markierten mexikanischen Identität. Vasconcelos' Methode bestätigt Kerényis und Barthes' Thesen zum Mythos, da er den Personenmythos ganz gezielt zur Schaffung einer neuen Wahrheit funktionalisiert.[108] Zwar genügt seine Vorgehensweise kaum wissenschaftlichen Ansprüchen, doch stieß Vasconcelos' identitätstheoretischer Irrationalismus bei zeitgenössischen Lesern in Lateinamerika auf reges Interesse.[109]

Neben dem Verfahren der identitätsbildenden Mythisierung greift der Athenäist auch auf den Differenzmechanismus zurück, gemäß der Maxime: "Identidad y diferencia: entre esos dos polos se mueve todo el misterio del conocer."[110] Daher präsentiert sich der von Vasconcelos gepflegte Antagonismus zwischen dem lateinischen und dem angelsächsischen Weltverständnis,[111] doch auch seine kritische Perspektive zu Europa,[112] als Versuch, den Sinn für das Eigene zu schärfen. Die Betonung des Differenzmomentes bedeutet für den Athenäisten jedoch nicht etwa die pauschale Ablehnung anderer Kulturen, sondern eine kritische Auseinandersetzung mit der Alterität, welche zur Schaffung des Eigenen beitragen kann. Einen sinnfälligen Ausdruck findet dieses kulturraum- und epochenübergreifende Denken im Figuren- und Fassadenschmuck der unter Vasconcelos errichteten *Secretaría de Educación*, welcher für die athenäistische Überzeugung steht, daß aus der Mischung von *lo popular* und *lo clásico* die *verdadera cultura* der

---

108 "El personaje y el mito son también para el pensador un pretexto para la formulación del mensaje nuevo" ("Simón Bolívar [Interpretación]" [1939], O.C. 2, S. 1721-1766, hier S. 1724).

109 Vgl. Blanco, *Vasconcelos*, S. 73 und S. 162f. sowie Domínguez Michael ("Prólogo", S. XLII).

110 *Etica*, S. 706

111 Die größte Gefahr sieht Vasconcelos in der Imitation der nordamerikanischen Kultur. So führe die Filmindustrie des Nachbarn zum *pochismo* und der "bastardía de nuestra propia cultura" ("Bolívar", S. 1723).

112 Vgl. "Junto con muchos beneficios, heredamos de Europa una infinidad de prejuicios y de vicios: la ambición del territorio (...), el nacionalismo... ("Nueva Ley", S. 844f.).

Nation und des Kontinentes als "el florecimiento de lo nativo dentro de un ambiente universal, la unión de nuestra alma, con todas las vibraciones del universo"[113] zu konzipieren ist.

In Vasconcelos' nationalem und kontinentalem Identitätskonzept sollen Fremdes und Eigenes ihren bisherigen Status transzendieren und zu einer höherstehenden Einheit verschmelzen. Jeglicher ethnisch-kultureller Partikularismus bleibt dem Assimilierungsgedanken untergeordnet, so daß die Möglichkeit der nationalen Koexistenz heterogener Kultur- und Zivilisationskonzepte nicht in Erwägung gezogen wird.[114] Nach der Assimilierung des Heterogenen bleibt somit das harmonische Miteinander in der Mestizierung das oberste Ziel. Eine polylogische Organisation der Identitätsdiskurse, deren Bedeutung neuere Forschungen für die Erfassung der Gegenwartskulturen Lateinamerikas betonen,[115] kann für Vasconcelos lediglich in einer Übergangsphase stattfinden, die zur Entwicklung eines synthetischen Einheitsdiskurses der *nacionalidad* und *americanidad* hinführt. Gemäß dem athenäistischen Harmoniestreben sollen in Vasconcelos' Identitätskonstruktion Differenzen ausbalanciert und im Idealfall dialektisch aufgehoben, nicht aber symbiotisch behauptet werden. Eine derartige Konzeption der nationalen Identität bietet sich für die Übernahme durch den totalisierenden beziehungsweise totalitären politischen Diskurs an, der den Anspruch erhebt, sämtliche gesellschaftlichen Strömungen im Einheitsdiskurs des *mestizaje* zusammenzufassen.

---

113 "Discurso inaugural", S. 800.
114 Vgl. *Bolivarismo*, S. 1480. Dieselbe Einstellung vertritt auch Caso, "América española", S. 90.
115 Vgl. Borsò, *Mexiko*, S. 32ff.; dies., "Essay", S. 555ff. und Spiller, *Utopie* , S. 14 und 67.

3. Konzepte und Visionen der lateinamerikanischen Identität

3.1. Pedro Henríquez Ureña

3.1.1. Literatur und Literaturkritik als Förderer der Identitätsbildung

Pedro Henríquez Ureña verfolgt das Ziel, die kontinentale Identitätssuche gemäß dem athenäistischen Ethos auf ein im Zeichen von *claridad* und *precisión* stehendes wissenschaftliches Fundament zu stellen.[1] Zugleich fordert er aber auch die ästhetische Lösung der Identitätsfrage, welche ihre gesellschaftliche Relevanz stets im Blick behalten müsse.[2] Dank der Verbindung des Fremden mit dem Eigenen solle sich die Kunst als Synthese aus individueller Intuition, *sentido universal* sowie *sabor de la tierra* präsentieren.[3] Aufgrund seiner kolonialen Vergangenheit erscheine Lateinamerika prädestiniert, im Rahmen dieses Prozesses vornehmlich das europäische Kulturgut als Quelle zur Schaffung des neuen Eigenen zu betrachten.[4] Doch auch das Scheitern der europäischen nationalen Identitätsentwürfe im Ersten und Zweiten Weltkrieg bestätigt den Athenäisten in seiner Forderung, in Lateinamerika die Alternative eines selbstbewußten, kosmopolitischen Bewußtseins zu entwickeln, welches die Differenz des Anderen aushält und Gemeinsamkeiten fortentwickelt.[5] Für die Gegenwart lehnt Henríquez Ureña es daher wie die übrigen Athenäisten ab, Europa gegenüber den Minderwertigkeitskomplex einer *pueril sumisión*[6] zu pflegen. Lateinamerika wird zu einem positiven Gegenmodell mit deutlich utopischer Komponente stilisiert: "Tenemos que edificar, tenemos que construir, y sólo podemos confiar en nosotros mismos".[7] Die Menschheitsgeschichte und die aktuellen Zeitläufte verurteilen den Halbkontinent zur Freiheit und Verantwortung.

Henríquez Ureñas These von der Internationalisierung des kontinentalen Kulturraumes führt ihn anders als Vasconcelos zu der bedeutungsvollen Einsicht, Identität nicht primär als rassisches, sondern als kulturelles Phänomen zu erfassen, das aus der kontinuierlichen

---

1 "Volvamos a comenzar", O.C. 5, S. 65-67, hier S. 66.
2 Siehe Borsò, "Essay", S. 540. Das Konzept der *cultura* verbindet sich mit dem Gedanken des Engagements für den *hombre explotado* ("El amigo argentino" [1924], O.C. 6, S. 333-339, hier S. 338).
3 "Descontento", S. 16, 22 und 25.
4 "...tenemos derecho a tomar de Europa todo lo que nos plazca. tenemos derecho a todos los beneficios de la cultura occidental" ("Descontento", S. 23).
5 "Sólo el espíritu crítico nos enseña a ser cosmopolitas; a comprender que nuestros vecinos, nuestros enemigos, poseen virtudes y pueden tener razón..." ("Ilusión", S. 118). Waldo Frank dient als Beispiel für die literarisch vermittelte Bereicherung des Eigenen durch das Fremde ("Veinte años de literatura en los Estados Unidos" [1927], *Obra crítica*, México 1960, S. 309-323, hier S. 315). Siehe auch "Orientaciones" (1923), O.C. 5, S. 61-64, hier S. 63 sowie die Aussage: "En Europa no podemos buscar orientaciones. En los Estados Unidos, todavía menos" ("Volvamos", S. 66). 1923, dem Jahr, in dem die letztgenannten Essays verfaßt wurden, lag erstmals eine spanische Übersetzung von Spenglers *Untergang des Abendlandes* vor.
6 "Orientaciones", S. 62.
7 A.a.O., S. 64.

Auseinandersetzung mit den Einflüssen der Gegenwart und Vergangenheit entsteht.[8] Originalität und damit auch Authentizität seien allerdings nicht nur eine Frage der Inhalte, sondern auch der Qualität, so daß gemäß dem athenäistischen Perfektionsstreben das neue Eigene weniger aus dem Wunsch nach Anderssein als vielmehr aus dem Wunsch nach einem Bessersein entstehe.[9] Die Fähigkeit zur Entwicklung einer interkulturellen Kompetenz, doch auch die Selbstbehauptung im Rahmen der interkulturellen Konkurrenz erscheinen somit als Garanten der Identität Lateinamerikas.

Da Literatur und Kunst Henríquez Ureñas Überzeugung gemäß die kontinentale Selbstfindung wesentlich fördern,[10] will er mittels der literaturkritischen Methode Merkmale des Eigenen herausstellen. Dieses Vorgehen führt jedoch ebenso wie der Versuch einer regionalen und nationalen Typisierung zu einer aus heutiger Sicht problematisch erscheinenden Kategorisierung. So erscheint es zweifelhaft, daß die kubanische Poesie "elocuente, razonadora, prosaica", jene der Dominikanischen Republik "llena de ideología, más sobria y a la vez más libre", die Kolumbiens durch einen "lirismo metafísico", die Chiles von einer "marcha lenta y mesurada", die Argentiniens von "ímpetus brillantes, audacias", und schließlich jene Mexikos von "tonos suaves, de emociones discretas" gekennzeichnet seien.[11] Entscheidender als die Frage nach der Gültigkeit des Befundes ist allerdings die Zielsetzung, die er verfolgt: Henríquez Ureña möchte seinen Lesern ein positives und zudem einheitsstiftendes Auto-Image vermitteln. In dieser Absicht fordert er von seinen Zeitgenossen auch, daß die seiner Meinung nach aus der kolonialen Geschichte herrührenden Defizite wie mangelnde Leistungsbereitschaft, Disziplinlosigkeit, Ängstlichkeit oder Unbildung sowie der Hang zum unkritischen Imitieren durch Tugenden wie Fleiß, Disziplin, Selbstbewußtsein, Bildungsstreben, den Wunsch nach Vervollkommnung und Kritikfähigkeit abgelöst werden.[12] Es ist offenkundig, daß bei Henríquez Ureñas Beurteilung der Aktualität die traditionell negative eurozentrische Bewertung des lateinamerikanischen Menschen nachklingt. Zugleich ist die von ihm vorgetragene Werteskala von den Idealen der europäischen Aufklärung geprägt.

Bei seiner Skizzierung eines positiven lateinamerikanischen Selbstbildes betont Henríquez Ureña auch die Differenz zum Anderen und stilisiert bereits 1900 in einer komparatistischen Analyse neben der Befähigung zum Kosmopolitismus die Sensibilität als maßgebliches Unterscheidungskriterium zwischen der lateinamerikanischen und der spani-

---

8   "Palabras finales" (1927), *Obra crítica*, S. 324f.
9   Daher der zur Zeit der Bildungsoffensive unter Vasconcelos 1923 geäußerte Appell: "descubramos y unamos todo cuanto servirá para crear, para instaurar la nueva civilización que ha de ser nuestra, la que debe dominar espiritualmente el porvenir" ("Volvamos", S. 67).
10 *Corrientes*, S. 195 und "Palabras pronunciadas en el acto inaugural del Primer Congreso Gremial de Escritores" (1936), O.C. 7, S. 183f. Hier meint der Athenäist ähnlich wie Reyes: "El escritor puro (...) ejerce función espiritual: ejerce una parte de las funciones que en sociedades poco complejas se concentraban en el sacerdocio" (a.a.O., S. 183).
11 Sämtliche Zitate in "Alarcón", S. 299.
12 Siehe "Palabras finales", S. 324f. und "Descontento", S. 24f.

schen Dichtung - und somit auch zwischen dem Lateinamerikaner und dem Spanier.[13] Parallel zum Arielismus wird durch diese klischeehafte Selbstbestimmung ein Mythos geschaffen, den die Athenäisten aufgreifen und fortsetzen sollten. Henríquez Ureñas Hinweis auf die Sensibilität des Lateinamerikaners kündet daher Vasconcelos' Philosophie der Emotion und die von Reyes akzentuierte Sensibilität für die Natur an. Das Herausstellen des kosmopolitischen Wesenszuges schließlich ist ein zentrales verbindendes Element im athenäistischen Entwurf der mexikanischen und kontinentalen Identität. Die Pflege der irrationalen Empfindsamkeit einerseits und die Forderung nach einer rationalen Disziplinierung der Lateinamerikaner im Lebensalltag andererseits bilden für Henríquez Ureña keine unvereinbaren Aspekte, da er ein optimistisches, integral angelegtes Menschenbild vertritt. Hier tut sich möglicherweise eine Kluft auf zwischen einer idealisierten Perzeption des gegenwärtigen und des künftigen Seins sowie den Möglichkeiten, dieses hochgesteckte Ziel in der Realität umzusetzen.

3.1.2. Die barocke Synthese während der Colonia: konzeptionelle Ambivalenzen und Probleme

Die historische Dimension der lateinamerikanischen Identität präsentiert sich für Henríquez Ureña als das Ergebnis eines mit der *Colonia* einsetzenden transkulturellen Prozesses, der die griechische und lateinische Geistestradition mit Indigenem und Spanischem verbindet. Die Aneignung der europäischen Antike ersetzt bei diesem Geschichts- und Identitätsentwurf den Verlust der präkolumbianischen Kulturtradition und schafft ein Modell, auf dem das Latinitätsdenken und der Athenäismus aufbauen können.[14] Indem zugleich auch die Existenz des Eigenen während der Kolonialzeit betont wird, schafft Henríquez Ureña eine die lateinamerikanische Identität stabilisierende Tradition der Originalität, an die seine Analyse der Gegenwart und die Vision der Zukunft nahtlos anknüpfen.[15]

Um im Sinne der angestrebten Identitätsstiftung ein möglichst positives Bild der kontinentalen Vergangenheit zu zeichnen, rückt der Athenäist die gewaltsamen Seiten der *Conquista* in den Hintergrund, während er die positiven Konsequenzen des Kulturkontaktes hervorhebt.[16] So deutet es Henríquez Ureña als ausgesprochenen Glücksfall, daß "uno de los pueblos directores de la cultura occidental"[17] die Neue Welt mit seinen kulturellen

---

13 "De poesía" (1900), O.C. 1, S. 87-89, hier S. 88f.
14 Vgl. "Alarcón", S. 312.
15 "Nuestra América se expresará plenamente en formas modernas cuando haya entre nosotros densidad de cultura moderna. Y cuando hayamos acertado a conservar la memoria de los esfuerzos del pasado, dándole solidez de tradición" ("América española", S. 169). Die "corriente de creación auténtica" habe im 16. Jahrhundert eingesetzt (a.a.O., S. 170).
16 Eine Ausnahme bleibt seine kritische Betrachtung der Eroberung Haitis ("La República Dominicana" [1917], O.C. 3, S. 331-340, hier S. 333).
17 "Cultura española de la Edad Media" (1940), O.C. 7, S. 195-228, hier S. 226. In "En la orilla" deutet der Athenäist die Kolonialisierung sogar als ein uneigennütziges Opfer Spaniens: "en vez de

Gaben beschenkt habe. Der positive Verlauf der Kolonialisierung sei darauf zurückzuführen, daß schon während der Conquista in Spanien ein autoreflexiver Besinnungsprozeß in Gang gesetzt worden sei, der zu einer gemäßigten Eroberungs- und Kolonialisierungsstrategie geführt habe.[18] Diese euphemistische Bewertung der Phase der *Colonia* verweist als versöhnende Geste auf das athenäistische Vorhaben, der antispanischen Tradition des 19. Jahrhunderts ein Ende setzen.[19] Hiermit einhergehend wendet sich Henríquez Ureña von dem "culto de lo indígena"[20] ab und gibt eine neue Definition des Autochthonen, welche Indianisches und Europäisches als für die Identitätskonstruktion gleichbedeutend nebeneinanderstellt:

> *lo autóctono no es solamente la raza indígena (...): autóctono es eso, pero lo es también el carácter peculiar que toda cosa española asume en México desde los comienzos de la era colonial...*[21]

Gegen die These der Akkulturation wendet der Essayist in Vorwegnahme des Transkulturationsmodells entsprechend ein, daß sich Europäer wie Indianer durch den Kontakt verändert hätten und daß nach der Vernichtung der indigenen Hochkulturen das Prinzip des friedlichen Miteinanders geherrscht habe.[22] Die positiven Effekte der *mezcla de culturas* seien vor allem in Mexiko und Peru in der Architektur, der Malerei, der Bildhauerei, der Literatur und dem Theater nachvollziehbar.[23]

Wie Reyes und Vasconcelos entwirft Henríquez Ureña für die Kolonialzeit somit ein positives Spanienbild, das der Legitimation des kulturellen Synthetisierungsmodells und dem Konzept des *mestizaje* entgegenkommt. Hierbei ergeben sich idealisierende Verfälschungen, wie etwa in der Feststellung, Spanien habe als Mittelmeernation das Prinzip einer Mischung der Kulturen derart internalisiert, daß es nach der Ankunft in der "Neuen Welt" außer Frage gestanden hätte, diesem Grundsatz zu folgen.[24] Diese Perspektivierung dient dem Ziel, eine affirmierende Identitätskonstruktion zu schaffen, welche die Kontinuität des Europäischen als Teil des Eigenen wertet und Lateinamerika zum legitimen Träger des westlichen Kulturerbes stilisiert.

Neben dieser Idealisierung der Vergangenheit läßt sich in Henríquez Ureñas Essays aber auch das Bemühen um eine weniger voreingenommene Bewertung ausmachen. So räumt

---

detenerse a completar su civilización, España se improvisa maestra del mundo nuevo". Hieraus resultiere die Neigung zur Improvisation als der auffälligste Wesenszug der Spanier in der Gegenwart ([1922], O.C. 5, S. 73-76, hier S. 75).

18 "España", S. 75.
19 Dementsprechend zitiert Henríquez Ureña 1910 Casos Äußerung "devolvemos a España una personalidad histórica, consagrada por el amor de diez naciones y la admiración de todo un continente" ("Altamira", S. 105). Vgl. Febres, *Pedro Henríquez Ureña*, S. 136.
20 *Corrientes*, S. 194.
21 "Utopía", S. 235.
22 *Corrientes*, S. 99.
23 A.a.O., S. 95ff.
24 "Historia de la cultura", S. 370.

er im Unterschied zu Vasconcelos ein, daß die Fusionierung von Spanischem und Indigenem nicht alle Bereiche des Lebens erfaßt habe:

> *No todo es fusión, desde luego, en la América española, ni la fusión es siempre completa: quedan gruesos núcleos indios a quienes no ha alcanzado, o apenas, la cultura europea, y viven de supervivencias.*[25]

Der Fortbestand zweier Lebens- und Zivilisationswelten widerspricht allerdings dem Entwurf einer harmonisch verlaufenen kolonialen Kulturmischung. Hierauf geht Henríquez Ureña jedoch nicht ein; vielmehr verweist er darauf, daß das Indigene seit der *Colonia* in den Bereichen des Ernährungswesens, der Medizin, der ländlichen Bauformen, des Kunsthandwerks, der Bildhauerei, des Theaters, des Tanzes und der Malerei als untergründige Kraft die europäische Kultur auf dem amerikanischen Kontinent nachhaltig beeinflußt hätte.[26] Indem er betont, daß das genuin Lateinamerikanische, wie es sich im Indianer-Barock und dem *ultrabarroco* ausdrücke, bereits mit der Ankunft der Spanier in der "Neuen Welt" entstanden sei, nimmt Henríquez Ureña mit Jesús Acevedo, José Lezama Lima und Alejo Carpentier[27] eine Gegenposition zu Rodó ein, für den erst die politische Unabhängigkeit den Grundstein zur Entwicklung einer lateinamerikanischen Originalität legte. Der Barock wird für Henríquez Ureña zum markantesten Beispiel für die Ausformung eines bis zum 19. Jahrhundert die spanische barocke Phase überdauernden genuin lateinamerikanischen Stils, dessen Ausstrahlung so groß gewesen sei, daß er sogar die koloniale Richtung des Kulturtransfers umgekehrt habe und die Kunst in Europa habe beeinflussen können.[28] Das Modell einer einseitigen Akkulturation wird somit zumindest ansatzweise bereits für die Kolonialzeit durch die Idee eines transkulturellen Dialogs ersetzt.

Erwähnenswert ist in diesem Zusammenhang, daß Henríquez Ureña für den Bereich der Literatur der athenäistischen klassizistischen Ästhetik folgend nicht etwa die barocke *exuberancia*, sondern - wie Alarcóns Ästhetik belege - eher *la serenidad, el refinamiento* und *la sobriedad* als Differenzqualität der lateinamerikanischen Literatur hervorhebt.[29] Über die Ursachen dieser Sonderstellung der Literatur im barocken Ambiente äußert sich der Autor indes nicht.

Henríquez Ureñas Thesen zur kulturellen Identität während der *Colonia* entwerfen trotz einiger Unstimmigkeiten ein komplexes Bild wechselseitiger Beeinflussungen, hinter dem die Überzeugung steht, daß die Kultur des Kontinentes bei ihrem Umgang mit dem europäischen Erbe den Ausgleich von historisch gewachsener Tradition und dem Bedürfnis nach Distanz suchen muß. Die Entwicklung eines interaktiven Beziehungsmodells

---

25 "Pasado y presente" (1945), O.C. 10, S. 17-21, hier S. 19.
26 *Historia de la cultura*, S. 329, 347f., 352 und 362f.; *Corrientes*, S. 95ff. sowie "Arte mexicano", S. 50.
27 Carpentier hat Henríquez Ureña intensiv rezipiert. Siehe Febres, *Pedro Henríquez Ureña*, S. 123.
28 "Barroco de América" (1940), O.C. 8, S. 189-194, hier S. 189.
29 "Caminos", S. 264 und S. 266. Alarcón habe eine "mesurada protesta contra Lope" vertreten ("Alfonso Reyes", S. 63).

zwischen Kolonie und Mutterland spiegelt daher die Einsicht wider, daß Lateinamerika nur durch Europa, insbesondere Spanien verstehbar ist, und Spanien wie Europa nur durch Lateinamerika.

3.1.3. Die Interpretation der lateinamerikanischen kulturellen und literarischen *autodefinición* nach der Unabhängigkeit

Mit der politischen Unabhängigkeit der ehemaligen Kolonien erhält für Henríquez Ureña in Lateinamerika der Wunsch nach kultureller Selbstfindung eine bis in die Gegenwart reichende Dynamik.[30] Wie bereits bei seiner Darstellung der Kolonialzeit hält er es auch für das 19. Jahrhundert angesichts des großen spanischen Kulturanteils an der lateinamerikanischen Zivilisation für notwendig, sich intensiv mit dem Spanischen als Teil des Eigenen zu beschäftigen. Gleichzeitig beklagt er die damalige Neigung zur Imitation in Literatur und Kunst[31] und bemüht sich, dieses Phänomen durch den Hinweis auf frühe Aspekte einer eigenständigen, meist politisch engagierten Kultur auszugleichen. Daher unterstreicht Henríquez Ureña die Bedeutung Bellos, Sarmientos, Lizardis, Montalvos, Landívars, Heredias, Hostos', Martís, Rodós und Daríos als literarische Leitfiguren bei der Entwicklung der geistigen und künstlerischen Eigenständigkeit.[32] Die literaturwissenschaftliche Trouvaille, daß Echeverría mit *Elvira* im Jahr 1832 noch vor der ersten romantischen *leyenda* eines spanischen Autors, Duque de Rivas' *El moro expósito*, die erste spanischsprachige romantische Verserzählung verfaßt habe, dient dem Essayisten als Beleg dafür, daß die Literaturentwicklung Lateinamerikas einen eigenständigen Charakter angenommen habe.[33] Hierbei bleibt freilich unerwähnt, daß Echeverrías Werk in Argentinien ohne Resonanz blieb und ihm der Durchbruch erst 1837 mit *Las rimas* gelang, während der Duque de Rivas mit seinem romantischen Drama *Don Alvaro* schon 1835 in Madrid auf ein großes Publikumsecho stieß. Nichtsdestoweniger unterstreicht Henríquez Ureña immer wieder, daß die romantische Literatur erstmals den "camino de la verdad"[34] zur lateinamerikanischen Selbstfindung beschritten habe, wenngleich er einräumt, wie rasch die romantische Literaturströmung institutionalisiert wurde, erstarrte und damit an Authentizität verlor. Die Würdigung der Romantik als Phase der Entdeckung des Eigenen

---

30 "América española", S. 171.
31 So habe man unkritisch die "anárquica moda del siglo XIX europeo de reproducir y aun mezclar los más diversos estilos y épocas" nachgeahmt (*Corrientes*, S. 184).
32 "Literatura contemporánea", S. 19; vgl. "América española", S. 171; "Caminos", S. 261 und "Corrientes", S. 126 sowie 149f.
33 "Literatura contemporánea", S. 19 und *Corrientes*, S. 161. Henríquez Ureña irrt bezüglich des Erscheinungsjahres: *El moro expósito* erschien in Paris in der Librería Hispano-Americana nicht 1833, sondern erst 1834. Seine These würde dies allerdings stützen. In *Corrientes* heißt es: "Nuestra emancipación literaria demostró ser cierta en lo que se refería a España; adoptamos el nuevo movimiento sin esperar a que ella nos diera la señal" (a.a.O., S. 161). Auch der historische Roman habe sich zunächst in Lateinamerika, dann erst in Spanien etabliert (a.a.O., S. 167f.).
34 "El descontento", S. 12.

reflektiert nicht nur die Aufwertung der mit ihr voranschreitenden literarischen Beachtung volksnaher kultureller Traditionen, sondern auch das lateinamerikanische Menschenbild des Athenäismus, das über eine ausgeprägt emotionale, emphatische und "romantische" Komponente verfügt.

Problematisch erscheint Henríquez Ureña bei der Suche nach dem Eigenen im 19. Jahrhundert, daß das Bestreben vieler lateinamerikanischer Denker, eine fortschrittliche Antithese zu Europa zu bilden - Paz sollte hierin einen Ausdruck der Tradition des Bruches erkennen[35] - in die Sackgasse eines anachronistischen Nationalismus und Antieuropäismus geführt habe. Der *ateneísta* lehnt eine derartige, ausschließlich auf die Behauptung einer Differenz hin ausgerichtete Haltung ab und macht darauf aufmerksam, daß die Beeinflussung durch das Spanische in Lateinamerika eine wichtige Tugend habe entstehen lassen: Weil man es gewohnt sei, in den Kategorien des Anderen zu denken und das Andere in das Eigene einzubringen, verfüge der Kontinent über die Grundlage, sich in einzigartiger Weise für fremde Kulturen zu öffnen, um deren Synthese mit dem Eigenen anzustreben. Für Henríquez Ureña steht wie für die lateinamerikanischen Patrioten des 19. Jahrhunderts außer Zweifel, daß der Kontinent nach der Unabhängigkeit den "señorío sobre el futuro"[36] erlangen mußte. Er erkennt aber, daß es hierfür notwendig ist, das bislang distanzierte Verhältnis zum europäischen Kulturerbe im Sinne einer mentalen Öffnung neu zu überdenken, um den Prozeß der Selbstfindung zu fördern.[37]

3.1.4. Die Situation im 20. Jahrhundert: das Plädoyer für eine universalistische Synthese und für einen Wettbewerb der Kulturen

Für Henríquez Ureña steht außer Frage, daß sich die durch die Romantik geförderte Entwicklung der kulturellen Eigenständigkeit fortgesetzt hat. Dies beweise die Tatsache, daß Lateinamerika im Bereich der Lyrik seit dem *Modernismo*, der Amerikanisches mit Europäischem zu einer "expresión genuina"[38] erfolgreich verwoben habe, gegenüber der spanischen Kultur einen Vorsprung von rund fünfzehn Jahren aufweisen könne.[39] Die gezielte Stilisierung der fortschrittlichen Eigenständigkeit Lateinamerikas erfolgt allerdings einmal mehr auf Kosten der wissenschaftlichen Objektivität, da die modernistische Literatur in Spanien oder die Produktionen der *Generación del 27* und der Avantgarde in keinem der Essays Henríquez Ureñas Erwähnung finden. Problematisch erscheint auch, daß traditionelle Kategorien des europäischen Konkurrenzdenkens Verwendung finden,

---

35 Siehe Octavio Paz, *Los hijos del limo*, O.C. 1, México ²1994, S. 321 496. Vgl. mit Henríquez Ureña: "en cada generación se renuevan, desde hace cien años, el descontento y la promesa" ("Descontento", S. 14).
36 "Descontento", S. 11.
37 Dementsprechend rühmt Samuel Ramos bei Henríquez Ureña die Fähigkeit, Europäisches zu assimilieren, ohne sich dem Vorwurf des *descastarse* auszusetzen ("Pedro Henríquez Ureña, humanista americano", *Cuadernos Americanos* 5, 4 [Juli-Aug. 1946], S. 264-267, hier S. 265).
38 "Descontento", S. 13.
39 *Historia*, S. 425.

die im Widerspruch zum angestrebten kulturellen Miteinander stehen. Immerhin kommt der Forscher hinsichtlich des *Ultraísmo* zu dem Ergebnis, daß er in Spanien und Lateinamerika zeitgleich eingesetzt habe. Wenn somit Spanien seinen Rückstand aufgeholt hat, bleibt offen, ob der hiermit einhergehende Verlust von 15 Jahren Vorsprung eher auf spanische Progressivität, mangelnde lateinamerikanische Dynamik oder einen intensivierten internationalen Kulturaustausch zurückzuführen ist.

Als Vergleichsinstanz zur Erfassung der eigenen Entwicklungen bleibt Europa auch im 20. Jahrhundert für den Essayisten von besonderer Bedeutung. Doch auch mit der nordamerikanischen Kultur tritt der Halbkontinent in einen Wettbewerb, wie Henríquez Ureña in seiner 1925 erfolgten komparatistischen Analyse der Ästhetik des modernen europäischen, nordamerikanischen und lateinamerikanischen Theaters beweist. Selbst wenn der Autor von einer zivilisatorischen Dekadenz der westlichen Welt ausgeht, so muß er selbstkritisch vermerken, daß "nuestras novedades son vejeces".[40] Nicht in allen Bereichen der Kunst hat Lateinamerika somit die erhoffte Konkurrenzfähigkeit erreicht. In der Malerei und Musik hingegen sei es freilich gelungen, Eigenes mit Fremdem sowie Vergangenes mit Gegenwärtigem zu verbinden und hierdurch die Welt von der lateinamerikanischen und mexikanischen Schöpfungskraft zu überzeugen.[41]

Nicht immer vertritt der Essayist eine derart optimistische Haltung. So spricht er schon 1915 angesichts der mexikanischen Revolution von der Schwierigkeit, "en medio de cosas alarmantes"[42] literarisch tätig zu sein. 1924 schließlich, als sich die Ära des Erziehungsministers Vasconcelos dem Ende zuneigt, läßt Henríquez Ureña seiner Enttäuschung über das mangelhafte kulturelle Identitätsprofil Lateinamerikas freien Lauf.[43] Die Rhetorik der Fragestellung "¿el arte por el arte, o el arte al servicio de las grandes ideas de la humanidad?"[44] gibt aber zu erkennen, daß er angesichts der noch defizitären kontinentalen Identitätskonstruktion für das 20. Jahrhundert ein umso engagierteres Kunstverständnis einfordert. Wenn die ästhetische Revolution bislang ausgeblieben ist, so kann aus seiner Sicht die Literatur immerhin zum Fortgang der gesellschaftlichen Revolution beitragen.

Diesem Idealbild einer engagierten Literatur entsprechend bewertet Henríquez Ureña als einziger Athenäist die indigenistische Literatur Chocanos, Azuelas oder López y Fuentes' positiv, da sie die Öffentlichkeit auf die sozialen Probleme der Indianer als größter

---

40 "Hacia el nuevo teatro" (1925), *Obra crítica*, México 1960, S. 261-271, hier S. 262.
41 *Corrientes*, S. 248f. Vgl. insbesondere zur amerikanistischen *Nueva Pintura* Adolfo Best Maugards "Arte mexicano" (1922) O.C. 5, S. 49-53.
42 "González Martínez", S. 264.
43 "Amigo argentino", S. 333. Auch in einem offenen Brief von 1925 macht der Autor keinen Hehl aus seiner Besorgnis, die erhoffte Dynamik des Selbstfindungsprozesses sei fast zum Erliegen gekommen: "Estamos en peligro de caer en escépticos al advertir que el mundo no mejora con la rapidez que ansiábamos cuando teníamos veinte años. Yo sé que no será en mis días cuando nuestra América suba adonde quiero. Pero no viene de ahí mi escepticismo: es que rodando, rodando, ya no sé a quién hablo; no sé si nadie quiere oír, ni dónde habría que hablar" ("Al director de 'Estudiantina'" [1925], O.C. 5, S. 229-231, hier S. 229).
44 *Corrientes*, S.239.

Gruppe innerhalb des Proletariates aufmerksam gemacht habe.[45] Ästhetische oder kulturelle Implikationen weist diese Hinwendung zum Indigenismus freilich nicht auf, da sich für Henríquez Ureña eine kulturelle Zukunftsperspektive allein aus der Fortsetzung der europäischen, nicht aber der indigenen Tradition ergibt. Zwar bewertet er die indigenistische Literatur als durchaus konstruktiven Ausdruck einer Suche nach dem Eigenen, doch weigert er sich wie die übrigen Athenäisten, die indigene Vergangenheit für die *autodefinición* zu reaktivieren.[46] Diese Entscheidung wird durch die These gestützt, daß nach der Conquista indigene Residuen in die barocke Kultur eingegangen seien. Als weiteres Problem trete hinzu, daß es kaum möglich sei, den lokal und regional ausgerichteten Indigenismus mit seinen universalistischen Vorstellungen in Einklang zu bringen.

Trotz einiger Einschränkungen schreitet nach Henríquez Ureña Lateinamerika "hacia una mayor libertad y una civilización mejor"[47] voran. Um die Kontinuität dieses Entwicklungsganges zu gewährleisten, vermittelt Henríquez Ureña insbesondere in den Essays der dreißiger Jahre Orientierungshilfen, die sich zu acht Thesen verdichten lassen.[48] Notwendig seien die Liebe zur *tierra*, das Streben nach Gerechtigkeit und Freiheit, die Verbindung von Literatur und moralischem Anliegen, die quasi religiöse Hinwendung zu einem ethischen Engagement, das Arbeitsethos, die Bereitschaft zum kritischen Denken sowie die Interaktion zwischen Literatur und Wissenschaft. Schließlich ist das Prinzip des interkulturellen Austauschs anzuführen, welches die lateinamerikanische Integration ermögliche und den Zielpunkt der historischen Entwicklung, die Einheit des Kontinentes, vorbereite.[49]

Das Idealbild Lateinamerikas präsentiere sich als kontinuierlich wachsende Einheit in Vielheit, welche ihre Substanz aus dem "doble tesoro (...) de la tradición española y de la tradición indígena, fundidas ya en corrientes nuevas"[50] schöpfe und in Gegenwart und Zukunft voller Selbstbewußtsein und Weltoffenheit agiere. Die ehemalige europäische Vorbildkultur wird bei diesem Prozeß zu einer Vergleichskultur herabgestuft, mit der Lateinamerika selbstbewußt in Konkurrenz treten möchte.

Aufgrund seines Lebensweges, der ihn von Santo Domingo über die USA nach Mexiko, Kuba, Europa, Brasilien und Argentinien geführt hatte, versteht sich Henríquez Ureña als Weltbürger und Vermittler zwischen den Zivilisationen,[51] der die Überzeugung vertritt,

---

45 A.a.O., S. 243f.
46 "Leyenda", S. 15.
47 *Corrientes*, S. 250.
48 In Anlehnung an Febres, *Pedro Henríquez Ureña*, S. 126ff.
49 "La unidad de su historia, la unidad de propósitos en la vida política y en la vida intelectual, hacen de nuestra América una entidad, una "magna patria", una agrupación de pueblos destinados a unirse cada día más y más" ("Utopía", S. 236).
50 A.a.O., S. 240.
51 Siehe seinen offenen Brief an "The Minneapolis Journal" (3.10.1916) nach der US-Intervention in der Dominikanischen Republik: "Creo que soy lo suficientemente cosmopolita para que me gusten todos los paises, como de hecho lo hago, pero el mío, pobre e infeliz como es, es el mío..." (zit. in: Zuleta Alvarez, "Pedro Henríquez Ureña", S. 98).

daß jede Form der kulturellen Isolierung für die Entwicklung des Kontinentes schädlich wäre. Wie Reyes verwahrt sich Henríquez Ureña gegen den Vorwurf mexikanischer Nationalisten, der Kosmopolitismus habe den *descastamiento* zur Folge.[52] Die identitätsschaffende Affirmation der Differenzqualität des Eigenen soll aber dem Konzept einer Einheit in Vielheit gemäß nicht mehr trennen, sondern die "matices diversos de la unidad humana"[53] verbinden. Das Modell des kritischen Universalismus, der das Eigene in der Interaktion mit der Alterität entwickelt, dient Henríquez Ureña nicht zuletzt auch als optimistische Antwort auf jene "angustia solitaria"[54], die er zwei Jahre nach dem Erscheinen von Ramos' *El perfil del hombre y la cultura en México* bei den Völkern Lateinamerikas konstatiert.

3.2. Reyes

3.2.1. Lateinamerikanismus und Universalismus

Henríquez Ureña vergleichbar vertritt auch Reyes in seinem Lateinamerikabild die Überzeugung, daß sich die Nationen des mittleren und südlichen Kontinentes der westlichen Kultur öffnen und angesichts des Zweiten Weltkrieges nach einer *transculturación*[55] als Erben und Wahrer der europäischen Geistestradition auftreten müssen.[56] Gemäß der Einsicht "la única manera de ser provechosamente nacional consiste en ser generosamente universal"[57] soll sich Lateinamerika durch die Assimilation des Anderen und die Fortentwicklung genuin kontinentaler Denkmuster "neu entdecken".[58] Nach der Erfahrung "de haber llegado tarde a la llamada civilización occidental"[59] möchte Reyes, daß der Halb-

---

52 "El hombre universal con que soñamos, a que aspira nuestra América, no será descastado: sabrá gustar de todo, apreciar todos los matices, pero será de su tierra (...). La universalidad no es el descastamiento" ("La utopía", S. 239f.).
53 A.a.O., S. 240.
54 "Filosofía y originalidad" (1936), O.C. 7, S. 173-177, hier S. 176.
55 Reyes geift den 1940 durch den Kubaner Fernando Ortiz geprägten Begriff auf ("Posición", S. 256). Aus der hiermit verbundenen Verantwortung schöpfe Lateinamerika einen Teil seines utopischen Potentials ("Presagio", S. 60).
56 Reyes behandelt die angesprochene Thematik vor allem in "Día americano"; "Capricho"; "El sentido de América", (O.C. 11, S. 79-81); "Posición" sowie "Inteligencia americana". Entsprechend bezeichnet Mario Vargas Llosa Reyes als "enamorado de Occidente", der jedoch seine "libertad frente al pensamiento y la literatura de Europa que le permitía su condición de americano" gewahrt habe ("Homenaje a Alfonso Reyes", in: Acevedo Escobedo et al., *Presencia*, S. 162). Afrika, dessen Kultur gerade in Brasilien sowie im karibischen Raum lebendig geblieben ist, spielt hingegen im athenäistischen Konzept eines lateinamerikanischen Universalismus keine Rolle.
57 "Vuelta de correo", S. 439.
58 "...la colaboración humana supone que cada pueblo aporte lo suyo. La conservación del carácter propio no es aquí una postura salvaje de »aislacionismo« - como hoy se dice - sino una garantía de plena amistad internacional" ("Discurso por la lengua", S. 315).
59 "Ciencia social", S. 123.

kontinent von der Peripherie in das Zentrum der Weltkultur rückt, da er sich als Versuchsfeld für die Ausformung einer grenzüberschreitenden, der Menschlichkeit verpflichteten *morada de los hombres*[60] anbiete und gleichberechtigt in den Kreis der etablierten Kulturnationen aufsteigen könne.[61] Reyes warnt aber in diesem Zusammenhang ausdrücklich davor, das Konzept der kulturellen Öffnung mit dem "sabor del extranjerismo"[62] gleichzusetzen, der den Blick für die genuin lateinamerikanische Tradition trüben könnte.

Die Geschichte der kosmopolitischen Öffnung für das Gedankengut anderer Kulturen und Ideenkreise beginnt für Reyes wie für Henríquez Ureña mit der Kolonisierung und Latinisierung des Kontinentes.[63] Sie habe der "Neuen Welt" nicht nur die spanische "lengua de síntesis y de integración histórica, donde se han juntado felizmente las formas de la razón occidental y la fluidez del espíritu oriental"[64] vermittelt, sondern sie auch mit der weltoffenen Renaissancekultur in Verbindung gebracht und die Entwicklung einer kosmopolitischen *agilidad americana*[65] ermöglicht. Wenn der *ateneísta* deshalb immer wieder die positive Bedeutung des kolonialen Erbes in den Vordergrund stellt, so drückt dies analog zu Valérys Feststellung "nous entrons dans l'avenir à reculons"[66] seine Überzeugung aus, daß Lateinamerikas Zukunft in der Vergegenwärtigung seiner Vergangenheit begründet liege. An die Stelle der negativen Selbstwahrnehmung als während der *Colonia* fremdbestimmter Kontinent tritt in der athenäistischen Interpretationsweise eine affirmative Beurteilung der Vergangenheit. Deshalb deutet auch Reyes die Prägung durch Spanien als Glücksfall, da diese die universalistische Kompetenz Lateinamerikas begründet habe.[67] Was somit aus einer indigenen Perspektive als Zerstörung des Eigenen

---

60 "Diálogo", S. 233. Vgl. "Posición", S. 255; "En la VII Conferencia", S. 74; "Presagio", S. 60. Siehe hierzu Antonio Castro Leal, "América, nueva y última Tule", *Cuadernos Americanos* 2, 2 (März-April 1943), S. 57-60; Lang, "»América«", S. 44f. sowie Patout, *Reyes*, S. 236.

61 Siehe "Ciencia social", S. 114; "Discurso por Virgilio", S. 171; "Las ideas francesas en América" (1919), O.C. 7, S. 412f.; "*Cuadernos Americanos*", S. 151; "El diálogo de América", S. 233. In "Inteligencia americana" meint Reyes selbstbewußt: "Hemos alcanzado la mayoría de edad. Muy pronto os habituaréis a contar con nosotros" (a.a.O., S. 90).

62 "Posición de América", S. 264; "De poesía hispanoamericana", S. 257 und "La Antología", S. 281.

63 "*Cuadernos Americanos*", S. 152; "Mundo organizado", S. 334 und "Inteligencia americana", S. 87. Vgl. Ignacio Díaz Ruiz, "La afición americana de Alfonso Reyes", *Nueva Revista de Filología Hispánica* 37, 2 (1989), S. 371-381, hier S. 380; Hozven, "Inteligencia americana", S. 808f.; Edgar Montiel, "El centauro pensativo", *Cuadernos Hispanoamericanos* Supp. 4 (1989), S. 17-21, hier S. 21 sowie Zea, *Filosofía*, Bd. 2, S. 171ff.

64 "Discurso por la lengua", S. 312.

65 "Posición de América", S. 265. Ähnlich argumentiert Octavio Paz, "Introducción a la historia de la poesía mexicana", O.C. 4, S. 33-52, hier S. 33.

66 Paul Valéry, "Discours de l'histoire" (1932), in: ders., *Oeuvres*, Bd. 1, Paris 1957, S. 1128-1137, hier S. 1135. Gerade in amerikanistischer und humanistischer Hinsicht fallen enge Bezüge zwischen Valérys und Reyes' Vorstellungen auf. Siehe "Paul Valéry contempla a América" (1938), O.C. 11, S. 103-105, hier S. 104.

67 "Para la herencia internacional estamos dichosamente preparados. El hecho de haber sido convivados algo tarde al simposio de la cultura, de haber sido un orbe colonial y de haber nacido a la autonomía

erscheint, wird für die aus dem *Ateneo* hervorgegangenen Essayisten zur transkulturellen Befruchtung, aus welcher eine Chance für die gemeinsame Zukunft erwächst.

Die im Zuge der Unabhängigkeitsbewegungen erfolgte Öffnung für die Einflüsse des französischen Republikanismus und des englischen Liberalismus bestätigt nach Reyes die während der Kolonialzeit initiierte universalistische Kompetenz des Kontinentes.[68] Da diese Tradition aus athenäistischer Sicht bis in die Gegenwart reicht, sieht er sich 1941 zu der folgenden, geradezu mythisch anmutenden *autodefinición* veranlaßt:

> *Somos una raza de síntesis humana. Somos el verdadero saldo histórico. Todo que el mundo haga mañana tendrá que contar con nuestro saldo. (...) No somos una curiosidad para aficionados, sino una porción integrante y necesaria del pensamiento universal. No somos pueblos en estado de candor, que se deslumbren fácilmente con los instrumentos externos de que se acompaña la cultura, sino pueblos que heredan una vieja civilización y exigen la excelencia misma de la cultura.*[69]

Gleichwohl ist der Kontinent in Reyes' Augen im aktuellen Prozeß der Bewußtseinsbildung noch weit davon entfernt, seine definitive Identität und Bestimmung gefunden zu haben. Lateinamerika präsentiert sich ihm vielmehr als verheißungsvolle soziale und kulturelle Utopie, in der sich die Tradition des Eigenen und jene des Kosmopolitismus verbinden werden.[70]

3.2.2. Lateinamerikanische Identität, Literatur und Kultur. Zum integrativen Ausbau der gemeinsamen Basis

Die Literatur wird als "expresión más completa del hombre"[71] für Alfonso Reyes zum wichtigsten Träger der *emancipación mental*. Der literarischen Selbstbehauptung fällt die Aufgabe zu, die Entwicklung der lateinamerikanischen Identität zu fördern und die Voraussetzung für die Einnahme einer eigenständigen Position in der internationalen Gemeinschaft zu schaffen. Bislang sei jedoch bedingt durch die koloniale Vergangenheit der eigenständige Beitrag Hispanoamerikas zur Weltkultur relativ bescheiden ausgefallen, und auch in der Gegenwart verhindere die aufgrund ökonomischer Zwänge improvisierte Lebensführung das Aufkommen der für die Entfaltung des Genies notwendigen Muße.[72] Andererseits habe diese Lebenspraxis zum Vorteil, daß der Schriftsteller in Lateinamerika

---

al tiempo mismo en que ya se ponía el sol en los dominios de la lengua ibérica, nos ha adiestrado en la operación de asomarnos a otras lenguas, a otras tradiciones, a otras ventanas" (*"Cuadernos Americanos"*, S. 151). Vgl. "Ciencia social", S. 123 und "Mundo organizado", S. 333.

68 "Posición", S. 264; "Ideas francesas", S. 412; "Independencia", S. 1; "Intelectualidad mexicana", S. 477 sowie "Letras", S. 385.
69 "Valor", S. 134; vgl. *"Cuadernos Americanos"*, S. 153.
70 "Presagio de América", S. 61.
71 "Valor", S. 127.
72 A.a.O., S. 130 und 132.

in einem besonders engen Kontakt zur Realität seines Landes stehe, so daß sich die Kultur als integrierter Bestandteil der Gesellschaft entwickeln könne und wechselseitige befruchtende Einflußnahmen möglich seien. Reyes bemüht sich, das optimistische Bild einer lateinamerikanischen *cultura atmosférica*[73] zu entwerfen, die jener Europas und Nordamerikas überlegen sei, da sich in ihr die Konzeptionen der *acción* und der *poesía*[74] verbinden. Wie Henríquez Ureña bewegt er sich dabei in den Bahnen des Konkurrenzdenkens und des Wunsches nach Überbietung der bislang kulturell dominanten europäischen Nationen. Der Widerspruch zu seinem Konzept eines harmonisierten Miteinanders ist in diesem Zusammenhang offensichtlich. Derartige Ambivalenzen lassen erkennen, wie schwierig es für die Vertreter des Athenäismus war, den Blick nach Europa gerichtet zu halten und gleichzeitig ein "anderes" Denken zu entwickeln.

Reyes' Idealbild vom Engagement des Intellektuellen entsprechend ergänzen sich in der Person des lateinamerikanischen Künstlers Ethik und Ästhetik bei dem Vorhaben, durch die Gestaltung eines eigenständigen Profils der lateinamerikanischen Kultur zur Entwicklung einer humanen Gesellschaft beizutragen. Als identitätsstiftende und orientierende Symbolfiguren stilisiert der Athenäist in diesem Sinne gemäß seinen Vorstellungen von der Funktion des Künstlers in der Gesellschaft vor allem Bello, Sarmiento, Montalvo, Hostos, Martí, Rodó und Sierra als "clásicos de América, vates y pastores de gentes, apóstoles y educadores a un tiempo, desbravadores de la selva y padres del Alfabeto".[75] Ferner dient ihm der Verweis auf die hispanoamerikanische Variante des *Modernismo* als Beispiel für die gelungene Kombination aus lateinamerikanischem Eigenen und Universellem.[76]

Um die Besonderheit des Wesens der Lateinamerikaner zu umschreiben, prägt Reyes den Begriff der *inteligencia americana*.[77] Sie präsentiert sich als ausgewogene Synthese aus der erzieherisch vermittelten Fähigkeit zur Rationalität, die Reyes dem europäischen Erbe entnimmt, sowie einer hierdurch nachhaltig gedämpften *imaginación febril* und eines deutlich abgeschwächten *sentimentalismo extremo*. Die beiden letztgenannten Eigenschaften seien dem Lateinamerikaner naturhaft gegeben.[78] Doch auch disjunktive Elemente innerhalb der *inteligencia americana* werden erwähnt. So habe bald nach der Conquista das wachsende Selbstbewußtsein der Kreolen dazu beigetragen, daß sich deren "sentimiento de aristocracia indiana" vom "impulso arribista de los españoles recién

---

73 A.a.O., S. 133
74 A.a.O., S. 133.
75 "Justo Sierra y la historia patria" (1939), O.C. 12, S. 242-255, hier S. 242.
76 "De poesía", S. 258ff.
77 "Hablar de civilización americana sería, en el caso, inoportuno: ello nos conduciría hacia las regiones arqueológicas que caen fuera de nuestro asunto. Hablar de cultura americana sería algo equívoco: ello nos haría pensar solamente en una rama del árbol de Europa trasplantada al suelo americano. En cambio, podemos hablar de la inteligencia americana, su visión de la vida y su acción en la vida. Esto nos permitirá definir, aunque sea provisionalmente, el matiz de América" ("Inteligencia Americana", S. 82).
78 "Pasado", S. 188.

venidos"[79] abgesetzt habe. Ein weiteres Hemmnis bei der Identitätsbildung erkennt Reyes nach der Unabhängigkeit in der Ausbildung der Fraktionen von *americanistas* und *hispanistas*. Disjunktiv habe sich schließlich auch das Nebeneinander von europäischen und nordamerikanischen Einflüssen ausgewirkt, denen Lateinamerika bis in die Gegenwart ausgesetzt sei.[80]

Daß die Behauptung des nationalen Eigenen ein kollektives Zusammenwachsen auf dem Kontinent nicht verhindert habe, führt der Athenäist auf die integrative Seite der *inteligencia americana* zurück, welche die von Spanien geförderte Fähigkeit zur Ausbildung einer synthetischen Mischkultur fortsetze.[81] Der *magna herencia ibérica*[82] verdanke Lateinamerika jene gemeinsame kulturelle Basis, die im Unterschied zu den Nationen Europas das kontinentale Zusammenwachsen begünstige. Die koloniale Vergangenheit Amerikas wird auf den Leitwert einer *comunidad americana* hin funktionalisiert und somit entproblematisiert. Reyes' synthetisierende Interpretation bildet somit einen Gegenpol zur problematisierenden Haltung Martínez Estradas und Héctor A. Murenas, die aus der Erfahrung der Geschichtslosigkeit Lateinamerikas die argentinische Form der *soledad* ableiten,[83] doch auch zur Erfassung des Mexikanischen bei Ramos, Uranga und Paz. Auffallend nachdrücklich hebt Reyes bei seiner Analyse der Entwicklung lateinamerikanischer ästhetischer Konzepte die Bedeutung des Kolonisators als Förderer des eigenständigen kulturellen Profils hervor. Kulturelle Divergenzen zwischen Mestizen und Kreolen oder das Phänomen der Akkulturation beziehungsweise der Marginalisierung der Indianer werden dementsprechend der Stilisierung eines entproblematisierten, historisch linear verlaufenden und zum *mestizaje* hinführenden Zivilisationsentwurfes untergeordnet.[84] Aus der Öffnung für das Fremde und der Entdeckung des Eigenen entfaltete sich nach Reyes schon während der *Colonia* innerhalb weniger Jahrzehnte ein *modo de ser americano*,[85]

---

79 "Inteligencia americana", S. 83.
80 A.a.O., S. 84.
81 "Evolution", S. 21. Siehe Reyes' Definition der Kultursynthese: "Ante todo, no nos referíamos sólo a la tradición europea, sino a toda la herencia humana. En seguida, por síntesis entendíamos la creación de un acervo patrimonial donde nada se pierda, y para el cual los hábitos de la inteligencia americana nos parecían bien desarrollados (...). Finalmente, en la síntesis no vemos un compendio o resumen, una mera suma aritmética (...), sino una organización cualitativamente nueva, y dotada, como toda síntesis, de virtud trascendente" ("Posición de América", S. 265).
82 "*Cuadernos Americanos*", S. 152; vgl. "Posición de América", S. 265 und "Capricho", S. 76.
83 Siehe Matzat "Conquista", S. 49ff.
84 "...las poblaciones americanas se reclutan, principalmente, entre los antiguos elementos autóctonos, las masas ibéricas de conquistadores, misioneros y colonos, y las ulteriores aportaciones de imigrantes europeos en general. (...) La laboriosa entraña de América va poco a poco mezclando esta sustancia heterogénea, y hoy por hoy, existe ya una humanidad americana característica, existe un espíritu americano" ("Inteligencia americana", S. 83); vgl. "Letras", S. 299ff.; "Evolution", S. 22ff. und "Poesía hispanoamericana", S. 256. Reyes' integratives Lateinamerikakonzept erlaubt auch keinen sprachlichen Partikularismus: "...las lenguas autóctonas son reliquia arqueológica, y el sentido continental consiste en atraer a los poblados que aún las hablan hacia el disfrute de las grandes lenguas nacionales" ("Posición", S. 268); vgl. "Discurso por la lengua", S. 313.
85 "Inteligencia americana", S. 83.

aus dem sich die genuin lateinamerikanische Tradition der kulturellen Mestizierung herleite. Da Lateinamerika inzwischen mündig geworden sei, könne es angesichts des europäischen kulturellen und zivilisatorischen Niedergangs die Rolle eines Trägers der Menschheitsentwicklung übernehmen.[86]

Diese hoffnungsvolle Option bildet den Sammelpunkt wesentlicher Merkmale der von Reyes präsentierten lateinamerikanischen Identitätskonstruktion. Vor allem die zur Ausformung kollektiver Identität wichtigen Aspekte der Stilisierung und Mythisierung des Eigenen, die Behauptung der Differenz zum Anderen, die Schaffung einer reflexiven und emotionalen Einstellung sowie die Entwicklung einer historischen Perspektive der Identität, welche affirmativ in die Zukunft weist, belegen das Bemühen, ein stabiles und selbstbewußtes lateinamerikanisches Sein herbeizuführen.

3.2.3. Lateinamerikanische, panamerikanische und internationale Integration: *homónoia*

Der kosmopolitisch denkende Reyes lehnt es ab, die Identität des lateinamerikanischen Halbkontinentes im Partikularismus anzusiedeln. Vielmehr fordert er wie bereits Bolívar die *plena integración*[87] als Produkt eines fundamentalen "deseo de entendimiento humano".[88] Ihn sieht der Athenäist in der *grande comunidad humana* verwirklicht, die sich erstmals während der frühen Völkerwanderungen auf dem Kontinent ausgeformt habe.[89] Auch die gemeinsame koloniale Vergangenheit dient dem Athenäisten wie bereits Rodó als Argument für die Ausbildung einer interaktiv agierenden lateinamerikanischen Gemeinschaft.[90] Das auf Kontinuität aufbauende, affirmative athenäistische Geschichtsbild findet sein Echo in Reyes' Deutung der lateinamerikanischen Vergangenheit als Prozeß eines linear zunehmenden Kooperationsbewußtseins und einer wachsenden Kooperationsfähigkeit. Dem Halbkontinent wird ein identitätsstiftender Ausnahmestatus zugewiesen, da hier im Gegensatz zu Europa die Fähigkeit zur friedlichen Konfliktregulierung besonders ausgeprägt sei.[91] Die Methode der Betonung des Besonderen führt schließlich auch zu der

---

86 "Hace tiempo que entre España y nosotros existe un sentimiento de nivelación y de igualdad. Y ahora yo digo ante el tribunal de pensadores internacionales que me escucha: reconocemos el derecho a la ciudadanía universal que ya hemos conquistado" (a.a.O., S. 90).

87 "Posición", S. 266. Caso fordert dazu auf, den "semidios para los destinos de la raza", Bolívar, durch die Umbenennung des Südkontinentes in *Bolivia* zu ehren. Durch diesen Akt der Selbstbehauptung könne man zugleich der Usurpation des Namens Amerikas durch die USA begegnen ("El pensamiento de Bolívar" [1923], O.C. 4, S. 110-112, hier S. 110).

88 "Ciencia", S. 124.

89 "Capricho", S. 76.

90 Siehe "Rodó", S. 134.

91 "América puede enorgullecerse de una tradición jurídica de conciertos continentales que se han mantenido desde hace cinquenta años, lo que nunca ha alcanzado Europa" ("Ciencia", S. 110); Reyes leugnet nicht die Existenz kriegerischer Auseinandersetzungen in Lateinamerika, wertet es jedoch als Fortschritt, daß die *conciencia americana* diese angeblich als *dolor inevitable*, nicht aber als Quelle des Stolzes betrachte ("Ciencia", S. 110). Vgl.: "Presagio", S. 62; "Capricho", S. 76f. und "Posición", S. 266.

Annahme, daß während der sich anbahnenden Einigung der Kontinent als Labor künftiger Entwicklungen der gesamten Menschheit dienen könne, zu denen die europäischen und nordamerikanischen Staaten aufgrund ihrer historischen Dispositionen und ihrer aktuellen Probleme nicht oder nur begrenzt in der Lage seien.[92]

Reyes verfolgt mit seiner beschönigenden Sichtweise das Ziel, die Entstehung einer identitätsbildenden Reflexivität zu fördern und damit die lateinamerikanischen Nationalismen abzubauen. Selbst die Sprachbarriere zwischen lusophonen Brasilianern und *hispanohablantes* stellt für ihn kein Problem dar, da das Portugiesische "una telaraña permeable para el español" sei und die "directores de la cultura en los demás pueblos"[93] in der Lage seien, auf Französisch zu kommunizieren.

Der Essayist möchte auch die Annäherung an den nördlichen Teil des Kontinentes fördern. Zwar räumt er kulturelle Differenzen zwischen den Staaten Nord- und Südamerikas ein, doch stellten diese aufgrund gemeinsamer demokratischer Werte keine dauerhafte Belastung für das kontinentale Zusammenwachsen dar.[94] Signifikanterweise minimisiert Reyes einem athenäistischen Prinzip folgend die kulturelle Differenz und propagiert ein dialogisches Interaktionskonzept gleichberechtigter Partner. Er knüpft hierbei an den Gedanken des Panamerikanismus an, der seinen ersten institutionellen Ausdruck 1826 in der von Bolívar einberufenen panamerikanischen Konferenz fand und während des Ersten Weltkrieges neue Impulse erhielt.[95] Entscheidend ist für Reyes, daß das panamerikanische Bewußtsein als vorrationale, geistige Realität fortbesteht und nicht durch institutionelle und juristische Fragestellungen seiner Essenz und Vitalität beraubt wird.[96] Dank des Willens zur lateinamerikanischen Einigung und panamerikanischen Annäherung präsentiere sich Amerika als Hort für die Zukunft der Menschheit:

América es el nombre de una esperanza humana. (...) Fue, es y será el sueño de Bolívar. (...) El destino de América está en seguir amparando los intentos por el mejoramiento humano, y en seguir sirviendo de teatro a las aventuras del bien. O éste es el sentido del americanismo (esfuerzo para armonizar un continente, en servicio de la humanidad) o esta Conferencia no podría reconocerle ninguno.[97]

---

92 "Sentido", S. 81.
93 Beide Zitate aus "Posición de América", S. 268. Reyes erläutert in diesem Zusammenhang einmal mehr seine Konzeption der kulturellen Mission des Intellektuellen: "A las minorías directoras, a los profetas, a los maestros y escritores, toca orientar la voluntad de América hacia la toma de posición en la cultura, puesto que de ellos nacen los movimientos culturales" (A.a.O., S. 269).
94 "Entre la homogeneidad del orbe latino y la homogeneidad del orbe sajón - los dos personajes del drama americano - la simpatía democrática oficia de nivelador, rumbo a la *homonoia* (sic)" ("El presagio", S. 62). Siehe zum Begriff der "*homónoia* o armonía internacional": "Ciencia", S. 124.
95 "Panorama", S. 164. Das Bestreben, die Trennung in Nord- und Südamerika aufzuheben, führt zu einem mythisierenden Geschichtsentwurf ("Capricho", S. 76).
96 "Rodó", S. 134f.
97 "En la VII Conferencia", S. 73. Vgl. mit "Capricho", S. 77.

Reyes entwirft ein Ideal der lateinamerikanischen und panamerikanischen Identität, das unter Voraussetzung der Bereitschaft zum politischen und kulturellen Dialog den Kontinent zum Ideal der *homónoia* führt. Seine Neubewertung der Kolonialepoche lenkt den Blick auf die Vermittlung jener Prädisposition für den Universalismus, die den Halbkontinent zum Vorbild für die Menschheitsentwicklung werden läßt. Dieser affirmative Zug der Identitätskonstruktion betont die hypothetische Eigenschaft Lateinamerikas als Wegbereiter einer besseren Zukunft, doch auch als Wahrer der Humanität. Das mittlere und südliche Amerika erscheint in Reyes' identitätsstiftender Vision aufgrund seiner Vergangenheit als prädestiniert für eine konstruktive Synthese, die zum Nutzen der Menschheit auch auf andere Erdteile auszustrahlen vermag. Getrübt wird diese optimistische Vision indes durch die Schwierigkeit des Essayisten, sich trotz der Propagierung des Idealbildes der *homónoia* von der Tradition des Konkurrenzdenkens und des Überbietungsstrebens zu lösen.

3.3. Vasconcelos

3.3.1. Zur Wesensbestimmung des Lateinamerikaners, des Lateinamerikanismus und der lateinamerikanischen Philosophie

Auch Vasconcelos konterkariert das auf den Einfluß sozialdarwinistischer Thesen zurückzuführende lateinamerikanische Unterlegenheitsgefühl. Deshalb entwirft er ein positives Selbstbild, das an Martís und Rodós Thesen zur besonderen emotionalen und ästhetischen Veranlagung der Bewohner des südlichen Kontinentes anknüpft. So präsentiert er in seinen Essays das idealistisch überzeichnete Bild des lateinamerikanischen Freigeistes, für den das Leben ein *festín* ist und der sich durch *vivacidad* und *fantasía*,[98] *sensibilidad* sowie *ingenio*[99] auszeichnet. Mit Blick auf Brasilien wird die Existenz einer *cultura homogénea* der *dos razas afines* hervorgehoben, die über eine *común sensibilidad estética*, *simpatía* sowie die *pasión amorosa* verfüge.[100] Analog zu seinen im Kontext der mexikanischen *autodefinición* getroffenen Aussagen zielt Vasconcelos darauf ab, ausgehend von diesem durch den ästhetischen Monismus geprägten Menschenbild ein alternatives Zivilisationsmodell zum utilitaristischen Nordamerika zu entwickeln, das auf der *supremacia de lo espiritual*[101] und der Pflege der *esencia espiritual y libérrima*[102] fußen solle. Mögen diese Inhalte und Ziele aus heutiger Sicht sehr hochgesteckt und abstrakt erscheinen, so fanden sie bei den Intellektuellen anfangs der zwanziger Jahre ein nachhaltiges Echo. Vor

---

98 *Indología*, S. 1127.
99 "Racismo y nacionalismo", S. 35.
100 "Nueva ley", S. 846.
101 *Bolivarismo*, S. 1466.
102 "El nuevo escudo", S. 777.

allem die späteren *Contemporáneos* reagierten höchst positiv auf Vasconcelos' Lateinamerikanismus, wie die Aussagen Novos und Villaurrutias[103] bestätigen.

Vasconcelos' Essays lassen bis zum Ende der zwanziger Jahre erkennen, daß für ihn wie für die übrigen aus dem *Ateneo* hervorgegangenen Essayisten die Definition der *cultura nacional* den ersten Schritt zur Mitwirkung an der Ausformung der lateinamerikanischen Identität bildet, die ihrerseits als Teil einer konzertant agierenden kulturellen Universalität konzipiert wird. Die bereits von Rodó entwickelte Perspektive, daß sich das Nationale nur im amerikanischen Kontext entfalten könne, bringt es mit sich, daß der Mexikaner laut Vasconcelos den historischen Auftrag verspürt, "de fundir su propia patria con la gran patria hispanoamericana".[104] Mexikanistische Selbstbestimmung und lateinamerikanistisches Engagement erscheinen somit als komplementäre Prozesse.

Nach der bisherigen Dominanz des nationalistischen Denkens, das eine lateinamerikanische Einigung verhindert hatte, möchte Vasconcelos durch die Entwicklung einer lateinamerikanischen Philosophie, welche sich als das Ergebnis eines nationenübergreifenden Polyloges der kulturellen Eliten präsentieren müsse,[105] zu einer kontinentalen Verschmelzung beitragen. Der "Champion des Iberoamerikanismus"[106] knüpft hierdurch an die Thesen Bolívars sowie Alberdis an und postuliert eine mit der ethnischen wie auch politischen Föderalisierung verbundene kulturelle Annäherung des mittleren und südlichen Kontinentes. "¡Hispanoamérica para los hispanoamericanos!"[107] lautet daher Vasconcelos' in emanzipatorischer Abweichung von der Monroe-Doktrin formulierte Devise. Als Ausdruck seines humanitären Universalismus stellt der Essayist aber dieser Aussage zugleich die von Sáenz Peña entlehnte Forderung "América para la humanidad" voran.[108] Besonders aussagekräftig im Hinblick auf die mythische Stilisierung des Kollektivs und das gewachsene lateinamerikanische Selbstbewußtsein präsentiert sich in diesem Zusammenhang die gegenüber nordamerikanischen Zuhörern geäußerte, Bolívar entliehene Aussage "We have a world-mission to fulfil".[109]

Es zählt zu den bereits angesprochenen Ambivalenzen und Widersprüchen im Denken Vasconcelos', daß seine Identitätsbestimmung des Lateinamerikaners wie jene des Mexi-

---

103 "Instalada la dinastía vasconceliano agitó nuestras frondas al fresco, muy fresco viento del hispanoamericanismo. El espíritu comenzó a dar jipíos por mi raza..." (Novo, "Veinte años", S. 6); "Hombre de América, su ideal sobre la solidaridad de los pueblos hispánicos está lleno de realidades" (Xavier Villaurrutia, "José Vasconcelos", in: ders., *Obras*, México ²1966 [¹1953], S. 802f., hier S. 802).

104 "El nuevo escudo de la Universidad Nacional" (1921), O.C. 2, S. 777; vgl. *Ariel*, S. 97.

105 So würdigt er den aktuellen Einfluß der Peruaner Francisco García Calderón und José Santos Chocano auf die lateinamerikanische Dimension des Denkens in Mexiko ("Movimiento", S. 72f.). Auch mit dem Bolivianer Alcides Argüedas, dem Venezolaner César Zumeta sowie dem Argentinier Manuel Ugarte stehen Vasconcelos und der *Ateneo* in einer Linie. Vgl. Schmidt, *Roots*, S. 118f.

106 So Jean Périer, französischer Botschafter in Mexiko, in einem 1924 für den französischen Außenminister verfaßten Bericht über Vasconcelos (*Bulletin de l'Institut d'Etudes mexicaines* 7 [Mai 1975], S. 20-24, hier S. 22).

107 *Bolivarismo*, S. 1490 und 1494.

108 A.a.O., S. 1490.

109 "Latin-American Basis", S. 41.

kaners vor allem seit den dreißiger Jahren eine Wendung zum Negativen nimmt. Zwar prangert er bereits 1923 "la pereza y el prejuicio, el abuso económico y político"[110] in Lateinamerika an, doch verbindet sich mit dieser Kritik noch der Impetus des Moralisten und Visionärs, die Entwicklung einer besseren Gesellschaft zu initiieren. Infolge der Enttäuschung über den Verlauf der Präsidentschaftswahlen schlägt die Hoffnung auf Veränderung jedoch in eine derart große Verbitterung um, daß sich Vasconcelos nicht nur von Mexiko abwendet, sondern 1930 "disgustado del panorama humano de América"[111] die Einsamkeit der Anden sucht. Zwar gewinnt er hier aufgrund seiner Begegnungen mit der Landbevölkerung sein brüchiges Vertrauen in die Grundlagen der *raza* zurück, doch klagt er 1935 erneut über die *decadencia moral* und die schwerwiegende "falta de fe en nosotros mismos".[112] Ist die erste Aussage im Kontext der zunehmend militanten katholischen Überzeugungen des Athenäisten anzusiedeln, so kann die letztere als Wiederaufnahme der Thesen Ramos' gedeutet werden. Zwar vermag Vasconcelos bei seiner problematisierenden Skizzierung der Lateinamerikaner das später von Paz besprochene Gefühl der *soledad* und der *tristeza* noch nicht zu erkennen, doch konstatiert er, sie seien *descontentos del valor propio*.[113] Analog zu Ramos' Analyse des mexikanischen Identitätsprofils führt der Athenäist das mangelnde Selbstwertgefühl in Lateinamerika auf die Neigung zur kulturellen *bastardía* zurück, welche immer noch darin bestehe, wie nach der Unabhängigkeit europäische und nordamerikanische Kulturmodelle oder -produkte blind zu imitieren.[114] Die wirtschaftliche Dependenz vom Ausland tue das Übrige hinzu, lediglich *soberanías ficticias* entstehen zu lassen.[115] Aus dieser negativen Analyse leitet der Athenäist umso mehr die Notwendigkeit zur Selbstfindung des Kontinentes ab.

3.3.2. Das spanische Erbe als Grundlage der lateinamerikanischen Identität

Aufbauend auf den hispanischen Wurzeln des Halbkontinentes und dem von Martí sowie Rodó artikulierten und vom *Ateneo* fortgeführten Glauben an die lateinamerikanische *misión* der jungen Geisteselite[116] will Vasconcelos gemäß seines rassischen Idealismus einen neuen Menschen- und Kulturtyp schaffen. Wie die übrigen Athenäisten geht er davon aus, daß die vormals negativ empfundene spanische Prägung als positiver Teil des

---

110 "Carta a la juventud de Colombia. Dirigida a German Arciniegas el 28 de mayo de 1923", O.C. 2, S. 814-821, hier S. 820.
111 "Reflexiones andinas" (1930), O.C. 2, S. 699-709, hier S. 699.
112 *Bolivarismo*, S. 1371.
113 "Mensaje a los estudiantes peruanos", O.C. 2, S. 822-832, hier S. 827 und *Bolivarismo*, S. 1440ff.
114 "Racismo y nacionalismo", S. 15.
115 "Mensaje", S. 827. Vgl. mit dem Kapitel "La imitación de Europa en el siglo XIX" in Ramos, *Perfil*, S. 19ff.
116 Vgl. "Mensaje", S. 824 mit Martí, "Los codigos nuevos", in: *Nuestra América*, S. 8-12, hier S. 9; siehe auch "Nuestra América", S. 32. Rodó verwendete ebenfalls mehrfach religiöses Vokabular, um die *consagración particular* des Intellektuellen zu unterstreichen (*Ariel*, S. 47).

kontinentalen Selbst zu deuten ist.[117] Auch die Idee der spanisch vermittelten Latinität als Bestandteil der lateinamerikanischen Identitätskonstruktion und Voraussetzung für die Entfaltung eines universalen Bewußtseins findet sich bei Vasconcelos.[118] Wie bei Rodó dient das Latinitätskonzept dem Entwurf eines kohärenten Kulturraumes sowie der Annäherung an die romanischen Kulturnationen Frankreich, Italien und Spanien. Gleichzeitig wird hiermit die identitätsstiftende Distanzierung vom vorgeblich utilitaristischen Großbritannien und den USA akzentuiert.

Wenngleich Vasconcelos in seinen Überlegungen zur Entwicklung des lateinamerikanischen kulturellen Bewußtseins dem spanischen Erbe weniger Bedeutung einräumt als Reyes und Henríquez Ureña, so würdigt auch er die koloniale Vergangenheit als Grundlage für eine bevorstehende Annäherung der Länder Hispanoamerikas. Hierbei werden nationale Eigenarten dem Projekt einer kontinentalen Synthese mit der Folge untergeordnet, daß sich der Halbkontinent dank der "lucha común y la existencia paralela de veinte nacionalidades hermanas por la lengua, la religión, la raza y la cultura"[119] als hochgradig homogene Einheit präsentiert. Diese Sichtweise bestätigt auch Vasconcelos' Analyse des Lateinamerikaners, dessen "necesidad de amplitud y armonía" sowie die "necesidad de sistema y de síntesis" er auf spanische Einflüsse zurückführt.[120] Lateinamerika erhält somit dank seiner Vergangenheit eine positive, zukunftsgerichtete Identität, da es aufgrund seines kolonialen Schicksals zur kontinentalen Einheit prädestiniert sei.

Von den übrigen Athenäisten hebt sich Vasconcelos dadurch ab, daß ihm aufgrund seiner in den dreißiger Jahren zunehmenden Religiosität insbesondere die Reaktivierung des seit der Reforma distanziert betrachteten Erbes des Katholizismus für die Förderung der lateinamerikanischen Selbständigkeit und des Gemeinschaftsgeistes geeignet erscheint. Den "viejas raíces del hispanismo y la catolicidad" zu folgen, schließe jedoch das Bemühen ein, der seit der *Independencia* herrschenden *subordinación espiritual* ein Ende zu bereiten und das Eigene zu finden.[121]

---

117 "Cualquiera que sea el juicio que sobre nuestra mentalidad hispanoamericana deba recaer, creo que hasta la fecha es indudable que dicha mentalidad debe ser clasificada dentro del temperamento español en primer término y en último término" (*Indología*, S. 1222). Siehe auch *Breve historia*, S. 1306.
118 "...seguimos creyendo en una latinidad de savia española y de alcance universal que acoja en su seno a todas las razas para la libertad y el bien." ("Carta a Romain Rolland", S. 855).
119 *Ulises criollo*, S. 1234.
120 *Indología*, S. 1223.
121 *De Robinsón a Odiseo. Pedagogía estructurativa* (1935), O.C. 2, S. 1495-1719, hier S. 1495.

4. Das Ideal des *mestizaje* und die Utopie einer anderen Neuen Welt

4.1. Henríquez Ureña

4.1.1. Das Wechselspiel von Hispanität und Amerikanität: "somos españoles, pero antes americanos"[1]

Es konnte bereits darauf hingewiesen werden, daß Henríquez Ureña im Unterschied zu frühen Vertretern des Mestizierungsdiskurses wie Francisco Pimentel, Vicente Riva Palacio, Justo Sierra, Ezequiel A. Chávez, Andrés Molina Enríquez, Manuel Gamio, aber auch Vasconcelos, den *mestizaje* nicht als rassisches Gestaltungsprinzip konzipiert.[2] Wenngleich er aus politischer Zurückhaltung Vasconcelos' Anschauungen nie öffentlich kritisierte, findet sich in einem Brief an seinen Schüler Daniel Cosío Villegas (12.11.1925) eine deutliche Stellungnahme für die kulturelle Auslegung des *mestizaje*:

> ...*lo que importa es la civilización, y de éstas no hay más que dos tipos en México, la civilización europea, modificada, americanizada por el medio y la organización nueva, y la civilización indígena, destruida en sus formas superiores por la conquista y reducida a sus formas elementales. (...) Los blancos en su casi totalidad, los mestizos en su mayoría, y un corto número de indios, viven dentro del tipo europeo de civilización; los indios viven dentro de los restos desorganizados, inferiores e* inferiorizados *por la sujeción, de la civilización indígena.*[3]

Henríquez Ureñas Aussagen zur Mestizierung reflektieren den bereits von Altamirano geäußerten Wunsch, die kreolische Originalitätsprämisse, die Verortung des Indigenen im nationalen Identitätsentwurf, die Prägung durch die spanische Sprache und Zivilisation sowie die Existenz einer seit der Kolonialepoche auszumachenden eigenständigen kulturellen Entwicklung nicht als Widersprüche, sondern als kombinierbare Identitätsfaktoren zu betrachten. Daher propagiert er das Konzept des *mestizaje* als Voraussetzung für die Entwicklung einer *cultura harmónica*[4] in Mexiko und Lateinamerika. Harmonie

---

1 "Ariel", S. 151.
2 Das gleiche Konzept der *raza* als *comunidad espiritual* vertritt auch Caso, "La Universidad Centroamericana" (1923), O.C. 4, S. 107-110, hier S. 109.
3 "Cartas escritas por Pedro Henríquez Ureña a su fraternal amigo mexicano Daniel Cosío Villegas", S. 385.
4 "Ariel", S. 151; vgl. "Historia", S. 439ff. Auch für Todorov wird Mexiko zum Idealbild der Mestizierung, wie seine Deutung des Malinche-Mythos belegt. Hierbei übernimmt er freilich die im staatstragenden Diskurs offizialisierte Deutung des *mestizaje*: "...elle (scil. Malinche) est d'abord le premier exemple, et par là même le symbole, du métissage des cultures; elle annonce par là l'Etat moderne du Mexique, et, au-delà, notre état présent à tous, puisque, à défaut d'être toujours bilingues, nous sommes inévitablement bi- ou tri-culturels" (*Conquête*, S. 107).

bedeutet aber nicht qualitative Parität, und so begrüßt der Essayist wie Caso,[5] daß dem spanischen Element bei dieser Mischung der größte Anteil zukommt. Auf eine Hinterfragung der politischen und militärischen Methoden, die zu dieser Dominanz führten, verzichtet Henríquez Ureña infolge dieser einseitigen Sichtweise ebenso wie auf die Beschäftigung mit den nicht oder kaum mestizierten Indianerkulturen.

Die idealisierende Interpretation der kolonialen Realität deutet auf die Absicht hin, mittels der Propagierung des Mythos eines *crisol de culturas*[6] die Versöhnung mit Spanien in der Aktualität zu fördern. Der Kontakt mit dem spanischen Anderen beinhaltet aus dieser Perspektive zugleich die Pflege des Eigenen, so daß die Betonung schon während der Kolonialzeit existierender eigenständiger Kulturleistungen in Lateinamerika nicht auf Kosten des hispanischen Erbes erfolgt.[7] So kann Henríquez Ureña Spanien gar als zweite Heimat titulieren, wobei Ähnlichkeiten in der städtischen Kultur von Cádiz und Santo Domingo, Barcelona, La Habana und Mexiko-Stadt sowie zwischen dem Mittelmeer und der Karibik die Analogiebildung erleichtern.[8] Das Andere geht dabei im Eigenen auf, wobei freilich der vergleichende Blick des Fremden dazu neigt, über das Eigene des Anderen hinwegzusehen.

4.1.2. Der Ort des Indigenen im Konzept der Mestizierung

Das zu Beginn des vorherigen Kapitels präsentierte Briefzitat legt offen, daß in Henríquez Ureñas Konzept des *mestizaje* der Akzent auf der Wahrung und Pflege der spanisch dominierten Kulturtradition in Lateinamerika liegt. Demgegenüber werden die indianischen

---

[5] Caso deutet Mexiko als Produkt der "hidalguía de la rázas autóctonas de los grandes imperios bárbaros y feudales de esta parte de mundo, y la maravillosa España del Renacimiento" ("América española", S. 88). Siehe auch ders., *Sociología* ([1]1927, [2]1945), O.C. 9, S. 1-263, hier S. 87ff. In "Psicología del pueblo mexicano. La pereza soberbiosa" (1925) schränkt Caso jedoch unter Rückgriff auf die traditionellen ethnischen Stereotypen ein: "Existe una profunda relación entre el vicio característico de los indios (scil. la pereza) y el defecto fundamental del español (scil. la soberbia). Parece que al mezclarse las dos razas cambiaron sólo sus malas prendas..." (O.C. 9, S. 297-299, hier S. 298). Wie willkürlich derartige Stereotypen eingesetzt werden, belegt der Vergleich mit Félix María Samaniego, der in seinen *Fábulas* die Spanier der Faulheit bezichtigt ("El león y su ejército", in: *Fábulas*, Madrid [3]1969, S. 78f.). Unamuno griff dieses Klischee in "En torno al casticismo" auf, wo er "nuestro castizo horror al trabajo" anprangert.

[6] *Corrientes*, S. 99.

[7] "...si bien la estructura de nuestra civilización y sus orientaciones esenciales proceden de Europa, no pocos de los materiales con que se la ha construido son autóctonos" (*Historia de la cultura*, S. 329). Unter "Autochthonem" verstehen die Athenäisten nicht notwendigerweise "Indigenes", sondern vielmehr "Koloniales". Die Intensivierung des Kulturkontaktes mit Spanien bildet ein wichtiges Thema des Briefwechsels mit Reyes. Siehe Beer, "Epistolario Reyes-Henríquez Ureña", S. 311. Caso hingegen macht auch auf die Probleme der ethnischen Verschmelzung aufmerksam, die jedoch zum größten Teil durch die einigende Wirkung des Christentums gelöst worden seien ("Razas puras y razas mestizas" [1925], O.C. 9, S. 287-289, hier S. 288).

[8] "En la orilla", S. 74.

Kulturformen vor allem in den frühen Essays als unterlegen und kaum noch existenzfähig dargestellt. Deswegen lehnt der Autor wie Reyes eine Wiederbelebung des Indigenen bei der Schaffung einer neuen mexikanischen Kultur als artifiziell und unzeitgemäß ab.[9]

Nach der anfänglichen Skepsis gegenüber dem Indigenen schenkt Henríquez Ureña seit den zwanziger Jahren der indianischen Malerei und Musiktradition als Teil des lateinamerikanischen Eigenen seine Aufmerksamkeit.[10] Hierzu wurde er mit Sicherheit durch die zeitgenössische indigenistisch inspirierte Kunstästhetik Riveras, Orozcos oder Manuel M. Ponces und Carlos Chávez Ramírez' angeregt. Die kulturelle Mestizierung müsse neben der europäisch geprägten städtischen Kultur auch volkstümliche und indianische Elemente berücksichtigen. Im Zuge dieser Neuorientierung strebt der Athenäist die möglichst werturteilsfreie Überprüfung jener Aspekte des indigenen Erbes an,[11] die den Mestizierungsprozeß in Vergangenheit und Gegenwart prägen. Daher wendet er sich dagegen, die Indianer von ihrem künstlerischen und zivilisatorischen Leistungsvermögen her als "Menschen zweiter Klasse" zu betrachten, weil die Conquista ihre Hochkultur zerstört hätte.[12] Zwar erfaßt Henríquez Ureña die verstreuten Relikte indianischer Kulturen im häuslichen und volkstümlichen Bereich, doch räumt er ihnen für einen nationalen Identitätsentwurf keine tragende Bedeutung ein.[13] Somit kann aus seiner Sicht die mexikanische Nationalkultur ausschließlich in ihrer volkstümlichen Facette - erwähnt werden vor allem die Produkte der indianischen Kunstfertigkeit - aus dem Indigenen schöpfen. Dieses verhalten positive Urteil erscheint bei näherem Hinsehen allerdings ambivalent, wird doch das Indianische wie bei Reyes auf seinen folkloristisch-naiven Aspekt reduziert.

Der Wandel in Henríquez Ureñas Darstellung der Mitwirkung des Indigenen bei der Entstehung der mestizischen Nationalkultur führt über diese abwägende Haltung bis hin zur emphatischen Hervorhebung der Vitalität des indigenen Erbes.[14] Dieser Wandel legt den Schluß nahe, daß Henríquez Ureña die Mythisierung des Indigenen verfolgt, sofern ihm dies kulturpolitisch notwendig erscheint. Die während und nach der Revolution im wesentlichen unverändert problematische gesellschaftliche und kulturelle Realität der

---

9   Vgl. den Brief an Federico García Godoy (5.5.1909), in dem Henríquez Ureña zum indianischen Erbe vermerkt: "no es nuestra verdadera tradición" (O.C. 1, S. 332).

10 "Utopía", S. 235; "Música popular de América" (1929), O.C. 6, S. 147-193 und "Corrientes", S. 248f.

11 So deutet er 1947 in seiner *Historia* die Menschenopfer der Azteken als der Logik ihrer Kosmovision entsprechend (a.a.O., S. 335).

12 "América española", S. 168.

13 Vgl. Henríquez Ureñas Brief an Cosío Villegas (12.11.1925): "Ahora, es imposible saber las ideas del México indígena, porque de su historia y de su cultura no conocemos sino trozos inconexos, que revelan cosas formidables, pero que no pueden convertirse en sistema" (O.C. 6, S. 390). Siehe ferner "América española", S. 168 und *Historia*, S. 329.

14 In "La Utopía de América" wird Mexiko zu einem "país de formidable tradición", "porque bajo la organización española persistió la herencia indígena, aunque empobrecida" ("Utopía", S. 234). Zehn Jahre später kommt Henríquez Ureña gar zu dem Urteil: "En México se enlazan tres herencias: una, la indígena, que allí subsiste con gran vitalidad, otra, la española, que alcanzó extraordinario florecimiento durante la época colonial, y por fin el espíritu del siglo de independencia" ("México y sus problemas" [1932], O.C. 6, S. 257-259, hier S. 259).

Indianer wird euphemistisch kompensiert, Diskontinuitäten und Spannungen im Sozialgefüge werden verschleiert. Zugleich suggeriert der Essayist das Ideal eines harmonischen nationalen Miteinanders als Grundlage der künftigen Gesellschaft. Hierdurch leistet Henríquez Ureña potentiell dem offiziellen politischen Mestizierungsdiskurs, den die Regierungspartei zu ihrem Machterhalt und zur Verhüllung des inneren Kolonialismus instrumentalisierte, Vorschub.

Aus diesem Blickwinkel erscheint auch das Postulat einer prinzipiellen Gleichberechtigung des Indigenen bei der Kulturmischung als rein verbale Legitimation des harmonisierenden Mestizierungsdiskurses. Die Annahme einer ausgewogenen und friedlichen Mischung der Ethnien schon während der *Colonia* dient dem Ziel, die Indianer der Gegenwart als bereits mestizierten Teil der kollektiven Kultur zu betrachten. Die indigenen Kulturen werden infolge dieser Argumentationsstrategie vornehmlich als akkulturationsfähig, doch nicht als Kulturträger oder gar -stifter angesehen.

Allein im Zuge seiner Auseinandersetzung mit der Sozialgeschichte seiner Heimat Santo Domingo wirft Henríquez Ureña als einziger der Athenäisten einen kritischen Blick auf die negativen Begleiterscheinungen der Kolonialisierung. So spricht er in diesem Zusammenhang die gewaltsame Akkulturation an und verschweigt nicht, daß die Ureinwohner der Insel fast vollständig ausgerottet und durch Negersklaven ersetzt wurden. Doch selbst dieser negative Befund erfährt durch den Hinweis, daß die Eingliederung der wenigen überlebenden Indianer in die spanische Kolonialkultur umso reibungsloser vonstatten ging, eine entproblematisierende, fast zynisch wirkende Note.[15]

4.1.3. Henríquez Ureñas lateinamerikanische Utopie: "Si en América no han de fructificar las utopías ¿dónde encontrarán asilo?"[16]

Wenngleich das autoreflexive Denken in Lateinamerika seit den *Comentarios reales* des Inca Garcilaso utopische Züge trägt, da es um ein "Selbst" kreist, das noch nicht ist,[17] prägt während der Kolonialzeit das europäische Fremdbild die utopische Darstellung des amerikanischen Kontinentes. Erst mit der Unabhängigkeit erhalten die jungen Staaten Lateinamerikas die Möglichkeit, ihren eigenen Bedürfnissen gemäß das Projekt einer utopisch ausgerichteten Seinssuche zu verfolgen. Neue lateinamerikanische Utopien sollten alternativ zur traditionellen europäischen Fremdutopie die Wege der Selbstfindung vorzeichnen. So geben Mirandas Colombo, Bolívars Las Casas, Sarmientos Argirópolis, aber auch Daríos "Canto a la Argentina" oder Rodós *Ariel* Orientierungslinien für die Entwicklung einer anderen Neuen Welt.

Während in Anbetracht der Folgen des Ersten Weltkrieges ein Zeitgenosse der Athenäisten und Oswald Spenglers, Karl Mannheim, Europa vor einer Ideologie- und

---

15 "República", S. 333.
16 "Patria de justicia", O.C. 5, S. 241-245, hier S. 243.
17 Siehe Sabine Horl Groenewold, "Selbstbild. Amerika als Utopie und Gegenutopie im 20. Jahrhundert", in: Karl Kohut (Hrsg.), *Der eroberte Kontinent. Historische Realität, Rechtfertigung und literarische Darstellung der Kolonisation Amerikas*, Frankfurt/Main 1991, S. 312-325, hier S. 312.

Utopielosigkeit warnt,[18] intensiviert sich jenseits des Atlantiks in Verbindung mit dem affirmativen Konzept der Latinität und infolge der mexikanischen Revolution die Vision, der Kontinent zu sein, in dem sich die Utopie der Menschheit erfüllen werde. Im Gegenzug zur Entwicklung in Europa, wo nach Mannheim das Verschwinden der Utopien zu einer statischen Sachlichkeit führe, "in der der Mensch selbst zur Sache"[19] werde, verleihen die aus dem *Ateneo* hervorgegangenen Essayisten dem Gedanken einer utopischen lateinamerikanischen Gesellschaftskonstruktion im Zeichen von Dynamik, Emotionalität und Sensibilität neue Impulse.

Im Zuge der Ausformung einer athenäistischen Gegenutopie formuliert Henríquez Ureña seine Vision eines idealen Lateinamerika vor allem in "La utopía de América", "Orientaciones", "Volvamos a comenzar", "El patria de la justicia", "El descontento y la promesa", doch auch in der Erzählung "En Jauja".[20] Als in die Gegenwart projizierte Vorwegnahme einer besseren Zukunft sollte sein Entwurf einem athenäistischen Denkmuster gemäß der Vervollkommnung des Menschen sowie der Herbeiführung eines friedlichen Miteinander und einer besseren Zukunft dienen.[21] In diesem Sinne besitzt Henríquez Ureñas Utopie als "la única esperanza de paz entre el infierno social que atravesamos todos"[22] nicht zuletzt eine die negative Gegenwart kompensierende Funktion.

Da Henríquez Ureña in Vorwegnahme identitätstheoretischer Einsichten anerkennt, daß sich jede Form der Zivilisation als Produkt eines interaktiven Zusammenwirkens von Harmonie und Differenz entwickelt, erweist er sich als Gegner eines Konzeptes, das eine gleichgeschaltete Kultur herbeiführen möchte. Zwar sollen auch in seiner Utopie Unterschiede zwischen den Völkern durchaus fortbestehen,

pero todas estas diferencias, en vez de significar diversión y discordia, deberán combinarse como matices diversos de la unidad humana. Nunca la uniformidad, ideal de imperialismos estériles; sí la unidad, como armonía de las multánimes voces de los pueblos.[23]

---

18 Karl Mannheim, *Ideologie und Utopie*, Frankfurt/Main [5]1969 ([1]1919), S. 224f.
19 A.a.O., S. 225.
20 "En Jauja", in: ders., *Los cuentos de Nana Lupe*, O.C. 5, S. 99-129.
21 Diese Haltung teilt auch Caso, "Sin patria, sin raza, sin ideal" (1922), O.C. 1, S. 94-99, hier S. 95f. Der athenäistische Utopiebegriff entspricht der Definition von Hans-Günter Funke: "Als Utopie bezeichne ich jeden Text, in dem der Autor, ausgehend von der historisch gegebenen Realität der Gesellschaft seiner Zeit, dieser in kritischer Absicht den Entwurf einer als vollkommen intendierten, in der Wirklichkeit nicht existierenden Gesellschaftskonstruktion entgegenstellt und deren politische, soziale und ökonomische Strukturen wie die ihr gesellschaftliches Leben bestimmenden philosophischen, religiösen und moralischen Anschauungen mehr oder weniger vollständig beschreibt" ("Aspekte und Probleme der neueren Utopiediskussion in der französischen Literaturwissenschaft", in: Wilhelm Voßkamp [Hrsg.], *Utopieforschung. Interdisziplinäre Studien zur neuzeitlichen Utopie*, Bd. 1, Frankfurt/Main 1985, S. 192-220, hier S. 193).
22 "Utopía", S. 239.
23 A.a.O., S. 240; vgl.: "Relaciones de Estados Unidos y el Caribe" (1922), O.C. 5, S. 43-47, hier S. 47.

Neben dieser Fähigkeit, eine Einheit in Vielheit zu gestalten, erhebt der Athenäist vor allem das Streben nach intellektueller und menschlicher Perfektion sowie das Bewußtsein, als integrierter Bestandteil am universalen kulturellen Austausch mitzuwirken, zu Leitideen der utopischen lateinamerikanischen Identität. Platons Staatsutopie entsprechend tritt zu diesen Prinzipien der Wunsch nach sozialer und politischer Gerechtigkeit in einer humanen Gesellschaft, welche die Freiheit des einzelnen garantiere und in welcher der kategorische Imperativ des *neminem laedere* gelten müsse.[24] Als wesentliche Voraussetzung für das Erreichen dieser Ziele werden die Vermittlung von Bildung sowie die Durchsetzung sozialer und politischer Reformen genannt.[25] Zugleich sollte die rationale Komponente des menschlichen Wesens mit der Gefühlswelt und seinem *sentido estético*[26] versöhnt werden.

Wie Reyes und Vasconcelos fordert Henríquez Ureña die Schaffung einer politischen und kulturellen lateinamerikanischen Union als *magna patria* und vor allem als *Patria de justicia*. Vasconcelos vergleichbar tun sich auch bei ihm mystische und religiöse Verheißungsszenarien auf, wenn er Lateinamerika zu einer "tierra de promisión para la humanidad cansada de buscarla en todos los climas"[27] stilisiert. Hiermit wird der Südkontinent als Alternative zu den ethisch und moralisch zunehmend dekadenten USA präsentiert, die seit der Abschaffung der Sklaverei das Anliegen der Gerechtigkeit aus den Augen verloren hätten und nur mehr materielle Ziele verfolgten. Zugleich strebt der Essayist auch eine identitätsstabilisierende Distanznahme zu Europa an, in dem der Mensch ökonomisch ausgebeutet werde.[28] Aus der kritischen Äquidistanz auch zur Sowjetunion[29] sollte Lateinamerika einen Teil seines Potentials zur Erfüllung seiner eigenständigen und originellen Utopie ableiten.

Bemerkenswerterweise läßt Henríquez Ureña seine Utopien in eine Erzählung für Kinder einfließen, die 1923 anonym in der mexikanischen Zeitung *El Mundo* erschien. In ihr dürfen die beiden Hauptfiguren, Nachito und Mariquita, mit Hilfe eines Koboldes die Märchenstadt Jauja besuchen. Hinter der Fassade des naiven Scheins besitzt Jauja Merkmale, die auf den Atlantis-Mythos oder Morus' Utopia, doch auch - und hier geht der Athenäist über seine Essays hinaus - auf die Utopien des Sozialismus verweisen. Aus diesem Grunde wählt Henríquez Ureña die Anonymität und die märchenhafte Fiktion, in der sich die "neue Welt" als Insel im Pazifischen Ozean präsentiert, auf der die Einwohner in völligem Frieden und in Harmonie miteinander leben:

> - *Pues ¿cómo es eso? -dijo Mariquita-, ¿Aquí no tenemos que ir al mercado a comprar la comida?*
> - *No -le respondió el repartidor (...)-; aquí no se compra ni se vende.*

---

24 "Utopía", S. 239.
25 Siehe "Amigo", S. 335; "Utopía", S. 239 und "Patria". Vgl. Febres, *Pedro Henríquez Ureña*, S. 76; Torchía Estrada, "El problema", S. 145f. und Zuleta Alvarez, "Humanismo", S. 198.
26 "Utopía", S. 239.
27 "Patria", S. 245.
28 A.a.O., S. 244f.
29 "Influencia", S. 253.

Mariquita se quedó azorada. Nachito, a quien le gustaba oír las conversaciones serias de las personas mayores, se acordó de una que había oído a su papá:
- Entonces ustedes son como los bolcheviques.
- No sé qué será esto -dijo el repartidor.
- Pues dicen que en Rusia gobiernan los bolcheviques, y que no compran ni venden, ni dejan que nadie sea dueño de nada, sino que quieren que todo sea de todos y que todos trabajen para todos. Y como dicen que quieren hacer al mundo entero como ellos, creí que de eso les habría venido a ustedes de arreglar así las cosas.
- No, aquí no tenemos nada que ver con las gentes de carne y hueso...[30]

Die Darstellung der Verhältnisse in Jauja - der Begriff des Bolschewismus wird von Henríquez Ureña im positiven Sinne verwendet - läßt keinen Zweifel daran, welches Gesellschaftssystem er in seiner Utopie verwirklicht sehen möchte. Gemäß der athenäistischen Überzeugung von der bewußtseinsbildenden Macht und der Suggestionskraft des Wortes steht hinter der literarisch-verharmlosenden Fiktion das pädagogische Vorhaben, bei seiner Leserschaft die Entstehung des für die Realisierung dieser Utopie notwendigen Bewußtseins zu fördern.

4.2. Reyes

4.2.1. Reyes' Ideal der mestizierten Kultur

Wie Henríquez Ureña lehnt auch Reyes gemäß der Maxime "no hay más raza que la raza humana"[31] die Perspektive einer biologistisch legitimierten kulturellen Überlegenheit vorgeblich reinrassiger Völker ab. Vielmehr habe gerade die gelungene Mischung von Ethnien zur zivilisatorischen Entwicklung des antiken Griechenlands beigetragen.[32] Gemäß dem Vorbildcharakter der Antike erscheint daher auch für die Gegenwart und Zukunft des amerikanischen Kontinents das Konzept des kulturellen *mestizaje* zur Ausbildung einer nationalen Identität wünschenswert. Dies gilt umso mehr, als sich in Reyes' Perspektive die Befähigung der Einwohner Lateinamerikas zum synthetisierenden und harmonisierenden *mestizaje* ebenso wie ihre universalistische Denkweise als Reflex des spanisch vermittelten griechisch-römischen Erbes sowie aus der kolonialen Vergangenheit des Kontinents herleiten läßt.[33] Während im nördlichen Kontinent das inhumane

---

30 "En Jauja", O.C. 5, S. 99-129, hier S. 114f.
31 "Posición", S. 268; vgl. "Esta hora", S. 243. Schon Martí meinte: "el hombre es el mismo en todas partes, y aparece y crece de la misma manera, y hace y piensa las mismas cosas, sin más diferencia que la de la tierra en que vive..." (zit. nach Melis, "José Martí", S. 99).
32 "La aurora de la investigación" (1944), O.C. 17, S. 277-289, hier S. 281f. Vgl.: "Todos los pueblos son mestizos, sin exceptuar a ciertos desdichados grupos perdidos en el fondo africano o en algún repliegue geográfico..." ("Discurso por la lengua", S. 315).
33 Vgl. "Notas", S. 87. Auch der Argentinier Ezequiel Martínez Estrada macht auf Analogien zwischen hellenischen sowie römischen Mischungsprozessen und der lateinamerikanischen Mestizierung auf-

Prinzip der ethnischen Segregation verfolgt wurde, hätten im südlichen Amerika die Ethnien rasch zueinander gefunden und sich ebenso problemlos wie friedlich vermischt.[34] Der Athenäist kehrt hiermit den rassistischen Diskurs zugunsten einer lateinamerikanistischen Argumentation um und entwirft das Bild einer ökonomisch zwar noch unterlegenen, in ethisch-moralischer Hinsicht aber bereits überlegenen lateinamerikanischen Zivilisation.

Die Konzeption des *mestizaje* beruht für Reyes prinzipiell auf einer möglichst unvoreingenommenen Abwägung der vielgestaltigen ethnischen, historischen und kulturellen Realität.[35] Eine nähere Betrachtung seiner Schriften ergibt jedoch, daß er das aus athenäistischer Sicht fragmentarische indianische Kultursubstrat für den *mestizaje* nur am Rande berücksichtigt[36] und in keinem Essay auf die Existenz schwarzafrikanischer Kulturelemente im südamerikanischen und pazifischen Raum eingeht. Der im historischen und identitätstheoretischen Sinne konstruktivistische und hispanophile athenäistische Interpretationsansatz des Eigenen bestätigt sich, wenn Reyes Cortés anhand dessen *Cartas de relación* als reisenden Entdecker, nicht aber als Eroberer präsentiert. Zwar hätten politische Sachzwänge dazu geführt, daß bei Cortés der *orden cerebral* über den *orden contemplativo* obsiegte, doch verzichtet der Athenäist auf eine Problematisierung dessen janusköpfigen Charakters und auf eine Hinterfragung der bei der Conquista angewandten Methoden.[37] Offensichtlich möchte Reyes durch dieses Persönlichkeits- und Geschichtsbild den Boden für die Versöhnung mit Spanien bereiten[38] und das Konzept einer friedlichen Mestizierung im *laboratorio posible*[39] Lateinamerikas stärken. Weitere Belege für seine These einer harmonischen Mischung kultureller und ethnischer Strömungen schon zur Zeit der *Colonia* erkennt Reyes ferner im Kolonialstil sowie in den sprachlichen Hybridformen, die sich in den ersten Jahrzehnten nach der Eroberung ausbildeten.[40] Allein der religiöse Synkretismus, wie er sich in der indigenen Vermischung des Kultes

---

    merksam, für welche er die später von Fuentes übernommene Formel des *bastardismo* prägte. Siehe Borsò, *Mexiko*, S. 123. Caso ruft aufgrund dieser Tradition speziell die Italiener dazu auf, Mexiko als Einwanderungsland zu entdecken ("La nave Italia" [1924], O.C. 4, S. 195-198).

34 "Notas", S. 84f.

35 "...no soy de los que sueñan en perpetuaciones absurdas de la tradición indígena, y ni siquiera fío demasiado en perpetuaciones de la española" ("Visión", S. 34). Diesen Aspekt betonen Gómez-Martínez, "Posición", S. 450ff.; Rafael Gutierrez Girardot, "La imagen de América en Alfonso Reyes", in: Ingemar Düring/ders., *Dos estudios sobre Alfonso Reyes*, Madrid 1962, S. 87-141, hier S. 112; Lang, "»América«", S. 48ff. und Montiel, "Centauro", S. 20.

36 "Hay que lamentar como irremediable la pérdida de la poesía indígena mexicana" ("Visión", S. 29).

37 "Letras", S. 315 und "México en una nuez", S. 43.

38 "...la Metrópoli casi no desarrolló sobre América otra fuerza que la espiritual" (a.a.O., S. 44). Übergriffe führt der Athenäist ausschließlich auf "la cupidité, l'ivresse et la violence de ces nouveaux croisés du Christ: les conquistadors" zurück ("Evolution", S. 325).

39 "Posición", S. 255.

40 "Letras", S. 300f. und 310 sowie "Evolution", S. 322 und 325.

der Jungfrau von Guadalupe mit der *terrible Tonantzin* präsentiere, wird entschieden abgelehnt.[41]

4.2.2. Der kulturelle Ort des Indigenen im Konzept des *mestizaje*

Bereits der Förderer des *Ateneo de la Juventud*, Justo Sierra, hatte in seinem Essay "México social y político" "dem Indianer" die Eigenschaft eines "agente activo de civilización"[42] abgesprochen. Allein der Kontakt und die Vermischung mit der Kultur des mestizischen *neomexicano* könne eine Verbesserung dieses Zustandes bewirken. Sierras Perspektive setzt sich bei Reyes fort, der andeutet, daß ihm seit seiner Jugend die Indianer fremd geblieben seien.[43] Um zu erörtern, ob im Zuge der universalen Prägung des Kontinentes auch indigenes Kulturgut für ein zukunftsweisendes mestizisches Selbstverständnis berücksichtigt werden könne, regt Reyes zunächst eine Bestandsaufnahme jener indianischen Traditionen an, die zur Ausformung der mexikanischen und lateinamerikanischen Kultur beitrugen. Vor allem in "L'évolution du Mexique", "Discurso por Virgilio", "México en una nuez", "Notas sobre la inteligencia americana", "Para inaugurar los *Cuadernos Americanos*" sowie "Letras de Nueva España" wird dieses Vorhaben realisiert. Hierbei wird bald ersichtlich, daß Reyes weniger noch als Henríquez Ureña in seinem Mestizierungskonzept der indianischen Kultur eine identitätsstiftende Bedeutung zuteilt.[44] Vielmehr verweist er auf die negativen Seiten der untergegangenen Zivilisationen, etwa

---

41 A.a.O., S. 327. Am Rande sei erwähnt, daß Reyes' Forderung, das Ziel des kulturellen *mestizaje* zu verfolgen, auch für sein literarisches Schaffen Konsequenzen hat. So belegt die Analyse seiner lyrischen Produktion, wie er zunehmend vom Ideal der *pureza* in frühen Werken abrückt und entsprechend seiner Aussage "yo prefiero promiscuar en literatura" thematisch und formal das Prinzip der Mestizierung umsetzt ("Teoría prosaica" [1931], O.C. 10, S. 130-132, hier S. 131. Reyes fährt fort: "No todo ha de ser igual/al sistema decimal:/mido a veces con almud,/con vara y con cuarterón./Guardo mejor la salud/alternando lo ramplón/con lo fino, y junto en el alquitara/- como yo sé -/el romance paladino/del vecino/con la quintaesencia rara de Góngora y Mallarmé", a.a.O., S. 131f.). Siehe hierzu Stanton, "Poesía y poética", S. 631ff.

42 *La evolución política del pueblo mexicano*, Caracas 1977, S. 293-328, hier S. 296.

43 Siehe die Darstellung des Kontaktes zwischen Erzähler und Indianern in der autobiographisch beeinflußten Erzählung "El testimonio de Juan Peña", S. 109. Die 1910 erfolgte Konstituierung der *Sociedad Indigenista Mexicana* wurde bezeichnenderweise von keinem Athenäisten zur Kenntnis genommen. Auch Guzmán macht es ausschließlich von der wohlwollenden Initiative der Kreolen und Mestizen abhängig, die Indianer aus ihrer versteinerten Lethargie zu erwecken (*La querella de México*, S. 15).

44 Martí hingegen rühmt die kulturellen Errungenschaften der indianischen Ureinwohner und vertritt die Überzeugung, eine starke Hand könne deren Kultur aus ihrem Schlaf erwecken. Vgl. Antonio Melis, "José Martí y el indio americano", in: Ette/Heydenreich (Hrsg.), *José Martí*, S. 93-102, hier S. 97 und Matzat, "Imagen", S. 205. Darío würdigt im Vorwort zu *Prosas profanas* die Größe der präkolumbianischen Reiche und die künstlerische Sensibilität ihrer Bewohner als Quelle moderner hispanoamerikanischer Poesie ("Palabras liminares", in: *Poesías completas*, Madrid 1968, S. 545-547, hier S. 546).

die Praxis der Menschenopfer oder das Kriegswesen, um im Gegenzug die segensreichen Neuerungen der Hispanisierung hervorzuheben.[45] Während Cortés' "juego de intrigas y ardides" als Beweis seiner "gran mente política" gerühmt wird, erkennt der Athenäist seitens des in innere Kämpfe verwickelten autochthonen "conjunto de pueblos heterogéneos" lediglich die "debilidad fundamental de aquellas civilizaciones ya arruinadas".[46] Es bestätigt die selektive Perzeption und idealisierende Interpretation der hispanoamerikanischen Vergangenheit durch die Vertreter des athenäistischen Denkens, wenn für Reyes - im Gegensatz zur humanistisch vermittelten hellenischen und lateinischen Kontinuität auf amerikanischem Boden - die Tradition vorkolumbianischer indianischer Kulturen durch die Zäsur der Conquista zum *pasado absoluto*[47] wird.

Um dennoch das Fundament für ein mestiziertes Miteinander der Kulturen zu schaffen, richtet Reyes seinen Blick auf jene aus seiner Sicht positiven indigenen Elemente, die sich während und nach der spanischen Eroberung behaupten konnten. Es deutet wie bei Henríquez Ureña auf eine fast schon touristisch anmutende Betrachtung des indianischen Fremden hin, wenn er ausschließlich die bis in die Gegenwart fortbestehende Handwerkskunst der *indígenas*, ihren geschickten Umgang mit Edelmetallen, Stoffen und Leder sowie ihre Skulpturen als Ausdruck ihrer *sensibilidad artística* rühmt.[48] Doch die einer idealen mestizischen Gesellschaft zugrunde liegende, an den humanistischen Idealen der europäischen Tradition ausgerichtete Ethik zählt für Reyes weit mehr als derartige Sekundärtugenden. Die ausschnitthafte Interpretation des Indigenen verhindert den unvoreingenommenen Blick auf die kulturelle und soziale Situation der Indianer, denen der Essayist primär mit einem kulturarchäologischen Interesse begegnet, wie "Visión de Anáhuac" verdeutlicht. Das Werk dokumentiert zwar das Bemühen, einen einheitsstiftenden Bogen zur aztekischen Frühzeit zu schließen, doch zeigt er zugleich die Grenzen dieses Unterfangens auf. So ist auf der Ebene des *récit* offenkundig, daß der Blick auf das Hochland von Anáhuac mehrfach gebrochen ist, da die fiktive Rekonstruktion der aztekischen Wirklichkeit auf der erzählten Konstruktion des Fremden durch die Chronisten fußt. Die Sprachlosigkeit der Spanier und ihr Bemühen, das Unbekannte durch den Vergleich mit Europäischem zu erfassen, zeigen die Grenzen auf, denen das Verstehen der indianischen Alterität seitens der Fremden ausgesetzt ist.[49] Zugleich macht der Essay Geschichtlichkeit als Konstruktion erfaßbar.

Gleichwohl betont Reyes wie Henríquez Ureña die Interaktion indigener und europäischer Kulturfaktoren während der *Colonia*, um durch eine idealisierende Lesart des Akkulturationsprozesses das Konzept des *mestizaje cultural* historisch zu begründen.[50] In Fortsetzung der liberalen Tradition des 19. Jahrhunderts soll hierbei die Herausstellung der ethnischen und kulturellen Mischung die Realität der Unterdrückung der *indígenas*

---

45 "Doctrina", S. 225; vgl. "Evolution", S. 327.
46 "México", S. 42f.
47 "Virgilio", S. 161; vgl. "El hombre y su morada", S. 277f.
48 "México en una nuez", S. 42; "Evolution", S. 326.
49 Vgl. Horl Groenewold, "Alfonso Reyes", S. 276.
50 "Evolution", S. 325.

abfedern.[51] Als weiterer Versuch, die kulturelle Kluft zwischen indianischem und hellenistisch-europäischem Denken abzubauen, liest sich Reyes' Analyse der Bezüge zwischen dem *Popol-Vuh* und der Mythologie sowie Kosmogonie griechischer Epen.[52] Bei diesem Verfahren, das über die Eigenwertigkeit der Alterität hinweggeht, erhalten die *indígenas* positive Züge, sofern sich die Ideale der europäischen Antike auf sie projizieren lassen.

Wenngleich die Perzeption des fremden *indígena* perspektivisch gebrochen bleibt, so bemüht sich Reyes dennoch um eine abseits der Extrema einer Perhorreszierung oder romantischen Sentimentalisierung liegenden Betrachtungsweise.[53] Die zur Umschreibung des Integrations- und Akkulturationsprozesses getroffene Wortwahl - Reyes spricht von einer *misión*[54] - läßt freilich erkennen, daß der Athenäist das Recht der Indianer auf Behauptung ihrer Alterität aberkennt und ihnen die Früchte der "fortschrittlichen Kultur" im Sinne eines *humanizarlas*[55] nahebringen möchte. Hierbei erscheint ihm eine paternalistische Vorgehensweise angebracht, die erzieherisch das zivilisatorische Niveau der Indianer anheben sollte. Immerhin könne der *indígena* auf diesem Weg von einer zivilisatorischen Last zu einer Hoffnung für den Kontinent werden,[56] wobei zu ergänzen wäre: vorausgesetzt, er akzeptiert seine Akkulturation. Das Vorhaben einer Neubewertung des *indígena* geht einher mit dem Aufruf, die kontinentale Vergangenheit nicht als Last, sondern als Chance zu betrachten.[57] Daß diese Aufforderung vor dem Hintergrund eines eurozentrisch und universalistisch orientierten Konzeptes des *mestizaje* primär als Appell an die Indianer angesehen werden muß, sich in eine Gesellschaft westlichen Zuschnitts einzufinden, liegt auf der Hand.

---

51 Fuentes lehnt in *La región más transparente* ebenfalls einen die Vergangenheit idealisierenden Indigenismus ab und fordert stattdessen den ethnisch-kulturellen *mestizaje*. Siehe Malva E. Filer, "Los mitos indígenas en la obra de Carlos Fuentes", *Revista Iberoamericana* 50 (1984), S. 475-489.
52 "Letras", S. 287 und 289.
53 Vgl. David William Foster "Reyes: para una desmistificación del mito", *Cuadernos Americanos* 40, 6 (1981), S. 145-152, hier S. 146f.
54 "*Cuadernos Americanos*", S. 152.
55 "Discurso por Virgilio", S. 173; vgl. "Posición", S. 268. Reyes' Beurteilung der *indígenas* kann als durchaus gemäßigt angesehen werden, vergleicht man sie mit jenen Aussagen, die selbst Miguel Angel Asturias 1923 in seiner Dissertation *El problema social del indio* trifft. Asturias stellt dort die Indianer seit der Conquista als brutale, verschlagene und unmoralische Wesen dar, deren Defiziten eine Europäisierung abhelfen könne. Siehe Ulrike Brands-Proharam González, *Das dramatische Werk von Miguel Angel Asturias im Kontext des modernen lateinamerikanischen Theaters*, Bonn 1991, S. 46f.
56 "Inteligencia americana", S. 89.
57 Auch Ramos geht davon aus, daß das indigene Denken mit den Erfordernissen einer modernen Zivilisation nicht in Einklang zu bringen ist. Er erkennt in der *rigidez*, *pasividad* und *escasa fantasía* die markantesten Wesenszüge des Indios und kommt zu dem Schluß: "Si el indio mexicano parece inasimilable a la civilización, no es porque sea inferior a ella, sino *distinto* de ella. Su «egipticismo» lo hace incompatible con una civilización cuya ley es el devenir" (*Perfil*, S. 37).

4.2.3. Die lateinamerikanische Utopie

Die Erscheinungsdaten von "Visión de Anáhuac" (1917), der Essays von *Ultima Tule* (1942) und "No hay tal lugar" (1955)[58] verweisen darauf, daß Reyes vor allem aus militärischen und politischen Weltkrisen den Appell an Spanischamerika ableitet, selbstbewußt von der Peripherie in das Zentrum der künftigen Menschheits- und Weltgeschichte vorzurücken. Reyes' Essays reflektieren und fördern die Emanzipation des ehemaligen Objekts der europäischen Identitätsprojektionen zum Subjekt. Da im athenäistischen Verständnis des lateinamerikanischen Selbstfindungsprozesses die Wahrung des Eigenen mit der Fortsetzung der europäischen Tradition einhergeht, schwebt Reyes ein utopisches Modell vor, das die traditionelle Antithese von Neuer und Alter Welt aufhebt und auf der Grundlage eines freien Wechselspiels von *ideal*, *tiempo* und *espacio*[59] die Weichen für die Entwicklung einer humanen Utopie stellt.

Im Unterschied zu Henríquez Ureña, der vornehmlich eine zukunftsgerichtete Perspektive verfolgt, widmet sich Reyes ausführlich der historisierten Erfassung des Utopiebegriffs. Bei seinem Bemühen, den historischen Ort des Kontinentes in der Universalgeschichte der Menschheit zu bestimmen, geht er Martí und Darío[60] vergleichbar davon aus, daß Amerika schon seit dem Altertum im Bewußtsein der europäischen Kulturen als geistige, philosophische und religiöse Utopie und *inminencia* existierte.[61] Dementsprechend werden die "Entdeckung" und Geschichte Lateinamerikas als Versuch Europas interpretiert, diese Utopie Realität werden zu lassen. Der Mythos des versunkenen Atlantis sowie Senecas und Platons Vorstellungen von einer utopischen Welt standen nach Reyes zu Beginn einer epochenübergreifenden Suche nach der gesellschaftlichen Idealität.[62] Nachdem Amerika schon von Philosophen "erfunden" war, doch für Europa noch keine Gestalt angenommen hatte, brachte in Reyes' idealisierender Interpretation Kolumbus diesen Menschheitstraum zur Erfüllung. In einem fiktiven Gespräch mit Martín

---

58 Der Titel spielt auf die Übersetzung von Morus' Neologismus *Utopia* durch Francisco de Quevedo an. Siehe Horacio Cerutti Guldberg, "Utopía y América Latina", in: Alicia Mayer et al., *La utopía en América*, México 1991, S. 23-34, hier S. 25. 1955 wurde im Zuge des Ost-West-Konfliktes als Reaktion auf die Pariser Verträge der Warschauer Pakt gegründet.

59 "El hombre y su morada", S. 275; vgl. "Doctrina", S. 223.

60 Vgl. Horl Groenewold, "Selbstbild", S. 317. Die Tradition der utopischen Paradiesvorstellungen erfaßt Rössner, *Auf der Suche*, S. 34ff. Reyes' Ausführungen zur Utopiegeschichte im allgemeinen, zur Geschichte der Utopien in Amerika sowie zu den aktuellen Implikationen einer zivilisatorischen Utopie zählen zu den am besten erforschten Aspekten seines Schaffens. Siehe Castro Leal, "América", S. 57ff.; Díaz Ruiz, "Afición americana", S. 373ff.; Gómez-Martínez, "Posición", S. 462; Gutiérrez Girardot, "Concepción", S. 109f.; ders., "La imagen", S. 102; Hernández Luna, "Imagen", S. 291ff.; Lang, "»América«, S. 33ff. und S. 51; Malpartida, "América", S. 33ff.; Stabb, "Utopia", S. 377ff. und Xirau, "Ultima Tule", S. 203ff.

61 "Tras de haber sido presentida por mil atisbos de la sensibilidad, en la mitología y en la poesía, como si fuera una forma necesaria de la mente, América aparece como una realidad geográfica. Y desde ese instante, viene a enriquecer el sentido utópico del mundo, la fe en una sociedad mejor, más feliz y más libre" ("Posición de América", S. 262).

62 Vgl. "No hay tal lugar", S. 345, S. 351 und 359 und "Presagio", S. 28 und 61.

Alonso Pinsón läßt Reyes den Seefahrer die wahren Motive seiner Entdeckungsfahrt offenlegen: Der Genueser habe seinen Zeitgenossen eine *comedieta* vorgespielt, als er behauptete, eine neue Asienroute entdecken zu wollen. Es sei ihm als humanistischem Visionär eher darum gegangen, unter dem Deckmantel des wirtschaftlichen Profits seinem Traum eines irdischen Paradieses Gestalt zu verleihen.[63] Hinter der gewollt irrealen Stilisierung steht Reyes' Überzeugung, daß Ideale ebenso wie Utopien die Welt verändern können und Amerika in der Lage ist, die vormals exklusiv europäische utopische Denktradition fortzuschreiben. Die Entdeckung Amerikas wird für ihn daher zum Paradigma künftiger Entwicklungen, da sie belege, wie eine *idea-fuerza*[64] Wirklichkeit geworden sei.

Tatsächlich gibt die europäische Wahrnehmung des amerikanischen Fremden nicht nur Anlaß zur Darstellung von Greuelszenarien, sondern auch für die Projektion von Utopien. So wählt Morus 1516 für seine Utopie der vollkommenen Gesellschaft eine Insel, die von einem imaginären Begleiter Vespuccis besucht worden sei. Seinem Beispiel folgend situiert auch Campanella seine *Città del Sole* 1602 in der Neuen Welt, und es ist sicherlich kein Zufall, wenn in Bacons *Nova Atlantis* (1627), dem perfekt technisierten Zukunftsstaat, die Einwohner Spanisch sprechen. Diesen Entwürfen gemäß erhält für Reyes die Entdeckung und Kolonialisierung des Kontinentes den Rang eines welthistorisch notwendigen Ereignisses, doch auch einer Metapher, in der sich die Geschichte der Menschheit in idealer Weise erfüllen werde.[65]

Wenn der Athenäist darauf hinweist, daß seit der "Entdeckung" auf dem Kontinent ein "verdadero ventarrón de utopías"[66] wehe, so richtet er den Blick nicht nur in die Vergangenheit. Selbst die mexikanische Revolution besitzt für Reyes trotz ihrer negativen Begleiterscheinungen das Potential, einstmals utopische Forderungen, wie sie Harrington in seiner *Oceania* aufgestellt habe, zum Nutzen der Menschen umzusetzen.[67] Voraussetzung hierfür sei jedoch eine Ethik des Handelns.[68] Selbst die in der Aktualität noch fern erscheinende Projektion einer besseren Zukunft der Menschheit sei auf dem Kontinent unerwartet schnell realisierbar.

Reyes möchte in Fortsetzung von Bellos Idee der *translatio imperii*[69] durch seine Idealisierung Lateinamerikas als traditionell zukunftsweisende Kraft die Bewohner des Konti-

---

63 "El presagio", S. 16 und S. 35ff. Auch André Breton instrumentalisiert Kolumbus als Visionär: "Il fallut que Colomb partît avec des fous pour découvrir l'Amérique. Et voyez comme cette folie a pris corps, et durée" ("Manifeste du surréalisme" [1924], in: *Manifestes du surréalisme*, Paris 1989, S. 13-60, hier S. 15f.).
64 "Chateaubriand en América" (1920), O.C. 3, S. 426-432, hier S. 426.
65 Vgl. Horl Groenewold, "Selbstbild", S. 317.
66 "No hay tal lugar", S. 385. Vgl. "En la VII Conferencia", S. 73.
67 Reyes erkennt bei Harrington die Maximen der Revolution - *repartición agraria, sufragio efectivo, no reelección* - bis ins Detail angelegt ("No hay tal lugar", S. 367ff.). Reyes' Äquidistanz zu marxistischen und nationalistischen Utopien behandelt Robert T. Conn, "Americanismo andante: Alfonso Reyes and the 1930s", *Latin American Literary Review* 23, 46 (1995), S. 83-98.
68 "Capricho de América", S. 78.
69 Siehe zu Bello: Strosetzki, "Europäische Antike", S. 52.

nentes für ihre Rolle als Hoffnungsträger der Menschheit sensibilisieren. In dieser Absicht will er dem athenäistischen Menschenbild und Weltverständnis entsprechend einen kollektiven Prozeß der Anamnese in Gang setzen, um gemäß dem Leitsatz "soñemos, para mejor entender la realidad"[70] die Idee der Utopie Gestalt annehmen zu lassen. Lateinamerika wird zum paradiesischen Platzhalter Europas, da es vorbestimmt sei, zum Ort eines neuen Paradigmas der ästhetischen Lebensführung und zur Heimat einer harmonischen Kultursynthese zu werden. Obwohl Reyes zugleich das friedliche Miteinander der Kulturen einfordert, so kehrt diese Vision eines dominanten Lateinamerika lediglich den europäischen Überlegenheitsdiskurs um und setzt die traditionellen kulturellen Asymmetrien zwischen Europa und Amerika unter umgekehrtem Vorzeichen fort. Reyes gelingt es somit wie den übrigen Repräsentanten des athenäistischen Denkens nicht, sein utopisches Kulturkonzept völlig von dem aus postkolonialen Bedürfnissen entstandenen Wunsch nach einer Überbietung des europäischen Modells zu emanzipieren.

4.3. Vasconcelos

Wie kaum ein anderer Athenäist erhebt Vasconcelos den Anspruch, als Vordenker des *mestizaje* ein umfassendes *nuevo concepto de vida*[71] entwickelt zu haben, dessen Umsetzung die Eingliederung in die moderne Weltzivilisation erleichtern sollte. Gemäß der Einsicht, daß die Kenntnis des Anderen eine Bereicherung des Selbst darstellt, entwirft auch er in Abkehr vom bislang herrschenden Modell des *patriotismo exclusivamente nacional*[72] das Ideal einer völkerverbindenden, durch die *raza universal*[73] verkörperten rassischen und kulturellen Synthese.[74]

---

70 "Capricho de América", S. 76. Das im gesellschaftlichen Wandel begriffene Mexiko stellt für Reyes das Kernland dieser Hoffnung dar. Diese Überzeugung drückt er in seinem nach der Rückkehr aus Europa 1924 verfaßten Sonett "Divinidad inaccesible..." aus (O.C. 10, México, S. 105).
71 "Carta a Romain Rolland", S. 856.
72 "La Raza cósmica (Misión de la raza iberoamericana)" (1925), O.C. 2, S. 903-1067, hier S. 910.
73 "Carta a la juventud de Colombia", S. 820; vgl. *Indología*, S. 1286 und den Überblick bei Peña, "Raza cósmica", S. 79ff.
74 Parallelen zu Martís, Rodós, Ricardo Rojas', Uslar Pietris, Valcárcels oder Lezama Limas Thesen zur kontinentalen Einigung erschließen Borsò, *Mexiko*, S. 114; Ette, "Lateinamerika", S. 40 und Brigitta Leander, "La identidad cultural en América Latina", in: UNESCO (Hrsg.), *La identidad cultural en América Latina*, Paris 1986, S. 14-21, hier S. 14. Caso führt wie Vasconcelos die Rückständigkeit und ökonomische Dependenz Mexikos auf eine mangelhafte gesellschaftliche Homogenität zurück: "México es un organismo inconexo que se debate en su propio dolor" ("Por qué somos tan pobres" [1923], O.C. 4, S. 117-119, hier S. 118f.). Entscheidend sei aber das fehlende Arbeitsethos: "Somos pobres porque no trabajamos" (a.a.O., S. 119). Vgl. ders., "Psicología", S. 297-299.

4.3.1. Das Konzept der *raza* und die Norm des synthetisierenden Ästhetischen

Anfang des 20. Jahrhunderts trat in der mexikanischen rassentheoretischen Diskussion neben das positivistisch-biologistische Argument der Überlegenheit der reinen Rasse das geistig-kulturelle, identitätsstiftende Kriterium der Superiorität des Mestizen.[75] In diesem Sinne war Caso im Zuge seiner Auseinandersetzung mit dem Positivismus davon ausgegangen, daß zweckfreie, ästhetischen und vitalistischen Maßstäben gehorchende Existenz- und Erkenntnisformen weit vor jenen rangieren, welche den Gesetzen der Evolution folgen. Vasconcelos greift diese Argumentation auf und möchte durch seine auf die Betonung der Emotionen abzielende Neubewertung der *raza mestiza* identitätsstiftend gegen die *decadencia moral* sowie die "falta de fe en nosotros mismos" vorgehen.[76] Neben den bereits vom Positivismus erfaßten Einflußfaktor des *territorio* treten daher aus Vasconcelos' Sicht in Lateinamerika die *factores espirituales* und die positiven Eigenheiten der *raza mestiza* als Voraussetzungen für die Erfüllung der "gran empresa de iniciar la era universal de la humanidad".[77]

So intensiviert sich in Vasconcelos' Schriften die im mexikanischen Identitätsdiskurs angeklungene kulturästhetische Komponente der Mestizierungstheorie. Zugleich wird aber die Gültigkeit des rassischen Argumentes im Zusammenhang mit der Mestizierungsthese nicht völlig geleugnet. Zwar hinterfragt der Athenäist kritisch das Gedankengut Darwins, doch erwähnt er, daß "la afinidad sanguínea constituye aglutinante poderoso de la nacionalidad y secreta norma de categorías sociales".[78] Vasconcelos wiederholt sogar ein Argument des Rassentheoretikers Le Bon und fordert, daß die sich mischenden ethnischen Komponenten im Idealfall einander weniger fremd sein sollten als Spanier und Indianer während der Conquista.[79] Es deutet sich an, daß Vasconcelos' Rassen- und Mestizierungskonzeption aufgrund der Vermischung rassischer, ästhetischer und sozialer Aspekte ambivalente Züge trägt. Trotz seiner Reminiszenzen an den rassentheoretischen positivistischen Argumentationsgang behandelt Vasconcelos seiner philosophischen Grundeinstellung

---

75 Siehe beispielhaft für die mexikanistische Argumentation Luis G. Urbinas Vortrag "La literatura mexicana", den er im Rahmen des vom *Ateneo* 1913/14 in der *Librería General* ausgerichteten Zyklus präsentierte: "...la estructura corporal del mexicano difiere del tipo español tanto como del americano. Fisiológicamente no somos ya ni éste ni aquél; somos otros, somos nosotros, somos un tipo étnico diferenciado, que, no obstante, participa de ambas razas progenitoras. (...) Esa misma mezcla, ese mismo combate, esa misma coexistencia se verifican en las regiones del espíritu y han acabado por producir un tipo psíquico, bien determinado y diferenciado, y paralelo al nuevo tipo psicológico del mexicano" (zit. nach Roggiano, *Pedro Henríquez Ureña*, S. 183). Schon Renan hatte vermerkt: "Neben den anthropologischen Merkmalen gibt es die Vernunft, die Gerechtigkeit, das Wahre und Schöne, die für alle dieselben sind" (Renan, *Nation*, S. 25).
76 *Bolivarismo*, S. 1371.
77 "Raza cósmica", S. 941.
78 "Racismo", S. 11.
79 Die Vitalität der USA und Argentiniens beruhe auf der ethnischen Mischung verwandter Gruppen und der Ausgrenzung von Indianern und Farbigen. Dennoch ist Vasconcelos überzeugt, daß "aun los mestizajes más contradictorios pueden resolverse benéficamente siempre que el factor espiritual contribuya a levantarlos" ("Raza cósmica", S. 906).

entsprechend das Konzept der *raza* als einen handlungsinitiierenden Mythos.[80] Nicht das Kriterium des Faktischen oder Machbaren, sondern einzig der Glaube an das Mögliche soll das Handeln des lateinamerikanischen Menschen lenken.

Es zählt zu den Widersprüchen des rassentheoretischen Ansatzes Vasconcelos', daß er mit dem Primat des biologischen Selektionskriteriums brechen möchte, dieses aber sodann durch ein ästhetisches, geistiges und emotionales Selektionskriterium ersetzt. Daher tritt immer wieder die Argumentationsweise des darwinistischen Diskurses in Erscheinung, wenngleich sie infolge ihrer gewandelten, amerozentrischen Ausrichtung mit neuen Inhalten besetzt wird. So bezeichnet Vasconcelos seine Theorie als *mendelismo espiritual benéfico*[81] oder *eugenesia estética* und postuliert eine "selección por el gusto, mucho más eficaz que la brutal selección darwiniana".[82] Da man sich bislang "a la manera de las bestias, sin límite de cantidad y sin aspiración de mejoramienteo"[83] fortgepflanzt habe, bedeutet Mestizierung für ihn nicht etwa eine "repugnante promiscuidad, sino (...) una selección vital regida por el instinto sano y el gusto libre".[84] Offensichtlich findet das Selektionsprinzip Eingang in die Thesen des Athenäisten, doch nicht mehr als Folge des Lebenskampfes, sondern als Produkt einer Wahlmöglichkeit, die auf dem von den Spaniern vermittelten Sinn des Iberoamerikaners für *belleza, gusto*[85] und dem "lenguaje misterioso de la simpatía"[86] aufbaue. Allein das gefühlsgeleitete Streben nach Schönheit soll somit eine völkerverbindende Synthese und die Vervollkommnung der *raza* bewirken. Über das Problem, daß die generalisierende Verwendung eines amerozentrischen Schönheitsbegriffs als Selektionskriterium ebenso fragwürdig erscheint wie das euro- und anglozentrische Kriterium der Reinrassigkeit, geht Vasconcelos aufgrund seines Anspruchs, einen identitätsstiftenden Mythos zu schaffen, hinweg. Deswegen sieht er sich in der Lage, freimütig einzugestehen, seine These von der Überlegenheit des Mestizen sei letztlich "tan arbitraria y tan frágil como la tesis de la superioridad de los blancos".[87]

Mit Vasconcelos' ästhetischem Neo-Darwinismus verbindet sich das Vorhaben der Schaffung eines

---

80 Vgl. Villegas, "José Vasconcelos", S. 97.
81 "Raza cósmica", S. 934.
82 Beide Zitate a.a.O., S. 933; vgl. a.a.O., S. 931 und *Bolivarismo*, S. 1411. Auch Ramos zählt den *sentimiento* und die *pasión*, nicht aber die *inteligencia* zu den führenden Impulsen des *pensamiento hispanoamericano* (*Perfil*, S. 133). Abelardo Villegas geht gar soweit, aufgrund der lebenslenkenden Funktion des Ästhetischen und Erotischen Bezüge zwischen Vasconcelos und der Hippiebewegung zu erkennen (*Pensamiento*, S. 56).
83 "Raza cósmica", S. 932.
84 *Indología*, S. 1298.
85 A.a.O., S. 933. Im Gegensatz zu Reyes' Würdigung der indianischen ästhetischen Empfindsamkeit in *Visión de Anáhuac* sieht Vasconcelos ausschließlich die Eroberer als sensible Ästheten: "el apetito que los empujaba era el apetito de la contemplación, el encanto y el esplendor de los paisajes más hermosos de la Tierra" (*Indología*, S. 1215).
86 A.a.O., S. 1298.
87 A.a.O., S. 1085.

> *vasto continente abierto a todas las razas y a todos los colores de la piel, a la humanidad entera para que organice un nuevo ensayo de la vida colectiva; un ensayo fundado no solamente en la utilidad, sino precisamente en la belleza...*[88]

Vasconcelos' Philosophie des ästhetischen Monismus verbindet nach Art eines "diskursiven *bricolage*"[89] den christlichen Gedanken der Nächstenliebe und das Konzept der Rassenmischung zu einem mystisch-utopischen Geschichtsentwurf.[90] Im Unterschied zu Hegels eurozentrischem Verständnis der Geschichte als von der Vernunft diktierte Wirklichkeit setzt der *apóstol de la raza*[91] hierbei das Emotionale und Irrationale des Iberoamerikaners an die Stelle der Rationalität. Der neo-romantisch anmutende, in der Tradition des Arielismus anzusiedelnde Verweis auf die Emotionalität der *raza latina* dient Vasconcelos somit als identitätsstiftendes Distanzierungskriterium vom Rationalismus der Alten Welt. Zugleich soll die universale Kulturmischung in Südamerika eine Abkehr von dem bisherigen Selbstbild einer dependenten, peripheren Kultur bewirken.

4.3.2. Das Kulturmodell des *mestizaje* - ein Gegenmodell?

In der von Sierra, Chávez, Molina Enríquez und Gamio maßgeblich geprägten Tradition negiert Vasconcelos die Gültigkeit des eurozentrisch ausgerichteten rassistischen Diskurses, um mittels der Aufwertung des *mestizaje* die nationale und kontinentale Eigenständigkeit, Kreativität und Dynamik hervorzuheben. In dem Bestreben, das Eigene zu behaupten, übernimmt er zwar den Argumentationsgang des Rassismus, besetzt aber dessen Inhalte neu.[92] Vasconcelos möchte die Thesen Leclerc de Sablons und Pittards, Mendels, Darwins und Spencers im Sinne des Lateinamerikanismus "vom Kopf auf die Füße" stellen und leitet hieraus eine emanzipatorische, zukunftsgerichtete Definition des mestizischen Eigenen ab:

> *Anotemos lo siguiente con letras mayúsculas:* QUE NUESTRA MAYOR ESPERANZA DE SALVACION SE ENCUENTRA EN EL HECHO DE QUE NO SOMOS UNA RAZA PURA, SINO UN MESTIZAJE, UN PUENTE DE RAZAS FUTURAS, UN AGREGADO DE RAZAS EN FORMACION, AGREGADO QUE PUEDE CREAR UNA ESTIRPE MAS PODEROSA QUE LAS QUE PROCEDEN DE UN SOLO TRONCO.[93]

---

88 "Conferencia", S. 874. Vgl. mit "Latin-American Basis", S. 93 und "Discurso inaugural", S. 800.
89 Matzat, "Mexikanische Identität", S. 137.
90 So deutet der Essayist die Herrschaft von *belleza* und *amor* nach der *redención colectiva* als Ergebnis und Bestätigung der *revelación divina* ("Raza cósmica", S. 939f.). Zu Vasconcelos' Mystizismus siehe Peña, "*La raza cósmica*", S. 82.
91 Villegas, "José Vasconcelos", S. 70.
92 Caso hingegen bleibt nachhaltiger von der Sichtweise der europäischen Rassentheoretiker geprägt, wenn er die vermeintlich problematische Mischung kulturell unterschiedlicher Ethnien in Südamerika als Ursache für die Rückständigkeit des Südkontinentes ansieht (*Sociología*, S. 87ff.).
93 *Indología*, S. 1202; vgl. "Raza cósmica", S. 904ff.

In Lateinamerika vollendet sich für Vasconcelos die Menschheitsentwicklung durch die Entwicklung des perfekten Mestizen, den Vasconcelos als *totinem* bezeichnet.[94] Diese hoffnungsvolle Perspektive bildet das Ergebnis einer für den Athenäismus typischen Umwertung bislang defizitär geltender Eigenschaften. Die ethnische Vielfalt und das Fehlen einer in sich abgeschlossenen nationalen Identität werden nunmehr als Chance gedeutet, eine von nationalistischen Vorurteilen unbelastete universale Identität zu gewinnen.

Das athenäistische Prinzip einer affirmativen Umwertung der vom rassistischen Diskurs angenommenen negativen Eigenschaften des Mestizen wird ferner dadurch bestätigt, daß Vasconcelos anerkennt, jener könne seine Wurzeln nicht eindeutig erfassen. Gerade aus diesem vorgeblichen Mangel leitet er jedoch dessen Eignung für seine künftige Mission ab:

> ...*the half-breed cannot entirely go back to his parents because he is not exactly as any of his ancestors; and being unable to connect fully with the past, the mestizo is always directed toward the future - is a bridge to the future. No country can show, better than Mexico can, all of the signs and the effects of this peculiar mestizo psychology.*[95]

Die optimistische Zukunftsvision, welche in den zwanziger und dreißiger Jahren das universalistische und mexikanistische Anliegen nachhaltig beeinflußte,[96] verleitet den Athenäisten jedoch nicht zu einer unbedingten Verherrlichung des Mestizen in der Gegenwart. Einmal mehr findet sich in Vasconcelos' Thesen ein Echo der aus dem 19. Jahrhundert stammenden rassentheoretischen Argumente, wenn neben die positiven Aspekte der großen Vorurteilsfreiheit des Mestizen, seiner *great vivacity of mind* und der *quickness of understanding* das problematische *unsteady temperament, not too much persistence in purpose* sowie *a somewhat defective will* treten.[97] Aufgrund der bereits beschriebenen Selektionsmechanismen steht es freilich für Vasconcelos außer Frage, daß trotz dieser Mängel die künftige positive Entwicklung zur "raza definitiva, la raza síntesis o raza integral, hecha de todas las razas"[98] führt.

Um sein Konzept des *mestizaje* als Merkmal der lateinamerikanischen Identität historisch zu fundieren und die identitätsstiftende Aussöhnung mit Spanien zu betreiben, bemüht sich Vasconcelos nachdrücklich um die idealisierende Aufwertung der Kolonialzeit. Sie habe bei den Lateinamerikanern zu jener geistigen Offenheit geführt, welche die Voraussetzung für den *mestizaje* und die zukünftige Führungsrolle des Südkontinentes bilde.[99] Gerade die

---

94 Der *totinem* ist der "hombre todo, el hombre síntesis, el prototipo y tipo final de la especie" (*Indología*, S. 1190).
95 "Latin-American Basis", S. 83.
96 Dies betont Beer, "Raza cósmica", S. 39f.
97 "Latin-American Basis", S. 92.
98 "Raza cósmica", S. 922.
99 A.a.O., S. 918; vgl. "Latin-American Basis", S. 3ff. und *Etica*, S. 914. Leopoldo Zea hebt diesen Aspekt besonders hervor (*Filosofía*, Bd. 2, S. 161).

Tradition des *ideal ecuménico español*[100] erlaube es, die lateinamerikanische Mestizierung als im wesentlichen von Spanien inspirierte Tradition anzusehen.[101]

Die Idealisierung der spanischen Tradition läßt sich neben Vasconcelos' Behandlung der Christianisierung[102] am ehesten anhand seiner Darstellung der für das Konzept des *mestizaje* äußerst brisanten Vergewaltigungen der Indianerinnen durch die Konquistadoren nachvollziehen. Die Tatsache, daß Cortés unmittelbar nach der Niederwerfung des Aztekenreiches Tecuichpo, die Frau Cuauhtémocs, vergewaltigte, oder die Frage, ob der Eroberer in Mexiko seine spanische Ehefrau umgebracht hat, wird zu Gunsten der für den *mestizaje* symbolhaft funktionalisierten Beziehung mit Malinche ausgeblendet.[103] In bemerkenswert eindeutiger Weise führt der *ateneísta* den sexistischen und sexualisierten kolonialen Diskurs fort, indem er Kolumbus und seine Begleiter nicht nur in kultureller Hinsicht als ruhmreiche Gründer des kontinentalen *mestizaje* ansieht. Den von ihnen vergewaltigten Indianerinnen gesteht er lediglich einen Objektstatus zu; er umschreibt den Akt der Vergewaltigung euphemistisch als "Raub" und versucht, ihn durch den Verweis auf die menschlichen Qualitäten der "Eroberer" des Weiblichen zu banalisieren.[104]

Vasconcelos bemüht sich, den Ursprung des *mestizaje* aus einer kolonialen und machistischen Perspektive heraus zu entproblematisieren. Deswegen vertritt er das verharmlosende Ideal eines kulturellen Kontaktes, der zwar das Ende der *raza indígena*, doch immerhin auch eine *transformación del español* bewirkt habe.[105] Diese die interethnischen Spannungen beschönigende Version der lateinamerikanischen Geschichte als Transkul-

---

100 "Racismo y nacionalismo", S. 39.
101 *Indología*, S. 1131 und S. 1217ff.; *Estudios indostánicos*, S. 99; "Latin-American Basis", S. 5f., 44, 46 und 86; *Breve historia*, S. 1402f., 1426, 1305f.; "Raza cósmica", S. 914; "La revolución y sus errores. La reacción y sus riesgos", in: *Hispanoamérica frente a los nacionalismos agresivos de Europa y Norteamérica. Conferencias pronunciadas en la Facultad de Ciencias Jurídicas y Sociales de la Universidad Nacional de La Plata en agosto-octubre de 1933*, La Plata 1934, S. 41-64, hier S. 55 und *Lógica organica*, S. 501. Aufgrund dieser Haltung wird der Autor für Monsiváis zu einem *reaccionario en strictu sensu* ("José Vasconcelos", S. 353).
102 Der Einsatz von Gewalt bei der Christianisierung wird von Vasconcelos verharmlost. Wichtig sei allein, daß die Spanier der indianischen *mitología grotesca y cruel* ein Ende bereitet hätten, um diese durch die "cultura nueva, vigorosa y limpia, progresiva y cristiana" zu ersetzen (*Breve historia*, S. 1406).
103 "Latin-American Basis", S. 81. Vgl. Norbert Greinacher, "Bekehrung durch Eroberung. Kritische Reflexion auf die Kolonisations- und Missionsgeschichte in Lateinamerika", *Trierer Beiträge* 23 (Nov. 1994), S. 17-25, hier S. 20. Die näheren Umstände des Todes Doña Catalinas sind bis heute ungeklärt. Siehe Hermann Homann, "Nachwort", in: Hernán Cortés, *Die Eroberung Mexikos*, Darmstadt 1984, S. 277-303, hier S. 296.
104 "Estuvo en Curazao y la laguna de Maracaibo, donde, según crónicas, sus gentes raptaron a unas indias de extraordinaria belleza. Pero no eran únicamente piratas quienes consumaban estos descubrimientos. Mientras los soldados robaban indias o perlas, Américo Vespucio (...) trazó el mapa del continente que tomaría su nombre. Desde el principio (...) venían los hombres de ciencia, los letrados y los santos, que de todo había en la síntesis de pueblos y de culturas que era por entonces la Península Ibérica" (*Breve historia*, S. 1316f.).
105 *Indología*, S. 1174f.

turationsprozeß steht jedoch im Widerspruch zu Aussagen wie "los españoles hicieron de la América una España grande".[106] Auch die Feststellung "Los mismos indios puros están españolizados, están latinizados, como está latinizado el ambiente"[107] entkräftet die idealisierende These, der Indianer habe sich und seine Kultur im *mestizaje* einbringen können.[108] Vasconcelos' Vorbehalte gegenüber der indianischen Kulturtradition lassen somit sein amerozentrisch gemeintes Konzept des *mestizaje* in eine eurozentrische Schieflage geraten, die zunimmt, als sich das Scheitern seiner Visionen abzeichnet und er hierfür nach Schuldigen sucht.[109]

Die vielfältigen Möglichkeiten einer kulturellen Polyphonie, die ihre Dynamik gerade aus dem Fragmentarischen und Abweichenden herleitet, treten bei Vasconcelos zugunsten eines Einheitsdiskurses zurück, der dem traditionell homogenen Nationbegriff entspricht.[110] Dies hat zur Folge, daß die kulturellen Traditionen der Indianer der hispanozentrischen Auslegung des *mestizaje* geopfert werden, welche keine Transkulturation, sondern lediglich die Akkulturation der *indígenas* vorsieht. Es bleibt daher kritisch zu vermerken, daß Vasconcelos' *mestizaje*-Konzept unterschwellig die traditionelle Dichotomie von Zivilisation und Barbarei sowie die eurozentrische Sicht der iberoamerikanischen Realität fortsetzt und daher im Widerspruch zu seinem plakativ verkündeten Anspruch einer ausgewogenen Mischung von Europäischem, Indigenem und Universalem steht.

4.3.3. *Mestizaje* und Rassismus: Die Zwänge des ethnisch-kulturellen *blanqueamiento*

Vasconcelos entwirft in der geistigen Tradition Sierras[111] ein Identitätsmodell, das unter Verweis auf die koloniale Vergangenheit die Mestizierung als genuin iberoamerikanisches Kulturmuster rechtfertigen möchte. Demonstrativ distanziert er sich inhaltlich vom eurozentrischen Diskurs und kritisiert wie Reyes die Idee der "reinen Rasse".[112] Die nähere Betrachtung des *mestizaje* läßt allerdings erkennen, daß Vasconcelos oft unterschwellig vom Diskurs des Rassismus beeinflußt bleibt:

---

106 A.a.O., S. 1186.
107 "Raza cósmica", S. 917.
108 A.a.O., S. 928.
109 Vgl. seine von ethnischen Stereotypen durchzogene Forderung: "Y continuar la labor de absorción del indio en el sistema del blanco. Y es protestantizante y es pro imperialista toda propaganda de renacimiento cultural indígena autóctono, así se revista con los disfraces del comunismo. El retorno a la monstruosidad azteca o a la modorra incaica sería aparte de imposible, suicida para la competencia que hemos de librar con todas las naciones en el manejo de los destinos americanos" (*Bolivarismo*, S. 1351).
110 Vgl.: "In the south we are one, morally and racially" ("Latin-American Basis", S. 21).
111 Siehe Sierra, *Evolución política*, S. 37.
112 "Latin-American Basis", S. 97 und *Estudios indostánicos*, S. 98.

> *Pongamos también atención en el hecho de que al lado del primitivo hispanoindígena se ha producido otro mestizaje, más humilde, pero también importante como factor humano y también dotado de raras virtudes: el mestizaje de español y negro y de portugués y negro, el mulato, que tantos tesoros de inspiración y de arte contiene en su entraña recién gastada. Agregad aún a estos mestizajes, que llamaremos discutibles, el mestizaje indígena, el mestizaje negro y las combinaciones de estos dos tipos, tipos que están a prueba en el crisol de la vida; agregad a toda esta complicación los mestizajes de tipo europeo (...); añadid aún las emigraciones asiáticas (...) y reconoceréis que ya es la América nuestra el continente de todas las razas.*[113]

Vasconcelos unterscheidet wie Chávez zwischen qualitativ unterschiedlichen Mestizierungskombinationen. Selbst verdiente Forscher wie Beer[114] und Stabb[115] gehen darüber hinweg, daß bei Vasconcelos das rassistische Vorurteil nachwirkt, wenn er den spanischen und kreolischen Faktor am bedeutendsten für einen qualitativ hochwertigen *mestizaje* einschätzt, während die Kulturen der Indianer und Schwarzafrikaner als zweit- und drittrangig bewertet werden.[116] Dieser rassistischen Tendenz entsprechend vertritt er die These, daß im *mestizaje* Farbige eine ethnische Aufwertung erfahren könnten.[117] Auch seine im krassen Widerspruch zur Idee der Mestizierung oder der kosmischen Rasse stehenden Tiraden gegen die Zuwanderer aus dem asiatischen Raum bedienen sich des diskriminierenden Vokabulars des rassistischen Diskurses.[118] Indem Vasconcelos den

---

113 *Indología*, S. 1181; vgl. *Estudios indostánicos*, S. 98 und "Latin-American Basis", S. 85.
114 Beer, *José Vasconcelos*, S. 20.
115 Stabb präsentiert Vasconcelos gar als verdienstvollen Indigenisten: "El florecimiento más notable del indigenismo hispanoamericano es, probablemente, el de Méjico en la década de 1920, y su vocero más destacado es José Vasconcelos" (*América Latina*, S. 101). Aus indigenistischer Sicht weist Mark Münzel demgegenüber auf die Marginalisierung der *indígenas* in den zwanziger Jahren hin, während die politische Propaganda die Idee einer Befreiung der Indianer durch die Revolution und den offiziellen indianischen Charakter des neuen Mexiko verbreitete ("Indianische Mythen und europäischer Indigenismo. Zur Frage der oralen indianischen Literatur in Lateinamerika", *Iberoamericana* 2, 2 [1978], S. 3-17, hier S. 4).
116 In "Deber de Hispanoamérica" bestätigt Vasconcelos diese Hierarchie der Kulturen bei der Schaffung eines lateinamerikanischen Bewußtseins: "...en su constitución han entrado y siguen entrando las simientes todas de lo humano. España y Portugal, Europa toda, en parte, y lo aborigen, más una porción considerable de lo africano y poco de lo asiático..." (a.a.O., S. 109).
117 "Los tipos bajos de la especie serán absorbidos por el tipo superior. De esta suerte podría redimirse, por ejemplo, el negro, y poco a poco, por extinción voluntaria, las estirpes más feas irán cediendo el paso a las más hermosas. Las razas inferiores, al educarse, se harían menos prolíficas, y las mejores especímenes irán ascendiendo en una escala de mejoramiento étnico ("Raza cósmica", S. 933). Es ist beispielhaft für die Widersprüchlichkeit vieler Aussagen des Essayisten, wenn er anschließend hinzufügt: "El mestizo y el indio, aun el negro, superan al blanco en una infinidad de capacidades propiamente espirituales" (a.a.O.).
118 "...reconocemos que no es justo que pueblos como el chino, que bajo el santo consejo de la moral confuciana se multiplican como los ratones, vengan a degradar la condición humana, justamente en

angeblich "vermehrungsfreudigen Asiaten" gerade den Gebrauch der *inteligencia* als wichtigstes Korrektiv ihrer sexuellen *instintos* nahelegt, widerspricht er dem von ihm selbst aufgestellten Primat des gefühlsgelenkten Seinsmodus als Leitwert des *mestizaje*.

Erneut wird deutlich, daß der Essayist ausgerechnet zur Begründung seiner Theorie der Mestizierung, welche eine Alternative zum Modell des Rassismus bilden möchte, die Rhetorik und Argumentation des rassistischen Diskurses übernimmt. An die Stelle der Herrschaft des Blutes und der Erbanlagen rückt bei Vasconcelos lediglich das verabsolutierte Kriterium des ästhetischen Empfindens. Seine rassistischen Positionen führen ihn in der *Etica* dazu, die Kritik am bisherigen Gang des *mestizaje* primär an den Versäumnissen der *razas de color* festzumachen.[119] Der Athenäist konzipiert somit das Konzept der idealen Mestizierung nicht etwa als dialogische Begegnung gleichwertiger Kulturen, sondern wie Pimentel, Sierra, Bunge oder Alcides Arguedas als *blanqueamiento* vermeintlich minderwertiger Ethnien.[120]

Dieser Überzeugung gemäß kommt bei der historisierenden Betrachtung des *mestizaje* aus Vasconcelos' wie auch Sierras und Reyes' Sicht Cortés, nicht aber Cuauhtémoc, die Funktion eines Gründers der mexikanischen Nation zu.[121] Bereitwillig übernimmt der Essayist daher auch Bernal Díaz' Schilderung der religiösen Greuel der Azteken, um die Wohltaten des spanischen Katholizismus antithetisch umso prägnanter herauszustellen und das Bild einer weitestgehend kulturlosen indianischen Ethnie zu entwickeln.[122] Zwar wird den mexikanischen Indianern auch zugestanden, Relikte der Maya-Quiché-Kultur in sich zu tragen, doch stelle die Gegenwart lediglich einen schwachen Abglanz der früheren Epoche dar. Wie Reyes beurteilt Vasconcelos daher die Indianer als *decayed stock*, selbst wenn er dies mit der Aussage "our Indians (...) are not primitive as was the Red Indian"[123] zu relativieren versucht.

Zur Beendigung des *aztequismo subyacente*[124] der Indianer plant Vasconcelos deren Akkulturation vermittels eines *sistema de incorporación*, das ihnen durch das Erlernen des Spanischen den *patriotismo lingüístico*[125] und das Bewußtsein der *ciudanía iberoameri-*

---

los instantes en que comenzamos a comprender que la inteligencia sirve para refrenar y regular bajos instintos zoológicos, contrarios a un concepto verdaderamente religioso de la vida" (A.a.O., S. 921).
119 *Etica*, S. 915.
120 Siehe Basave Benítez, *México mestizo*, S. 27.
121 Vgl. Sierra, *La evolución política*, S. 32 und Vasconcelos, *Breve historia*, S. 1388f. Nach Vasconcelos war es für Mexiko eine Ehre und Erlösung, von der "primera raza del mundo civilizado" unter dem "primero de los capitanes de la época, el más grande de los conquistadores de todos los tiempos, Hernando Cortés" kolonialisiert zu werden (a.a.O., S. 1308).
122 "Su alimento era de corazones crudos. Los brazos y las piernas de las víctimas se los comían los militares aztecas, los sacerdotes" (a.a.O., S. 1428); vgl. a.a.O., S. 1422, 1306f. und *Indología*, S. 1211. Guzmán bezeichnet die Indianer als "un lastre o un estorbo", als "masa desnuda, miserable, taciturna" oder " un ser que no existe" (zit. nach Arturo Delgado González, *Martín Luis Guzmán*, S. 66).
123 "Latin-American Basis", S. 77.
124 *Ulises criollo*, S. 703.
125 *Indología*, S. 1191. Die Radikalität dieser Vorgehensweise bestätigt die Aussage: "imponer lengua extraña a todo un pueblo es aniquilarlo espíritualmente" ("La resurrección de la lengua", *El Univer-*

cana vermitteln sollte.[126] Gemäß dem athenäistischen Klischee des handwerklich besonders geschickten Indianers räumt er ein, daß auch dieser in der modernen Gesellschaft seinen Platz finden könne. Die anschließende humorvoll gemeinte Bemerkung, daß es in der modernen Zivilisation tatsächlich eines wahren Künstlers bedürfe, um die Teile eines Flugzeugmotors zu polieren,[127] läßt indes keinen Zweifel über den Platz zu, den Vasconcelos gemäß rassistischer Stereotype den *indígenas* in der Gesellschaft zuteilt.

Die Identitätskonstruktion des Athenäisten steht aufgrund ihrer Beurteilung der *indígenas* als rückständige und unmündige Menschen nicht nur in der Tradition des rassistischen, sondern auch des kolonialen Diskurses, der von einer menschlichen und notwendigerweise kulturellen Minderwertigkeit der amerikanischen Ureinwohner ausging.[128] Die seit der *Colonia* vorherrschende Unmündigkeitsthese wird aus Vasconcelos' Sicht zudem dadurch bestätigt, daß die USA die Indianer als Agenten des Imperialismus mißbrauchten.[129] Der Strömung des Indigenismus schließlich begegnet der Essayist mit dem von den Athenäisten gerne gebrauchten Argument, nach welchem die Rückkehr in "la edad de piedra de los aztecas"[130] mit dem Projekt eines modernen Staates unvereinbar sei.

Infolge seiner Wahlniederlage von 1929 verfestigt sich bei Vasconcelos die Tendenz, den *indígenas* auch die letzten positiven Eigenschaften abzusprechen, welche in *Indología* noch angedeutet werden. Die restriktive Sicht des *mestizaje* setzt jene Entwicklung fort, die sich infolge einer auf unterschiedlichen Mestizierungsqualitäten beruhenden rassischen Vorauswahl schon früh abzeichnete. Sie führt dazu, daß Vasconcelos in den vierziger

---

sal [21.5.1928], zit. bei Skirius, *José Vasconcelos*, S. 24). Erst unter Cárdenas wurde in den Schulen von dem inzwischen restaurierten Prinzip der Einsprachigkeit abgewichen. Siehe Eduard Weiß, *Schule zwischen Staat und Gesellschaft (Mexiko 1920-1976)*, München 1983, S. 353. Aguirre Beltrán unterscheidet als Vertreter des integrationistischen Indigenismus die Segregationspolitik zur Zeit der *Colonia* von der aus dem 19. Jahrhundert stammenden Inkorporationspolitik und der Integrationspolitik ab 1940. Auch Aguirre Beltrán stellt die Vision eines kulturellen Pluralismus hinter den Imperativ des Nationalen. Ab 1968 wird durch die kritische Anthropologie parallel zur Forderung nach einem *etnodesarrollo* das Phänomen des "internen Kolonialismus" Mexikos verstärkt zur Diskussion gestellt. Vgl. Maihold, *Identitätssuche*, S. 131, 149 u. 173ff. Das Verhalten der mexikanischen Regierung im Chiapas-Konflikt bestätigt den Versuch, die Indianer durch einen *indigenismo de participación* in die institutionalisierte Revolution einzubinden, um sie hierdurch politisch kontrollieren zu können.

126 *Robinsón*, S. 1605.
127 "Latin-American Basis", S. 37f.
128 Janik faßt die kolonialen antiindianischen Positionen zusammen: "1. Die Indios sind wie die Tiere. (...) 2. Die Indios sind nicht mit "ratio" ausgestattet. (...) 3. Die Indios sind von Natur aus Sklaven und unfähig, als freie Bürger zu leben. (...) 4. Die Indios haben keine originären Besitzrechte" (*Stationen*, S. 15f.). Vgl. zur Fortsetzung des kolonialen Diskurses auf nationaler Ebene und der hieraus folgenden scheinhaften nationalen Selbständigkeit: Mario Erdheim, *Psychoanalyse und Unbewußtheit in der Kultur*, Frankfurt/Main 1988, S. 351.
129 *Bolivarismo*, S. 1333. Siehe Antonio Sacoto, "Aspectos indigenistas en la obra literaria de José Vasconcelos (1881-1959)", *Cuadernos Americanos* 28, 2 (1969), S. 151-157, hier S. 157.
130 "Discurso de Cuauhtémoc. En el ofrecimiento que México hace al Brasil de una estatua de Cuauhtémoc" (1923), O.C. 2, S. 848-853, hier S. 852.

Jahren die Ansicht vertritt, der Mestize müsse seine indigenen Wurzeln völlig kappen, um in der modernen Welt überleben zu können.[131] Wenn sich der Essayist zwanzig Jahre nach der Publikation von *La raza cósmica* von dem *librecillo de error*[132] distanziert, so drückt dies weniger das Ergebnis eines Erkenntnisprozesses als vielmehr seine Frustration nach dem Scheitern seiner Gesellschaftsutopie aus.

Vor allem die marxistisch-sozialistische und indigenistische Kritik wandte sich gegen Vasconcelos' Forderung nach einem *blanqueamiento* der in Mexiko lebenden Ethnien. So warf Mariátegui dem Athenäisten den konservativ-paternalistischen und realitätsfernen Charakter seiner Thesen vor.[133] Vermutlich trugen eben diese konservativ-autoritären Tendenzen und der synthetisierende Ansatz dazu bei, daß Vasconcelos' Thesen ab 1929 in das ideologische Fundament der von seinem Widersacher Calles ins Leben gerufenen mexikanischen Nationalen Revolutionspartei - als Vorläuferin des späteren PRI - eingegliedert wurden. Auf diese Weise bahnte sich eine Entwicklung an, die das von Vasconcelos popularisierte nationale Identitätskonzept des *mestizaje* zum staatstragenden Propagandainstrument und Bestandteil der offiziellen Revolutionsrhetorik werden ließ.[134]

Die vor allem in der älteren mexikanischen Forschungsliteratur vertretene Stilisierung Vasconcelos' als Prophet eines umfassenden und ausgewogenen *mestizaje* stellt somit einen Mythos dar, dessen sich der politische Diskurs bei der Propagierung des mexikanischen Selbstbildes als mestizierter Nation bediente, um über die fortwährende soziale und kulturelle Diskriminierung der *indígenas* hinweggehen zu können. Das sich für einen plakativen Gebrauch anbietende Konzept der ethnischen Mischung retuschiert hierbei die schon bei Vasconcelos nachvollziehbare Diskriminierung der indigenen Komponente. Sein Konzept des *blanqueamiento* bietet dem Staat eine Argumentationshilfe bei dem Versuch, die *indígenas* durch die kulturelle Angleichung an die westliche beziehungsweise kreolische Kulturvorgabe zu "entmarginalisieren" und in die angestrebte kulturelle Einheit der Nation einzugliedern.[135] Die Rhetorik des *mestizaje* rückt an die Stelle einer politisch geförderten kulturellen und sozialen Emanzipation der Indianer.[136] Zugleich schafft die positive Selbstdarstellung des Staates die Illusion eines die gesellschaftliche Stabilität fördernden Interessenausgleichs und eines Mythos der nationalen Einheit.

---

131 Vgl. Sacoto, "Aspectos indigenistas", S. 156f.
132 Zit. nach Young, "José Vasconcelos", S. 570.
133 Siehe Martínez Echazábal, "Positivismo", S. 126f. und Chiampi, *Realismo*, S. 148.
134 Vgl. Tobler, *Mexikanische Revolution*, S. 468ff.
135 Auf die negativen Folgen und die Paradoxa dieser Politik verweist am Beispiel der nordmexikanischen Indianer Claus Deimel, *Die Missionierung der Tarahumara. "Plan de Gran Visión"*, Frankfurt/Main 1979, S.16ff.
136 In diesem Sinne schreibt der Artikel von Florescano am Mythos eines harmonischen, mestizierten nationalen Miteinanders fort ("Persistencia").

4.3.4. Das Ideal des *tercer estado* und die Entstehung der kosmischen Rasse

Vasconcelos bemüht sich bei der Definition und Begründung seines Ideals des *mestizaje* nicht immer erfolgreich um die amerozentrische Umbesetzung sozialdarwinistischer Theoreme. Dies führt dazu, daß seine Thesen inhaltliche Elemente des Rassismus aufgreifen und die Semantik ebenso wie der Argumentationsgang des rassistischen Diskurses im mestizischen Diskurs beibehalten bleiben. Häufig kehrt Vasconcelos lediglich die rassistische Perspektive um, etwa wenn er im Widerspruch zu Spencer und Le Bon von der Stabilität mestizischer und der Instabilität "reinrassiger" Gesellschaften ausgeht. Dieselbe Verfahrensweise verwirklicht der Athenäist bei dem Entwurf eines alternativen historischen Modells der *quinta raza*,[137] welches wie sein 1910 gehaltener Vortrag "Don Gabino Barreda" das Dreistadiengesetz Comtes uminterpretiert. In Anlehnung an Casos Prinzip der drei Formen der Existenz, doch auch den geschichtsperiodischen Stufenplänen Schillers und Fichtes[138] sowie dem Arielismus Rodós und dem hiermit verbundenen Identitätskonzept entsprechend sieht Vasconcelos den Höhepunkt der Menschheitsentwicklung nach dem *estado materialista* und dem *estado intelectualista* im *estado estético*, den die kosmische Rasse erreichen werde.[139] Das letztgenannte Stadium sei die Voraussetzung für die Herbeiführung der moralischen Ära und den Übergang zu einem paradiesischen Zustand, in dem eine *inspiración constante* sowie eine "concepción emotiva, religiosa y artística de la vida"[140] herrsche.

In dieser Perspektive stilisiert Vasconcelos gemäß dem Wunsch "queremos dejar de ser colonias espirituales"[141] Amerika zum eigenständigen Kulturspender und Zielpunkt des zivilisatorischen Fortschritts. Hierbei bedient er sich eines bei den *ateneístas* verbreiteten Denkmusters, das durch Spenglers Theorie vom Untergang des Abendlandes angeregt wurde und in Anlehnung an Nietzsche die Welt in die apollinische Sphäre des Nordens und die der Zukunft zugewandte dionysische Zone des Südens einteilt. Im Gegensatz zu der vom technischen Rationalismus geprägten Kultur Europas, die Vasconcelos als "robinsonisch" bezeichnet, werde die Zivilisation der Neuen Welt "odysseisch" angelegt

---

137 "Raza cósmica", S. 926ff.
138 Johann Gottlieb Fichte, *Grundzüge des gegenwärtigen Zeitalters*, Leipzig 1943; ders., *Reden an die deutsche Nation*, Stuttgart 1940 sowie Friedrich von Schiller, "Über die ästhetische Erziehung des Menschen in einer Reihe von Briefen", in: ders., *Werke*, Bd. 20, Weimar 1962, S. 309-412.
139 "Nueva ley", S. 847; vgl. "Raza cósmica", S. 928. Der Bezug zu Casos *La existencia* liegt auf der Hand. Caso kritisiert die Unzulänglichkeiten von Comtes positivistischem Stufenmodell in "Augusto Comte" (1913), O.C. 2, S. 95-105. Vgl. ders., "Augusto Comte y los principios del positivismo" (1941), O.C. 7, S. 127-132.
140 "Raza cósmica", S. 930; vgl. *Indología*, S. 1284; *Estudios indostánicos*, S. 101 sowie "Latin-American Basis", S. 13. Alistair Hennessy wertet Vasconcelos' Engagement für den Muralismus und die mexikanische Musik als Ausdruck dieses Bestrebens, die ästhetische Ära herbeizuführen ("The Muralists and the Revolution", in: Camp/Hale/Vázquez [Hrsg.], *Intelectuales*, S. 681-693, hier S. 687f.).
141 "Discurso de Cuauhtémoc", S. 852.

und mit den Merkmalen des Genialen, der Tiefe, Kraft, Einheit und Totalität versehen sein.[142]

Immer wieder finden sich in Vasconcelos' Essays zum *mestizaje* Vergleiche mit dem mächtigen Nachbarn im Norden, welche die Überlegenheit des neuen Zivilisationskonzeptes unterstreichen und das lateinamerikanische Selbstbewußtsein stärken sollen.[143] Dabei bricht der Athenäist mit der Logik seines universalistischen Modells, da ihm einerseits *monroísmo* und *bolivarismo* als unvereinbare Gegensätze erscheinen, er andererseits aber die Notwendigkeit anerkennt, auch Nordamerika in das kontinentale Konzert der Völker einzubeziehen.[144] Der aus dem Wunsch nach einer Identitätsbildung auf der Grundlage der Differenz und der konzeptuell erforderlichen Kooperationsbereitschaft erwachsende Widerspruch führt seit 1924 zu einer ambivalenten Haltung gegenüber den Vereinigten Staaten, wenngleich tendenziell die Kritik am Materialismus, Imperialismus, Expansionismus und der Segregationspolitik *Yanquilandias*, doch auch Großbritanniens, im Vordergrund stehen.[145] Die dialogische Komponente in seinem panethnischen Denkmodell, derzufolge sich Verschiedenes zu einer ethnischen, sprachlichen und kulturellen Einheit zusammenfindet, zeigt somit eine weitere logische Verwerfung auf. Die wiederholten Hinweise auf die Unterminierung der mexikanischen Gesellschaft durch die USA lassen zudem vermuten, daß Vasconcelos bestrebt ist, ein Feindbild aufzubauen, das die Mexikaner von der Verantwortung für politische und soziale Fehlentwicklungen freisprechen soll.[146] Erst 1937 sieht Vasconcelos aufgrund Roosevelts Politik der guten Nachbarschaft die Möglichkeit einer Verbesserung der Beziehungen.[147]

Es verweist auf das gewachsene mexikanische Selbstbewußtsein, aber auch auf die propagandistische Zielsetzung des Autors, wenn er zur Förderung der nationalen Identitätsbildung die Annäherung an die Utopie der prometheischen "raza mixta total, el primer

---

142 *Robinson*, S. 1497.
143 "La mezcla libre de razas y culturas reproducirá en mayor escala y con mejores elementos el ensayo de universalismo que fracasó en Norteamérica" ("Carta a la juventud de Colombia", S. 816).
144 "Raza cósmica", S. 928.
145 1926 habe Vasconcelos nach Beer die Notwendigkeit einer "solid Latin American front to thwart any imperialistic intentions on the part of North America" betont (*José Vasconcelos*, S. 265). Nicht erwähnt wird, daß es 1926 in *Indología* trotz einer deutlichen anti-angelsächsischen Tendenz heißt: "La cultura latina y la cultura sajona no representan dos polos, dos extremos imposibles de unir; todo lo contrario, tanto por su origen como por sus tendencias podrían ser ambas como columnas ferines de un futuro ilimitado" (a.a.O., S. 1278f.); vgl. *Etica*, S. 670 und S. 677ff.; "La revolución y sus errores, S. 49; "Temas de la reconstrucción iberoamericana", in: a.a.O., S. 65-95, hier S. 89, *Bolivarismo*, S. 1375 und S. 1400; "Racismo", S. 12; "Raza cósmica", S. 910 und S. 912; *Estudios indostánicos*, S. 110ff., "Latin-American Basis", S. 18f. und S. 88. Siehe zu diesem Thema Rick Langhorst, "Los Estados Unidos vistos por José Vasconcelos", *Los Ensayistas* 10/11 (März 1981), S. 117-122.
146 Diesen Verdacht legt Castro Leal nahe ("Prólogo", S. 22f.).
147 Siehe Beer, *José Vasconcelos*, S. 268. Ein Analogon zu Vasconcelos' überwiegend ablehnender Sicht der USA findet sich 1967 bei Paz, der angesichts der unterschiedlichen Zivilisationen von einer *contradicción complementaria* und *una suerte de incompatibilidad* spricht, welche einen Dialog erschwere, wenn nicht gar unmöglich mache. Siehe Monsiváis' Interview "Octavio Paz", S. 8.

caso de raza positivamente universal"[148] am ehesten in Mexiko verwirklicht sieht.[149] Der utopischen Tradition des Eldorado folgend und Bellos Silva *La agricultura de la zona tórrida*, Humboldts Forschungen sowie den Schriften der Geographen Bonpland und Reclus entsprechend wählt Vasconcelos neben Mexiko die Tropen als weitere Heimstatt der aus seiner Sicht menschlich wie wirtschaftlich überlegenen *raza cósmica*.[150] So werde im Chaco ein *gran Metrópoli, el Chicago argentino*, und im Inneren Brasiliens eine *gran cosmópolis* entstehen.[151] Die aussagekräftige Metapher des industriellen Chicago und die Orientierung am städtischen Kulturideal belegen, wie weit Vasconcelos von der Sichtweise des Magischen Realismus entfernt und westlichen Zivilisationsstandards verhaftet ist. Gleichzeitig möchte er mittels eines zyklischen Geschichtsentwurfs wie Narciso Bassols an aus seiner Sicht positive Elemente der vorkolonialen kontinentalen Hochkulturen anknüpfen.[152] Daher ist er von der Möglichkeit überzeugt, in der *zona tórrida* mit Hilfe der *raza cósmica* die Ideale der südamerikanischen Emotionalität und Kultur mit den Errungenschaften des westlichen technischen Fortschritts in Einklang zu bringen.[153] Das asthetische Selektionskriterium in Verbindung mit der Perspektive des ökonomischen Wohlstands führt ihn schließlich zu der gewagten Hoffnung, daß "la miseria que vuelve a la gente fea" im *estado social futuro* verschwinden und eine *igualdad económica relativa* herrschen werde.[154]

Diese Perspektive weist inhaltliche Parallelen zu dem religiösen und utopischen französischen Frühsozialismus, vor allem zu Fouriers *Nouveau Monde amoureux*, auf.[155] Um gleichzeitig die Attraktivität seiner Thesen auch für die Wirtschaftselite zu steigern, fordert Vasconcelos ab 1921 die Einrichtung einer hispanoamerikanischen politischen Union, welche mit der Gründung eines Zollvereins einhergehen müsse.[156] Der *hombre eterno*, *pleno* und *total* soll demnach im Wohlstand leben können, ohne zum Sklaven des Materiellen zu werden.[157] Die idealistische, an die intellektuelle Elite gewandte Komponente seiner Theorie wird auf diese Weise werbewirksam um einen materiellen, an den besitzbürgerlichen Leserkreis adressierten Anreiz ergänzt. Vasconcelos sucht den

---

148 *Indología*, S. 1137.
149 "Discurso de Cuauhtémoc", S. 850.
150 *Bolivarismo*, S. 1349 und 1355f.; vgl. *Indología*, S. 1155 und "Latin-American Basis", S. 24.
151 "Temas", S. 92.
152 "La civilización nació en el trópico y ha de volver al trópico" (*Indología*, S. 1167). Vasconcelos entwirft das Bild eines mexikanischen "Anáhuac grande; morada ideal de los hombres futuros", geformt aus "tierras de recreo, de descanso y de meditación" ("Pesimismo alegre", S. 132f.). Siehe zu Bassols: Schmidt, *Roots*, S. 112.
153 *Indología*, S. 1154.
154 "Raza cósmica", S. 931 und "Nueva ley", S. 840.
155 Hierauf geht Biermann ein (*"Indigenismo"*, S. 162). Vgl. Vasconcelos: "Hay que dividir la tierra para que todos tengan patria" ("Carta a la juventud de Colombia", S. 821) und "El comunismo es un fenómeno cristiano" (*Bolivarismo*, S. 1325). Ziel sei die *fraternidad social* ("Conferencia leída en el Continental Memoria Hall", S. 874). Seine Kulturtheorie bezeichnet der Mexikaner als Versuch einer Neuinterpretation der *ley de Cristo* (*Indología*, S. 1301).
156 "Nueva ley", S. 841.
157 Dies wird betont in *Pesimismo*, S. 234.

Ausgleich zwischen wirtschaftlichen und geistigen Interessen und schafft hierdurch eine Unvereinbarkeit zwischen dem Anspruch, ein eigenständiges, auf der Emotionalität beruhendes Zivilisationsmodell zu entwickeln, und dem Wunsch nach Übernahme der materiellen Errungenschaften der bürgerlichen Gesellschaft. Der Entwurf einer von alternativen Lebensprinzipien geleiteten Zivilisation wird somit nicht konsequent zu Ende geführt.

Da der Herrscher über die Tropen den Schlüssel zur ökonomischen Weltmacht in der Hand habe, warnt Vasconcelos vor dem Bemühen der USA, in dieser Region an Einfluß zu gewinnen. Zugleich jedoch glaubt er, seine Leser durch den Hinweis auf die fehlende physische Eignung des Nordamerikaners für ein Leben unter tropischen Bedingungen vor dieser Gefahr beruhigen zu können.[158] Es zählt zu den Widersprüchen in der Argumentation des Essayisten, wenn er bei anderer Gelegenheit den Einsatz der modernen Klimatechnik - in der gerade die USA führend waren - als grundsätzliche Voraussetzung für die Besiedelung des Regenwaldgebietes ansieht.[159] Unausgereift erscheint auch Vasconcelos' Vision, Mexiko mit einem Netz von Talsperren zu überziehen, welche die für eine industrielle Blüte notwendige elektrische Energie liefern sollten.[160] So erscheint das Land zwar als *a wonderful promise*, doch läßt der Visionär die Finanzierung des Projektes ebenso wie dessen technische Realisierbarkeit offen. Mit seiner Aussage "so long as electricity remains the governing power of human industry, the highlands will be able to retain the leadership among nations"[161] schafft Vasconcelos ferner ein problematisches Junktim zwischen der künftigen Vorherrschaft und dem energietechnischen status quo. Nicht nur im Detail präsentiert somit der Entwurf Lücken und Widersprüche. Möglicherweise wäre es für die Einlösung seiner ethnisch-kulturellen Utopie hilfreich gewesen, wenn Vasconcelos weniger den mythischen Dimensionen, sondern verstärkt dem Aspekt der praktischen Einlösung seiner kosmischen Vision Aufmerksamkeit geschenkt hätte.

4.3.5. Zwischen Hoffen, Bangen und Enttäuschung: Vasconcelos' Utopie der Neuen Welt

In der athenäistischen Perspektive präsentiert sich auch für Vasconcelos Lateinamerika als Kontinent der Zukunft, der eine den eigenen Bedürfnissen und Fähigkeiten entsprechende Existenz führen könne.[162] Der Entwurf eines künftigen iberoamerikanischen Paradieses, in dem sich sozialistische mit epikuräischen sowie religiösen Vorstellungen verbinden, dient nicht nur der Entwicklung einer identitätsstiftenden Zukunftsperspektive, sondern auch der Kompensation aktueller Defizite durch die Aufwertung des Kontinentes als

---

158 *Bolivarismo*, S. 1360f.
159 "Raza cósmica", S. 924.
160 "Latin-American Basis", S. 34.
161 A.a.O., S. 35.
162 *Bolivarismo*, S. 1410. Vgl. Peter G. Earle, "Utopía, Universopolis, Macondo", S. 148.

Heimstatt einer "humanidad nueva con lo mejor de todas las culturas, armonizado y ennoblecido dentro del molde español".[163]

Zur Aufwertung des lateinamerikanischen Selbstwertgefühls realisiert Vasconcelos die für den Athenäismus typische Aneignung antiker Mythen, indem er den Bewohner des Südkontinentes mit Prometheus vergleicht und den unter Minervas Schutz stehenden Odysseus zur Symbolfigur der Selbstsuche erwählt. Auch die Konstruktion einer Parallele zwischen der kulturellen Annäherung griechischer Stämme in der Antike und dem anstehenden Einigungsprozeß in Südamerika dient wie die Überzeugung, das Erbe Atlantis' auf iberoamerikanischem Boden bewahren zu können, zur Schaffung der mythischen Zukunftsprojektion eines erstarkenden Subkontinentes.[164] Die Bewohner Lateinamerikas haben nach Vasconcelos das Recht und die Pflicht, die *busca de su expresión* in mehreren Schritten durchzuführen: Auf die von den kulturellen Eliten initiierte Loslösung von fremden Vorgaben[165] habe eine kulturelle Selbstbesinnung und Neuordnung der politischen, ökonomischen sowie gesellschaftlichen Strukturen zu folgen.[166] Dies schaffe sodann die Voraussetzung für einen umfassenden lateinamerikanischen Dialog, die Erneuerung der *raza* und die Ausformung des neuen Menschen. Zugleich eröffne sich der Südkontinent die Möglichkeit, seine gegenwärtige zivilisatorische Rückschrittlichkeit und Abhängigkeit vom Ausland aufzuarbeiten, sofern seine politischen und kulturellen Führer auf die menschlichen, insbesondere emotionalen Qualitäten seiner Einwohner zurückgreifen würden.[167] Die Stilisierung der positiven Fähigkeiten geht mit der Forderung einer,

---

163 So Vasconcelos' alter ego, der Philosoph, in seinem Drama *Prometeo vencedor*, S. 258. Die Paradiesvorstellung führt zu folgender Vision: "...músicas, perfume y lujo para las mujeres, para los hombres vino y para Dios el incienso de la buena intención y también el del altar" (*Bolivarismo*, S. 1468). Die Kompensationsfunktion von Utopien in Lateinamerika kommentiert Borsò: "Wenn der Mythos eines urtümlichen Paradieses in eine zukünftige Zeit verlegt wird, dann werden Mythos und Utopie zu ideologischen Werkzeugen: Der Urmythos suggeriert die Wahrheit einer zukünftigen Zeit und lenkt von der kritischen Verarbeitung von Geschichte und Gegenwart ab. Eben dies scheint mir die Tendenz utopischer hispanoamerikanischer Identitätsdiskurse zu sein" (*Mexiko*, S. 72). Siehe ausführlicher dies., "Der Mythos und die Ethik des Anderen. Überlegungen zum Verhältnis von Mythos und Geschichte im hispanoamerikanischen Roman", in: Karl Hölz et al. (Hrsg.), *Sinn und Sinnverständnis. Festschrift für Ludwig Schrader zum 65. Geburtstag*, Berlin 1997, S. 252-267, hier speziell S. 256.

164 *Pesimismo*, S. 231.; "Movimiento intelectual", S. 57ff. und "Raza cósmica", S. 908ff.

165 Vasconcelos stellt dementsprechend die Notwendigkeit einer künstlerischen "emancipación de nuestro pensamiento en la forma y en el fondo" heraus, die wie im Fall Daríos zur freien Entfaltung des *pensamiento iberoamericano* geführt habe (*Indología*, S. 1207). Vgl. mit Martís Feststellung: "Ni el libro europeo, ni el libro yanqui, daban la clave del enigma hispanoamericano. (...) Crear es la palabra de pase de esta generación" ("Nuestra América", S. 31).

166 Für den Moment gelte aber noch: "Nuestra cultura la tenemos en la mente, pero no parece por ninguna parte en la realidad" ("Mensaje a los estudiantes peruanos", S. 827). Nach der Phase des kontinentalen Bovarismus sieht der Athenäist im *afirmarse en lo que es* die wichtigste Grundlage für die Schaffung dauerhafter Entwicklungen ("Racismo", S. 14). In der Politik sei vor allem der *aniquilamiento de las tiranías* erforderlich ("Nueva ley", S. 843).

167 "Mensaje a los estudiantes peruanos", S. 827.

auf dem Weg zur Utopie den *nacionalismo racial continental* zu transzendieren, um als *especialistas de las ideas generales* eine *misión universal*[168] im Einklang mit den übrigen Ländern der Welt zu erfüllen.

In Vasconcelos' Utopie erhält der Lateinamerikaner das Profil eines Übermenschen und zugleich messianischen Erretters der Menschheit.[169] Sendungsbewußtsein und Kooperationsbereitschaft, Abkopplung von der Fremdherrschaft und Öffnung für konstruktive fremde Einflüsse, Selbstbesinnung, Selbstbestimmung und Universalismus sind die Eckpunkte seines Denkens. Der Wunsch nach einem demokratisch organisierten kulturellen Miteinander widerspricht jedoch dem von Vasconcelos durch seine Thesen zum *mestizaje*, zur kosmischen Rasse und zur Utopie vertretenen Hegemoniestreben der lateinamerikanischen Kultur im universalen Kontext. An der Stelle eines eigenständigen Identitätsdiskurses steht daher bei ihm lediglich eine auf die lateinamerikanischen Bedürfnisse zugeschnittene Wiederaufnahme des europäischen Überlegenheitsdenkens:[170] Es bestätigt sich der Befund, daß im polyphonen Konzert der Kulturen Lateinamerika aus athenäistischer Sicht nicht bloß als eine von vielen Stimmen, sondern als Solist in Erscheinung treten sollte.[171] Die Möglichkeit, ein Anderssein zu behaupten und zugleich eine *vulnérabilité* zu entwickeln, wird vergeben, da Vasconcelos' Identitätsmodell nicht die Eigenwertigkeit der Alterität akzeptiert, sondern den kulturellen Missionierungsanspruch des kolonialen und sozialdarwinistischen Diskurses wiederholt. Die Richtung der Kolonialisierung hat sich in seinem Projekt verändert, aber auch - und dies ist entscheidend - die Methode: Nachdem die Emotion und der ästhetische Sinn bei der Ausformung der *raza mestiza* bereits als Selektionskriterien dienten, soll die *raza cósmica* gemäß dem Gesetz der Liebe die Weltherrschaft gewinnen.

Mit der Entwicklung von Utopien verbindet sich stets die Frage nach ihrer Umsetzbarkeit und hiermit auch ihrer möglichen Konterproduktivität. Angesichts der athenäistischen Positionen werden diese Fragestellungen umso drängender, als die Entwicklung der gesellschaftlichen und politischen Realität in Lateinamerika die Einlösung der utopischen Visionen in immer weitere Ferne zu verschieben scheint. Allein in kultureller Hinsicht löste die darstellende Kunst, die Musik sowie die Literatur des Magischen Realismus und

---

168 "Racismo", S. 39.

169 "Fraternalmente mejoraremos lo que se ha hecho antes, y el mundo se beneficiará con nuestro triunfo, y seremos la primera raza universal" ("Carta a la juventud de Columbia", S. 820). Caso übernimmt wie Vasconcelos von Nietzsches Konzept des Übermenschen die Idee, daß sich das Subjekt über sich selbst erheben und seine Existenz hiermit verbessern kann. Seine christliche Überzeugung läßt ihn aber zu dem Schluß kommen, daß sich der *superhombre* erst entwickeln könne, wenn alle Menschen der christlichen Ethik gemäß lebten ("Hombre o superhombre" [1924], O.C. 4, S. 212-214). Vergleichsweise gemäßigt präsentiert sich Casos utopische Vision des Südkontinentes ("Jacobinismo y positivismo" [1915], O.C. 2, S. 190-198, hier S. 198).

170 Diese Beobachtung macht Matzat, "Mexikanische Identität", S. 139.

171 Einen vergleichbar selbst- und sendungsbewußten Gedanken zur Lateinamerikanisierung der Weltkultur vertritt 1961 der Argentinier Héctor A. Murena in *Homo atomicus* mit der These, daß sich nicht Hispanoamerika universalisiert, sondern die Welt hispanoamerikanisiert habe (Héctor A. Murena, *Homo atomicus*, Buenos Aires 1961, S. 215f.).

der Autoren des "Boom" zeitweilig das Vorhaben einer emanzipatorischen Selbstbehauptung und einer Beendigung der Marginalisierung ein. Die Massenkultur hingegen präsentiert sich mit dem wachsenden Einfluß der Medien zumeist als Imitation oder direkte Übernahme meist nordamerikanischer Produktionen. Angesichts dieser Entwicklungen wirft Villegas den Athenäisten vor, in ihrem übergroßen Glauben an die menschlichen Fähigkeiten und die Macht der Ideen die "inmediatez del futuro y lo demesurado del proyecto"[172] verkannt zu haben.

Gerade Vasconcelos wäre aus dieser Perspektive vorzuwerfen, stets die Realität an den Idealen, nicht aber die Ideale an der Wirklichkeit gemessen zu haben. Die Realitätsferne seiner Thesen könnte neben der Enttäuschung über das eigene politische Scheitern einen Teil der Ressentiments erklären, die dazu führten, daß er nach dem Ausbleiben seiner Utopie 1933 die Lateinamerikaner als degenerierte *subraza* bezeichnete.[173] Die Desillusionserfahrung bewirkte aber nicht die Entwicklung einer angemesseneren Methodik oder Zielperspektive, sondern lediglich ein umso nachdrücklicheres Verharren auf den utopischen Positionen. Vasconcelos fehlten für die Annäherung an seine Utopie die geeigneten Menschen, da die Lateinamerikaner *sordos al llamado étnico* seien und es ihnen an der *convicción de la sangre* sowie der *idiosincrasia colectiva* mangele.[174] Erst mit zwanzigjähriger Verspätung akzeptierte er das Scheitern seiner Vision der *raza cósmica*, ohne sie jedoch ersetzen zu können.[175] Deswegen vermochte er an seinem Lebensende nur mehr voller Verachtung und Enttäuschung auf den kulturlosen *continente torpe* herabzublicken.[176]

---

172 "José Vasconcelos", S. 99.
173 *Racismo*, S. 21. 1935 ist Vasconcelos der Überzeugung, daß trotz aller Bemühungen "no se ven por ningún lado los signos de esta consciente y organizada virilidad constructiva" (*Bolivarismo*, S. 1468).
174 *Racismo*, S. 20.
175 Vgl. Gabriella de Beer, "La raza cósmica: An Ethical and Scientific Consideration", *Inter-American Review of Bibliography* 25, 1 (1975), S. 35-40, hier S. 39.
176 So Vasconcelos gegenüber Carballo, *Protagonistas*, S. 24.

5. Die Vision eines gesellschaftlichen Wandels durch Erziehung und Bildung

5.1. Henríquez Ureñas Bildungsideal und erzieherische Praxis

Henríquez Ureñas Überzeugungen in Bildungs- und Erziehungsfragen tragen deutliche Spuren seiner sozialen Herkunft. Seine Mutter, die Schriftstellerin Salomé Ureña de Henríquez, gründete schon 1881 das erste "Instituto de Señoritas" auf Santo Domingo. Diese Einrichtung schuf die Grundlage dafür, daß 1887 die ersten *maestras normales* eingestellt werden konnten, wie der Essayist nicht ohne Stolz vermerkt.[1] Neben der Familientradition - beide Eltern wurden von Hostos' Erziehungsidealen geprägt und zählten zum gehobenen Bildungsbürgertum - ist für die Haltung des Athenäisten zweifelsohne der Einfluß der zivilisatorischen Bildungsmission des Arielismus maßgeblich gewesen. Von ihm leitete Henríquez Ureña die Überzeugung ab, der Mensch könne nur durch seinen geistigen Fortschritt zu sich selbst finden. Bergson hatte diesen Gedanken in seiner Theorie des vitalistischen Spiritualismus entwickelt, und es ist wahrscheinlich, daß der Dominikaner durch seine Rezeption Rodós auf die Thesen des Franzosen aufmerksam gemacht wurde.[2]

Analog zum athenäistischen Menschenbild und Bildungsethos unterstellt Henríquez Ureña den Lateinamerikanern einen hohen Grad an Bildungsbereitschaft, welche den Halbkontinent zum Ort der menschlichen Vervollkommnung werden lasse. Um diese These zu stützen, verweist er auf die große Zahl von Schulen, die in Kolumbien, Chile, Mexiko und Argentinien bereits in den Jahren 1860-1890 entstanden seien. Das quantitative Argument wird allerdings nicht im Hinblick auf das allgemeine Bildungsniveau überprüft, so daß die Aussage als identitätsstiftende Selbststilisierung unter Betonung der Differenzqualität zu bewerten ist.[3] Die durch die mexikanische Revolution ermöglichte Neudefinition der Bildungsziele bedeutet für Henríquez Ureña die Chance, das Anliegen des politischen Fortschritts mit der "necesaria renovación de la cultura nacional"[4] und hiermit einhergehend der bereits von Sierra postulierten Ausbildung des Volkes zu kombinieren. Der Anspruch der Frauen auf Bildung wird in diesem Zusammenhang ausdrücklich hervorgehoben.[5] Es sei das Recht, aber auch die Pflicht jedes Bürgers, seine geistige Vervollkommnung anzustreben, da auf diesem Wege sämtliche Probleme des Kontinentes zu bewältigen seien.[6] In Fortsetzung der Ansätze Lizardis und Sierras möchte der

---

1 "Homenaje a Luisa Ozema Pellerano de Henríquez" (1933), O.C. 6, S. 367-369, hier S. 368.
2 Vgl. Juan Manuel Rodríguez, "Introducción", in: Rodó, *Ariel*, S. 7-15, hier S. 15 und "Rodó", S. 59.
3 Voller Stolz vermerkt Henríquez Ureña in diesem Zusammenhang, daß Argentinien 1942 eine bessere Versorgung durch Grundschulen aufweisen könne als Schweden und die USA (*Historia de la cultura*, S. 402). Siehe auch "Influencia", S. 248.
4 "Cultura", S. 359.
5 "Influencia", S. 248.
6 Auch nach Caso muß die Schaffung des "hombre pleno, ente ideal" das Ziel der Erziehung bilden ("Mi convicción", S. 38).

ateneísta vor allem mit Hilfe der Erziehung die Entwicklung der Demokratie fördern, weshalb nach dem Vorbild der USA effiziente Programme zur Volkserziehung zu entwickeln seien.[7]

Henríquez Ureña sieht zwar das Schulsystem der Vereinigten Staaten in organisatorischer Hinsicht als vorbildlich an, doch lehnt er die hier im Vordergrund stehende Vermittlung eines vorwiegend technischen Spezialwissens ab. Demzufolge wendet er sich mit Nachdruck gegen den erzieherischen Pragmatismus von William James und den Utilitarismus John Deweys.[8] Der Unterricht in den Schulen Lateinamerikas sollte gemäß der athenäistischen Ethik vor allem zu einem selbständigen, moralisch guten Handeln und einer universalistischen Geisteshaltung anleiten. Da schon der *Ateneo* die Überzeugung vertrat, durch das geschriebene Wort den Menschen und die Welt verändern zu können, schlägt Henríquez Ureña vor, bereits in der Primarschule mittels der Lektüre geeigneter Werke der Weltliteratur - genannt werden die Erzählungen von Charles und Mary Lamb, indische, griechische und europäische Fabeln, doch auch indianische Mythen - eine universalistische Einstellung zu schaffen.[9]

Die Unvereinbarkeit mit nordamerikanischen Erziehungsinhalten, welche in identitätstheoretischer Hinsicht die Bedeutung und Andersheit des Eigenen herausstellt, ergibt sich nach Henríquez Ureña insbesondere wegen der Prägung des Schulwesens hispanoamerikanischer Länder durch die spanische und französische Tradition.[10] Aufgrund dieser Differenzqualität dient die Schule aus der Sicht des Athenäisten nachhaltig dem Aufbau der lateinischen Identität des Südkontinentes.[11] Übersehen wird hierbei allerdings, daß zwischen den Lerninhalten des Universalismus und der Interkulturalität sowie der im Vordergrund stehenden amerozentrischen Latinitäts- und Überlegenheitsprämisse Spannungen entstehen.

Indem Henríquez Ureña wie Reyes das humanistische Bildungsideal zur Kontroll- und Leitinstanz der zivilisatorischen Entwicklung erwählt, versieht er die nach Bergson kontingente schöpferische Evolution mit einer zielgerichteten Komponente, welche das Erreichen der lateinamerikanischen Utopie ermöglichen sollte.[12] Die politischen Entwicklungen in Mexiko nach der Phase der bewaffneten revolutionären Auseinandersetzungen nährten in den zwanziger Jahren die Hoffnung auf die Annäherung an eine solche Utopie und bewirkten ein verstärktes Engagement Henríquez Ureñas' für die Verbreitung einer *cultura de las humanidades*.[13] Der Athenäist setzt die im Schlußteil von Rodós *Ariel*

---

7 "...la educación - entendida en el amplio sentido humano que le atribuyó el griego - es la única salvadora de los pueblos" ("Cultura", S. 359); vgl. "Utopía", S. 237. Siehe zu Lizardi, Sierra und dem Gedanken der Volksbildung als Grundlage der Demokratie: "Influencia", S. 248 sowie "Corrientes", S. 204.
8 Siehe Zuleta Alvarez, "Pedro Henríquez Ureña", S. 100f.
9 "Aspectos de la enseñanza literaria en la escuela común" (1930), O.C. 6, S. 131-145, hier S. 141f.
10 "Cultura", S. 349.
11 Vgl. "La cultura y los peligros de la especialidad" (1920), O.C. 3, S. 369-376, hier insbesondere S. 372f. und 376.
12 "Rodó", S. 62f.; siehe auch "Cultura", S. 347f. und 354.
13 So der Titel seiner 1914 gehaltenen Rede, O.C. 2, S. 347-359. Vgl. Krauze, *Caudillos*, S. 49.

eingeschriebene Aufforderung zur Popularisierung dieses Bildungsideals in der Forderung um, die neue *cultura* solle ausgehend von der *Escuela de Altos Estudios* durch die Multiplikatoren einer "juventud ideal, la élite"[14] im Volk Verbreitung finden. Gemäß der Tradition des *Ateneo* dient daher die Pflege der Gelehrsamkeit im kleinen Kreis einer intellektuellen Aristokratie als Vorbereitung für die erzieherische Aufklärung des Volkes.

Seinem Engagement für die Kombination von Eliten- und Breitenbildung entsprechend lehrte Henríquez Ureña bis zu seiner Abreise aus Mexiko an der von ihm sowie Pedro González Blanco ins Leben gerufenen *Universidad Popular*,[15] der *Preparatoria* und der *Escuela de Altos Estudios*, an der er einen Lehrstuhl für spanische und vergleichende Literaturwissenschaft innehatte. Nach seiner 1921 erfolgten Rückkehr führte er auf Einladung des Erziehungsministers Vasconcelos als Leiter des *Departamento de Intercambio y Extensión Universitaria* das athenäistische Programm der 1920 aufgelösten *Universidad Popular* fort. In dieser Funktion gründete er 1921 die *Escuela de Verano*, welche als internationale Begegnungsstätte vor allem nordamerikanische Studenten anzog und den kulturellen Austausch zwischen beiden Ländern intensivierte. 1923 übernahm Henríquez Ureña in Puebla die Leitung der bundesstaatlichen Behörde für Erziehungsfragen, nachdem sein Schwager Lombardo Toledano dort Gouverneur geworden war. Hier plante er 1924, zur Förderung der Breitenbildung fortgeschrittene Studenten an Abendschulen als Lehrkräfte einzusetzen und trotz zunehmender wirtschaftlicher und gesellschaftlicher Probleme die Zahl der Primarschulen zu erhöhen.[16] Auch die von Vasconcelos in Auftrag gegebene Edition der Klassiker der griechischen Antike geht maßgeblich auf eine im athenäistischen Geist erfolgte Initiative Henríquez Ureñas zurück.[17] Wegen der 1924 aus Fragen zur hochschulpolitischen Autonomie hervorgegangenen Differenzen mit dem autokratisch agierenden Vasconcelos[18] und nach Huertas Putsch sah Henríquez Ureña jedoch

---

14 "Ariel", S. 147. In einem Album mit Grußadressen an den Leiter der *Escuela de Altos Estudios*, Ezequiel A. Chávez, notiert Henríquez Ureña 1913: "La alta cultura, pensaba Renan, es tan indispensable para los pueblos como la cultura popular; más tal vez, porque la alta cultura da un centro a la vida intelectual de un país, y desde él se difunde necesariamente la educación hacia todas las regiones de la sociedad" (zit. nach Roggiano, *Pedro Henríquez Ureña* S. 178). Zu den prominentesten Schülern Henríquez Ureñas zählen Alfonso Caso, Antonio Castro Leal, José Gorostiza, Vicente Lombardo Toledano, Manuel Toussaint, Alfredo Vázquez del Mercado, Manuel Gómez Morín und Daniel Cosío Villegas.

15 Ein vergleichbares Anliegen verfolgte die *Universidad Obrera* und der *Grupo Solidario del Movimiento Obrero*, an dem Henríquez Ureña neben Caso, Lombardo Toledano und Rivera ab März 1923 mitwirkte. Vgl. Roggiano, a.a.O., S. 242ff.

16 Diesen Plänen standen allerdings die Fakten gegenüber, wie der Athenäist selbst einräumt: So kamen auf ca. 1 Million Einwohner nur 400 *escuelas primarias*; an der Universität Puebla erhielten die Lehrenden einige Monate lang keinen Lohn, und Vasconcelos mußte aus Geldmangel und angesichts zunehmender Diebstähle einige Schulen schließen (Brief an Reyes [7.1.1924], O.C. 5, S. 324).

17 So Leal, "Pedro Henríquez Ureña", S. 130 und Krauze, *Caudillos*, S. 103f.

18 Siehe das Plädoyer für eine politisch unabhängige Hochschule in Henríquez Ureñas juristischer Examensarbeit ("La Universidad" [1914], O.C. 2, S. 319-346, hier S. 341 und 343). Zentrale Thesen wiederholt Henríquez Ureña unter Verweis auf die Vorbildfunktion der autonomen kubanischen Universität in der *crónica* "Las universidades como instituciones de derecho político" (1915),

keine Möglichkeit mehr, seine bildungspolitischen Aktivitäten in Mexiko fortzusetzen. So blickte er 1926 voller Verbitterung auf das Scheitern des athenäistischen Projektes:

Una de tus últimas letras, en que me hablabas de la lucecita, me hizo sentir que ya nos habíamos acabado. De aquellos cuatro, que fuimos, Caso se ha hundido en su egoísmo (egoísmo: incapacidad de mover un dedo por los demás), complicado de vanidad y pereza; Pepe se ha hundido en el rencor (capaz de altruismo, de generosidad, pero capaz de hacer el mal y guardar rencor a los que se le oponen). Yo no creía haberme hundido sino en la pobreza, de la cual siempre se cree poder salir. Pero aquellas letras tuyas me hicieron verte hundido en el placer, y pensé que yo (¿será demasiada literatura?) me hundo, no en la pobreza, sino en el dolor. Soy capaz de renunciar a todo, hasta a querer hacer bien a las gentes: ¿cómo se les ha de hacer el bien, si ellas no lo quieren, y estorban toda acción?[19]

Dem integralen Bildungsideal Henríquez Ureñas entsprechend sollte Mexiko zum Vorbild einer lateinamerikanischen Neorenaissance werden, in der die Verbreitung von Bildung zu wirtschaftlichem Wohlstand und zur Entfaltung eines regen, von einem interessierten Publikum getragenen Kulturbetriebes führen würde.[20] Wie das obige Zitat belegt, stießen die untereinander nur bedingt harmonisierenden Vertreter des Athenäismus bei ihrer Bildungsoffensive nicht auf die erhoffte Resonanz. Hierfür können sicherlich ihre hochgesteckten Ziele und Erwartungen verantwortlich gemacht werden, doch auch die gesellschaftliche Situation in Mexiko. Nach dem Überlebenskampf während der bewaffneten Auseinandersetzungen der Revolution war der Bevölkerung verständlicherweise eher an der Sicherung ihrer materiellen Lebensgrundlage gelegen, als an dem Streben nach geistigen Werten. Zudem vereitelten die politischen Ungewißheiten die Einlösung einer langfristigen Entwicklungsperspektive. Der Versuch, die Probleme des Alltags zu lösen, erlaubte nur ein Denken in kurzfristigen Perioden.

Ähnlich präsentierte sich die Situation in Argentinien, wo Henríquez Ureña nach seiner Abreise aus Mexiko wirkte. Auch hier scheiterte der Versuch einer Kulturoffensive im Sinne des Athenäums, wie das Schicksal der 1929 von Henríquez Ureña unter Mitarbeit des mexikanischen Botschafters Alfonso Reyes gegründeten *Asociación de las Artes* beweist. Sie hatte zur Aufgabe, nach dem Vorbild von *Savia Moderna* und des *Ateneo de la Juventud* durch Ausstellungen und Vorträge eine breite Öffentlichkeit mit Werken der zeitgenössischen Kunst vertraut zu machen. Als die *Asociación* bereits 1930 wieder aufgelöst wurde, hatten sich die schon vor ihrer Gründung bestehenden Bedenken Henríquez Ureñas bestätigt, nach denen das Publikum kein Interesse an dem transzendenten, utopischen und emanzipatorischen Charakter der Kunst besäße und eher an ihrem unter-

---

O.C. 3, S. 207-211. Siehe zu dem Konflikt mit Vasconcelos: Beer, "Pedro Henríquez Ureña", S. 129; Julio Jiménez Rueda, "Pedro Henríquez Ureña profesor en México", *Revista Iberoamericana* 21, 41/42 (Jan.-Dez. 1956), S. 135-138 und Roggiano, *Pedro Henríquez Ureña*, S. 253ff.

19 Brief an Reyes (15.5.1926), O.C. 6, S. 402.

20 Caso möchte in vergleichbarer Weise nach dem Vorbild Frankreichs, der Schweiz und der USA den Aufschwung Mexikos auf den Faktoren Wohlstand, Gerechtigkeit und Bildung aufbauen ("Conflicto interno", S. 185). So auch in "Glosario. Riqueza, justicia y cultura" (1924), O.C. 9, S. 265-267.

haltenden Aspekt interessiert sei.[21] Diese Einsicht gliedert sich ein in den Desillusionierungsprozeß, dem Henríquez Ureñas Glaube an die praktische Umsetzung seiner Bildungsideale seit Mitte der zwanziger Jahre unterworfen wurde.[22] Das fortgesetzte essayistische Engagement deutet in diesem Zusammenhang jedoch auf den Versuch hin, trotz aller Widrigkeiten die Attraktivität und Popularität der athenäistischen Utopie weiterhin zu erhalten und späteren Generationen als Legat zu hinterlassen.

5.2. Reyes' Vorschläge zur Erziehungspraxis: "No hay que tener miedo a la erudición"[23]

Gemäß seiner Überzeugung "cuando la sociedad pierde su confianza en la cultura, retrocede hacia la barbarie con la velocidad de la luz"[24] unterstreicht Reyes die Bedeutung des bildungspolitischen Engagements für die Wahrung der Zivilisation.[25] Vor allem die *gente de pluma* sollte in der Jugend die Bereitschaft für die Entfaltung der Mitmenschlichkeit wecken, damit das historische Bestreben des unabhängigen Lateinamerika, Wiege einer neuen Zivilisation zu sein, in der gesellschaftlichen Praxis eingelöst werden könne.[26] Zwischen diesem Anspruch und seiner praktischen Umsetzung öffnet sich jedoch eine Kluft, da Reyes rückblickend eingesteht, zu jenen Athenäisten gehört zu haben, die in einer Zeit, welche bildungspolitisches Handeln erfordert hätte, eher in praxisfernen Dimensionen dachten. Allein José Vasconcelos habe sich in angemessener Weise bemüht, die Ziele des Athenäismus in eine bildungspolitische Praxis umzusetzen. Tragischerweise räumt Reyes jedoch erst am Ende der Amtszeit Vasconcelos' das Praxisdefizit der athenäistischen Mehrheit - hier schließt er in allzu pauschaler Weise von sich auf die übrigen Athenäisten - und die fehlende Unterstützung des *Caballero del Alfabeto* ein.[27]

Gemäß der vom *Ateneo* vertretenen Bildungsziele fordert Reyes, dem gesamten gesellschaftlichen Spektrum möglichst vielfältige, ansprechende und vor allem anspruchsvolle Inhalte zur Prägung eines Gemeinschaft stiftenden lateinischen Bewußtseins bereitzustellen. Hinter diesem Postulat einer Demokratisierung der Bildungschancen steht zugleich

---

21 Siehe Tabernig, "Pedro Henríquez Ureña", S. 121-131.
22 Diese Ansicht vertritt auch Krauze, *Caudillos*, S. 180.
23 "La estrategía del 'gaucho' Aquiles" (1943), O.C. 17, S. 254-259, hier S. 254.
24 "Pasado", S. 193.
25 Caso vertritt dieselbe Überzeugung pathetisch in "En Amecameca" (1944), O.C. 4, S. 257f.
26 "Ciencia social", S. 111; vgl. "Mundo organizado", S. 332. In der Praxis widmet sich Reyes daher der Elitenschulung. Siehe Clara E. Lida, "Alfonso Reyes y El Colegio de México", *Nueva Revista de Filología Hispánica* 37, 2 (1989), S. 481-486, hier S. 484.
27 "Otros hubiéramos predicado las excelencias del estudio con la rama de laurel o la simbólica oliva en la mano. Tú te has armado como de una espada, y te has echado a la calle a gritar vivas a la cultura. Acaso era eso lo que hacía falta. Acaso era nuestra remedio extremo. A veces es fuerza imponer el orden a puñetazos. La ciencia es cada vez más larga; la vida es cada vez más corta. Y nuestro pueblo, en la ciudad y en los campos, padecía hambre y sed del cuerpo y del alma, cosas que no admiten espera" ("Despedida a José Vasconcelos" [1924], O.C. 4, S. 441-443, hier S. 442).

auch der Wunsch nach einer humanisierten mexikanischen Politik, welche am ehesten durch wissende, mündige Bürger zu verwirklichen sei.[28] Für Reyes bildet daher die Gründung zahlreicher Schulen die wichtigste Errungenschaft der mexikanischen Revolution,[29] da die Politik erkannt habe, welche Schlüsselrolle der Erziehung bei der nationalen mexikanischen Selbstwerdung und zur Ausformung eines politischen Bewußtseins zukommt. Das Volk sei sich zwar über den Wert der Bildung im Klaren, doch könne es aufgrund existentieller Nöte dem Wunsch nach Wissen nicht nachkommen. Die Verbesserung der gesellschaftlichen Wirtschaftslage sei deswegen die Voraussetzung dafür, daß die Erzieher aus menschlicher und nationaler Verantwortung heraus die Bürger im Sinne eines "volver a lo propio, a lo castizo"[30] aus ihrer unverschuldeten Unmündigkeit herausführen könnten.[31] Dieses ebenso wichtige wie abstrakte Postulat wird allerdings nicht durch konkrete Vorschläge zur Verbesserung der Wirtschaftslage ergänzt, so daß die Frage nach seiner Einlösbarkeit offen bleibt.

Ein charakteristisches Anliegen des Athenäismus kommt zur Sprache, wenn Reyes die Popularisierung des "secreto de Humanidades"[32] postuliert. Hierbei spiegelt sein Ansinnen, die politische Linke müsse Latein beherrschen und die in der Landwirtschaft Beschäftigten Vergil lesen, das athenäistische Menschenbild wider, demzufolge die Mexikaner weniger nach materiellen als vielmehr nach geistigen Gütern streben.[33] Die Pflege der Geisteswissenschaften dient Reyes als Vorbeugung vor einer nationalen "descomposición de la cultura"[34] durch die unkritische Imitation der europäischen Zivilisation, wie sie im Porfiriat vorgeherrscht habe. Eine Erziehung im Geiste der *Humanidades* erfüllt in seinen Thesen das Ziel, über die Revitalisierung antiker Werte die Moralisierung der Gegenwart zu bewirken und hierdurch den künftigen Prozeß einer kollektiven Identitätsfindung positiv zu beeinflussen. In seiner "Cartilla moral" (1944)[35] versucht er, diese von ihm in Aussicht gestellte Entwicklung mitzugestalten. Die vierzehn Lektionen der an Kinder wie Erwachsene adressierten Schrift können als Reyes' Leitfaden zur Entwicklung des "neuen Denkens" angesehen werden, da sie den *gusto por la cultura* wecken und "el miedo a los temas clásicos, base indispensable de nuestra educación" verringern sollten.[36] Um dem naheliegenden Vorwurf des bildungspolitischen Eurozen-

---

28 Dies bestätigt Fuentes: "Para él, educar no era un alarde primario y fragmentado, sino una integración total de las posibilidades de cada hombre en su comunidad. (...) Para él, cultura era idéntica a democracia activa" ("Alfonso Reyes", S. 27).
29 "México en una nuez", S. 55f.
30 "Discurso por Virgilio", S. 159.
31 A.a.O., S. 160. Siehe in diesem Zusammenhang Reyes' Kritik an den *Científicos*, den wachsenden Wohlstand nicht zu einer erziehungspolitischen Initiative genutzt zu haben ("Pasado", S. 192f.).
32 "Discurso por Virgilio", S. 159. Die mangelhafte Förderung der Altertums- und Geisteswissenschaften unter Porfirio Díaz wird entsprechend beklagt ("Pasado", S. 190f.).
33 Vgl. "Discurso por Virgilio", S. 160ff. Hier die in bildungspolitischer Hinsicht bedeutsame Aussage: "Consiste nuestro ideal político en igualar hacia arriba, no hacia abajo" (a.a.O., S. 162).
34 "Pasado", S. 193.
35 O.C. 20, S.481-509.
36 "Prefacio" zur "Cartilla moral", S. 483.

trismus zu begegnen, ruft der Essayist ferner zur Beschäftigung mit genuin mexikanischen oder lateinamerikanischen Wissenschaftstraditionen auf, welche in der Vergangenheit aufgrund der Übernahme europäischer und nordamerikanischer Vorgaben in Vergessenheit geraten seien. Bei der inhaltlichen Einlösung dieser Forderung mangelt es Reyes allerdings an Argumenten, da er neben vagen Verweisen auf das Bergbauwesen und die Rechtsfindung lediglich vorschlägt, die "secretos de la farmacopea indígena"[37] für die Gegenwart nutzbar zu machen.

Um die eingeforderte Renaissance der *Humanidades* zu legitimieren, sieht sich der *ateneísta* veranlaßt, auf deren erzieherischen und gesellschaftlichen Nutzen nachdrücklich hinzuweisen. In der Tradition der *Rusticatio mexicana* des Paters Landívar sowie Bellos Silva *La agricultura de la zona tórrida* nutzt Reyes die Diskussion über eine Reformierung der nationalen Agrarpolitik unter Calles, um die Praktikabilität des Vorhabens zu illustrieren, aus dem Wissens- und Erfahrungsschatz antiker Autoren Impulse für die Entwicklung der modernen Zivilisation abzuleiten. So habe Calles selbst in einem Gespräch mit Reyes unwissentlich dieselben Methoden zur Lösung der mexikanischen Agrarprobleme vorgeschlagen, die Vergil schon in *Georgica* präsentierte.[38] Diese Episode dient dem Essayisten als Argument für die Popularisierung antiken Kulturgutes, das somit nicht nur in philosophischer und ethischer, sondern auch in lebenspraktischer Hinsicht die Gegenwart bereichere.

Wie die übrigen hier untersuchten *ateneístas* ist auch Reyes überzeugt, daß die Verbreitung von Literatur die Voraussetzung für eine erfolgreiche Bildungsinitiative, aber auch für die Entwicklung eines kontinentalen Bewußtseins ist. Im Dezember 1931 ruft er daher die Länder Lateinamerikas zur Gründung einer grenzüberschreitenden *Biblioteca Mínima* auf, welche die wichtigsten literarischen Zeugnisse der jeweiligen Nationen einer möglichst breiten Zielgruppe an die Hand geben sollte.[39] Von dieser Initiative, die in Peru, Argentinien und Mexiko bereitwillig aufgegriffen wurde, erhofft sich der selbstbewußt auftretende Reyes zugleich einen wichtigen Beitrag für die Ausformung einer literarischen Weltkultur unter Einbeziehung des lateinamerikanischen Elementes.[40] Trotz der positiven Resonanz einzelner Staaten scheiterte jedoch letztlich das Bemühen, alle Länder des Kontinentes für die *Biblioteca Mínima* zu gewinnen. Auch die Überarbeitung der lateinamerikanischen Geschichtsbücher im Sinne einer Förderung der friedensstiftenden

---

37 "Discurso por Virgilio", S. 160.
38 A.a.O., S. 167.
39 So sein Rückblick in "Valor", S. 129f.
40 "Las literaturas hispanas, de Europa y de América, no representan una mera curiosidad, sino que son parte esencial en el acervo de la cultura humana. El que las ignora, ignora por lo menos lo suficiente para no entender en su plenitud las posibilidades del espíritu; lo suficiente para que su imagen del mundo sea una horrible mutilación. Hasta es excusable pasar por alto algunas zonas europeas que no pertenecen al concepto goethiano de la Literatura Mundial. Pero pasar por alto la literatura hispánica es inexcusable. El que la ignora está fuera de la cultura" ("Valor", S. 130f.).

interkulturellen Kompetenz[41] blieb ein Projekt, das zu Reyes' Bedauern zwar wiederholt in den *Conferencias Interamericanas* oder den "Conferencias Interamericanas nacionales de Historia de América" angesprochen wurde, doch zu keinen greifbaren Erfolgen führte. Seine Appelle und Forderungen können als symptomatisch für die problematische Situation des Philosophen angesehen werden, der sich einerseits durch den Entwurf abstrakter Modelle als Wegbereiter der Politik versteht, jedoch andererseits davor zurückschreckt, den Weg in die Politik zu beschreiten. Hierbei zeichnet sich zudem das Dilemma des Intellektuellen ab, dessen moralisierender Appell zwar zur Kenntnis genommen wird, doch dann verhallt.

Um die geistige Öffnung der Elite Mexikos zu fördern, gewinnt Reyes 1938 den Präsidenten Cárdenas für die Schaffung einer Forschungseinrichtung, welche allen exilierten ausländischen Wissenschaftlern offenstehen sollte.[42] Nach einer neunmonatigen diplomatischen Mission in Brasilien wird Reyes 1939 mit Cárdenas' Plänen konfrontiert, in Eingrenzung des ursprünglichen Vorhabens die *Casa de España* zu gründen. Trotz seiner Bedenken vor allem hinsichtlich der Namensgebung und einer zu engen konzeptionellen Auslegung als Auffanginstitution für exilierte spanische Wissenschaftler erklärt sich Reyes bereit, die dank seiner Intervention politisch unabhängige Institution zu leiten. 1940 wandelt er unter dem neuen Präsidenten Camacho ihren Namen in *Colegio de México* um und orientiert im Verlauf seines zwanzig Jahre währenden Rektorates ihre Struktur am Vorbild einer *Ecole de Hautes Etudes*.[43] Reyes hat zudem einen wesentlichen Anteil an der 1945 erfolgten Gründung des *Colegio Nacional*, das sich an dem Vorbild des *Collège de France* orientiert und dessen Zielsetzung ebenfalls an den Idealen des *Ateneo* ausgerichtet ist.[44]

Reyes möchte den Schwierigkeiten, mit denen die Organisatoren des mexikanischen Bildungssystems in den vierziger Jahren zu kämpfen hatten,[45] vor allem durch eine Konsolidierung jener Institutionen begegnen, in denen das Gedankengut des Athenäismus gewahrt und verbreitet werden sollte. Er glaubt voller Idealismus an die bildungspolitische Mission einer geistigen Aristokratie, welche gerade in Phasen der Intoleranz und des antiintellektuellen Klimas die Fackel der Zivilisation hochhalte. Reyes besteht allerdings darauf, daß diese Elite zur Verbreitung des neuen Humanismus und der kritischen Intelli-

---

41 Die "Campaña de la paz por la historia" soll "un espíritu de mayor comprensión internacional y más auténtica cordialidad humana" schaffen ("Ciencia", S. 116). Schon 1923 wurde in Chile die Einrichtung von "cursos de fraternidad continental" vorgeschlagen (a.a.O., S. 117).

42 Siehe hierzu auch James Willis Robb, "Alfonso Reyes (1889-1959)", in: Carlos A. Solé/María Isabel Abreu (Hrsg.), *Latin American Writers*, Bd. 2, New York 1989, S. 693-703, hier S. 696f.

43 Vgl. Olguín, *Alfonso Reyes*, S. 86.

44 Die athenäistische Prägung des *Colegio de México* sowie des *Colegio Nacional* bestätigt Robb, "Alfonso Reyes [1889-1959]", S. 697. Vgl. auch ders., "Siete presencias", S. 127.

45 Monsiváis umreißt die Situation dieser Jahre wie folgt: "Es desolador el panorama que él (scil. Reyes) contempla a principios de los años cuarenta: escuelas y universidades, bibliotecas desorganizadas, recursos editoriales casi primitivos, irrisorio el pago para los trabajadores del espíritu, carencia de técnicas, verbalismo a ultranza (...), marginalidad cultural..." ("Utopías", S. 117f.).

genz in möglichst engem Kontakt mit dem Volk stehen müsse. Bis in die siebziger Jahre konnte dieser Schulterschluß jedoch nicht in dem erhofften Maße realisiert werden.

5.3. Vasconcelos' Bildungsidealismus: "El país ansía educarse"[46]

5.3.1. Theoretische Grundlagen des Erziehungskonzeptes

War man im 19. Jahrhundert bestrebt, die durch das spanische Kolonialsystem verursachte zivilisatorische Rückständigkeit durch die Imitation französischer und englischer Erziehungsmodelle aufzuarbeiten, so möchte Vasconcelos während seiner Amtszeit als Erziehungsminister ein eigenständiges, alle Bevölkerungsschichten umfassendes Bildungssystem schaffen, das die athenäistische Utopie des neuen Mexiko vorbereiten sollte.[47] Als *revolución en la enseñanza* bezeichnet Ramos daher Vasconcelos' Vorhaben der *educación popular*, welche die Vermittlung von Bildung mit dem Ziel einer Schaffung sozialer Gerechtigkeit verbindet.[48] Hierdurch wollte der Athenäist nicht nur die nationale Stabilität fördern, sondern auch die für die Entwicklung Mexikos notwendige Steigerung der Produktivität gewährleisten.[49]

In der Tradition Sierras und dessen Vorgängers Ignacio Ramírez verfolgt Vasconcelos neben der Nationalisierung von Wissen und Wissenschaft vor allem die Integration der Indianer durch deren erzieherisch induzierte Akkulturation.[50] Die zu diesem Ziel geschaffenen *Misiones culturales* kämpften jedoch mit dem Problem der gebrochenen interkulturellen Kommunikation. Weiterhin erreichten sie die *indígenas* lediglich in den kulturellen Mischgebieten. Nichtsdestoweniger entsprechen die Einrichtungen dem Bemühen, das

---

46 "Discurso en la Universidad. Con motivo de la toma de posesión del cargo de rector" (1920), O.C. 2, S. 770-776, hier S. 774.

47 Siehe zum Nexus zwischen Bildung und kultureller Identität Henning Kößler, "Bildung und Identität", S. 61f. Schon für Rodó besaß die *educación popular* einen zentralen Stellenwert zur Herbeiführung von Ordnung und Gerechtigkeit, zur Vervollkommnung des Menschen und der Verbreitung eines gewandelten Moralbewußtseins. Siehe *Ariel*, S. 86.

48 *Perfil*, S. 82.

49 "Discurso en la Universidad", S. 775 und *Indología*, S. 1246.

50 Vgl. zu Ramírez' Erziehungskonzeption Christoph Strosetzki, "'Los mejicanos pintados por sí mismos' (1855) und der Liberalismus des I. Ramírez", in: ders., *Das Europa Lateinamerikas: Aspekte einer 500 jährigen Wechselbeziehung*, Stuttgart 1989, S. 90-112, hier S. 101ff. Henríquez Ureña zählt Sierra zwar zu den "devotos de la educación popular", schränkt aber ein: "nunca lograron comunicar su fe al hombre de la calle: ¡ni siquiera al gobierno!" ("Influencia", S. 248). Siehe zu Sierras Vorbildfunktion ferner Reyes, "*Cuadernos Americanos*", S. 150; "Justo Sierra", S. 242-255; Vasconcelos, "Movimiento", S. 69 sowie Antonio Caso "El conflicto interno de nuestra democracia", O.C. 2, S. 181-186, hier S. 185f.; "Las escuelas de primera enseñanza", O.C. 4, S. 137-139; "Justo Sierra: El amante, el escéptico, el historiador", O.C. 2, S. 172-180 und "Glosario. Riqueza, justicia y cultura", O.C. 9, S. 265-267. Den Vorwurf der *desindianización* äußert Guillermo Bonfil Batalla, "Aculturación e indigenismo: la repuesta india", in: José Alcina Franch (Hrsg.), *Indianismo e indigenismo en América*, Madrid 1990, S. 189-209, insbes. S. 191 und 200.

Stadt-Land-Gefälle durch eine kulturelle Synthese im Zeichen des vorwiegend hispanisch und lateinisch orientierten *mestizaje* zu überwinden und für den neuen Staat neue Bürger zu formen.[51] Allein der Abbau der Fremdheit im Inneren und die Öffnung nach Außen, so Vasconcelos' Grundannahme, bilde die Basis für die nach den Unruhen der Revolution notwendige nationale Einheit, den gesellschaftlichen und ökonomischen Fortschritt sowie die universalistische Integration der Nation.[52]

Wie die übrigen aus dem *Ateneo* hervorgegangenen Essayisten versteht Vasconcelos Erziehung als praktizierte Metaphysik zur Erreichung sämtlicher ethischer, politischer, ökonomischer und sozialer Ziele.[53] Angesichts seines Befundes, daß in Lateinamerika die meisten Probleme auf eine *educación imperfecta* zurückzuführen seien,[54] möchte er auf der Grundlage des vom *Ateneo* initiierten Ansatzes der Volksbildung eine intellektualisierte, von universalistischer Kompetenz geprägte Gesellschaftsform und hiermit die geistige Eigenständigkeit der Nation herbeiführen.[55] Vasconcelos' Erziehungsprogramm orientiert sich an den Leitideen der Freiheit, des Patriotismus, des Universalismus sowie des Lateinamerikanismus und verfolgt das Ziel, nach der politischen Revolution durch die Revolution des Geistes eine Ära des Friedens und der Gerechtigkeit mit soliden sozialen und politischen Strukturen herbeizuführen.[56]

---

51 Siehe Eckhard Deutscher, *Erziehung, Erziehungssystem und ländliche Entwicklung in Mexiko*, Bonn 1984, S. 17 und Eduard Weiß, *Schule zwischen Staat und Gesellschaft (Mexiko 1920-1976)*, München 1983, S. 263. In der Förderung der Erziehung sieht Vasconcelos das wirksamste Mittel gegen den *caudillaje* (*Indología*, S. 1277). Der französische Botschafter verbirgt 1924 nicht seine Zweifel an Vasconcelos' Erziehungszielen: "Son rêve, c'est de susciter une génération d'ouvriers cultivés et de réaliser l'union entre le travail manuel et la culture intellectuelle" (Mitteilung Jean Périers, in: *Bulletin de l'Institut d'Etudes mexicaines* 7 [Mai 1975], S. 21). Vasconcelos vergleichbar ruft Caso dazu auf, "de formar espíritus, de definir individualidades, de acrisolar vocaciones y de cristalizar almas" ("El problema filosófico de la Educación" [1921], O.C. 4, S. 6-17, hier S. 10).

52 Die von Vasconcelos angestrebte integrale Erziehung der Mexikaner im Geiste des Neuhumanismus rückt ab von den ökonomisch-pragmatischen Zielsetzungen, wie sie noch während der Revolution verfolgt wurden. Siehe Mary Kay Vaughan, "Ideological Changes in Mexican Educational Policy, Programs, and Texts (1920-1940)", in: Camp/Hale/Vázquez (Hrsg.), *Intelectuales*, S. 507-526, hier S. 509.

53 Siehe *Robinsón*, S. 1505 und 1530; "Conferencia leída en el Continental Memoria Hall", S. 857; "Discurso en la Universidad", S. 773; "Nueva ley", S. 840 und "Profesores honorarios" (1920), O.C. 2, S. 810-812. Vgl. ferner Navas Ruiz, *José Vasconcelos*, S. 6ff. und Villegas, *Pensamiento*, S. 51.

54 "Monismo", S. 14.

55 "Latin-American Basis", S. 93; *Indología*, S. 1271f. und "Discurso de Cuauhtémoc", S. 851

56 Vgl. Marta Robles, "Vasconcelos, civilizador", *Cuadernos Americanos* 42, 6 (1983), S. 115-124, hier S. 123 und Weiß, *Schule*, S. 278. In dem "Discurso del maestro" (1923) stellt Vasconcelos in Aussicht: "tarde o temprano el maestro reemplazará en el mando el soldado y entonces comenzará a civilizarse México" (O.C. 2, S. 878-888, hier S. 881). Vgl. mit "La primera y más importante de las revoluciones es la que ha de operarse dentro de nosotros mismos" ("Profesores", S. 812). In seinem "Discurso en el teatro Arbeu. En la Fiesta del Maestro" (1921) verwendet Vasconcelos *libertador* synonym zu *maestro* und betont hierdurch die emanzipatorische Aufgabe der Erziehung. Dies ergänzt die Feststellung: "La ignorancia es la causa de la injusticia, y la educación suprema igualitaria, es la

Die Verbindung von Erziehung und Ethik, sein prophetischer Anspruch und das Bestreben, an die Tradition der *Colonia* und der Missionierung anzuknüpfen, ließen für Vasconcelos die Volkserziehung zu einer Glaubensfrage werden, deren mystische Dimension bei seinen Kritikern auf Widerspruch stieß.[57] So ruft er in der Erstausgabe der unter seiner Ägide herausgegebenen Zeitschrift *El Maestro* dazu auf, die *revista* als das Evangelium des messianisch wirkenden Lehrers anzusehen, der zur Schaffung eines nationalen Geistes der Brüderlichkeit beitragen müsse.[58] Das von Vasconcelos' eingeforderte Engagement sollte nach Augustinus' Vorbild einen mexikanischen *ordo amoris* entstehen lassen, in dem der Mensch ausschließlich dem *imperativo del amor*[59] gemäß lebt. Nach einer Zeit der revolutionären Orientierungslosigkeit bedient sich der Essayist hierbei des religiösen Vokabulars, um dem seit der Reforma-Regierung säkularisierten Erziehungswesen seine metaphysische Sinndimension zurückzugeben.[60] Das Ziel der "neuen Religion" bildet jedoch nicht mehr die christliche Transzendenz, sondern die Utopie einer mestizierten mexikanischen Gesellschaft. Wenn Vasconcelos nach eigenen Angaben zu Beginn seiner Alphabetisierungskampagne rund 5000 unentgeltlich arbeitende Kräfte als Lehrer gewinnen konnte, so deutet dies auf das Charisma des Athenäisten und die Überzeugungskraft seiner Erziehungsziele hin.[61] Andererseits ist nicht zu bestreiten, daß das Engagement dieser Lehrkräfte in Ermangelung materieller Reize sehr bald nachließ.[62]

---

    mejor aliada de la justicia. Los malos gobiernos, los despotas crueles, son enemigos de la ilustración y son enemigos, por lo mismo, de los maestros" (O.C. 2, S. 803-808, hier S. 805).

57 Dies führt zu Appellen wie: "Haced de la educación una cruzada y un misticismo; sin fe en lo transcendental no se realiza obra alguna que merezca el recuerdo" ("Discurso del maestro", S. 887); "Seamos los iniciadores de una cruzada de educación pública, los inspiradores de un entusiasmo cultural semejante al fervor que ayer ponía nuestra raza en las empresas de la religión y la conquista" ("Discurso en la Universidad" [1920], S. 775). Vgl. *Indología*, S. 1230f. und 1266 sowie *Robinsón*, S. 1644. Blanco spricht von einer durch Vasconcelos entwickelten "mística oficial de la educación popular" (*Vasconcelos*, S. 90). Vgl. die Kritik Carlos Monsiváis', "José Vasconcelos, eres mito y en mito te convertiras", *Bulletin de l'Institut d'Etudes Mexicaines* 7 (Mai 1975), S. 40-42. Jorge Cuesta, so Blanco, warf Vasconcelos die Einschränkung der bürgerlichen Freiheiten durch den Staatsdespotismus eines bereits Kinder indoktrinierenden Erziehungsapparates vor (Blanco, a.a.O., S. 128). Die Propagierung des Missionierungsgedankens unter den Lehrern dokumentiert Skirius, *Vasconcelos*, S. 20.

58 Die missionarische Funktion des Lehrers bestätigt Vasconcelos in *Robinsón*, S. 1533. Auf die Zeitschrift *El Maestro*, die 1921-23 monatlich in 60.000 bis 75.000 Exemplaren aufgelegt wurde, folgen mit aussagekräftiger Namensgebung *La Falange* (1922-23) und *La Antorcha* (1924-25). Siehe Robles, "Vasconcelos", S. 122 und Krauze, "Pasión II", S. 17. Unter Bassols und Cárdenas wurde *El Maestro* zu *El Maestro Rural* umgetauft. Die Zeitschrift diente fortan der Popularisierung sozialistischer Postulate.

59 *Estética*, S. 1709ff.

60 Auch der Gebrauch militärischen Vokabulars sowie der Pestmetapher erscheint Vasconcelos angebracht, um seinen Kampf gegen die Unbildung zu propagieren. In seinem Denken verfügt die erzieherische Missionierung daher über dieselbe kämpferische Note wie die religiöse Missionierung zur Zeit der Conquista. Vgl. *Ulises criollo*, S. 1326 und "Discurso en la Universidad", S. 776.

61 *Indología*, S. 1247; vgl. "Profesores", S. 811.

62 Weiß, *Schule*, S. 286.

Vasconcelos möchte den lateinamerikanischen *hombre inteligente* als künstlerisch-kreativen *hombre generoso* schaffen, der über dem *homo faber* und dem *hombre económico* des Nordkontinentes stehen sollte. Es ist symptomatisch für die athenäistische Grundüberzeugung, daß ihm hierbei die Orientierung am Humanismus als Garant für die Schaffung einer menschlichen Gesellschaft gilt.[63] Besonders vehement lehnt der Athenäist deshalb das von dem *filósofo del industrialismo*, John Dewey, postulierte aktionspädagogische Prinzip des *learning by doing* ab, da es die vitalistische Ausbildung der schöpferischen Intelligenz verhindere und lediglich angepaßte Menschen hervorbringe.[64] Wie Henríquez Ureña und Reyes möchte Vasconcelos im Gegenzug insbesondere die *enseñanza literaria* fördern, welche sich ihm als "sésamo de tesoros más preciosos que todo lo que produce el trabajo material del hombre"[65] darstellt. Obgleich Vasconcelos für Indianer und Arme neben der *enseñanza elemental* auch die *educación manual* vorsieht,[66] sollte sich unter seinem Nachfolger Moisés Sáenz Deweys pädagogisches Konzept in den *escuelas rurales* völlig durchsetzen.[67] Vasconcelos' Rücktritt als Erziehungsminister bedeutet daher das Ende der Förderung einer *alta cultura* im Sinne des Athenäismus, zumal auch der dem neuen Präsidenten Calles nahestehende Reyes bei seinem Versuch einer Belebung der Vergilschen Tradition nicht den notwendigen Rückhalt fand.[68]

Die von Vasconcelos propagierte Ethik der Erziehung besitzt jedoch eine Schattenseite, welche die Forschung bislang noch nicht thematisiert hat. Der Athenäist nähert sich den eugenischen Thesen des europäischen rassistischen Diskurses an, wenn er 1922 die Schließung der aus seiner Sicht zu teuren Einrichtungen für in seinem Wortgebrauch *niños anormales* - ausgenommen sind Taubstumme und Blinde - damit rechtfertigt, daß diese als "lujos de dudosa utilidad inmediata" anzusehen seien.[69] Es erscheint in höchstem Maße bedenklich, daß derselbe Politiker, der eine religiös geprägte Ethik und Moral in den Rang der Staatsphilosophie erheben möchte, aus finanziellen Gründen die Fürsorgepflicht der Gesellschaft für ihre schwächsten Mitglieder einschränken will. Vasconcelos' Vorhaben einer Moralisierung des öffentlichen Lebens erhält angesichts dieser Haltung tiefe Risse, und der Idealist erweist sich als kalter Pragmatiker. Wer der Gesellschaft nicht unmittelbar nutzt - wie etwa geistig Behinderte - oder sich dieser Verantwortung zu entziehen versucht - wie ein Teil der Indianer -, der gleitet aus Vasconcelos' Sicht zu Recht in die Marginalisierung ab, da für ihn der Staat keine Verantwortung zu übernehmen habe.

---

63 Für den Athenäisten wird nach Schumm "der Subkontinent zum Fluchtpunkt einer regressiven bildungspolitischen Utopie, deren Matrix das klassische Altertum ist" ("*Mestizaje*", S. 63). Vgl. auch Millán, "Generación", S. 631.
64 *Robinsón*, S. 1506ff. und 1718; vgl. Etica, S. 675. Vasconcelos' Kritik gilt auch Rousseau, Pestalozzi und der *moda Decroly*. Siehe *Robinsón*, S. 1517ff. und Ricardo Navas Ruiz, *José Vasconcelos y la educación en México*, Salamanca 1984, S. 7f.
65 *Robinsón*, S. 1532f.
66 *Indología*, S. 1246.
67 Krauze, "Pasión II", S. 16.
68 So Blanco, *Vasconcelos*, S. 128.
69 "Conferencia leída en el Continental Memoria Hall", S. 863.

Neben der Aus- und Fortbildung breiter Bevölkerungsschichten gilt das besondere Augenmerk des *ateneísta* der Universität, die nach der Herrschaft der *caudillos* die künftige Führungselite auf volksnaher Basis ausbilden und zur Ausformung der "caracteres de la cultura mexicana"[70] beitragen sollte. Wissenschaft muß für Vasconcelos dem athenäistischen Ethos der *sinceridad* folgen und sich durch einen direkten Bezug zum Leben der Nation legitimieren.[71] Die mexikanische Universität sollte wie die übrigen Bildungsinstitutionen nach Vasconcelos außer in Zeiten der "corrupción o de crisis de la legalidad"[72] möglichst frei von politischer Einflußnahme ihre nationalen Mission erfüllen können. Offen bleibt jedoch, welche Instanz über die Zulässigkeit einer solchen Einflußnahme in Krisenzeiten zu befinden hat. Entsprechend behielt sich der Erziehungsminister vor, teilweise massiv in universitäre Angelegenheiten einzugreifen und hierdurch erhebliche Spannungen mit Studenten und Hochschullehrern zu provozieren.

Dem Prinzip des *mestizaje* gemäß verfolgt Vasconcelos die schon vom *Ateneo* realisierte Methode des *eclectizismo constructivo* der Lerninhalte, welche der Überwindung des aus seiner Sicht vorherrschenden Mittelmaßes auf dem Kontinent und der Schaffung einer Synthese im Geistig-Absoluten dienen sollte.[73] Zur Entwicklung einer ethnisch, sprachlich und kulturell einheitlichen Nation möchte sich Vasconcelos allerdings insbesondere auf das europäische Kulturerbe stützen, so daß die oft pauschal angesprochene Verbindung von *lo universal* und *lo particular*[74] eine entscheidende Einschränkung erfährt.[75] Während asiatische Kulturelemente eine untergeordnete Bedeutung besitzen, bleiben die möglichen Beiträge indianischer Kulturen unberücksichtigt. Die Indianer erscheinen in Vasconcelos'

---

70 "Nuevo escudo", S. 777; vgl. *Robinsón*, S. 1651 und 1661. Die Volksnähe der intellektuellen Aristokratie postuliert Vasconcelos in "Discurso en el teatro Arbeu", S. 807 sowie "Discurso en la Universidad", S. 776. Dieselbe Position vertritt als Verfechter der sozialen Bedeutung der Geisteswissenschaften auch Caso, "Las humanidades y la política" (1936), O.C. 10, S. 155-158, hier S. 156.

71 Vgl. *Ulises criollo*, S. 1267 und 1285 sowie "Discurso en la Universidad", S. 775. Angesichts seiner mit einer Hochschulreform verbundenen Hoffnungen drücken sich Vasconcelos' Frustrationen nach seinem unfreiwilligen Rückzug aus der Politik besonders prägnant darin aus, daß er 1935 der südamerikanischen Studentenschaft pauschal eine "cierta bohemía, fingimiento de hipotéticas genialidades y en realidad anemia de cuerpo y anarquía del alma" bescheinigt (*Robinsón*, S. 1646). Dementsprechend fordert er im gleichen Atemzug an den Hochschulen eine rigorose Selektion der *inútiles* und *parasitos juveniles*: "Todos los medios de eliminación del estudiante son buenos en la condición en que hoy se encuentra la Universidad" (a.a.O., S. 1647).

72 A.a.O., S. 1648.

73 Vgl. *Estudios indostánicos*, S. 356 sowie *Robinsón*, S. 1519 und 1565.

74 So bei Robles, "Vasconcelos", S. 118. Eckhard Deutschers Aussage "In seine idealen Leitvorstellungen bezog Vasconcelos alle Mexikaner ein; auch die indianische Bevölkerung sollte sich in der *mexicanidad* wiederfinden" kann daher Anlaß zu Mißverständnissen geben ("Bildungswesen in Mexiko", in: Briesemeister/Zimmermann [Hrsg.], *Mexiko heute*, S. 636-647, hier S. 636). Ähnliches gilt für die bei Weiß zu findende Feststellung, Vasconcelos möchte "das Wesen der ibero-amerikanischen Kultur in (...) einer Synthese zwischen den griechisch-spanischen und den indianischen Wurzeln" gründen (Weiß, *Schule*, S. 279f.).

75 Siehe *Indología*, S. 1247 und *Robinsón*, S. 1529.

Erziehungskonzept als Kultur- und Bildungsempfänger, nicht aber als -spender. Die Tatsache, daß er bei der Neugründung der *Secretaría de Educación Pública* die *enseñanza indígena* einer lediglich als Provisorium konzipierten Abteilung zuordnete,[76] verdeutlicht, wie sehr er davon überzeugt war, die Indianer mittels ihrer Akkulturation und Inkorporation zur Aufgabe ihres Kulturwissens bewegen zu können.

5.3.2. Vasconcelos' Erziehungspraxis

Nachdem Vasconcelos erstmals 1914/15 unter dem provisorischen Präsidenten Eulalio Gutiérrez als Erziehungsminister tätig war, ernannte ihn Huerta im Juni 1920 zum Rektor der Universität und Obregón im Oktober 1921 zum Leiter der im Juli 1921 neu gegründeten *Secretaría de Educación Pública*. Bis zu seinem Rücktritt 1924 blieb Vasconcelos bestrebt, den erzieherischen Idealismus des *Ateneo* durch Taten festzuschreiben.[77] In dieser Absicht griff er weitestmöglich auf ehemalige Mitglieder des Kreises zurück und konnte Caso als Rektor der Universität sowie Torri, Henríquez Ureña und Rivera zur Mitarbeit gewinnen. Reyes hingegen wahrte seine Distanz und lehnte Vasconcelos' Einladung zur Tätigkeit an der Hochschule mit der Begründung ab, daß er zwar dessen Erziehungsziele teile, es aber vorziehe, als Diplomat seinen literarischen Neigungen nachgehen zu können.[78] Um einen möglichst breiten erziehungspolitischen Konsens bemüht, ernannte Vasconcelos selbst den ehemaligen Porfiristen Chávez als Vorgänger von Lombardo Toledano zum Leiter der *Escuela Preparatoria*. Auch die *Siete Sabios* erhielten als Folgegeneration des *Ateneo de la Juventud* unter Obregón politische Ämter.[79] Als Sekretär und Organisator der Abteilung *Bibliotecas* stellte der Athenäist nach dem Rücktritt Manuel Toussaints im Mai 1921 den künftigen *Contemporáneo*, Erziehungsminister und späteren Generalsekretär der UNESCO, Jaime Torres Bodet, ein.[80] Ohne diese Maßnahme überzubewerten, spricht sie doch für die gemeinsamen Grundüberzeugungen von *ateneístas* und *contemporáneos*.[81]

Als Ergebnis dieser Personalpolitik konnte sich im Erziehungsministerium ein reformistisches Klima ausbilden, wenngleich die Einbindung der Intellektuellen in die Erzie-

---

76 Vgl. Navas Ruiz, *Vasconcelos*, S. 13 und Blanco, *Vasconcelos*, S. 126.
77 Vgl. *Breve historia*, S. 1675.
78 Siehe Vasconcelos' Briefe an Reyes vom 27.7.1920 und vom 12.8.1920 sowie Reyes' verhaltene Antwort vom 5.11.1920, abgedruckt in Fernando Curiel, *El acto textual*, México 1995, S. 141f. und Robb, "Vasconcelos", S. 57 und 59.
79 Siehe Krauze, *Caudillos*, S. 102ff.
80 *Ulises criollo*, S. 1269.
81 Trotz des offiziellen Grundtones zahlreicher Briefe belegt die 1922 einsetzende Korrespondenz zwischen Torres Bodet und Reyes gerade in den ersten Jahren, daß ersterer Reyes als Mentor ansah und stets bemüht war, ihn für die Mitarbeit in der Zeitschrift *Contemporáneos* zu gewinnen. Siehe Fernando Curiel (Hrsg.), *Casi oficios. Cartas cruzadas entre Jaime Torres Bodet y Alfonso Reyes 1922-1959*, México 1994.

hungspolitik des Landes mit einer Bürokratisierung der Kultur verbunden war.[82] Unbestritten ist, daß die inhaltliche und personelle Neuorganisation des Erziehungswesens einen Beitrag zur Institutionalisierung der Revolution lieferte, da eine wachsende Zahl von Intellektuellen und Zivilpersonen leitende Positionen übernehmen konnte, die bislang von Veteranen der kriegerischen Revolutionsphase besetzt waren. Doch auch an der Basis wurde die Institutionalisierung des revolutionären Mexiko gefestigt, da die neuen Lehrkräfte als Sendboten der staatlichen Autorität und Ideologie bis in entlegene Landstriche wirkten.[83] Vasconcelos' Erziehungsprojekt wäre aus dieser Perspektive als Mittel zu einer verbesserten Kontrolle der mexikanischen Öffentlichkeit zu verstehen. Vor allem Cárdenas sollte hinsichtlich des Ansinnens, durch Bildung die Massen zu lenken, ein ähnliches Verständnis wie der Athenäist entwickeln.[84]

Zur Reformierung des mexikanischen Erziehungswesens boten sich Vasconcelos aufgrund des durch die Erdölförderung in Gang gesetzten ökonomischen Aufschwungs vergleichsweise gute Rahmenbedingungen. So konnten unter Obregón im Vergleich zu den Jahren 1900-1901 die Ausgaben für das Erziehungswesen verfünffacht - Vasconcelos spricht in seinen Erinnerungen von einer Verdreifachung[85] -, und im Vergleich zur Präsidentschaft Maderos (1911-12) verdoppelt werden. Die Entwicklung der Finanzmittel für das Erziehungs- und das Militärwesen war unter Vasconcelos gegenläufig, so daß in Mexiko erstmals einem Erziehungsminister ausreichend Geld zur Verfügung stand, um eine großangelegte Reform durchzuführen und den Lohn der Lehrer zu verdreifachen. Diese Maßnahme ist ein sicheres Indiz dafür, daß Vasconcelos der Bildung und ihrer Vermittlung ein neues Prestige verleihen wollte.

Die Bildungsreform sollte aus Vasconcelos' Sicht ein Pendant zur Agrarreform darstellen und den *indígenas* wie der übrigen Landbevölkerung erstmals dieselben Bildungschancen einräumen wie allen anderen gesellschaftlichen Gruppen. Es war geplant, den India-

---

82 Diese Position vertritt Noe Jitrik, "Lectura de Vasconcelos", *Nuevo Texto Crítico* 1, 2 (1988), S. 261-286, hier S. 286.
83 Vasconcelos spricht von einer "purificación del personal" (*Ulises criollo*, S. 1264). Siehe auch Alan Knight, "Intellectuals in the Mexican Revolution", in: Camp/Hale/Vázquez (Hrsg.), *Intelectuales*, S. 141-171, hier S. 168f.
84 "Aunque el nacionalismo socializante de Cárdenas no fuera exactamente la alegoría racial de Vasconcelos, éste había fijado definitivamente la función del Estado mexicano como educador privilegiado de las multitudes" (Domínguez Michael, "Prólogo", S. XXXVI).
85 *Ulises criollo*, S. 1228. Die Verfünffachung des Budgets bestätigt Périer, *Bulletin*, S. 21. Immerhin stieg bereits unter Díaz die Zahl der Lehrer zwischen 1895 und 1910 von 12.748 auf 21.017 und die Zahl der Grundschüler von 141.178 auf 657.843 (1907). Angaben bei Vaughan, "Ideological Changes", S. 808. Wurden 1920 nur 0,9% des Staatshaushaltes für Bildung verwandt (Militär: 62%), so erreichten die Ausgaben für den Erziehungssektor 1923 mit 15% des Staatshaushaltes ihr Maximum. Unter Calles betrug aufgrund der Wirtschaftsprobleme der Anteil durchschnittlich 7%. Erst Cárdenas überschritt die von Obregón und Vasconcelos gesetzte Marke mit 17,9% (1937). 1974 waren im lateinamerikanischen Vergleich beachtliche 16,7%, 1991 18,1% des mexikanischen Haushaltes für Bildungsausgaben vorgesehen. Angaben nach *Indología*, S. 1246; "Conferencia leída en el Continental Memoria Hall", S. 862; Skirius, *Vasconcelos*, S. 17; Blanco, *Vasconcelos*, S. 92; Deutscher, "Bildungswesen", S. 644 und Weiß, *Schule*, S. 349.

nern vor allem in der Primarschule, welche Vasconcelos markanterweise als "órgano sistemático de depuración"[86] bezeichnete, die zu ihrer Inkorporation notwendigen Spanischkenntnisse zu vermitteln. Ferner strebte man neben ihrer Evangelisierung die Angleichung ihres zivilisatorischen Niveaus an den europäischen Standard an.[87] In den *Misiones culturales* bildete man in nur drei Jahren zahlreiche Wander- und Landlehrer aus, welche bis in die vierziger Jahre den Bildungscharakter der Landschulen prägten. Bemerkenswert ist, daß unter Vasconcelos erstmals Frauen, denen die aus Chile zur Mitwirkung an seiner Kampagne eingeladene Dichterin und Pädagogin Gabriela Mistral als Vorbildfigur dienen sollte, als Lehrkräfte zugelassen wurden.[88] Mit dieser Maßnahme verbindet sich allerdings weniger das bildungspolitische oder gar feministische Engagement des Athenäisten, sondern vielmehr der Versuch, nach den Revolutionsjahren das Problem des Frauenüberschusses auf dem Arbeitsmarkt pragmatisch zu lösen. In den mythisierten *Madres del pueblo* fand Vasconcelos wertvolle Mitstreiterinnen für die kulturelle Missionierung.[89]

Vordringlichste Aufgabe war es, die 1910 bei 84% und 1920 noch über 70% liegende Analphabetenrate durch die Arbeit zahlreicher ehrenamtlicher, dem *Departamento de Desanalfabetización* unterstellter Lehrer zu senken.[90] Der parallel verfolgten Ausbildung der Landbevölkerung diente der verstärkte Bau öffentlicher Landschulen, deren Zahl sich von 1921 bis 1924 um 50% erhöhte.[91] Begleitet wurden die Bemühungen um eine neue Bildungskultur von der Vermittlung als unabdingbar erachteter moralischer und zivilisatorischer Werte. Da dem Erziehungsminister Hygiene als Voraussetzung zum Lernen galt, begann die Alphabetisierungskampagne mit der Entlausung der Schüler und gestiegenen Anforderungen an ihre Körperpflege.[92] Die anfangs der Initiative noch herrschende missionarische Stimmung nahm jedoch im Laufe der Jahre ab, so daß die Zahl der jährlich

---

86 *Indología*, S. 1196.
87 Siehe Maihold, *Identitätssuche*, S. 132f.
88 Siehe María Luisa Ibacache, "Gabriela Mistral y el México de Vasconcelos", *Atenea* 459-460 (1989), S. 141-155, hier S. 142.
89 So Blanco, *Vasconcelos*, S. 109ff. und Ibacache, "Gabriela Mistral", S. 152f.
90 Angaben nach Weiß, *Schule*, S. 287 und Deutscher, "Bildungswesen", S. 638. Besonders ausführlich informiert über die Alphabetisierungsinitiative Fell, *José Vasconcelos*, S. 23ff.
91 Von den fast 16 Millionen Mexikanern besuchte 1923 mehr als 1 Million die ca. 13.500 staatlichen Schulen, in denen rund 26.000 Lehrer arbeiteten. Trotz großer Anstrengungen konnten 1950 im Primarschulbereich allerdings erst 51,3% und 1978 74,2% der Nachfrage an Schulplätzen befriedigt werden. Angaben nach Domínguez Michael, "Prólogo", S. XXXII, Deutscher, *Erziehung*, S. 34 und Weiß, *Schule*, S. 742. Die Verbesserung der Ausbildungssituation ist besonders im Primarschulbereich nachvollziehbar. Während 1910 in 9.752 Primarschulen 16.370 Lehrer 695.449 Schüler unterrichteten, wurden im Dezember 1923 an 12.814 Schulen 24.019 Lehrer und 986.946 Schüler gezählt. Angaben nach Fell, *Vasconcelos*, S. 109. Caso hatte 1917 kritisiert: "En general, podría decirse que la escuela primaria es el mayor de los fracasos nacionales" ("Las escuelas", S. 138).
92 *Ulises criollo*, S. 1260. Eine wichtige Rolle spielte ferner die Bekämpfung des Alkoholismus ("Aristocracia pulquera", O.C. 2, S. 891-893, hier S. 892). Erwähnenswert ist auch die Einführung ärztlicher sowie zahnärztlicher Betreuung der Schüler ("Conferencia leída en el Continental Memoria Hall", S. 863 sowie *Robinsón*, S. 1544ff.).

Alphabetisierten von 52.000 (1921) auf 16.000 (1922 und 1923) sank.[93] Die Rate der des Lesens und Schreibens Unkundigen lag 1938 immer noch bei rund 60%.[94] Angesichts der Tatsache, daß Brasilien, Kuba und Nicaragua Vasconcelos' Alphabetisierungskampagne zum Vorbild nahmen, müssen jedoch selbst die rückläufigen Zahlen als Produkt eines relativ erfolgreichen Alphabetisierungsschubes angesehen werden.

Vasconcelos' Äußerung "cada palabra es un vaso de esencia" bestätigt mit dem Ausruf "no hay poder sobre el poder de la palabra"[95] die athenäistische Überzeugung von der gesellschaftsverändernden Macht des geschriebenen Wortes. Dementsprechend bahnte der Erziehungsminister einer in Mexiko bis dahin einzigartigen Editionstätigkeit den Weg.[96] Nachdem Altamirano bereits im 19. Jahrhundert die Bedeutung der nationalen Literatur als Propagandavehikel zur Erziehung der Massen und zur Herbeiführung des geistigen und moralischen Fortschritts hervorgehoben hatte,[97] berücksichtigt Vasconcelos' editorische Initiative dem athenäistischen Universalismuskonzept gemäß Nationalliteratur und Weltliteratur gleichermaßen.[98] Gedruckt wurden freilich ausschließlich Werke, die Vasconcelos als international relevante Klassiker erachtete. Dies hatte zur Folge, daß seine Auswahl die das Konzept des *mestizaje* bestimmende Ausrichtung am europäischen und vor allem am spanischen Bildungsgut bestätigt. Im Bereich der neueren lateinamerikanischen Literatur fand der literarästhetisch als Dialog zwischen Eigenem und Fremdem deutbare *Modernismo* besondere Berücksichtigung. Einen weiteren Schwerpunkt bildete die antike Literatur des Mittelmeerraumes, wenngleich die Edition antiker Philosophen im Erziehungsministerium kein positives Echo fand.[99]

Vasconcelos strebte an, nach US-amerikanischem Vorbild durch ein dezentrales Vorgehen auch entlegene Orte zu erreichen. Deshalb sollten möglichst viele auf Eseln transportierbare "Wanderbibliotheken" mit etwa 50 Büchern[100] und stationäre Leihbibliotheken mit circa 100 Bänden sowie *salones de lectura* mit rund 5000 Bänden eingerichtet

---

93 Angaben nach Weiß, *Schule*, S. 286. Nichtsdestoweniger konnte die Zahl der Alphabetisierten in 18 Jahren verdoppelt werden.
94 Angabe nach Deutscher, *Erziehung*, S. 51. Deutscher geht davon aus, daß gegenwärtig rund 61% der Bevölkerung als "funktionale Analphabeten" zu bezeichnen sind (a.a.O., S. 23).
95 *Pesimismo*, S. 126 und 129.
96 Nach Vasconcelos' Angaben wurden in einem Jahr über 200.000 Bände in mehr als 2000 Bibliotheken verteilt ("Conferencia leída en el Continental Memorial Hall", S. 869). Bis dato erreichten Editionen in Mexiko üblicherweise eine Auflage von 500 bis 1000 Exemplaren. So Franco, *Cultura*, S. 84.
97 Siehe Karl Hölz, "El populismo", S. 375 und 379.
98 Eine Liste der gedruckten Autoren findet sich bei Blanco, *Vasconcelos*, S. 105.
99 Villaurrutia berichtet im September 1925 in einem Brief an Reyes, daß man im Ministerium begann, sich über Vasconcelos lustig zu machen, als dieser anordnete, Platons Schriften herauzugeben (siehe Jacques Issorel, "Seize lettres", S. 52). Auch der französische Botschafter bemerkt ironisch: "on aperçoit malaisément le profit qu'un Indien peut tirer de la fréquentation de Platon" (Périer, *Bulletin*, S. 22).
100 Meist 15 Bücher zur Allgemeinbildung, 15 mit technischen Inhalten und 20 Klassiker der National- und Weltliteratur (*Robinsón*, S. 1698).

werden.[101] Das in der Landespresse geäußerte Argument, die eben Alphabetisierten würden durch die Klassiker der Weltliteratur überfordert, ließ Vasconcelos nicht gelten. Der Minister drängte vielmehr darauf, dem mexikanischen Volk die "tesoros del saber humano que están al alcance de los más humildes en los naciones civilizadas" nicht länger vorzuenthalten.[102] Angesichts der athenäistischen Überzeugungen entbehren Vasconcelos' Argumente nicht der Logik, doch gibt die ausschließlich subjektiven Kriterien entsprechende Autorenauswahl Anlaß zur Kritik.[103] Andererseits läßt sich der Wunsch, angesichts der sich rasch ändernden politischen Verhältnisse in möglichst kurzer Zeit bildungspolitisch vollendete Tatsachen zu schaffen, für diese Vorgehensweise ins Feld führen. Vasconcelos' Editionspolitik erscheint jedoch insofern problematisch, als der Staat als Monopolist im Verlagswesen auftritt, mit der Folge, daß er gezielt die öffentliche Meinung beeinflussen kann. Die von Vasconcelos geförderte Tradition der ideologischen und mexikanistischen Ausrichtung der Schulbücher trug zur Schaffung eines nationalen Mythos bei, der bis heute in den Schulen des Landes gepflegt wird.

Aufgrund seines bildungspolitischen Optimismus sah Vasconcelos darüber hinweg, daß den meisten seiner Adressaten nicht nur die Fähigkeiten und das kulturelle Hintergrundwissen, sondern auch die notwendige Muße fehlte, lesend die Weltkultur zu erfassen. Ein Großteil der während seiner Amtszeit gedruckten Bücher verstaubte daher ungenutzt in den Regalen, zumal Vasconcelos' Nachfolger Sáenz in seinem Konzept der *escuela activa* den Bibliotheken und der Literatur nur eine geringe Bedeutung beimaß.[104]

An den Hochschulen des Landes sollten nach der Vorherrschaft des Positivismus die philosophischen Fakultäten und die *Humanidades* gefördert werden.[105] Vasconcelos, der nach eigenem Bekenntnis als Rektor der Universität 1920 vor einem *montón de ruinas*[106] stand, wollte die von Sierra initiierte Mexikanisierung der Bildung und die athenäistische Abkehr vom Positivismus fortschreiben. Er plante die Errichtung einer Hochschule, "sin otra limitación que el rigor científico según cada rama de la actividad del hombre".[107] Nichtsdestotrotz griff er entschieden in die Autonomie der *Preparatoria* ein und geriet 1923 deswegen in das Schußfeld der Kritik Casos und Lombardo Toledanos. Letzterer

---

101 Siehe "Conferencia leída en el Continental Memorial Hall", S. 868f. und *Indología*, S. 1250.
102 *Ulises criollo*, S. 1253.
103 Krauze weist zu Recht auf das Übergewicht antiker und moderner Mystiker sowie auf das Fehlen von Autoren des Humanismus und des 18. Jahrhunderts hin. Während von Shakespeare nur 6 Komödien gedruckt worden seien, habe man in je 12 Bänden die Werke von Tolstoj, Rolland und Pérez Galdós verbreitet ("Pasión II", S. 17).
104 Das Fehlschlagen der literarischen Bildungskampagne, doch auch die mangelhafte finanzielle Ausstattung der Privathaushalte dokumentieren die von Krauze zitierten Angaben Gabriel Zaíds, der darauf hinwies, daß 1955 von 30 Mio. Mexikanern nur 5000 regelmäßig Bücher erwarben (Krauze, "Temples", S. 597).
105 Immerhin gesteht Vasconcelos zu: "A Barreda y al positivismo se debe que nuestros Colegios se hayan igualado, en algunos casos, a los institutos similares de otras naciones" (*Historia del pensamiento filosófico*, S. 489).
106 Zit. nach Domínguez Michael, "Prólogo", S. XXXI.
107 So rückblickend in *Robinsón*, S. 1644.

wollte sich eine Plattform für seine weitere politische Karriere schaffen und mobilisierte die Studentenschaft gegen Vasconcelos.[108] Im Zuge der sich hieraus ergebenden Diskussionen über die Unabhängigkeit der Universität kam es schließlich zu Vasconcelos' Zerwürfnis mit Caso, der daraufhin von seiner Funktion als Rektor zurücktrat.[109] Bemerkenswerterweise war in früheren Jahren gerade Vasconcelos darum bemüht, im Vorfeld und während der Revolution die *Preparatoria* der Prägung durch politische Vorgaben zu entziehen. 1911 hatte der Athenäist deshalb den Versuch der staatlichen Einflußnahme als Ausdruck der politischen Inkompetenz bewertet.[110] Es kennzeichnet seinen Autoritarismus, daß er es später als Minister nicht zuließ, daß die Hochschule von seinem Kurs abwich und die Studenten sich dem politischen Gegner Calles zuwandten.[111]

Zur Förderung des Gemeinschaftsgeistes, zur Pflege der Tradition und zum "despertar artístico de todo un pueblo",[112] doch vor allem zur Ausformung des durch sein Bild der Antike genährten Ideals einer ästhetischen Lebensweise des Volkes förderte Vasconcelos in den Schulen den Volkstanz-, Kunst- und Musikunterricht. Hinzu kam die Unterstützung der Arbeit von Chören und Orchestern, welche mit den Aufführungen von "canciones nacionales, españolas y latinoamericanas"[113] der Festigung des Zusammengehörigkeitsgefühls sowie des Traditionsbewußtseins im Zeichen der Latinität dienen sollten. Vasconcelos präsentiert sich als Gründer der noch heute verfolgten Pädagogik des *arte popular*, indem er die Beschäftigung mit der kolonialen und populären Kunsttradition unterstützte, um die künstlerisch gestützte Mythogenese des mexikanischen Nationalbewußtseins zu beschleunigen. Umgekehrt erging ein Verbot, in öffentlichen Veranstaltungen aus Vasconcelos' Sicht musikalische *exotismos*, wie etwa den Jazz, zu Gehör zu bringen. Diese zum Universalismusanspruch im Widerspruch stehende Verbotsmaßnahme strebte an, den Publikumsgeschmack ausschließlich auf spanische und mexikanische Tänze und Folklore festzulegen.[114] Die Gründung einer *escuela de cerámica* in Aguascalientes durch den Künstler Fernández Ledesma sowie Montenegros und Encisos Wiederbelebung der traditionellen Keramik von Oaxaca zählen zu weiteren Maßnahmen, die Vasconcelos während seiner Tätigkeit als Erziehungsminister einleitete.[115]

Die Kunst sollte die mythischen Traditionen des Volkes mit den Postulaten der Revolution synthetisieren, um hierdurch den Massen ein positives nationales Bewußtsein zu vermitteln. Ihre integrierende Wirkung stand im Dienste des zivilisatorischen Neubeginns,

---

108 Siehe Krauze, *Caudillos*, S. 171.
109 Nach Vasconcelos' Rücktritt fordert Caso daher zu der längst ausstehenden Definition des *ideal industrial y pedagógico* auf ("La industria y la educación" [1925], O.C. 4, S. 154-156, hier S. 155).
110 "Juventud", S. 138.
111 Vasconcelos schildert seine Sicht der Dinge am 28.11.1923 in einem Brief an Reyes, auf den Robb hinweist ("José Vasconcelos", S. 59).
112 *Indología*, S. 1268.
113 "Conferencia leída en el Continental Memorial Hall", S. 871.
114 *Ulises criollo*, S. 1323.
115 A.a.O., S. 1221ff. Siehe Franco, *Cultura*, S. 84.

doch auch der politischen Legitimation und Machterhaltung.[116] Im Bereich der darstellenden Kunst scheiterte dieses Vorhaben jedoch daran, daß Vasconcelos' maderistische Vorstellungen mit den sozialistisch-marxistischen Konzepten der Muralisten nicht in Einklang zu bringen waren. Rivera stellte deshalb Vasconcelos in einem Wandgemälde als einen der *falsos profetas* dar.[117] Auch hinsichtlich der *bellas artes* fand nach Vasconcelos' Rücktritt in Sáenz' Erziehungspolitik ein markanter Wandel statt, da dieser den Kunst- dem Sportunterricht unterordnete, um die Bevölkerung auf die Herausforderungen der neuen Wirtschaftspolitik Calles' vorzubereiten.

Hinsichtlich der von Vasconcelos geplanten Nationalisierung und Lateinamerikanisierung des Films blieb es lediglich bei dem Projekt, die als Entfremdung empfundene Dominanz der Importe aus Hollywood durch einen Film über Bolívar zu beenden.[118] Die ersten mexikanischen Filme folgten vielmehr dem Publikumsgeschmack und präsentieren sich in Anlehnung an nordamerikanische Vorbilder als Liebesdramen, welche die Revolution lediglich als schmückenden Hintergrund einbeziehen. Sie belegen sinnfällig das Scheitern des Projektes, das neue Medium als eigenständiges Ausdrucksmittel der nationalen und südkontinentalen Kultur zu nutzen.

Als Vasconcelos 1923 von kolumbianischen, peruanischen und panamaischen Studenten mit der Verleihung des Titels *Maestro de la Juventud* geehrt wurde, stand seine Erziehungskampagne in Mexiko zunehmend im Kreuzfeuer der Kritik. Gerade der Messianismus und das autoritäre Gebaren des Athenäisten fanden in der mexikanischen Öffentlichkeit kein positives Echo mehr. Sein absolutistischer Führungsstil und Wahrheitsanspruch, der sich mit einem im Lauf der Jahre verbrauchten Messianismus verband, wirkten zunehmend als Anachronismen. Das Beharren des Intellektuellen auf seinen utopischen Erziehungsidealen drängte ihn allmählich an den Rand der von ökonomischen Fragestellungen beherrschten Gesellschaft und Politik. Man akzeptierte die Kriterien seiner Editionspolitik sowie sein Kunstverständnis nicht mehr und lehnte infolge eines falsch verstandenen Nationalismus die Mitarbeit ausländischer Intellektueller wie Gabriela Mistral und Pedro Henríquez Ureña an dem Erziehungsprojekt ab. Vasconcelos' Reaktionen, die in ihrer Schärfe polemisierend wirkten und darauf hindeuten, wie sehr es ihn berührte, seine Mission nicht erfüllen zu können, führten dazu, daß er wichtige Mitarbeiter wie Caso und Henríquez Ureña verlor. Als weiterer Grund für das Scheitern der Erziehungsoffensive müssen die konzeptionellen Ambivalenzen genannt werden, welche zu Spannungen zwischen den Lehrkräften und der ihnen vorstehenden Behörde führten. So zielte das Handeln vieler Landlehrer auf den sozialen Wandel ab, während der

---

116 So Marie-Dolorès Rodríguez-Panabière, "Le pouvoir, la musique et la danse dans le Mexique contemporain", in: GRAL, *Pouvoirs*, S. 73-99, hier S. 75. Vasconcelos steht nach Ansicht der Autorin am Beginn der mexikanischen "contamination de l'art par l'Etat" (a.a.O., S. 87).
117 Vgl. Franco, *Cultura*, S. 86.
118 "Simón Bolívar", S. 1721ff.

Minister die Bedeutung der Erziehung zur Disziplinierung der Bürger und Homogenisierung der Nation betonte.[119]

Der charismatische Führer hatte in der mexikanischen Öffentlichkeit seine Aura verloren und wurde zu einem *profeta sin tierra*,[120] der sich voller Ressentiments in die Opposition und das Exil zurückzog, da ihn sein Land verschmähte. Kurz vor seinem Tod bezeichnete er seine erziehungspolitische Tätigkeit frustriert als *esfuerzo perdido*.[121] Vasconcelos hatte die Ansprüche an die Lernbegeisterung seiner vom Kampf um das ökonomische Überleben meist im höchsten Maße beanspruchten Landsleute zu hoch gesteckt, wenn er plante, in kürzester Zeit alle Mexikaner zu kultivierten Menschen zu erziehen, zugleich eine neue kulturelle und nationale Identität herbeizuführen und die traditionellen gesellschaftlichen Strukturen sowie die ökonomische Unterentwicklung zu überwinden.[122] Als Erziehungsminister konnte der Repräsentant des Athenäismus den Zwiespalt zwischen seiner mystischen Erziehungskonzeption und den Anforderungen des technischen und ökonomischen Fortschritts an die Erziehungspolitik nicht auflösen. Tendierte Vasconcelos zum ästhetischen Mystizismus, so verfolgten seine Nachfolger Sáenz und Ramírez eine pragmatische Aktionspädadogik, die den ökonomischen Bedürfnissen des Schwellenlandes eher entsprach.

Vasconcelos' ästhetisches Ideal der Erziehung blieb somit ein Traum, da Mexiko in bildungspolitischer Hinsicht angesichts der ökonomischen Realitäten eine pragmatische Linie einschlagen mußte. Auch sein Plan, breite Volksschichten über die Folklore hinaus für neuere Formen der Kunst zu begeistern, realisierte sich nicht. Das Vorhaben, die zeitgenössische Kunst im Einklang mit einer transkulturellen Universalisierung zu nationalisieren, konnte sich dagegen dank seiner Förderung zumindest partiell durchsetzen. Wenn auch die leicht konsumierbaren Produkte der nordamerikanischen Massenkultur, von welchen der Athenäist sein Land in restriktiver Weise abzugrenzen versuchte, auf die breiten Volksschichten eine so große Anziehungskraft ausüben, daß die Herrschaft "Pepsicóatls" heute gefestigter ist denn je, existiert in Mexiko im Bereich der neueren Musik und Malerei eine Tendenz, welche universalistische mit nationalen Traditionen verbindet. Ähnliches gilt für die Literatur, die sich wie selbstverständlich universalistisch definiert und dennoch ein waches Auge auf die mexikanische Realität wirft.

5.3.3. Ausblick auf die Erziehungspolitik nach Vasconcelos

Vasconcelos hatte stets betont, daß eine erfolgreiche Erziehungsarbeit von der Lösung wirtschaftlicher Probleme abhinge. Deshalb konnte seine humanistisch orientierte Erziehungspolitik nur so lange umgesetzt werden, wie Mexiko aufgrund seiner Ölexporte

---

119 Vaughan, "Ideological Changes", S. 512. Caso unterstreicht ebenfalls die Notwendigkeit, die *imperfección de nuestro mestizaje* nicht nur durch die langsam wirkenden *cruzamientos consanguíneos*, sondern möglichst rasch durch Erziehungsmaßnahmen zu beenden ("Razas puras", S. 289).
120 Domínguez Michael, "Prólogo", S. XXXVII.
121 Gegenüber Carballo, "Vasconcelos", S. 32.
122 Deutscher, "Bildungswesen", S. 636.

ausreichende Einnahmen verbuchte. Die ökonomische Krise, die ihre Höhepunkte 1926 und 1929 erreichte, ließ das Erziehungskonzept des ehemaligen Ministers als überholt erscheinen, da es den wirtschaftlichen Erfordernissen weitestgehend nicht entsprach. Unter Calles' Erziehungsminister Moisés Sáenz, der angesichts der verschlechterten Rahmenbedingungen mit einem wesentlich geringeren Etat als Vasconcelos auskommen mußte, sollte sich ein neues, den ökonomischen Bedürfnissen angepaßtes Erziehungskonzept durchsetzen.[123] Es orientierte sich nicht mehr an dem athenäistischen Ideal des universal gebildeten, vitalistischen und ästhetischen Lebensgesetzen folgenden Mestizen, sondern an dem Modell des arbeitsamen nordamerikanischen Farmers. Die Ziele der Erziehungspolitik wurden pragmatisch an den Erfordernissen der von Calles ins Leben gerufenen neo-porfiristischen *Nueva Política Económica* ausgerichtet, so daß die von Vasconcelos abgelehnte Pädagogik Deweys das neue Paradigma stellte. Wie unter Carranza, dessen Schulpolitik Vasconcelos auf das heftigste verurteilte,[124] stand der Aspekt der *instrucción*, nicht jener der *educación* im Mittelpunkt. Überspitzt formuliert heißt dies, daß nicht Philosophen, sondern Techniker ausgebildet werden sollten.

Trotz eines Wandels der Erziehungskonzepte bewahrten Vasconcelos' Nachfolger im wesentlichen die organisatorische Struktur des Erziehungssystems. Die mit Fragen der Erziehung von *indígenas* befaßte Abteilung des Ministeriums wurde allerdings zur ständigen Einrichtung im Dienste des Indigenismus umgewandelt, und die *misiones culturales* für Indianer, welche Sáenz von Vasconcelos übernahm, in den dreißiger Jahren unter Bassols mit den *escuelas centrales agrícolas* zu *Escuelas Regionales Campesinas* zusammengelegt. Sáenz sah nach seinem fehlgeschlagenen Experiment der *escuelas rurales* ein, wie schwierig es war, den Indianern den sogenannten zivilisatorischen Fortschritt durch die Schule aufzuzwingen und sie akkulturierend in das Konzept des *mestizaje* einzubinden. Pflegte Vasconcelos eine konservativ-hispanistische Vision der mexikanischen Zivilisation, so flossen nunmehr verstärkt liberal-indigenistische Züge in die Erziehungs- und Gesellschaftskonzeption ein. Unter Cárdenas wurde dieser Ausrichtung nicht zuletzt durch die Einführung des zweisprachigen Unterrichts Rechnung getragen.

Bemerkenswert ist, daß sich die mystische Komponente der Erziehungspolitik Vasconcelos' bei seinen Nachfolgern wiederfindet. Sie wurde allerdings den Bedürfnissen der neuen Zeit angepaßt, indem Vasconcelos' Mystik der kulturellen Nationalisierung ersetzt wurde durch die einer nationalen Reformpolitik.[125] Trotz seiner Abkehr von der traditionellen Sichtweise der *mexicanidad* und den gewandelten politischen Zielsetzungen griff Cárdenas wie die späteren Präsidenten Vasconcelos' Konzeption des staatlichen Erziehungsauftrags zur Ausformung des öffentlichen Bewußtseins auf. Aufgrund der neuen Ausrichtung der Erziehung unter Cárdenas, welche bei den Massen ein sozialistisches Bewußtsein schaffen sollte,[126] gerieten die konservativen Vertreter des Mexikanismus

---

123 Vasconcelos wirft Calles vor, 125 Millionen Pesos für das Heer, doch nur 20-30 Millionen für das Erziehungswesen zur Verfügung zu stellen (*Bolivarismo*, S. 1432). Siehe auch *Breve historia*, S. 1685ff.
124 *Indología*, S. 1243.
125 Vgl. Blanco, *Vasconcelos*, S. 123ff.
126 Siehe Weiß, *Schule*, S. 362f.

zunehmend ins politische und gesellschaftliche Abseits. Sozialisten und vom Athenäismus geprägte Denker der Mexikanität traten als Antagonisten auf, da erstere die von Vasconcelos gepflegten Wissensutopien sowie seine Volks- und Erziehungsmystik ablehnten. Umgekehrt stieß der Klassencharakter der neuen sozialistischen Mystik sowie die technisch-utilitaristische Seite der Erziehung auf die Ablehnung der Schüler des *Ateneo*. So kann Ramos' pessimistische Deutung des Mexikaners in Ansätzen als Produkt dieser auf eine elitäre Distanzierung bedachten Oppositionshaltung gedeutet werden. Der Schüler Henríquez Ureñas setzt die irrationalistische, antipragmatische Perspektive der Erziehungsreformen Vasconcelos' fort, da er wie dieser das Leitbild des integral gebildeten Menschen in den Mittelpunkt seiner Überlegungen stellt und betont, daß die Erneuerung der Gesellschaft nicht linear in eine technisch-materielle Zukunft steuern dürfe. Vielmehr erkennt Ramos in *Veinte años de educación en México* die Chance zur geistigen Erneuerung in einem die überlieferten Mythen respektierenden Rückgriff auf die mexikanische Tradition.[127]

Unter Avila Camacho (1940-46) rückten vor dem Hintergrund des Zweiten Weltkrieges die sozialistischen Erziehungsziele in den Hintergrund. Hierdurch war die Möglichkeit zu einer teilweisen Renaissance des athenäistischen Denkens gegeben, da nun erneut die Ausbildung des Individuums, und nicht mehr die des Kollektivs, zum Leitbild erhoben wurde. Auch sollten Bauern und Indianer ähnlich wie bei Vasconcelos durch die schulische Integrationspolitik in mittelklasseorientierte und städtische Wertvorstellungen eingebunden werden. Räumte der *ateneísta* allerdings seiner neuhumanistischen und ästhetischen Bildungsutopie Priorität ein, so setzte Camacho Calles' und Cárdenas' Ansätze fort, indem er das bis in die Gegenwart gültige Konzept vertrat, mittels eines erzieherisch induzierten Modernisierungsschubes die Industrialisierung sowie die Entwicklung der Infrastruktur zu beschleunigen.

Präsident Echeverría versuchte 1973 durch seine Erziehungsreform, in diesem Sinne das revolutionäre Ideal einer allgemeinen Volkserziehung mit den gewachsenen technologischen Anforderungen an Mexiko zu verbinden. Er strebte eine Überwindung des bei Vasconcelos ausgeprägten Dualismus von Hispanismus und Indigenismus an und ersetzte die Vorstellung der hispanisch geprägten Nation durch die Betonung ihrer Einbettung in den weltgeschichtlichen Kontext. Das Konzept der *mexicanidad* jedoch wurde unter Echeverría, doch auch dessen Nachfolgern, wie bei Vasconcelos im Sinne einer synthetischen Einheitskultur, nicht aber als kulturelle Vielheit, ausgelegt.[128]

Seit Vasconcelos wird die mexikanische Bildungspolitik von der Überzeugung getragen, daß die Erziehung der nationalen Integration und der Ausbildung loyaler Staatsbürger zu dienen habe. In dieser Absicht passen sich die Erziehungsinhalte den politischen Zielen der Regierungspartei und den ökonomischen Vorgaben an. Der athenäistische Versuch, auf erziehungspolitischem Wege einem idealistischen Neuhumanismus gesellschaftliche

---

127 Vgl. a.a.O., S. 358.
128 Siehe Deutscher, "Bildungswesen", S. 642; ders., *Erziehung*, S. 52ff. und Peter Stöger, "Aspekte der lateinamerikanischen und der mexikanischen Bildungssituation", *Zeitschrift für Lateinamerika* 23 (1983), S. 34-43, hier S. 39.

Geltung zu verschaffen, wich in Mexiko wie in den übrigen lateinamerikanischen Ländern der Notwendigkeit, Erziehung und Bildung vornehmlich als Investitionsfaktoren für die Gewährleistung des ökonomischen Fortschritts anzusehen.[129] Da sowohl die Akkulturationspolitik als auch der staatliche Indigenismus bei ihrem Vorhaben scheiterten, die *indígenas* in die nationale Gemeinschaft einzugliedern, und zur Zeit kein alternatives Zivilisationskonzept zu der sich an westlichen Werten orientierenden Gesellschaft zu erkennen ist, bleibt anzunehmen, daß die herrschenden Kultur-, Mentalitäts- und Sprachbarrieren innerhalb der mexikanischen Gesellschaft zumindest kurz- und mittelfristig fortbestehen werden. Die Förderung des wirtschaftlichen Fortschritts und die durch den NAFTA-Beitritt gewachsene Notwendigkeit, die Steigerung der ökonomischen Effizienz schulisch vorzubereiten, erhöht die Gefahr einer Vergrößerung des Stadt-Land-Gefälles und einer weiteren Marginalisierung der *indígenas*. Strebte Vasconcelos - wenngleich aus der Sicht des Mitgliedes der städtischen Bildungsschicht und in einer problematischen synthetisierenden Perspektive - eine identitätsstiftende Versöhnung zwischen Individuum und Gesellschaft, Bildungselite und breiter Masse, Stadt und Land an, so reduzierte sich dieser Anspruch in der zunehmend am wirtschaftlichen Liberalismus ausgerichteten mexikanischen Gesellschaft zu einem "politisch-ideologischen Ritual".[130] Wenngleich Mexiko zu Beginn der neunziger Jahre von den Ländern Lateinamerikas den höchsten Anteil des Bruttosozialproduktes in den Bildungssektor investierte, klaffen Anspruch und Wirklichkeit der Erziehungspolitik noch weit auseinander. So konnte weder die Benachteiligung des ländlichen Raumes abgebaut noch eine soziale Chancengleichheit oder Demokratisierung der Gesellschaft und der politischen Strukturen herbeigeführt werden.[131] Ob dies ausschließlich auf finanzielle Engpässe oder auch auf mangelnden politischen Willen zurückzuführen ist, muß dahingestellt bleiben.

Zu einer weiteren Konstante der mexikanischen Erziehungs- und Schulpolitik entwickelte sich die unter Vasconcelos seit 1920 eingeführte Praxis, das Bewußtsein der Schüler durch die Vermittlung einer nationalistischen Einheitskultur zu steuern.[132] Der Ausbau des Erziehungsapparates sollte auch in abgelegenen Dörfern den Einfluß der Regierung auf das Alltagsleben sichern und erweitern. Die von Vasconcelos initiierte staatliche Elitenförderung sollte darüber hinaus die destabilisierende Gefahr einer geistigen Dissidenz

---

[129] Stöger kommt zu dem Schluß: "Das Bildungssystem ist in Lateinamerika vor allem pragmatisch, funktional-utilitaristisch orientiert. (...) Ist der Erziehungssektor zu einem Marktfeld geworden, so wird Pädagogik bildungsökonomisch und nicht humanwissenschaftlich 'taxiert'" ("Aspekte", S. 34 und 36) In Anlehnung an indigenistisch beeinflußte Positionen des Mexikaners Illich und des Brasilianers Paolo Freire erweist sich Stöger als Idealist, wenn er eine erzieherisch bewirkte Re-Identifikation mit den präkolumbianischen Substraten im kollektiven Unterbewußtsein einfordert (a.a.O., S. 37 und 41). Die vielgerühmte didaktische und fortbildende Funktion der Schulprogramme des mexikanischen Fernsehens erweist sich bei näherer Betrachtung als Mythos. So Louis Panabière, "Cent jours de télévision mexicaine", in: GRAL, *Pouvoirs*, S. 37-57.

[130] Deutscher, *Erziehung*, S. 7f.

[131] Siehe Deutscher, "Bildungswesen", S. 643f.

[132] Vgl. Panabière, "Revues culturelles", S. 114.

minimieren.[133] Das gleiche Ziel verbindet sich mit der Offizialisierung der Kultur durch die Regierungspartei, die - wie es das Beispiel des Muralismus verdeutlicht - das Ziel verfolgt, die kritische Linke durch die Einbindung in das nationale Projekt für sich zu vereinnahmen.[134] Die Monopolisierung des Machtanspruchs des PRI[135] und die mythisierende "teatralización del patrimonio" sowie die "teatralización del poder"[136] werden wesentlich von der Einflußnahme der Regierungspartei auf die Erziehung getragen.[137] Aufgrund dieser Situation bietet sich der Vergleich zum offiziellen mexikanischen Nationalismus im 19. Jahrhundert an, der wie in unseren Tagen durch das Konzept des *mestizaje* beabsichtigte, soziale Konflikte zu retuschieren.[138]

---

133 Diese Mechanismen untersucht Monsiváis, "L'Etat", S. 93ff.
134 Dieses Bestreben ironisiert José Agustín in seiner *Tragicomedia mexicana I*, wie Vittoria Borsò vermerkt ("Die Aktualität mexikanischer Literatur", S. 93). Siehe ferner Hennessy, "Muralists", S. 681-693. Paz kritisiert die ambivalente Haltung der Muralisten zur Institutionalisierung der Revolution (Monsiváis, "Octavio Paz", S. 3).
135 Paz kritisiert 1972 die am Parteinamen "Partido Revolucionario Institucional" nachvollziehbare Erstarrung des revolutionären Impulses ("El escritor y el poder", S. 305).
136 García Canclini, *Culturas híbridas*, S. 151 und 154; vgl. den Befund von Gernot Volger, *Lateinamerika in der Dauerkrise. Wirtschaft, Gesellschaft, Politik*, Berlin 1989, S. 92ff. Carlos Monsiváis wirft der mexikanischen Politik vor, ein Konzept der *cultura nacional* zu vertreten, welches mittels einer "hegemonía de tolerancia represiva" der nationalen "necesidad de unificación a cualquier costo" entsprechen möchte ("De algunos problemas del término 'Cultura Nacional' en México", *Revista Occidental* 2, 1 [1985], S. 37-48, hier S. 40).
137 Siehe Eduard Weiß, "Patrimoniale und technokratische Herrschaftsstrukturen in Mexiko - erläutert am Beispiel des öffentlichen Erziehungswesens", in: Günther Ammon/Theo Eberhard (Hrsg.), *Kultur, Identität, Kommunikation*, München 1988, S. 286-319, hier S. 297ff.
138 Vgl. Hans-Joachim König, "Theoretische und methodische Überlegungen", S. 15.

VI. Identitätstheoretische Auswertung der Positionen des Athenäismus und Ausblick auf spätere mexikanische Identitätsentwürfe

1. Inhaltliche Merkmale des athenäistischen Identitätsdiskurses

Der philosophische Idealismus und das optimistische, emotionalisierte Menschen- und Gesellschaftsbild. Auch nach der Auflösung des *Ateneo de la Juventud/Ateneo de México* setzten die *ateneístas* die Denktradition der Gruppe fort, wenngleich in unterschiedlicher Intensität und Originalität. So wirkte die idealistische und antipositivistische Grundeinstellung in den Schriften Henríquez Ureñas weiter, wenngleich dieser sich nicht mehr vorrangig mit philosophischen Themen befaßte. Aus seinen Essays kann geschlossen werden, daß er für eine mexikanische Nation und eine kontinentale Einheit eintrat, in der die individuelle Selbstfindung auf der Grundlage einer freien Entfaltung des Geistes gewährleistet sein sollte.

Caso hingegen betätigte sich im Unterschied zu Henríquez Ureña auch nach dem Niedergang des *Ateneo* als Philosoph und hielt den intuitionistischen und spiritualistischen athenäistischen Theoremen die Treue. Gerade sein Konzept einer christlich inspirierten Existenzweise der *caridad*, welche als Antithese zu den biologistischen Thesen des Positivismus eine freie, von positiven Emotionen gelenkte Selbstverwirklichung im Altruismus anstrebt, prägte den athenäistischen Diskurs. Nur sehr zögernd wandte sich Caso neueren philosophischen Strömungen, wie etwa der Phänomenologie Husserls, zu. Diese Geisteshaltung trug dazu bei, daß die um 1910 noch als fortschrittlich bewertete Philosophie des Athenäismus in den folgenden Jahrzehnten den Anschluß an neuere Entwicklungen verlor und die aus ihr abgeleiteten Aussagen zur *mexicanidad* durch die Thesen Ramos', Urangas und Paz' abgelöst wurden.

Auch Reyes setzte die antipositivistische Denktradition der Gruppe fort und richtete sein Interesse insbesondere auf die metaphysischen Aspekte der Existenz und die Ethik eines guten Handelns. Demgemäß postulierte er wie die übrigen *ateneístas* das Entstehen einer Gesellschaft, in der die Mitmenschlichkeit das höchstes Ziel stellt. Auf diese Weise sollte gewährleistet werden, daß das Individuum in der Gemeinschaft dem ihm eigenen Glücksstreben entsprechend agieren und seine Intelligenz frei entfalten könne. Ferner strebte der Athenäist auf der Basis seiner idealistischen Annahmen die Harmonisierung der nationalen wie auch internationalen Gemeinschaft an.

Vasconcelos entwickelte auf dem antipositivistischen Fundament des *Ateneo de la Juventud* seine idealistische Philosophie des ästhetischen Monismus, die in großer Nähe zu dem von Caso vertretenen Menschenbild stand. Handlungsleitend in einer idealen Gesellschaft sollte die der *caridad*-Idee Casos verwandte *emoción pura* sein, welche ein romantisch anmutendes Bild von der Identität des Mexikaners und Lateinamerikaners als Antithese zu dem Diskurs des Rassismus entwirft. Da sich Vasconcelos' Ausführungen zur symphonischen Existenzform aufgrund ihres mythischen Anspruchs bewußt der wissenschaftlichen Methodik verweigern und in einer großzügigen kombinatorischen Geste widersprüchliche Theoreme vereinen, setzen sie sich dem Irrationalismusvorwurf aus, der selbst seitens der übrigen Athenäisten geäußert wurde.

Trotz individueller Spezifika dominierte auch nach 1914 bei den Vertretern des athenäistischen Denkens das Bestreben, eine vitalistischen Grundsätzen entsprechende, idealistische Position zu beziehen, die der Humanisierung der nationalen und internationalen Gemeinschaft dienen sollte. Ihr Hauptanliegen bildete die Schaffung jener Voraussetzungen, welche die individuelle Selbstfindung im Zeichen des Altruismus und der Emotionalität ermöglichen. Das verletzliche Individuum sollte sich bei Gewährleistung seiner freien Willensentfaltung im anderen widerspiegeln und mit seinem Gegenüber die Herbeiführung eines harmonischen Seinsmodus anstreben. Hierdurch wurde nicht nur der vom *Ateneo de la Juventud* geprägte Gegendiskurs zum Positivismus fortgeführt, sondern auch auf die Notwendigkeit hingewiesen, die idealistische Antithese angesichts der zunehmenden Herrschaft des ökonomischen und technischen Rationalismus aufrecht zu halten. Die wechselhafte Resonanz, die diese Position während und nach der Revolution fand, legt den Schluß nahe, daß die Attraktivität des athenäistischen Idealismus in Phasen des relativen ökonomischen Wohlstandes und der Stabilität zunahm, während in Krisenzeiten das Streben nach materiellen Zielen und ökonomischer Sicherheit im Vordergrund stand. Hieraus ergibt sich das prinzipielle, für eine kollektive Identitätskonstruktion entscheidende Problem, ob eine idealistische Haltung in modernen, den Gesetzen der Ökonomie und des Rationalismus folgenden Gesellschaften als Luxus zu bezeichnen ist. Aus der Sicht der athenäistischen Philosophie wäre die Antwort eindeutig.

Die Aufgaben des Intellektuellen: identitätsstiftendes Denken und Handeln, oder Denken als Handeln? Die Essays der Athenäisten werden von der Überzeugung getragen, daß die Intellektuellen in Lateinamerika eine entscheidende Funktion als Wegbereiter der kollektiven Identitätsfindung besitzen. Hierbei stellt sich aber sogleich die Frage nach den Wirkungsmöglichkeiten eines Autors in Gesellschaften mit vergleichsweise niedrigem Bildungsniveau. Mit Ausnahme Reyes', der sich primär als Vor*denker* verstand und dessen handelnde Umsetzung athenäistischer Theoreme zur Identitätsbildung erst relativ spät mit der Gründung der *Casa de España* einsetzte, bemühten sich seit der Zeit des *Ateneo* Caso, Henríquez Ureña und Vasconcelos - letzterer bis zu seiner gescheiterten Präsidentschaftskandidatur -, identitätstheoretisches Denken und identitätsbildendes Handeln im Sinne ihrer idealistischen und neuhumanistischen Philosophie in Einklang zu bringen. Gerade das Engagement im Erziehungs- und Bildungssektor, und hiermit verbunden die Ausbildung von Multiplikatoren, erschien als geeigneter Weg für die Umsetzung athenäistischer Ziele. Während Caso und Henríquez Ureña, später auch Reyes, in dieser Absicht der Schulung der geistigen Elite den Vorzug gaben, wählte Vasconcelos ein breites bildungspolitisches Engagement, um die Schaffung einer mexikanischen Identität im Sinne des Athenäismus zu fördern.

Allen Essayisten gemeinsam war die Überzeugung, durch das geschriebene Wort die Konkretisierung ihrer Ideen und der zivilisatorischen *cultura* einleiten zu können. Essayistisches Schaffen und gesellschaftliches Wirken wurden daher für sie zu Synonymen. Dementsprechend pflegte die Mehrheit der *ateneístas* zur Wahrung ihrer geistigen

Unabhängigkeit eine große Zurückhaltung im Hinblick auf ein unmittelbares politisches Engagement. Lediglich Vasconcelos bemühte sich bis 1929, dem Athenäismus auch eine politische Dimension zu geben.

Die Aussagen der *ateneístas* erlauben somit keine eindeutige Stellungnahme in der schwierigen Frage nach der gesellschaftlichen Praxis des Intellektuellen. Aus diesem Grunde konnte der Athenäismus sowohl der dem politischen Geschehen nahestehenden *Generación de 1915* als auch den politisch distanziert agierenden *Contemporáneos* als Orientierungshilfe dienen. Es hätte freilich nicht dem athenäistischen Menschenbild von der Eigenverantwortlichkeit des denkenden Subjekts entsprochen, in der Frage des Engagements eindeutige Vorgaben zu formulieren. Gerade in einer Gesellschaft, in welcher die Einparteienherrschaft fast zur Institution wurde und die Tendenz zur politischen Kontrolle sämtlicher Bereiche des öffentlichen Lebens herrscht, ist der Wunsch des Intellektuellen nach politischer Unabhängigkeit nachvollziehbar.

Wandel durch Erziehung und Literarisierung der Kultur. Das besondere theoretische und praktische Engagement der athenäistischen Kulturphilosophen im Bereich der Erziehung und Bildung unterstreicht die Überzeugung, auf diesem Wege am ehesten einen friedlichen gesellschaftlichen Wandel herbeiführen und die Identitätsbildung der Mexikaner mitgestalten zu können. Dem positiven athenäistischen Menschenbild und dem gruppenspezifischen Bildungsethos gemäß wollte man eine humanistisch intellektualisierte und zugleich von Emotionalität geprägte, sozial gerechte und ökonomisch prosperierende Gesellschaft aufbauen. Eliten- und Breitenbildung wurden für die Realisierung dieser Vision als gleichwertig angesehen, wobei die an Bildungskonzepte der europäischen Antike angelehnte *alta cultura* als Leitziel galt. Gerade Reyes erkannte in der Revitalisierung antiker Werte die Grundlage zur Moralisierung und Humanisierung der lateinamerikanischen Gegenwart. Dem athenäistischen Konzept des Universalismus entsprechend dominierte bei allen Essayisten die Forderung nach einer auf transkulturellen Mechanismen basierenden Vermittlung europäischen, vor allem spanischen Bildungsgutes, um auf diese Weise die zivilisatorische Rückständigkeit zu vermindern. Das Europäische, dessen man sich aufgrund der kolonialen Geschichte bedienen dürfe, diente den *ateneístas* bei diesem Prozeß zugleich als Paradigma und Vergleichsmaßstab für das Eigene. Die angespannte ökonomische Lage der auf eine unmittelbare Existenzsicherung angewiesenen Mehrheit der Mexikaner erschwerte freilich die Vermittlung langfristig greifender Bildungswerte. Als Problem gestaltete sich ferner die von den Athenäisten nicht akzeptierte kulturelle Andersheit der indianischen Ethnien und hiermit zusammenhängend ihr akkulturierender Impetus. Die Indianer wiederum entzogen sich zur Bewahrung ihrer spezifischen Lebensweise häufig der Zivilisierung nach europäischem Vorbild und suchten einen ihren Bedürfnissen entsprechenden Umgang mit dem Erziehungssystem. So schicken auch heute noch die nordmexikanischen Tarahumaras ihre Kinder vornehmlich in Zeiten der Lebensmittelknappheit der kostenlosen Speisung wegen in die Schule.

Wie es sich bereits in den Vorträgen und Aktivitäten des *Ateneo* andeutete, wurden entgegen dem Anspruch, eine mestizische Nation schaffen zu wollen, die Kulturen der Indianer im athenäistischen Identitätsentwurf nicht berücksichtigt. Reyes' verhaltenem

Appell zu einer ansatzweisen Einbringung indianischer Traditionen mangelt es an Überzeugungskraft. Die Vertreter des Athenäismus planten vielmehr, durch eine erzieherisch herbeigeführte Akkulturation die Indianer in die Gesellschaft einzugliedern. Lediglich folkloristische und kunsthandwerkliche Aspekte indianischer Kulturen wurden mit einem "touristischen" Blick, der die kulturelle Fremdheit dieser Ethnien bestätigt, erfaßt.

Besonders hervorzuheben ist die von den *ateneístas* übereinstimmend geforderte und durch Vasconcelos engagiert betriebene Alphabetisierung. Dank dieser elementaren Bildungsmaßnahme sollte Mexiko innerhalb kürzester Zeit zu einer Nation von weltoffenen Lesern werden. Der Versuch, durch den massiven Einsatz von Bibliotheken diese literarisch geprägte, universalistisch orientierte Kultur herbeizuführen, scheiterte nicht nur an einem Wandel der Erziehungskonzeptionen nach Vasconcelos' Amtszeit, sondern auch an ökonomischen Problemen. Ferner entsprach die von ihm getroffene Autorenauswahl zwar in hohem Maße seinen persönlichen Neigungen und athenäistischen Überzeugungen, doch war sie kaum dazu angetan, bei den Schülern ein außergewöhnliches Leseinteresse entstehen zu lassen und dem Prinzip des lebensnahen Lernens zu entsprechen. Vasconcelos' athenäistischer Idealismus erwies sich aufgrund überhöhter Ansprüche an die Möglichkeiten der mexikanischen Realität als konterproduktiv.

Lateinamerika sollte durch die Erziehungspolitik, welche insbesondere die künstlerische und soziale Kompetenz des Individuums fördern sollte, ein Gegenmodell zu der materialistisch und pragmatisch orientierten Erziehungspraxis Europas und Nordamerikas entwickeln. Man plante, durch die Tätigkeiten in diesem Sektor die wesensmäßige Besonderheit der Lateinamerikaner zu behaupten und einen von westlichen Vorgaben unabhängigen Weg zu beschreiten. Die integrale Ausbildung des Volkes sollte nicht nur die ihm eigenen künstlerischen und geistigen Fähigkeiten hervortreten lassen und eine lateinamerikanische Renaissance einleiten, sondern auch durch die Befähigung zum kritischen Denken dessen politische Mündigkeit fördern. Da die Demokratisierung der Bildungschancen mit dem Bestreben einherging, eine humanisierte Politik herbeizuführen, kann die athenäistische Erziehungspraxis als politisch relevante Praxis gedeutet werden. Sie hat allerdings aus der Sicht der untersuchten Autoren zur Voraussetzung, daß die Bürger Bildung als Recht, aber auch als Pflicht akzeptieren und den Willen erkennen lassen, sich zu loyalen Staatsbürgern in einer harmonischen nationalen Gemeinschaft zu entwickeln. Gerade die mit dem letztgenannten Aspekt einhergehenden Erwartungen des Staates an seine Untertanen bergen allerdings die Gefahr einer politischen Indoktrinierung des Volkes durch die Vermittlung tendenzieller Lerninhalte in sich. Das Ideal der Harmonisierung kann in diesem Fall zur kulturellen Gleichschaltung instrumentalisiert werden. Innergesellschaftliche kulturelle Differenzen würden nicht mehr toleriert oder gar als Bereicherung empfunden, sondern nivelliert. Von ihrer erzieherischen Aufgabe und der Gültigkeit ihrer Annahmen überzeugt, verzichteten die Athenäisten freilich auf eine Problematisierung dieser Perspektive.

Die Synthese von Nationalismus, Universalismus und Kosmopolitismus. Im Unterschied zum patriotischen Diskurs des 19. Jahrhunderts und zum chauvinistisch eingefärbten revolutionären Nationalismus strebten Henríquez Ureña, Reyes, Vasconcelos und Caso für die Ausformung einer neuen mexikanischen Identität die Kombination nationaler und universaler Komponenten an. Die Findung des kollektiven Selbst durch die Kultivierung nationaler Traditionen und die Bewahrung der kulturellen Eigenständigkeit dürfe allerdings nicht die Weltoffenheit und kulturelle Dialogbereitschaft überlagern. Alternativ zum vorherrschenden Isolationismus entwickelten insbesondere Reyes und Vasconcelos ein Identitätskonzept des "defensiven Nationalismus", das die kritische Betrachtung des Eigenen mit der Fähigkeit verbindet, die außermexikanische Alterität als solche zu akzeptieren und sich, falls erwünscht, assimilierbare Kulturelemente anzueignen. Mittels der Transkulturation wollte man die Entwicklung eines auf dem Toleranzprinzip basierenden, friedlichen Miteinanders fördern. Auf der Grundlage einer besonderen Befähigung zur Assimilierung universalistischer Kulturströmungen sollte Lateinamerika aus Vasconcelos' Sicht der kosmischen Rasse als Heimstatt dienen. Die *raza cósmica* bilde aufgrund ihrer mit technologischer und ökonomischer Fortschrittlichkeit gepaarten ästhetischen Existenzform den Höhepunkt der Menschheitsentwicklung. Südamerika wird hierdurch zum Ort eines friedlichen Miteinander stilisiert. Wenngleich für die Beziehungen zwischen süd- und mittelamerikanischen Nationen ein harmonischer Idealzustand entworfen wird, so beinhaltet das Konzept den Widerspruch, daß trotz des vorgeblichen Kosmopolitismus der *raza cósmica* die Konkurrenz zwischen Lateinamerika und den USA fortgeschrieben wird.

Zur Begründung der universalistischen und kosmopolitischen Veranlagung der Bewohner des Halbkontinentes rekurrierten die *ateneístas* auf die nationale und kontinentale Tradition der Latinität und des Hellenismus als weltoffenen, durch das spanische Erbe vermittelten Paradigmen. Diese idealisierende Sicht der antiken Kulturen und ihrer kontinentalen Wirkungsgeschichte ermöglichte neben der Konstruktion einer positiven kulturhistorischen Kontinuität auch den Entwurf eines affirmativen Selbstbildes in der Gegenwart. Die koloniale Tradition wurde in diesem Zusammenhang nicht mehr als Belastung, sondern als Lehrzeit angesehen, welche die aktuelle universalistische Kompetenz des Kontinentes bewirkt habe. Der kontinentalen Tradition folgend bilde auch in der Gegenwart die kollektive Identität das Produkt eines vitalistischen Prinzipien entsprechenden, dynamisch verlaufenden Dialoges. Aus athenäistischer Perspektive verbindet Lateinamerika auf diese Weise den Faktor der Dynamik und Jugendlichkeit mit dem gereiften Bewußtsein, als gleichberechtigte Stimme im Konzert der Weltkulturen mitzuwirken. Gleichwohl führt dieses Bewußtsein angesichts der angenommenen Dekadenz der Alten Welt zur Wiederaufnahme des europäischen hegemonialen Diskurses, der im Widerspruch zu dem Vorhaben steht, ein alternatives Identitätsmodell entwickeln zu wollen.

Die Aufwertung der Nationalliteratur als Stütze der Identitätsfindung. Ausgehend von der Annahme, daß sich der Nationalcharakter eines Volkes in seiner Literatur ausdrücke, bemühten sich namentlich Henríquez Ureña und Reyes um die Erfassung des Nationalen durch das Studium der mexikanischen Literatur. Indem ihr literaturkritisches und literaturhistorisches Wirken seit der Kolonialzeit bestehende Grundlinien der *mexicanidad* erschloss, lenkten sie die Aufmerksamkeit auf die gesellschaftliche Relevanz der Geisteswissenschaften. Die erkenntnistheoretische Perspektive der untersuchten Essayisten führte allerdings zu verzerrenden bis einseitigen Urteilen über die Merkmale der mexikanischen

Nationalliteratur. Entscheidend ist aber, daß hiermit positive Autostereotypen geschaffen wurden. Bei ihrer literaturkritischen Tätigkeit waren die *ateneístas* stets bestrebt, der eurozentrischen These einer vermeintlichen Minderwertigkeit der Literatur Mexikos entgegenzutreten. Dies brachte jedoch einmal mehr die bloße Wiederholung der traditionell von Europäern vertretenen Überlegenheitsthese mit sich - nun aber unter lateinamerikanischem Vorzeichen. Gleichzeitig wurde die Notwendigkeit unterstrichen, die Prägung durch den spanischen Kultureinfluß als positiven Bestandteil des Eigenen anzuerkennen. Die hierfür erforderliche historisierende Perspektive bei der literarisch gestützten Erfassung des "genuin Mexikanischen" war geeignet, den erschlossenen Merkmalen jene Relevanz und Stabilität zu vermitteln, welche sie für die angestrebte künftige Identitätskonstruktion operationalisierbar werden ließ.

Das Engagement für Lateinamerika. Wie Bolívar und Martí strebten die in der Denktradition des *Ateneo de la Juventud* stehenden Essayisten die Entwicklung einer als gleichberechtigte Partnerin Europas und Nordamerikas akzeptierten *magna patria* an. Die ehemaligen Vorbildkulturen erhielten hierbei den Rang von Vergleichskulturen. Ihnen gegenüber sah man sich aufgrund der angestrebten kosmopolitischen Grundhaltung nicht in einer von Feindschaft oder Überlegenheitsstreben geprägten Beziehung. Nichtsdestoweniger deutete sich in der Haltung zu den USA gerade bei Vasconcelos an, daß sich dessen Feindbild trotz seiner kosmopolitischen Grundeinstellung nicht abbaute.

Die Vertreter des Athenäismus gingen davon aus, daß das künftige Miteinander auf dem südlichen Kontinent als Einheit in Vielheit konzipiert sein müsse, damit die Verwurzelung im Eigenen gewährleistet bleibe. Zugleich aber verfolge die intensivierte Kommunikation der lateinamerikanischen Nationen, welche dank der romanischen Sprachverwandtschaft im Vergleich zu anderen Kontinenten besonders leicht falle, das Ziel, am universalistischen Polylog teilzunehmen. Letzterer wiederum dürfe genuine Traditionen nicht ignorieren. Aufgrund ihrer kolonialen Vergangenheit seien gerade die Länder des Halbkontinentes prädestiniert, den internationalen Kulturaustausch zu fördern. Die hieraus abgeleitete kosmopolitische Mission Lateinamerikas sollte jedoch nicht in ein Überlegenheitsdenken einmünden, sondern müsse zu einem verantwortungsvollen Miteinander führen. Gerade die mangelhafte Umsetzung dieses letztgenannten Postulates macht auf einen inneren Widerspruch in einer ganzen Reihe von Essays der *ateneístas* aufmerksam. Wie schon erwähnt, blieben sie trotz ihres Vorhabens, ein anderes Denken einzuführen, dem traditionell eurozentrischen Überlegenheitsdiskurs verhaftet, den sie in einer amerozentrischen Perspektive fortführten.

Das Projekt des "mestizaje". Die Betrachtung der nationalen und kontinentalen Geschichte ließ bei den Athenäisten die Überzeugung entstehen, in der seit den kontinentalen Völkerwanderungen nachweisbaren ethnischen Mischung das Kernelement zur Definition des Eigenen erfassen zu können. Diese Sichtweise brachte es mit sich, daß ein harmonisierendes Bild insbesondere der Kolonialzeit gezeichnet wurde, um den *mestizaje* als positives, für eine nationale Identitätsbildung geeignetes Phänomen darstellen zu können. Bei Reyes kommt hinzu, daß er die spanisch vermittelte Tradition der Antike, in der aus seiner Sicht ebenfalls die Mestizierung das Erblühen der Zivilisation hervorgebracht habe, als weitere Legitimation für die Tradition des *mestizaje* zitiert. Aufgrund dieser Perspektive wurden freilich kulturelle Divergenzen oder historische Diskontinuitäten durch den Mythos der Mestizierung überspielt, mit der Folge, daß sich während seiner Instrumentalisierung zur Erfassung der Vergangenheit wie der Gegenwart idealisierende Verzerrungen einstellten.

Kritisch anzumerken bleibt ferner, daß kulturelle Mestizierung in der athenäistischen Diktion nicht etwa eine demokratisch organisierte Mischung gleichberechtigter Kulturelemente bedeutete, sondern die Bevorzugung der hispanischen und europäischen Komponente zu Lasten des indianischen Faktors. Diese einseitige Sicht, welche sich aus der Logik eines auf kosmopolitische Kompetenz hin abgestellten nationalen Identitätsentwurfes und der Annahme einer Überlegenheit der europäischen Zivilisation ergab, führte zu einem ablehnenden bis ambivalenten Verhältnis gegenüber dem indianischen Fremden. Die an rassistische Vorurteile erinnernde These vom kulturlosen Indigenen fand ihre Begründung durch den von allen *ateneístas* vertretenen Hinweis, die Conquista habe die indianischen Hochkulturen untergehen lassen. Prinzipiell erklärte man sich zwar bereit, indigene Kulturelemente gleichberechtigt zu behandeln, doch wo aufgrund der historischen Entwicklung beziehungsweise der unterstellten erfolgreichen Mischung der Ethnien zur Zeit der *Colonia* nur mehr wenige autochthone Substrate auszumachen seien, erweise sich eine Mestizierung als nicht mehr erforderlich oder möglich. Daher wurde für die Gegenwart allein der folkloristisch-naive und volkstümliche Aspekt des Indigenen erfaßt, doch als nicht wesentlich für das nationale Identitätskonzept dargestellt.

Allein wenn es argumentativ notwendig erschien, zur Schaffung eines Mestizierungsmythos den positiven Beitrag der Indianer zur Nationalkultur hervorzuheben, wurde wie bei Henríquez Ureña der Indianer zum Sympathieträger stilisiert. Meist aber herrschte im athenäistischen Diskurs die Annahme eines kulturellen Vakuums seitens der *indígenas* vor. Die in diesem Zusammenhang vertretene Idee des zivilisatorisch zu rechtfertigenden *blanqueamiento* der Indianer förderte die seit der Reforma-Regierung intensiv betriebene Aufwertung des *mestizaje* als staatstragendes Identitätsmodell. *Mestizaje* bedeutet daher im athenäistischen Sinne für die Nachfahren der Urbevölkerung nichts anderes als ihre Akkulturation. Die athenäistische Sichtweise kam dementsprechend dem staatlichen Bemühen sehr entgegen, hinter dem Mythos der harmonisch mestizierten, von ethnischen Konflikten freien Nation die kulturelle, gesellschaftliche und politische Diskriminierung der *indígenas* zu retuschieren.

In diskurstheoretischer Hinsicht bedeutet die Wahl der Mestizierung als zentrale Säule des Identitätsdiskurses eine lateinamerikanistische Neubesetzung der Inhalte des rassistischen Überlegenheitsdenkens bei gleichzeitiger Übernahme seiner Argumentationsstrategie. Der Mestize präsentierte sich für die untersuchten Autoren als Verkörperung eben jener Identitätsprojektionen, die im europäischen Denken der "reinrassige Herrenmensch" einnahm. Hiermit einhergehend unterstrichen sie die ethisch-moralische Überlegenheit der idealistischen mestizischen Kultur gegenüber dem rationalistischen und materialistischen Gesellschaftskonzept Europas und Nordamerikas. Gerade Vasconcelos' und Reyes' Thesen belegen in diesem Zusammenhang, daß der Athenäismus mit dieser

Argumentation lediglich den hegemonialen Anspruch des rassistischen Diskurses aus lateinamerikanischer Perspektive wiederholte, ohne eine eigenständige Argumentation zu entwickeln. Dies gilt vor allem hinsichtlich des bei Vasconcelos nachwirkenden Selektionskriteriums. Bei ihm wird das sozialdarwinistische Konzept der Herrschaft des Blutes und des genetischen Erbes durch eine ästhetische Eugenik abgelöst, welche das Bild des Lebenskampfes durch eine friedliche und neigungsgebundene Form der gesellschaftlichen Selektion ablöst.

Die utopische Dimension. Die von den *ateneístas* als Alternative zur europäischen Heterostereotypisierung hervorgehobenen positiven zivilisatorischen und charakterlichen Merkmale der Lateinamerikaner legten es aus ihrer Sicht nahe, den zum historischen Subjekt gewordenen Südkontinent als Utopie der Menschheit zu präsentieren. Mexiko wurde in dieser optimistischen und selbstbewußten Sichtweise als Gegenmodell zu den USA konzipiert, und Lateinamerika, dem schon seit seiner Entdeckung utopische Züge eigen gewesen seien, als Gegenutopie zu dem untergehenden Abendland. Die jungen Nationen des Halbkontinentes boten sich in dieser Perspektive aufgrund der ihnen eigenen Vitalität und Selbstsicherheit, ihres Verantwortungsbewußtseins und ihrer Sensibilität als ideales Versuchsfeld für eine künftige, auf Vervollkommnung abzielende Menschheitsentwicklung an.

In dem athenäistischen Gegenmodell zu dem kolonial vermittelten und im 19. Jahrhundert von Europa weiterhin vertretenen Minderwertigkeitsvorwurf rückt der südliche Kontinent von der Peripherie in das Zentrum des weltkulturellen Geschehens. Das den Gedanken der *translatio imperii* aufgreifende Überlegenheitskonzept wurde bei Reyes aber durch den Verweis auf das universalistische und kosmopolitische Bewußtsein aufgefangen, dank dessen man sich zwar überlegen wisse, aber als gleichberechtigter Partner verhalte. Vasconcelos hingegen akzentuierte den Hegemonialanspruch der lateinamerikanischen Kultur deutlicher, so daß sich in seinem utopischen Lateinamerikaprojekt lediglich die Richtung der Kolonialisierung umgekehrt hat.

Der Überblick über die wichtigsten Inhalte des athenäistischen Identitätsentwurfs läßt erkennen, daß Henríquez Ureña, Reyes, Vasconcelos und Caso die sich an der Wende zum 20. Jahrhundert andeutende Abkehr von der ambivalenten Autodefinition fortsetzen und ihr entscheidende Impulse zur Konstruktion eines positiven, universalistisch ausgerichteten Selbstverständnisses vermitteln. Von einer Revolution des mexikanistischen und lateinamerikanistischen Identitätsdiskurses kann allerdings nicht die Rede sein, da der Athenäismus vor allem Sierras, Chávez', Molina Enríquez' und Gamios Aussagen zur Mestizierung, Bergsons und Boutroux' philosophischen Thesen sowie Rodós Konzept der Latinität weiterentwickelte. Nichtsdestoweniger führte die athenäistische Kulturphilosophie infolge ihrer mit dem Antipositivismus einsetzenden Suche nach dem Eigenen zu einer bedeutungsvollen Dynamisierung und affirmativen Akzentuierung der Identitätsdiskussion im Mexiko.

Als prägend für das nationale Selbstbild zeichnet sich der athenäistische Diskurs nicht nur durch seine relativ kohärenten Inhalte aus, sondern auch durch die Kontinuität, mit der er fast fünf Jahrzehnte lang der mexikanischen und lateinamerikanischen Öffentlichkeit unterbreitet wurde. Vasconcelos' Reaktionen nach seiner gescheiterten Präsidentschaftskandidatur waren indes dazu angetan, die Akzeptanz athenäistischer Positionen zu beeinträchtigen. Fundamentale Widersprüche zwischen den Aussagen der einzelnen Athenäisten konnten im Verlauf der Analyse zwar nicht ausgemacht werden, wohl aber argumentative Lücken und Widersprüche. Vor allem das Vorhaben, ein alternatives mexikanisches und lateinamerikanisches Kulturmodell zu entwerfen, konnte nur bedingt eingelöst werden, da die Athenäisten wiederholt den eurozentrischen Argumentationsgang mit lateinamerikanischen Inhalten neu besetzten und die Stoßrichtung des Überlegenheitsdiskurses im Sinne einer amerikanistischen Perspektive lediglich umkehrten.

Trotz dieser Einschränkung bleibt festzuhalten, daß die Inhalte der athenäistischen Identitätskonzeption in Mexiko eine wichtige Grundlage des bis in die Gegenwart fortwährenden kulturellen und gesellschaftlichen Selbstverständnisses bildeten. Dies gilt insbesondere hinsichtlich der Selbstbildes einer mestizierten Gesellschaft und Kultur. Als problematisch erweist sich in diesem Zusammenhang jedoch, daß gerade die Bewertung des Indigenen ein gesellschaftspolitisches Verhalten legitimiert, das auf eine Akkulturationspolitik hinausläuft. Auch die synthetisierende Facette der Mestizierung tendiert trotz der Behauptung, eine Einheit in Vielheit pflegen zu wollen, zu einer Projektion des rassistischen Reinheitsideals auf die Vision einer hochgradig harmonischen und homogenen Mischung. Das von den *ateneístas* vertretene Konzept des *mestizaje* kann zwar als Reaktion auf die Zerrissenheit der revolutionären Gesellschaft erklärt werden, doch birgt es die Gefahr einer totalisierenden Tendenz in sich, welche die innergesellschaftliche Alterität nicht als solche akzeptiert, sondern sie auf den gemeinsamen kulturellen Nenner zu bringen versucht. Der athenäistische Diskurs steht daher für ein integratives, auf Stabilität abzielendes Kulturverständnis, nicht aber für einen hybriden, dekonstruktiv angelegten Entwurf.

Die von Henríquez Ureña, Reyes, Vasconcelos und Caso angestrebte Universalisierung und Kosmopolitisierung ist inzwischen dank der modernen Kommunikationstechnik und den neuen Medien zu einer Selbstverständlichkeit geworden. Zwar wäre Mexiko auch ohne den Athenäismus zu einer festen Adresse im *global village* geworden, doch wurde diese Entwicklung durch die Thesen zur interaktiven Universalisierung der mexikanischen Kultur vorbereitet und gefördert. Eine wichtige Voraussetzung zu dieser Befähigung war sicherlich die Vermittlung der identitätstheoretisch bedeutsamen Einsicht, daß die kulturelle Zukunft Mexikos nicht in der nationalistischen Isolation, sondern in der Interaktion mit anderen Kulturen liegt. Wenn hierbei der Dialog mit Europa an erster Stelle steht, so ist dies mit der Einsicht zu rechtfertigen, daß das Europäische auf dem Kontinent stets ein Bestandteil des Eigenen gewesen ist und Lateinamerika in der Spiegelung mit Europa Facetten des Eigenen erkennen kann. Hervorzuheben bleibt, daß die Hinwendung zu Europa und zur ehemaligen Kolonialmacht aus der Sicht der Athenäisten keine Ausgrenzung anderer, sich für eine Transkulturation anbietender kultureller Einflüsse bedeuten durfte.

Unstritig ist, daß die mit dem *Ateneo de la Juventud/Ateneo de México* einsetzende Bildungsoffensive, welche während der Amtszeit des Erziehungsministers Vasconcelos ihren Höhepunkt erreichte, die Bildungsbereitschaft förderte und vor allem eine für die Effizienz der Erziehungsarbeit bedeutsame Infrastruktur schuf. Die Einsicht in die Bedeutung von Bildung und Erziehung als Investivfaktoren für eine positive gesellschaftliche Entwicklung ist in der Gegenwart allgemein akzeptiert. Allein die idealistischen und humanistischen athenäistischen Erziehungsziele wurden im Laufe der Jahrzehnte durch einen pädagogischen Pragmatismus verdrängt, der den zivilisatorischen Bedürfnissen eines fortgeschrittenen Schwellenlandes eher entspricht als die Pflege einer reinen Geisteskultur. Immerhin beendete im Hochschulbereich das Engagement des Athenäums die Marginalisierung der Geisteswissenschaften zur Zeit des Porfiriates.

2. Mexikanische und lateinamerikanische Identität durch Differenz

Die bei der identitätstheoretischen Auswertung der Vorträge des *Ateneo de la Juventud* bereits angesprochene Differenzqualität der sich aus der athenäistischen Philosophie ergebenden Antithese zum Positivismus setzt sich auch nach dem institutionellen Niedergang der Gruppe fort. Man konzipierte zwar ein idealistisches philosophisches und soziales Gegenmodell zu Europa und den USA, bewegte sich hierbei aber auf der Grenze zwischen der distanzierenden Behauptung des Eigenen und der universalistischen Bereitschaft zur Assimilation des Fremden.

Bestärkt durch die Weltkriege und die Annahme einer kulturellen Dekadenz Europas sollte in Lateinamerika alternativ zu dem europäischen nationalen Selbstverständnis eine die Nationalismen überwindende Friedensordnung entwickelt werden. Die Vorbildfunktion Mexikos bei diesem Prozeß wurde besonders betont, da man hier auf eine seit der Kolonialzeit hochentwickelte Kultur des friedlichen Miteinanders zurückblicken könne. Mexiko präsentierte sich somit für die *ateneístas* als Kernland einer lateinamerikanischen Utopie, welche für die Nationen der Welt wegweisend sein sollte und der Morbidität und Dekadenz Europas die Dynamik der Neuen Welt entgegensetzte.

Bei der Konzipierung der kulturellen Interaktion mit Europa dominierte gleichwohl der Aspekt der Kooperation und die Bereitschaft zur Transkulturation. Da sie sich als Ableger der spanisch vermittelten antiken Mittelmeerzivilisationen verstanden, pflegten die Vertreter des athenäistischen Denkens bei ihrer Suche nach den nationalen Wurzeln vor allem den Kontakt mit der Kultur des ehemaligen Mutterlandes. Deshalb distanzierten sie sich von dem antihispanischen patriotischen Diskurs, wie er im 19. Jahrhundert nach der Unabhängigkeitserklärung dominierte. Im Gegenzug betonte man in der Kontinuität des *Ateneo* die Differenz zu der angelsächsischen Kultur des Positivismus und Materialismus, der man eine im humanistischen Geist geprägte Identität der lateinischen Völker entgegenstellte. Hieraus ergab sich insbesondere bei Vasconcelos eine Antihaltung gegenüber den USA, die sich nicht nur aufgrund der Annahme kultureller Unvereinbarkeiten, sondern vor allem infolge der vom Nachbarn vertretenen politischen Ziele ergab. Diese für die Akzentuierung der positiven Seiten des eigenen Identitätsentwurfes notwendige Betonung der Differenz zur angelsächsischen Alterität unterminierte allerdings die Tragfähigkeit des athenäistischen Ideals einer prinzipiellen lateinamerikanischen Bereitschaft zur Universalisierung und harmonischen Synthese. Bei den übrigen *ateneístas* dominierte jedoch der Wille, zur Schaffung einer kollektiven Identität beizutragen, die nach außen hin möglichst vorurteilsfrei bereit ist, einen kulturellen Dialog zum Nutzen der Nationen Lateinamerikas - und hiermit der ganzen Welt - in Gang zu setzen. Mexiko und Lateinamerika sollten sich aus athenäistischer Sicht als potentielle Wahrer der Weltkultur profilieren, ohne hiermit den Anspruch auf Eigenständigkeit aufgeben zu müssen. Die Betonung dieser Fähigkeit führte allerdings gelegentlich zur Ausformung eines Überlegenheitsdenkens. In solchen Fällen nimmt der athenäistische Identitätsentwurf eine ambivalente Position zwischen Distanznahme und Annäherung, Überlegenheitsgefühl und Solidaritätsbewußtsein ein.

Da Identität allerdings grundsätzlich der Differenz bedarf und bei den *ateneístas* der Wille zum universalen Kulturdialog dominierte, bestätigt sich trotz vereinzelter argumentativer Verwerfungen (wie bei Reyes) oder Vorbehalte (wie bei Vasconcelos) der sich schon nach der Analyse der *Conferencias* andeutende Befund, daß im internationalen Kontext eine transkulturellen Prozessen aufgeschlossene, universalistische Identitätskonstruktion verfolgt wird. Die nationale und kontinentale Identität sollte sich nicht in der nationalistischen Abgeschlossenheit, sondern im polylogischen Kontakt zwischen Eigenem und Fremdem entwickeln, wobei die Bereitschaft zur kulturellen Kommunikation mit dem Anderen auf keinen Fall die Aufgabe des Eigenen bedeuten dürfe. Wenn Mexiko und den Nationen Lateinamerikas in diesem Zusammenhang die kulturelle Mündigkeit zugesprochen wird, so deutet dies auf eine tendenziell stabile Selbsterfahrung und einen positiven Auto-Imagotyp hin. Eine besondere Bedeutung erhält der universalistische kulturphilosophische Identitätsentwurf der Athenäisten schließlich durch die angestrebte Überwindung des Mechanismus von Differenz und Intoleranz, wie er traditionell durch nationalistische Identitätskonstruktionen vertreten wird. In dem Miteinander von patriotischem Selbstbewußtsein und kosmopolitischer Grundeinstellung äußert sich ein aufgeklärtes Toleranzdenken gegenüber der Kultur anderer Nationen.

Es zählt zu den markantesten Widersprüchen des Athenäismus, daß dieses Miteinander von Differenz und Toleranz nicht für den Umgang mit den indigenen, schwarzafrikanischen oder asiatischen Kulturelementen des Kontinentes gilt. Entgegen der in der Forschung bisweilen vertretenen Annahme eines indigenistisch geprägten Athenäismus ergibt eine detaillierte Analyse, daß gerade hinsichtlich des Indigenen eine von intoleranten Zügen geprägte Differenz behauptet wurde. Aufgrund des von den untersuchten Essayisten vertretenen Überlegenheitsanspruchs des hispanisierten und latinisierten Kulturmodells erging an die *indígenas* die Aufforderung, sich unter Aufgabe der ihnen eigenen Differenzqualität diese Kulturmuster anzueignen. Die nationale Homogenisierungsthese führte daher zu einem Abbau der Toleranz und *vulnérabilité* gegenüber der Alterität und dem Vorhaben einer akkulturierenden Differenzreduzierung auf Kosten des indigenen Fremden. Aufgrund dieser strukturellen Ambivalenz besitzt das im Hinblick auf die internationalen Kulturbeziehungen positiv zu bewertende athenäistische Konzept eine negative Ausprägung hinsichtlich des Umgangs mit dem indigenen innermexikanischen Fremden.

3. Symbole und Mythen des athenäistischen Denkens

In der Tradition der Vorträge des *Ateneo de la Juventud* pflegten vor allem Reyes und Henríquez Ureña die symbolhafte Stilisierung repräsentativer Persönlichkeiten der nationalen und kontinentalen Literaturgeschichte als idealisierte Leitbilder für Autoren wie Leser. Von dem Erkenntnisinteresse einer Suche nach Elementen der literarisch artikulierten Mexikanität geleitet, wurden ausgehend von der Analyse kolonialer Autoren positive Aspekte des Nationalcharakters wie die Besinnlichkeit und Ernsthaftigkeit, die Befähigung zum Universalismus, zum *mestizaje* und die Neigung zur geistvollen Verinnerlichung als Konstanten erfaßt und mit mythischen Dimensionen versehen. Henríquez Ureña verwies freilich auch auf vermeintlich negative Seiten der Mexikaner, um einer allzu einseitigen Stilisierung entgegenzuwirken. Dies widersprach aber nicht dem prinzipiellen Vorhaben der *ateneístas*, die Entwicklung eines positiven kulturellen Selbstbewußtseins zu fördern und zugleich eine Kontinuitätslinie des Eigenen zu konstruieren, auf der das gegenwärtige Sein aufbaute und an der es sich orientieren konnte. Hierbei kam es natürlich zu der Entwicklung mythisierter Autostereotypen, welche den Vorwurf nahelegen, die Athenäisten hätten durch ihr spezifisches Erkenntnisinteresse zur Entwicklung eines mexikanischen Bovarismus beigetragen, dem der weitere Verlauf der Identitätsdiskussion in Mexiko begegnen wollte.

Vasconcelos gelang es im Zuge seines erziehungspolitischen Engagements, sich mit Hilfe der missionarischen Emphase zeitweilig selbst zum lebenden Mythos zu stilisieren. Die Popularität des messianisch auftretenden Ministers führte ebenso wie die Schriften der anderen Athenäisten dazu, daß das schon seit der Reforma-Regierung gepflegte Konzept des *mestizaje* in seiner Funktionalisierbarkeit als Staatsmythos erheblich gestärkt wurde.

Die idealistische Ausrichtung des athenäistischen Diskurses und seine optimistische Ontologie legten es nahe, der kolonialen Vergangenheit als deren Grundlage einen mythischen Charakter zu verleihen. Das Gleiche gilt für die Zukunftsentwürfe der Mestizierung, den Entwurf einer kontinentalen Utopie und Vasconcelos' Vision der in Lateinamerika beheimateten *raza cósmica*. Der Idealismus dieser mythischen Konzepte kollidierte jedoch mit der tatsächlichen gesellschaftlichen, politischen und ökonomischen Entwicklung, so daß ihre Attraktivität für die kulturelle Elite und die Öffentlichkeit allmählich sank. Vor allem der offizielle politische Diskurs und die staatsnah agierenden Vertreter der kulturellen Szene rekurrieren jedoch bis in die Gegenwart auf die von den *ateneístas* vertretenen Ideale, um den Mythos des einigen Mexiko zu bestätigen. Offenbar bietet die mythische Dimension der athenäistischen Identitätsbestimmung auch gegenwärtig der Politik die Möglichkeit, sie suggestiv für ihre ideologischen Ziele zu instrumentalisieren.

4. Zur Reflexivität aus athenäistischer Sicht

Abgesehen von den zeitweiligen Differenzen zwischen Vasconcelos, Caso und Henríquez Ureña in der Frage der universitären Autonomie sowie Vasconcelos' Neigung zur Profilierung seiner Person zeugen die kulturphilosophischen Standpunkte ebenso wie die ausführlichen Briefwechsel der Athenäisten trotz der institutionellen Auflösung des Kreises von einer ausgeprägten gruppeninternen Reflexivität. Gerade die fortwährende intensive Interaktion zwischen den Essayisten, doch auch ihre erfolgreichen gemeinsamen Bemühungen, das Erbe des *Ateneo* den Intellektuellen der *Generación de 1915* und den *Contemporáneos* weiterzuvermitteln, belegt die Existenz dieser Dimension der kollektiven Identität. Gerade in den ersten drei Jahrzehnten des 20. Jahrhunderts förderten die Vertreter des Athenäismus erheblich die Entstehung eines Wir-Bewußtseins innerhalb der mexikanischen Kulturelite.

Im Hinblick auf die angestrebte nationale Identität bemühten sich Henríquez Ureña, Reyes, Vasconcelos und Caso gerade angesichts der Friktionen innerhalb der (post-) revolutionären Gesellschaft, bei ihren Zeitgenossen das Moment der Reflexivität entstehen zu lassen. So läßt sich das Harmonisierungsstreben und das Ziel einer möglichst homogenen nationalen kulturellen und ethnischen Synthese im Konzept des *mestizaje* als Reaktion auf das von Konflikten geprägte historische Umfeld erklären. Hinzu kommt die gerade von Vasconcelos und zeitweilig von Reyes perzipierte Bedrohung durch den nördlichen Nachbarn, welche die nationale Geschlossenheit als unbedingte Notwendigkeit erscheinen ließ. Problematisch erscheint bei dieser Reaktion auf die politischen Gegebenheiten jedoch, daß die hieraus abgeleitete Forderung nach einer induzierten Akkulturierung der angeblich von den USA manipulierten *indígenas* kaum dazu geeignet scheint, bei dieser Bevölkerungsgruppe ein reflexives Bewußtsein entstehen zu lassen.

5. Identität durch Emotion

Wie sich bereits in Casos und Vasconcelos' Vorträgen für den *Ateneo de la Juventud* ankündigte, spielt die altruistische Emotionalität im athenäistischen Identitätsentwurf eine zentrale Rolle. Da der Athenäismus alternativ zum positivistischen Denken die ethisch-moralischen Dimensionen des menschlichen Seins betont und davon ausgeht, daß das Streben nach einer humanen gesellschaftlichen Idealität dem Mexikaner eigen sei, lag es für die Essayisten auf der Hand, eine auf dem Primat der Nächstenliebe aufbauende nationale Verantwortungsgemeinschaft zu entwerfen. Emotion und *caridad*, Altruismus und *cultura* sollten zu Leitwerten der Gesellschaftsideologie werden. Auf dieser Basis wollte man ein lateinamerikanisches Gegenmodell zur westlichen Zivilisation erstellen und die Voraussetzung für die Entwicklung einer christlich inspirierten Utopie schaffen. Die verantwortungsbewußte Emotionalität in der zwischenmenschlichen Interaktion sollte als stabile Grundeinstellung über die nationale Ebene hinaus die Verbreitung einer internationalen Friedensethik fördern. In Verbindung mit der universalistischen Grundhaltung wird durch die Erziehung zur gelebten Emotionalität ein harmonisches Miteinander im christlichen Sinne, das Reyes als *homónoia* erfaßt, angestrebt.

Vasconcelos' Äußerungen zum ästhetischen Monismus und der symphonischen Existenzform verweisen in Verbindung mit seinem Konzept des *mestizaje* jedoch darauf, daß selbst in seinem Entwurf der von Emotionen geprägten Gesellschaft aufgrund des kollektiven Strebens nach *belleza* solange eine Selektion des vermeintlich Häßlichen stattfindet, bis ein paradiesischer Harmoniezustand herbeigeführt ist. Einmal mehr deutet dies auf ein ebenso paradoxes wie problematisches Fortwirken des vom rassistischen Diskurs vertretenen Selektionskriteriums hin.

Wie ein Blick auf die mexikanische Gesellschaft der Gegenwart belegt, wurde statt der athenäistischen Vision einer allgemeinen Emotionalisierung der sozialen Beziehungen die interethnische Fremdheit zu einem dauerhaften Faktum. Zwar zitiert die politische Öffentlichkeitsarbeit immer wieder den offiziellen Autostereotyp der nationalen und panamerikanischen Solidarität, doch klaffen Anspruch und Wirklichkeit angesichts der fortbestehenden Unterschiede zwischen Arm und Reich sowie Stadt und Land noch weit auseinander. Nichtsdestoweniger ist dank der gezielten Mythisierung des nationalen Selbstbildes die emotionale Bindung der Mexikaner an die Ideale der Nation - nicht unbedingt an die Politik - immer wieder nachvollziehbar. Diese Verbundenheit mit der Nation konnte jedoch vor allem aufgrund ökonomischer Gegebenheiten und innerkultureller Fremdstereotype nicht zu einer Emotionalisierung der Beziehungen zwischen den sozialen Schichten und Ethnien führen.

6. Identitätsbildung als historischer Prozess

In Umsetzung der Erkenntnis, daß eine stabile kollektive Identität eine Vergangenheits- und Zukunftsdimension besitzen muß, widmeten Henríquez Ureña, Reyes und Vasconcelos diesem Aspekt eine besondere Aufmerksamkeit. Es bestätigt sich das bereits bei dem *Ateneo de la Juventud/Ateneo de México* ausgemachten Bemühen, einen kontinuierlichen nationalen und kontinentalen Geschichtsentwurf zu erstellen. Er sollte die Ausformung eines harmonisch mestizierten Gemeinwesens unterstützen und zugleich die Bedeutung der europäischen antiken Tradition als Teil der lateinamerikanischen Identität und Grundlage der universalistischen Kompetenz fortführen.

Dieses Anliegen hatte zur Folge, daß die Conquista nicht mehr wie im 19. Jahrhundert als historische Hypothek und potentielles Hemmnis der Identitätsbildung, sondern im Sinne einer *fecundación europea* als historische Chance zu einem neuen Epochenanfang bewertet wurde. Aus athenäistischer Sicht wußte der Halbkontinent diese Gelegenheit sehr wohl zu nutzen, um von der zivilisatorischen Rückständigkeit und historischen Marginalität in das Zentrum der Weltkultur und des Weltinteresses zu rücken. Die athenäistische Deutung der Ereignisse stellte der *leyenda negra* zur Schaffung eines affirmierenden Selbstbildes eine *leyenda blanca* oder gar *dorada* entgegen, welche neben einer positiven Erfassung der Vergangenheit auch den Versöhnungsprozess mit Spanien fördern sollte. Das Schicksal der indianischen Kulturen und Ethnien erfaßte die athenäistische Interpretation der Vergangenheit nur ansatzweise problematisierend. Vielmehr war man bestrebt, nach dem Hinweis auf die gerechtfertigte Zerstörung der inhumanen Indianerreiche die Bereitschaft und Fähigkeit ihrer Bewohner zur Mestizierung hervorzuheben. Gerade Vasconcelos betrieb hierbei - wie am Beispiel der Vergewaltigungen von Indianerinnen durch die Eroberer ersichtlich wurde - eine in höchstem Grade problematische Verharmlosung des historischen Faktums. Zugleich erhielt die Zeit der *Colonia* in den Schriften der *ateneístas* eine positive Deutung durch die Stilisierung der Entwicklung einer eigenständigen Kulturtradition. Das nationale und kontinentale Schrifttum wurde in diesem Zusammenhang in seiner Funktion als zentraler Träger und als Artikulationsinstrument der kollektiven Identität bestätigt.

Im Unterschied zu der positiven Deutung der Conquista und der Kolonialzeit erfaßte vor allem Reyes die postkoloniale Phase bis zur Zeit der Reforma wegen der politischen Orientierungslosigkeit und der gesellschaftlichen Zerrissenheit als Hemmnis für den identitätsbildenden Prozess. Seine konservative Haltung und sein Wunsch nach kollektiver Harmonie ließen ihn auch die Revolution als anarchischen Zustand deuten, der die Ausbildung eines stabilen nationalen Seins unnötig verhindert habe. Vasconcelos hingegen idealisierte gerade die maderistische Phase der Revolution als Ausgangspunkt für eine identitätsbildende Initiative im Sinne des Athenäismus.

Dem Anspruch, durch die Betrachtung der Geschichte zu einer möglichst authentischen Sicht der kollektiven Identität zu gelangen, stand die voreingenommene Sicht der nationalen und kontinentalen Vergangenheit gegenüber. Ein idealisierender Mythos wurde geschaffen, an den das moderne Mexiko anknüpfen sollte. Die hiermit einhergehende Entproblematisierung der Geschichte führte jedoch zu einer verzerrten Wahrnehmung der auf ihr aufbauenden Gegenwart. Dies wiederum hatte zur Folge, daß das athenäistische Gesellschaftsbild illusionäre Züge trug. Dementsprechend eingeschränkt war es für die Konstruktion einer stabilen, den sozialen wie kulturellen Gegebenheiten entsprechenden Identität nutzbar.

Auch durch den Entwurf ihrer lateinamerikanischen Utopien wollten die Repräsentanten des athenäistischen Denkens einen Bezug zur gegenwärtigen Befindlichkeit schaffen. Die Stilisierung Lateinamerikas als Katalysator und Heimstatt der positiven künftigen Entwicklung der Menschheit förderte selbstverständlich das Entstehen eines positiven Selbstverständnisses. Die hiermit verbundene Entwicklung eines Überlegenheitsgefühls konnten auch die Athenäisten durch ihre Verweise auf die universalistische und tolerante Grundeinstellung der Lateinamerikaner nicht völlig ausschalten.

Wichtig erscheint hinsichtlich der athenäistischen Visionen der Hinweis, daß ihr utopischer Charakter Erwartungen schuf, die umso größer waren, als sie den Anspruch auf Realisierbarkeit erhoben. Zwar legten sich die Athenäisten niemals auf einen Zeitplan fest, doch nährten sie bei ihren Mitmenschen Hoffnungen, welche in der sozialen, ökonomischen und politischen Realität nicht eingelöst wurden. In dem übergroßen Zukunftsoptimismus, der auf einem ausgesprochen positiven Bild von den Eigenschaften und Fähigkeiten der Lateinamerikaner beruhte, liegt mit Sicherheit eine der Ursachen für das Ausbleiben eines Erfolges des Athenäismus und ein Grund für die weitaus skeptischere Definition des Mexikanischen im weiteren Verlauf der nationalen Selbstsuche.

7. Die Struktur der kollektiven Identität aus athenäistischer Sicht

Die Entwürfe der *ateneístas* verfügen über eine Doppelstruktur, die aus dem Nebeneinander zweier Konzeptionen zur mexikanischen Identität resultieren. Die jeweilige Strukturierung der angestrebten gesellschaftlichen und kulturellen Seinsform ist davon abhängig, ob eine Interaktion mit der innermexikanischen oder der außermexikanischen kulturellen Alterität angesprochen wurde.

In der intramexikanischen Perspektive verfolgten alle untersuchten Autoren das Ziel, auf dem Weg des *mestizaje*, der sich bei näherem Hinsehen als Gegenteil einer demokratisch organisierten gesellschaftlichen Interaktion präsentiert, eine möglichst geschlossene Identitätsstruktur zu bewirken. Kulturelle Partikularismen wurden daher nicht als Bereicherung empfunden, sondern als Abweichung von der nationalen Linie und Hemmnis einer gemeinschaftlichen Entwicklung. Das athenäistische Projekt der harmonisch verlaufenden kulturellen und ethnischen Mestizierung tendierte zur Retuschierung und Entproblematisierung innermexikanischer Disparitäten, Spannungen und Verdrängungsprozesse. Aufgrund prinzipieller Prämissen wie etwa der qualitativen Überlegenheit der europäischen Kulturtradition und der Funktion des Intellektuellen als *vates* beabsichtigte man zudem keine polylogisch organisierte, an der gesellschaftlichen Basis ansetzende Identitätsfindung. Die *ateneístas* planten vielmehr, der aus ihrer Sicht noch unmündigen Basis die von ihnen ausgewählten Inhalte autoritativ zu vermitteln. Weil sie von der Gültigkeit ihrer Annahmen unbedingt überzeugt waren, unterließen es Henríquez Ureña, Reyes, Vasconcelos und Caso, den eigenen Blick auf das innermexikanische Fremde zu hinterfragen.

Im Umgang mit der außermexikanischen Alterität pflegten die Athenäisten hingegen einen Ansatz, der auf eine offen strukturierte Identität hinzielt. So wurde zwischen den Nationen Lateinamerikas eine Intensivierung des kulturellen und personellen Austauschs angestrebt, um die Annäherung im Zeichen der Latinität zu fördern, hierdurch den gemeinsamen Entwicklungsgang zu beschleunigen und zugleich die Eigenständigkeit des Südkontinentes im Konzert der Weltkulturen zu behaupten. Das Wissen um die Gleichwertigkeit des Eigenen gab schließlich Anlaß zu der Aufforderung, der kontinentalen Tradition gemäß in einen universalen Polylog einzutreten. Selbst die Annahme einer kulturellen Überlegenheit stellte die prinzipielle Bereitschaft zur Transkulturation in Frage.

Sowohl hinsichtlich ihrer Gruppenidentität als auch in Bezug zu der von ihnen anvisierten mexikanischen Nationalkultur strebten die *ateneístas* auf der Grundlage einer breit angelegten epochen- und raumübergreifenden, transkulturell organisierten Synthese universalistischer, lateinamerikanischer und nationaler Kulturelemente eine Reformierung des bisherigen, von negativen Merkmalen getragenen Identitätskonstruktes an. Die Selbstbestimmung sollte definitiv an die Stelle der Fremdbestimmung treten. In diesem Sinne versuchte man, durch die Erziehung die Fähigkeit der Mexikaner zu fördern, im universalistischen und neuhumanistischen Geist zu handeln. Die assimilierende Aneignung des außermexikanischen Fremden und die Behauptung des Eigenen hatten zum Ziel, eine im Sinne Habermas' "vernünftige" Nationalkultur herbeizuführen, die ihre Eigenheit aus dem internationalen kulturellen Polylog schöpft und zur homogenen Einheit und zum gesellschaftlichen Konsens führt. Gerade hierin erscheint der athenäistische Ansatz problematisch, denn wie Habermas davon ausgeht, daß es diskursiv erschließbare, rational erkennbare und intersubjektiv gültige Wahrheiten ebenso wie einen Konsens hierüber gibt, so stuft der Athenäismus das Autonomie- und das Machtstreben interessengeleiteter Diskurse ebenso wie die Existenzberechtigung subjektiver oder gruppenspezifischer Wahrheiten in seiner Bedeutung zurück. Es wäre sicherlich im Sinne der argumentativen Tragfähigkeit und Akzeptanz des athenäistischen Identitätsmodells gewesen, wenn im Gegenzug das von Lévinas eingeforderte Merkmal der *vulnérabilité* auf den angestrebten Umgang mit der intramexikanischen Alterität hätte bezogen werden können.

8. Tendenzen der mexikanischen Identitätsdiskussion seit dem athenäistischen Kulturprojekt: die literarisch gestützte Selbstfindung in der Heterogenität, Interkulturalität und Intermedialität

Versucht man, an der Schwelle zum 21. Jahrhundert die Entwicklung der Identitätsdiskussion in Mexiko während der vergangenen hundert Jahre überblicksartig zu erfassen, so ergibt sich eine Entwicklungslinie, die "von der Identität zur Heterogenität"[1] führt und den mexikanischen Kulturkritiker Roger Bartra zu der Aussage veranlaßte:

> *el carácter del mexicano es una entelequía artificial: existe principalmente en los libros y discursos que lo describen o exaltan.*[2]

Als historische Zäsur, welche die schon mit dem Revolutionsroman einsetzende Entwicklung der Heterogenitätsthese bestätigte und ihr zugleich eine neue Dynamik verlieh, gilt das Jahr 1968, in dem die zum nationalen Mythos erhobene Homogenität der mestizischen Nation durch die Niederschlagung der Studentenrevolte von Tlatelolco als Scheinbild entlarvt wurde. Doch auch der 1994 erfolgte Indianeraufstand in Chiapas bestätigte, daß die Einheit der mexikanischen Gesellschaft, wie sie auch von den Athenäisten eingefordert wurde, zu einer staatlich propagierten Illusion degeneriert ist. In den letzten Jahrzehnten widmeten sich daher neue, um eine angemessenere Erfassung der sozialen und ethnisch-kulturellen Realität bemühte Identitätsmodelle der nationalen Heterogenität sowie den von der Identitätsdiskussion lange Zeit ignorierten marginalen Kulturphänomenen.[3]

---

1 Borsò, "Aktualität", S. 84; siehe ferner Krauze, "Temples", S. 583-605 sowie Monsiváis, *Notas*, S. 356ff. Die neuesten Tendenzen der mexikanischen Kulturszene beleuchtet die Sondernummer "La cultura mexicana nacional" der *Cuadernos Hispanoamericanos* 549-550 (März-April 1996). Die auf den Athenäismus folgende kulturphilosophische Entwicklung der Identitätsdiskussion in der mexikanischen Essayistik analysiert unter zahlreichen Verweisen auf die athenäistische Denktradition ausführlich Matzat, "Mexikanische Identität", S. 139ff. Hier finden sich Informationen zu Samuel Ramos, Jorge Carrión, Emilio Uranga, José Portilla und Octavio Paz.
2 *La jaula de la melancolía: Identidad y metamorfosis del mexicano*, México ²1987, S. 17.
3 Luis Villoro verbindet seine Kritik an der im offiziellen nationalistischen Diskurs nachweisbaren Vermischung von *lo auténtico* und *lo peculiar*, *cultura nacional* und *cultura una*, *cultura nacional* sowie *cultura auspiciada por el Estado* mit dem Plädoyer für die Entstehung einer *cultura universal* ("Autenticidad en la cultura", in: ders., *El concepto de ideología y otros ensayos*, México 1985, S. 171-196).

Die Auflösung der staatstragenden Mythen von der mestizischen Nation und der fortschrittlichen Revolution beginnt in der Literatur allerdings schon im mexikanischen Revolutionsroman mit Mariano Azuelas *Los de abajo* (1915) und Martín Luis Guzmáns *El águila y la serpiente* (1928).[4] Sie setzt sich fort in den Werken der "zweiten Phase des Revolutionsromans" oder des "Magischen Realismus", wie José Revueltas' *El luto humano* (1943), Agustín Yáñez' *Al filo del agua* (1947) und Juan Rulfos *Pedro Páramo* (1955).[5] So schreibt Rulfo mit Hilfe seiner problematisierenden Metapher der erstarrten Zeit oder seiner Kritik am Trugbild eines harmonischen Miteinander den kritischen Gegendiskurs zum offiziellen mexikanischen Selbstbild fort.[6] Die von ihm eingeführte fragmentarisierende Erzähltechnik, mit der er den Revolutionsroman revolutioniert und die *nueva novela* initiiert, dient auch Carlos Fuentes in *La región más transparente* (1958) zur adäquaten Darstellung einer nach dem Scheitern kapitalistischer, indigenistischer und restaurativer Identitätsentwürfe eintretenden Untergangsvision. Einen Lösungsansatz für die Erfassung des Mexikanischen deutet Fuentes in *Cambio de piel* (1967) an. Hier postuliert der Autor durch den Verweis auf die Synchronie des Asynchronen und das polykulturelle Miteinander eine Affirmation der vermeintlichen gesellschaftlichen Widersprüche. Fuentes' Roman propagiert das Gegenmodell zum mestizischen Gesellschaftsbild der Athenäisten, da er eine plurale kulturelle und identitätsbildende Praxis einfordert. Die Homogenisierungsthese des traditionellen nationalen Identitätsdiskurses wird transzendiert und ein offenes, aus seiner Vielfalt heraus lebendes Kulturideal entworfen.[7]

---

4   Siehe Gustav Siebenmann, "Roman und Wirklichkeit der mexikanischen Revolution am Beispiel von Azuelas *Los de abajo*", in: Hölz (Hrsg.), *Literarische Vermittlungen*, S. 61-76. Mit Guzmán beschäftigen sich Curiel, *Querella*; Hölz, "Der intellektuelle Revolutionär", S. 437-458 sowie Rings, *Erzählen*, S. 70ff.

5   Siehe Borsò, *Mexiko*, S. 168ff. und Rings, a.a.O., S. 156ff.; einen Überblick über die angesprochenen literarischen Tendenzen vermittelt Hölz, "Roman- und Erzählliteratur", S. 441-462.

6   Vgl. Ludwig Schrader, "Moderne Totendialoge oder der Mythos von der pervertierten Kommunikation. Zu Juan Rulfos *Pedro Páramo*", *Literatur für Leser* 3 (1978), S. 165-187. Wolfgang Matzat betont, daß neben dem Aspekt der Entmythisierung auch die Aufforderung zum aktiven Nachvollzug von Transkulturationsmechanismen die Besonderheit von *Pedro Páramo* darstellt ("Narrative Transkulturation im mexikanischen Roman: Juan Rulfos *Pedro Páramo*", in: ders., *Identitätsentwürfe*, S. 169-183).

7   Die bislang im Schatten der Romane stehenden Erzählungen Fuentes' untersucht Rosa María Sauter de Maihold, *'Del silencio a la palabra' - Mythische und symbolische Wege zur Identität in den Erzählungen von Carlos Fuentes*, Frankfurt/Main u.a. 1995. Hier auch ein Überblick über die essayistisch geführte mexikanische Identitätsdiskussion nach dem *Ateneo de la Juventud* (a.a.O., S. 71ff.). Fuentes setzt das bei den *ateneístas* nachweisbare Superioritätsstreben fort: "Latin America is not going to be your back yard any more. We are going to enter the world. (...) Latin America knows its own path. Nobody, my American friends, is going to stop those 200 million people" ("The Argument of Latin America: Words for the North Americans", in: Varios, *Whither Latin America?*, New York 1963, S. 9-24, hier S. 24). Eine Wiederaufnahme athenäistischer Positionen bedeutet auch die anläßlich der Verleihung der Ehrendoktorwürde durch die Harvard University getroffene Aussage Fuentes': "Nuestras sociedades están marcadas por la continuidad cultural y por la discontinuidad

Während somit die auf Homogenität abzielende Mestizierungsthese der Athenäisten durch das Bemühen um die Erfassung einer hybriden innermexikanischen Realität abgelöst wurde, ergibt sich im Hinblick auf das athenäistische Postulat des Universalismus und Kosmopolitismus der mexikanischen Kultur eine bis in die Gegenwart reichende Kontinuitätslinie. So verfaßten die in der Zeitschrift *Contemporáneos* publizierenden Xavier Villaurrutia, Jaime Torres Bodet, Salvador Novo, Carlos Pellicer, Bernardo Ortiz de Montellano und Gilberto Owen ihre Werke in der kosmopolitischen Tradition des *Ateneo*, namentlich Reyes', González Martínez' und Urbinas.[8] Auch Paz siedelt sich nachdrücklich in der kosmopolitischen Linie des Athenäismus, insbesondere seines Mentors Reyes, an und gestaltet seine Lyrik als Miteinander von europäischem Avantgardismus und mexikanischer Tradition.[9] Doch auch Paz' harmonisierende Sicht des *mestizaje* im Sinne einer

---

política. Somos una comunidad política balcanizada, pero estamos profundamente unidos por una experiencia cultural común. Somos y no somos del Occidente" (*¿Somos capaces de crear sociedades nacionales libres?*, México: Senado de la República 1983, S. 14). Paz kommt zu einem ähnlichen Schluß: "En realidad, somos una porción excéntrica y atrasada de Occidente", die ihre "*otredad* en la vida histórica" behaupten müsse (*Corriente*, S. 220 und S. 222). Die dynamische Gegenwart Mexikos präsentiere sich als *realidad en movimiento* und als *confusión*, welche einen gesellschaftlichen Dialog erforderlich mache (a.a.O., S. 1 und 222).

8   Vgl. zu den Beziehungen zwischen Athenäisten und *Contemporáneos*: José Joaquín Blanco, "La juventud de *Contemporáneos*", S. 53-123. Auf den mit dem Theaterschaffen der *Contemporáneos* einsetzenden kosmopolitischen Eklektizismus und die Bereitschaft zu einer konfliktiven Auseinandersetzung mit der mexikanischen Realität verweist Heidrun Adler, "Theater in Mexiko", in: Briesemeister/Zimmermann (Hrsg.), *Mexiko heute* ([2]1996), S. 504-514. Die von Torres Bodet in *La educación sentimental* realisierte Fragmentarisierung des Erzählprozesses und die Thematisierung der Suche nach dem eigenen Ursprung versinnbildlicht die Probleme der Identitätssuche im postrevolutionären Mexiko. Siehe Vittoria Borsò, "Das experimentierende Mexiko", S. 171-191.

9   Reyes' Bedeutung für seinen Werdegang als Dichter betont Paz im Prolog seiner *Obras Completas* ("Prólogo", O.C. 1, México: F.C.E. 1994 [[1]1991], S. 13-27, hier S. 25) sowie dem 1955 verfaßten Prolog zu *El arco y la lira* (O.C. 1, S. 35). Die persönlichen wie ästhetischen Affinitäten beider Autoren erschließt Anthony Stanton, "Octavio Paz, Alfonso Reyes y el análisis del fenómeno poético", *Hispanic Review* 61, 3 (1993), S. 363-378. Das Plädoyer für ein dialogisches, kosmopolitisches Literaturmodell vertritt Paz nachdrücklich in seiner *Ansprache aus Anlaß der Verleihung des Friedenspreises des Deutschen Buchhandels (7.10.1984)*, Frankfurt/Main: Börsenverein des Deutschen Buchhandels e.V. 1984, S. 35. Zugleich klingt der athenäistische Dekadenzvorwurf gegenüber Europa nach, wenn Paz vermerkt: "a su prosperidad material sin paralelo no ha seguido ni un renacimiento cultural ni una acción política a la vez imaginativa y enérgica, generosa y eficaz. Hay que decirlo: las grandes naciones democráticas de Occidente han dejado de ser el modelo y la inspiración de las élites y las minorías de los otros pueblos" (a.a.O., S. 41). Siehe auch die Betonung des kosmopolitischen Vorbildcharakters Reyes', Henríquez Ureñas und der *Contemporáneos* in ders., "Carlos Chávez (1899-1978)", O.C. 4, México: F.C.E. [2]1994 ([1]1991), S. 400-403, hier S. 402; "Contemporáneos", O.C. 4, S. 69-93, hier S. 75ff.; "Emula de la llama", S. 53-59 oder der "Introducción a la historia de la poesía mexicana", S. 33-52, hier S. 45f. Mit zunehmender zeitlicher Distanz erhält das Reyes-Bild bei dem Reyes-Preisträger Paz auch kritische Dimensionen, wie in "Historias de ayer", O.C. 7, México: [2]1994 ([1]1993), S. 351-356, hier S. 352f. Auch Henríquez Ureñas Thesen zum Nationalcharakter der mexikanischen Literatur müßten nach Paz differenziert

romantischen *coincidencia oppositorum* steht in der Tradition des Athenäismus.[10] Zudem greift der Lyriker und Essayist mit seiner Öffnung für die östlichen Kulturen eine Tendenz auf, die Vasconcelos bereits in seinen *Estudios indostánicos* realisierte.[11] Kosmopolitisch agiert auch Juan José Arreola, der in seinem *Bestiario* (1959) nicht zuletzt durch die Auswahl der Textsorten das Postulat der Polyphonie einlöst und in seinen Werken systematisch die offene oder verborgene intertextuelle Anspielung auf Autoren der Weltliteratur pflegt. Ähnlich verfährt Fernando del Paso, in dessen *Palinuro de México* (1977) die Weltliteratur im intertextuellen Zitat - und sei es in der Ironisierung - ständig präsent ist.[12] Auch Sergio Pitol vertritt mit *El tañido de una flauta* (1972) ein interkulturelles und intermediales Romanmodell, das die Botschaft des kulturellen Universalismus in sich trägt. Pitol kommt aber nicht umhin, in *Domar a la divina garza* (1988) die kulturspezifische Perzeptionsweise, welche dem universalistischen Anspruch eines dialogischen Verstehens entgegenläuft, parodistisch zu illustrieren. Auf diese Weise wird ein kultureller Relativismus eingefordert, der jede Form der Identität und des Wissens über Identität in Zweifel zieht.

Der von den genannten Autoren narrativ durch die diskursive Heterogenität kodifizierte und inhaltlich vertretene Anspruch einer Auflösung des Monolithischen steht im Zeichen der Postmoderne als Sinnbild für die Auflösung der zwischenmenschlichen Beziehungen und des gesellschaftlichen Gefüges. Gerade die modernen Stadtromane, wie Armando Ramírez' *Tepito* (1983) oder *Algunas nubes* (1985), sowie *Sombra de la sombra* (1986) oder *Sintiendo que el campo de batalla...* (1988) von Paco Ignacio Taibo II negieren traditionelle, auf Homogenität abzielende Identitätsformeln, wie sie der vorrevolutionäre Roman vertrat, und verfremden sie im ironischen und karnevalesken Spiel. Dieser Haltung entspricht seitens der modernen Autoren das Bewußtsein der Überlegenheit ihres alternativen Kultur- und Identitätsmodells, das dem nationalistischen Identitätsdiskurs subversiv begegnet. Vor allem die Schriftsteller der *Onda*[13] wie José Agustín in *La tumba*

---

werden ("Poesía mexicana moderna", in: ders., *Las peras del olmo*, Barcelona: Seix Barral [2]1974 [[1]1957], S. 49-58, hier S. 49f.). So auch in seinem Prolog "Unidad, modernidad, tradición", O.C. 3, México: F.C.E. [2]1994 ([1]1991), S. 15-22, hier S. 17. Die Fähigkeit zur Universalisierung des Eigenen wird allerdings nicht mehr wie bei den Athenäisten als mexikanisches Privileg, sondern als weltweite Tatsache angesehen ("Prólogo", O.C. 4, S. 13-29, hier S. 20f.). Zu Vasconcelos' Thesen besitzt Paz ein ambivalentes Verhältnis aus *adhesión* und *repulsión*, *cólera* und *simpatía* ("Las Páginas escogidas de Vasconcelos", O.C. 4, S. 347-349, hier S. 347). Zusammenfassend präsentiert sich nach Jorge H. Valdivieso der *Ateneo de la Juventud* als "la fragua en donde se forja la pluma de Octavio Paz" (*Correlación temático-estructural en los ensayos de Octavio Paz*, Tempe 1976, S. 33).

10 Dies untersucht Borsò, *Mexiko*, S. 134.
11 Während Vasconcelos auf der Basis seines totalisierenden Wissenschaftsanspruchs das gesamte philosophische Denksystem erfassen möchte, setzt Paz eher punktuelle Akzente. Siehe Manuel Durán, "La huella del Oriente en la poesía de Octavio Paz", *Revista Iberoamericana* 74 (1971), S. 97-116.
12 Siehe Inés Sáenz, *Hacia la novela total: Fernando del Paso*, Madrid 1994.
13 Siehe Inke Gunia, *¿"Cuál es la onda"?* und die Beiträge in Karl Kohut (Hrsg.), *Literatura mexicana hoy. Del 68 al ocaso de la revolución*, Frankfurt/Main 1991.

(1964) und *No hay censura* (1988)[14] oder Gustavo Sainz in *Gazapo* (1965) stehen für das Bestreben, alternativ zum traditionellen Gesellschaftsbild und zum mythisierenden politischen Diskurs der *mexicanidad* bislang unberücksichtigte soziale Felder und das ihnen eigene Lebensgefühl literarisch zu erschließen. Das gleiche Ziel verfolgen die Chronisten der Populärkultur, wie Carlos Monsiváis in *Entrada libre* (1987) und Elena Poniatowska in *Fuerte es el silencio* (1980), nach *La noche de Tlatelolco* (1971) einem weiteren Gegenentwurf zur offizialisierten mexikanischen Geschichtsschreibung. Monsiváis' Verdienst ist es zudem, auf die Möglichkeit hinzuweisen, durch die Oralisierung der Literatur dem Marginalen einen Klangraum zu verschaffen, der die uniforme Sprache der Nationalkultur überlagert. Ferner weist er auf das Phänomen der in nationalen Ritualen organisierten Identitätsbildung durch Performanz oder die Gefahr einer Autokratisierung hin, welche sich hinter dem scheinbaren Chaos der Massenkultur verbirgt.[15] Der neue Diskurs der Heterogenität untergräbt gezielt die offizielle Ideologie der nationalen Einheit und den noch von den Athenäisten vertretenen Mythos des *mestizaje*. Es erfolgt eine Demokratisierung der literarischen Inhalte, wenn das marginalisierte, bei Paz noch mit einer resignativen Facette versehene Populäre[16] hierbei zum lebendigen Zentrum des kulturellen Interesses erwählt wird. So schenkt auch Juan Villoro in seinen Chroniken *Los once de la tribu* (1995) Phänomenen der Massenkultur, zu denen auch der dichtende Subcomandante Marcos als Symbolfigur des politischen Ungehorsams zählt, besondere Aufmerksamkeit.

In Mexiko stellt somit die literarische Postmoderne durch die Dekonstruktion gesellschaftlicher und kultureller Episteme die Frage nach der Erkenntnis neu. Die hieraus folgende Auflösung der Konzepte von Identität und Alterität erstreckt sich auch - wie neueste Forschungen belegen - auf die seit der kolonialen Epoche sexualisierte Ausrich-

---

14 Den intertextuellen Kosmopolitismus seines Literaturschaffens bestätigt Agustín gegenüber Karl Hölz ("Entrevista con José Agustín", *Iberoamericana* 19, 2/3 [1995], S. 112-120).

15 Carlos Monsiváis, *Los rituales del caos*, México: Era [4]1995 ([1]1995). Die dekonstruktivistische Bedeutung der *crónicas* erschließt Vittoria Borsò, "Mexikanische *Crónicas* zwischen Erzählung und Geschichte. Kulturtheoretische Überlegungen zur Dekonstruktion von Historiographie und nationalen Identitätsbildern", in: Birgit Scharlau (Hrsg.), *Lateinamerika denken. Kulturtheoretische Grenzgänge zwischen Moderne und Postmoderne*, Tübingen 1993, S. 278-296. Monsiváis' Postulat einer Oralisierung der Literatur beleuchtet im literarhistorischen Kontext dies., "De la ontología de la oralidad a la modulación oral de la escritura. Problemas de la oralidad en México. un análisis discursivo", in: Walter Bruno Berg/Klaus Schäffauer (Hrsg.), *Oralidad y Argentinidad. Estudios sobre la función del lenguaje hablado en la literatura argentina*, Tübingen 1997, S. 123-139, hier S. 130ff. Reyes' Vorstellungen von den Aufgaben des Intellektuellen klingen nach, wenn Monsiváis auf die Frage, ob er sich in der Politik engagieren möchte, ironisch antwortet: "En una época me hubiera interesado ser Presidente de la República, pero luego me dí cuenta que eso me quita mucho tiempo y prefería dedicarme a mi meta actual: ser Presidente de la Suprema Corte de Justicia" (Nina Menocal, "Entrevista con Carlos Monsiváis", in: dies., *México - visión de los ochenta*, México 1981, S. 11-26, hier S. 26).

16 Octavio Paz, *El laberinto de la soledad*, México; Madrid; Buenos Aires: F.C.E. [14]1991 ([1]1950), S. 33 und 36.

tung des literarischen Identitätsdiskurses.[17] Erst die Autoren des Magischen Realismus überwinden die traditionellen sexistischen und kulturellen Stereotypen eines Patriarchaldiskurses,[18] der sowohl die Geschichtsschreibung als auch die Literatur prägt und dem Indigenen Attribute der "weiblichen Inferiorität" zuteilt. Auch in dieser Perspektive bestätigt das mestizierende Geschichts- und Identitätsbild des Athenäismus die patriarchalische Ausrichtung der traditionellen Selbstwahrnehmung: Das europäisch geprägte, männlich besetzte Eigene wird als alleiniges Urteilskriterium zur Betrachtung der "weiblichen" indianischen Alterität akzeptiert.

Es gelang der *escritura femenina*, mittels eigener Schreibstrategien die im Diskurs des Magischen entwickelte "weibliche Wahrheit" literarisch umzusetzen. In Rosario Castellanos' *Balún-Canán* (1957), Elena Garros *Los recuerdos del porvenir* (1963), Isabel Allendes *La casa de los espíritus* (1982), Margo Glantz' *Las genealogías* (1981) oder Gioconda Bellis *La mujer habitada* (1988) stellt sich der Blick der Frauen den von Männern vertretenen Sichtweisen entgegen und schafft hiermit die feminisierte Weltdeutung einer *otredad*, welche die gesellschaftlichen Hierarchien und Identitätszuweisungen überwindet.[19]

Im Zuge der dekonstruktivistischen Wahrnehmung der Wirklichkeit und Identität führt die Aufweichung der traditionellen Identitätsbilder dazu, daß neue Selbst- und Alteritätserfahrungen möglich werden. Sie hat zur Folge, daß Yáñez in *Archipélago de mujeres* (1943), *Al filo del agua* (1947) und *La creación* (1959) die geschlechtsspezifische Prägung des Individuums problematisiert. Fuentes' in *La muerte de Artemio Cruz* (1962) entwickelte transpersonale Perspektive besitzt aufgrund der Widersprüchlichkeit und Pluralität der Hauptfiguren durchaus eine den traditionellen sexistischen Identitätsdiskurs entmythisierende Dimension. Fernando del Paso in *Palinuro de México* (1977) und Sergio Pitol in *Domar a la divina garza* (1988) entwerfen schließlich androgyne Persönlichkeiten, die sinnbildlich für die Auflösung der (geschlechtsspezifischen) Stereotypen des Fremden und die Relativierung des Ich durch das Andere stehen.[20]

---

17 Siehe Karl Hölz, "Las Indias und die koloniale Weltkarte der Geschlechter", in: ders., *Das Fremde, das Eigene, das Andere: die Inszenierung kultureller und geschlechtlicher Identität in Lateinamerika*, Berlin 1998, S. 37-79. Die patriarchale Perspektive durchzieht noch den emanzipatorischen indigenistischen Diskurs, wie Hölz am Beispiel Magdalenos belegt ("Männliche Visionen der Tropen. Indigenismus und Exotismus in Mauricio Magdalenos Drama: *Trópico*", a.a.O., S. 154-176).

18 Diese Tradition beleuchtet Luis Leal, "Female Archetypes in Mexican Literature", in: Beth Miller (Hrsg.), *Women in Hispanic Literature. Icons and fallen Idols*, Berkeley; Los Angeles; London 1983, S. 227-242.

19 Walter Bruno Berg dokumentiert das Bemühen der *escritura femenina* um eine Überwindung der Dichotomie von Identität und Differenz unter anderem am Beispiel Margo Glantz', Elena Garros und Elena Poniatowskas ("Otredad y escritura femenina en algunas obras de autoras latinoamericanas", *Iberoromania* 41 [1995], S. 102-116). Die in der Forschung noch wenig beachteten *escritoras chicanas* und "escritoras de la frontera norte de México" behandeln neben den Autorinnen der Hauptstadt die Beiträge in Aralia López González/Amelia Malagamba/Elena Urrutia (Hrsg.), *Mujer y literatura mexicana y chicana. Cultura en contacto*, México 1990.

20 Das Scheitern des Versuchs einer im sexualisierten Diskurs nachvollziehbaren selbstzentrierten Aneignung des indianischen Fremden im Sinne des *mestizaje*-Konzeptes ist auch ein zentrales Thema

Nationale, personale ebenso wie geschlechtsspezifische Identitätszuweisungen werden auf diese Weise als fiktionale Mythen dekonstruiert. Zugleich erhält die Alterität eine wachsende Bedeutung für die Konstitution des Ich. Dieser neue Blick auf die Identität entmythifiziert dogmatische Sinnvorgaben; durch den demokratisierenden Verweis auf die Polyphonie gesellschaftlicher Diskurse werden etablierte Hierarchien in Frage gestellt und traditionelle Geschlechterrollen aufgelöst.

Die Athenäisten freilich waren von einer solchen Deutung der Realität und der Identität weit entfernt. Der von ihnen vertretene kulturphilosophische Denkansatz setzte traditionelle, in Europa entwickelte und auf Homogenität abzielende Konzepte der nationalen Identität fort, reicherte sie aber durch die Elemente des Kosmopolitismus und Universalismus an. Henríquez Ureña, Reyes, Vasconcelos und Caso standen somit auf der Grenze zwischen einem Nachklingen europäischer Identitätskonzeptionen und der Suche nach neuen, emanzipatorischen Seinsformen. Während bei der introspektiven *autodefinición* der mexikanischen Gesellschaft und Kultur das europäisch geprägte traditionelle Idealbild einer möglichst kohärenten Synthese gepflegt wurde, deutete sich bei der Berücksichtigung von Kulturelementen der außermexikanischen Alterität ein Umdenken an, das ein alternatives Identitätsprofil anstrebte. In wegweisender Form präsentierte das athenäistische Identitätsprojekt aufgrund der Forderung nach universalistischer und kosmopolitischer Kompetenz Theoreme, welche ansatzweise mit der Konzeption eines heterotopisch orientierten und polylogisch strukturierten Seins in Verbindung gebracht werden können. Da diese Theoreme jedoch letztlich dem Primat der Kohärenz unterstellt wurden, erhielt der athenäistische Diskurs einen höchst ambivalenten Charakter zwischen traditioneller und innovativer Selbstwahrnehmung. Vor diesem Hintergrund kann er im Kontext der mexikanischen und lateinamerikanischen Identitätsdiskussion des 20. Jahrhunderts als Schaltstelle zwischen den Postulaten von Einheit und Vielfalt verstanden werden. Die Synchronität von Homogenität und Heterogenität bildete indes aus Sicht der Athenäisten keinen Widerspruch, da sie überzeugt waren, zwischen Nationalismus und Kosmopolitismus, Eigenem und Fremdem, Kontinuität und Wandel vermitteln zu können.

---

in Carpentiers *Los pasos perdidos*. Die fehlgeschlagene Eroberung Rosarios durch den Erzähler eröffnet aber durch die Destabilisierung des machistischen Selbstbildes zugleich eine moderne "Poetik des unendlichen Begehrens", wie Karl Hölz nachweist ("Der Mythos des Fremden und des Weiblichen. Die Ordnung der Kulturen und Geschlechter in *Los pasos perdidos* von Alejo Carpentier", in: ders. *Das Fremde*, S. 202-237).

VII. Literaturverzeichnis

1. Forschungsliteratur zu Identität, Alterität und dem Nationbegriff

Aebischer, Véréna/Oberlé, Dominique, *Le groupe en psychologie sociale*, Paris 1990.

Ainsa, Fernando, "Universalidad de la identidad cultural latinoamericana", in: UNESCO (Hrsg.), *Identidad*, S. 51-59.

Allport, Gordon W., *The Nature of Prejudice*, Reading; Palo Alto; London; Don Mills 1954.

Angehrn, Emil, *Geschichte und Identität*, Berlin 1985.

Assmann, Jan, "Kollektives Gedächtnis und kulturelle Identität", in: ders./Tonio Hölscher (Hrsg.), *Kultur und Gedächtnis*, Frankfurt/Main 1988, S. 9-19.

Barthes, Roland, *Mythologies*, Paris 1957.

Bausinger, Hermann, "Name und Stereotyp", in: Gerndt (Hrsg.), *Stereotypenvorstellungen*, S. 13-19.

Beierwaltes, Walter, *Identität und Differenz*, Frankfurt/Main 1980.

Benoist, Jean-Marie, "Facetten der Identität", in: ders. (Hrsg.), *Identität*, S. 11-21.

Brückner, Wolfgang, "Stereotype Anschauungen über Alltag und Volksleben in der Aufklärungsliteratur. Neue Wahrnehmungsparadigmen, ethnozentrische Vorurteile und merkantile Argumentationsmuster", in: Gerndt (Hrsg.), *Stereotypenvorstellungen*, S. 121-131.

Dieter Henrich, "'Identität'-Begriffe, Probleme, Grenzen", in: Marquard/Stierle (Hrsg.), *Identität*, S. 133-186.

Dundes, Alan, "Defining Identity through Folklore", in: Jacobson-Widding (Hrsg.), *Identity*, S. 235-261.

Eisenstadt, Shmuel Noah, "Die Konstruktion nationaler Identitäten in vergleichender Perspektive", in: Bernhard Giesen (Hrsg.), *Nationale und kulturelle Identität. Studien zur Entwicklung des kollektiven Bewußtseins in der Neuzeit*, Frankfurt/Main 1991, S. 21-38.

Erdheim, Mario, "Zur Ethnopsychoanalyse von Exotismus und Xenophobie", in: Institut für Auslandsbeziehungen/Württembergischer Kunstverein (Hrsg.), *Exotische Welten. Europäische Phantasien*, Stuttgart 1987, S. 48-53.

Ders., *Psychoanalyse und Unbewußtheit in der Kultur*, Frankfurt/Main 1988.

Erikson, Erik H., "Identity and the Life Circle. Selected Papers", in: George S. Klein (Hrsg.), *Psychological Issues*, New York 1959, S. 18-171.

Ders., *Identity: Youth and Crisis*, New York 1968.

Fillitz, Thomas/Gingrich, André/Rasuly-Paleczek, Gabriele (Hrsg.), *Kultur, Identität, Macht. Ethnologische Beiträge zu einem Dialog der Kulturen der Welt*, Frankfurt/Main 1993.

Fischer, Manfred S., *Nationale Images als Gegenstand Vergleichender Literaturgeschichte. Untersuchungen zur Entstehung der komparatistischen Imagologie*, Bonn 1981.

García Canclini, Néstor, *Culturas híbridas. Estrategias para entrar y salir de la modernidad*, Buenos Aires 1992.

Gerndt, Helge, "Zur kulturwissenschaftlichen Stereotypenforschung", in: ders. (Hrsg.), *Stereotypvorstellungen*, S. 9-12.

Gewecke, Frauke, *Wie die neue Welt in die alte kam*, Stuttgart 1992 ([1]1986).

Dies., *Der Wille zur Nation. Nationsbildung und Entwürfe nationaler Identität in der Dominikanischen Republik*, Frankfurt/Main 1996.

Greimas, Algirdas Julien/Courtés, Joseph, *Sémiotique. Dictionnaire raisonné de la théorie du langage*, Paris 1979.

Greverus, Ina-Marie, "Ethnizität und Identitätsmanagement", *Schweizer Zeitschrift für Soziologie* 7 (1981), S. 223-232.

Habermas, Jürgen, *Der philosophische Diskurs der Moderne*, Frankfurt/Main 1988.

Ders., "Können komplexe Gesellschaften eine vernünftige Identität ausbilden?", in: ders./Dieter Henrich, *Zwei Reden*, Frankfurt/Main 1974, S. 23-84.

Harth, Dietrich, "Zerrissenheit. Der deutsche Idealismus und die Suche nach kultureller Identität", in: Jan Assmann/Tonio Hölscher (Hrsg.), *Kultur und Gedächtnis*, Frankfurt/Main 1988, S. 220-240.

Honolka, Harro, *Schwarzrotgrün - Die Bundesrepublik auf der Suche nach ihrer Identität*, München 1987.

Hume, David, "Of National Characters", in: ders., *The Philosophical Works*, hrsg. v. Thomas Hill Green und Thomas Hodge Grose, Bd. 3, Aalen 1964, S. 244-258.

Jacobs, Konrad, "Der Begriff der Identität in der Mathematik", in: Kößler (Hrsg.), *Identität*, S. 11-21.

Jacobson-Widding, Anita, "Introduction", in: dies., (Hrsg.), *Identity*, S. 13-32.

Jasper, Gotthard, "Die Identität der Deutschen", in: Kößler (Hrsg.), *Identität*, S. 67-86.

Kerényi, Karl, "Wissen und Gegenwärtigkeit des Mythos", in: ders. (Hrsg.), *Die Eröffnung des Zugangs zum Mythos. Ein Lesebuch*, Darmstadt, 1967, S. 234-252.

Kersten, Walter, "Die biologische Identität des Menschen", in: Kößler (Hrsg.), *Identität*, S. 23-33.

Kößler, Henning, "Bildung und Identität", in: ders. (Hrsg.), *Identität*, S. 51-65.

Krewer, Bernd, *Kulturelle Identität und menschliche Selbsterforschung. Die Rolle von Kultur in der positiven und reflexiven Bestimmung des Menschen*, Saarbrücken; Fort Lauderdale 1992.

Kristeva, Julia, "Das Subjekt im Prozeß: Die poetische Sprache", in: Benoist (Hrsg.), *Identität*, S. 187-209.

Lévi-Strauss, Claude, "Vorwort", in: Benoist (Hrsg.), *Identität*, S. 7-9.

Ders., *Race et histoire*, Paris 1961 ([1]1952).

Lévinas, Emmanuel, *Humanisme de l'autre homme*, Montpellier 1972.

Ders., *Totalität und Unendlichkeit*, Freiburg; München 1987.

Levita, David J. de, *Der Begriff der Identität*, Frankfurt/Main 1971.

Lewin, Kurt, *Der Begriff der Genese in Physik, Biologie und Entwicklungsgeschichte*, in: ders., *Werke*, Bd. 2, hrsg. v. Carl-Friedrich Graumann, Bern; Stuttgart 1983 ([1]1922), S. 47-318.

Lienhard, Martin, *La voz y su huella*, Lima 1992.
Link, Jürgen/Wulfing, Wulf (Hrsg.), *Nationale Mythen und Symbole in der zweiten Hälfte des 19. Jahrhunderts: Strukturen und Funktionen von Konzepten nationaler Identität*, Stuttgart 1991.
Maccoby, Michael, "On Mexican National Character", in: Don A. Martindale (Hrsg.), *National Character in the Perspective of Social Sciences*, Philadelphia 1967, S. 63-73.
Maihold, Günther, *Identitätssuche in Lateinamerika: Das indigenistische Denken in Mexiko*, Saarbrücken; Lauderdale 1986.
Marquard, Odo, "Identität: Schwundtelos und Mini-Essenz - Bemerkungen zur Genealogie einer aktuellen Diskussion", in: ders./Stierle (Hrsg.), *Identität*, S. 347-369.
Mead, George Herbert, *Geist, Identität und Gesellschaft*, Frankfurt/Main 1973.
Menninger, Annerose, "Unter 'Menschenfressern'?", in: Thomas Beck/dies., Thomas Schlcich (Hrsg.), *Kolumbus' Erben. Europäische Expansion und überseeische Ethnien im ersten Kolonialzeitalter*, Darmstadt 1992, S. 63-98.
Ohle, Karlheinz, *Das Ich und das Andere. Grundzüge einer Soziologie des Fremden*, Stuttgart 1978.
Renan, Ernest, *Was ist eine Nation? Rede am 11. März 1882 an der Sorbonne. Mit einem Essay von Walter Euchner*, Hamburg 1996.
Schlesinger, Arthur M. Jr., *The Disuniting of America. Reflections on a Multicultural Society*, Knoxville/Tenn. 1991.
Schneider, Holger Kurt, "Psychiatrie und Identität", in: Kößler (Hrsg.), *Identität*, S. 35-50.
Schütz, Alfred, "Grundzüge einer Theorie des Fremdverstehens", in: ders., *Der sinnhafte Aufbau der sozialen Welt*, Wien 1959 (^{1}1932), S. 106-155.
Siebenmann, Gustav, "Methodisches zur Bildforschung", in: ders./Hans-Joachim König (Hrsg.), *Das Bild Lateinamerikas im deutschen Sprachraum*, Tübingen 1992, S. 1-17.
Singer, Kurt, "The Resolution of Conflict", *Social Research* 16 (1949), S. 230-245.
Sorokin, Pitrim A., *Society, Culture and Personality. Their Structure and Dynamics. A System of General Sociology*, New York 1969.
Stange, Bodo, *Die Theorie der sozialen Identität. Analyse eines Reformversuches in der Sozialpsychologie*, Hamburg 1991.
Todorov, Tzvetan, *La conquête de l'Amérique. La question de l'autre*, Paris 1982.
Ders., "Le croisement des cultures", *Communications* 43 (1986), S. 5-26.
Waldenfels, Bernhard, *Der Stachel des Fremden*, Frankfurt/Main 1990.
Wieseltier, Leon, "Against Identity: Wider das Identitätsgetue", *DIE ZEIT* (17.2.1995), S. 57f.
Zavala, Iris M. (Hrsg.), *Discursos sobre la 'invención' de América*, Amsterdam/Atlanta, GA 1992.

2. Theorie und lateinamerikanische Praxis des Essays

Adorno, Theodor W., "Der Essay als Form", in: ders., *Noten zur Literatur*, Bd. 1, Frankfurt/Main 1975 (^{1}1958), S. 9-49.
Borsò, Vittoria, "Der moderne mexikanische Essay", in: Briesemeister/Zimmermann (Hrsg.), *Mexiko heute* (^{1}1992), S. 535-566.
García-Monsiváis, Blanca M., *El ensayo mexicano en el siglo XX: Reyes, Novo, Paz. Desarrollo, direcciones y formas*, Cambridge, Mass. 1992.
Horl, Sabine, *Der Essay als literarische Gattung in Lateinamerika. Eine Bibliographie*, Frankfurt/Main 1980.
Dies., "Der lateinamerikanische Essay im 20. Jahrhundert. Ein Überblick über bisherige Versuche zur Wesensbestimmung des Genres in Lateinamerika", *Romanistisches Jahrbuch* 30 (1979), S. 309-336.
Martínez, José Luis, *El ensayo mexicano moderno*, 2 Bde., México ^{3}1995 (^{1}1958).
Matzat, Wolfgang, *Lateinamerikanische Identitätsentwürfe: essayistische Reflexion und narrative Inszenierung*, Tübingen 1996.
Mejía Sánchez, Ernesto, *El ensayo actual latinoamericano*, México 1971.
Schmidt, Friedhelm, "Der mexikanische Essay im 20. Jahrhundert", in: Briesemeister/Zimmermann (Hrsg.), *Mexiko heute* (^{2}1996), S. 484-503.
Skirius, John, *El ensayo hispanoamericano del siglo XX*, México 1981.
Stabb, Martin S., *América Latina en busca de su identidad. Modelos del ensayo ideológico 1890-1960*, Caracas 1969.

3. Zur Identitätsthematik in Lateinamerika und Mexiko

3.1. Primärliteratur

Altamirano, Ignacio M., *La literatura nacional*, 3 Bde., México: Porrúa 1949.
Arguedas, Alcides, *Pueblo enfermo*, La Paz: Ed. Juventud 1979 (^{1}1909).
Bello, Andrés, "Alocución a la poesía", in: ders., *Obras completas*, Bd. 3, Santiago de Chile: Pedro G. Ramírez 1883, S. 38-61.
Ders., "Discurso pronunciado por el rector de la Universidad de Chile en el aniversario solemne de 29 de octubre de 1848", in: ders., *Obras completas*, Bd. 8, Santiago de Chile: Pedro G. Ramírez 1885, S. 353-398, hier S. 372.
Ders., "Investigaciones sobre la influencia social de la conquista i del sistema colonial de los españoles en Chile", in: ders., *Obras completas*, Bd. 7, Santiago de Chile: Pedro G. Ramírez 1884, S. 71-88.
Ders., "La agricultura de la zona tórrida", in: ders., *Obras completas*, Bd. 3, Santiago de Chile: Pedro G. Ramírez 1883, S. 66-76.
Bilbao, Francisco, *El Evangelio americano*, Caracas: Ayacucho 1988.
Bolívar, Simón, *Escritos políticos*, México: Porrúa 1986.

Bunge, Carlos Octavio, *Nuestra América. Ensayo de psicología social*, Buenos Aires: LCA ⁶1918 (¹1903).

Chávez, Ezequiel A., "Ensayo sobre los rasgos distintivos de la sensibilidad como factor del carácter mexicano", *Revista positiva* 3 (1. März 1901), S. 81-99.

Cuesta, Jorge, "El clasicismo mexicano", in: ders., *Obras*, Bd. 1, o.O.: Ediciones del Equilibrista 1994, S. 304-315.

Ders., "La cultura francesa en México", in: ders. *Obras*, Bd. 1, o.O.: Ediciones del Equilibrista 1994, S. 262-266.

Dario, Rubén, "El triunfo de Calibán", in: ders., *El Modernismo y otros ensayos*, Madrid: Alianza 1989, S. 161-166.

Fuentes, Carlos, "The Argument of Latin America: Words for the North Americans", in: Varios, *Whither Latin America?*, New York 1963, S. 9-24.

Ders., *¿Somos capaces de crear sociedades nacionales libres?*, México: Senado de la República 1983.

Ders., *La nueva novela hispanoamericana*, México: Mortiz ⁵1976 (¹1969).

Ders., *La región más transparente*, México: F.C.E 1968.

Gamio, Manuel, *Forjando Patria*, México: Porrúa ³1982 (¹1916).

García Calderón, Francisco, *Las democracias latinas de América. La creación de un continente*, Caracas: Ayacucho 1987.

Gobineau, Joseph Arthur Comte de, "Essai sur l'inégalité des races humaines", in: ders., *Oeuvres*, hrsg. v. Jean Gaulmier, Bd. 1, Paris: Gallimard 1983, S. 133-1174.

Guerrero, Julio, *La génesis del crimen en México*, México: Porrúa ²1977 (Paris ¹1901).

Heredia, José María de, *Niágara y otros textos (Poesía y prosa selectas)*, Caracas: Ayacucho 1990.

Le Bon, Gustave, *Lois psychologiques de l'évolution des peuples*, Paris: Félix Alcan ⁹1909.

Lyotard, Jean-François, *Tombeau de l'intellectuel et autres papiers*, Paris: Galilée 1984.

Martí, José, "Discurso de la sociedad hispanoamericana", in: ders., *Nuestra América*, Caracas: Ayacucho 1977, S. 19-26.

Martí, José, "Los códigos nuevos", in: ders., *Nuestra América*, Caracas: Ayacucho 1977, S. 8-12.

Ders., "México" (Apuntes de viaje), in: ders., *Nuestra América*, S. 214f.

Ders., "Nuestra América", in: ders., *Nuestra América*, S. 26-33.

Ders., *Sus mejores páginas*, México: Porrúa ⁷1992 (¹1970).

Maurras, Charles, *L'avenir de l'intelligence*, Paris: Flammarion 1927.

Molina Enríquez, Andrés, *Los grandes problemas nacionales (1909) y otros textos (1911-1919). Prólogo de Arnaldo Córdova*, México: Era 1978.

Monsiváis, Carlos, *Entrada libre. Crónicas de la sociedad que se organiza*, México: Era ⁷1995 (¹1987).

Ders., *Los rituales del caos*, México: Era ⁴1995 (¹1995).

Murena, Héctor A., *Homo atomicus*, Buenos Aires: Sur 1961.

Nervo, Amado, "Juana de Asbaje" (1910), in: ders., *Obras completas*, Bd. 2, Madrid: Aguilar ⁴1967, S. 433-491.

Novo, Salvador, "Veinte años de literatura mexicana", *El Libro y el Pueblo* 9 (Juni 1931), S. 4-9.

Olmedo, José Joaquín de, *Poesía. Prosa*, Puebla: Ed. J. M. Cajica 1960.

Ortiz de Montellano, Bernardo, "Aniversario 3" (*Contemporáneos* 36, Mai 1931), in: Durán (Hrsg.), *Antología*, S. 289.

Paz, Octavio, *Ansprache aus Anlaß der Verleihung des Friedenspreises des Deutschen Buchhandels (7.10.1984)*, Frankfurt/Main: Börsenverein des Deutschen Buchhandels e.V. 1984.

Ders., "Contemporáneos", in: ders., *Obras completas* 4, México: F.C.E. ²1994 (¹1991), S. 69-93.

Ders., "Carlos Chávez (1899-1978), in: ders., *Obras completas* 4, México: F.C.E. ²1994 (¹1991), S. 400-403.

Ders., *Corriente alterna*, México: Siglo XXI ⁹1977 (¹1967).

Ders., "Dos apostillas: Asia y América", in: ders., *Puertas al campo*, Barcelona; Caracas; México, ²1981 (¹1966), S. 141-154.

Ders., "El escritor y el poder", in: ders. *El ogro filantrópico. Historia y política 1971-1978*, Barcelona; Caracas; México: Seix Barral 1979, S. 304-307.

Ders., *El laberinto de la soledad*, México; Madrid; Buenos Aires: F.C.E. ¹⁴1991 (¹1950).

Ders., "Emula de la llama", in: ders., *Obras completas* 4, México: F.C.E. ²1994 (¹1991), S. 53-59.

Ders., "Historias de ayer", in: ders., *Obras completas* 7, México: ²1994 (¹1993), S. 351-356.

Ders., "Introducción a la historia de la poesía mexicana", in: ders., *Obras completas* 4, México: F.C.E. ²1994 (¹1991), S. 33-52.

Ders., "Las *Páginas escogidas* de Vasconcelos", in: ders., *Obras completas* 4, México: F.C.E. ²1994 (¹1991), S. 347-349.

Ders., "Leopoldo Zea, 'El positivismo en México'", in: ders., *Primeras letras (1931-45)*, México: Vuelta ²1990 (¹1988), S. 237-242.

Ders., *Los hijos del limo*, in: ders., *Obras completas* 1, México: F.C.E. ²1994 (¹1991), S. 321-496.

Ders., "Nueva España: orfandad y legitimidad", in: ders. *El ogro filantrópico. Historia y política 1971-1978*, Barcelona; Caracas; México: Seix Barral 1979, S. 38-52.

Ders., "Poesía mexicana moderna", in: ders., *Las peras del olmo*, Barcelona: Seix Barral ²1974 (¹1957), S. 49-58

Ders., "Prólogo", in: ders., *Obras completas* 1, México: F.C.E. ²1994 (¹1991), S. 13-27.

Ders., "Prólogo", in: ders., *Obras completas* 4, México: F.C.E. ²1994 (¹1991), S. 13-29.

Ders., *Sor Juana Inés de la Cruz o Las trampas de la fe*, Barcelona: Seix Barral, ⁴1990, (¹1982).

Ders., "Unidad, modernidad, tradición", in: ders., *Obras completas* 3, México: F.C.E. ²1994 (¹1991), S. 15-22.

Ders., "Valle de México", in: ders., *Libertad bajo palabra*, Madrid: Cátedra 1988, S. 291f.

Poniatowska, Elena, *La noche de Tlatelolco. Testimonios de historia oral*, México [5]2[]1994 ([1]1971).
Ramos, Samuel, *El perfil del hombre y la cultura en México*, México: Espasa-Calpe [7]1977 ([1]1934).
Rodó, José Enrique, *Ariel*, Madrid: Alba [2]1985.
Ders., *Ariel. Motivos de Proteo*, Caracas: Ayacucho 1979.
Sarmiento, Domingo Faustino, *Facundo. Civilización y barbarie*, Madrid: Cátedra [2]1993.
Sevchovich, Sara, *México: país de ideas, país de novelas. Una sociología de la literatura mexicana*, México 1987.
Sierra, Justo, *La evolución política del pueblo mexicano (1900-1902)*, Caracas: Ayacucho 1977.
Ders., *La evolución política del pueblo mexicano*, Caracas: Ayacucho 1977.
Silva y Aceves, Mariano, *Un reino lejano. Narraciones/Crónicas/Poemas*, México: F.C.E. 1987.
Ugarte, Manuel, *La nación latinoamericana*, Caracas: Ayacucho 1978.
Urbina, Luis G./Henríquez Ureña, Pedro/Rangel, Nicolás (Hrsg.), *Antología del Centenario. Estudio documentado de la literatura mexicana durante el primer siglo de independencia*, México 1985 ([1]1910).
Uslar Pietri, Arturo, "Lo criollo en la literatura", in: ders. *Obras selectas*, Madrid: Ed. Edime - Ed. Mediteraneo 1977, S. 1056-1069.
Valéry, Paul, "Discours de l'histoire", in: ders., *Oeuvres*, Bd. 1, Paris: Gallimard 1957, S. 1128-1137.
Villaurrutia, Xavier, "José María Velasco, pintor del Valle de México", in: ders., *Obras*, México: F.C.E [2]1966 ([1]1953), S. 996f.
Ders., "Mi 'Pensador Mexicano'", in: ders., *Obras*, México: F.C.E. [2]1966 ([1]1953), S. 790-792.
Yáñez, Agustín, *El contenido social de la literatura iberoamericana*, México: El Colegio de México 1943.

3.2. Forschungsliteratur und essayistische Studien

Abreu Gómez, Emilio, "El 'primer sueño' de Sor Juana" (*Contemporáneos* 4, Sept. 1928), in: Manuel Durán (Hrsg.), *Antología*, S. 229-233
Adler, Heidrun, "Theater in Mexiko", in: Briesemeister/Zimmermann (Hrsg.), *Mexiko heute* ([2]1996), S. 504-514.
Aínsa, Fernando, "Hacia un nuevo universalismo. El ejemplo de la narrativa del siglo XX", in: Yurkievich (Hrsg.), *Identidad*, S. 36-46.
Arciniegas, Germán, "Hegel y la historia de América", *Cuadernos Hispanoamericanos* 461 (1988), S. 45-53.
Ardao, Arturo, "Del Calibán de Renan al Calibán de Rodó", in: ders., *Estudios latinoamericanos de historia de ideas*, Caracas 1978, S. 141-168.
Ders., "El americanismo de Rodó", in: ders., *Estudios latinoamericanos*, S. 111-140.

Armbruster, Claudius, *Das Werk Alejo Carpentiers. Chronik einer "Wunderbaren Wirklichkeit"*, Frankfurt/Main 1982.

Bartra, Roger, *La jaula de la melancolía: Identidad y metamorfosis del mexicano*, México ²1987.

Basave Benítez, Agustín F., *México mestizo. Análisis del nacionalismo mexicano en torno a la mestizofilia de Andrés Molina Enríquez*, México ²1993 (¹1992).

Berg, Walter Bruno, "Die Vereinigten Staaten als Modell. Zur Frage der Aktualität des Nordamerikabildes bei Sarmiento und Martínez Estrada", in: Wolfgang Reinhard/Peter Waldmann (Hrsg.), *Nord und Süd in Amerika. Gegensätze. Europäischer Hintergrund*, Freiburg 1992, S. 986-998.

Ders., "Otredad y escritura femenina en algunas obras de autoras latinoamericanas", *Iberoromania* 41 (1995), S. 102-116.

Blanco, José Joaquín, "La juventud de *Contemporáneos*", in: ders., *La paja en el ojo. Ensayos de crítica*, Puebla, S. 53-123.

Ders., *Crónica de la literatura reciente en México (1950-1980)*, México 1982.

Bonfil Batalla, Guillermo, "Aculturación e indigenismo: la repuesta india", in: José Alcina Franch (Hrsg.), *Indianismo e indigenismo en América*, Madrid 1990, S. 189-209.

Borsò, Vittoria, "Das experimentierende Mexiko in der Erzählliteratur der 30er Jahre: Jaime Torres Bodet", in: Hölz (Hrsg.), *Literarische Vermittlungen*, S. 171-191.

Dies., "De la ontología de la oralidad a la modulación oral de la escritura. Problemas de la oralidad en México: un análisis discursivo", in: Walter Bruno Berg/Klaus Schäffauer (Hrsg.), *Oralidad y Argentinidad. Estudios sobre la función del lenguaje hablado en la literatura argentina*, Tübingen 1997, S. 123-139.

Dies., "Der Mythos und die Ethik des Anderen. Überlegungen zum Verhältnis von Mythos und Geschichte im hispanoamerikanischen Roman", in: Karl Hölz/Siegfried Jüttner/Rainer Stillers/Christoph Strosetzki (Hrsg.), *Sinn und Sinnverständnis. Festschrift für Ludwig Schrader zum 65. Geburtstag*, Berlin 1997, S. 252-267.

Dies., "Die Aktualität mexikanischer Literatur: von der Identität zur Heterogenität", *Iberoamericana* 16, 2 (1992), S. 84-108.

Dies., "Mexikanische *Crónicas* zwischen Erzählung und Geschichte. Kulturtheoretische Überlegungen zur Dekonstruktion von Historiographie und nationalen Identitätsbildern", in: Birgit Scharlau (Hrsg.), *Lateinamerika denken*, S. 278- 296.

Dies., *Mexiko jenseits der Einsamkeit - Versuch einer interkulturellen Analyse*, Frankfurt/Main 1994.

Dies., "Utopie des kulturellen Dialogs oder Heterotopie der Diskurse?", in: Klaus W. Hempfer (Hrsg.), *Poststrukturalismus - Dekonstruktion - Postmoderne*, Stuttgart 1992, S. 95-117.

Brading, David, *Los orígenes del nacionalismo mexicano*, México ²1993 (¹1973).

Brands-Proharam González, Ulrike, *Das dramatische Werk von Miguel Angel Asturias im Kontext des modernen lateinamerikanischen Theaters*, Bonn 1991.

Bremer, Juan José, "Zur kulturellen Identität Mexikos", in: Briesemeister/Zimmermann (Hrsg.), *Mexiko heute*, (²1996), S. 628-635.

Brushwood, John S., *México en su novela. Una nación en busca de su identidad*, México 1973.

Buxó, José Pascual/Herrera, Arnulfo (Hrsg.), *La literatura novohispana. Revisión crítica y propuestas metodológicas*, México 1994.

Carballo, Emmanuel, "Julio Torri", in: ders., *Diecinueve protagonistas de la literatura mexicana del siglo XX*, México 1965, S. 139-151.

Castanon, Adolfo, "Pouvoir et production culturelle", in: GRAL (Hrsg.), *Pouvoirs*, S. 59-72.

Cerutti Guldberg, Horacio, "Utopía y América Latina", in: Alicia Mayer et al., *La utopía en América*, México 1991, S. 23-34.

Chiampi, Irlemar, *El realismo maravilloso. Forma e ideología en la novela hispanoamericana*, Caracas 1983.

Daus, Ronald, "'Kultur' in Deutschland - 'Kultur' in Lateinamerika. Versuch einer Definition der Kontraste", *Zeitschrift für Kulturaustausch* 24, 4 (1974), S. 27-32.

Ders., "Alarcóns «mexicanidad». Über die Verwendung eines Klischees", in: Horst Baader (Hrsg.), *Spanische Literatur im Goldenen Zeitalter*, Frankfurt/Main 1973, S. 67-87.

Delgado González, Arturo, *Martín Luis Guzmán y el estudio de lo mexicano*, México 1975.

Dumas, Claude, "*Nation* et *identité* dans le Mexique du XIXe siècle: essai sur une variation", *Cahiers du monde hispanique et luso-brésilien* 38 (1982), S. 45-67.

Durán, Manuel "La huella del Oriente en la poesía de Octavio Paz", *Revista Iberoamericana* 74 (1971), S. 97-116.

Earle, Peter G., "Utopía, Universopolis, Macondo", *Hispanic Review* 50, 2 (1982), S. 143-157.

Ette, Ottmar, "'Así habló Próspero'. Nietzsche, Rodó y la modernidad filosófica de *Ariel*", *Cuadernos Hispanoamericanos* 528 (Juni 1994), S. 49-62.

Ders., "'Unser Welteroberer': Alexander von Humboldt, der zweite Entdecker, und die zweite Eroberung Amerikas", in: Ibero-Amerikanisches Institut Preußischer Kulturbesitz/Museum für Völkerkunde (Hrsg.), *Amerika 1492-1992. Neue Welten-Neue Wirklichkeiten. Geschichte-Gegenwart-Perspektiven*. Braunschweig 1992, S. 130-139.

Ders., "Funktionen von Mythen und Legenden in Texten des 16. und 17. Jahrhunderts über die neue Welt", in: Kohut (Hrsg.), *Der eroberte Kontinent*, S. 161-182.

Ders., "Lateinamerika und Europa. Ein literarischer Dialog und seine Vorgeschichte", in: José Enrique Rodó, *Ariel*, übers., hrsg. und erläutert von Ottmar Ette, Mainz: Dieterich'sche Verlagsbuchhandlung 1994, S. 9-58.

Ders., "Rodó, Prospero und die Statue Ariel. Das literarische Projekt einer hispanoamerikanischen Moderne", in: José Enrique Rodó, *Ariel*, Mainz: Dieterich'sche Verlagsbuchhandlung 1994, S. 193-240.

Filer, Malva E., "Los mitos indígenas en la obra de Carlos Fuentes", *Revista Iberoamericana* 50 (1984), S. 475-489.

Florescano, Enrique, "Persistencia y transformación de la identidad indígena", *La Jornada Semanal*, 8. Dezember 1996, http://serpiente.dgsca.unam.mx/jornada/1996/dic96/961208/sem-florescano.html.

Franco, Jean, *Historia de la literatura hispanoamericana a partir de la independencia*, Barcelona; Caracas; México ⁴1981 (¹1973).

Dics., *La cultura moderna en América Latina*, México 1971.

García Barragan, María Guadalupe, "Principios de identidad nacional y cultural en los orígenes de la literatura colonial mexicana", in: Yurkievich (Hrsg.), *Identidad*, S. 165-172.

García Blanco, Manuel, "El escritor mejicano Alfonso Reyes y Unamuno", *Cuadernos Hispanoamericanos* 25, 71 (1955), S. 155-179.

Gerbi, Antonelli, *La disputa del Nuevo Mundo. Historia de una polémica 1750-1900*, México; Buenos Aires 1960 (¹1955).

Gewecke, Frauke, "Ariel versus Caliban? Lateinamerikanische Identitätssuche zwischen regressiver Utopie und emanzipatorischer Rebellion", *Iberoamericana* 7, 2/3 (1983), S. 43-68.

Gunia, Inke, *"¿Cuál es la onda?" La literatura de la contracultura juvenil en el México de los años sesenta y setenta*, Frankfurt/Main 1994.

Hennessy, Alistair, "The Muralists and the Revolution", in: Camp/Hale/Vázquez (Hrsg.), *Intelectuales*, S. 681-693.

Hernández Campos, Jorge, "México 1995: la cultura en crisis", *Cuadernos Hispanoamericanos* 549-550 (März-April 1996), S. 7-31.

Hölz, Karl, "*Ancianos* y *Modernos* in Mexiko. Ein post-romantischer Konflikt und seine nationalliterarischen Folgen", *Romanistische Zeitschrift für Literaturgeschichte* 3/4 (1985), S. 415-442.

Ders., "Ästhetische Divergenz und fraternitäre Sozialgemeinschaft in Mexiko. Klassizistisch-romantische Literaturmodelle und die Neuordnung der Gesellschaft nach dem Interregnum (1863-1867)", in: Klaus Garber/Heinz Wismann (Hrsg.), *Europäische Sozietätsbewegung und demokratische Tradition. Die europäischen Akademien der Frühen Neuzeit zwischen Frührenaissance und Spätaufklärung*, Bd. 1, Tübingen 1996, S. 639-665.

Ders., *Das Fremde, das Eigene, das Andere: die Inszenierung kultureller und geschlechtlicher Identität in Lateinamerika*, Berlin 1998.

Ders., "El populismo y la emancipación mental en la literatura mexicana del siglo XIX", *Literatura Mexicana* 1, 2 (1990), S. 373-392.

Ders., "Entrevista con José Agustín", *Iberoamericana* 19, 2/3 (1995), S. 112-120.

Ders., "Gesellschaftliche Entfremdung und ästhetische Kommunikation. Der mexikanische Reformdenker Francisco Zarco (1929-1869) und der ideengeschichtliche Kontext der europäisch-französischen Sozialthematik", in: ders. (Hrsg.), *Literarische Vermittlungen*, S. 1-25.

Ders., "Göttlicher Nektar und Pulque. Klassizistischer Kunstwille und die Anfänge der Nationalliteratur in Mexiko", *Romanische Forschungen* 103, 1 (1991), S. 49-70.

Ders., "José Martí. Der lange Weg der Freiheit", *Romanistische Zeitschrift für Literaturgeschichte* 19, 3/4 (1995), S. 410-428.

Ders., "Lateinamerika und die Suche nach dem »Verlorenen Paradies«. Zur Theorie und Poetik eines Erlösungsmythos bei Octavio Paz", in: *Romanistisches Jahrbuch* 33 (1982), 336-354.

Ders., "Liebe auf mexikanisch. Patriotisches Denken und romantischer Sentimentalismus im Werk von Ignacio M. Altamirano", *Iberoamericana* 8, 2/3 (1984), S. 5-29.

Ders., "Literarische Institution und nationaler Aufbruch. Mexikanische Literatur zwischen Unabhängigkeitsbewegung und Reformkrieg (1810-1858)", *Romanische Forschungen* 105 (1993), S. 50-66.

Ders., "Roman- und Erzählliteratur in Mexiko. Tendenzen und Strömungen", in: Briesemeister/Zimmermann (Hrsg.), *Mexiko heute* (²1996), S. 441-462.

Horl, Sabine, "Amerika als Identität. Utopisches Denken im hispanoamerikanischen Essay (1900-1935)", in: Titus Heydenreich (Hrsg.), *Der Umgang mit dem Fremden. Beiträge zur Literatur aus und über Lateinamerika*, München 1986, S. 47-64.

Horl Groenewold, Sabine, "Selbstbild. Amerika als Utopie und Gegenutopie im 20. Jahrhundert", in: Kohut (Hrsg.), *Der eroberte Kontinent*, S. 312-325.

Hudde, Hinrich, "Fernández de Lizardi. Literarische Utopie an der Schwelle der Unabhängigkeit Mexikos (mit Bemerkungen zu modernen lateinamerikanischen Utopien)", *Literaturwissenschaftliches Jahrbuch* 17 (1986), S. 253-267.

Issorel, Jacques, "Neuf interviews avec Xavier Villaurrutia", in: GRAL (Hrsg.), *Intellectuels*, S. 113-124.

Janik, Dieter, "»...verdient nicht ein Mensch zu sein«. Fremdverständnis und Selbstverständnis der Menschen und Kulturen der Neuen Welt zum Zeitpunkt der Conquista", in: ders., *Stationen der spanischamerikanischen Literatur- und Kulturgeschichte. Der Blick der anderen - der Weg zu sich selbst*, Frankfurt/Main 1992, S. 11-25.

Jurt, Josef, "Entstehung und Entwicklung der LATEINamerika-Idee", *Lendemains* 7, 27 (1982), S. 17-26.

Ders., "Literatur und Identitätsfindung in Lateinamerika: J. E. Rodó: *Ariel*", *Romanistische Zeitschrift für Literaturgeschichte* 6, 1/2 (1982), S. 68-95.

König, Hans-Joachim, "Theoretische und methodische Überlegungen zur Erforschung von Nationalismus in Lateinamerika", *Canadian Review of Studies in Nationalism* 6, 1 (1979), S. 13-32.

Ders., *Lateinamerika: Zum Problem einer eigenen Identität*, Regensburg 1991.

Kohl, Karl-Heinz, *Entzauberter Blick. Das Bild vom Guten Wilden und die Erfahrung der Zivilisation*, Berlin 1981.

Konersmann, Ralf, "Der Philosoph mit der Maske. Michel Foucaults *L'ordre du discours*", in: Michel Foucault, *Die Ordnung des Diskurses*, Frankfurt 1991, S. 51-94.

Krauze, Enrique, "Los temples de la cultura", in: Camp/Hale/Vázquez (Hrsg.), *Intelectuales*, S. 583-605.

Kristeva, Julia, "Un nouveau type d'intellectuel: le dissident", *Tel Quel* 74 (Winter 1977), S. 3-8.

"La cultura mexicana nacional", *Cuadernos Hispanoamericanos* (Sonderband) 549-550 (März-April 1996).

Lafaye, Jacques, "¿Identidad literaria o alteridad cultural?", in: Yurkievich (Hrsg.), *Identidad*, S. 21-27.

Lamore, Jean, "La idea de Nuestra América en José Martí. Hacia una ética de la conciencia criolla", in: Ette/Heydenreich (Hrsg.), *Martí*, S. 83-91.

Leal, Luis, "Female Archetypes in Mexican Literature", in: Beth Miller (Hrsg.), *Women in Hispanic Literature. Icons and fallen Idols*, Berkeley; Los Angeles; London 1983, S. 227-242.

Leander, Brigitta, "La identidad cultural en América Latina", in: UNESCO (Hrsg.), *Identidad*, S. 14-21.

Leinen, Frank, "*El Iris* como proyecto de «civilización de los semibárbaros mexicanos». Sobre el programa cultural y político de la primera revista literaria ilustrada de México después de la Independencia", in: Dieter Janik (Hrsg.), *La literatura en la formación de los Estados hispanoamericanos (1800-1860)*, Frankfurt/Main; Madrid 1998, S. 53-81.

Ders., "Fremde im eigenen Land. Rosario Castellanos' Darstellung von Problemstrukturen interethnischer Begegnungen in *Ciudad Real*", *Iberoromania* 44 (1996), S. 109-132.

Mañach, Jorge, "Heredia y el romanticismo", *Cuadernos Hispanoamericanos* 86 (Feb. 1957), S. 195-220.

Marichal, Juan, *Cuatro fases de la historia intelectual latinoamericana 1810-1970*, Madrid 1978.

Martínez Echazábal, Lourdes, "Positivismo y racismo en el ensayo hispanoamericano", *Cuadernos Americanos* 2, 3(1988), S. 121-129.

Martínez, José Luis, *La emancipación literaria de México*, Mexiko 1955.

Ders., *Literatura Mexicana. Siglo XX (1910-1949)*, Bd. 1, México 1949.

Ders., "Los conflictos de la cultura mexicana", in: Varios, *Libro jubilar de Alfonso Reyes*, México 1956, S. 235-241.

Ders., "Unidad y diversidad", in: Cesar Fernández Moreno (Hrsg.), *América Latina en su literatura*, México ^{2}1974 (^{1}1972), S. 73-92.

Matzat, Wolfgang, "Conquista und diskontinuierliche Geschichte. Alternative Identitätsentwürfe in der argentinischen Essayistik", in: ders., *Identitätsentwürfe*, S. 49-58.

Ders., "La imagen de México en las *Escenas mexicanas* de José Martí", in: Ette/Heydenreich (Hrsg.), *Martí*, S. 197-209.

Ders., "Mexikanische Identität als Gegenidentität. Das Verhältnis zwischen Mexiko und den USA im Kontext einer Diskursgeschichte der mexikanischen Essayistik", in: ders., *Identitätsentwürfe*, S. 113-167.

Ders., "Narrative Transkulturation im mexikanischen Roman: Juan Rulfos *Pedro Páramo*", in: ders., *Identitätsentwürfe*, S. 169-183.

Mayer, Alicia et al., *La utopía en América*, México 1991.

Melis, Antonio, "José Martí y el indio americano", in: Ette/Heydenreich (Hrsg.), *Martí*, S. 93-102.

Menocal, Nina, "Entrevista con Carlos Monsiváis", in: dies., *México - vision de los ochenta*, México 1981, S. 11-26.

Meyer-Minnemann, Klaus, "Lateinamerikanische Literatur. Dependenz und Emanzipation", *Iberoamericana* 10, 2/3 (1986), S. 3-17.

Monsiváis, Carlos, "Cultura nacional y cultura colonial en la literatura mexicana", in: Leopoldo Zea et al., *Características de la cultura nacional*, México 1969, S. 57-74.

Ders., "De algunos problemas del término 'Cultura Nacional' en México", *Revista Occidental* 2, 1 (1985), S. 37-48.

Ders., "Octavio Paz en diálogo", *Revista de la Universidad de México* (3.11.1967), S. 1-8.

Mora, Pablo, "La provincia en la poesía del siglo XIX mexicano. Claves para la 'alquimía' de Ramón López Velarde", *Tema y Variaciones de Literatura* 5 (1995), S. 169-203.

Morenos, César Fernández (Hrsg.), *América latina en su literatura*, México ²1974 (¹1972).

Münzel, Mark, "Indianische Mythen und europäischer Indigenismo. Zur Frage der oralen indianischen Literatur in Lateinamerika", *Iberoamericana* 2, 2 (1978), S. 3-17.

Núñez, Estuardo, "Lo latinoamericano en otras literaturas", in: César Fernández Moreno (Hrsg.), *América Latina en su literatura*, México ²1974 (¹1972), S. 93-120.

O'Gorman, Edmundo, "La doble interna contradicción de nuestra herencia colonial", *Diálogos* 17,4 (Juli-Aug. 1981), S. 24-27.

Ders., *La idea del descubrimiento de América. Historia de esa interpretación y crítica de sus fundamentos*, México ²1976 (¹1951).

Ders., *La invención de América. El universalismo de la cultura de occidente*, México; Buenos Aires ²1977 (¹1958).

Panabière, Louis, "Cent jours de télévision mexicaine", in: GRAL (Hrsg.), *Pouvoirs*, S. 37-57.

Ders., "Les intellectuels et l'Etat au Mexique (1930-1940). Le cas de dissidence des *Contemporáneos*", in: GRAL (Hrsg.), *Intellectuels*, S. 77-112.

Ders., "Les revues culturelles, exemple de 'déloyauté' et d'analyse institutionnelle au Mexique", in: GRAL (Hrsg.), *Champs de pouvoir*, S. 109-136.

Peña, Margarita (Hrsg.), *Descubrimiento y conquista de América. Cronistas, poetas, misioneros y soldados*, México 1982.

Phelan, John L., "Panlatinismo, la intervención francesa en México y el origen de la idea de Latinoamérica", *Latinoamérica* 2 (1969), S. 119-141.

Pitt-Rivers, Julian, "Race in Latin America. the concept of *raza*", *Archives Européennes de Sociologie* 14 (1973), S. 3-31.

Raffi-Béroud, Catherine, "La literatura de la independencia mexicana o los primeros pasos hacia la identidad cultural", in: Yurkievich, *Identidad*, S. 173-182.

Rama, Angel, *Transculturación narrativa en América Latina*, México 1982.

Rings, Guido, *Erzählen gegen den Strich. Ein Beitrag zur Geschichtsreflexion im mexikanischen Revolutionsroman*, Frankfurt/Main u.a. 1996.

Rodríguez, Juan Manuel, "Introducción", in: Rodó, *Ariel*, S. 7-15.

Rodríguez-Panabière, Marie-Dolorès, "Le pouvoir, la musique et la danse dans le Mexique contemporain", in: GRAL (Hrsg.), *Pouvoirs*, S. 73-99.

Roggiano, Alfredo A., "Acerca de la identidad cultural de Iberoamérica. Algunas posibles interpretaciones", in: Yurkievich (Hrsg.), *Identidad*, S. 11-20.

Romero, José Luis/Romero, Luis Alberto (Hrsg.), *Pensamiento político de la emancipación*, 2 Bde., Caracas 1977.

Rössner, Michael, *Auf der Suche nach dem verlorenen Paradies. Zum mythischen Bewußtsein in der Literatur des 20. Jahrhunderts*, Frankfurt/Main 1988.

Sáenz, Inés, *Hacia la novela total: Fernando del Paso*, Madrid 1994.

Sánchez, José, *Academias y sociedades literarias de México*, Chapel Hill 1951.

Sauter de Maihold, Rosa María, *'Del silencio a la palabra' - Mythische und symbolische Wege zur Identität in den Erzählungen von Carlos Fuentes*, Frankfurt/Main 1995.

Schiefer, Petra, *Zum Geschichtsbild in den Romanen von A. Yáñez. Gesellschaftliche Wirklichkeit und Kulturideal im nachrevolutionären Mexiko*, Frankfurt/Main 1986.

Schmidt, Henry C., *The Roots of* Lo Mexicano. *Self and society in Mexican Thought 1900-1934*, College Station and London 1978.

Schrader, Ludwig, "Moderne Totendialoge oder der Mythos von der pervertierten Kommunikation. Zu Juan Rulfos *Pedro Páramo*", *Literatur für Leser* 3 (1978), S. 165-187.

Schumm, Petra, "'Mestizaje' und 'culturas híbridas' - kulturtheoretische Konzepte im Vergleich", in: Scharlau (Hrsg.), *Lateinamerika*, S. 59-80.

Sheridan, Guillermo, *Los Contemporáneos ayer*, México 1985.

Siebenmann, Gustav, "Lateinamerikas Identität. Ein Kontinent auf der Suche nach seinem Selbstverständnis", *Lateinamerika Studien* 1 (1976), S. 69-89.

Ders., "Roman und Wirklichkeit der mexikanischen Revolution am Beispiel von Azuelas *Los de abajo*", in: Hölz (Hrsg.), *Literarische Vermittlungen*, S. 61-76.

Silva Santisteban, Fernando, "El mito del mestizaje", *Aportes* 14 (Okt. 1969), S. 39-52.

Spiller, Roland, *Zwischen Utopie und Aporie. Die erzählerische Ermittlung der Identität in argentinischen Romanen der Gegenwart: Juan Martini, Tomás Eloy Martínez, Ricardo Piglia, Abel Posse und Rodolfo Rabanal*, Frankfurt/Main 1993.

Stabb, Martin S., "Indigenism and Racism in Mexican Thought: 1857-1911", *Journal of Inter-American Studies* 1 (Okt. 1959), S. 405-423.

Ders., "Utopia and Anti-Utopia: The Theme in Selected Essayistic Writings of Spanish America", *Revista de Estudios Hispánicos* 15, 3 (1981), S. 377-393.

Stackelberg, Jürgen v., "Der Mythos vom Befreier. Anmerkungen zu Simón Bolívar", *Romanistische Zeitschrift für Literaturgeschichte* 6, 1/2 (1982), S. 24-44.

Steger, Hanns-Albert, "'Emanzipation' und 'Akkulturation' als Instrumente zur Beherrschung der lateinamerikanischen und karibischen Region", *Zeitschrift für Kulturaustausch* 24, 1 (1974), S. 25-33.

Strosetzki, Christoph, "Die europäische Antike im Lateinamerika des 19. Jahrhunderts", in: ders., *Das Europa Lateinamerikas*, S. 37-62.

Ders., "'Los mejicanos pintados por sí mismos' (1855) und der Liberalismus des I. Ramírez", in: ders., *Das Europa Lateinamerikas: Aspekte einer 500 jährigen Wechselbeziehung*, Stuttgart 1989, S. 90-112.

Ders., "Morus' Utopie - Eine Reaktion auf die Auseinandersetzung um die 'Neue Welt'?", in: ders., *Das Europa Lateinamerikas*, S. 1-22.

Tascón, Valentín, "Literatura social en la época colonial, en las luchas de independencia y primeras dictaduras", in: ders./Fernando Soria (Hrsg.), *Literatura y sociedad en América Latina*, Salamanca 1981, S. 19-46.

Urbanski, Edmund Stephen, "El Indio en la literatura latinoamericana", *Américas* 15, 6 (Juni 1963), S. 20-24.

Urbina, Luis G., "Estudio preliminar" in: ders. et al. (Hrsg.), *Antología del centenario*, S. XV-CXXVI.

Valdivieso, Jorge H., *Correlación temático-estructural en los ensayos de Octavio Paz*, Tempe, 1976.

Villegas, Abelardo, *El pensamiento mexicano en el siglo XX*, México 1993.

Villoro, Luis, "Autenticidad en la cultura", in: ders., *El concepto de ideología y otros ensayos*, México 1985, S. 171-196.

Ders., "La cultura mexicana de 1910 a 1960", *Historia Mexicana* 10 (Juli 1960-Juni 1961), S. 196-219.

Ders., "Manuel Gamio: la paradoja del indigenismo", in: ders., *En México, entre libros. Pensadores del siglo XX*, México 1995, S. 64-76.

Vizcaíno, Fernando, *Biografía política de Octavio Paz o La razón ardiente*, Málaga 1993.

Volger, Gernot, *Lateinamerika in der Dauerkrise. Wirtschaft, Gesellschaft, Politik*, Berlin 1989.

Ders., "Mestizenkultur. Lateinamerikas Identität im Spiegel seines zeitgenössischen Denkens", *Merkur* 47, 3 (März 1993), S. 218-230.

Zaid, Gabriel, "López Velarde ateneísta", in: ders. *Obras* 2, México: El Colegio Nacional 1993, S. 347-378.

Ders., "Los suecos lo proclaman", in: ders., *Obras* 2, México: El Colegio Nacional 1993, S. 274-276.

Zea, Leopoldo et al., "Búsqueda de la identidad latinoamericana", in: ders. et al., *El problema de la identidad latinoamericana*, México 1985, S. 11-31.

Ders., *Características de la cultura nacional*, México 1969, S. 57-74.

Ders., *La filosofía en México*, 2 Bde., México 1955.

Ders., Ohne Titel, in: *Nuestra América* 8 (Mai-Aug. 1983), S. 19-26.

Zimmermann, Klaus/Kruip, Gerhard, "Der Indianeraufstand in Chiapas - Schock und Hoffnung für ein künftiges Mexiko", in: Briesemeister/Zimmermann (Hrsg.), *Mexiko heute* ([2]1996), S. 101-120.

4. Literatur zum *Ateneo de la Juventud/Ateneo de México* und seinem historischen, geistesgeschichtlichen und literarischen Kontext

Ardao, Arturo, "Juárez en la evolución ideológica de México", in: ders., *Estudios latinoamericanos de historia de ideas*, Caracas 1978, S. 89-97.

Barreda, Gabino, "Oración cívica, pronunciada en Guanajuato, el 16 de septiembre del año de 1867", in: ders., *Estudios*, México 1941, S. 69-110.

Beer, Gabriella de, "El Ateneo y los ateneístas: un examen retrospectivo", *Revista Iberoamericana* 55, 148/149 (Juli-Dez. 1989), S. 737-749.

Bergson, Henri, *L'évolution créatrice*, Paris $^{14 2}$1969 (^{1}1907).

Biermann, Karlheinrich, "*Indigenismo* und *Mestizaje*. Zur Theorie der Ateneístas im Kontext der Mexikanischen Revolution (Reyes, Vasconcelos, Ramos)", in: Karl Hölz (Hrsg.), *Literarische Vermittlungen*, S. 151-169.

Cockcraft, James D., *Intellectual precursors of the Mexican Revolution, 1900-1913*, Austin; London ^{2}1976 (^{1}1968).

Cosío Villegas, Daniel (Hrsg.), *Historia moderna de México*, Bd. 4, México; Buenos Aires ^{3}1973.

Cuesta, Jorge, "La enseñanza de Ulises" (1937), in: *Obras*, Bd. 2, o.O.: Ediciones del Equilibrista 1994, S. 154-163.

Curiel, Fernando, *El acto textual*, México 1995.

Ders., *La querella de Martín Luis Guzmán*, México 1993.

Ders., *Tercera función o crónica y derrota de la cultura*, México 1988.

Delgado González, Arturo, *Martín Luis Guzmán y el estudio de lo mexicano*, México 1975.

García Morales, Alfonso, *El Ateneo de México 1906-1914. Orígenes de la cultura contemporánea*, Sevilla 1992.

González Navarro, Moisés, *Sociedad y cultura en el Porfiriato*, México 1994.

Guillermo Sheridan, *Los Contemporáneos ayer*, México 1985.

Guzmán, Martín Luis, "Justo Sierra", *Obras completas* 1, México: F.C.E. 1995, S. 111-114.

Ders., "La querella de México", *Obras completas* 1, México: F.C.E. ^{3}1995 (^{1}1961), S. 9-30.

Hernández Luna, Juan (Hrsg.), *Conferencias del Ateneo de la Juventud*, México: UNAM ^{2}1984 (^{1}1962).

Ders., "El Ateneo de la Juventud", in: ders. (Hrsg.), *Conferencias del Ateneo de la Juventud*, México ^{2}1984 (^{1}1962), S. 7-23.

Hölz, Karl, "Der intellektuelle Revolutionär. Reformdenken und geschichtliche Erblast in Guzmáns *El aguila y la serpiente*", in: Michael Rössner/Birgit Wagner (Hrsg.), *Aufstieg und Krise der Vernunft. Komparatistische Studien zur Literatur der Aufklärung und des Fin-de-Siècle*, Wien; Köln; Graz 1984, S. 437-458.

Knight, Alan, "Intellectuals in the Mexican Revolution", in: Camp/Hale/Vázquez (Hrsg.), *Intelectuales*, S. 141-171.

Krauze, Enrique, *Caudillos culturales en la Revolución Mexicana*, México 1976.

Ders., "Note à propos des intellectuels de la géneration de 1915", in: GRAL (Hrsg.), *Intellectuels*, S. 29-31.

Leal, Luis, "La Generación del Centenario", in: Universidad de Nuevo León (Hrsg.), *Páginas sobre Alfonso Reyes (1911-1957)*, Bd. 2, Monterrey 1957, S. 429-436.

Leinen, Frank, "Auf der Suche nach Mexikos kultureller und nationaler Identität: Der Beitrag des *Ateneo de la Juventud*", *Literaturwissenschaftliches Jahrbuch* 34 (1993), S. 191-213.

Lombardo Toledano, Vicente, "El sentido humanista de la Revolución Mexicana", *Revista de la Universidad de México* 1, 2 (Dez. 1930), S. 91-109.

Lozano Fuentes, José Manuel et al., *Literatura mexicana e hispanoamericana*, México ^{2}1986 (^{1}1986).

Mallo, Tomás, "El antipositivismo en Mexico", *Cuadernos Hispanoamericanos* 390 (1982), S. 624-637.

Millán, María del Carmen, "La generación del Ateneo y el ensayo mexicano", *Nueva Revista de Filología Hispánica* 15 (1961), S. 625-636.

Monsiváis, Carlos "L'Etat et les intellectuels au Mexique", in: GRAL (Hrsg.), *Champs de pouvoir*, S. 83-107.

Ders., "Notas sobre la cultura mexicana en el siglo XX", in: Berta Ulloa et al, *Historia general de México*, Bd. 4, México 1976, S.303-476.

Negrín, Edith, "El Ateneo de la Juventud y los hombres que dispersó la revolución", *Texto Crítico* 10, 28 (Jan.-April 1984), S. 67-81.

Quirarte, Martín, *Gabino Barreda, Justo Sierra y el Ateneo de la Juventud*, México 1970.

Ramos, Samuel, *Historia de la filosofía en México*, México 1943.

Rojas Garcidueñas, José J., *El Ateneo de la Juventud y la Revolución*, México 1979.

Romanell, Patrick, *La formación de la mentalidad mexicana. Panorama actual de la filosofía en México 1910-1950*, México 1954.

Rutherford, John, *Mexican society during the Revolution*, Oxford 1971.

Schmidt, Henry C., "Power and Sensibility: Toward a Typology of Mexican Intellectuals in Intellectual Life, 1910-1920", in: Camp/Hale/Vázquez (Hrsg.), *Intelectuales*, S. 173-188.

Schwald Innes, John, *Revolution and Renaissance in Mexico. El Ateneo de la Juventud*, Austin 1970.

Sierra, Justo, *La evolución política del pueblo mexicano*, Caracas 1977.

Ders., "Panegírico de Barreda" (1908), *Obras completas* 5, México: UNAM ^{2}1977 (^{1}1948). S. 367-396.

Silva Herzog, Jesús, *Breve historia de la Revolución Mexicana*, Bd. 1, México 1960.

Spengler, Oswald, *Untergang des Abendlandes. Umrisse einer Morphologie der Weltgeschichte*, München 1969 (^{1}1923).

Suárez-Iñiguez, E., "Los intelectuales en México: los grupos generacionales", *Revista Mexicana de Ciencias Políticas y Sociales* 25 (1979), S. 185-201.

Tobler, Hans Werner, *Die mexikanische Revolution*, Frankfurt/Main 1992.

Torres Bodet, Jaime, *Memorias*, Bd. 1, México: Porrúa ^{2}1981.

Ders., "Perspectiva de la literatura mexicana actual" (*Contemporáneos* 4 [Sept.-Okt. 1928]), in: Durán (Hrsg.), *Antología*, S. 234.

Uría-Santos, María Rosa, *El Ateneo de la Juventud; su influencia en la vida intelectual de México*, o.O., 1965.

Vázquez, Josefina Zoraida, "Antes y después de la Revolución Mexicana", *Revista Iberoamericana* 55, 148/149 (Juli-Dez. 1989), S. 693-713.

Zaid, Gabriel, "López Velarde ateneísta", *Obras completas* 2, México: El Colegio Nacional 1993, S. 347-378.

Zaitzeff, Serge I., "Hacia el concepto de una generación perdida mexicana", *Revista Iberoamericana* 55, 148/149 (Juli-Dez. 1989), S. 751-757.

Zea, Leopoldo, "El positivismo", in: ders. (Hrsg.), *Pensamiento positivista latinoamericano*, Bd. 1, Caracas 1980, S. IX-LII.

Ders., *El Positivismo en México. Nacimiento, apogeo y decadencia*, México 1978 (^{1}1968).

5. Antonio Caso

5.1. Primärliteratur

Caso, Antonio, *Obras completas*, 10 Bde., México: UNAM 1971-1985.
"Augusto Comte" (1915), O.C. 2, S. 95-105.
"Aurora" (1915), O.C. 2, S. 72-74.
"Ciencia y filosofía" (1943), O.C. 2, S. 319-321.
"Denis Diderot, el primer contemporáneo" (1909), O.C. 2, S. 85-95.
"El Conde de Gobineau" (1923), O.C. 4, S. 96-99.
"El conflicto interno de nuestra democracia" (1913), O.C. 2, S. 181-186.
"El nuevo humanismo" (1915), O.C. 2, S. 65-71.
"En Amecameca" (1944), O.C. 4, S. 257f.
"Glosario. Riqueza, justicia y cultura" (1924), O.C. 9, S. 265-267.
"Hombre o superhombre" (1924), O.C. 4, S. 212-214.
"Jacobinismo y positivismo" (1915), O.C. 2, S. 190-198.
"Justo Sierra: El amante, el escéptico, el historiador" (1915), O.C. 2, S. 172-180.
"Justo Sierra: El amante, el escéptico, el historiador", O.C. 2, S. 172-180.
"La América Española y la cultura latina" (1922), O.C. 1, S. 85-94.
"La demografía nacional" (1924), O.C. 9, S. 270-272.
La existencia como economía, como desinterés y como caridad. Ensayo sobre la esencia del cristianismo (1916, ^{2}1919, ^{3}1943), O.C. 3, S. 1-120.
"La filosofía en la Universidad de México" (1936), O.C. 10, S. 226-230.
"La filosofía francesa contemporánea" (1917), O.C. 4, S. 17-27.
"La industria y la educación" (1925), O.C. 4, S. 154-156.
"La metafísica de Taine" (1915), O.C. 2, S. 113-124.
"La nave Italia" (1924), O.C. 4, S. 195-198.
"La Universidad Centroamericana" (1923), O.C. 4, S. 107-110.

"Las escuelas de primera enseñanza", O.C. 4, S. 137-139.
"Mi convicción filosófica", O.C. 4, S. 37-39.
"Pompa fúnebre de un renegado claudicante" (1935), O.C. 1, S. 317-324.
"Por qué somos tan pobres" (1923), O.C. 4, S. 117-119.
"Psicología del pueblo mexicano. La pereza soberbiosa" (1925), O.C. 9, S. 297-299.
"Ramos y yo. Un ensayo de valoración personal", O.C. 1, S. 142-157.
"Razas puras y razas mestizas" (1925), O.C. 9, S. 287-289.
"Sin patria, sin raza, sin ideal" (1922), O.C. 1, S. 94-99.
Sociología (^{1}1927, ^{2}1945), O.C. 9, S. 1-263.

5.2. Forschungsliteratur und literarische Zeugnisse

Cuesta, Jorge, "Antonio Caso y la crítica", in: ders. *Obras*, Bd. 1, o.O.: Ediciones del Equilibrista 1994, S. 137-140.
Garrido, Luis, *Antonio Caso: una vida profunda*, México 1961.
Krauze de Kolteniuk, Rosa, *La filosofía de Antonio Caso*, México 1961.
Ramos, Samuel "Antonio Caso", in: ders., *Obras completas* 1, México: UNAM 1990, S. 58-69.
Ders., "Antonio Caso, filósofo romántico", *Filosofía y Letras* 11, 22 (April-Juni 1946), S. 179-196.
Torri, Julio, "Antonio Caso", in: ders., *Diálogo de los libros*, México: F.C.E. 1980, S. 76f.
Villoro, Luis, "Antonio Caso: Fenomenología y metafísica", in: ders., *En México, entre libros. Pensadores del siglo XX*, México 1995, S. 39-63.

6. Pedro Henríquez Ureña

6.1. Primärliteratur

Henríquez Ureña, Pedro, *Obras completas*, 10 Bde., Santo Domingo: Universidad Nacional Pedro Henríquez Ureña 1976-1980.
"Al director de 'Estudiantina'" (1925), O.C. 5, S. 229-231.
"Alocución en el Salón de Actos de la Escuela Nacional Preparatoria de México, en la manifestación conmemorativa del educador D. Gabino Barreda" (1908), O.C. 1, S. 243-246.
"Altamira en México" (1910), O.C. 2, S. 101-105.
"Ariel" (1904), O.C. 1, S. 145-152.
"Arte mexicano" (1922), O.C. 5, S. 49-53.
"Aspectos de la enseñanza literaria en la escuela común" (1930), O.C. 6, S. 131-145.
"Barroco de América" (1940), O.C. 8, S. 189-194.
"Caminos de nuestra historia literaria" (1925), O.C. 5, S. 159-268.

"Cartas escritas por Pedro Henríquez Ureña a su fraternal amigo mexicano Daniel Cosío Villegas", O.C. 6, S. 379-398.
"Conferencias" (1907) O.C. 2, S. 25-29.
"Cuba en Nueva York" (1914), O.C. 3, S. 41-43.
"Cultura española de la Edad Media" (1940), O.C. 7, S. 195-228.
"De poesía" (1900), O.C. 1, S. 87-89.
"Desde México protesta y glorificación. Una manifestación literaria pública en México (2.4.1907)", O.C. 1, S. 265-270.
"Don Juan Ruiz de Alarcón" (1913), O.C. 2, S. 295-318.
"El amigo argentino" (1924), O.C. 6, S. 333-339.
"El descontento y la promesa" (1926), O.C. 6, S. 11-27.
"El espíritu y las máquinas" (1917), O.C. 3, S. 303-309.
"El maestro de Cuba" (1936), O.C. 7, S. 133-139.
"El positivismo de Comte" (1909), O.C. 1, S. 279-293.
"El positivismo independiente" (1909), O.C. 1, S. 295-306.
"En Jauja" (1923), O.C. 5, S. 99-129.
"En la orilla" (1922), O.C. 5, S. 73-76.
"Enrique González Martínez" (1915), O.C. 3, S. 255-266.
"España en la cultura moderna" (1935), O.C. 7, S. 71-79.
"Estudio de Lluria sobre la naturaleza y el problema social" (1905), O.C. 1, S. 121-127.
"Filosofía y originalidad" (1936), O.C. 7, S. 173-177.
"Hacia el nuevo teatro" (1925), *Obra crítica*, México: F.C.E. 1960, S. 261-271.
"Hernán Pérez de Oliva" (1910), O.C. 2, S. 107-135.
Historia de la cultura en la América hispánica, O.C. 10, S. 325-448.
"Homenaje a Luisa Ozema Pellerano de Henríquez" (1933), O.C. 6, S. 367-369.
"La América española y su originalidad", (1936) O.C. 7, S. 167-172.
"La aurora de la investigación" (1944), O.C. 17, S. 277-289.
"La cultura de las humanidades" (1914), O.C. 2, S. 347-359.
"La cultura y los peligros de la especialidad" (1920), O.C. 3, S. 369-376.
"La filosofía en la América española" (1915), O.C. 3, S. 217-222.
"La ilusión de la paz" (1915), O.C. 3, S. 117-119.
"La leyenda de Rudel" (1906), O.C. 2, S. 15-19.
"La República Dominicana" (1917), O.C. 3, S. 331-340.
"La sociología de Hostos" (1905), O.C. 1, S. 113-120.
"La Universidad" (1914), O.C. 2, S. 319-346.
"La utopía de América" (1922), O.C. 5, S. 233-240.
Las corrientes literarias en la América Hispánica (1945), O.C. 10, S. 41-307.
"México y sus problemas" (1932), O.C. 6, S. 257-259.
"Música popular de América" (1929), O.C. 6, S. 147-193.
"Palabras finales" (1927), *Obra crítica*, México: F.C.E. 1960, S. 324f.
"Palabras pronunciadas en el acto inaugural del Primer Congreso Gremial de Escritores" (1936), O.C. 7, S. 183f.
"Pasado y presente" (1945), O.C. 10, S. 17-21.

"Patria de justicia", O.C. 5, S. 241-245.
"Profesores de idealismo", O.C. 2, S. 141-146.
"Relaciones de Estados Unidos y el Caribe" (1922), O.C. 5, S. 43-47.
"Sor Juana Inés de la Cruz" (1931), O.C. 6, S. 233-256.
"Veinte años de literatura en los Estados Unidos" (1927), *Obra crítica*, México: F.C.E. 1960, S. 309-323.
"Vida espiritual en Hispanoamérica" (1937), O.C. 7, S. 363-371.
"Volvamos a comenzar", O.C. 5, S. 65-67.
Henríquez Ureña, Pedro/Reyes, Alfonso, *Epistolario íntimo*, Recopilación de Juan Jacobo de Lara, Santo Domingo: UNPHU 1981.
Reyes, Alfonso/Henríquez Ureña, Pedro, *Correspondencia*, Bd. 1 (1907-1914), hrsg. v. José Luis Martínez, México: F.C.E. 1986.

6.2. Forschungsliteratur und literarische Zeugnisse

Alvarez, Soledad, "Sobre el americanismo de Pedro Henríquez Ureña", *Casa de las Américas* 21, 126 (Mai-Juni 1981), S. 63-77.
Anderson Imbert, Enrique, "La filosofía de Pedro Henríquez Ureña", *SUR* 355 (Juli-Dez. 1984), S. 5-19.
Barrenecha, Ana María, "Lo peculiar y lo universal en la América de Pedro Henríquez Ureña", *SUR* 355 (Juli-Dez. 1984), S. 21-24.
Beer, Gabriella de, "Hacia la identidad cultural en el epistolario. Pedro Henríquez Ureña - Alfonso Reyes", in: Yurkievich (Hrsg.), *Identidad*, S. 94-101.
Dies., "Pedro Henríquez Ureña en la vida intelectual mexicana", *Cuadernos Americanos* 215, 6 (Nov.-Dez. 1977), S. 124-131.
Carilla, Emilio, "Un epistolario de excepción: Pedro Henríquez Ureña y Alfonso Reyes", *SUR* 355 (Juli-Dez. 1984), S. 25-40.
Castagnino, Raúl H., "Tempranos ejercicios literarios de Pedro Henríquez Ureña", *Revista Sur* 355 (Juli-Dez. 1984), S. 41-59.
Castro Leal, Antonio, "Pedro Henríquez Ureña, humanista americano", *Cuadernos Americanos* 5 (1946), S. 268-287.
Febres, Laura, *Pedro Henríquez Ureña, crítico de América*, Caracas 1989.
Garrido, Luis, *Antonio Caso: una vida profunda*, México 1961.
Gutiérrez Girardot, Rafael, "La historiografía literaria de Pedro Henríquez Ureña: promesa y desafío", *Casa de las Américas* 144, 24 (Mai-Juni 1984), S. 3-14.
Jiménez Rueda, Julio, "Pedro Henríquez Ureña profesor en México", *Revista Iberoamericana* 21, 41/42 (Jan.-Dez. 1956), S. 135-138.
Lacau, María Hortensia, "Pedro Henríquez Ureña y 'Jauja', su país de utopía infantil", *Revista Sur* 355 (Juli-Dez. 1984), S. 77-101.
Martínez, José Luis, "Henríquez Ureña. Maestro de México", in: ders., *Literatura mexicana. Siglo XX*, Bd. 1, México 1949, S. 356-360.

Matos Moctezuma, Eduardo, *Pedro Henríquez Ureña y su aporte al folklore latinoamericano*, México 1981.
Pacheco, José Emilio, "Nota sobre la otra vanguardia", *Casa de las Américas* 118, 20 (Jan.-Feb. 1980), S. 103-107.
Pucciarelli, Eugenio, *Pedro Henríquez Ureña: humanista*, Buenos Aires 1984.
Ramos, Samuel, "Pedro Henríquez Ureña, humanista americano", *Cuadernos Americanos* 5, 4 (Juli-Aug. 1946), S. 264-267.
Roggiano, Alfredo A., *Pedro Henríquez Ureña en México*, México 1989.
Ders.,"Pedro Henríquez Ureña o el pensamiento integrador", *Revista Iberoamericana* 21, 41/42 (1956), S. 171-194.
Rosemberg, Fernando, "Dos cuentos poéticos de Pedro Henríquez Ureña", *Revista Sur* 355 (Juli-Dez. 1984), S. 103-110.
Torchía Estrada, Juan Carlos, "El problema de América en Pedro Henríquez Ureña", *SUR* 355 (Juli-Dez. 1984), S. 133-148.
Ders., "Pedro Henríquez Ureña y el desplazamiento del positivismo en México", *Revista Interamericana de Bibliografía* 35 (1985), S. 143-165.
Torri, Julio, "Recuerdos de Pedro Henríquez Ureña", in: ders., *Tres libros*, México; Buenos Aires: F.C.E. 1964, S. 170-173.
Villaurrutia, Xavier, "Henríquez Ureña, humanista moderno" (1928), in: Durán (Hrsg.), *Contemporáneos*, S. 272.

7. Alfonso Reyes

7.1. Primärliteratur

Reyes, Alfonso, *Obras completas*, 26 Bde., México: F.C.E. 1955-1993.
"A vuelta de correo" (1932), O.C. 8, S. 427-449.
"Alocución en el aniversario de la Sociedad de Alumnos de la Escuela Nacional Preparatoria" (1907), O.C. 1, S. 313-319.
"Ante el comité Uruguay-México" (1928), O.C. 8, S. 147.
"Apéndice sobre Virgilio y América" (1937), O.C. 11, S. 178-181.
"Apuntes sobre Valle-Inclán" (1923), O.C. 4, S. 276-286.
"Atenea política" (1932), O.C. 11, S. 182-203.
"Capricho de América" (1933), O.C. 11, S. 75-78.
"Cartilla moral", O.C. 20, S. 481-509.
"Chateaubriand en América" (1920), O.C. 3, S. 426-432.
"Ciencia social y deber social" (1941), O.C. 11, S. 106-125.
"De cómo Grecia construyó al hombre" (1943), O.C. 17, S. 477-519.
"De los proverbios y sentencias vulgares" (1910), O.C. 1, S. 163-170.
"De poesía hispanoamericana" (1941), O.C. 12, S. 256-270.
"Despedida a José Vasconcelos" (1924), O.C. 4, S. 441-443.
"Discurso académico", O.C. 4, S. 437-440.

"Discurso por la lengua" (1943), O.C. 11, S. 312-326.
"Divinidad inaccesible...", O.C. 10, S. 105.
"Doctrina de paz" (1938), O.C. 11, S. 222-230.
"Dos versos de Rafael López" (1912), O.C. 1, S. 296-300.
"El curioso parlante", O.C. 2, S. 81-83.
"El hombre y su morada", O.C. 11, S. 271-311.
"El paisaje en la poesía mexicana del siglo XIX", O.C. 1, S. 195-245.
"El pensamiento de Bolívar" (1923), O.C. 4, S. 110-112.
"El sentido de la política" (1919), O.C. 3, S. 357-360.
"El testimonio de Juan Peña", in: *La cena y otras historias*, México: F.C.E. 1984 (^{1}1956), S. 103-113.
"En el Día Americano" (1932), O.C. 11, S. 63-70.
"En la VII Conferencia Internacional Americana" (1933), O.C. 11, S. 71-74.
"Encuentros con Pedro Henríquez Ureña", *Revista Iberoamericana* 21, 41/42 (Jan.-Dez 1956), S. 55-60.
"España y América" (1920), O.C. 4, S. 566-571.
"Esta hora del mundo" (1939), O.C. 11, S. 235-253.
"Glorieta de Rubén Darío", O.C. 4, S. 316-321.
"Ignacio Altamirano" (1911), O.C. 1, S. 263-266.
"Ignacio Ramírez" (1911), O.C. 1, S. 252-253.
"Justo Sierra y la historia patria" (1939), O.C. 12, S. 242-255.
"L'évolution du Mexique", *Revue de l'Amérique Latine*, 4 (April 1923), S. 321-327 und 5 (Mai 1923), S. 20-31.
"La *Antología del Centenario*" (1910), O.C. 1, S. 277-282.
"La *Carcel de Amor* de Diego de San Pedro, novela perfecta", O.C. 1, S. 49-60.
"La conversación infinita", *Cuadernos Hispanoamericanos* Supp. 4 (1989), S. 5-10.
"La estrategía del 'gaucho' Aquiles" (1943), O.C. 17, S. 254-259.
"La exposición de pintura mexicana en la Plata" (1929), O.C. 9, S. 20-27.
"La futura victoria" (1943), O.C. 9, S. 310-312.
"La intelectualidad mexicana y la guerra europea", O.C. 7, S. 476-478.
"La literatura mexicana bajo la Revolución", O.C. 7, S. 468-472.
"La ventana abierta hacia América" (1921), O.C. 4, S. 572f.
"Las ideas francesas en América" (1919), O.C. 7, S. 412f.
"Letras de Nueva España" (1946), O.C. 12, S. 179-395.
"Literatura mexicana" (1916), O.C. 7, S. 466-468.
"México en una nuez" (1937), O.C. 9, S. 42-56.
"No hay tal lugar...", O.C. 11, S. 335-389.
"Notas sobre la inteligencia americana" (1936), O.C. 11, S. 82-90.
"9 de febrero de 1913", O.C. 10, S. 146f.
"Panorama de América" (vermutlich 1918), O.C. 4, S. 150-164.
"Para inaugurar los *Cuadernos Americanos*" (1941), O.C. 11, S. 150-153.
"Pasado inmediato" (1939), O.C. 12, S. 182-216.
"Paul Valéry contempla a América" (1938), O.C. 11, S. 103-105.

"Posición de América" (1942), O.C. 11, S. 254-270.
"Psicología dialectal", O.C. 2, S. 339-341.
"Rodó (Una página a mis amigos cubanos)" (1917), O.C. 3, S. 134-137.
"Rubén Darío en México" (1916), O.C. 4, S. 301-315.
"Salutación al P.E.N. Club de México" (1924), O.C. 4, S. 432-436.
"Sobre la estética de Góngora" (1910), O.C. 1, S. 61-85.
"Teoría prosaica" (1931), O.C. 10, S. 130-132.
"Tierra y espíritu de América", O.C. 9, S. 234-239.
"Un mundo organizado" (1943), O.C. 11, S. 327-334.
"Valor de la literatura hispanoamericana", O.C. 11, S. 126-135.
"Vicente Riva Palacio" (1911), O.C. 1, S. 253-256.
"Visión de Anáhuac (1519)" (1917), O.C. 2, S. 13-34.
Henríquez Ureña, Pedro/Reyes, Alfonso, *Epistolario íntimo*, Recopilación de Juan Jacobo de Lara, Santo Domingo: UNPHU 1981.
Reyes, Alfonso/Larbaud, Valéry, *Correspondance 1923-1952*, hrsg. v. Paulette Patout, Paris 1972.
Reyes, Alfonso/Henríquez Ureña, Pedro, *Correspondencia*, Bd. 1 (1907-1914), hrsg. v. José Luis Martínez, México: F.C.E. 1986.

7.2. Forschungsliteratur und literarische Zeugnisse

Beer, Gabriella de, "El epistolario Reyes-Henríquez Ureña: una trayectoria cultural", *Nueva Revista de Filología Hispánica* 37, 2 (1989), S. 305-315.
Dies., "Hacia la identidad cultural en el epistolario. Pedro Henríquez Ureña-Alfonso Reyes", in: Yurkievich (Hrsg.), *Identidad*, S. 94-101.
Blanco, José Joaquín, "Alfonso Reyes. El desquite de la vida", in: ders., *Letras al vuelo. Estudios de literatura mexicana*, México 1992, S. 53-62.
Capistrán, Miguel, "México, Alfonso Reyes y los Contemporáneos. Cartas y notas", *Revista de la Universidad* 21, 9 (Mai 1967), S. 1-12.
Ders., "Notas para un posible estudio de las relaciones entre Alfonso Reyes y *Los Contemporáneos*. El caso de Don Alfonso y Novo", *Nueva Revista de Filología Hispánica* 37, 2 (1989), S. 339-363.
Carilla, Emilio, "Un epistolario de excepción: Pedro Henríquez Ureña y Alfonso Reyes", *SUR* 355 (Juli-Dez. 1984), S. 25-40.
Castro Leal, Antonio, "América, nueva y última Tule", *Cuadernos Americanos* 2, 2 (März-April 1943), S. 57-60.
Conn, Robert T. "Americanismo andante: Alfonso Reyes and the 1930s", *Latin American Literary Review* 23, 46 (1995), S. 83-98.
Cuenca Toribio, José María, "Alfonso Reyes en su centenario", *Cuadernos Hispanoamericanos* Supp. 4 (1989), S. 11-16.
Curiel, Fernando (Hrsg.), *Casi oficios. Cartas cruzadas entre Jaime Torres Bodet y Alfonso Reyes 1922-1959*, México 1994.

Ders., "Prólogo (epistolar)", in: Martín Luis Guzmán/Alfonso Reyes, *Medias Palabras. Correspondencia 1913-1959*, México 1991, S. 15-69.

Díaz Ruiz, Ignacio, "La afición americana de Alfonso Reyes", *Nueva Revista de Filología Hispánica* 37, 2 (1989), S. 371-381.

Düring, Ingemar, "Alfonso Reyes helenista", in: ders./Rafael Gutiérrez Girardot, *Dos estudios sobre Alfonso Reyes*. Madrid 1962, S. 7-72.

Fuentes, Carlos, "Alfonso Reyes", in: Antonio Acevedo Escobedo et al., *Presencia*, S. 25-28.

García Blanco, Manuel, "El escritor mejicano Alfonso Reyes y Unamuno", *Cuadernos Hispanoamericanos* 25, 71 (1955), S. 155-179.

García Terrés, Jaime, "Del fundamental helenismo de Reyes o cómo se frustró un peregrinaje a las fuentes", *Nueva Revista de Filología Hispánica* 37, 2 (1989), S. 413-417.

Glantz, Margo, "Apuntes sobre la obsesión helénica de Alfonso Reyes", in: dies., *Esguince de cintura. Ensayos sobre la narrativa mexicana del siglo XX*, México: Dirección general de publicaciones 1994, S. 67-74.

Gómez Robledo, Antonio, "Alfonso Reyes, mexicano universal", *Cuadernos Americanos* 24, 139 (1965), S. 163-179.

Ders., "Discurso de homenaje al doctor Alfonso Reyes", in: Alfonso Caso (Hrsg.), *Homenaje de El Colegio Nacional a Alfonso Reyes, uno de sus miembros fundadores, 8 de febrero de 1965*, México 1965, S. 9-33.

Gómez-Martínez, José Luis, "Posición de Alfonso Reyes en el desarrollo del pensamiento mexicano", *Nueva Revista de Filología Hispánica* 37, 2 (1989), S. 433-463.

Gutierrez-Girardot, Rafael, "La concepción de Hispanoamérica de Alfonso Reyes (1889-1959)", *Revista de Occidente* 106 (März 1990), S. 100-114.

Ders., "La imagen de América en Alfonso Reyes", in: Ingemar Düring/ders., *Dos estudios sobre Alfonso Reyes*, Madrid 1962, S. 87-141.

Gutiérrez-Vega, Zenaida (Hrsg.), *Epistolario Alfonso Reyes-José María Chacón*, Madrid 1976.

Guzmán, Martín Luis, "Alfonso Reyes y las letras mexicanas", in: ders., *Obras completas* 1, México: F.C.E. 1984, S. 56-59.

Henríquez Ureña, Pedro, "Alfonso Reyes" (1927), O.C. 6, S. 57-67.

Horl-Groenewold, Sabine, "Alfonso Reyes: Visión de Anáhuac [1519]", in: Christoph Strosetzki/Manfred Tietz [Hrsg.], *Einheit und Vielfalt in der Iberoromania. Geschichte und Gegenwart*, Hamburg 1989, S. 271-277.

Hozven, Roberto, "Sobre la inteligencia americana de Alfonso Reyes", *Revista Iberoamericana* 55, 148-149 (Juli-Dez. 1989), S. 803-817.

Issorel, Jacques, "Seize lettres inédites de Xavier Villaurrutia à Alfonso Reyes", *Caravelle* 23 (1974), S. 47-61.

Lang, Sabine, "»América es sueño« oder Die Geschichte einer Utopie. Zur Frage des geschichtlichen Bewußtseins bei Alfonso Reyes. »Visión de Anáhuac« und »Ultima Tule«", *Iberoamericana* 15, 2/3 (1991), S. 28-53.

Leal, Luis, "La *Visión de Anáhuac* de Alfonso Reyes: tema y estructura", in: Kurt L. Levy/Keith Ellis (Hrsg.), *El ensayo y la crítica literaria en Iberoamérica*, Toronto 1970, S. 49-53.

Lida, Clara E., "Alfonso Reyes y El Colegio de México", *Nueva Revista de Filología Hispánica* 37, 2 (1989), S. 481-486.

Malpartida, Juan, "América como utopía en la obra de Alfonso Reyes", *Cuadernos Hispanoamericanos* Supp. 4 (1989), S. 33-40.

Mañach, Jorge, "Universalidad de Alfonso Reyes", in: Varios, *Libro jubilar de Alfonso Reyes*, México 1956, S. 217-234.

Martínez, José Luis, "Alfonso Reyes", in: ders., *El ensayo mexicano moderno*, Bd. 1, México ^{3}1995 (^{1}1958), S. 289-293.

Monsiváis, Carlos, "La toma de partido de Alfonso Reyes", in: *Nueva Revista de Filología Hispánica* 37, 2 (1989), S. 505-519.

Ders., "Las utopías de Alfonso Reyes", in: Varios, *Asedio a Alfonso Reyes: 1889-1989. En el centenario de su natalicio*, México 1989, S. 105-119.

Montiel, Edgar, "El centauro pensativo", *Cuadernos Hispanoamericanos* Supp. 4 (1989), S. 17-21.

Olguín, Manuel, *Alfonso Reyes, ensayista. Vida y pensamiento*, México 1956.

Pacheco, José Emilio "Hipótesis hacia Reyes", in: Escobedo et al., *Presencia*, S. 102-103.

Patout, Paulette, *Alfonso Reyes et la France (1889-1959)*, Paris 1978.

Paz, Octavio, "El jinete del aire", in: ders., *Puertas al campo*, Barcelona; Caracas; México: Seix-Barral ^{2}1981, S. 49-57.

Perrera Mena, Alfredo, "El mexicanismo de Alfonso Reyes", in: Universidad de Nuevo León (Hrsg.), *Páginas sobre Alfonso Reyes (1911-1957)*, Bd. 2, Monterrey 1957, S. 388-402.

Rangel Frías, Raúl et al., *El Anáhuac a través de Alfonso Reyes*, Monterrey 1986.

Rangel Guerra, Alfonso, *Las ideas literarias de Alfonso Reyes*, México 1989.

Reyes, Alicia, *Genio y figura de Alfonso Reyes*, Monterrey 1989.

Robb, James Willis, "Alfonso Reyes (1889-1959)", in: Carlos A. Solé/María Isabel Abreu (Hrsg.), *Latin American Writers*, Bd. 2, New York 1989, S. 693-703.

Ders., "Alfonso Reyes en busca de la unidad", *Revista Iberoamericana* 55, 148/149 (Juli-Dez. 1989), S. 819-837.

Ders., "El *Landrú*, opereta póstuma de Alfonso Reyes", in: ders., *Por los caminos de Alfonso Reyes (Estudios 2a serie)*, México 1981, S. 63-77.

Ders., "José Vasconcelos y Alfonso Reyes: anverso y reverso de una medalla", *Los Ensayistas: Georgia Series on Hispanic Thought* 16/17 (März 1984), S. 55-65.

Ders., "*La cena* de Alfonso Reyes, cuento onírico: ¿surrealismo o realismo mágico?", in: ders., *Por los caminos de Alfonso Reyes (Estudios 2a serie)*, México 1981, S. 79-87.

Ders., *Por los caminos de Alfonso Reyes*, México 1981.

Ders., "Siete presencias de Alfonso Reyes", in: Antonio Acevedo Escobedo et al., *Presencia*, S. 119-131.

Silva Herzog, Jesús, "El polifacético Alfonso Reyes. Sus preocupaciones sociales", *Cuadernos Americanos* 34, 5 (1975), S. 77-96.
Stanton, Anthony, "Octavio Paz, Alfonso Reyes y el análisis del fenómeno poético", *Hispanic Review* 61, 3 (1993), S. 363-378.
Ders., "Poesía y Poética en Alfonso Reyes", *Nueva Revista de Filología Hispánica* 37, 2 (1989), S. 621-642.
Tibón, Gutierre, "Alfonso Reyes. In memoriam", *Nueva Revista de Filología Hispánica* 37, 2 (1989), S. 643-647.
Torres Bodet, Jaime, "Alfonso Reyes", in: Universidad de Nuevo León (Hrsg), *Páginas sobre Alfonso Reyes (1911-1957)*, Bd. 1, Monterrey 1955, 125-128.
Ders., "Los discursos", *Cuadernos Americanos* 19, 2 (März-April 1960), S. 11-13.
Vargas Llosa, Mario, "Homenaje a Alfonso Reyes", in: Antonio Acevedo Escobedo et al., *Presencia*, S. 162.
Varios, *Asedio a Alfonso Reyes: 1889-1989. En el centenario de su natalicio*, México 1989.
Villaurrutia, Xavier, "Alfonso Reyes", in: ders., *Obras*, México: F.C.E. ²1966 (¹1953), S. 814f.
Xirau, Ramón, "Cinco vías a 'Ifigenia cruel'", in: Antonio Acevedo Escobedo et al., *Presencia*, S. 163-168.
Ders. "La Ultima Tule de Alfonso Reyes", *Cuadernos Americanos* 19, 3 (Mai-Juni 1960), S. 203-208.
Zaitzeff, Serge I., "Alfonso Reyes y Antonio Castro Leal: Un diálogo literario", in: Sebastian Neumeister (Hrsg.), *Actas del IX Congreso de la Asociación Internacional de Hipanistas*, Bd. 2, Frankfurt/Main 1989, S. 733-741.

8. José Vasconcelos

8.1. Primärliteratur

Vasconcelos, José, *Obras completas*, 4 Bde., México: Libreros Mexicanos Unidos, 1957-1961.
"Aristocracia pulquera", O.C. 2, S. 891-893
"Augusto Comte" (1913), O.C. 2, S. 95-105.
"Augusto Comte y los principios del positivismo" (1941), O.C. 7, S. 127-132.
Bolivarismo y monroísmo: temas iberoamericanos (1935), O.C. 2, S. 1305-1494.
Breve historia de México, O.C. 4, S. 1305-1706.
"Carta a la juventud de Colombia. Dirigida a Germán Arciniegas el 28 de mayo de 1923", O.C. 2, S. 814-821.
"Carta a Romain Rolland" (1924), O.C. 2, S. 854-857.
"Conferencia leída en el 'Continental Memoria Hall' de Washington" (1922), O.C. 2, S. 857-874.

"Continente mediocre", in: ders., *Temas contemporáneos*, México: Editorial Novaro 1955, S. 178-282.
De Robinsón a Odiseo. Pedagogía estructurativa (1935), O.C. 2, S. 1495-1719.
"Deber de Hispanoamérica", *Cuadernos Hispanoamericanos* 1, 1 (Jan.-Feb. 1948), S. 105-109.
"Discurso del maestro" (1923), O.C. 2, S. 878-888.
"Discurso en el teatro Arbeu. En la Fiesta del Maestro" (1921), O.C. 2, S. 803-808.
"Discurso en la Universidad. Con motivo de la toma de posesión del cargo de rector" (1920), O.C. 2, S. 770-776.
"Discurso inaugural del edificio de la Secretaría" (1922), O.C. 2, S. 796-803.
"El intelectual", in: *Ulises Criollo*, O.C. 1, S. 541-547.
"El mapa estético de América", O.C. 2, S. 678-686.
"El monismo estético" (1918), O.C. 4, S. 9-92.
"El movimiento intelectual contemporáneo de México" (1916), O.C. 1, S. 57-78.
"El nuevo escudo de la Universidad Nacional" (1921), O.C. 2, S. 777.
"El problema filosófico de la Educación" (1921), O.C. 4, S. 6-17.
Estética (1936), O.C. 3, S. 1111-1711.
Estudios indostánicos (1919), O.C. 3, S. 87-361.
Etica (1932), O.C. 3, S. 665-1109.
Hispanoamérica frente a los nacionalismos agresivos de Europa y Norteamérica. Conferencias pronunciadas en la Facultad de Ciencias Jurídicas y Sociales de la Universidad Nacional de La Plata en agosto-octubre de 1933, La Plata: Imprenta de la Universidad de Buenos Aires 1934.
Historia del pensamiento filosófico (1937), O.C. 4, S. 93-492.
Indología - una interpretación de la cultura ibero-americana (1926), O.C. 2, S. 1069-1303.
"La juventud intelectual mexicana y el actual momento histórico de nuestro país" (1911), in: *Conferencias*, S. 135-138.
"La Raza cósmica (Misión de la raza iberoamericana)" (1925), O.C. 2, S. 903-1067.
"La revolución y sus errores. La reacción y sus riesgos", in: ders., *Hispanoamérica*, S. 41-64.
"Manual de filosofía" (1940), O.C. 4, S. 955-1301.
"Mensaje a los estudiantes peruanos", O.C. 2, S. 822-832.
"Nueva ley de los tres estados", O.C. 2, S. 837-848.
Pesimismo alegre (1931), O.C.1, S. 117-237.
"Pitágoras. Una teoría del ritmo" (1916), O.C. 3, S. 9-86.
Prometeo vencedor, O.C. 1, S. 239-286.
"Racismo y nacionalismo, internacionalismo y personalidad", in: ders., *Hispanoamérica*, S. 11-39.
"Reflexiones andinas" (1930), O.C. 2, S. 699-709.
"Simón Bolívar (Interpretación)" (1939), O.C. 2, S. 1721-1766.
"Temas de la reconstrucción iberoamericana", in: ders., *Hispanoamérica*, S. 65-95.

"The Latin-American Basis of Mexican Civilisation", in: ders./Manuel Gamio, *Aspects of Mexican Civilisation (Lectures on the Harris Foundation 1926)*, Chicago 1926, S. 1-102.
Tratado de metafísica (1929), O.C. 3, S. 391-664.
"Un Ateneo de la Juventud", in: ders., *Ulises Criollo*, S. 507-509.

8.2. Forschungsliteratur und literarische Zeugnisse

Bar-Lewaw, Itzhak, "El mundo literario de José Vasconcelos", in Carlos H. Magis (Hrsg.), *Actas del Tercer Congreso Internacional de Hispanistas*, México 1970, S. 97-103.
Beer, Gabriella de, *José Vasconcelos and his world*, New York 1966.
Dies., "*La raza cósmica*: An Ethical and Scientific Consideration", *Inter-American Review of Bibliography* 25, 1 (1975), S. 35-40.
Blanco, José Joaquín, *Se llamaba Vasconcelos. Una evocación crítica*, México 1977.
Brading, David, "Darwinismo social e idealismo romántico en Andrés Molina Enríquez y José Vasconcelos", in: ders., *Mito y profecía en la historia de México*, México 1988, S. 172-210.
Carballo, Emmanuel, "José Vasconcelos", in: ders., *Protagonistas*, S. 17-47.
Castro Leal, Antonio, "Prólogo", in: José Vasconcelos, *Páginas escondidas*, México 1940, S. 5-35.
Cuesta, Jorge, "*Ulises criollo*, de José Vasconcelos", in: ders., *Obras*, Bd. 2, o.O.: Ediciones del Equilibrista 1994, S. 142-144.
Domínguez Michael, Christopher, "Prólogo", in: José Vasconcelos, *Obra selecta*, Caracas 1992, S. IX-XLVII.
Fell, Claude, *José Vasconcelos. Los años del águila (1920-1925). Educación, cultura e iberoamericanismo en el México postrevolucionario*, México 1989.
Ders., "Théâtre et société dans le Mexique post-révolutionnaire", in: Jean-Claude Roberti (Hrsg.), *Situations contemporaines du théâtre populaire en Amérique*, Rennes 1980, S. 47-68.
Ferrazzano, Eugenio A., "José Vasconcelos y el pensamiento mexicano actual", *Humanitas* 5 (1954), S. 135-166.
Giordano, Jaime A., "Notas sobre Vasconcelos y el ensayo hispanoamericano del siglo veinte", *Hispanic Review* 41 (1973), S. 541-554.
Haddox, John H., *Vasconcelos of Mexico, Philosopher and Prophet*, Austin 1967.
Ibacache, Luisa, "Gabriela Mistral y el México de Vasconcelos", *Atenea* 459-460 (1989), S. 141-155.
Jitrik, Noe, "Lectura de Vasconcelos", *Nuevo Texto Crítico* 1, 2 (1988), S. 261-286.
Krauze, Enrique, "Pasión y contemplación en Vasconcelos. Primera Parte", *Vuelta* 78 (Mai 1983), S. 12-19.
Ders., "Pasión y contemplación en Vasconcelos. Segunda parte", *Vuelta* 79 (Juni 1983), S. 16-26.

Langhorst, Rick, "Los Estados Unidos vistos por José Vasconcelos", *Los Ensayistas* 10/11 (März 1981), S. 117-122.

Monsiváis, Carlos, "José Vasconcelos, eres mito y en mito te convertiras", *Bulletin de l'Institut d'Etudes Mexicaines* 7 (Mai 1975), S. 40-42.

Ders., "José Vasconcelos: la búsqueda del paraíso perdido", *Comunidad* 14 (1968), S. 347-355.

Peña, Horacio, "*La raza cósmica* y *Pueblo enfermo*: ser y porvenir de Hispanoamérica en el ensayo de sus escritores", *Kañina* 5, 2 (Juli-Dez. 1981), S. 79-89.

Pérez, Ismael Diego, "Originalidad del pensamiento vasconceliano", *Humanitas* 8 (1967), S. 47-79.

Périer, Jean, ohne Titel, *Bulletin de l'Institut d'Etudes mexicaines* 7 (Mai 1975), S. 20-24.

Robb, James Willis, "José Vasconcelos y Alfonso Reyes: anverso y reverso de una medalla", *Los Ensayistas: Georgia Series on Hispanic Thought* 16/17 (März 1984), S. 55-65.

Robles, Marta, "Vasconcelos, civilizador", *Cuadernos Americanos* 42, 6 (1983), S. 115-124.

Sacoto, Antonio, "Aspectos indigenistas en la obra literaria de José Vasconcelos (1881-1959)", *Cuadernos Americanos* 28, 2 (1969), S. 151-157.

Skirius, John, *José Vasconcelos y la cruzada de 1929*, México 1978.

Villaurrutia, Xavier, "José Vasconcelos", in: ders., *Obras*, México: F.C.E. ²1966 (¹1953), S. 802f.

Villegas, Abelardo, "José Vasconcelos", in: ders., *La filosofía de lo mexicano*, México 1960, S. 65-99.

Young, Howard T., "José Vasconcelos (1889-1959)", *Hispania* 42, 4 (1959), S. 570-572.

9. Schule und Gesellschaft

Deutscher, Eckhard, "Bildungswesen in Mexiko", in: Briesemeister/Zimmermann (Hrsg.), *Mexiko heute* (²1996), S. 636-647.

Ders., *Erziehung, Erziehungssystem und ländliche Entwicklung in Mexiko*, Bonn 1984, S. 17.

Navas Ruiz, Ricardo, *José Vasconcelos y la educación en México*, Salamanca 1984.

Peter Stöger, "Aspekte der lateinamerikanischen und der mexikanischen Bildungssituation", *Zeitschrift für Lateinamerika* 23 (1983), S. 34-43.

Vaugham, Mary Kay, "Ideological Changes in Mexican Educational Policy, Programs, and Texts (1920-1940)", in: Camp/Hale/Vázquez (Hrsg.), *Intelectuales*, S. 507-526.

Weiß, Eduard, "Patrimoniale und technokratische Herrschaftsstrukturen in Mexiko - erläutert am Beispiel des öffentlichen Erziehungswesens", in: Günther Ammon/Theo Eberhard (Hrsg.), *Kultur, Identität, Kommunikation*, München 1988, S. 286-319.

Ders., *Schule zwischen Staat und Gesellschaft (Mexiko 1920-1976)*, München 1983.

10. Mehrfach zitierte Sammelbände

Acevedo Escobedo, Antonio et al., *Presencia de Alfonso Reyes. Homenaje en el X aniversario de su muerte (1959-1969)*, México 1969.

Benoist, Jean-Marie (Hrsg.), *Identität. Ein interdisziplinäres Seminar unter Leitung von Claude Lévi-Strauss*, Stuttgart 1980.

Briesemeister, Dietrich/Zimmermann, Klaus (Hrsg.), *Mexiko heute. Politik, Wirtschaft, Kultur*, Frankfurt ²1996 (¹1992).

Camp, Roderic A./Hale, Charles A./Vázquez, Josefina Zoraida (Hrsg.), *Los intelectuales y el poder en México. Memorias de la VI Conferencia de Historiadores Mexicanos y Estadounidenses*, Los Angeles 1991.

Durán, Manuel (Hrsg.), *Antología de la revista* Contemporáneos, México: F.C.E. 1973.

Escobedo, Antonio Acevedo et al., *Presencia de Alfonso Reyes. Homenaje en el X aniversario de su muerte (1959-1969)*, México 1969.

Ette, Ottmar/Heydenreich, Titus (Hrsg.), *José Martí 1895/1995. Literatura-Política-Filosofía-Estética*, Frankfurt/Main 1994.

Gerndt, Helge (Hrsg.), *Stereotypenvorstellungen im Alltagsleben. Beiträge zum Themenkreis Fremdbilder-Selbstbilder-Identität*, München 1988.

GRAL - Institut d'Etudes Mexicaines Perpignan (Hrsg.), *Champs de pouvoir et de savoir au Mexique*, Paris 1982.

GRAL - Institut d'Etudes Mexicaines Perpignan (Hrsg.), *Pouvoirs et contre-pouvoirs dans la culture mexicaine*, Paris 1985.

Hölz, Karl (Hrsg.), *Literarische Vermittlungen: Geschichte und Identität in der mexikanischen Literatur*, Tübingen 1988.

Jacobson-Widding, Anita (Hrsg.), *Identity: Personal and Socio-Cultural. A Symposium*, Uppsala 1983, S. 13-32.

Kößler, Henning (Hrsg.), *Identität*, Erlangen 1989.

Kohut, Karl (Hrsg.), *Der eroberte Kontinent. Historische Realität, Rechtfertigung und literarische Darstellung der Kolonisation Amerikas*, Frankfurt/Main 1991.

Ders., (Hrsg.), *Literatura mexicana hoy. Del 68 al ocaso de la revolución*, Frankfurt/Main 1991.

López González, Aralia/Malagamba, Amelia/Urrutia, Elena (Hrsg.), *Mujer y literatura mexicana y chicana. Cultura en contacto*, México 1990.

Marquard, Odo/Stierle, Karlheinz (Hrsg.), *Identität*, München 1979.

Scharlau, Birgit (Hrsg.), *Lateinamerika denken. Kulturtheoretische Grenzgänge zwischen Moderne und Postmoderne*, Tübingen 1994.

UNESCO (Hrsg.), *La identidad cultural en América Latina*, Paris 1986.

Yurkievich, Sául (Hrsg.), *Identidad cultural de Iberoamérica en su literatura*, Madrid 1986.

11. Varia

Bachtin, Michail M., *Die Ästhetik des Wortes*, Frankfurt/Main 1979.

Beyhaut, Gustavo, *Süd- und Mittelamerika*, Bd. 2 (*Fischer Weltgeschichte*; Bd. 23), Frankfurt 1965.

Breton, André, "Manifeste du surréalisme" (1924), in: ders., *Manifestes du surréalisme*, Paris: Gallimard 1989, S. 13-60.

Cosío Villegas, Daniel et al., *Historia mínima de México*, México ^{2}1994 (^{1}1973).

Deimel, Claus, *Die Missionierung der Tarahumara. "Plan de Gran Visión"*, Frankfurt/Main 1979.

Erdheim, Mario, *Psychoanalyse und Unbewußtheit in der Kultur*, Frankfurt/Main 1988.

Fichte, Johann Gottlieb, *Grundzüge des gegenwärtigen Zeitalters*, Leipzig 1943.

Ders., *Reden an die deutsche Nation*, Stuttgart 1940.

Foucault, Michel, *Archéologie du savoir*, Paris 1969.

Ders., *L'ordre du discours*, Paris 1971.

Funke, Hans-Günter, "Aspekte und Probleme der neueren Utopiediskussion in der französischen Literaturwissenschaft", in: Wilhelm Voßkamp (Hrsg.), *Utopieforschung. Interdisziplinäre Studien zur neuzeitlichen Utopie*, Bd. 1, Frankfurt/Main 1985, S. 192-220, hier S. 193.

Greinacher, Norbert, "Bekehrung durch Eroberung. Kritische Reflexion auf die Kolonisations- und Missionsgeschichte in Lateinamerika", *Trierer Beiträge* 23 (Nov. 1994), S. 17-25.

Hegel, Georg Friedrich Wilhelm, *Briefe*, Bd. 1, hrsg. v. Johannes Hoffmeister, Hamburg 1969.

Ders., *Vorlesungen zur Philosophie der Geschichte* (*Werke*, Bd. 12), Frankfurt/Main ^{4}1995.

Homann, Hermann, "Nachwort", in: Hernán Cortés, *Die Eroberung Mexikos*, Darmstadt 1984, S. 277-303.

Hugo, Victor, "Le Poète", in: ders., *Oeuvres poétiques*, Bd. 1, Paris: Gallimard 1964, S. 402-404.

Mannheim, Karl, *Ideologie und Utopie*, Frankfurt/Main ^{5}1969 (^{1}1919).

Montaigne, Michel de, *Essais*, Livre I, Paris: Garnier-Flammarion 1969.

Proust, Marcel, *Correspondance*, Texte établi, présenté et annoté par P. Kolb, Bd. 8, Paris: Plon 1981.

Samaniego, Félix María, *Fábulas*, Madrid: Castalia ^{3}1969.

Schiller, Friedrich von, "Über die ästhetische Erziehung des Menschen in einer Reihe von Briefen", in: ders., *Werke*, Bd. 20, Weimar: Hermann Böhlaus Nachf. 1962, S. 309-412.

Watkins, Frederick, "Theorie und Praxis des modernen Liberalismus", in: Lothar Gall (Hrsg.), *Liberalismus*. Frankfurt/Main ^{3}1985, S. 54-76.